Wir hatten ein barbarisches, schönes Leben

Wir hatten ein barbarisches, schönes Leben

Rudi Dutschke

Eine Biographie
von Gretchen Dutschke

Büchergilde Gutenberg

Mitarbeit: Christian v. Ditfurth

Zitate Rudi Dutschkes, die nicht in Anmerkungen nachgewiesen sind, entstammen seinem Tagebuch. Einfügungen in Zitaten sind in eckige Klammern gesetzt. Es ist uns trotz großer Bemühungen nicht gelungen, alle Urheber nicht veröffentlichter Briefe zu finden, aus denen in diesem Buch zitiert wird. Die betreffenden Personen sind gebeten, sich beim Verlag zu melden.

Lizenzausgabe für die Büchergilde Gutenberg
Frankfurt am Main und Wien
mit freundlicher Genehmigung des Verlages
Kiepenheuer & Witsch, Köln

Umschlag Hennes Maier, Unteregg bei Mindelheim
Satz Kalle Giese Grafik, Overath
Druck und Bindung Graphischer Großbetrieb Pößneck
Printed in Germany 1997 · ISBN 3 7632 4642 8

Inhalt

Die Reise

Ich kaufte mir eine Passage auf einem Frachter. Der sollte mich weit wegbringen. Ich wußte nicht, wohin, und das war gut. Ich hatte die Ausbildung gerade fertig und wollte weg, um einen großen Abstand zwischen mir und den Schuldgefühlen zu schaffen, die in der einschnürenden Enge von Familienmoral und Religion gewachsen waren.

Das war im Januar 1964. Das Schiff sollte irgendwann in den nächsten Wochen in See stechen. Der Abfahrtshafen irgendwo an der Ostküste der USA und der Zielhafen irgendwo in Europa waren nicht bekannt. Von Chicago, meiner Heimatstadt, aus waren es mindestens 1500 Kilometer bis zur Ostküste. Ich verabschiedete mich von meinen Eltern, die nicht viel sagten, wie seit langem – die Sprachlosigkeit unserer Entfremdung voneinander. Meine Mutter sah traurig aus, aber sie versuchte nicht mich umzustimmen. Sie wußte, daß ich in einer Welt lebte, die ihr fremd war. Aber sie betete sicherlich, daß meine Seele nicht in der Dunkelheit verlorengehe.

Mit meiner Gitarre, einem kleinen Koffer und wenig Geld reiste ich zu meinem Freund Steve, der an der Yale-Universität studierte, und wartete. Jeden Tag rief ich die Reederei an, und jeden Tag erhielt ich die gleiche Antwort: »Wir wissen noch nichts.« Ich bekam Bedenken. War es richtig? Konnte ich? Wollte ich? Sollte ich lieber bei Steve bleiben? Aber mit einer Zuversicht, die ich nicht fühlte, verkündete ich Steve: »Ich werde in einem Jahr zurückkommen, nachdem ich Deutsch und Französisch gelernt habe.«

Er antwortete mit einer Mischung aus Bewunderung und Vorbehalten: »Ja, ja, du kannst aber auch hier bleiben, wenn du willst, und wenn ich die Ausbildung beendet habe, können wir heiraten.«

Aber ich murmelte verunsichert: »Ich muß erst die Welt sehen.«

»Von Newport News aus in zwei oder drei Tagen«, antwortete einer von der Reederei, als ich wieder einmal anrief.

»Es ist soweit«, rief ich aufgeregt zu Steve. »Wo ist Newport News? Ich muß jetzt dorthin.« Wir fanden es auf der Karte. Nah war es nicht.

Wieder gab es einen zähen Abschied voller Ungewißheit. Erst am nächsten Tag war ich in Newport News. Eine Hafenstadt, heruntergekommen, rauh und voller zielloser Menschen. Ich fand die Reederei und bekam die Auskunft: »Das Schiff fährt heute nicht, vielleicht morgen.« Ich mußte in dieser Nacht irgendwo in der Stadt unterkommen. Es sah alles unglaublich trostlos aus, und ich fragte mich wieder, wieso ich das alles überhaupt machte, wo ich doch bei Steve hätte bleiben können.

Ich fand ein billiges Zimmer beim Christlichen Verein Junger Frauen. Wir lagen dort zu dritt in nebeneinanderstehenden Feldbetten. Die Frau neben mir sprach mich an. Sie kam vom Land und fühlte sich von der Stadt überwältigt. Sie suchte Arbeit und Halt und fand beides nicht. Sie sah schon etwas mitgenommen aus, obwohl sie jünger war als ich. Mir schauderte, und ich wunderte mich, daß das Leben einen so schnell auszehren konnte. Ich bekam Angst davor und wollte es nicht wahrnehmen, aber mein Bauch zog sich zusammen, und ich spürte eine leichte Übelkeit.

Auch am nächsten Tag fuhr das Schiff nicht. Noch eine Nacht im schäbigen Zimmer mit der Frau, die Arbeit suchte. Aber am darauffolgenden Tag erfuhr ich in der Reederei, daß es endlich losging. Es war Februar geworden, winterlich grau und trüb. Auch das Schiff sah grimmig aus. Es war alt und von Rostbeulen und Ruß überzogen. Langsam stieg ich die wackelige Leiter zum Deck hinauf. Es waren schon einige andere Passagiere da, und wir standen ratlos herum. Erst nachdem sich das Schiff Stunden später mit ohrenbetäubendem Sirenengeheul verabschiedet hatte, zeigte ein Seemann den zwölf Passagieren, darunter vier Frauen, ihre Kabinen. »Das Schiff bringt eine Ladung Kohle nach Antwerpen«, sagte er. »Es wird vielleicht zwei Wochen dauern oder auch nicht. Sie essen natürlich mit dem Kapitän.«

Nun waren wir mit vierzig Seeleuten zusammengepfercht in einem rostigen Kahn auf einem endlosen Meer. Bald zog ein beißender Wintersturm auf. Unser Frachter bockte wie ein Pferd, das sich seines Reiters entledigen will. Beim Essen erzählte der Kapitän, daß in der Nähe ein Schiff untergehe. Ich begann zu kotzen. Noch nie in meinem Leben habe ich soviel gekotzt, grün, eine Woche lang kam nur noch der Magenschleim heraus. Ich dachte, ich würde sterben. Aber eines Morgens wachte ich auf, und mein Magen verkrampfte sich nicht mehr.

Nach zwei Wochen auf See waren die Menschen angespannt. Die Matrosen kamen nachts auf Deck und schauten in die Fenster der Kabinen, in denen die Frauen untergebracht waren. Ich erwachte einmal aus einem Traum und sah mit Schrecken die Augen eines Seemanns auf mich starren. Ein anderes Mal sah ich, wie der Kapitän auf einen Matrosen losging. Dessen Gesicht war blutüberströmt. Der Kapitän drückte ihn schimpfend in eine Decksluke. Der Matrose wehrte sich und krallte sich am Lukenrand fest. Aber dann lösten sich seine Finger, und sein Körper verschwand in der Luke. Als der Kopf wieder hochkam, knallte der Kapitän den Lukendeckel zu und verschloß ihn, als wollte er ein wildes Tier einsperren.
Es war, als ob wir nie aus diesem Kreis von grauem Wasser und grauem Himmel entkommen könnten. Aber eines Tages trat ich aus der Kabine, und ein Passagier begrüßte mich freudig bewegt mit den Worten: »Schau nach draußen.« Wir konnten Land sehen. Uns ergriff eine unfaßbare Erleichterung.
Im Gang sah ich eine Tonne, die dort zuvor nicht gestanden hatte, und ich schaute hinein. Sie war voll mit Präservativen, es müssen Tausende gewesen sein. Ich lachte. Jemand kam und fragte, was so witzig sei. Ich zeigte auf die Präservative. »Für die Matrosen, für heute abend in Antwerpen«, erklärte er. Ich nahm einen Kondom und blies ihn auf wie einen Ballon. Das hatte ich als Kind schon einmal gemacht. Ich wußte nicht, was ich da in meines Vaters Kommode gefunden hatte. Meine Mutter schlug mich deswegen, aber sie erklärte mir nicht, warum. Ich nahm noch ein Präservativ und ging in meine Kabine, um es mit Wasser zu füllen. Wieder auf Deck, traf ich auf einen Schiffsoffizier. »Paß auf!« rief ich und zielte mit dem Wasserballon auf ihn.
Er lachte: »Das wagst du nicht.«
»Ich tue es«, erwiderte ich.
Er lachte lauter, und Leute kamen, um zu schauen, was los war. Ich hielt den Ballon weiter über meinem Kopf. Einige Augenblicke der Spannung, dann warf ich. Der Kondom traf, platzte, und das Wasser floß über den Bauch des Offiziers. Die Zuschauer klatschten und brüllten vor Lachen. Dann griffen sie alle in die Tonne, und ein wildes Spiel tobte. Als der Kapitän sich brüllend dem nassen Tumult näherte, traf ihn ein wassergefülltes Präservativ im Gesicht. Er würgte und schrie. Aber die Leute johlten und hörten nicht auf ihn. Die Matrosen

schlichen sich unerlaubterweise aufs Deck und machten mit. Die Schlacht der Präservative erfaßte das ganze Schiff. Es war bald übersät mit Hunderten von weißen Gummifetzen auf dem triefend nassen Deck.

*

Wenige Tage später war ich in Deutschland, in einem Dorf in Bayern, im Ausländergetto eines Goethe-Instituts. Die einzigen Deutschen, die ich dort traf, waren die Lehrer. Eine meiner Klassenkameradinnen war Denyse aus Frankreich. An Wochenenden arbeitete sie in München als Animierdame. Sie nahm mich einmal mit, und ich sah zum erstenmal, wie Frauen mit großen rosa Federn über ihrem Hintern tanzten. Denyse mußte so viel Wein trinken, daß ihr Kopf bald klirrte.

Als der Kursus zu Ende ging, erzählte sie mir, daß Berlin eine spannende Stadt sei. »Komm mit nach Berlin«, schlug sie vor. Und ich dachte: »Warum nicht.« So landete ich im Mai 1964 in West-Berlin. Denyse fand Arbeit als Animierdame und verdiente genug Geld, um sich eine Wohnung zu leisten. Dafür ging es ihr oft schlecht.

Da mein Geld inzwischen knapp geworden war, empfahl sie mir: »Carol, du kannst es auch machen und viel Geld verdienen. Ich werde meinen Boß fragen.« Sie nannte mich Carol, weil sie Gretchen nicht aussprechen konnte.

»Nein«, entgegnete ich. »Ich vertrage keinen Alkohol.« Ich blieb arbeitslos und hatte kaum Geld und keine Wohnung; ich schlief in der Mission am Bahnhof Zoo. Dort war es schlimmer als im Christlichen Verein Junger Frauen in Newport News. Ich übernachtete in einem riesigen Saal voller Menschen, es roch gräßlich. Wenn ich den Gestank in der Bahnhofsmission nicht mehr aushalten konnte, schlief ich im Grunewald, sobald es wärmer wurde. Und wenn ich völlig verdreckt war, nahm ich ein Hotelzimmer und badete.

Endlich fand ich eine Arbeit als Tellerwäscherin in einem Strandcafé am Tegeler See. Mit meinem kargen Lohn konnte ich ein Zimmer bezahlen. Genauer gesagt, handelte es sich um eine Küche. Mein Bett bestand aus drei Kissen, die auf einem alten gekachelten Herd lagen. Eine andere Mieterin, Marlies, durfte die Küche ebenfalls benutzen. Sie kam jeden Morgen um fünf Uhr und wusch sich, was mich regelmäßig aus dem Schlaf riß. Aber sie war freundlich und nahm mich hin und wieder mit in die Stadt. Ich wunderte mich anfangs, daß Männer mir Geld anboten, wenn ich mit Marlies unterwegs war. Sie sagte dann: »Laß die Frau in Ruhe, sie gehört nicht dazu.«

Eines Tages ging ich ins »Aschinger«, um Erbsensuppe zu essen. Das war das billigste Gericht, und es sättigte gut. Wie gewöhnlich füllte ich meine Tasche mit Brötchen, damit ich auch für später etwas hatte. Da keine Tische frei waren, setzte ich mich zu einem jungen Mann, und wir kamen ins Gespräch. Er hieß Lugio und war aus Italien. Nach dem Essen sagte Lugio, daß er einige Leute beim Aquarium am Zoo treffen wolle, und er fragte mich, ob ich mitkäme. »Ja, klar«, sagte ich, und wir zogen los.

Nach dem Aquariumsbesuch gingen wir weiter zum Café am Steinplatz. Die weißen Tische warfen das Sonnenlicht auf die Gesichter der Menschen, die rege diskutierten. Wir setzten uns an einen Tisch zu Bekannten von Lugio. Neben mir saß ein Mann. Ich schaute ihn neugierig an. Vor ihm auf dem Tisch lag ein Haufen Bücher, alle polnisch.

»Bist du aus Polen?« fragte ich schüchtern.

»Ah nein«, erklärte er, »aber ich lerne Polnisch, damit ich die Bücher lesen kann.«

»Du redest deutsch nicht wie die anderen«, bemerkte ich. Er ging darauf nicht ein.

»Ich bin Rudi«, sagte er.

»Ich heiße Gretchen«, erwiderte ich. Die Leute am Tisch kicherten. Denn Gretchen ist »Faust«, und wenn nicht, dann ist sie bäuerlich, naiv und unbeholfen und vor allem deutsch. Sie ist auf jeden Fall keine Amerikanerin.

Rudi lachte nicht. Er grinste mich freundlich an und fragte, was ich machte und warum ich nach Deutschland gekommen sei. Mein Blick war wie gefesselt von seinen hell und dunkel gefleckten braunen Augen, sie waren unglaublich weich und intensiv. Er trug eine kurze Lederhose, aus denen gut trainierte Beine herausragten. Er hatte glatte schwarze Haare, die über die Ohren hingen, was damals ungewöhnlich war. Er gefiel mir.

Die Sonne sank hinter den Bäumen. Der Kakao war längst ausgetrunken, und die Leute am Tisch beschlossen, einen Western mit John Wayne anzuschauen. Ich ging mit und saß im Kino zwischen Rudi

und Lugio. Nach dem Film war es beinah dunkel, und die Gruppe begann sich aufzulösen. Sie fragten mich, wohin ich gehen würde. Ich dachte an die Kissen auf dem Herd und rümpfte schweigend meine Nase. »Dann gehst du mit Rudi«, befahlen sie. Rudi schaute einen Augenblick erschrocken, aber er protestierte nicht.
Ich folgte ihm durch die nächtliche Stadt. Wir nahmen die S-Bahn nach Schlachtensee, dann gingen wir durch stille Gassen, zwischen kleinen Einfamilienhäusern und vielen Bäumen, es war beinahe ländlich.
Rudis Zimmer war im Dachboden. Es hatte nur ein kleines Fenster, durch das das Mondlicht hereinstrahlte, und es verwandelte das schmale Bett, den Tisch und die vielen übereinandergestapelten Kisten voller Bücher in magische Gestalten. Wir saßen auf dem Bett, redeten und verfielen dem Zauber der Anziehung. Keine Lampe brannte. Ich hatte meine Augen geschlossen.
Auf einmal drang eine grelle Helligkeit ins Zimmer. Ich riß die Augen auf. Rudi sprang auf und schrie. Die Zimmertür stand in Flammen. Rudi riß die Decke vom Bett und schlug auf die Flammen ein. Als er sie erstickt hatte, öffnete er die Tür, und da standen drei Männer, die in Lachen ausbrachen. Rudi fluchte, um den Schreck zu überspielen. Die Männer lachten weiter. Ich schaute sie voller Unverständnis an. Es war alles so schnell geschehen, daß ich keine Zeit hatte, Angst zu bekommen. Ich begriff nicht, was diese Männer so komisch fanden.
»Wer ist das in deinem Zimmer?« fragten sie Rudi. »Bringst du etwa ein Mädchen mit nach Hause?« Sie begannen wieder zu lachen.
»Das hätte schiefgehen können«, schimpfte Rudi. »Warum macht ihr so was?«
»Ach nein, wir haben schon aufgepaßt, alter Rudi. Sag mal, wer ist das?«
Rudis Kommilitonen waren etwas übermütig, denn die Vermieter waren verreist. Sonst hätte ich Rudis Zimmer nachts auch nicht betreten dürfen. Das war damals sogar gesetzlich verboten, die Hausbesitzer hätten wegen Kuppelei angezeigt werden können.
Nach dem »Feueranschlag« auf die Zimmertür wollte Rudi wissen, was ich tagsüber machte, und so erfuhr er, daß ich eine Vorlesung des Theologieprofessors Helmut Gollwitzer besuchte. Rudi kannte Gollwitzer, aber nur von der Kirche, wo er ihn predigen gehört hatte. »Wie kommst du darauf?« fragte er.
Ich antwortete, daß ich wissen wollte, ob die Theologen überhaupt

etwas Relevantes mit dem Christentum anfangen könnten. »Aber es ist manchmal schwer für mich, zu verstehen, was er sagt.«
Rudi war gleich begeistert: »Dann komme ich mit zur Vorlesung, und wir können darüber diskutieren.«
Wir redeten über Gollwitzer, über Karl Barth und Paul Tillich, deren Vorlesungen ich in Chicago gehört hatte. Aber ich hatte keine Ahnung gehabt, daß sie Sozialisten gewesen waren. Christentum und Sozialismus, ich war erstaunt und fasziniert. Ich nahm jedes Wort, das Rudi sagte, in mich auf. Und wir kamen uns immer näher.

In meiner Küche war die Hölle los. Der türkische Besitzer des Hauses, das nicht mehr war als eine Kriegsruine, von der das oberste Stockwerk fehlte, hatte entdeckt, daß Marlies eine Prostituierte war. Er dachte, daß sie ihre Geschäfte im Haus betrieb, und wollte sie in flagranti erwischen. Er kam mitten in der Nacht und weckte alle Mitbewohner auf. Aber er fand nichts. Trotzdem tauchte er immer wieder auf und störte uns. Wir ließen ihn nicht hinein, wenn er klingelte, aber er beschaffte sich Zugang. Wir schraubten im Flur die Birne aus der Fassung, damit er nachts das Licht nicht anmachen konnte. Er kam mit Kerzen. Wir verbarrikadierten die Tür, aber er schlug und schob, bis die Sperre fiel. Wir stellten alle Möbel der Wohnung hinter die Haustür, und nun schaffte er es nicht mehr, so daß wir wenigstens einmal lachen konnten. Aber er schrie. So ging das jede Nacht, und es raubte uns den Schlaf.
Als ich Rudi wieder traf, klagte ich: »Ich habe genug davon. Ich brauche Schlaf.« Er bot mir an, bei ihm zu wohnen, solange seine Vermieter verreist waren. So schlichen wir uns eines Nachmittags in meine Küche. Ich packte meine wenigen Sachen in einen Koffer und einige Tüten und ließ dort nie wieder von mir hören.

Meine Gitarre fehlte mir. Ich hatte sie vor einiger Zeit einem Chilenen geliehen. Jetzt, wo ich in Rudi verliebt war und es ihm nicht sagen konnte, wollte ich ihm wehmütige Lieder über Liebe und Sehnsucht spielen und singen. Wir gingen zu der Villa, in der der Chilene ein Zimmer gemietet hatte. Niemand war da. Wir liefen um das Anliegen herum und schauten in die Fenster des Hauses. Plötzlich sah ich meine Gitarre. »Da«, flüsterte ich aufgeregt, »da ist sie.«
»Okay«, sagte Rudi, »dann schaue ich, wie wir sie kriegen.« Er schlich zur Villa und untersuchte alle Fenster. Schließlich entdeckte er ein

Kellerfenster, das nicht verschlossen war, schob es auf und verschwand im dunklen Keller. Nach eine Weile tauchte er wieder auf. »Komm her«, zischte er, »nimm die Gitarre.« Er reichte sie durch das Fenster, dann zog er sich selbst hinauf.

Jede Stunde hörte Rudi die Nachrichten im Radio, und er verfolgte auch die politischen Kommentare. Einmal sprach im Radio ein Mann mit einer häßlichen Fistelstimme. Ich verstand kaum ein Wort. Rudi schaute finster auf das Radio. Der Mann mit der Fistelstimme sprach weiter, und Rudi fing an zu fluchen. Plötzlich hob er das Radio hoch und schleuderte es gegen die Wand. Jetzt sprach der Mann mit der Fistelstimme nicht mehr. »Du hast dein Radio kaputtgemacht«, sagte ich erstaunt.
»Ulbricht, der Betrüger, ich kann das nicht hören«, brummte Rudi.

Eines Tages war unser Leben im Zimmer unter dem Dach vorbei. Die Hausbesitzer sollten zurückkommen. Ich hatte keineswegs daran gedacht, ewig bei Rudi zu bleiben. Aber ich wußte, daß ich ihn liebte. War es nur ein Zwischenspiel?
»Ich bin ein Revolutionär«, sagte Rudi ernst. »Ein Revolutionär muß die Revolution machen.« Es gebe einen alten russischen Anarchisten, Sergej Netschajew, der einen Verhaltungskodex für Revolutionäre aufgestellt habe. Darin stehe, daß der Revolutionär mit der Revolution verheiratet sei und es keinen Platz gebe für eine Frau.
Ich wollte bei ihm bleiben, aber gegen diese Argumente kam ich nicht an. Und so ging ich mit stechendem Schmerz im Herzen. Rudi begleitete mich zum Bahnhof Zoo. Wir lagen uns in den Armen, bis der Zugschaffner die Türen schloß. Dann nahmen wir uns durch das Fenster an den Händen und hielten uns noch, während der Zug abfuhr. Rudi lief neben dem Waggon her, bis der Bahnsteig zu Ende war. Dann war er weg. Ich wanderte durch den Zug, aber alle Plätze waren besetzt. Ich setzte mich im Gang auf den Boden, den Kopf zwischen den Knien, und begann zu weinen. Nach eine Weile berührte der Schaffner meinen Kopf: »Die Fahrkarte«, forderte er. Ich gab sie ihm. Er betrachtete mein verweintes Gesicht. Dann sagte er: »Kommen Sie.« Er brachte mich in die erste Klasse, wo es leere Abteile gab. »Sie können hier sitzen.«

Für Rudi war 1964 die Entscheidung gefallen. Er war Revolutionär. Er hatte eine Theorie, und er wußte, was er tun wollte. Seine Weltsicht war nicht geschlossen wie ein Dogma, aber sie war ein massiver Grundstein, auf dem er aufbauen konnte. Rudi lebte in einem Land, das kurz nach der Zerstörung durch den Weltkrieg reich geworden war. Die fleißigen Deutschen des Wirtschaftswunders waren übereingekommen, über die Vergangenheit zu schweigen. Was brachte einen Mann dazu, sich aufzulehnen in einem Land, das äußerlich so harmonisch zu sein schien?

Kindheit und Jugend

»Die bäuerliche Tradition kennt sicherlich eine gewisse Wärme, doch ist diese immer vermittelt, begründet und beschränkt über die reale Arbeit auf dem Lande. Auf keinen Fall kann ich auf eine liberal-bürgerliche Kindheit (...) zurückblicken, mußte viel arbeiten, schließlich hatten wir einige Hektar in Kolzenburg, die Kartoffeln, Mohrrüben, Getreide usw. kamen nicht aus dem Himmel, die drei Brüder waren schon in der Ausbildung, hatte ich mich halt oft allein mit dem Wagen und unserem Hund in Bewegung zu setzen.« [1]

»Drittes Reich gerochen. Tanz am Tage der Beendigung des Krieges.« [2]

Daß man für Deutschland und seinen »Führer« kämpfen mußte, war für Alfred Dutschke keine Frage. Er hatte sich freiwillig zur Deutschen Wehrmacht gemeldet. Schon im September 1939, ganz am Anfang des Zweiten Weltkriegs, ging er ins Feld. Elsbeth Dutschke zog mit ihren drei Söhnen und einem werdenden Kind nach Schönefeld in die Mark Brandenburg zu Verwandten, die sie unterstützen konnten.

Am 7. März 1940 wurde Alfreds und Elsbeths viertes Kind geboren. Der Junge wurde auf den Namen Alfred Willi Rudi getauft, Rudi nach einem Onkel, der im Krieg fiel. Alfred, der an der Front von der Geburt erfuhr, und besonders Elsbeth waren ein wenig enttäuscht, daß auch das vierte Kind kein Mädchen war, das später bei der Hausarbeit hätte helfen können. Den drei älteren Jungen hatte Elsbeth keine weiblichen Fertigkeiten beigebracht. Doch als der vierte Junge da war, sah sie keinen Ausweg. Rudi mußte nähen und stopfen lernen und seiner Mutter bei allen häuslichen Arbeiten helfen.

Noch 1940 bekam die Familie Dutschke eine Hypothek von der Bank, um in Luckenwalde, der Kreisstadt, nur wenige Kilometer von Schönefeld entfernt, einen Neubau zu kaufen für 12000 Reichsmark. Alfred hatte als Soldat einen Versorgungsanspruch. Das Haus mit seinem gelbgrauen Putz, mit Spitzdach und Stabzaun an der Vorderseite sieht aus wie das Traumhaus der Kleinbürger in den vierziger Jahren. Es ist eine Doppelhaushälfte zwischen lauter gleich aussehenden Doppelhäusern. Hinter dem Haus liegt ein großes Grundstück mit Obstbäumen und Gemüse. Auch ein Hühnerkäfig wurde gebaut, damit die Familie frische Eier hatte und ab und zu einen Hühnerbra-

ten. Morgens krähte der Hahn und setzte das Leben der Familie in Gang.
Das Haus ist nicht groß. Es gibt eine kleine Küche und ein Eßzimmer im ersten Stock. Das Wohnzimmer war immer tadellos geputzt. Es wurde nur am Sonntag benutzt nach Kirchgang und Mittagessen. Unterm Dach liegen zwei Schlafzimmer. Das größere war fast vollständig ausgefüllt von einem riesigen Ehebett. Im anderen Raum standen eng zwei Doppelstockbetten, in denen die vier Jungen schliefen, dazu ein Schrank und ein Tisch.
In diesen Jahren hörte man dumpf den Widerhall der Bombenangriffe auf Berlin. Rudi erinnerte sich später, daß seine Mutter oft weinte und die Schlafenszeit ständig mißachtete. »Bei uns in Luckenwalde rissen ›bloß‹ einige Bomben schwere Krater am Rande der Stadt, dort allerdings wohnten wir. Es mangelte nicht an Zusammenbrüchen, das Rennen und Springen in den Keller, dieser Kriegs-›Heimat‹ von 1944 und '45.«[3] Das Leiden der Menschen um ihn herum ging dem kleinen Rudi schwer zu Herzen.
Als Rudi drei Jahre alt war, hatte der Vater einen kurzen Urlaub und kam auf Besuch. »Ich traf meinen [Vater] Ende 1943, war mir seiner natürlich nicht bewußt, schließlich trieb er sich, oder mußte sich treiben lassen, irgendwo herum. Jedenfalls war ich in den Armen der Mutter, da stand ein Besucher plötzlich neben uns, lachte und wollte mich ›so mir nichts, dir nichts‹ in die Arme nehmen, jedenfalls bekam er von mir einen echten Backenschlag, war so eine automatische Re-Aktion. Offensichtlich hatte die Mutter mir als dem jüngsten besonders beigebracht, mich von den Gefangenen, die in jeder Woche in die Gärten unserer Straße kamen, um Bodenarbeit zu machen, nicht tragen zu lassen, keinen intensiveren Kontakt zu haben. Anders ist mein Schlag gegen den Vater, den Fremden, schwerlich zu erklären. Seine Re-Aktion war seiner Lebens- und Daseinsgeschichte gemäß: Nun nahm er mich erst recht, drehte mich, und die ›Begrüßung‹ erfolgte durch nicht zu vergessende Hiebe auf den Arsch. Damit halt die ›Kräfteverhältnisse‹ wiederhergestellt waren.«[4]
Ob Alfred die aufgepeitschte Begeisterung über den Krieg geteilt hatte, ist nicht sicher. Im nachhinein war er nicht bereit, es zuzugeben. Er verhielt sich nicht anders als Millionen von Deutschen, die nach dem Ende des Gemetzels vergaßen, was sie davor getan hatten. Es gab keine Fragen, und es gab keine Antworten. Alfred Dutschke erzählte

auch keine Kriegserlebnisse. Er muß viel mitgemacht haben, denn er war vom ersten Tag an dabei und geriet am Ende bei Brünn in russische Kriegsgefangenschaft. Er kam 1947 wieder nach Hause.
Statt der Gefangenen tauchten jetzt neue, furchterregende Fremde auf, die Soldaten der sowjetischen Besatzungsmacht. Elsbeth warnte die Kinder, sie sollten sich mit den Soldaten auf nichts einlassen. Aber es war nicht möglich, jede Berührung zu vermeiden: »Auf dem Wege zu Oma-Opa kam es zu meinem Kontakt mit dem direkten Gesicht eines Soldaten der Roten Armee. Wenige Kilometer vor meinem Heimatdorf Sch[önefeld] wurden Mutter und ich von dem Soldaten angehalten, und er nahm uns unser Fahrrad weg. Es war das meines Vaters, der sich zu dieser Zeit noch im Lager in der SU befand. Der Verlust unseres Fahrrads regte mich weniger auf als meine Mutter, schließlich schauten die Augen des Soldaten freundlich auf uns, zum anderen erhielten wir ein anderes Fahrrad, eines für Frauen mit Kinder-Vordersitz. Es sah gut aus, hatte nur einen Mangel. Der Vorderreifen war ohne Luft. Die letzten ca. 4 Kilometer zu gehen war nicht schwer, schließlich waren wir x-mal die ganze Strecke von ungefähr 16 Kilometern mit dem Handwagen gegangen, um Kartoffeln, rote Rüben, Getreide u. a. m. für uns zu beschaffen. Mutter war nun von diesem Soldaten nicht ›vergewaltigt‹ worden – zum anderen wußte ich nicht, was das wirklich ist. Wir kamen in meinem Geburtsort gut an, holten das Eßzeug von den Verwandten, Opa reparierte das ›neue Fahrrad‹, und wir kehrten bald ›erfolgreich‹ in unsere Klein-Stadt L[uckenwalde] zurück.«[5]

*

Der Luckenwalder Pfarrer Skrodt mußte lavieren zwischen den Ansprüchen eines atheistischen Staats und den Geboten seiner Kirche. Eine unterschwellige Ablehnung des Staats verband sich mit dem Bedürfnis, ihn doch zu akzeptieren. Rudi ging es nicht wesentlich anders. Auch deswegen zog es ihn zu diesem Pfarrer und zur Jungen Gemeinde. Später erinnerte er sich daran: »Die soziale Frage und die Glaubensfrage waren lutheranisch verknotet. Da dennoch weder zu Hause noch in der Gemeinde der Name des Sozialismus eine Schande war, kam er mir in der Oberschule trotz fanatischer Leichtathletiktreiberei immer näher. (...) Eins begann ich bald zu lernen: Der Zweite Weltkrieg war nicht aus dem Himmel gekommen, sowenig wie die Hölle der deutschen Konzentrationslager. Mein christliches Selbstverständnis wehrte sich dagegen, denjenigen dafür verantwortlich zu machen, der die Liebe gelebt hatte und dafür ans Kreuz mußte. So stellte sich mir die Frage nach den Verantwortlichen des Zweiten Weltkrieges. Meine christliche Scham über das Geschehene war so groß, daß ich es ablehnte, weitere Beweisdokumente zu lesen, und mich mit einer allgemeinen Erkenntnis zufriedengab: Der Sieg und die Macht der NSDAP, das Entstehen des Zweiten Weltkrieges ist von dem Bündnis zwischen NSDAP und den Reichen (Monopolkapital) nicht zu trennen. Damit war der Raum frei geworden für die erste Entscheidung, zwischen Kapitalismus und Sozialismus grundlegend differenzieren zu können und dennoch mein Christentum nicht aufzugeben. Ein christlicher Sozialist in seiner Widersprüchlichkeit und latenten Produktivität kam da erst einmal heraus.«[6]

Wie viele andere, die nicht ganz verdrängen konnten, hatte Rudi Schwierigkeiten mit seiner Identität als Deutscher. Manchmal resignierte er und glaubte, das Nachdenken über die Nazizeit aufgeben zu müssen. Die Schande war unermeßlich groß. Um sich davon distanzieren zu können, bildete er sich ein, daß er ein Jude sei, den die Dutschkes bei sich versteckt hätten. Diese Einbildung stützte er auf die Tatsache, daß er beschnitten war.

1946 wurde Rudi eingeschult. Seine Erinnerungen an die Schulzeit zeugen von einem Kind, das gern spielte, nichts gegen Streiche hatte und mit allen gut zurechtkam, auch wenn es darum ging, sich in Kämpfen zu behaupten. Die Lehrer, viele mit einschlägiger nazistischer Vergangenheit, waren autoritär und konservativ. »Wurde von den älteren kräftig geschlagen, noch mit Stock auf die Finger, die jüngeren standen jahrelang nicht nach.« Aber das Lernen machte Rudi Spaß, und er verschlang den Unterrichtsstoff mit großem Eifer. Sein Lieblingsfach war Geschichte. Schwieriger war es mit der Musik. Rudi mochte sie. Er sang aus voller Kehle und merkte es nicht, wenn der Lehrer, »ein ehemaliger NSDAPler, natürlich entnazifiziert«, seine schrägen Töne nicht mehr aushielt. Dann brüllte er verbissen: »Dutschke, Schnauze halten!« Rudi später: »Kam mit der Musik so nie in ein natürliches Verhältnis.«

Seine Zensuren waren gut: »Sein Betragen ist ohne jeden Tadel. Rudi ist ein kluger und aufgeschlossener Junge. Durch seine gute Mitarbeit spornte er die Klassenkameraden an. Zu seiner Arbeit war er stets gewissenhaft, ausdauernd und zielstrebig.« Das bedeutete aber nicht, daß er ein Streber war.

Um die lästigen Pflichten zu Hause so schnell wie möglich hinter sich zu bringen, entwickelte er manchmal Ideen, die in der Familie keine Begeisterung auslösten. »Habe von ihm [Vater] nur noch 1956 einen kräftigen Schlag ins Gesicht bekommen, hatte das Benzin aus dem Motorrad meines Bruders M[anfred] dazu benutzt, das nasse Holz im Ofen in Schwung zu bringen. Kam wahnsinnig in Schwung, das Feuer erreichte ›Gott sei Dank‹ nicht meinen Körper, landete voll in der Zwischentür unserer Räume, von der Farbe blieb nichts, und die Tür war wüst, schwarz und ›leer‹. Bis zur Rückkehr der Eltern verblieben noch einige Stunden, die Brüder wurden zuerst informiert und hielten ›dicht‹. Was tun? Ich fuhr zu meinem Leichtathletikfreund, [der] war Maler, erhielt die notwendigen Unterlagen, er persönlich konnte leider nicht kommen. Das Ergebnis meiner Arbeit an der Tür konnte sich sehen lassen, doch es reichte nicht aus. Vor den Eltern tat ich so, als ob es doch mal fällig gewesen wäre. Wenige Worte hatte ich gesagt, schon schlug der Vater halt zu.«[7]

*

1949 wurde aus der sowjetischen Besatzungszone die DDR, im Westen wurde die BRD gegründet. Die Menschen um Rudi ertrugen es als einen unausweichlichen Schicksalsakt, und sie nahmen sich vor, damit zurechtzukommen. Sie schimpften nicht auf den aufgepfropften Sozialismus, sondern ermahnten sich, bloß vorsichtig zu sein und der Staatsmacht keinen Anlaß zu geben, sie ins Visier zu nehmen. Meistens hörte die Familie Westsender, und Vater Dutschke soll interessiert die Politik in Westdeutschland verfolgt haben. Das wußte später jedenfalls die Stasi zu berichten.

Am 17. Juni 1953 drang die Politik zum erstenmal nachdrücklich in Rudis Leben ein, als in Ost-Berlin und anderen Städten die Arbeiter auf die Straßen gingen: »Die Eigenartigkeit des 17. Juni 1953 wurde uns am frühen Morgen um 6:30 Uhr ›deutlich gemacht‹, als unsere Eltern meine Brüder und mich weckten. Vater und Mutter waren äußerst unruhig, sprachen immer wieder auf uns ein, auf keinen Fall dort hinzugehen oder stehenzubleiben, wo viele Menschen zusammengekommen seien, miteinander sprechen usw. Wir sollten der bevorstehenden Arbeit und Schule unverändert nachgehen und pünktlich nach Hause kommen, d. h. nach Beendigung der Tätigkeit in der Fabrik, in der Landwirtschaft und in der Schule.

Was war los? Warum diese Aufregung? Wir hörten unseren Sender, den der DDR, dieser sprach von ›Provokationen des westdeutschen Revanchismus im Bündnis mit dem US-Imperialismus‹. Das war mir ein ziemliches Rätsel, meinen älteren Brüdern, zwischen 15 und 19 Jahre alt, gleichermaßen. Vater und Mutter wollten es uns nicht erklären oder konnten es nicht. Wir hörten den ›RIAS‹, dieser sprach von ›Kampf um Freiheit‹ am meisten, wies aber auch auf nicht erfüllte Lohn-Forderungen der Arbeiter hin. Das klang für unsere jungen Köpfe einsichtiger, besonders für die meiner Brüder. (...) Unsere Schule lief am 17. Juni so ab wie jeden Tag, über die sich weiter entwickelnden Unruhen in den Fabriken Ost-Berlins und in vielen Städten der DDR hörte ich nichts (!) in der Schule, das erfolgte erst gegen Abend, im besonderen, aber nicht nur, über die West-Sender. Die Familie schimpfte gegen die eigene Regierung, über die westliche, und wußte nicht wirklich die Lage einzuschätzen. Die Erschießungen von Arbeitern empörten und verunsicherten uns, es war aber nicht ein Klassenbewußtsein, sondern ein christlich-allgemeines mit all seinen Schwierigkeiten.

Am 18. Juni erfolgten für uns am frühen Morgen erneut die Anweisungen durch die Familie, mit etwas verändertem Blick ging ich kurz vor 8 Uhr mit meinem Freund K[laus], Sohn eines Bau-Arbeiters, wieder wie am Tage vorher in die Volksschule der Kleinstadt (...).

K. erzählte, daß sein Vater in Ost-Berlin arbeitete, nicht nach Hause gekommen war, die Mama sehr unruhig sei. Ich betete in mich hinein, K. hörte so etwas nicht gerne, obwohl er mit mir zusammen in den Kirchenunterricht ging.

Auffallend nach der erweiterten Nervösität in unseren Familien war für uns das veränderte Klima in den Straßen auf dem Wege zum Unterricht. Die Autos, Lastwagen und Fahrräder unserer Umgebung, die wir wegen ihres täglichen Erscheinens gut kannten, teilweise liebten und bewunderten – mehr als die Personen –, waren fast gar nicht auf den Straßen wirksam. Es war unmöglich, daß so viele Unfälle in unserer Stadt in so wenigen Stunden sich abgespielt haben sollten.

Dagegen sahen wir ungewöhnlich viele Wagen der sowjetischen Roten Armee. Auf den allerersten Blick war das für uns nicht ungewöhnlich, schließlich wohnten wir in der Nähe einer großen Kaserne der Sowjetsoldaten. Soldaten der Roten Armee beherrschten an diesem 18. Juni die Ecken und Übergänge der Straßen, die Gewehre in Kampfbereitschaft.
Als K. und ich ihnen auf dem Wege zur Schule begegneten, ihnen ein nicht ganz ehrliches ›mo gelam‹ zuriefen, blieben die Gesichter der Soldaten hart und verwiesen uns sprachlos auf die Litfaßsäule: Die Zusammenballung von mehr als zwei Personen in den Straßen wird aufgelöst; wer nach 20 Uhr auf der Straße angetroffen wird, hat mit Verhaftung und direkter Verurteilung zu rechnen u. a. m. stand dort, die Unruhe der Eltern wurde verständlicher, aber es war damit für uns keine Aufklärung erfolgt.
Als wir schließlich die Schule erreichten, verklärte sich unsere gesammelte junge Erfahrung: Die Lehrer und Lehrerinnen in der Schule ließen den Unterricht bei uns so ablaufen, als ob die gesellschaftlichen Verkehrsformen jenes Tages, die Prozesse der Übergänge etc. die gleichen wie vorher in der ›normalen Lage‹ der Stadt gewesen wären. (...) Aufklärung und eine Form der Information, die die Lage unserem Alter entsprechend für uns erkennbar gemacht hätte, erreichten uns nicht. Wir kehrten nach Hause zurück, ohne verstanden zu haben – unserem Alter gemäß.« [8]

Für Rudi war damals der Sport das wichtigste im Leben. Er war ein guter Sportler und hatte immer mehr Erfolge. Sein Traum war, einmal Olympiasieger zu werden. Er trainierte hart und begann Meisterschaften zu gewinnen. 1955 war er Dritter bei den Waldlaufmeisterschaften, aber schon Kreismeister im Diskuswerfen mit 31,75 Metern und im selben Jahr Bezirksbester mit 34,21 Metern. Damit gehörte er zu den 24 besten Diskuswerfern seiner Altersgruppe, der A-Jugend, in der DDR. »Auf Grund des Sieges beim Bezirks-Turn-und-Sportfest wurde ich Mitglied der Bezirksauswahl«, schrieb er in sein Fotoalbum. »In Cottbus warf ich 1956 38,42 m, womit ich in der Bestenliste der DDR den 7. Platz einnahm.« Bei diesem Turnier stieß er die Kugel 11,74 Meter. Das war Rekord bei der A-Jugend. Beim Schulsportfest 1957 sprang er 6,81 Meter weit. »Bei der gleichen Veranstaltung erreichte ich im Kugelstoßen 11,37 m. Im Hochsprung Schulrekord mit 1,63 m; im 100-m-Lauf

12,0 sc. Bei diesem Wettkampf der B. S. G. Fortschritt wurde ich Sieger [im Diskuswerfen] mit der persönlichen Bestweite von 36,49 m. Da der Veranstalter, also die B. S. G. Fortschritt, die Ergebnisse nicht meldete, wird mein bestes Ergebnis nicht in der Bestenliste zu finden sein. Die beste Weite, die ich außerhalb erzielte, waren 35,38 m, die ich in Finsterwalde, wo ich 4. hinter Rogalski, Roß und Peter wurde, warf. Im Jahr 1958 möchte ich gern über 40 m werfen, um wieder einen Platz in der Zehnbestenliste der DDR einzunehmen.« Daraus wurde aber nichts. 1958 versuchte er sich im Hochsprung. »Ich schaffte 1,64 m und verfehlte 1,69 m äußerst knapp. Ich sprang Straddle. Diese Sprungart beherrsche ich jedoch noch sehr unvollkommen.« Seinen letzten Zehnkampf machte er 1959/60. Im Mai 1959 wurde er Bezirksmeister im Stabhochsprung mit 3,30 Metern. Am 1. Mai 1960 gewann er in Genthin einen Wettkampf, an dem auch Sportler aus der Bundesrepublik teilnahmen, mit einem Sprung von 3,60 Metern. Seine Rekorde sind in Luckenwalde nie übertroffen worden.

Er trat in den Sportklub der Schule ein und wurde schnell ihr Leiter. Das zwang ihn, der Staatsjugend FDJ beizutreten. Seine Begeisterung darüber hielt sich in Grenzen: »War innerlich entschlossen, der Partei meine Hand zu verweigern.« Aber sein Eifer, Leistungssport zu treiben, überlagerte alles andere.

Der Sport bestimmte auch sonst Rudis Leben. Er hörte im Radio alle Sportberichte aus Ost und West, die er empfangen konnte. Er begann vor dem Radio mit den Reportern zu wetteifern, ob er genausogut wie sie berichten könnte. Dieses Spiel machte ihm einen solchen Spaß, daß er bald auf die Idee kam, Sportjournalist zu werden, wenn aus der olympischen Goldmedaille nichts werden sollte. Er übte zielstrebig als Möchtegern-Sportreporter und entwickelte sich zu einem Redner, ohne es eigentlich zu merken.

*

Als 1956 die ungarischen Arbeiter gegen die sowjetischen »Freunde« und ihre Marionetten in Budapest aufstanden, war Rudi ganz auf ihrer Seite. Auch darüber wurde in der Schule nicht gesprochen, aber zu Hause und in der Gemeinde, denn alle hörten die Berichte des westlichen Rundfunks. »Daß ein Volk sich freizumachen versuchte, begeisterte mich, daß die Nagy-Regierung * eine sozialistische war, stand für mich außer Zweifel. Alle Erklärungen dieser Regierung, die im RIAS und SFB ausgestrahlt wurden, ließen für mich keine Unklarheit zu. Die Einführung des Kapitalismus wurde nicht verkündet oder als Ziel gefordert. Die Arbeiterräte spiegelten die Untrennbarkeit von Demokratie und Sozialismus wider.

Was machte ein junger christlicher Sozialist in solch einer Zeit? Wieder wurde gebetet und ein militärischer UNO-Eingriff gewünscht. Ohne schon den US-Imperialismus und sein Wesen der Negation sozialistischer Befreiung im geringsten durchschaut zu haben, wurde mir an der Ungarn-Tragödie eins klar: Mißtraue den russischen und amerikanischen ›Freunden‹ von da oben, die spielen ihr Spiel.

Mein Beten für den ungarischen Aufstand war ohne ›Erfolg‹, aber mein Sozialismus-Verständnis wurde erneut gestärkt – wie auch mein Mißtrauen gegenüber dem ›Marxismus-Leninismus‹ der führenden Partei bei uns oder anderswo sich erweitern mußte.«[9]

Jetzt formten sich die Gedanken, die in Rudis Kopf keimten, allmählich zu einem frühen Weltbild. Er unterstützte die Forderung nach Selbstbestimmung, wie sie die Menschen in Ungarn erhoben. Aber der Kapitalismus erschien ihm wenig reizvoll. Zumal es ihn abstieß, wie die Nazitäter in Westdeutschland weißgewaschen wurden und viele von ihnen ihre Karrieren fortsetzten, als wäre nichts geschehen. Er hoffte damals noch auf die SPD. Rudi hatte im Radio Reden des SPD-Vorsitzenden Kurt Schumacher gehört. Schumachers Kritik des Monopolkapitalismus zog ihn an, auch dessen Aussage, daß die Wurzeln des Nationalsozialismus in der sozialökonomischen Struktur der kapitalistischen Gesellschaft zu finden seien. Aber Schumacher war schon 1952 gestorben, und sein nachwirkender Einfluß schwand rapide.

*

Rudi sollte als erster in seiner Familie das Abitur machen. Und alles lief darauf hinaus, daß er gleich danach das Sportjournalistikstudium in Leipzig aufnehmen würde. Bis im November 1957 die Jahreshaupt-

---

* Der sozialistische Politiker Imre Nagy (1896-1958) war Führer des ungarischen Aufstands 1956, der von sowjetischen Truppen niedergeschlagen wurde. Nagy wurde anschließend hingerichtet.

versammlung der FDJ-Schulgruppe alles änderte. Rudi sollte dort als Leiter der Sportabteilung der FDJ etwas sagen. Im Anschluß berichtete Schulparteisekretär Wolfgang Gattner über die Veranstaltung: »Dort war es negativen Kräften gelungen, das Bild zu bestimmen. So äußerte der Jugendfreund Dutschke, wenn er das Wort schießen höre, liefe es ihm kalt über den Rücken. Keiner wolle Krieg. Das Verbot der Westreisen sei ein Eingriff in die persönliche Freiheit. Man solle doch immer alle Deutschen an einen Tisch bringen. (...) Der Jugendfreund Neye setzte hinzu, daß die Schüler nicht von der Notwendigkeit des Eintritts in die NVA [Nationale Volksarmee] überzeugt seien. (...) Beide Schüler erhielten für ihre Ausführungen starken Beifall.« [10]
Von den sechs Jungen in der Klasse 12a meldete sich nur einer zum Militär. Direktor Schöckel und die SED-Genossen an der Schule dachten sich einen Trick aus, um den »negativen Kräften« ihren Glanz zu nehmen. Als bei der Abiturfeier die rund 150 Schüler der Oberstufe und ihre Lehrer in der Aula der Schule versammelt waren, trat Direktor Schöckel vor an das Rednerpult auf blumengeschmückter Bühne. Er rief Rudi auf und verlangte von ihm, vor den versammelten Schülern seine Haltung zum Militär darzustellen und Selbstkritik zu üben. Statt aber die gewünschte Erklärung abzugeben, wandte Rudi sich an den Lehrkörper: »Warum denken Sie nicht wie ich? Haben Sie vergessen, was noch vor wenigen Jahren an dieser Schule gelehrt und gelernt worden ist? Niemals wieder eine Waffe in eines Deutschen Hand. Damals hat niemand Pazifismus als gesellschaftlich inaktive Handlung bezeichnet. Warum ist das heute anders?« Er schloß seine Ausführungen mit der Feststellung, er könne nichts Unrechtes darin erkennen, nicht zum Militär zu gehen. In der Aula ertönte begeisterter Applaus. Schulleiter und FDJ-Sekretär versuchten vergebens die Stimmung zu wenden, keine Hand rührte sich zum Beifall für ihre Erklärungen, aber es traute sich auch keiner, Rudi offen zur Seite zu stehen. [11]

Was war über ihn gekommen, daß er den Mut hatte, sich mit den Mächtigen anzulegen? »Wenn man das Reden erlernt hat, schließlich wollte ich Sportjournalist werden und trainierte unheimlich oft zu Hause, so reißt es einen manchmal durch«[12], erklärte Rudi. »Einmal provozierte mich die Lobhudelei gegenüber der Sowjetunion und die Beschimpfung Westdeutschlands durch den neuen Parteivorsitzenden der SED an unserer Schule. Allein hätte das schwerlich ausreichen können. Wahrscheinlich hat mich etwas anderes in letzter Konsequenz viel mehr getrieben: Es war für mich die erste Möglichkeit, vor Hunderten von Schülerinnen und Schülern wirklich öffentlich sprechen zu können. Ich setzte mich vom Standpunkt des christlichen Sozialisten mit den Vorgängen innerhalb und außerhalb der Oberschule auseinander. Wie durcheinander auch immer, an erstmaligem breitem Beifall auf der ›politischen Szene‹ mangelte es nicht. Aber meine bewiesene Fähigkeit zur Rhetorik und Argumentation sollte mir schlecht bekommen.

Gerade der ›Marxist-Leninist‹ des Hauses erhob schließlich seine Einwände. Wenige Monate später wurde aus dem real ›guten‹ Abitur ein gerade ›genügendes‹ wegen ›ungesellschaftlichen Verhaltens‹. Mein Weg nach Leipzig zur sportjournalistischen Ausbildung war damit blockiert.« [13]

Rudi versuchte seine Haltung gegenüber der Schulleitung schriftlich zu verteidigen, möglicherweise hatte der Direktor ihn dazu aufgefordert: »So sah ich schon sehr früh die Schrecken des Krieges. Ich hörte, daß mein Onkel bei Maikop durch einen Volltreffer in seinem Panzer ums Leben gekommen war. Die Benachrichtigung darüber sagte aus: ›Gefallen für Führer und Reich.‹ Was uns dieser Führer und dieses Reich gebracht haben, sehen wir erst heute, da an eine Einheit Deutschlands noch nicht wieder zu denken ist. Es soll nicht noch einmal heißen ›gefallen‹. Meine Mutter hat uns vier Söhne nicht für den Krieg geboren. Wir hassen den Krieg und wollen den Frieden. (...)

Im Jahre 1954 begann ich mit dem Besuch der Gerhart-Hauptmann-Oberschule. Wie es so allgemein üblich war, trat auch ich in die FDJ ein, ohne die richtige Überzeugung zu haben. Obwohl ich nun schon seit 4 Jahren an Wahleinsätzen, Versammlungen und Sportveranstaltungen der FDJ teilnehme, habe ich noch keinen richtigen Kontakt zur FDJ bekommen. Das liegt wahrhaftig nicht an meiner Gesinnung. Ich sehe den Hauptgrund darin, daß sich niemand von der FDJ mit mir in sachlicher Diskussion politisch auseinandergesetzt hat. Jetzt ist es nicht mehr nötig, weil ich durch gute Arbeit im Fach Geschichte und Gegenwartskunde zu einem überzeugten Anhänger des Fortschritts wurde. Wenn ich auch an Gott glaube und auch nicht zur Volksarmee gehe, so glaube ich dennoch, ein guter Sozialist zu sein. Ich glaube auch zu wissen, was ich dem Staat, der mir den Besuch der Oberschule ohne finanzielle Opfer ermöglichte, schuldig bin. Ich werde in der

Produktion so arbeiten, daß ich mithelfe, unseren Staat zu stärken und zu festigen.« [14]
Der Brief half ihm natürlich nicht, er wanderte in die Stasiakten. Rudi versuchte nun das Beste aus seiner Lage zu machen, ohne seine Überzeugungen zu verraten.
Die DDR-Regierung bot Menschen, die kein oder ein schlechtes Abitur hatten, an, daß sie an eine Universität durften, wenn sie zuvor eine Berufsausbildung absolvierten. Eine Wehrpflicht gab es vor dem Mauerbau nicht in der DDR. Ein Abiturient, der eine Hochschule besuchen wollte, war aber meist chancenlos, wenn er nicht den Dienst in der Nationalen Volksarmee nachweisen konnte. Rudi beschloß, eine Lehre als Industriekaufmann anzutreten, weil er hoffte, danach studieren zu können, ohne zur Armee zu müssen. »Denkst du, ich wollte Industriekaufmann werden?« schrieb er später an den Dichter und Revolutionär Peter Paul Zahl. »Ging mich echt nichts an, der vage Traum vom Sportjournalisten oder Olympiasieger im Zehnkampf (Leichtathletik) bewegte mich innerlich. Ulbricht hatte ja versprochen, nach der ersten Ausbildung zur Uni gehen zu dürfen (...), nicht zur Armee.« [15]
Die Ausbildung dauerte eineinhalb Jahre. Neben dem Fachunterricht wurde auch Staatsbürgerkunde gelehrt, und außerdem mußte Rudi in einem Textilbetrieb, dem VEB Beschläge Luckenwalde, arbeiten. In den meisten Fächern bekam er die Note 1, in Staatsbürgerkunde allerdings nicht. Er hatte keine Lust auf die üblichen marxistisch-leninistischen Bekenntnisrituale. »Bei politischen Diskussionen erweckte D. oft den Eindruck, als ob er an diesem Geschehen vollkommen unbeteiligt wäre. Es wird eingeschätzt, daß D. in politischer Hinsicht desinteressiert war«, notierte die Staatssicherheit später.
Unter den Kollegen im Betrieb dagegen schwieg er nicht. Sie »lachten mich etwas aus; ›hier muß man sich anpassen‹, hielten mich für einen Schwachkopf, allerdings für einen ›angenehmen‹« [16], schrieb er. Diese achtzehn Monate waren die einzige Zeit in Rudis Leben, in der er direkt mit Arbeitern zusammen war. Sie haben zuerst »zumeist in sich hinein gegrinst«, aber dann merkten sie, daß Rudi ein guter Kumpel war, der seine geistige Überlegenheit nicht heraushängen ließ.
Nach Abschluß der Ausbildung schlug Rudis Betrieb ihn für einen Studienplatz vor. Aber dann erschien ein Offizier der NVA und erklärte Rudi, daß er vor dem Studium einen zweijährigen Wehrdienst

leisten müsse. Völlig deprimiert traf er nach diesem Gespräch seinen Freund Bernd Thesing. Dieser berichtet: »Einen Satz des NVA-Offiziers hatte sich Rudi besonders eingeprägt. Wenn er nicht zur NVA gehe, sei er für Adenauer. Und wenn er für Adenauer sei, flöge er innerhalb von drei Wochen von jedem Studienplatz, den er eventuell erreichen sollte.« [17]

»Als bald in unserem Textilbetrieb bekannt war, ›der Rudi durfte nicht nach Leipzig zum Studium des Sportjournalismus, hat zu große Schnauze gehabt, will nicht zur Armee‹, wurde die Stimmung und Beziehung viel gelockerter, als aktiver Leichtathlet sowieso günstig dafür, aber nicht die christliche Seite von mir, die spielte aber weder auf dem Sportplatz noch im Betrieb eine Rolle.« [18]

Rudi hatte seine Meinung über die Armee nicht geändert. »Mutter lehnte es ab, ihren Sohn mit Betriebs-Anzug (Armee) zu sehen«, schrieb er später. Sein Vater, der selbst Soldat gewesen war, war ratlos. Er hätte es »am liebsten gesehen, wenn ich mal in die UNO-Armee hineinkommen würde. Viel zu früh und zu spät gedacht (...), bei mir war es dieses Christentum, Mutter im besonderen.« [19]

Rudi war kein klassischer Pazifist. Aber es war seine Abscheu vor der Nazizeit, die ihn davon abhielt, zum Militär einzurücken. Außerdem war ihm die Vorstellung zuwider, daß Deutsche gegen Deutsche kämpfen könnten.

Jetzt gab es keine Möglichkeiten mehr, die ausgeschöpft werden konnten. Rudi mußte die Idee aufgeben, in Leipzig Sportjournalismus zu studieren. Der Gang in den Westen wurde unvermeidlich.

Das DDR-Abitur wurde in Westdeutschland nicht anerkannt. So mußte das Studium wieder hinausgeschoben werden. Rudi meldete sich für die Abiturklasse an der Askanischen Schule in Berlin-Tempelhof an. Weil es zuviel Zeit gekostet hätte, zwischen Luckenwalde und West-Berlin zu pendeln, suchte er sich ein Zimmer und fand es in Schlachtensee. Bernd Juds, einer der Mitbewohner, übernahm es, Rudi in das Leben im Westen einzuführen. Er schlüpfte gewissermaßen in die Vaterrolle, damit der Junge, der immerhin zwanzig Jahre alt war, nicht zugrunde ging in der Konsumwelt. Bernd war ein engagierter Sozialdemokrat, der Spaß daran hatte, nächtelang mit Rudi über Politik zu diskutieren.

Um finanziell über die Runde zu kommen, arbeitete Rudi zunächst in einer Gärtnerei bei Verwandten. Aber er hatte davon bald genug. Er bekam dann eine Stelle in der Sportredaktion der »BZ«. Es war ihm damals noch egal, daß diese Zeitung dem Springer-Konzern gehörte. Hier konnte er wenigstens teilweise das tun, was ihm in der DDR verwehrt worden war.

Zwei Arbeiten, die Rudi in seiner West-Berliner Schulzeit verfaßt hat, sind erhalten geblieben. In der einen befaßt er sich unter dem Titel »Die Dämonie der Macht« mit dem katholischen Theologen Romano Guardini, die andere handelt von »Freiheit und Ordnung«. Es gibt darin nichts, was an den Marxismus anknüpft. Rudi spricht aber einige Fragen an, die ihn noch jahrelang beschäftigen würden: Eine davon war die Frage der Macht, die er später als Marxist nie aus den Augen verloren hat. Vor dem Hintergrund seiner Auseinandersetzung mit dem Nationalsozialismus schreibt er: »In Wahrheit ist die Macht etwas durchaus Mehrdeutiges. Macht kann Gutes wie Böses hervorbringen. Sie kann aufbauen und zerstören. Zu was die Macht wird, hängt davon ab, wie die Gesinnung des Machtausübenden ist. Bei genauer Prüfung der Entwicklung der Macht zeigt sich, daß das Ethos des Machtgebrauchs nicht größer geworden ist, die Klarheit des Gewissens nicht so gestiegen ist wie die Machtkonzentration. Es zeigt sich, daß der moderne Mensch nicht zum richtigen Gebrauch der Macht erzogen wurde.

Aus dem Gesagten geht hervor, daß die Gefahr des Mißbrauchs der Macht ständig steigt. Es scheint sich immer mehr die Neigung zu vergrößern, die Machtausübung als einen Naturvorgang anzusehen und die Machtausübung nur nach Nützlichkeitserwägungen zu betreiben.«

An anderer Stelle heißt es: »All die unfaßbaren Systeme der Vernichtung haben doch nur entstehen können, weil die Menschen nicht das Beet der Humanitas gepflegt haben – oder ist das Sinnen des Menschen von Anfang bis in Ewigkeit böse?«

Schon 1960, angesichts der seit Anfang der Republik währenden Bundeskanzlerschaft Konrad Adenauers, hatte Rudi große Bedenken, ob die Demokratie in Westdeutschland mehr war als ein Phänomen an der Oberfläche: »Es gibt keine Garantie für den sittlichen Gebrauch der Macht. Es gibt nur die Wahrscheinlichkeit, daß sich das Gute durchsetzen wird. Es muß nachgeholt werden eine Erziehung der

Menschen und besonders der Elite. (...) Uns wurde die Freiheit gegeben in der BRD, und dann haben wir sie gebraucht, ohne dazu erzogen zu sein. Das war ein nicht wiedergutzumachender Fehler der Alliierten Siegermächte. Ein permanenter Bundeskanzler ist eine große Gefahr für die Freiheit und für die Demokratie.«
Demokratie, was war das eigentlich? »Demokratie, das bedeutet: die Meinung des Gegners, der auch auf dem Boden der Verfassung steht, zu respektieren. Der politische Gegner darf nicht als Irrer oder potentieller Dummkopf abgestempelt werden. In der Demokratie ist das Streben nach Macht gezähmt und kultiviert.«
Fast zwanzig Jahre später nahm Rudi diese Gedanken wieder auf. »Der unbedingte Macht- u[nd] Führungsanspruch der CDU; Mißbrauch der Macht, kein wirkliches demokratisches Bewußtsein ausgebildet (Strauß: u. a. Fernsehstreit, Verletzung der Verfassung). Das alles bedeutet, daß sich die Macht objektiviert und damit sich dämonisiert.«[20]
1960 überlegte Rudi: »Die absolute Wahrheit, die absolute Freiheit, die absolute Ordnung können wir nicht erreichen. Alles ist auf dem Wege. (...) Nehmen wir das Beispiel meiner Heimat. Die Legitimität einer Ordnung beginnt mit dem Wahrwerden der schriftlich fixierten Gesetze. In der Verfassung der sogenannten DDR ist das Recht auf Glaubensfreiheit fest verankert. Die Praxis des Regimes sieht aber so aus, daß die Glaubensfreiheit sehr weit eingeschränkt ist. Kann ich als überzeugter Christ eine Ordnung der Unfreiheit anerkennen? Die Kirche ist der Ansicht, daß die Ordnung von Gott ist. Hier stehe ich als Christ in großer Gewissensnot. (...) Seit Jahrhunderten sind die Menschen auf der Suche nach Freiheit, Ordnung, Wahrheit. Warum haben wir nicht schon längst einen Weltstaat? Warum schweben wir zwischen Krieg und Frieden? Warum versuchen wir, das All zu erforschen, wo doch auf der Erde noch zwei Drittel der Menschen hungern? (...) Ich weiß auch, daß durch die politische Spaltung der Welt die Begriffe der Freiheit und der Ordnung eine grundverschiedene Interpretierung erfahren. Der Osten sagt: ›Freiheit ist Einsicht in die Notwendigkeit.‹ Der Westen sagt vielleicht: ›Freiheit ist Freiheit des Andersdenkenden.‹ Beides zusammen ergäbe mein Idealbild der Freiheit.«[21]
Rudi war sich noch nicht klar darüber, wohin seine Überlegungen führen mußten. Aber mit der Zeit würde die Bewegung, die er mit schuf,

immer deutlicher die Aufgabe übernehmen, die 1949 nicht bewältigt worden war – die verpestete deutsche Geschichte zum Gegenstand des Streits zu machen. Diese Bewegung gab den Deutschen eine neue Vergangenheit, die nicht mehr aus den faschistischen Wurzeln erwuchs. Das war die Revolution, die Rudi führen sollte.

Die Mauer

»Die ewige Unvollendetheit«[22]

Im Sommer 1961 machte Rudi sein zweites Abitur. Er ging zurück nach Luckenwalde, um noch ein letztes Mal, umwoben von der Aufmerksamkeit der Familie, auszuspannen. Erst kurz vor Anfang des Herbstsemesters wollte Rudi nach Berlin zurückkehren. Aber im August verschärfte sich die politische Situation in der DDR. Der Flüchtlingsstrom nach West-Berlin schwoll an, und am 9. August stand in der »Bild«-Zeitung: »In der Nacht nach der Chruschtschow-Rede: Flüchtlings-Strom verdoppelt!« In Luckenwalde las niemand Springers Revolverblatt. Aber was Chruschtschow gesagt hatte, sprach sich herum, und die Verstärkung der sowjetischen Streitkräfte an der Westgrenze der DDR sowie die Einberufung der Reservisten waren unübersehbar. Man konnte sich vorstellen, was das bedeutete.

Das große Leck der DDR war in Berlin. Um von Ost nach West zu kommen, mußte man dort nur die Straße überqueren. So verließen immer mehr Menschen das Arbeiter-und-Bauern-Paradies. Es lag auf der Hand, daß die DDR-Regierung etwas unternehmen würde, um das »Ausbluten« zu stoppen. Rudi fühlte sich nicht bedroht. Aber seine Eltern ahnten, daß sein Studium wieder in Gefahr war.

Am 10. August titelte die »B. Z.« in ihrer Morgenausgabe: »Gestern kamen 2000 – die Flucht wird zur Lawine.« Unter diesen 2000 war auch Rudi. Zuvor hatte er seine Mutter getröstet. »Du, ich bin mit Sicherheit schnell wieder zurück. Ihr habt mit eurer Annahme bestimmt unrecht. Will doch unbedingt bald wieder mit den Brüdern unsere glänzend wachsenden Pflaumen von den Bäumen runterholen, damit du wieder deinen so gut schmeckenden Pflaumenkuchen machen kannst.« Rudi stieg mit seinem Koffer auf den Soziussitz des Motorrads, das seinem Bruder Helmut gehörte. Helmut fuhr los. An der Stadtgrenze von Luckenwalde gab es eine Polizeikontrolle. Rudi und Helmut, die den Polizisten kannten, erzählten ihm, daß sie nach Rostock fahren wollten, um Sommerferien zu machen. Er glaubte ihnen, und sie durften weiter. »Die familiäre Schnur riß, Eltern und alle drei Brüder verblieben. Ein neuer Lebens- und Lernprozeß hatte zu beginnen«, konstatierte Rudi.

Am 13. August ließ die Regierung der DDR die Grenze zwischen den Westsektoren und dem Ostsektor Berlins abriegeln und Stacheldrahthindernisse und provisorische Betonmauern errichten. Rudi meldete sich als DDR-Bürger bei der Westberliner Polizei und wurde gleich von den »Amis« verhört. Aus Sicht des SED-Regimes war er »republikflüchtig« geworden.

»Ich landete halt mit 21 im ›Goldenen Westen‹, dann noch allein, mich in ihn zu ›verlieben‹ war weder Anlaß noch Zeit, ganz zu schweigen vom Mißtrauen und den gerade ausreichenden 250-300 DM pro Monat. Die christlich-sozialistische Ecke half da desgleichen, aber West-Berlin, die BRD als ein ›anderes Land‹ zu begreifen, kam mir nie in den Sinn.«[23]

In der Woche nach dem Bau der Mauer zog er zusammen mit Mitschülern zum »antifaschistischen Schutzwall«, ausgestattet mit Seilen und Flugblättern von der UNO. »Wir aus der 13. Klasse versuchten die Mauer einzureißen.« Mit den Seilen wollten sie die provisorischen Betonplatten herunterziehen, aber das mißlang. Die Flugblätter warfen sie über die entstehende Mauer.

Bevor das Semester anfing, reiste Rudi nach Norwegen. Er wollte sich ablenken von der Trennung von seiner Familie und der Wut über die Mauer: »Ich, der ich durch die politischen Wirren der Nachkriegszeit den Weg zum besseren Ende der Wurst, ich lebe in der westlichen Sphäre, gefunden hatte, kümmerte mich kaum um dieses Gesaue an der Mauer, hatte mit mir genug zu tun. Nicht Wohnung oder Frau, auch nicht mein Universitätsstipendium standen im Mittelpunkt meines Wollens oder Sollens. Die nicht beweisbare, aber sicher aufweisbare Seele hatte genug von Protestnoten, von beschwörenden Appellen der Freundschaftsversicherung, von Mördernamen, Mörderaugen und Morden. Sinnlos die Opfer aller Schattierungen. (...) Zerschunden an Körper und Kleidung, schnaufend und lachend, o, wie war ich innerlich frei, erreichte ich die von mir errichtete Hütte unweit der völlig unbewohnten Steilkuste. Voll von Verlangen nach Schlaf, erklomm ich die hochstehende Bettstelle und versank bald in die Welt des Imaginären. Nach etwa zehn Stunden wurde mein Schlaf durch gewaltige Donnerschläge beendet. Noch ein wenig trunken von der Welt des Unbewußten, rannte ich ins Freie, um mein körperliches und seelisches Gleichgewicht wiederzufinden. Ein greller Blitz ließ meine Augen erschauern, das folgende Donnern pflanzte sich von Fels zu Fels fort, als gäben sie einander den Morgengruß der Natur weiter. Mit grollendem Herzen trollte sich schließlich der Donnervogel von dannen. Kaum hatte ich meinem ersten Besucher zum Abschied eine glückliche Weiterreise gewünscht, mußte ich meine ganze Aufmerksamkeit dem von der Randerscheinung zum Hauptakteur gewordenen Regen zuwenden, er bzw. sie hätte sich sonst gekränkt gefühlt, wo ich doch ihr bester Freund bin. Ich liebe den Spaziergang im Schnee des Sommers, bin ich ohne Mädchen, es kommt mitunter vor, habe ich doch eine Geliebte. Der Regen kann nur weiblich sein, mal leicht kosend und streichelnd, mal mit atemnehmender Wucht uns pressend. War ich nun mit einem Mädchen im Regen unterwegs, so küßte ich von der Wange der Geliebten die andere Geliebte, eigentlich betrog ich eine von beiden.

Auch sie zog weiter, von mir nur einen Handkuß erhaltend, und die ›An-sich-Gute‹, die Sonne, wandte mir ihr glutvolles Angesicht zu; sie, die schon sah, was keines Menschen Auge je sah oder sehen wird, die den mit Treibeis gefüllten Nil, die ersten Menschen, den Untergang Karthagos und den Aufgang Roms, den sterbenden Christus sah; Verbrechen und Nächstenliebe sah und sieht, alles erhaltend und verschönernd, sie blickte auch mich an, und innerhalb weniger Minuten im Nacheinander der Zeit waren meine durchweichten Kleider getrocknet. (...)

[Ich] war nicht in der Lage, das für die Erholung so wichtige Nichtdenken zu entfalten, ich dachte, ich schäme mich nicht, ich dachte an den greisen Arnold Zweig, an Willi Bredel, Hermlin, Heym und viele andere, an die Ja-Sager der Mauer, die Bejaher des Unrechts, solange nicht ausdrücklich nein gesagt wird, wird bejaht – innere Emigration gibt es nicht –, und verstand diese Mitwandler, die konform gehen müssen, um überhaupt das nackte Leben retten zu können. Früher konnte sich der unabhängige Geist, der mit dem Denken und Treiben der herrschenden Mächte der Zeit unzufrieden war, zurückziehen, sich ganz seiner Arbeit hingeben – heute, ein Novum in der Geschichte der Menschheit, verschwinden Menschen ohne eine Spur, ohne eine Nachricht zu hinterlassen. Und ich stand auf, dankte für die mir in den Schoß gefallene Freiheit, ging in die unter der ächzenden Sonne schier zusammenlaufende Hütte, packte meine Reisesachen zusammen und verließ die wunderbare unbewohnte Gegend, wollte mich erneut in den Schmutz, in die ewige Unvollendetheit, die ja nun einmal unser Wesen ist, werfen.«

*

Im Oktober fing das Semester an der Universität an. Rudi wollte nicht mehr Sportjournalist werden. Die Welt hatte sich verändert, und er suchte nach Erklärungen. Er schrieb seinem Freund Bernd Thesing in Luckenwalde: »Da Journalistik allgemein aber ein Studienfach ohne Boden ist, habe ich mich entschlossen, Soziologie zu studieren. (...) Nach Max Weber, einem der besten Soziologen der Welt um 1920, ist Soziologie eine Wissenschaft, die soziales Handeln deutend verstehen und dadurch in seinem Ablauf und seinen Wirkungen ursächlich erklären will. (Handeln = jede Tätigkeit, mit einem subjektiv gemeinten Sinn verbunden; soziales Handeln = ein Handeln, das seinem von dem oder den Handelnden gemeinten Sinn nach auf das Verhalten anderer bezogen wird und daran in seinem Ablauf orientiert ist.) (...) Politik ist in diesem Brief nicht angebracht - nur eins -, es gibt keine Rechtfertigung des 13. August (rechtlich wie menschlich). Das Gerede vom Menschenhandel ist eine glatte Lüge. Wer hat mich gelockt? Was? - Die Tatsachen sind eindeutig - jeder kennt sie.« [24]
Neben dem Studium trieb Rudi weiter Sport, zuerst Leichtathletik, später Ringen im griechisch-römischen Stil. Aber dann ging etwas schief bei einem Ringkampf. Rudi bekam plötzlich furchtbare Ohrenschmerzen. Die Ohren schwollen an und verwandelten sich in formlose Anhängsel seines Kopfs. Er kam ins Krankenhaus, aber alle Versuche, seine Ohren wieder in ihre ursprüngliche Fassung zu bringen, scheiterten. Sie blieben die für Ringer typischen Blumenkohlohren. Er nahm es hin ohne Klage, aber mit dem Sport war es nun vorbei.

Ende der fünfziger Jahre begann in vielen Großstädten im Westen eine Abrechnung mit der von den Eltern geschaffenen Welt. Die nachrükkende Generation begehrte auf gegen die Konsumbesessenheit, die kleinbürgerliche Beschränktheit und die Fixierung auf Wirtschaftswachstum in den Nachkriegsjahren, und in Deutschland auch gegen das große Schweigen über die Nazizeit. Der Protest war kaum politisch, er stützte sich auf die existentialistische Philosophie, Buddhismus

und Beat-Musik und strebte nach Befreiung von einer erdrückenden Sexualmoral.
In West-Berlin trafen sich die jungen Existentialisten am Steinplatz. Diese Welt war Rudi so fremd wie Afrika. Niemals, so sagte er später, wäre er von sich aus darauf gekommen, dorthin zu gehen. Aber ein Freund, Hubertus Freiesleben, führte Rudi auf dem Steinplatz ein. 1962 gab es einige politische Ereignisse in Deutschland, die am Steinplatz eifrig diskutiert wurden: die geplante Atombewaffnung der Bundeswehr, die Entführung des Redakteurs der Gewerkschaftszeitung »Metall« Heinz Brandt in die DDR, die »Spiegel«-Affäre und der Streit um Erich Kuby. Rudi griff begeistert ein. Aber er wollte auch nicht unwissend diskutieren.
Hubertus schlug vor, Jean-Paul Sartre zu lesen und Martin Heideggers »Sein und Zeit«. Hubertus war begeistert von Heidegger, von der Befreiung von der Bürgerlichkeit und vom Eintauchen in das Mysterium des Seins. Je besser Rudi die existentialistische Philosophie kennenlernte, desto mehr wurde sie ihm zum Anhaltspunkt bei seiner Suche nach dem Sinn des Seins. »Hineingeworfenheit« – dieser Begriff schien ihm seine Situation treffend zu beschreiben. »Sartre, Heidegger und der Buddhismus berührten mich natürlich 1961/62 voll, das alte existentialistische Problem der Hineingeworfenheit taucht auf.« Es war eine individualistische und antitraditionalistische Auffassung der Welt, die in der Existenz des einzelnen Sinn erzeugte. Sie sprach Menschen an, die mit der Vergangenheit brechen wollten, aber sie bot keine allgemeingültigen Antworten. Entfremdung und Geworfenheit waren zentrale Kategorien, Gefühle, die manchmal eher lyrisch oder auch religiös zu erfassen waren.
Rudi schrieb Gedichte. Von romantischer, existentialistischer Schönheit. Von diesem Geist sollte wenig bei ihm bleiben.
Einige Jahre später roch ich eines Tages Rauch in unserer Wohnung. Ich stürzte in die Küche und sah, wie Rudi Gedichte verbrannte und die Asche in den Ausguß spülte. Ein Gedicht konnte ich retten:

»In der blauen Bäume Blüten
verhangen durch die Nebel der weißen Nacht
umwoben von Geigen der ewigen Wiederkehr
sah ich den unverletzlichen(baren) Geist
gebend und nehmend, erschaffend und vernichtend

seine nie endende Melodie zu erneuter Klage erhebend
Klagend über die zerklüfteten Seelen
klagend über die verloschene Lampe
die nur noch zurückziehen und
Schweigen zuläßt; die wachsende
schwarze Wüste droht die letzten
Ranken zu zerreißen.«

Rudi schlüpfte in den existentialistischen Gedankenrahmen hinein, ohne sich aber gänzlich mit ihm zu identifizieren. Zur selben Zeit entdeckte er in einem Seminar Schriften von Georg Lukács. Der marxistische Philosoph aus Ungarn begeisterte Rudi, was Heidegger nie getan hat. Lukács redete nicht von abstrakten Begriffen, sondern von einem konkreten gesellschaftlichen Bewußtsein. Es ist eine andere Art von Sein, die mit einer anderen Art von Entfremdung zu tun hat. Heideggers Entfremdung ist individuell und mystisch. Lukács erklärt mit Marx, daß Entfremdung gesellschaftlich verursacht sei und sie durch Handeln aufgehoben werden könne.

*

Rudis Stipendium war knapp bemessen, und er mußte in den Ferien etwas dazuverdienen. Er fand eine Stellung im Harnack-Haus, wo amerikanische Offiziere speisten. Er sollte Teller waschen und Kartoffeln schälen. In der Küche begrüßte ihn ein freundlicher Mann, etwas älter als er. Er wandte sich an Rudi: »Ich bin Thomas Ehleiter. Wir machen das hier zusammen.« Rudi fand Thomas gleich sympathisch. Dieser war nur ein bißchen größer als Rudi, mit langem aschfarbenem Burschenschnitt, Lachfalten um die Augen und tiefen Gruben in den Wangen. Thomas hatte 1956 am Aufstand in Ungarn teilgenommen und war mit seiner Familie nach Deutschland geflohen, als die Sowjetarmee ihn niederschlug. Rudi war fasziniert. Nach ein paar Tagen fragte Thomas Rudi, ob er etwas von Marx wisse. Rudi erzählte vom Horror der DDR-Schulung und von seinen wenig erfolgreichen eigenen Annäherungsversuchen. »Dann lesen wir zusammen«, sagte Thomas und schlug Rudi die Frühschriften von Marx vor.
Thomas war ein phantastischer Lehrer. Er war begeistert von dem, was er vermitteln wollte, und seine Begeisterung ergriff bald seine Zuhörer.

Thomas' humanistischen Marxismus verstand Rudi zuerst als eine Ergänzung zum Existentialismus. Er las weiter Sartre und Heidegger. Aber was dieser Marxismus anbot, war viel spannender. Es reichte von der Entfremdung des einzelnen bis zur Entfremdung als gesellschaftlichem Phänomen, den Mitmenschen umfassend. Eine Philosophie, die die zwischenmenschlichen Beziehungen ausblendete, erschien ihm mangelhaft. »Nicht das existentielle Problem der narzißtischen Isolation, sondern die gesellschaftliche Widersprüchlichkeit tritt nun allmählich in den Vordergrund.«[25] – »Vielleicht bin ich zu schnell mit dieser Sache [dem Existentialismus] fertiggeworden, stand 1963/64 schon zu fest in der kritischen Seite des traditionellen Marxismus, Lukács, Bloch, Korsch usw., verheiratete diese Tendenzen mit denen der Kritischen Theorie von Herbert Marcuse bis zu Horkheimer, ohne die Widersprüche und Gegensätze deutlich werden zu lassen.«[26]
Immer mehr begriff Rudi, daß Heidegger in eine bestimmte politische Richtung trieb. Wenn Sinn nicht durch gesellschaftliche Tätigkeit geschaffen werden kann, sondern nur durch Sprache, dann ist die Gesellschaftsform gleichgültig. Dann ist auch der Nazismus nicht grundsätzlich schlechter als jedes andere System. Heidegger war nicht weit entfernt von dieser Position. Er wollte wie Hitler die deutsche Sprache von Fremdem säubern. Erst später erfuhren wir, daß Heidegger tatsächlich mit den Nazis sympathisiert hatte. Rudi war einig mit der existentialistischen Kritik an der Massenkultur, insoweit sie die Menschen von sich selbst entfremdet. Er stimmte nicht überein, insoweit es darum ging, sich von der Gesellschaft abzusondern. Man mußte in Kommunikation mit den Menschen bleiben. Man mußte das Bewußtsein (und damit die Massenkultur) der Menschen verstehen und sie, davon ausgehend, verändern.
Die Existentialisten hielten Marx und Lukács für überholt. Jedoch, überholt ist nur das, was nicht gerade in Mode ist. Es ist nur wenigen vergönnt, alte Einsichten für die Gegenwart nutzbar zu machen. Rudi war einer von ihnen. Darin bestand sein Genie.
Rudi entdeckte, daß an der Freien Universität (FU) einige Professoren lehrten, die früher Marxisten gewesen waren. Auch deswegen fand er es aufregend, wenn Professor Richard Löwenthal im Seminar über Geschichte dozierte. Löwenthal wußte viel über revolutionäre Bewegungen im Vorkriegsdeutschland. Denn Löwenthal hatte sich daran beteiligt. Er hatte damals auch Bücher und Aufsätze geschrie-

ben. Aber davon wußte kaum einer mehr, denn sie waren unter dem Pseudonym »Paul Sering« erschienen und in der Nazizeit aus den meisten Bibliotheken verschwunden. Aber Rudi entdeckte sie. Was Sering damals geschrieben hatte, gefiel Rudi besser als das, was Löwenthal in seinem Seminar lehrte. Löwenthal lächelte, war vielleicht sogar ein bißchen geschmeichelt, als Rudi ihn darauf ansprach.
In der letzten Seminarsitzung verwickelte sich Rudi in eine harte Diskussion mit einem Studenten vom Ring Christlich-Demokratischer Studenten (RCDS). Der Streit setzte sich am Abend fort, als bei Löwenthal eine Seminarabschlußfeier stattfand. »Anläßlich der Schlußparty im Haus des Ex-Kommunisten wiederholte sich der Disput. Totalitarismus und Sozialismus setzte der [Student vom RCDS] gleich. Zu einem solchen Schwachsinn war unser Prof. nicht bereit. Wäre enttäuscht gewesen«, vermerkte Rudi im Tagebuch.
Rudi übernahm nicht den traditionellen Marxismus. So leicht es ihm fiel, sich dessen Entfremdungsbegriff anzueignen, so wenig überzeugten ihn andere Seiten der Marxschen Lehre: »›Lohnarbeit und Kapital bedingen sich gegenseitig, bringen sich wechselseitig hervor.‹ Der Marx analysiert phantastisch und eindeutig, doch heute geht seine Analyse, für Westeuropa gesehen, ins Leere. Für Teile Italiens, für Spanien und Portugal, für Lateinamerika und für viele Gebiete Asiens gilt meiner Ansicht fast noch jeder Satz der Marxschen Analyse der Industrieländer des 19. Jahrhunderts. (...) Das proletarische Klassenbewußtsein, das sich im harten Kampf um die Verbesserung der allgemeinen Lebensbedingungen herausgebildet hatte, erwies sich nach verbesserten Lebensbedingungen als wenig haltbar. Die Arbeiter verbürgerlichen in den Ländern mit hohen sozialen Errungenschaften. (...)
Für das Bewußtsein und für das Handeln der Menschen in dieser Gesellschaft ist jedoch allein entscheidend die Verteilung des Sozialprodukts, die Besitzverhältnisse treten hierbei zurück, wenn durch Maßnahmen der Regierung die Besteuerung der Kapitalisten diesen nur einen relativ geringen Gewinn läßt. Entscheidend ist der Lebensstandard des Werte schaffenden Arbeiters.«

Im zweiten Semester wagte sich Rudi in die für Soziologiestudenten obligatorische Statistikprüfung. Er fiel durch. Mit zwei Schicksalsgenossen traf er sich bei einer jungen Frau, die ihnen Nachhilfe erteilte.

Die beiden anderen Mathematikgeschädigten hießen Bernd Rabehl und Herbert Nagel. Nach dem Unterricht sprach Rudi sie an.
»Ich bin in der DDR aufgewachsen, in Rathenau, einer kleinen Stadt, nicht so weit von Berlin, eng, muffig, spießig«, erzählte Bernd. »Ich kam im Herbst 1960 nach West-Berlin, weil ich nicht mehr Landwirtschaft an der Humboldt-Universität studieren wollte. Es gab keine anderen Möglichkeiten.«
Rudi entdeckte, daß Bernd wie er aus einer Familie kam, in der niemand studiert hatte. Sie kannten das akademische Milieu nicht und fühlten sich unsicher darin. Herbert kam aus Westdeutschland und beteiligte sich nicht am Gespräch, wenn die beiden über ihre DDR-Vergangenheit redeten.

Rudi hatte sich angewöhnt, morgens in einer großen schwarzen Ledertasche alles einzupacken, was er möglicherweise im Lauf des Tages brauchen konnte. Die Tasche war so schwer, daß ein normaler Mensch sie kaum mehr als ein paar Minuten schleppen konnte. Aber Rudi betrachtete es auch als Kräftetraining. Bernd sah die Bücher, die Rudi mit sich herumschleppte. Sie waren von Karl Marx, Ernst Bloch oder Leszek Kołakowsky, dem oppositionellen polnischen Marxisten.
»Warum liest du das?« fragte Bernd. »Hast du dich in der DDR nicht genug durch das Zeug quälen müssen?«
»Ja, aber das ist anders. Lese die Frühschriften. Das gab es dort nicht mal«, erwiderte Rudi.
Bernd begann nun auch zu lesen.

Inzwischen war Rudi eine Steinplatz-Berühmtheit geworden. Menschen kamen, um zuzuhören und sich zu beteiligen, wenn er mit Thomas diskutierte. Jedoch war der Steinplatz kein Intellektuellen- oder Studentenklub. Die Menschen dort hatten ein anderes Verhältnis zueinander. Eines Tages bekam Rudi einen Brief von Anitz, einer Steinplatzbesucherin: »Ich habe eine Bitte, es handelt sich um Schnulle, an Dich und Thomas, es beträfe eigentlich genauso alle übrigen mir bekannten Steinplatzbewohner. Ich weiß, (...) daß er sich z. Zt. in einer Krise befindet, d. h., daß er über die Weise seines bisherigen Lebens unsicher geworden ist. Er hat meiner Ansicht nach mehr oder weniger unreflektiert und im Augenblick gelebt. Nun ist wohl (bei der Kälte) der Reiz des Gammlerlebens auch vorbei. (...) Ich

weiß, daß er sehr gern zu Weihnachten bei Dir war. Und ich weiß, daß er oft nur zum Steinplatz kommt, um den Gesprächen von Dir und Thomas zuzuhören. Zuzuhören ist dabei wichtig, denn sobald einer von Euch versucht, auf ihn einzugehen, ihn beteiligen zu wollen, wird ihm sehr ungemütlich, und er möchte am liebsten weggehen, wobei er gleichzeitig am liebsten bei Euch bleiben möchte.«
Rudi bemühte sich um Schnulle. Ob mit Erfolg, weiß ich nicht.

In diesen kalten Wintertagen des Januars 1963 trat etwas Unbekanntes in Rudis Leben ein. Er verliebte sich. Er hatte Maria an der Uni kennengelernt. Sie gefiel ihm, besonders ihre kurzgeschnittenen schwarzen Haare, die noch kürzer waren als seine, und ihre Klugheit. Beim ersten Treffen mit ihr entblößte er gleich seine Seele. Sie hörte zu, und er glaubte, sie hätte es verstanden.
Sie hatte einen Freund. Bevor sie Rudi kennengelernt hatte, war es ihr gar nicht in den Sinn gekommen, ihn jemals zu verlassen. Sie erzählte das Rudi, schon beim ersten Mal, als sie merkte, daß er zu ihr hingezogen wurde, und sie voller Unsicherheit nicht wußte, ob sie das zulassen sollte. Aber der Freund war nicht da, und für Rudi schien er sehr abstrakt. Wirklichkeit war die Frau, die neben ihm war, deren Hände er fest drückte, deren Lippen er aber nicht zu küssen wagte und es doch so sehr wollte. Er kämpfte gegen die Enttäuschung, wenn sie bei dem anderen war.
»Was soll ich tun?« fragte er Anitz, als er sie wieder am Steinplatz traf. Anitz hörte sich die Geschichte an. Aber sie wußte auch nicht, was zu tun sei. Sie kannte Maria etwas, hielt sie für eine »großartige« Frau. Aber daß ein anderer da war, machte es schwierig. »Du scheinst ziemlich unter der Unentschiedenheit der Situation zu leiden – sehr verständlich! Da gibt es halt die Möglichkeit, alles unentschieden und in der Schwebe zu belassen. Ich finde das ungeheuer reizvoll«, sagte Anitz. »Das andere wäre, du verlangst eine Entscheidung, nicht nur von ihr, sondern auch von dir selbst. Denn falls sie sich für dich entscheidet, tut sie das nicht ohne Erwartungen, und über diese Erwartungen mußtest du dir klar sein, bzw. darüber, ob du das möchtest.«
Mitten im Verliebtsein hatte sich Rudi gar nicht ernsthaft fragen können, ob er das möchte. Er war hingerissen. »Die Kälte des hereinströmenden Schlafes des Tages, die Äonen des Lichts entrissen mich der ›harmlosen‹ Welt des schwarzen Tages – kaum ist mein Geist wieder

im bewußten Raum und auch in bewußter Zeit, so denke ich an Marischka, an die Möglichkeiten und an die Tatsächlichkeiten; nur selten ist ein interessanter Stoff eines Buches stark genug, um meine volle Aufmerksamkeit auf sich lenken zu können.«
Der tägliche Gang zur Universität hatte nun einen merkwürdigen Reiz. War Maria da, so war der Tag hell, war sie nicht da, so empfand Rudi Unruhe. Kam sie erst am Nachmittag, dann löste sich die Unruhe vieler Stunden in einem Mal. »In der Spannung lieben ist reizvoll durch das Denken an das vielleicht stattfindende ›Morgen‹ – möge es keine Illusion sein.«
Es war immer noch Winter, noch grau und regnerisch. Aber die beißende Kälte war vorbei, bald konnte es erste Frühlingszeichen geben, wenn nur einmal die Sonne schien. Da kam ein Freund zu Besuch. Rudi schüttete sein Herz aus. »Meine Chancen sind unheimlich gering«, seufzte er, »Jahre des Zusammenseins mit einem Menschen können nicht liquidiert werden.« Der Freund hörte zu und sagte nicht viel.
»Ihr Eindruck von mir kann sich noch nicht herausgeschält haben innerhalb weniger Wochen«, sagte Rudi.
»Weiß sie von deiner Zuneigung?« fragte der Freund.
»Vielleicht nicht, ich hatte noch sehr wenig Gelegenheit, ihr meine Zuneigung vollständig zu offenbaren; Gelegenheit vielleicht schon, aber da war ›er‹ und die Angst, das liebe Mädchen durch eine überstürzte und nur durch meine Zuneigung begründete Forderung nach Entscheidung zu verlieren.«
»Dann versuche es doch einmal«, empfahl der Freund.
Aber Maria hatte sich entschieden, sich nicht von ihrem Freund zu trennen.
Rudi setzte sich hin und komponierte einen Brief an sie: »Kein Tag verging bei mir ohne Nachdenken über unser Verhältnis, über den ›Anderen‹, über die Möglichkeiten einer Entscheidung. Die von Dir jetzt getroffene Entscheidung stand täglich vor meinem Auge; Maria, es gibt für mich keine endgültige Entscheidung; Du kannst verlobt oder verheiratet, was Gott verhüte, nach Berlin kommen, für mich bist Du das Wesen aus Fleisch und Blut, mit dem ich immer zusammensein möchte. Maria, um Gottes willen, fälle bitte keine Entscheidungen um der Entscheidung willen. Ja, der Zustand war auf die Dauer für Dich untragbar; für mich war es eine harte Belastung physischer und psychischer Art, ich trug und trage das gerne, hattest Du

doch die Chance, mich und meine Welt kennenzulernen, hatte ich die Möglichkeit, Dich meine Zuneigung manchmal fühlen zu lassen. Dieser Brief darf und kann und ist nicht das Ende zwischen uns; Maria, ich kann mir mein Herz nicht aus dem Leibe reißen, muß Dich betrachten, muß Dich im Gedanken liebhaben und muß nun also auf eine Schlußunterhaltung mit dir warten; eine Schlußunterhaltung wird es für mich nie geben; wenn du mit mir zusammen sein willst, kannst du es auch, ich will und ich kann.«

Mit dem neuen Tag war der Schmerz nicht mehr so bohrend. Er vertraute seinem Tagebuch an: »Marischka ist ein phantastisches Mädchen – sie liebt ihn, glaubt, mir ein Gleichmaß an Chancen gegeben zu haben, ich glaubte tatsächlich an den qualitativen Unterschied seiner und meiner Chance – Marischka sieht keinen Unterschied, sie hat wohl recht in ihrer Argumentation.«

Einen Tag später war es noch der dumpfe Schmerz der Niederlage: »›Der Deutsche schleppt an seiner Seele: er schleppt an allem, was er erlebt. Er verdaut seine Ereignisse schlecht, er wird nie damit fertig, die deutsche Tiefe ist oft nur eine schwere zögernde Verdauung.‹ (Nietzsche) Ich fühle mich getroffen, mir fehlt tatsächlich ein gewisses Maß an Oberflächlichkeit in den wichtigen Sphären des Seins, so vor allem in der Liebe; muß mich entscheiden für die Leichtigkeit in Maßen, muß und werde und will Marischka verdauen.«

Schon eine Woche später hatte er es gepackt: »Fühle mich ausgezeichnet zur Zeit. Die tägliche 10-12stündige Studiererei, die Anzapferei u. Exzerpiererei findet mich unersättlich.« Dann kam der Frühling, und Rudis Stimmung stieg weiter. Er konnte nicht lange bedrückt bleiben. Feierlich schrieb er Ostern 1963: »Jesus ist auferstanden, Freude u. Dankbarkeit sind die Begleiter dieses Tages; die Revolution, die entscheidende Revolution der Weltgeschichte ist geschehen, die Revolution der Welt durch die allesüberwindende Liebe. Nähmen die Menschen voll die offenbarte Liebe im Für-sich-Sein an, die Wirklichkeit des Jetzt, die Logik des Wahnsinns könnte nicht mehr weiterbestehen. Der Verstand, so meint K. Jaspers, schafft keine Kommunikation der Menschen, verbindet nur das Bewußtsein der Menschen; Kommunikation geschieht durch den gemeinsamen Fixpunkt der Gottheit, die Einheit der Menschheit also im gemeinsamen gewußten, geahnten Wissen vom Ursprung. Das Wissen bzw. d. Glaube vom Ursprung läßt das Ziel offenbar werden – der Weg der Geschichte könnte der Weg der Freiheit, der Weg zur Befreiung des Menschen werden – Befreiung des Menschen durch das Innewerden der Gottheit; Befreiung durch die Autorität; Freiheit in der Gebundenheit an die durch Jesus offenbarte Liebe.«

Wer solch einen Glauben hatten, konnte den schweren Weg gehen, den er gegangen ist. Es war nicht nur ein religiöser Glaube, Rudi glaubte auch an den Menschen. Und er wurde ihm klarer: »Meine Beziehung zum Christentum erfuhr, nachdem ich die DDR verlassen hatte, wesentliche Veränderungen. 1962 oder '63 hörte ich die erste Predigt von Golli [Helmut Gollwitzer] und war beeindruckt, denn die sozialethische Kritik der bestehenden Zustände war mit dem Glaubensbekenntnis verbunden. Allerdings war über das Problem der Beziehung von Christentum und Sozialismus für mich dort nichts zu hören.«[27] So vergrub sich Rudi immer tiefer in den Fragen, die ihn berührten: Nach Gollwitzer, dem Christen, stieß er auf Bloch, den Atheisten im Christentum. Er schrieb ins Tagebuch: »Wir sind und bleiben auf dem Wege, dringen immer tiefer in die uns bewegenden Sphären des Seins, das noch nicht erschienen ist, das Sein ist, wie Bloch sagt, immer ein Im-Aufgang-Sein, die Kategorie des Noch-Nicht, die Kategorie der Möglichkeit wird von Heidegger bei seiner ontologischen Auslegung der Welt nicht benutzt. Mir scheint Bloch ein treuer Hegelianer mit durchgeführter Umstülpung – Marxist zu sein, ein Denker, der mir in seiner sprachlichen Gewalt u. seiner gedanklichen Schärfe u. Tiefe, Tiefe in Schärfe, lieber ist als ein Heidegger, der sein Sein in der Sprache begründen will.«

*

Als Rudi den polnischen Film »Der Kanal« sah, der zeigt, wie polnische Bürger im Krieg gegen die deutschen Besatzer kämpften, erhielt sein Eindringen in die bewegenden Sphären des Seins wieder einen Schub nach vorne: »[Ich] sah Menschenkinder meines Alters u. noch jünger, sah sie kämpfen für die Freiheit ihres Vaterlandes, töten für ihre Heimat, sterben für das Vaterland – Polen starben, Deutsche starben; indem die Polen dies vollzogen, vollzogen sie den Tribut an die historische Notwendigkeit, die Notwendigkeit des Sieges über den Faschismus; die deu[tschen] Soldaten, die auch für das Vaterland starben, so glaubten sie wenigstens, hatten nie eine wirkliche Chance. Der

Weltgeist, nach Hegel, tobte sich mit Hilfe der ›List der Vernunft‹ wieder einmal richtig aus und kam zum Bewußtsein seiner selbst – die Möglichkeit der großen Wandlung auf dieser von Gott für uns geschaffenen Welt lag in der Hand einiger weltgeschichtlicher Individuen – sie versagten u. versagen noch; wenn die Geschichte nicht von Persönlichkeiten, sondern von in der Materie liegenden Gesetzen, so meint jedenfalls der marxistische Geschichtsmythos, gelenkt wird, kann eigentlich nichts schiefgehen; Engels nähert den Geschichtsprozeß weitgehendst dem Naturprozeß an, liquidiert damit die bewußte freie Entscheidung des Individuums, der Gruppe, der Partei usw. (...) Die Denker solchen Unsinns werden nie die Entfremdung des Menschen aufheben. Entfremdung ist nicht nur durch die scheinbare Verselbständigung der vom Arbeitenden geschaffenen Waren gegeben, nicht nur durch die Feindlichkeit dieser von ihm produzierten Waren – Entfremdung ist für mich auch Starrheit des Denkens, Geschlossenheit des Denkens. (...) Eine Änderung der Besitzverhältnisse ist nicht gleichbedeutend mit Aufhebung der Entfremdung.«

Subversive Aktion

> »In diesen Stunden verschied keuchend im Morgenlande der Welt größter Revolutionär Jesus Christus; die nichtwissende Konterrevolution schlug ihn ans Kreuz. Christus zeigt allen Menschen einen Weg zum Selbst. Diese Gewinnung der inneren Freiheit ist für mich allerdings nicht zu trennen von der Gewinnung eines Höchstmaßes an äußerer Freiheit, die gleichermaßen und vielleicht noch mehr erkämpft sein will. Den Ausspruch Jesu ›Mein Reich ist nicht von dieser Welt‹ kann ich nur immanent verstehen. Natürlich, die Welt, in der Jesus wirkte und arbeitete, war noch nicht die ›neue Wirklichkeit‹, diese galt und gilt es noch zu schaffen, eine ›Hic-et-nunc-Aufgabe‹ der Menschheit.« [28]

Herbert Nagel stand wie seine Statistikleidensgenossen am Anfang des Studiums. Eines Tages lernte er einen älteren Kommilitonen aus Luxemburg kennen, Rudolphe Gasché. Rudolphe war von der Münchner Universität nach West-Berlin gewechselt, um hier Philosophie zu studieren. Er suchte Menschen, die wie er politisch interessiert waren. »In München gehörte ich einer kleinen Gruppe von gesellschaftskritischen Menschen an«, erzählte er Herbert. »Sie heißt Subversive Aktion.« Der dürfte erstaunt gewesen sein: »Subversive Aktion?«, aber spannend war die Sache schon. »Wir können hier in Berlin eine Zelle aufbauen, was meinst du? Kennst du Leute, die interessiert sein könnten?« fragte Rudolphe. Herbert dachte an Rudi und Bernd und sagte ja. Das erste Zusammentreffen fand Ende 1963 statt. Gasché berichtete von der Tätigkeit der Subversiven Aktion in München. Rudi und Bernd fanden die Idee gut, sie entsprach ihrer kritischen Einstellung und deutete auf geheimnisvolle revolutionäre Wagnisse.

In München hatte Dieter Kunzelmann, ein etablierter Münchner Gammler, zusammen mit seinen Freunden Rudolphe Gasché, Christopher Baldeney und Frank Böckelmann 1962 die Subversive Aktion gegründet. Sie gaben eine Zeitschrift heraus, die »Unverbindlichen Richtlinien«. Kunzelmann schrieb dadaistische Gedichte, Spiele mit Silben, von denen man kein Wort verstand. Rudolphe betrachtete sich als Philosoph und stand unter dem Einfluß von Sartre, aber auch von Theodor W. Adorno und der Frankfurter Schule.

Außer in München gab es in Tübingen, Stuttgart und Frankfurt a. M. Mikrozellen der Subversiven Aktion. Nach der Zusammenkunft von Herbert, Rudi und Bernd mit Rudolphe und einigen seiner Bekannten gab es nun auch eine in West-Berlin. Das war die deutsche Revolution anno 1964. Es war ein Klüngel von nicht angepaßten Individualisten, von denen jeder glaubte, die Wahrheit gepachtet zu haben. Eine gemeinsame Vision gab es nicht.

Die Männer redeten oft die ganze Nacht miteinander und maßen sich mit Argumenten. Menschliche Schwächen durften sie nicht zeigen. Das hätte die Spielregeln verletzt. Zunächst gab Rudolphe den Ton an. Rudi und Bernd waren von seinem Lebensstil fasziniert. Er hatte die Nacht zum Tag und den Tag zur Nacht gemacht. Er stand abends um acht Uhr auf und ging ins Kino. Um ein Uhr morgens frühstückte er, dann las oder diskutierte er bis morgens um acht, neun oder zehn Uhr. Danach ging er schlafen.

Die Gruppe nannte sich nicht zufällig Subversive Aktion. Ihre Mitglieder wollten nicht nur diskutieren, sondern auch handeln. In den letzten Jahren hatten sie ein paar witzige Aktionen durchgeführt, um Aufmerksamkeit zu erregen. Sie wollten die Konsumgesellschaft bekämpfen, indem sie ihre Absurdität entblößten. Es war die Aktionsidee, die Rudi und Bernd anzog und die diese Gruppe heraushob aus den Debattierklubs im Umfeld der Universität.

Die erste Aktion in West-Berlin richtete sich gegen den späteren Regierenden Bürgermeister Eberhard Diepgen. Er war 1963 als Mitglied einer schlagenden Verbindung zum Vorsitzenden des Allgemeinen Studentenausschusses (AStA) an der FU gewählt worden. Die Burschenschaften waren aber laut Satzung an der FU verboten. Verschiedene linke Gruppen erzwangen eine Urabstimmung, in deren Ergebnis Diepgen sein Amt verlor. Im Februar 1964 beantragte die West-Berliner Burschenschaft Obotritia, als förderungswürdige studentische Gemeinschaft an der Universität zugelassen zu werden. Kurz danach zirkulierte ein sonderbares Flugblatt an der Universität:

»Es lädt ein Hac(k)e(n)-Crux TEUTONICA (schlagende Verbindung) zu einer urdeutschen Met-Shuffle. (...) 1933 beugten wir uns der Gewalt, und wir gingen in die HJ, um diese Organisation von innen auszuhöhlen, der uns aufgezwungene Krieg von 1939 fand uns wieder in der ersten Reihe. (...) Unsere Verbindungen entstanden unerschüttert wieder, denn schon zeigte sich der Strudel, der die Hirne ins Ausweglose riß und der schon in der Weimarer Zeit unsere Verachtung verdiente. (...) In unserer Verbindung entsteht der ewig deutsche

Mensch, der sich der Führung anvertraut, der beharrlich, ohne aufzumucken, das deutsche Wunder schafft – ein Schrecken für die internationale Konkurrenz! (...) I. Vorsitzender R. Dutschke (13 Mensuren), II. Vorsitzender R. Gasché (10 Mensuren), I. Schriftführer H. Nagel (7 Mensuren), II. Schriftführer B. Rabehl (7 Mensuren).«

Als dieses Flugblatt das Subversivenhauptquartier München erreichte und Kunzelmann es sah, plusterte er sich auf und schrieb an die Berliner: »Euer letzter Zettel löste bei mir einen Schock aus: So geht es nicht! Wenn Ihr weiterhin auf einer solch banalen Ebene agieren wollt, sehe ich keine Möglichkeit mehr, mit Euch zusammenzuarbeiten. (...) In Berlin scheint sich eine neue Studentengruppe zu bilden.«

Große Reue zeigten die Berliner aber nicht, obwohl sie ihr Flugblatt auch nicht als Geniestreich betrachteten. Rudi hielt es schon für einen Erfolg, als ein Kommilitone ihm sagte: »Da sollen die vom SDS * sich mal ein Beispiel nehmen.« Trotzdem hatte Rudi Zweifel: »War es aber wirklich schon so beispielhaft? Die Einwände der Kameraden aus München sind ja nicht einfach wegzuschieben. Aber ein Situationist war ich nicht, hatte dazu in der DDR keine Gelegenheit.« Eines wurde offenkundig, nämlich daß persönliche Machtkämpfe und ideologische Führungsansprüche schon nach wenigen Monaten begannen, die Gruppe zu zerreißen.

Kurz nach dem Teutonica-Flugblatt klebten die Subversiven in München, Berlin und anderswo ein Plakat, das einige Aufregung verursachen sollte. Unter der Überschrift »Suchanzeige« fanden sich darauf Zitate von Max Horkheimer, Theodor W. Adorno, Günther Anders und André Breton, gefolgt von der Aufforderung: »Mit dieser Welt gibt es keine Verständigung: Wir gehören ihr nur in dem Maße an, wie wir uns gegen sie auflehnen. Alle sind unfrei unter dem Schein, frei zu sein. Freiheitsberaubung wird als organisiertes Vergnügen geliefert. Im stillen ist eine Menschheit herangereift, die nach dem Zwang und der Beschränkung hungert, welche der widersinnige Fortbestand der Herrschaft ihr auferlegt. Der deutsche Intellektuelle und Künstler weiß das alles schon längst. Aber dabei bleibt es. Wir glauben, daß Wissen nicht Bewältigung ist. Wenn auch Ihnen das Mißverhältnis von Analyse und Aktion unerträglich ist, schreiben Sie unter Kenn-

* SDS: Sozialistischer Deutscher Studentenbund

wort ›Antithese‹ an 8 München 23, Postlagernd. Verantwortlich: Th. W. Adorno, Frankfurt/Main, Kettenhofweg 123.«
Adorno erstattete Anzeige gegen die Autoren des Plakats wegen unbefugter Verwendung seines Namens. Frank Böckelmann und Dieter Kunzelmann mußten jeweils eine Geldstrafe von hundert Mark bezahlen.

Zwischen Rudi und Bernd hatte sich ein besonderes Verhältnis entwickelt. Bernd war ein etwas rundlicher Mann mit kurzem Haar und rötlichem Bart, in den er hineinbrummte, wenn er redete. Wenn er mit Rudi sprach, schien es, als ob Funken zündeten. Ihre nähere Umgebung betrachtete sie als eine ernste Parodie auf Karl Marx und Friedrich Engels. Rudi und Bernd hatten sich inzwischen viel mit der Geschichte der Arbeiterbewegung beschäftigt, sie kannten Marx und zahlreiche Kommunisten vom Anfang des Jahrhunderts, von denen später viele von Stalin umgebracht werden sollten. Die Mitstreiter in der Subversiven Aktion hatten davon keine Ahnung. Warum sollten sie sich mit Herrschafts- und Rechtfertigungsideologien abgeben? Lenin zu lesen lohnte sich in ihren Augen nicht. Kunzelmann hatte auf Bernd und Rudis Empfehlung immerhin »Geschichte und Klassenbewußtsein« von Georg Lukács gelesen – an einem Tag. Danach behauptete er, das Buch habe ihn gelangweilt. Als Bernd das hörte, staunte er. Er hatte Lukács studiert und dabei pro Seite manchmal eine Stunde gebraucht. Es wäre ihm nie in den Sinn gekommen, zu sagen, es sei langweilig, was er da zu begreifen versuchte.
Die Mikrozellen trafen sich mehrmals im Jahr in einer Stadt in Deutschland. In ironischer Anspielung auf die dogmenstarke katholische Kirche nannten sie ihre Zusammenkünfte Konzile. Im Juli 1964 nahmen Rudi und Bernd an ihrem ersten Konzil teil, in West-Berlin. Die Berliner Gruppe hatte schon ihre spezifische Prägung entwickelt, und Herbert Nagel sollte sie mit einer Kritik an der weitgehenden Folgenlosigkeit der bisherigen Aktionen vertreten: »Für die Aktion besteht der Wert einer Wahrheit nicht unabhängig von ihrer Wirkung.«
Rudi setzte sich mit Kunzelmanns Schockbrief vom Mai auseinander. Erstaunlicherweise aber kam es nicht zur Konfrontation zwischen Rudi und Dieter. Denn Dieter war beeindruckt, als er Rudi persönlich kennenlernte. Er fand die politische Debatte mit Rudi aufregend und

konstruktiv. Rudi widersetzte sich Dieters Herrschsucht, und Dieter hörte zu, wenn Rudi argumentierte. Sie wurden zu Verbündeten. Frank Böckelmann dagegen lehnte Rudis Position ab. Böckelmann verstand sich als Kulturkritiker, mit Gesellschaftspolitik hatte er wenig im Sinn.

Auf dem Berliner Konzil verschoben sich die Gewichte. Die zum Vorschein kommenden Risse blieben, aber die Beteiligten stimmten darin überein, daß etwas geändert werden müsse. »Mit dem veränderten Selbstverständnis der Subversiven Aktion, mit der notwendigen Entwicklung von einer als Protest erlebten Abgrenzung gegenüber der Gesellschaft – verbunden mit einer rücksichtslosen Entlarvung gesellschaftlicher Mechanismen als fundamentalem Ausgangspunkt – zum Entschluß, in der jeweiligen historischen Situation konkrete Ansatzpunkte des Eingreifens aufzuspüren, veränderte sich gleichzeitig die zugrundeliegende Analyse.«[29]

Im Sommer 1964 erschien die erste Nummer des »Anschlags«. Es war ein hektographiertes Blatt, schlechter Druck auf billigem Papier, mit dem die Subversiven versuchten, ihre Ideen zu verbreiten. Rudi steuerte zwei Artikel bei unter dem Pseudonym »A. J.«: »Eine revolutionsreife Wirklichkeit fällt nicht vom Himmel – Über das Verhältnis von Theorie und Praxis« und »Es gibt noch keinen Sozialismus auf der Erde – Die Rolle der antikapitalistischen, wenn auch nicht sozialistischen Sowjetunion für die marxistischen Sozialisten in der Welt«.

Im ersten Aufsatz schildert Rudi zum erstenmal ausführlich seine Idee, daß die Revolutionen in der Dritten Welt die praktische Grundlage für eine Theorie der Revolution auch für Deutschland bildeten. Dies wurde ein Leitmotiv in den folgenden Jahren. »Ich denke z. Z. besonders an Lateinamerika, wo die revolutionäre Stoßkraft des entstehenden Industrieproletariats (...) die Schlüsselkraft der Revolutionierung eines Kontinents sein wird, damit Ausgangspunkt einer gewissen Strukturveränderung der Welt, denn es ist einsichtig, daß ein sozialistischer Kontinent Lateinamerika auch die scheinbar starren Gesellschaften der hochentwickelten kapitalistischen Staaten nicht unberührt lassen wird.«

Frank Böckelmann veröffentlichte seine Antwort auf Rudi unter dem Titel »Dr. Seltsam«. Rudis Gegenpol suchte mit seinem Artikel die ideologische Entscheidungsschlacht. Rudi verteidigte seinen Standpunkt, ließ sich aber nicht auf einen Kampf mit Böckelmann ein. So verpuffte dessen Angriff.

Für Böckelmann war die Dialektik eine über aller Wirklichkeit stehende absolute Wahrheit, die er ablehnte. Rudi dagegen betrachtete sie als eine Methode auf dem Weg zur Wahrheit, nicht als die Wahrheit selbst. »In Berlin, wie ich mich jetzt wieder erinnere«, schrieb Rudi, »versuchte Böckelmann des öfteren die Grenzen und die Beschränktheit der Dialektik aufzuweisen. Ich glaube, die temporären Differenzen zwischen B[öckelmann] und mir beruhen nicht auf Mißverständnissen oder Auslassungen im Text, sondern sind methodischer Natur. Ich, der ›frisch-fröhliche Marxist‹ (von B[öckelmann] so bezeichnet), sehe tatsächlich in der Methode der Dialektik das einzig adäquate Instrument zur Aufdeckung und Überwindung von Widersprüchen in der bürgerlich-kapitalistischen Gesellschaft.«[30]
Rudi war fasziniert von Lukács' Idee einer Totalität aller sozialökonomischen Bewegungen, die die Stabilität jeder Gesellschaft in Frage stellte. So ein Totalitätsbild war keineswegs absolut. Es veränderte sich stets mit den erfahrbaren Einzelheiten. Rudi betonte auch die historische Bedingtheit des Bildes, allerdings nicht nachdrücklich genug.
Böckelmann glaubte, daß Rudi die Kritische Theorie ablehnte, was jedoch nicht zutraf. Spätestens seit dem Adorno-Flugblatt hatte Rudi sich mit Adorno beschäftigt, und die anderen Vertreter der Frankfurter Schule kannte er auch. Der Kritischen Theorie bescheinigte er »auch heute ausgezeichnete Analysen, die in der Hauptsache von der institutionalisierten Kulturkritik (Adorno, Horkheimer) und der linken Professorenschaft (H. Bahrdt, v. Friedeburg, Lieber, Habermas, Bloch u. a. m.) geleistet werden. Wir fragen uns allerdings, wie es möglich ist, daß bei diesen hervorragenden Denkern die in der gegenwärtigen bundesrepublikanischen Wirklichkeit völlig unverständliche Trennung von Denken und Sein, von Theorie und Praxis, weiterhin durchgehalten werden kann?«[31]
Was nicht deutlich in dieser Auseinandersetzung ausgesprochen wurde, war, daß Böckelmann einen existentialistisch geprägten Individualismus vertrat und eigentlich jede Organisationsform ablehnte. Rudi glaubte dagegen, daß Widerstand organisiert werden müsse.
Wichtiger als diese Streitereien war für Rudi, inwieweit der kleine »Anschlag« Gleichgesinnte erreichen konnte. »Mal sehen, wie die von

SDS und ›Argument‹ unseren Anschlag wahrnehmen«, schrieb er. Nach vier Wochen hatte er offenbar noch kein Zeichen einer positiven Wahrnehmung bemerkt und notierte im Tagebuch: »Große Ergebnisse, d. h. Finden von Leuten unserer Kragenweite, sind noch nicht zu melden.« Doch die Leute vom Sozialistischen Deutschen Studentenbund und vom Argumentklub hatten den »Anschlag« bemerkt. Sie hatten unterschiedliche Meinungen über das, was da heranwuchs, aber die meisten mißtrauten der emporgekommenen kleinen aktivistischen »Anschlag-Gruppe«.

*

Es war im Sommer 1964, als Rudi eines Abends, wie so oft, mit seiner prall gefüllten schwarzen Ledertasche zum Steinplatz ging. Er trank einen Kakao und redete gemütlich mit Freunden. Da erschien eine Gruppe von Menschen. Einige kannte er, Elmar, Dagmar, Lugio, andere nicht. Er winkte ihnen zu, und sie winkten zurück. Sie kamen zum Tisch, und alle rückten zusammen, um Platz zu machen. Auf die Bank neben Rudi zwängte sich eine Frau, die er vorher nie gesehen hatte. Sie hatte lange, glatte, strähnige braune Haare, die im Sonnenlicht glänzten, und braune Augen wie eine Indianerin. Rudi lächelte sie freundlich an, das tat er bei jedem Menschen, den er kennenlernte. Er stellte sich vor, und sie erwiderte: »Ich heiße Gritschin« oder so ähnlich, Rudi verstand es zuerst nicht. Die anderen lachten.

*

In September war ich zurück in Chicago. Ich versuchte meine Traurigkeit zu verdrängen. Aber die Wochen vergingen und brachten keine Erleichterung. Ich suchte meine Deutschfetzen zusammen und schrieb Rudi: »Ich denke noch immer an Deine Ideen. Ich wünsche, ich könnte mehr hören.« Was ich aber von Rudi wissen wollte, war, wie es möglich war, Kommunist zu sein. »Ich möchte, daß Du mir Deine Antwort dazu gibst«, forderte ich. »Der Kommunist sagt, daß die Gesellschaft immer besser wird. Er glaubt, daß es keine Sünde gibt. Aber als Christ kann man das nicht akzeptieren. Natürlich kann man sagen, daß die Sünde von der Kultur kommt. (...) Aber seit 1917, als Barth seinen Römerbrief geschrieben hat, glauben die Theologen

nicht mehr, daß Sünde nur von der Kultur kommt und Geschichte allein die Menschheit besser macht.«
Rudi hatte vor mir nie mit jemandem über religiöse Fragen geredet. »Komisch, mit denen von der Subversiven Aktion oder SDSlern kann ich über Theologie und Christentum nicht reden. Mit Carol gab es da keine Schwierigkeiten«, schrieb er in seinem Tagebuch. »Carol« hatte er bei Denyse aufgeschnappt. Das war zwar der falsche Name, aber er war weniger kompliziert als »Gritschin« oder so ähnlich.
Auf jeden Fall hatten diese theologischen Fragen Rudis Neugierde erweckt, und er begann intensiv Tillich zu lesen. »Mich berührte der Tillich-Text von 1930 und bald darauf sein Buch ›Die sozialistische Entscheidung‹ viel tiefer und langandauernder als Heideggers ›Sein und Zeit‹. Ja, die ›Neuen Blätter‹ sind sehr interessant. Für Tillich sind Sozialismus und Glauben nicht voneinander zu trennen. Würde ich zustimmen. (...) In der Kairos-Zeit ist für Tillich das Bewußtsein reif geworden, bei Marx soll - oder muß - es in der Krisenzeit sein.« [32]
Rudi vermutete sogar, daß Tillich Bloch beeinflußt hatte mit seiner Kairos-Idee, der Vorstellung von einem erfüllten Zeitpunkt, an dem alles zusammenkommt, getragen vom »Traum des Unbedingten«, der den Menschen und ihrer Bewegung große Schwungkraft gibt.

Der SDS

> »Was, zum Teufel, bleibt uns nun endlich noch zu tun? Etwas Geduld ist noch nötig, der Boden ist noch nicht völlig sondiert. (...) Außerhalb und innerhalb dieses Pluralismus und dieser Demokratie der sich bildenden eindimensionalen Gesellschaft leben ganze Schichten, die nicht eingeordnet sind und vielleicht auch nicht eingeordnet werden können, nämlich rassische und nationale Minderheiten, dauernd Arbeitslose und Arme. Die stellen die lebendige Negation des Systems dar, aber die bilden eine Minderheit, die das Funktionieren des Ganzen bis jetzt nicht ernsthaft in Frage stellt.«[33]

Ich liebte Rudi und hoffte, daß er den Abschied nicht so absolut gemeint haben könnte. Deswegen schrieb ich ihm. Dann traf ich zufällig Mr. B., einen meiner Lehrer an der High-School. Ich hatte ihn damals als Pädagogen verehrt. Er hatte meine komischen Beatnik-Gedichte entdeckt und mich ermutigt, mehr zu schreiben. Er lud mich ein zum Essen, und ich erzählte ihm von meinem Dilemma: »Ich liebe ihn, aber er will die Revolution machen. Ich bin hier, und er ist da.« Für Mr. B. war die Sache einfach: »Wenn du ihn liebst, dann sollst du es ihm schreiben und sagen, daß du ihn heiraten möchtest.«
»Heiraten? Das kann ich nicht«, entgegnete ich skeptisch.
»Dann wirst du wissen, wie er zu dir steht. Es ist doch besser, die Wahrheit zu wissen«, sagte Mr. B.
»Ja«, antwortete ich etwas bedrückt.
Ich ging nach Hause und dachte über seine Worte nach. Zum Heiraten kannte ich Rudi nicht gut genug. Und warum überhaupt heiraten? Aber etwas wollte ich ihm doch schreiben, nicht, daß ich ihn liebte, das konnte ich noch nicht wagen. Nur, daß ich zurück nach Berlin kommen wollte. Wenn er auch dafür war, dann wußte ich genug.
Im Dezember 1964 antwortete ich auf einen seiner Briefe: »Dein Brief war sehr schön. Es gab sehr viele Wörter, die ich nicht gewußt hatte, und jetzt kenne ich alle. (...) Ich möchte gern hören, warum Du besonders Brasilien und Südamerika helfen willst. Du hast schon gesagt, daß es viel Hilfe braucht, weil es unterentwickelt ist und kennt nicht seine Möglichkeiten, und weil Du ein weißer Mensch bist, kannst Du mehr dort machen als in Afrika, und weil Europa für die Revolution irrelevant ist und Amerika zu kapitalistisch? Warum noch?

Rudi, Rudi, ich bin ganz einverstanden, daß die Ideen von Freiheit, Gleichheit und Brüderlichkeit, die Ideen eines Marx und Christus etc. in die Herzen der Kinder gepflanzt werden müssen. Und das ist gar nicht so einfach, oder glaubst Du so? Ich verstehe noch nicht solche Ideen richtig, und ich habe es schon versucht. Also, Rudi, die Geschichte ist voller Widersprüche, und auch Du bist voller Widersprüche.
Ich habe noch eine Frage. Marx sagte, daß die Weltgeschichte von der Urgesellschaft über Sklaverei, Feudalismus, Kapitalismus usw. geht, aber geht es so in allen Kulturen oder nur in Europa? Ich glaube, in Afrika, Südamerika, China usw. ist es nicht so gegangen. (...) Ich möchte gern die Zeit sehen, wenn Kommunismus in der Welt verwirklicht wird, aber Du machst es zu einem sehr einfachen Prozeß. Man kann sehen, daß in der ganzen Geschichte der Welt Menschen immer miteinander gekämpft haben, und Staaten oder Gruppen haben immer Streit gehabt. Nur ein Wunder kann es verändern, oder vielleicht ist unsere Hypothesis, daß Menschen immer kämpfen, unrichtig. Aber denk mal an Hitler, oder die Gangster von Chicago oder die Kannibalen im Kongo. Und so war es immer. Dann können wir sagen, daß es immer so gehen wird, so, wie jeden Tag die Sonne steigt. Aber es steht auch in der Bibel, daß Gott einmal die Sonne zurückgehalten hat. Vielleicht kann das wieder geschehen (ich meine das symbolisch). (...) Hoffentlich wird sich der Rudi nicht über meinen langen verworrenen und komplizierten (mit schlechtem Deutsch) Brief ärgern. Ich möchte Dir helfen mit Deiner Arbeit. Ich möchte zu Dir und Deinen Freunden kommen, aber nicht zu spielen. Du mußt nicht denken, daß ich Spaß mache. Ich würde alles für Dich machen und nichts hindern. Aber ich bin nicht ganz frei, das zu machen, weil es von anderen Leuten, besonders von Dir, abhängig ist. Ich soll nicht wie vorher spielen und Deine Zeit wegnehmen. Du hast nichts zu verlieren, weil wenn ich Dir wirklich helfe, hast Du gewonnen, aber wenn es nicht geht, dann gehe ich sofort weg und komme nicht wieder. Das verspreche ich.«
Vielleicht hatte ich einen Fehler gemacht. Nicht, weil ich Rudi viel versprochen hatte. Das war richtig, weil ich ihn liebte und von seinen Ideen fasziniert war. Aber warum soll das Leben nicht Spiel sein? Ich dachte, Rudi glaubte, daß Spielen von geringem Wert sei.
Eine Antwort bekam ich zunächst nicht. Rudi hatte anderes im Kopf.

Im Oktober 1964 hatte der sowjetische Parteichef Nikita Chruschtschow alle Ämter verloren. Er hatte sich in der Kubakrise blamiert. China trat zunehmend als eigenständige Macht auf, und die Einheit des Weltkommunismus war geplatzt. Trotzdem war Chruschtschow zum Symbol der Entstalinisierung und der Politik der friedlichen Koexistenz geworden. Er hatte dazu beigetragen, daß die Mächtigen der Welt wieder miteinander redeten. Die Länder Asiens, Afrikas und Lateinamerikas schienen einen gewissen Freiraum zu bekommen. Die Supermächte mußten ihre Bedürfnisse zur Kenntnis nehmen. Es begann ein Zeitalter von nationalen und sozialen Befreiungskämpfen.
Rudi hatte sein Verständnis von der Rolle der Dritten Welt entwickelt. Die Theorie mußte nur noch in die Praxis umgesetzt werden. Im Dezember 1964 hatte sich Moise Tschombé als Staatsbesucher in West-Berlin angesagt. Tschombé, Präsident der kongolesischen Separatistenprovinz Katanga, hatte den demokratisch gewählten Präsidenten des Kongo, Patrice Lumumba, 1961 ermorden lassen. Lumumba, der die Souveränität seines Landes anstrebte, war dem Westen ein Dorn im Auge gewesen, denn in Katanga gab es reiche Rohstoffvorkommen, die die kapitalistischen Staaten weiter ausbeuten wollten. Tschombé war ihr Werkzeug. Und diesen Mann wollte West-Berlins Regierender Bürgermeister Willy Brandt empfangen.
Rudi und Bernd trafen sich damals regelmäßig mit Kommilitonen aus Dritte-Welt-Ländern, Lateinamerikanern, Haitianern, Äthiopiern. Diese waren beeindruckt vom nationalen Aufbruch ihrer Völker und Nationen. Viele der damaligen Gesprächspartner sollten später wichtige Positionen in ihren Ländern einnehmen, andere wurden als Revolutionäre ermordet. Dieser Kreis entschied sich, Tschombé angemessen zu empfangen. Die geplante Demonstration sollte Beispielcharakter haben. Aber die kleine internationale Gruppe mußte Verbündete finden, die bereit waren, öffentlich aufzutreten. Daher gingen Rudi und Bernd zum erstenmal zum SDS, sie wollten ihn für die Demonstration gewinnen.
Die Vertreter des SDS wußten, wer Rudi und Bernd waren. Sie hatten trotz Rudis Zweifeln den »Anschlag« zur Kenntnis genommen. Rudi und Bernd taten sich wichtig. Sie erzählten, daß sie einer Organisation mit vielen ausländischen Mitgliedern angehörten, die protestieren wollten. Der SDS war bereit, mitzumachen.
Rudi und Bernd hatten zwar keine große Organisation hinter sich. Aber die Haitianer vom Dritte-Welt-Kreis hatten Verbindungen mit

Studenten in Paris, London, Rom und Moskau. Und diese vierzig oder fünfzig Leute brachten wiederum afrikanische Freunde zur Demonstration in West-Berlin mit. Alle traten sie auf für die Subversive Aktion. Die Leute vom SDS waren beeindruckt. Insgesamt versammelten sich am 18. Dezember etwa 400 Menschen auf dem Platz der Luftbrücke.

Doch die West-Berliner Politiker wollten Tschombé den Anblick von Demonstranten ersparen und wählten eine Geheimroute, um den »Lumumba-Mörder« ins Schöneberger Rathaus zu schleusen. Warum diese Hinterlist nicht gelang, beschreibt Rudi in seinem Tagebuch: »War das eine Freude. Die Polizeiführung wie der Bürgermeister Brandt werden schon von den Socken gewesen sein. Die meisten vom SDS wohl desgleichen, allerdings aus ganz anderen Gründen. Wie eine Demonstration umgebaut werden kann. Ich war am Ende, hinter mir befand sich ein Verkehrspolizist, wir vom ›Anschlag‹ befanden uns insgesamt im hinteren Teil. Nachdem der Tschombé sich über die Besatzer-Ecken der Amerikaner mit seinen Gastgebern davongestohlen hatte zum Schöneberger Rathaus, mußten und wollten wir ihm folgen. Die vom Anfang der Demonstration konnten schlecht beginnen, hatten da 15-20 Polizisten vor sich. Und mit der Ordnung halten es die von der SED immer, die vom SDS haben in letzter Zeit an der Uni nichts Subversives von sich gegeben. Nun hinten und spontan zu beginnen war klar, ich sagte Horst, Götz Bescheid, Zustimmung zu erreichen war nicht schwer. Unsere Freunde aus der Dritten Welt sprangen sofort ein, die Deutschen hatten zu folgen. Der Verkehrspolizist war okay. Nachdem er die Hoffnungslosigkeit seiner Lage erkannt hatte, ging er zum Stopp des Verkehrs in Richtung Innenstadt über, die Lage war geklärt. Die Polizisten von der legalen Führungsseite der Demonstration konnten nun niemanden mehr halten, die folgten uns einfach, hätten wir umgekehrt genauso gemacht. Das Ziel war ja klar. Alle Stoppversuche der Polizei gingen schief.

Es lohnt sich schon, Leichtathlet (und Ringer) gewesen zu sein. Als die Polizisten versuchten mich allein zu ergattern, offensichtlich war ich denen wegen meiner voll-schwarzen Jeans aufgefallen. Jedenfalls stoppte plötzlich ein Polizeiauto, 5 sprangen raus und wollten mich erwischen. Natürlich rannte ich wie ein Wilder an eine hohe Wand, Demonstranten halfen blitzartig, und die Polizisten hatten erst einmal keine Gelegenheit, mich zu erwischen. Im Gelände waren Holzhäuschen, wohl für Architekten o. ä. Jedenfalls stürzte ich mich nach einem 50-m-Lauf da hinein, ging in irgendeine Tür hinein, niemand war drin, und versteckte mich unter dem Arbeitstisch. Die Polizei ließ nicht von sich blicken, allerdings der Herr, der in diesem Raum arbeitet. Der saß nun vor mir, und was war mit der Demonstration, ich mußte raus, kroch zur Seite raus, entschuldigte mich, und die Tür hatte ich schon wieder hinter mir. Hoffentlich bekam er keinen Herzinfarkt. Ich wetzte mich nun wieder ran an diejenigen, die dem Tschombé wenigstens beim Rathaus einen Denkzettel verpassen wollten. Durch Abkürzungen gelangte ich ca. 2 km vor dem Rathaus wieder nach vorn. Polizei war eigenartigerweise nicht zu erblicken. Als wir nun am Rathaus angekommen waren, war die Lage prekärer. Auf der einen Seite lag vor und neben uns der Wochenmarkt, auf der anderen lag die Rathaustür offen vor uns. Als wir ankamen, war keine Polizei zu sehen. Ein schwarzer Kommilitone aus dem OSI* wollte rein ins Rathaus stürmen, ich stoppte; weiß nicht recht, warum. Auf jeden Fall waren Bewaffnete im Rathaus nicht auszuschließen. Während wir immer mehr wurden, bald um 150 vielleicht, uns zurückhielten, organisierte sich die Polizei, um das Rathaus mit dem Tschombé zu ›schützen‹. Der Polizeichef tauchte bei uns hinter dem Gitter auf und bedrohte mich mit Verhaftung, wenn wir uns weiter heranwagen würden. War nicht unsere Sache, nun war der SDS dran, es ging um eine Delegation. T[ilman] F[ichter] durfte nicht fehlen (zusammen mit einer südafrikanischen Genossin). In der Zeit kauften viele Tomaten, nicht bloß zum Essen. Unsere Delegation mußte empfangen werden, der Bürgermeister soll Verständnis gezeigt haben. Der imperialistische Agent und Mörder von Lumumba ließ nicht lange auf sich warten. Wir donnerten voll los. Schwierdzik traf ihn voll in die Fresse. Die Frauen (jedenfalls zumeist) des Marktes brüllten uns zu: ›Haut doch ab in den Osten.‹ Viele von uns sind aber von dort abgehauen. Wird noch manchen Ärger geben über diesen Tag. Manche werden sich absetzen.«

Die Presse machte finstere Machenschaften von jenseits der Mauer für die Vorkommnisse verantwortlich. »Studenten holten Ost-FDJler

* OSI: Otto-Suhr-Institut der Freien Universität Berlin

zum Tschombé-Protest. Funktionäre brachten ihre Transparente mit.« Und: »Vergeblich versuchten Polizisten die Studenten aufzuhalten. Die Beamten wurden überrannt.« Das Bild dazu zeigte fliehende Schwarze, aber keinen Polizisten. Damit war das Muster entworfen für die Medienschlacht gegen die Studenten in den nächsten Jahren.

In Chicago kaufte ich eine deutsche Zeitung. Es war die »Welt«, eine andere gab es nicht. Sie berichtete in unfreundlichen Worten von einer Demonstration in Berlin gegen Tschombé. Ich fühlte, daß Rudi dabei war, und studierte das Bild von den Demonstranten. Aber ich konnte ihn auf dem unscharfen Foto nicht erkennen. Ich nahm mein Wörterbuch und übersetzte jedes einzelne Wort des Artikels und freute mich, weil ich wußte, daß ich Spuren von Rudi vor mir hatte.

Etwa drei Jahre später blickte Rudi zurück auf die Demonstration gegen Tschombé: »In der Post-festum-Betrachtung können wir sie als Beginn unserer Kulturrevolution ansetzen, in der tendenziell alle bisherigen Werte und Normen des Etablierten in Frage gestellt werden, sich die an der Aktion Beteiligten primär auf sich selbst konzentrierten und in der Aktion ihre Selbstaufklärung über den Sinn und das Ziel der Aktion weiterführen.«[34]

*

Ende September 1964, vor der Tschombé-Demonstration, hatten sich die Mikrozellen zu einem Konzil getroffen, diesmal in Hamburg. Sie wollten Schlußfolgerungen aus »Anschlag 1« ziehen. Das Protokoll berichtet, daß die zwei streitenden Richtungen zu zementierten Blocks geworden waren; Böckelmann war gegen die dialektische Analyse und Rudi gegen eine Begrenzung auf »Scheinprobleme innerhalb der Konsumgesellschaft«. Übereinstimmung gab es immerhin in der Entscheidung, daß die Mitglieder der Subversiven Aktion dem SDS beitreten sollten, um dort »aktionistische Fraktionen zu etablieren und schließlich die politische Ausrichtung und die Kampfform des SDS insgesamt zu ändern«.
Der SDS war bis 1961 die Studentenorganisation der SPD gewesen. In diesem Jahr erklärte die sozialdemokratische Parteiführung, daß eine gleichzeitige Mitgliedschaft in der SPD und im SDS unvereinbar sei.

Hauptgrund war die Forderung des SDS, die DDR anzuerkennen. Außerdem war er beteiligt gewesen an einem Studentenkongreß gegen Atomrüstung, den auch Kommunisten unterstützt hatten. Die SPD entzog dem SDS alle Mittel und gründete den zunächst parteifrommen Sozialistischen Hochschulbund (SHB). Wider Erwarten aber lebte der SDS weiter. In Berlin waren 1964 vielleicht fünfzig Leute im SDS aktiv, darunter einige, die kritisch dachten und offen waren für neue Ideen.

Am 27. Januar 1965 platzten die Subversiven Rudi, Bernd, René aus Luxemburg und Peter Pusch ins West-Berliner SDS-Zentrum am Kurfürstendamm. Das Haus war heruntergekommen, seine Fassade sah aus, als trüge sie Pockennarben. Im Krieg war das oberste Stockwerk weggebombt worden. Am Ende eines schäbigen, dunklen Ganges wies ein kleines Pappschild nach oben: »SDS II Treppen«.

Oben angekommen, öffneten die Subversiven etwas verunsichert die Tür, Rauchschwaden zogen ihnen entgegen. Sie setzten sich unaufgefordert auf wackelige schwarze Holzstühle und hörten, daß im Zimmer gehüstelt wurde. Es war kein Willkommensgruß. Die Gäste, die sich selbst eingeladen hatten, stellten sich vor und erklärten, daß sie Mitglieder des SDS werden wollten.

Einige SDSler kannten die Subversiven von der Tschombé-Demonstration und fanden es nicht schlecht, wenn deren Urheber eintraten. Aber die Clique im SDS, die bis dahin den größten Einfluß zu haben glaubte, war mißtrauisch. Tilman Fichter, einer ihrer Wortführer, zappelte nervös und riet, diese Leute nicht aufzunehmen: »Sie sind Anarchisten und werden unsere Organisation zerstören.« Klaus Meschkat, Urs Müller-Plankenberg, Traugott König und andere kritisierten die aktivistischen Methoden und erklärten, der SDS habe einen anderen Politikansatz. »Sie kommen von einer Gruppe, sie werden im SDS ihre eigene Sache machen und den SDS fallenlassen, wenn es ihnen nicht mehr paßt. Die ›Anschlag‹-Gruppe ist eine Gruppierung, die den SDS übernehmen will«, warnten sie. Kein SDSler trat für die Subversiven ein. Als aber abgestimmt wurde, ergab sich eine knappe Mehrheit für die Aufnahme der Subversiven in den SDS.

An den Vorbehalten änderte sich dadurch wenig, vor allem, als sich herausstellte, daß die Subversiven gleichzeitig in anderen Städten in den SDS eingetreten waren. Dessen Organisationspäpste witterten eine Verschwörung.

Aber das störte Rudi und Bernd nicht. Sie zweifelten nicht daran, daß sie die Lage zu ihren Gunsten ändern konnten. Vielen anderen Subversiven dagegen paßten die ständigen Spannungen, Machtkämpfe und der Organisationsfetischismus im SDS nicht, und sie blieben nicht lange dabei. Die ausharrenden neuen Mitglieder wurden nicht gleich und nicht leicht integriert. Die alten hatten eine langfristige politische Zeitperspektive gehabt und glaubten kaum, daß zu ihren Lebzeiten etwas politisch Einschneidendes passieren würde, und nun waren da Leute, die auf Aktion drängten.

Aber auch hinsichtlich des Politikstils brachen Konflikte aus. Es ging aus der Sicht der meisten zu weit, wenn Rudi Leute, die er gerade kennengelernt hatte, von der Straße zu Sitzungen des SDS mitbrachte. Klaus Meschkat hatte sich dagegen ausgesprochen, die Subversiven im SDS aufzunehmen. Aber er sollte Rudi bald besser kennenlernen. Meschkat war wissenschaftlicher Assistent am Osteuropäischen Institut der FU. Er hatte gerade seine Promotion bei Professor Hans-Joachim Lieber gemacht. Lieber gehörte dem SDS-Fördererkreis an und war Herausgeber der Werke von Karl Marx in der BRD. Er hatte einen kritischen marxistischen Ansatz, aber nichts im Sinn mit Parteikommunisten. Er gehörte zu den Wissenschaftlern, die die neomarxistische Kritische Theorie stark beeinflußten.

Anfang 1965 veranstaltete Meschkat sein erstes Seminar, sein Thema war die Permanente Revolution. Es nahmen relativ wenig Leute teil, darunter Rudi, Bernd, Jürgen Treulieb und Elisabeth Käsemann, die auch im Dritte-Welt-Arbeitskreis mitmachte. Es ging um die Kritik der bolschewistischen Revolutionstheorie von Georg Lukács bis Herbert Marcuse. Meschkat begann bald, Rudi zu schätzen, weil dieser intensiv mitarbeitete und die Diskussion in Schwung brachte. Meschkats frühere Zweifel an Rudi und Bernd schwanden.

Schon einen Monat nach seinem Beitritt wurde Rudi in den politischen Beirat des West-Berliner SDS gewählt. Tilman Fichter wurde 1. Vorsitzender.

*

»Vergiß auf keinen Fall Dein leibliches Wohl, wenn du 15 Stunden geistig arbeitest, denn Essen und Trinken halten Leib und Seele zusammen«, schrieb Mutti Dutschke im März 1965 ihrem lieben Sohn Rudi.

Sie ahnte, daß Rudi möglicherweise hin und wieder an Frauen dachte. »Da mußt Du ja, wenn Du ein unberührtes Mädchen als Mutter Deiner Kinder haben willst, Dich um ein Mädchen bekümmern, das gerade die Schule hinter sich hat. Oder mußt in Dänemark Umschau halten, vielleicht sind dort die Frauen und Mädchen noch nicht so verdorben, in jedem Falle halte die Augen offen, denn Heiraten ist kein Pferdekauf. (...) Sag mal Rudi, bist Du nicht mehr Antialkoholiker, weil Du schreibst, Ihr hättet Deinen Geburtstag bei einer Flasche Rotwein gefeiert?«

In diesem Monat bekam auch ich einen Brief. Ich schaute auf die Briefmarke. Es stand »Deutschland« darauf. Die Handschrift auf dem Umschlag war kühn und eckig, irgendwie vertraut. Ich riß den Brief auf. Ich hatte beinah alle Hoffnung aufgegeben, weil Rudi mir so lange nicht geantwortet hatte. Ich hielt den Brief in zitternden Händen und wagte kaum, ihn zu lesen. Was würde er sagen? Konnte ich es ertragen? Doch da stand vorsichtig, aber deutlich, es sei meine Entscheidung, wenn ich zurückkommen wollte, er habe nichts dagegen.

Ich dachte nicht lange nach. Ich entschied mich, nach Deutschland zu reisen. Meine Eltern gaben mir Geld für ein Studium, und ich hatte auch etwas gespart. Aber als ich in West-Berlin aus dem Zug stieg, fühlte ich mich unglaublich einsam und unsicher. Eindrücke wirbelten in meinem Kopf herum: Bahnhof Zoo voller Menschen, die gelbe U-Bahn hatte einen Hauch von Vertrautheit. Der Geruch dieser Stadt. Ich hatte ihn nirgendwo anders gerochen. Rudis Adresse hatte ich auf dem Umschlag des Briefs, den er mir im März geschickt hatte. Er wohnte nicht mehr in Schlachtensee. Ich kam zu einem alten grauen Berliner Wohnhaus und ging ein paar Treppen hoch. Sein Name stand auf dem Klingelschild zusammen mit anderen. Mein Herz schlug hart. Ich stand da und dachte, ich kann das nicht. Doch, mach doch, spornte ich mich innerlich an. Endlich drückte ich auf die Klingel. Lange war es still. Ich drückte wieder. Dann hörte ich Schritte. Eine zierliche Frau mit gefärbten schwarzen Haaren öffnete die Tür. Mein Herz sank bis in die Füße, ich starrte sie erschrocken an. Ich wußte nicht, was ich sagen sollte. Ich öffnete meinen Mund, aber es kam nichts heraus. »Was wollen Sie?« fragte die Frau endlich. »Wohnt Rudi Dutschke hier?« fragte ich stockend zurück. »Augenblick«, antwortete sie schroff. Sie schloß die Tür und verschwand. Ich dachte: Jetzt hat Rudi eine Freundin, und mein Herz verzagte. Dann wieder

Schritte, und die Tür ging erneut auf. Diesmal stand Rudi da. Er schaute mich voller Erstaunen an. »Carol«, rief er aus, »wie bist du hierhergekommen?«
Ich antwortete: »Ich bin mit dem Schiff gekommen, und jetzt bin ich hier.«
»Komm rein«, sagte er mit einem freundlichen Grinsen. Er nahm meinen Koffer und führte mich durch einen langen, dunklen Flur zu seinem Zimmer. Es war groß, in der Mitte stand ein Kachelofen.
»Das ist mein Zimmer«, sagte er.
»Wer ist die Frau?« fragte ich.
»Sie wohnt hier, ich kenne sie kaum«, erwiderte er.
»Ah, sie hat auch ein Zimmer hier.«
»Ja.«
»Mehr nicht?«
»Mehr nicht.«
Ich fühlte mich unglaublich erleichtert.

Bald teilte Rudi mir mit, daß er schon in der kommenden Woche nach Moskau reisen müsse. Der sowjetische kommunistische Jugendverband Komsomol hatte eine SDS-Delegation eingeladen. Aber zur selben Zeit wie die Moskaureise war in München ein Konzil der Subversiven Aktion angesetzt. Rudi war etwas frustriert, weil er die Diskussion bei den Subversiven beeinflussen wollte: »Ich muß mich wenigstens schriftlich beteiligen und einen Beitrag hinschicken. Die Zeit ist knapp.«
»Ich will dir helfen, wenn du willst, wie ich versprochen habe«, bot ich an.
Ich tippte seinen Text, und Rudi konnte ihn rechtzeitig abliefern.
»Aber was wird der Text wert sein, wenn keiner von uns anwesend ist? Die Reise Bernds dorthin ist absolut unsicher, hat wenig Lust. Damit wäre unsere Richtung direkt nicht anwesend. Wie es meinem Beitrag ergeht, werde ich sehen.« Rudis Pessimismus war begründet. Die Münchener wollten sich mit seinem Beitrag nicht auseinandersetzen, sie blieben erstarrt in ihrer autoritären Fixierung auf die Frankfurter Schule.
Auch in Berlin wurden die Risse tiefer. Gasché schloß sich der Münchener Linie an und beeinflußte auch Herbert Nagel. Die meisten Subversiven wollten eine endgültige Abrechnung mit Rudi und Bernd.

Sie wandten sich gegen die politische Praxis und gegen alle marxistischen Einflüsse, und sie wiesen Rudis Vorschlag zurück, noch einmal eine Einigung zu versuchen. Hätten sie Rudis Diskussionsbeitrag unvoreingenommen gelesen, wären sie allerdings überrascht gewesen. Er hatte inzwischen Marcuse gelesen und die eigene Position in ihrem Sinn weiterentwickelt. Doch die anderen nahmen das nicht zur Kenntnis. Sie merkten nur, daß Rudi sich keineswegs von der Marxschen Methode verabschiedete, und das schloß eine Versöhnung mit der Böckelmann-Fraktion aus.

In seinem Papier sprach er ihre Fragen direkt an: »Es gilt nun mit der Marxschen Methode zu überprüfen, ob die Marxschen Kategorien noch immer die bestimmenden Faktoren der Tauschgesellschaft sind. (...) Kapital, Lohnarbeit und Besitz an Produktionsmitteln bzw. Grundeigentum bilden heute wie zu Marxens Zeit die Grundlage der antagonistischen Gesellschaft – mit einem großen Unterschied, und dieser Unterschied kann nicht oft genug betont werden. Früher konstituierten diese Grundkategorien einen sich als Naturgesetz durchsetzenden ökonomischen Zwangszusammenhang, der sich in Verelendung, Entmenschlichung und regelmäßige Krisen mit potentiellen Revolutionen auswies. Davon kann spätestens seit dem 2. Weltkrieg für die Industrienationen keine Rede mehr sein. (...) Es kann hier nicht um Lösungen gehen, es geht einzig und allein (...) um die Klarstellung, daß wir theoretisch zwar in etwa auf der Höhe der heutigen modernen Sozialwissenschaft à la Frankfurt stehen, auch dauernd danach schielen und geil die neuesten Publikationen erwarten, uns aber bisher wenig oder gar nicht um das gekümmert haben, was die Grundlage einer Revolutionstheorie sein kann: eine neue Kritik der politischen Ökonomie. (Selbst Horkheimer hatte das 1963 gesagt.) ›Die Kritik der politischen Ökonomie hätte heute zu zeigen, daß die Gesellschaft in ihrer eingestandenen Irrationalität zu den Interessen aller Menschen in Widerspruch steht. Diese Gedanken sind verbreitbar und könnten weitreichende politische Konsequenzen haben.(...) Wir müssen immer wieder betonen: Soziologie müßte auch heute weitgehend in Ökonomie bestehen.‹ (...)

Die globale Konkurrenz zwischen Kapitalismus und Kommunismus, die die höchstmögliche Steigerung der Produktivität und die höchstmögliche Rationalisierung der Arbeit in beiden Systemen zur Existenzfrage macht, überspielt die der völligen Automation entgegen-

stehenden Tendenzen (Gewerkschaften, die für eine systematisch-dosierte Steigerung der Automation sind, Furcht vor eventuellen Arbeitslosenheeren, Finanzierungsfrage der Automation). Die tendenziell völlige Arbeitslosigkeit muß für uns, für unsere Praxis der entscheidende Fixpunkt sein. (...)
[Ich] will meine Vorschläge über die nächsten Schritte [unserer Gruppe] darlegen. (...) Die Konfrontation mit der Staatsgewalt ist zu suchen und unbedingt erforderlich. (...) Diesem Prozeß müssen bei Drohung der Niederlage all unsere Anstrengungen [dienen], parallel laufen die praktisch-theoretische und koordinierte Zusammenarbeit mit allen revolutionären Gruppen in der Welt. (...) Meine auf den ersten Blick so völlig utopischen Gedanken scheinen mir eher realisierbar und sinnvoll, weil wirklichkeits- und prozeßhaft eher realisierbar, als der Versuch, alle ›linken Oppositionellen‹ unter einen Hut zu bringen, daraus eine radikale proletarische Partei oder Räteorganisation zu bilden. (...) Es ist heute für mich klar, daß, wenn schon in den nächsten zwei bis vier Jahren in Lateinamerika eine umfassende Revolutionierung stattfindet, dieser Prozeß zwar stark politische und ökonomische Rückwirkungen auf Nordamerika und Mitteleuropa haben wird, für die endgültige Befreiung der Menschheit allerdings einen zeitweiligen Rückschritt bedeuten könnte, werden doch in dieser Zeit die Strukturen der industriellen Gesellschaften, deren Veränderungen tatsächlich allein der Schlüssel für die Befreiung ist, noch nicht den Weg der Aufweichung der Eindimensionalität angetreten haben. (...) Die Hoffnung auf gewaltige ökonomische Krisen mit Elend, Krieg usw. ist analytisch falsch und kann Ausdruck eines falschen Menschenbildes sein. Die konkrete Reflexion über die Möglichkeit der Durchbrechung des falschen Bewußtseins im Laufe der nächsten zwanzig Jahre muß die Tagung leisten.«

Rudi war nervös wegen der Reise nach Moskau. Es war ein komisches Gefühl für ihn, als »Republikflüchtling« durch die DDR zu fahren. Er traute der Grenzpolizei nicht ganz, zögerte aber nicht, das Risiko einzugehen. Am 19. April verabschiedete ich mich von ihm am Bahnhof Zoo, danach fuhr ich nach Hamburg, um dort Theologie zu studieren.
Die SDS-Delegation bestand aus fünf Leuten. Jürgen Horlemann war ihr Leiter. Er war damals der Moskauer Linie recht nahe und versuchte

während der Reise Rudi bei seinen Auseinandersetzungen mit den sowjetischen Funktionären zu bremsen. Zweck der Reise war, Informationen aus erster Hand zu gewinnen über Projekte der Entkolonisierung, über Entwicklungshilfe, die Planung und Leitung der sowjetischen Volkswirtschaft, die Entwicklung der innerbetrieblichen Demokratie und die Soziologie. Die SDS-Delegation war außerdem vom Bundesvorstand beauftragt, Zugang zu den Archiven zu erbitten, in denen sich Dokumente über NS-Verbrechen befanden, speziell der SS-Einsatzgruppen und der höheren SS- und Polizeiführer.

»Ist schon verrückt«, schrieb Rudi. »Ich komme aus Ost-Deutschland, aus der DDR, mußte abhauen. Jetzt fahre ich hindurch, darf nirgendwo aussteigen. Die Genossin und die Genossen, die mit mir fahren, können dieses komische Gefühl wahrscheinlich nicht ganz nachvollziehen. Viel gemeinsamer wird unser Gefühl bei der Durchfahrt durch Polen gewesen sein. Zu viele Erinnerungen an die Beteiligung der Väter bei der Eroberung Polens, das gleiche galt bei der Fahrt nach Moskau. Allerdings konnte ich eine andere Erfahrung nicht vergessen: die jugendliche Wahrnehmung des 17. Juni 1953, mein Beten für die ungarischen Aufständischen von 1956. Zweifellos wird mich auch in diesen Wochen meine frühe Sympathie für die russischen Oppositionellen nicht verlassen. Nun sind wir schon durch Warschau hindurch, hatten nur einen ganz kurzen Zwischenaufenthalt, Zeit, um mal kurz aus dem Bahnhof hinausriechen zu können. Dachte an Kolakowsky, Kurón-Modzelewski * usw. Wer weiß, wer wieder das Land verlassen mußte. (...)

Mensch, was kam mir beim Anblick des Winterpalais, der Peter-Pauls-Festung und der alten ›Aurora‹ nicht alles hoch. (...) Den Panzerwa-

---

* Im Jahr 1966 veröffentlichten Jacek Kurón (geboren 1935) und Karol Modzelewski (geboren 1937), beide Mitglieder der kommunistischen Polnischen Vereinigten Arbeiterpartei (PVAP), einen offenen Brief, in dem sie die spätstalinistische Diktatur ihres Landes einer marxistischen Analyse unterzogen. Die Autoren wurden deshalb mehrere Jahre inhaftiert. Die deutsche Ausgabe erschien unter dem Titel »Monopolsozialismus. Offener Brief an die Mitglieder der Grundorganisation der Polnischen Vereinigten Arbeiterpartei und an die Mitglieder der Hochschulorganisation des Verbandes Sozialistischer Jugend an der Warschauer Universität«, Hamburg 1969.
Jacek Kurón war später eine der führenden Persönlichkeiten der Gewerkschaft »Solidarität« und Arbeitsminister der ersten demokratischen Regierung.

gen vor sich zu haben, von dem aus Lenin seine April-Thesen * verkündete, brachte die verschiedensten Empfindungen hervor, ich sehe Bilder vor mir aus so vielen Büchern, mal Trotzki gestrichen, mal dabei; ist beim Anblick des Winterpalais und dem Besuch der Hafenstrecke ähnlich. Danach suchen wir das Museum für die Geschichte Leningrads auf. Es fällt mir oft schwer, entspannt zuzuhören, wenn uns die Geschichte des Aufbaus des Sozialismus ›erklärt‹ wird. Wie problemlos uns über 1936 ** berichtet wird, macht wohl nicht nur mir Sorgen. Die ganze Problematisierung findet aber ihre Grenze, wenn zur Kenntnis genommen wird, wie der deutsche Faschismus versuchte, über Leningrad herzufallen, wieviel da zerstört wurde. (...) In Leningrad gibt es ein Denkmal für die Opfer der Revolution in Petersburg. Der Grundstein ist 1925 gelegt worden, in den 30iger Jahren vollendet. Mein Einwand auf eine Verbindung zwischen Prozessen, Opfer und Verhöhnung derselben lehnten unsere Gastgeber verständlicherweise ab. (...)
Nachdem wir die vielen Institute hinter uns hatten, suchten wir an der Außenseite von Leningrad noch den großen Leningrader Sportplatz auf. Nun war ich zwar mal wahnsinnig verrückter Leistungssportler in der DDR, aber eine andere provokative Frage drängte sich mir bald auf: Wo liegt eigentlich, von hier aus gesehen, Kronstadt, und was ist da inzwischen los? Die Komsomol-Mitglieder stellten sich echt dumm und wußten von nichts, auch nichts von den realen Kämpfen im März 1921. Mein Wissen stammte nicht mehr nur aus Lenins und Trotzkis Analysen und Einschätzungen, ich hatte nämlich vor wenigen Wochen die Autobiographie von V. Serge*** gelesen. War für mich erschreckend, die Matroseneinheiten, die den Oktober der Bolschewiki mit ermöglichten und zum Sieg führten, sind in Kronstadt niedergeschossen worden. Wieso war da eine proletarische Notwen-

* Gleich nach seiner Rückkehr aus dem Exil verkündete Lenin im April 1917 Thesen, die für die Taktik der bolschewistischen Partei maßgeblich waren auf dem Weg zur Oktoberrevolution.

** Gemeint sind die Stalinschen Säuberungen und Schauprozesse.

***Der Franzose Viktor Serge (1890-1947) arbeitete im Apparat der Kommunistischen Internationale, bis er 1928 als Mitglied der »trotzkistischen Opposition« ausgeschlossen wurde. Er hat seine Biographie unter dem Titel »Beruf: Revolutionär. Erinnerungen 1901 - 1917 - 1941« (deutsche Ausgabe: Frankfurt am Main 1967) veröffentlicht.

digkeit, die Kronstädter Matrosen, die für die Sowjets nun wieder eintraten und gegen die Bolschewiki sich agierten, politisch-militärisch zu liquidieren? Wer bestimmt denn diese historische Notwendigkeit? Lukács nahm in seinem Kommunismus-Blatt * da 1921 völlig die offizielle Haltung der KPdSU und der KI-Exekutive ** ein, die Konterrevolution mußte niedergeschlagen werden. Unsere Gastgeber kannten all diese Publikationen nicht, wer weiß, wann die jemals all die uns zugänglichen Bücher in die Hand bekommen. (...) Die Wendungen durch den XX. Parteitag können einfach nicht grundlegend gewesen sein.

Viel einfacher und angenehmer war die plötzliche Kontaktaufnahme mit sowjetischen Kindern im Alter zwischen 9 und 13 Jahren. Die trieben sich wie wir am oberen Teil des Stadions herum, auf der Zuschauerebene. Die spielten mit einem kleinen Ball halt Fußball, da sich einzumischen war nicht schwer und wurde freundlich begrüßt. War prima, Renate übersetzte hin und wieder, Bilder sind auch aufgenommen worden. Die Kinder waren, wie zumeist, nicht im geringsten verkrampft, hatten von Uwe Seeler und Herberger natürlich schon gehört.

Wie der 1. Mai in Moskau oder Leningrad war? So, wie ich ihn von Luckenwalde her kannte. In Rußland erinnerte ich mich oft des Alexander-Blok-Satzes von 1920: ›Diejenigen, die in einer unerfüllten Zeit geboren sind, erinnern sich nicht ihrer Vergangenheit. Wir, Kinder Rußlands in gefahrenvollen Zeiten, vergessen nichts.‹ Wie sich eine Lage und ihre Interpretation ändern können.«[35]

»Im Bahnhof in Moskau wurden wir von Mitgliedern der Komsomol-Organisation freundlich empfangen, mit einem Auto in das Hotel für internationale Gäste gefahren. (...) Zuerst suchten wir das Institut für Ethnographie in Moskau auf, um dort zu erfahren, wie weit ihre Forschung über Asien gediehen ist. Viel war da nicht. (...) Die Gespräche mit einem Redakteur von ›Cmena‹, 1919 gegründet, waren stinklangweilig, aber auch etwas erschreckend: ›Der Chruschtschow-Sturz war

---

* 1920/21 war Georg Lukács verantwortlicher Redakteur des in Wien erscheinenden Periodikums »Kommunismus. Zeitschrift der Kommunistischen Internationale für die Länder Südeuropas«.

** Gemeint ist das Exekutivkomitee der Kommunistischen Internationale (EKKI).

für die Bevölkerung kein Problem, alles wurde klar und gut erklärt von der Partei und unseren Zeitungen.‹ Interessanter war schon das Gespräch mit Herrn Sachs von ›Nowy Mir‹. Der verantwortliche Sekretär dieser literarischen Zeitschrift stellt sich der Diskussion ziemlich offen. Es gebe durchaus in ›NM‹ einige Schattierungen, allerdings keinerlei Fraktionierungen, die Verschiedenheiten der Schattierungen seien allein auf die individuelle Besonderheit zurückzuführen. Zweifellos habe seiner Meinung nach Solschenizyn viele wertvolle Auseinandersetzungen hervorgerufen. (...)
Abfahrt. Unser Komsomol-Übersetzer, der offizielle, machte zum Schluß die Bemerkung: ›Ich werde mir manche Marx-Texte noch mal neu anschauen.‹«
Offenbar hatten Rudis unliebsame Interventionen beeindruckt.

*

Das Ende ereilte die Subversive Aktion nicht wegen Rudis Widersprüchen, sondern als Folge von Kunzelmanns eigensinnigem Treiben. Kunzelmann hatte seit dem ersten Treffen eine Position eingenommen, die näher bei Rudis war. Das gefiel Böckelmann nicht, und als die passende Gelegenheit kam, ging er sofort daran, Kunzelmann aus der Gruppe auszuschließen. Der Anlaß: Kunzelmann hatte Mitglieder einer Gruppe, die rätesozialistische Positionen vertrat, zu einem Subversiventreffen mitgebracht, ohne die anderen vorher zu fragen.
Rudi war über diesen Ausschluß nicht glücklich. Die Berliner »Anschlag«-Gruppe traf sich im Mai, um die Lage zu besprechen. Herbert begann: »Dieter hat viele Leute in Aktionen und in die Gruppe hineingezerrt, aber er hat keine Theorie. Für mich ist es wichtiger, die Theorie zu entwickeln. Es ist von den einzelnen und ihrer Einsicht abhängig, ob sie an Aktionen teilnehmen.«
Bernd hielt dagegen: »Die Gruppe als Gruppe hört auf zu bestehen, wenn wir die Aktionen individualisieren.«[36]
Die Auseinandersetzung ging danach in Briefen weiter. Rudi und Dieter wurden beschuldigt, Geheimabsprachen getroffen zu haben. Rudi versuchte sich zu verteidigen, aber es war sinnlos. Er schrieb Dieter: »Irgendwie sah ich in unserer Gruppe auch die Keimform einer bewegenden Kraft, nahm leider das konkrete Sollen, das Ziel, als gegenwär-

tige Realität – darum auch mein Verhalten gegenüber der gewesenen Embryoorganisation. (...) Scheitern beim Aufbau revolutionärer Gruppen in einer Periode der relativen nationalen Ebbe hinsichtlich der Revolutionierung der Gesellschaft ist normal bzw. notwendig, um gerade in der leichten Vorbereitungszeit den Weg theoretisch und praktisch zu finden. (...) Die entscheidende Frage ist natürlich noch eine andere. Wie sollen die Menschen beschaffen sein, entwickelt werden, die fähig und willens sind, ein so gefährliches Zeug (im Sein- und Zeit-Sinn) sicher durch den Prozeß der Vorbereitung und der Aktionen zu steuern – den Thermidor geistig-organisatorisch unmöglich zu machen. Scheiterten wir, weil diese und keine andere Gruppenstruktur, weil gerade diese Individuen und nicht andere in ihr mitarbeiteten?«[37]

*

Im Juli 1965 ließ sich Rudi in den SDS-Landesbeirat wählen. Er hatte sich nicht aufgedrängt. Er hatte Bedenken gegen Hierarchien. Aber viele Leute im SDS schätzten ihn und hatten ihn aufgefordert zu kandidieren. Rudi war unsicher, ob der SDS überhaupt eine Rolle spielen konnte in einem Prozeß gesellschaftlicher Änderung. Der Studentenbund hatte festgefügte Strukturen, und seine Mitglieder waren darin eingebunden. Einige von ihnen waren traditionalistische Marxisten, die der SED nahestanden, andere lehnten sich eher an die SPD an. Für beide war Rudi eine Bedrohung. Rudi fürchtete, daß es ein Fehler war, sich in den Landesbeirat wählen zu lassen. Aber er wußte auch, daß eine Gruppe von zehn oder fünfzehn Leuten keine Revolution machen konnte. Er mußte Einfluß gewinnen.

Rudi fuhr im Oktober als ordentlicher Delegierter nach Frankfurt zur Delegiertenkonferenz des SDS mit seinen Bedenken: »Manche vom SDS kennen den K[ronstadt]-Aufstand u. s. v. a. m. so wenig wie unser offizieller Übersetzer in der SU. Auf der SDS-Konferenz wird man sich aber damit nicht beschäftigen. Womit aber wirklich?« Im Vorstand gaben pragmatische Taktierer um den Vorsitzenden Helmut Schauer den Ton an. Hinter sich hatten sie nicht nur die Tradition des SDS, sondern auch Geld aus der DDR. Das wußte man damals natürlich nicht. Aber Rudi spürte gleich, daß einiges faul war. Er griff den Vorsitzenden Schauer und die DDR-freundliche Kölner SDS-

Gruppe an. Diesen gefiel es gar nicht, wie Rudi auf der Konferenz die Verkrustung bekämpfte. Dafür aber einem großen Teil der unabhängigen Delegierten.

Rudi hatte so temperamentvoll und überzeugend argumentiert, daß er als Bundesvorsitzender vorgeschlagen wurde. Das schmeichelte ihm: »Beinahe wäre ich Bundesvorsitzender des SDS geworden. Es kitzelte einfach nach den Diskussionen in mir, die Kongreß-Stimmung und andere Tendenzen im SDS aufzuzeigen. Den italienischen Genossen und Genossinnen gefiel meine Redeweise, und [sie] ließen mich ihren Beitrag für den SDS-Kongreß vorlesen.« Erst im letzten Augenblick besann er sich und zog die Kandidatur zurück. Er hatte kein Interesse daran, in die Verbandsarbeit verwickelt zu werden. Er kämpfte gegen die Autoritäten nicht mit dem Ziel, sich und seine Gruppe selbst als Autorität einzusetzen, sondern um repressive Strukturen aufzudecken. Aber ohne Einfluß wollte er auch nicht sein. Er ließ sich in den politischen Beirat des Bundesvorstandes wählen, auch um sich über die Umtriebe des Vorsitzenden Schauer zu informieren, der vorhatte, den SDS näher an die SED heranzuführen. Die DDR-Sympathisanten sollten auch in den vom SDS unterstützten Schriften mehr zu Wort kommen, um die neue Strömung, die Rudi repräsentierte, zu bekämpfen.

Hinter dieser neuen Richtung stand vor allem die Theorie eines Mannes, der in Amerika lebte: Herbert Marcuse. Seine Bücher, besonders »Triebstruktur und Gesellschaft« und »Der eindimensionale Mensch«, hatten mit die Grundlagen unserer Revolte gelegt. Rudi wurde im SDS vor Marcuse gewarnt. »Als ein Denker, der uns im Anfang zum Nachdenken bringt, festgefrorene Anschauungen durcheinanderwirbelt, ist er sehr wertvoll. Aber Marcuse als Politiker: Vorsicht. Als früherer New-Deal-Beamter ist er von Widersprüchen voll.« Diese antiamerikanischen Untertöne ließen Rudi kalt. Er hatte voller Aufregung Marcuses Buch »Die Gesellschaftslehre des sowjetischen Marxismus« gelesen: »Der ganze politisch-analytische Sprengstoff wurde mir erst in Leningrad und Moskau 1965 bewußt, als des öfteren bei den Diskussionen zwischen den dortigen Uni-Wissenschaftlern und uns vom SDS gesagt wurde: ›Herbert Marcuse muß am schärfsten bekämpft werden.‹«

Die Ostblock-Kommunisten lehnten Marcuse ab wegen seiner Kritik an der Sowjetunion. Aber Marcuses Kritik an den westlichen Demokratien war nicht weniger scharf. Und er bot eine Antwort auf die Frage an, die auch Rudi gestellt hatte: Was bedeutet es in einer sogenannten freien Gesellschaft, Revolutionär zu sein? Marcuse sprach von der repressiven Toleranz. »Die Idee der Toleranz erscheint heute wieder als dasjenige, was sie an ihren Ursprüngen war, zu Beginn der Neuzeit – als ein parteiliches Ziel, ein subversiver, befreiender Begriff und als ebensolche Praxis. Umgekehrt dient, was heute als Toleranz verkündet und praktiziert wird, in vielen seiner wirksamsten Manifestationen den Interessen der Unterdrückung. (...) Und wenn es notwendig ist, das etablierte Universum der Bedeutung (und der in diesem Universum enthaltenen Praxis) zu durchbrechen, um den Menschen in den Stand zu setzen herauszufinden, was wahr und was falsch ist, dann müßte diese trügerische Unparteilichkeit aufgegeben werden. (...) Sicher ist von keiner Regierung zu erwarten, daß sie ihre eigene gewaltsame Beseitigung begünstige, aber in der Demokratie ist ein solches Recht im Volk verankert (das heißt in der Mehrheit des Volkes). Das bedeutet, daß die Wege, auf denen sich eine umstürzende Mehrheit entwickeln könnte, nicht versperrt werden sollten, und wenn sie durch organisierte Unterdrückung und Indoktrination versperrt werden, dann wird ihre Wiedereröffnung offenkundig undemokratische Mittel erheischen.« [38]

Doch eines bei Marcuse störte Rudi: Dessen Idee der »›großen Verweigerung‹ kennt die Kategorie der Vermittlung nicht, die abstrakte, tief moralische Negation der herrschenden Verhältnisse kann eine echte, konkrete Antizipation nicht erreichen«. Rudi suchte eine philosophische Grundlage, auf der er trotz allem hoffen konnte, daß eine bessere Gesellschaft möglich sei. Er fand eine Antwort bei Ernst Bloch, in dessen Begriff des Noch-nicht-Seins.

*

Ich hatte ein kleines Zimmer in Hamburg und eine Wirtin, die mich vermutlich nur ertrug, weil ich einen deutschen Namen hatte. Als ich einmal mit einem Kommilitonen aus Indonesien erschien, ließ sie ihn nicht ins Haus. Rudi war in Berlin, und wir konnten uns nicht oft sehen, aber ich schrieb ihm jeden Tag ein bißchen, und wenn der Brief einige Seiten lang war, schickte ich ihn ab. »Viele Mal denke ich, daß Du nicht wirklich Mensch bist, aber irgendwas anderes, vielleicht

Engel oder Halbgott. Ich bin Kobold und Du Halbgott. Wir passen gut in die griechische Mythologie.« »Kobold« nannte er mich, nachdem ich gegen »Carol« protestiert hatte. Er fand, Kobold passe ohnehin besser zu mir.
Ich hatte viele Fragen an ihn. »Wie würdest Du in Südamerika die Massen politisieren, damit ein Sieg der revolutionären Gruppen nicht wieder zu neuen, reaktionären Revolutionen führt? (...) Wie unterscheidet man zwischen einem internationalen Gesichtspunkt und einer Einmischung imperialistischer Staaten in einem Land?« Ich wartete gespannt auf seine Antworten. Aber auf fünf Fragen bekam ich zwei Antworten. Ich war ein wenig enttäuscht. Ich wollte ihn sehen und fragen.
Aber für ihn war es schwer, nach Hamburg zu kommen, da er nicht durch die DDR fahren durfte. Und fliegen war teuer. Wenn ich ihn in Berlin besuchte, lebten wir in einer Welt voller Wärme, körperlicher Nähe und geistiger Ausflüge, in einer Traumwelt. Ich hatte wenig Kontakt mit Rudis politischem Umfeld.
Nach der SDS-Delegiertenkonferenz blieb er in Westdeutschland und konnte einen Abstecher nach Hamburg machen. »Du wirst ganz Hamburg kennenlernen«, frohlockte ich. Wir ruderten auf der Alster und machten lange Spaziergänge. Einmal landeten wir in der Herbertstraße in St. Pauli. Eine hohe Eisenwand verdeckte den Zugang zur Straße. Darauf ein Schild: »Zutritt für Jugendliche unter 18 Jahren verboten.« Wir gingen hinter die Mauer. Es war am hellichten Tag. Die Straße war nur leicht belebt. Die meisten Männer kamen im Dunkeln. Wir hielten uns fest aneinander und blieben in der Straßenmitte. Auf beiden Seiten standen malerisch-idyllisch aussehende alte Häuschen, die jedoch alle große Fenster hatten, in denen halbnackte Frauen saßen. Wir staunten und betrachteten viel zu intensiv eine nach der anderen. Ein leises Summen begann uns zu folgen. Zuerst hörten wir es nicht. Es wurde lauter. Wir empfanden etwas Bedrohliches. Das Summen nahm Wortgestalt an: »Hänsel und Gretel.« Immer lauter: »Hänsel und Gretel, Hänsel und Gretel.« Wir wußten, daß es auf uns gemünzt war, und fanden es nicht so lustig. »Gretel!« schrie es. »Gretel, GRETEL. HIER! GRETEL!« Die Stimme stach so schrill aus dem unterschwelligen Summen heraus, daß ich mich umschaute. Eine Frau saß im Fenster und winkte überschwenglich mit ihrem ganzen Körper zu mir herüber. Sie hatte rote Haare und trug nur Unterhosen und

Büstenhalter. »Erkennst du mich nicht?« fragte die Frau, als sie meinen Blick gefangen hatte. Ich schüttelte leicht den Kopf. »Ich bin Marlies«, sagte sie. »O Gott«, murmelte ich erstaunt. Wir gingen zu ihrem Fenster. Sie lehnte sich heraus und schüttelte uns die Hände. Das bedrohliche Summen hatte wie auf Befehl schlagartig aufgehört. »Das ist Rudi, er war auch da in der Wohnung damals«, erklärte ich.
»Was machst du hier?« fragte Marlies.
»Ich wohne hier. Und du, wie bist du hierhergekommen?«
»Ich erzähle dir alles«, entgegnete Marlies gelassen. Dann berichtete sie, wie damals der Hausbesitzer in Berlin immer wilder geworden war. Nach ein paar Tagen gelang es ihm, in die Wohnung einzudringen, und er kassierte alle ihre Sachen inklusive eines wertvollen Perserteppichs. »Ich war sehr wütend und forderte ihn auf, die Sachen zurückzugeben, die er sich unrechtmäßig angeeignet hatte. Doch er weigerte sich. Als er am folgenden Tag wiederkam, um mich weiter zu schikanieren, schnappte ich mir ihn am Kragen.«
Er war ein kleiner Mann, vielleicht halb so groß wie sie, die als blonde Walküre hätte durchgehen können; jedenfalls war sie damals noch blond. Sie konnte ihn ohne Mühe hochheben: »Ich trug ihn zum Geländer des Balkons im vierten Stockwerk«, erzählte sie, »und drohte: ›Wenn du mir meine Sachen nicht wiedergibst, lasse ich dich fallen!‹ Er bettelte und flehte und versprach, alles zurückzugeben. Daraufhin ließ ich ihn frei, und er gab mir die Sachen zurück.« Aber sie wußte, daß sie dort nicht bleiben konnte.

Als Rudi und ich uns diesmal trennten, war es viel schlimmer als vorher. »I want to kiss your funny face, hold you. Why am I here. It's so dumb«, schrieb ich Rudi. Ich wußte nicht, wie es weitergehen sollte. »Ich bin gezwungen, die Ehe abzulehnen als einen falschen Brauch, abgeleitet von unzulänglichen und unchristlichen Prinzipien – darunter, daß eine Frau der legale Besitz eines Mannes ist und umgekehrt.«

*

Revolutionäre vermehren – nur dadurch konnte die Gesellschaft verändert werden. Deshalb waren Rudi und Bernd dem SDS beigetreten. Eine noch größere potentielle Basis war die SPD. Rudi und Bernd entschieden Ende 1964, auch Kontakt mit Sozialdemokraten aufzunehmen. Die Gelegenheit ergab sich bald. Der Charlottenburger Kreisvorsitzende der SPD, Harry Ristock, hatte ein Plakat aushängen lassen, auf dem angekündigt wurde, daß ein politischer Arbeitskreis über die Novemberrevolution 1918 diskutieren würde. Harry Ristock sah den Arbeitskreis auch als Trainingsmöglichkeit für SPD-Nachwuchsfunktionäre, sie sollten die freie Rede üben. Seit Rudi und Bernd dort mitmachten, war es mit dem Training allerdings vorbei. Immer mehr Leute strömten in den Arbeitskreis, weil sie gehört hatten, daß zwei Verrückte dort seien, die so täten, als wäre die Revolution in Deutschland erst gestern gewesen. »Man traf sich um halb acht. (...) Analyse und Streitgespräch, im zweiten Teil Diskussion und Aufarbeitung. Und im dritten Teil, der begann um 22.15 und ging bis tief in die Nacht hinein, Gespräch am runden Tisch. Man stritt, soff, aß ein bißchen was zum Abendbrot. Das wurde alles ordentlich abgerechnet als Seminar.«[39]

Rudi und Bernd erkannten schnell, daß sie die Revolution woanders machen mußten, aber Ristock gefiel ihnen, und sie glaubten, daß er irgendwann einmal ein Verbündeter sein könne. Die meisten Besucher waren alte Sozialdemokraten oder junge Parteikarrieristen, aber unter diesen jungen Parteileuten war einer, der sehr beeindruckt war von dem, was Rudi und Bernd sagten, so beeindruckt, daß er sich entschied, die SPD-Karriere aufzugeben. Er hieß Eike Hemmer.

Im folgenden Jahr setzten Rudi, Bernd und Eike den Arbeitskreis in eigener Regie fort. Diesmal kamen nicht nur Alt-SPD-Mitglieder, sondern auch Schüler und Lehrlinge. Peter Brandt brachte seine ganze Falkengruppe mit. »Neben Rosa Luxemburg, W. I. Lenin und Leo Trotzki (...) lernte ich erstmals Autoren wie Karl Korsch und Georg Lukács kennen. Vor allem wurden mir die Schriften von Marx und Engels viel lebendiger nahegebracht, als ich das bis dahin erlebt hatte«[40], erinnerte sich Brandt später.

Es ging um »die Revolutionstheorie des historischen Materialismus«: »Dieser sichtbare kämpferische Humanismus hat zu [Feuerbachs] Zeit noch keine wissenschaftliche Theorie der wirtschaftlichen Entfaltung des Kapitalismus zur Verfügung, benötigte sie auch nicht, galt es doch, unmittelbar die Revolution durchzuführen. Wie sieht nun diese philosophisch-politische Theorie ihre Verwirklichungs-Möglichkeit, wann ist radikale revolutionäre Praxis möglich? (...) Die Theorie

wird in einem Volke immer nur soweit verwirklicht, als sie die Verwirklichung seiner Bedürfnisse ist. (...) Marx warnt mit diesen Sätzen wesentlich vor einem Voluntarismus, der die vorhandenen Situationen mit ihren Möglichkeiten nicht sehen will, der nur sein Wollen als alleiniges Triebrad der Geschichte begreift, dabei nicht sieht, daß eine radikale Revolution nur Resultat radikaler Bedürfnisse der Menschen sein kann.«
Ein paar Wochen später ging es um das Verhältnis Rosa Luxemburgs zur SPD: »Wenn wir nun heute Rosa Luxemburg als entscheidende theoretische und damit praktische Gegentendenz zum Reformismus betrachten, so gilt es folgendes zu bedenken: 1) R. Luxemburg und ihre gleichgesinnten Genossen bildeten eine Minderheit innerhalb der Sozialdemokratie. 2) Ihre tiefen internationalen Analysen über Grundfragen der Theorie-Praxis- bzw. Strategie-Taktik-Konzeption des internationalen Proletariats fielen innerhalb der deu[tschen] Sozialdem[okratie] auf einen Boden, der die Luxemburgischen Probleme nicht einmal als Probleme anerkennen wollte. 3) Ihr Internationalismus, der materiell nur tendenziell in der deu[tschen] Gesellschaft eine Basis fand, war existentiell mitbestimmt, hatte sie doch die pol-n[ische], die russ[ische] und die mitteleurop[äische] Arbeiterbewegung durch ihre persönli[che] Verstrickung von vornherein in ihren Analysen perspektivisch miteinbezogen. 4) Infolge einer unscharfen Einschätzung der Rolle der Organisation für die Revolution wird die Frage der Spaltung von den Reformisten in der Vorkriegszeit kein wesentliches Problem.« [41]

*

Am wohlsten fühlte sich Rudi im Dritte-Welt-Arbeitskreis. Er wurde auch »Viva-Maria-Gruppe« genannt, nach einem Film von Louis Malle über die mexikanische Revolution. Die Hauptdarstellerinnen waren Brigitte Bardot und Jeanne Moreau. Der Film war eine wunderbare Romantisierung der Revolution in der Dritten Welt. Rudi sah sich den Streifen mindestens viermal an, und ich bin wohl zweimal mitgegangen. Das reichte mir. Besonders nachdem ein Mann, der vor uns saß, eine Herzattacke bekommen hatte. Rudi massierte das Herz des Mannes, bis der Rettungswagen kam. In diesem Film ist Rudi nicht ein einziges Mal eingeschlafen. Bei anderen Filmen hörte ich meistens ein leichtes Schnarchen neben mir, sobald die Lichter ausgegangen waren. Aber »Viva Maria«! Der Kreis traf sich jede Woche, er hatte zwanzig bis dreißig Teilnehmer, die meisten kamen aus der Dritten Welt.

In August 1965 veröffentlichte das »Kursbuch« einen Vorabdruck aus dem Buch »Die Verdammten dieser Erde« von Frantz Fanon. Fanon lebte in Algerien und berichtete von der Revolution dort. Das Buch wurde sofort zu einem Schlüsselwerk für das Verständnis der Revolution in der Dritten Welt. Rudi entdeckte in dieser Zeit auch die chinesische Revolutionstheorie: »Lese gerade eine Schrift von Sweezy* über den chinesisch-sowjetischen Ideologienkonflikt, die Chinesen haben die besseren, d. h. marxistische, Argumente - die Sowjets lavieren und argumentieren wie die Revisionisten à la Kautsky, Hilferding und Bauer; besonders in der Beurteilung des Charakters unserer Epoche, einer Epoche der nationalen Befreiungskriege in Asien, Afrika und Lateinamerika, bin ich Chinese - mein Standpunkt, ohne Kenntnis des chinesischen Standpunkts, den ich erst durch Sweezy erfuhr, findet sich im ›Anschlag‹.«[42]

In der Viva-Maria-Gruppe hielten Ausländer Referate über ihre Länder. Danach wurde diskutiert.

In einer Diskussion fragte Rudi: »Warum ist die Frage nach der Partei notwendig? Die Partei ist Vermittlerin von Theorie und Praxis. Wie soll die Partei zusammengesetzt werden?«

Ein Teilnehmer namens René erwiderte: »Die Aktualität der Revolution in Lateinamerika ist unbestreitbar. Die kubanische Revolution hat uns die Organisationsfragen prinzipiell beantwortet.«

Dagegen wendete Rudi ein: »Der Fehler der Parteiorganisation Lenins ist bei Stalin manifest geworden. Wir können nicht bei Lenin bleiben. Das Parteiproblem ist für uns erst heute aktuell geworden.«

Ein anderer Teilnehmer, Leon: »Das kubanische Beispiel ist nicht ohne weiteres auf Lateinamerika übertragbar. Kapitalisten haben viel gelernt. Die Parteikonzeption muß sich aus den nationalen Erfahrungen ergeben. Lenin hat die Guerillatätigkeit nicht sehen können.«

Ich hielt dort ein Referat über die USA. Welche Rolle die USA in diesem Weltaufbruch spielen sollte, war für manchen Teilnehmer des

* Paul M. Sweezy (geb. 1909), US-amerikanischer marxistischer Wirtschaftstheoretiker.

Kreises klar. Sie waren der Hauptfeind. Ich erzählte etwas anderes. Zu der Zeit gab es eine revolutionäre Bewegung unter den unterdrückten Schwarzen. Die Hauptfigur dieser Bewegung war Malcolm X. Rudi fand die Idee, eine Verbindung mit dieser amerikanischen Bewegung herzustellen, sehr spannend. Im Rachen des Löwen subversiv agieren! Plötzlich schien es uns, als ob wir tatsächlich den Kontakt herstellen könnten. »Durch Carol, eine Theologie-Studentin in Hamburg, mit der ich zur Zeit hier in Berlin zusammenlebe, eine Amerikanerin, haben wir endlich einen guten Draht nach Nordamerika«[43], schrieb Rudi.

Es war kein guter Draht, es war ein Versuch. Ich hatte einen Freund aus College-Zeiten, Ron, der Theologiestudent war und in einer Kirche in New York-Harlem arbeitete. Bei der offenen Kirchenarbeit in den Slums hatte Ron, obwohl Weißer, einige Harlem-Revolutionäre kennengelernt. Sie trafen sich regelmäßig jeden Samstagabend, und Ron war meist dabei. Auch Malcolm X kam, wenn er in New York war. Aber irgendwann wurden einige aus der Harlemgruppe verhaftet, weil sie die Freiheitsstatue in die Luft sprengen wollten, Malcolm X wurde ermordet, und die Gruppe fiel auseinander.

Unsere Entscheidung

»My dear sweet Rudi, I'm so so glad your parents decided to have sex one day and thereby produce you. I'm glad you exist and we must never cease existing. (...) Ich möchte Dich küssen, weil du sehr küßbar bist. Und Dein wunderbares Gesicht braucht meine Anschauung. (...) You funny hairy boy with twinkly amazing amazed eyes and prickly whiskers, half ragged and full of hope. Wir müssen nicht enttäuscht werden.«

»Warum Trennung überhaupt?« fragte ich. Eigentlich war sie sinnlos. Konnte ich nicht besser bei Helmut Gollwitzer in Berlin studieren als bei Helmut Thielicke in Hamburg? Zumal letzterer zu unserer Überraschung die Burschenschaften unterstützte. Aber feste Bindungen, Ehen gar, waren unter Rudis Bekannten verpönt. Frauen galten als Zubehör, das nach Belieben weggelegt werden konnte. Die Männer hatten Freundinnen. Einige hatten sich in ihrer vorpolitischen Zeit verheiratet, was gerade noch zu entschuldigen war. Diese Denkweise war mir fremd. Rudi auch, aber aus anderen Gründen. Ich sträubte mich dagegen, ans Heiraten zu denken, nicht aber gegen Liebe. Rudi stellte hohe Ansprüche an eine Beziehung. Er spürte den Druck von den Freunden, und er hatte auch ein bißchen Angst vor den eigenen Ansprüchen. Und in dem Augenblick, wo wir uns füreinander entscheiden wollten, entdeckten wir, wie wenig wir uns kannten.
Rudis Familie erschrak, als sie von unseren Überlegungen erfuhr. Getrieben von den Bedenken seiner Eltern, schrieb Rudi mir einen verworrenen Brief. Ihn verunsicherten die Vorurteile seiner Eltern gegen die Ehe mit einer Ausländerin und die Vorbehalte seiner Freunde gegenüber der Beziehung mit mir. Er brachte mich durcheinander, und ich antwortete ihm aufgeregt: »Bist Du böse auf mich? Vielleicht kannst Du Dir vorstellen, daß ich meine Vorstellung von Deiner Mutter von Dir bekommen habe – Warum klagst Du dann mich an, wenn ich die Vorstellung bekommen habe, daß sie mich nicht gern hat. (...) Findest Du es wirklich rassistisch zu sagen, daß das normative deutsche Bewußtsein nicht gleich dem amerikanischen ist? Amerikanische Geschichte ist anders als die deutsche gewesen. (...) Das Bewußtsein des deutschen Volkes heute war ja durch die Hitlerzeit geformt, aber wer hat Schuld daran, und wer kann es verändern? Einfach jede Geschichte der hochindustriellen Länder gleichzu-

setzen, weil sie durch die Produktionsweise das gleiche Bewußtsein entwickelt haben, ist mir wieder ein typischer Propagandatypus von Gedanken. (...) Wenn wir wirklich Erfolg haben wollen, müssen wir die Eigenart jeder Schicht und jedes Landes sehen. Es ist nicht so einfach, daß man sagen könnte, jeder hat dasselbe vom Kapitalismus entwickelte Bewußtsein, und deshalb können wir Nationalismus beseitigen. (...) Für mich bedeutet revolutionär das Streben nach Glück für jeden Menschen. Was das praktisch bedeutet, weiß ich noch nicht, aber ich bin gegen eine asketisch, puritanisch, anti-lebendige Interpretation, und ich glaube, Du denkst einigermaßen in dieser Weise.«

Er nahm es nicht leicht. Vor allem die Frage der Eigenartigkeit des deutschen Volkes geisterte durch seine Gedanken, und er kam nicht zur Ruhe.

Wir entschieden uns, trotz allem zu heiraten. Das beendete den Erklärungsnotstand gegenüber unseren Eltern. Und das brachte Geld, denn der Senat zahlte damals jedem Paar, das in West-Berlin heiratete, 3000 Mark.

Weihnachten wollten wir gemeinsam in Bayern verbringen. Dort sollten wir Dieter und seine Freunde treffen. Lothar, ein Freund von Dieter, hatte ein großes Haus am Kochelsee, wo wir die Zeit verbringen und in der Umgebung Ski laufen konnten. Ich besorgte uns Zugkarten und mahnte Rudi: »Ich möchte Dir doch die Verantwortlichkeit geben, aber ich habe Angst, daß Du denkst, ach, das sind nur Kleinigkeiten und machst nichts oder vergißt, denn Du hast eine Tendenz zu vergessen. (...) a) Kaufst Dir Hosen, Hut, Handschuhe, b) sei sicher, daß Skier und Skischuhe sind dort, c) schreib an Lukács, daß Du promovierst über ihn und wirst ihn Ende Dezember besuchen, nichts mehr – es ginge dann auch, wenn wir nicht hingehen können. d) Freitag zu fahren ist o. k., aber wir können erwarten, keinen Sitzplatz im Zug zu bekommen. Wir müssen einige Kissen und Decken mitnehmen, damit wir es uns am Fußboden angenehm machen können. e) Erfährst, ob die Bibliothek in Wien während Weihnachtswoche geöffnet wird. f) Schickst mir sofort Deiner Mutter Adresse. Auch wenn sie mich scheinbar haßt, muß sie damit zurechtkommen, daß ich bleibe. Vielleicht ein Geschenk hilft. Ich habe Cologne gekauft, weil es keine Schürze gab.«

Rudi erledigte seine Aufgaben. Dann schrieb er mir auf englisch: »I have to finish my work for Marburg till coming Monday but because I begin the service in relation to Christmas trees with Fritz coming Friday – also Friday is my last termin.« Er verkaufte Weihnachtsbäume, um seine Finanzen aufzubessern. Die häufigen Telefonate nach Hamburg kosteten viel Geld.
Ich hatte keine schlechten Vorahnungen. Ich fand es spannend, diesen Dieter kennenzulernen, von dem Rudi so viel hielt. Nach einem Zwischenaufenthalt in München kamen wir in Kochel an. Eine dicke Schneedecke lag auf dem Boden und dämpfte alle Laute, die Luft war kristallklar, und unsere Schritte knirschten im Schnee. Das Haus war von Tannenbäumen eingekreist. Als wir eintraten, wirkte die warme, rauchige Luft wie ein Schock. Lothar stellte uns die anderen Anwesenden vor: seine Freundin Inge, Dieter gleich mit zwei Freundinnen, Marion und Dagmar, und Werner. Marion, eine sinnliche Frau mit gefärbtem rotem Haar, hatte ein Kind von Dieter, das auch da war. Wir saßen alle zusammen im Wohnzimmer eng beieinander auf dem Sofa vor dem Kaminfeuer. Die Flammen flackerten und zeichneten Schatten auf die Gesichter. Ich beobachtete die anderen, und diese mich. Ich spürte, wie eine Mauer zwischen uns wuchs. Es ließ sich nicht übersehen, daß es keine Gemeinschaft von Gleichen war. Es gab einen Patriarchen, der über alle herrschte; er befahl, und die anderen gehorchten. Das war Dieter. Ich wollte es nicht glauben. Wie konnten Menschen, die vorgaben, Revolutionäre zu sein, sich wie Konkubinen und Untertanen verhalten.
Sie merkten, daß Rudi und ich ineinander verliebt waren, und das wollten sie zerstören. Dieter befahl Marion, Rudi zu verführen. Marion tat ihr Bestes, aber Rudi wimmelte sie ab. Das stachelte sie noch mehr an. Sie alle hatten die Aufgabe, mich zu demütigen. Und wenn ich in Tränen ausbrach, weil ihre Angriffe nicht mehr zu ertragen waren, dann tröstete Rudi mich. Aber er wehrte sich nicht und trat auch nicht für mich ein. Ich wunderte mich, weil ich wußte, daß er sich sonst für die Beleidigten einsetzte.
Einmal hatte eine ältere Frau im Bus ein Gipsbein auf den Sitz gegenüber gelegt, weil die Menschen im Gang sonst darüber gestolpert wären. Dem Busfahrer gefiel das nicht. Er stoppte den Bus und pöbelte die Frau an. Die anderen Passagiere glotzten. Rudi aber stand auf und ging hin. Er fragte den Busfahrer, was ihm das Recht gebe,

eine behinderte Frau zu beschimpfen. Der Busfahrer drehte sich zu Rudi um und brüllte, er werde nicht weiterfahren, bis die Frau den Bus verlassen habe. Die Frau, beinah am Weinen, seufzte, als sie schließlich ausstieg: »Wir sind Berliner, wie ist es möglich, daß wir uns so behandeln?«

Aber in Kochel griff Rudi nicht ein. Nur wenn wir allein im Schnee waren, vergaß ich die anderen, und plötzlich konnten Rudi und ich spielen. Er raste in Schußfahrt die Hänge hinunter und fiel auch manchmal hin, und ich genoß das Gefühl, auf den Skiern wie ein Vogel zu fliegen.

Als wir von Kochel wegfuhren, Rudi zurück nach Berlin und ich nach Hamburg, saß mir ein Stachel im Herzen: der Zweifel, ob das, was Rudi mit diesen Menschen machte, überhaupt einen Sinn hatte. »Warum ist Dieter subversiv?« schrieb ich Rudi. »Oder gibt es mehr als einen Dieter?«

Ich fühlte mich allein. Rudi stand zwischen mir und seinen Freunden und war ratlos. Er konnte mir nicht helfen, weil das Verrat an seinen Freunden gewesen wäre. Später begriff er es besser: »Leider war ich damals nur fähig, sie irgendwie zu verteidigen, aber nicht die Grundmethode von Verhaltensmustern der Anti-Emanzipation anzugreifen.«

*

Anfang 1966 gab es eine Pause bei den Bombenangriffen der USA auf Nordvietnam. Der amerikanische Präsident Lyndon B. Johnson glaubte, daß der vietnamesische KP-Führer Ho Chi Minh bereit sein würde, Zugeständnisse zu machen. Johnson verkalkulierte sich. Die vietnamesischen Kommunisten und ihre Verbündeten wußten, daß sie diesen von den Amerikanern ausgelösten Krieg gewinnen konnten.

Niemand im SDS oder in der Viva-Maria-Gruppe in West-Berlin hatte geglaubt, daß die Bombardierungspause lange dauern würde. Am 9. Januar schrieb Rudi an Kunzelmann und Genossen: »Haben heute mit Neuss ein Aktionsgespräch gehabt. Lefèvre u. a. m. (...) wollen mit Euch anläßlich des Beginns der neuen Nord-Vietnam-Bombardements eine Nacht und Nebel-Klebeaktion für München und Berlin-West durchführen. Diese Sache darf nicht viel Zeit beanspruchen (für die Vorbereitung). Hier soll kein Zurück in unreflektierte Praxis creiert werden, vielmehr mit Hilfe einer politischen Blitzaktion existentielles Engagement befestigt und durch Koordination Höchstmaß an Publizität erreicht werden. Härtere koordinierte Aktionen müssen sich der amerikanischen Escalation anpassen. (...) Die Kosten wird N[euss] tragen. (...) Wir brauchen sofort eine detaillierte Rückantwort über Annahme oder Modifikation des Vorschlages (Ablehnung müßte theoretisch-politisch begründet werden) und genaue Angaben über die Druckkosten. Nach der Antwort erfolgt die Geld- und Druckanweisung mit Text. Sendung nach Berlin per Luft-Koffer, Schlüssel-Telefon-Lösungswort. Die Dreckamis werden uns nicht viel Zeit lassen.«

Wolfgang Neuss, der Kabarettist, war nicht nur der Geldgeber dieser Aktion. Kurz vor Weihnachten hatten wir ihn kennengelernt. Neuss sorgte damals mit spektakulären Aktionen für Schlagzeilen. Er hatte in seinem Satireblatt »Neuss Deutschland« bereits gegen den Vietnamkrieg Stellung bezogen. Und er war begeistert, als Rudi ihm vorschlug, bei einer weiteren Aktion mitzumachen.

Die endgültige Fassung des Textes wurde auf einem weißen Plakat gedruckt mit schwarzen Rändern und teilweise roten Buchstaben: »Erhard und die Bonner Parteien unterstützen MORD. Mord durch Napalmbomben! Mord durch Giftgas! Mord durch Atombomben? Die US-Aggression in Vietnam verstößt nicht gegen die Interessen des demokratischen Systems: Wer es wagt, sich aufzulehnen gegen Ausbeutung und Unterdrückung, wird von den Herrschenden mit Brutalität niedergemacht. Die Völker Asiens, Afrikas und Lateinamerikas kämpfen gegen Hunger, Tod und Entmenschlichung. Die ehemaligen Sklaven wollen Menschen werden. Kuba, Kongo, Vietnam – die Antwort der Kapitalisten ist Krieg. Mit Waffengewalt wird die Herrschaft aufrechterhalten. Mit Kriegswirtschaft wird die Konjunktur gesichert. Ost und West arrangieren sich immer mehr auf Kosten der wirtschaftlich unterentwickelten Länder. Jetzt bleibt den Unterdrückten nur noch der Griff zu den Waffen. Für sie heißt Zukunft: REVOLUTION. Wir sollen den Herrschenden beim Völkermord helfen. Deshalb beschwören sie das Gespenst der gelben Gefahr. Wie lange noch lassen wir es zu, daß in unserem Namen gemordet wird? AMIS RAUS AUS VIETNAM! internationale Befreiungsfront.«

Die Kritik an den kommunistischen Staaten, wie sie noch im ersten Entwurf zu lesen gewesen war, war weitgehend verschwunden. Was offenbar praktische Gründe hatte, denn die Plakate wurden in der DDR gedruckt. Rudi wußte das nicht.

In der Nacht vom 2. zum 3. Februar 1966 führten wir die Plakataktion durch. Per verschlüsseltem Telefonanruf wurden die Münchener alarmiert. Ein paar Leute sollten mit einem Radiogerät den Polizeifunk abhören, um die anderen warnen zu können, wenn Plakate entdeckt wurden oder jemand verhaftet wurde. Rudi fürchtete, daß ich ausgewiesen werden könnte, wenn ich beim illegalen Plakatekleben erwischt würde, und deshalb wurde ich den Funkabhörern zugeteilt. Allerdings glaubte niemand, daß die Aktion wirklich gefährlich sein würde. Es war ein Katz-und-Maus-Spiel mit der Polizei. Wir saßen die halbe Nacht am Radio und warteten. Bis die Meldung kam. Sie war nicht gut. Jürgen Horlemann hatte Plakate in der Nähe des Bahnhofs Zoo geklebt und nicht gemerkt, daß die Polizei ihn beobachtete. Er wurde festgenommen.

Die deutsche Polizei war gründlich, sie durchkämmte noch in der Nacht die Stadt und riß unsere Plakate ab. Am Morgen machten Rudi und ich einen Spaziergang. Wir sahen viele Wände, an denen Papierfetzen im Wind flatterten. Der Kleister war standhafter gewesen als unsere Plakate. Trotzdem füllte die Geschichte die Zeitungen. Der »Tagesspiegel« veröffentlichte sogar den Text des Plakats. Beunruhigt stellten einige Blätter fest, daß die gleichen Plakate auch in München geklebt worden waren. Es wurde der Verdacht geäußert, dahinter stecke der SDS. Es war aber nicht der SDS, und manchen alten SDSlern gefiel es gar nicht, für die Aktion verantwortlich gemacht zu werden.

Zwei Tage später fand eine vom SDS angemeldete Demonstration statt. Ich hatte ein Plakat gemalt mit einem unzüchtigen, mordlustigen amerikanischen Soldaten. Als wir uns zum Demonstrationszug sammelten, überfielen mich mehrere Männer, rissen mir das Plakat aus den Händen und zerstörten es.

Die Idee, nach der Demonstration zum Amerika-Haus zu ziehen, stammte nicht von den Veranstaltern. Aber es war keineswegs eine spontane Aktion, als 500 von den 2500 Demonstranten dorthin marschierten. Es war ein klarer, kalter Tag. Wir setzten uns vor dem Gebäude auf den Boden, dessen Kälte uns bald durchdrang. Es war relativ still. Bald erschien die Polizei und kesselte uns ein. Die Stille wurde gebrochen durch die Forderung der Polizei, den Platz zu räumen. Niemand ging, statt dessen setzten sich weitere Menschen zu uns. Dann sah ich einen kleinen Gegenstand fliegen. Er platschte gegen die Fassade des Amerika-Hauses, und wir sahen ein paar gelbe Tropfen und weiße Schalen. Wir lachten. Noch ein Ei und noch eines. Wir lachten noch lauter. Dann gab es einen dumpfen Lärm, die Polizei griff an und schleppte die sitzenden Menschen weg. Niemand lachte mehr.

Die alten SDSler waren zornig. Ein paar Tage nach der Demonstration erschienen wütende Genossen von der Frankfurter Zentrale, unter ihnen der Vorsitzende Schauer sowie Hartmut Dabrowski und Oskar Negt. Sie stürmten in den Sitzungsraum des West-Berliner SDS und forderten, die Plakatgruppe hinauszuwerfen. »Da müssen die sich aber mächtig anstrengen. Schauer und Dabrowski sind schon äußerst aktive Genossen, haben aber einen ziemlich anderen Ansatz«, schrieb Rudi etwas belustigt in sein Tagebuch.
Negt war weniger gut gelaunt: »Solche Aktionen sind organisationsschädigend. Das kann der SDS nicht vertragen, solche Aktionen, die vorher nicht abgesprochen sind, die nicht legitimiert sind und im Grunde den SDS nur zwingen, Stellung zu nehmen.«
»Die Plakataktion ist unvereinbar mit der Vietnam-Politik des SDS«, fügte Schauer hinzu.
Horst Mahler schloß sich an: »Wir hatten eine sehr erfolgreiche Bündnispolitik des SDS hier in Berlin.« Außerdem erklärte er, daß die Plakataktion hätte legal durchgeführt werden können. »Man muß legal tun, was man legal tun kann.«
Rudi hielt dagegen: »Was bedeutet formierte Gesellschaft für uns eigentlich? Sie wird ausgezeichnet dadurch, daß sie durch sozialpsychologische Mechanismen Kritik unterdrücken kann. Kritik bleibt unsichtbar, solange sie nicht provoziert.«[44]
Obwohl die Genossen aus Frankfurt, als sie wieder nach Hause fuhren, ein förmliches Ausschlußverfahren einleiten wollten, kam es dazu nicht. Statt dessen veränderte sich bald die Politik des SDS in Rudis Sinn.
Die Universitätsbürokratie leitete wegen der Plakataktion und dem Sitzstreik vor dem Amerika-Haus Disziplinarverfahren gegen vier von der Polizei inhaftierte Studenten ein. Weiterhin verbot der Akademische Senat (AS) der FU politische Veranstaltungen in den Räumen

der Hochschule. Diese Maßnahme widersprach dem »Berliner Modell«, in dem die studentische Mitverwaltung an der Universität verankert war. Der AStA trat daraufhin geschlossen zurück.

Mitten in der Aufregung bereiteten wir unsere Hochzeit vor. Ich schrieb Rudi nach West-Berlin, was er zu erledigen hatte: »Pfarrer finden, Musiker finden für den Jazz bei der Hochzeit. Eine Halle finden, wo der Empfang stattfinden kann. Wohnung finden, genug Schlaf und Essen und keine Selbstbefriedigung.«

Rudi wagte es nicht, Gollwitzer zu fragen, ob er uns trauen würde. Wir entschieden uns, nur standesamtlich zu heiraten. Rudis Freund Horst Kurnitzky half ihm, einen Raum zu finden, in dem wir das Hochzeitsfest feiern konnten. Eine Empfangshalle war er nicht. Er lag in einer alten Berliner Bierkneipe und war eng, dunkel und muffig. Als ich ihn inspizierte, seufzte ich. Auf der ausgebleichten Tapete waren Pistolen abgebildet, über der Eingangstür hing ein zottiger Rehkopf. So hatte ich mir das nicht vorgestellt. Horst versprach: »Wir machen das schön. Wirklich.«

»Ja«, erwiderte ich ironisch.

Meine Mutter hatte für mich einen weißen Anzug und eine schwarze Bluse genäht. Das wollte sie mitbringen, wenn sie mit meinem Vater im März nach West-Berlin kam. Kurz vor ihrer Ankunft gingen wir zum Rathaus, um einen Heiratstermin zu vereinbaren. Zu unserer Überraschung erklärte die Standesbeamtin, daß wir ein Aufgebot machen müßten. »Was, um Gottes willen, ist das?« rief ich. Rudi war auch ratlos. Die Beamtin erklärte, daß sie einen Aushang im Rathaus anbringen müsse, und der müsse drei Wochen lang dort hängen, damit Einwände gegen die Hochzeit vorgebracht werden konnten. Ich begann zu lachen. Nur, das Schlimme daran war, daß wir vor dem 13. April keinen Termin bekommen konnten, und zu diesem Zeitpunkt wollten meine Eltern längst wieder in den USA sein. Ich fühlte mich gar nicht gut bei der Vorstellung, meine Eltern über diese Mißlichkeit aufklären zu müssen. Je verwickelter die ganze Sache wurde, desto lieber hätte ich sie über Bord geworfen.

Aber meine Eltern trafen planmäßig Ende März ein. Das Hochzeitsfest ließ sich nicht bis zur standesamtlichen Trauung hinausschieben. Ich fühlte mich krank, als ich am Festtag aufwachte, und konnte vor Aufregung nichts essen. Horst holte uns mit dem Auto ab, und ich spazierte auf wackeligen Beinen vom Auto zur Kneipe. Als wir die Tür öffneten, staunte ich. Die Bar verschwand fast unter großen Blumensträußen. Strahlend weiße Tischdecken erhellten das Zimmer, die Bestecke glitzerten im Kerzenlicht. Überall Blumen, deren Duft den schalen Kneipengeruch verdrängte. Auf dem Tresen wartete ein großer Hochzeitskuchen und dazu sorgfältig drapierte belegte Brötchen. Es sah gut aus.

Als die vierzig oder fünfzig Gäste ihre Sitzplätze eingenommen hatten, übergab einer Rudi feierlich ein Blatt mit einem roten Wachssiegel, an dem ein Elefant und ein Pudel aus Plastik hingen. Rudi las vor: »Das Zentralkomitee der Viva Maria. Erste außerordentliche Sitzung vom 23. März 1966. Resolution. Das ZK der Viva Maria nimmt zur Kenntnis, daß eines seiner Mitglieder sich der standesamtlichen Trauung unterzogen hat*. Die bedenklichen Parallelen, welche die Parteigeschichte verzeichnet, machen es dem ZK zur Pflicht, seine Besorgnis über die möglichen Folgen dieses Schrittes offen auszusprechen. Das ZK verbindet daher seine nichtsdestoweniger herzlichen Glückwünsche für die nunmehr verehelichten Genossen mit der dringenden Aufforderung, im Kampf gegen den immer aggressiver werdenden Klassenfeind nicht locker zu lassen und allen Versuchungen zum Trotz an unserer gemeinsamen Zukunft zu bauen.«

Thomas Ehleiter, passend priesterlich in Schwarz gekleidet, stand auf und predigte mit bewegter Stimme die Rede, die Rudi und ich zusammengestellt hatten, in Englisch, Deutsch, Hebräisch und Spanisch.

Als die Feier vorbei war, schrieb Rudi in sein Tagebuch: »Nun sind wir verheiratet. Mal sehen, wohin das führt.«

Wir bezogen bald danach eine möblierte Untermieterwohnung in einem Hinterhof mit zwei kleinen Zimmern sowie Küche und Bad ohne warmes Wasser. Sie war düster und mit massiven Möbeln altmodisch eingerichtet. Der Gedanke, daß die Wohnung in der Nazizeit schon genauso ausgesehen hatte, erschreckte mich. Um das schlechte Gefühl zu verbannen und um die dunkle Tapete zu verdecken, klebte ich Zeitungspapier an die Wände. Mit der Zeit vergilbte es, und die Dunkelheit nahm wieder überhand.

---

* Die Gruppe hatte nicht mitbekommen, daß die Trauung verschoben worden war.

Vietnam

> »Die Spannung zwischen dem abstrakt-moralischen Protest und der Unmöglichkeit, durch diesen Protest den Krieg zu beenden, mußte von uns ausgehalten werden. Aus der Ohnmacht über unsere Unfähigkeit und Ineffektivität entstand Wut. Diese Wut gegen den US-Imperialismus, gegen den Verrat an unseren Idealen, die auch einmal die Ideale der Bürgerlichen waren, war noch kein zielbewußtes Erarbeiten für die Vernichtung des Gegners.«

Es gab keine Hochzeitsreise. Statt dessen fuhren wir mit Lothar und Inge nach Budapest, um Georg Lukács zu besuchen. Er war zwar schon über achtzig Jahre alt, aber dem Hörensagen nach noch rüstig. Wir hatten bis dahin keinen Kontakt mit ihm herstellen können – wir verließen uns einfach auf unser Glück.

Am 29. April bekamen wir unsere Visa für Ungarn, und am Nachmittag verließen wir Wien. Bei Sonnenuntergang erreichten wir Budapest. Wir hatten die Adresse von Ferenc Janossy, Lukács' Stiefsohn. Einen Stadtplan besaßen wir nicht. Aber wir entdeckten schnell, daß die alten Leute noch hervorragend Deutsch sprachen, und so konnten wir uns durchfragen.

Auf einem Hügel, hinter einem Eisenzaun, stand eine uralte Villa. Rudi drückte auf die Klingel. Ein dünner Mann mit weißen Haaren und durchdringend braunen Augen öffnete die Tür; ich sah, daß er keine Finger hatte. Hinter ihm stand eine rundliche Frau mit leuchtendroten Haaren. Sie begrüßten uns herzlich und baten uns herein. Wir überreichten Geschenke, Früchte, Zigaretten, Dinge, die im Osten schwer zu bekommen waren. Ferenc und seine Frau Maria sprachen perfekt Deutsch. Rudi erzählte, daß er seine Doktorarbeit über Lukács schreiben würde, und Janossy versprach, ein Treffen mit ihm zu arrangieren. Er lachte verschmitzt: »Gewöhnlich redet Lukács nur mit jungen Menschen. Aber Sie sind jung genug. Ja, ja, vor kurzem kam ein Professor aus den USA und wollte Lukács sehen. Ich fragte ihn, wie lange er bleiben könne. Lukács hatte nur am Montag Zeit, als der Mann wegen seines abgelaufenen Visums schon längst abgereist war.«

Ferenc' und Marias Sohn Andres bereitete uns eine Festmahlzeit mit Eiersuppe, zwei verschiedenen Wurstsorten, Zwiebeln, Radieschen,

Brot, Käse, Fisch und Kartoffeln. Ferenc und Maria erzählten beim Essen ihre Lebensgeschichten. Maria war in der Hitler-Zeit inhaftiert gewesen in den Konzentrationslagern Bergen-Belsen und Auschwitz. Jetzt arbeitete sie als Metallurgin an einem Forschungsinstitut. Ferenc' Vater starb, als er sieben war, und seine Mutter heiratete danach Lukács. Als 1920 die ungarische Räterepublik niedergeschlagen war, mußten sie fliehen, weil sie Kommunisten waren. Sie gingen nach Wien, dann nach Berlin. Nach dem Reichstagsbrand 1933 verließ die Familie Berlin, weil sie Kommunisten und Juden waren. Sie reisten nach Moskau. Dort wurde Janossy 1942 verhaftet und in ein Arbeitslager in Sibirien gesteckt, weil er Deutsch sprach. Nach dem Krieg wollte Lukács Rußland verlassen, jedoch nicht ohne seinen Sohn, der noch seine Strafe abbüßte. Ein Freund von Lukács spielte jede Woche Bridge mit Stalins furchtbarem Geheimdienstchef Beria. Dieser Freund versprach, beim Spiel darum zu bitten, Janossy freizulassen. Kurz danach durfte Janossy das Lager verlassen.

Es dauerte ein paar Tage, bis wir Lukács sehen konnten. Zuvor luden die Janossys drei junge Menschen ein: Therese, eine Studentin, Franz Brody, einen Redakteur, und Gabor Revai, einen neunzehnjährigen Studenten, dessen Vater einmal ungarischer Kulturminister gewesen war. Brody, der zuerst recht verkrampft wirkte, war nach einigen Gläsern Kirschbranntwein entspannt und heiter. Die Diskussion drehte sich bald, wie immer wieder in Ungarn, um den Aufstand von 1956. Ferenc und Maria betonten die Rolle des Petöfy-Klubs, einer ursprünglich kleinen Gruppe von Intellektuellen, die bis Ende des Sommers 1956 so viele neue Mitglieder aufgenommen hatte, daß sie nicht mehr in die großen Versammlungssäle hineinpaßten und auf der Straße standen, um die Vorträge über Lautsprecher zu hören. Es waren zum größten Teil Kommunisten.

Nach Brodys Version wurden nur die ersten beiden Tage des Aufstands von den Linkskommunisten bestimmt, danach hätten Liberale, aber auch Faschisten, sich bewaffnet und begonnen Kommunisten, auch linke Kommunisten, und Juden anzugreifen und zu töten.

Am 1. Mai wachten wir früh auf, weil es auf der Straße laut wurde, Musik, Stimmen, Lachen. Ich schaute hinaus und sah viele Menschen. Wir wollten die Ursache für diesen Auflauf auskundschaften und entdeckten eine Straße weiter eine Menschenmenge, die eine gigantische Parade bestaunte. Die halbe Bevölkerung der Stadt marschierte vorbei. Sie trug rote Fahnen, ungarische Flaggen, Blumen, farbige Bänder, Ballons, einige Bilder von Marx und Lenin und Plakate für Frieden in Vietnam. Es war ein Wirrwarr von Farben, vor allem Rot und Rosa, die sich stark abhoben gegenüber dem dunklen Hintergrund der grauen Häuserblocks. KP-Chef János Kádár und die anderen Parteiführer standen auf einem großen weißen Podest und nahmen die Parade ab, sie dauerte vier Stunden. Junge Pioniere in weißen Hemden und Blusen, blauen Röcken und Hosen und rotem Schlips überreichten den Parteigrößen Nelkensträuße. Anschließend kamen Sportvorführungen und Volkstänze. Disney hätte es nicht besser inszenieren können.

Am folgenden Abend besuchte uns Agnes Heller. Sie war Studentin von Lukács gewesen, eine seiner liebsten. Wegen ihrer gefährlichen Ideen durfte sie in Ungarn nicht an der Universität lehren. Später verließ sie das Land. Sie erläuterte, daß ihr Ausgangspunkt das Menschenwesen sei, das aus Universalität, Freiheit, Bewußtsein und Arbeit bestehe. Auf dieser Grundlage müßten alle Werte, ob heutige oder geschichtliche, beurteilt werden. Rudi wollte wissen, wie sich das auf politische Entscheidungen auswirke, aber sie konnte die Frage nicht beantworten.

Dann war es soweit. Um Punkt zehn Uhr waren wir zu Lukács bestellt. Rudi beschrieb die Begegnung: »Wir waren zwar vielleicht schon etwas ruhiger, aber keiner von uns war wirklich entspannt, wir waren irgendwie kindlich aufgeregt. Der Mann, der auf unser Klingeln öffnete, war klein, hatte ein freundliches Gesicht, eine Zigarette in der Hand, weiße Haare, große Ohren, ein Hemd mit Schlips, keine Jacke. Zu einem Gespräch kam es nicht gleich, wir waren zurückhaltend, und er wollte erst mal Kaffee trinken. Als Lothar und Inge die Roth-Händle rausholten und ihm gaben, freute er sich, lachte, und wir konnten uns ein wenig entkrampfen.« Rudi holte den Reprint eines Buches des bedeutenden marxistischen Philosophen Karl Korsch (1886-1961) aus der Tasche, den wir selbst gedruckt hatten, und fragte Lukács, ob er es gebrauchen könne. Womöglich kannte er es noch nicht. Er schaute darauf, lächelte, bedankte sich, ging aber nicht weiter auf das Buch ein.

Rudi hatte sich viele Fragen aufgeschrieben, die er Lukács stellen wollte. Als er ihn über Fraktionen in der ungarischen KP während der

zwanziger Jahre befragte, war Lukács erstaunt über diesen jungen West-Berliner, der die kleinsten Einzelheiten der Parteigeschichte kannte. Erfreut war er aber nicht. Er glaubte, die wichtige Arbeit liege in der Zukunft. Die Irrwege der Vergangenheit sollten vergessen werden. Als Rudi vorschlug, den Stalinismus zu analysieren, zeigte sich Lukács nicht begeistert. »Niemand erkannte die realen Probleme 1920 (...). Man hätte für eine Demokratisierung der Massen arbeiten sollen, besonders in Deutschland. Aber das ist immer noch nicht gemacht worden, und sie sind nicht näher an Demokratie herangekommen.« Lukács gab zu, daß es ein Fehler gewesen war, mit dem Stalinismus zu paktieren, aber er wollte nicht darüber diskutieren. Über andere Fehler sprach er lieber. Die Mängel in »Geschichte und Klassenbewußtsein« habe er erst 1930 in Rußland entdeckt, als er Marx' ökonomisch-philosophische Manuskripte gelesen habe. Seine Position sei idealistisch gewesen und nicht materialistisch. Er habe fälschlicherweise eine Natur postuliert, die gefüllt sei mit Geist, wie auch Engels in seiner »Dialektik der Natur«. Natur aber werde von Menschen bearbeitet und geformt.
Rudi fragte nach Ernst Bloch, mit dem Lukács eine Zeitlang eng befreundet gewesen war. Lukács hielt Blochs »Prinzip Hoffnung« für falsch, es sei ein Resultat des Versagens des 20. Jahrhunderts. Der Stalinismus habe die Träume der zwanziger Jahre zunichte gemacht. Wo alles hoffnungslos sei, hoffe man weiter, aber man tue nichts. In einer manipulierten Gesellschaft sei es aber nicht die Hoffnung, die die Manipulation zerstöre, sondern ein klares Verständnis der Natur der Gesellschaft.
Lukács wußte von unserer Solidarität mit den revolutionären Kämpfen in der Dritten Welt und lenkte das Gespräch auf die Kommunistische Internationale (KI). Er riet Rudi, wenn er schon Dokumente der Vergangenheit heranziehen wolle, dann solle er sich mit dem Protokoll des VII. Weltkongresses der KI von 1935 befassen. Auf diesem Kongreß wurde die Strategie und Taktik der Volksfront gegen den Faschismus beraten und beschlossen. Dann berichtete er vom letzten Gespräch zwischen ihm und Korsch. »Korsch hat darauf hingewiesen, daß die KPdSU die KI auflösen werde, um ihre eigenen Interessen besser und ungestörter durchsetzen zu können.« Lukács hatte es nicht geglaubt und erwidert: »Das wollen wir erst einmal abwarten.«

»Das war in der Tat die Linie von Georg Lukács, eine widersprüchliche Linie von Anpassung und Abweichung im Rahmen KI-parteilicher Möglichkeiten«[46], hielt Rudi nach dem Gespräch fest. Diese Begegnung mit Lukács war keineswegs befriedigend für Rudi, und er hatte einige Schwierigkeiten, sie zu verdauen.

*

Vati Dutschke war 65 und durfte in den Westen reisen. Mutti Dutschke durfte es, weil sie wegen Krankheit Frührentnerin geworden war. Sie kamen, um zu sehen, wie der geliebte Sohn in ehelicher Normalität lebte. Wir wollten diese Tage möglichst reibungslos überstehen. So setzte bei uns eine bis dahin nicht erlebte gemeinsame Putzwut ein. Wir wuschen alles Geschirr ab, wischten Staub, staubsaugten, putzten die Fenster, schrubbten den Fußboden, wuschen die Wäsche. So hatte die Wohnung noch nie geglänzt. Rudi ließ sich die Haare schneiden und rasierte sich.
Während ich voller vager Vorahnungen zu Hause wartete, holte Rudi seine Eltern an der Grenze ab. Als sie da waren, boten wir ihnen Kuchen und Kaffee an. Doch schon während ich den Kaffeetisch deckte, begann Mutti Dutschke, die Wohnung zu untersuchen. In der Küche hatten wir Handtücher aus Frottee. »Das geht nicht«, klagte Mutti. »In der Küche müssen die Tücher aus Leinen sein. Nur im Bad dürfen sie aus Frottee sein.« Im Wohnzimmer fragte sie, wo die Vorhänge seien. Das begriff ich nicht. Ich hatte Gardinen genäht, und sie hingen so, wie sie hängen sollten; dachte ich jedenfalls. »Weiße Vorhänge«, sagte sie, »du mußt weiße Vorhänge haben und Gardinen.« Die Zeitungen an den Wänden gefielen ihr ganz und gar nicht. Rudi bat: »Komm, setz dich, Mutti, der Kaffee ist fertig.« Die Ruhe dauerte nicht lang. Sobald sie den Kaffee getrunken und den Kuchen gegessen hatte, stand sie auf und ging noch mal durch die Wohnung. Vati fand Rudis Haarschnitt viel zu lang. Rudi protestierte und beteuerte, er sei gerade beim Friseur gewesen, aber Vati lachte spöttisch und sagte, man dürfe niemanden für ein solch mangelhaftes Schneiden bezahlen. Als die Meckereien nicht aufhörten, war ich mit meinen Nerven am Ende. Ich lief aus dem Zimmer und knallte die Tür so fest zu, daß die ganze Wohnung erzitterte. Ich nahm meine Flöte und spielte wild los. Aber ich hörte doch, wie Mutti Rudi aufforderte:

»Warum erlaubst du deiner Frau, sich so zu verhalten? Tue doch was!« Rudi sagte nichts. Dann schimpfte sie: »Du bist ein Waschlappen.«

*

Im März 1966 wurden die amerikanischen Streitkräfte in Vietnam weiter verstärkt. Mindestens eine halbe Million Menschenleben hatte der Krieg schon gefordert. Im April erklärte Willy Brandt, Regierender Bürgermeister und SPD-Parteivorsitzender, nach einer USA-Reise, er sei umfassend informiert worden über Johnsons Vietnam-Politik. Er werde in Deutschland um Verständnis für Washington werben. In New York demonstrierten 100 000 Menschen gegen den Krieg.
Im Juli wurde in West-Berlin vor dem amerikanischen Konsulat und dem US-Hauptquartier demonstriert gegen die US-Bombenangriffe. Rudi hielt auf der Kundgebung eine Rede: »Ein modernes Manifest hätte zu beginnen: Ein Gespenst geht um in der Welt, das Gespenst der Revolution der Menschen gegen alle etablierten Formen der Herrschaft und Ausbeutung; hat es Europa noch mit keinem Hauch berührt? (...) Die USA haben die Rolle des Weltpolizisten übernommen, um jede sozialrevolutionäre Bewegung, die jenseits von existierendem Kapitalismus und Kommunismus ihren lebensnotwendigen Kampf gegen Unterdrückung und Hunger aufnimmt, schon in ihrem Anfang zu vernichten. (...) Die inneramerikanischen Ergebnisse der Meinungsumfragen, die der Präsident immer mit sich herumträgt, haben so eine makabre weltgeschichtliche Relevanz erlangt. Sie verkünden: Präsident, nur ein schneller Erfolg in Vietnam garantieren dir und deiner Politik eine zweite Amtsperiode, d. h., pazifiere das vietnamesische Volk, und deine innenpolitischen Probleme sind gelöst. (...) Amerika wird immer mehr zum Symbol der Unfreiheit in der ganzen Welt, und wir protestieren gegen die amerikanische Regierung auch im Namen des wahren Amerika der nichtparlamentarischen Oppositionsbewegungen gegen den Völkermord in Vietnam. (...) Wir Protestler protestierten und schafften uns durch Demonstrationen Ersatzbefriedigung, wenn wir nicht begriffen, daß das impotente Mitspielen der pseudodemokratischen Spielregeln dieser Gesellschaft mit Integration und Status quo hier, in Vietnam und anderswo gleichbedeutend wäre. Der prinzipielle Verzicht auf Illegalität und Gegengewalt macht uns wie alle zu verwertbaren und nützlichen

Idioten, läßt die Anerkennung des Bestehenden zur einzigen Möglichkeit werden. (...) Der bewaffnete Kampf ist die einzige Möglichkeit in der Dritten Welt.«

*

Die machohafte Atmosphäre im SDS stachelte Rudis Kampfgeist an. Mich und andere Frauen stieß dieses Klima ab, was Rudi immerhin begriff, auch er hatte ein Bedürfnis nach Wärme und Solidarität: »Solange ich politisch existiere, suche ich Menschen, bei denen Privatsphäre und politische Existenz nicht auseinanderfallen. Es ist mir nicht gelungen. Als ich Carol kennenlernte, konnte ich in der Beziehung mit ihr neurotisch die Spaltung überwinden. Außen war ich akzeptiert und isoliert, und bei Carol fand ich Nestwärme und schöpferisches Gespräch. Carol fand das mit meinen politi[schen] Bekannten nie, sie wurde von ihnen nur als Anhängsel von mir gesehen – niemand hatte Zeit für sie.« [47]

Ich war überzeugt davon, daß es möglich sein müßte, Solidarität unter Menschen zu erreichen, wenn nur die Chance dazu gegeben war. Die Idee der Kommune war nicht neu. Aber in Deutschland hatte bis dahin niemand versucht, selbst eine Kommune zu gründen. Ich schlug es Rudi vor: »Warum versuchen wir es nicht. Dabei können wir die Menschen anders kennenlernen.«

Rudi war skeptisch. Aber er sah, daß es für mich wichtig war. »Du sollst das machen. Organisiere es.«

»Und du wirst mich unterstützen?« fragte ich.

»Ja, ich werde alles, was ich kann, dafür tun«, antwortete er. »Du bereitest ein Referat über Kommuneerfahrungen vor, und wir laden die Leute ein.«

»Ich lade sie ein«, sagte ich. »Die Leute, die sympathisch sind, mit denen man zusammenleben könnte. Es lohnt sich nicht, wenn die SDS-Atmosphäre hier wiederholt wird.«

»Okay, dann mach eine Liste, du entscheidest«, gab Rudi bei.

Das tat ich. Bei unserem Treffen referierte ich über frühere Kommuneprojekte, angefangen bei den Frühsozialisten über die Jugend-Kommunen des sowjetischen Pädagogen Makarenko bis zu den neuen Alternativen in Amerika. Das war im Frühjahr 1966. Nirgendwo sonst wurde über die Kommune diskutiert. Unsere Diskussionsrunden wurden schnell bekannt, und es stießen immer mehr Leute dazu. Seit kurzem gehörten Helga und ihr Mann Andreas, ein Architekt, zur Kommunegruppe.

»Wir können anfangen, das neue Leben hier und jetzt in einem Haus zu gestalten, das genau für eine emanzipierte Zukunft konzipiert ist«, sagte Andreas. Es war ein berauschender Gedankenflug. Andreas entwarf ein Modell »Kommunehaus«, und wir überlegten, was alles dabeisein mußte, um unsere Bedürfnisse zu befriedigen. Das Haus hatte die Form eines menschlichen Körpers. Jeder sollte die Möglichkeit haben, sich zurückzuziehen oder in die Gemeinsamkeit einzutauchen. Wenn alle nur einige Stunden in der Woche arbeiten würden, könnten wir gemeinsam die Baukosten aufbringen.

Auch Kunzelmann in München hörte davon. Er meldete sich bei Rudi und sagte, er habe von unserem Projekt gehört und wolle mehr darüber erfahren.

Ende Juni, Anfang Juli organisierte Kunzelmann ein Treffen in Kochel. Er wollte mit den ehemaligen Subversiven und der neuen Kommunegruppe über den Widerspruch zwischen »gigantischer Theorie im Hirn und zwergwüchsiger Praxis an der Universität, auf der Straße, im SDS und im eigenen Leben« diskutieren. Allerdings langweilten Kunzelmann Theoriedebatten. Er war getrieben von der Idee, die Bürgerlichkeit durch persönlichen Angriff zu beseitigen, mit ihm selbst als Angreifer und allen anderen als Opfer. Rudi wurde für eine besondere Bearbeitung ausgewählt wegen seines angeblich bürgerlichen Lebensstils. Ich war aus einsichtigen Gründen nicht mitgegangen. Die Anklagepunkte: Rudi sei verheiratet und unter meinen Einfluß geraten. Er verletze dadurch seine revolutionären Pflichten. Rudi lagen diesen Psychogefechte nicht, und er freute sich, wenn er der Diskussion entfliehen und im Dorf ein Fußballspiel im Fernsehen verfolgen konnte.

Als Rudi nach Hause kam, berichtete er, daß Kunzelmann nach Berlin ziehen wolle. »O Gott«, seufzte ich. »Er wird es alles kaputtmachen.« Rudi versuchte mich zu beruhigen: »Er ist nur einer unter vielen.«

Als Kunzelmann in Berlin auftauchte, hatte er sein Konzept einer Kommune schon ausgearbeitet. Das Projekt einer neuen Lebensform unter revolutionären Wohnbedingungen paßte allerdings nicht in Kunzelmanns Vorstellungswelt. Er beschränkte sich auf die Forderung nach sexueller Freiheit, Bindungslosigkeit und »Psychoterror«:

»Die Kommune ist ein Mittel, unsere Neurosen und Reduktionen zu überwinden.« Dafür fand Kunzelmann genug Unterstützung in der Kommunegruppe, der inzwischen fünfzig bis sechzig Leute angehörten.

Wir lehnten die psychologische Dimension nicht ab. Aber Rudi und ich sahen die Gewichtung anders. Bei einer Kommunediskussion erklärte Rudi: »Carol und ich, wir suchen solidarische Menschen, es gibt keine. Es gibt weiterhin sich weitgehend freund- und feindlich gegenüberstehende Individuen. Der Prozeß der Beseitigung der Feindlichkeit hat im Grunde noch nicht begonnen. Assimilation in der Form des expandierenden Beispiels ist nur möglich, wenn mit dem Beginn des politischen Zusammenlebens der äußere Raum der Aktivität abgesteckt ist. Ist die Kommune Folge oder Voraussetzung?« [48]

Das ganze Projekt verkam in abstrakten Auseinandersetzungen über Therapie und Entpolitisierung. Rudi bemerkte, daß ich niedergeschlagen war wegen dieser Entwicklung. Er wollte sich nicht weiter engagieren im Kommuneprojekt. An Sextherapie war er nicht interessiert. Er begann die Kommuneidee in seinem Denken abzuwandeln in eine politische Form der Organisierung, die nicht verlangte, daß man zusammen wohnte, den »Fokus«.

Die Kommunegruppe debattierte weiter, auch wenn in den kommenden Monaten einige Leute absprangen, und im Januar 1967 beschlossen zwölf Leute der Kommunegruppe, darunter Kunzelmann, Rainer Langhans und Fritz Teufel, in eine gemeinsame Wohnung zu ziehen. Sie gründeten die Kommune I.

*

1958 hatte der Journalist Erich Kuby in einem Referat erklärt, daß der Name »Freie Universität« ein äußerstes Maß von Unfreiheit ausdrücke. Durch die Worte »Freie Universität« werde eine innere antithetische Bindung an die andere unfreie Universität jenseits des Brandenburger Tores fixiert. Seitdem hatte Kuby Auftrittverbot an der FU. Es galt auch noch im Jahr 1965, als der AStA Kuby zu einer Podiumsdiskussion einlud.

Studentenvertreter der Philosophischen Fakultät und politische Studentengruppen protestierten gegen das Verbot: »Wir fordern den Rektor der FU auf, zu bestätigen, daß wir an unserer Universität jedermann, zu jeder Zeit, zu jedem Thema hören und mit ihm darüber diskutieren können.« Der Rektor blieb stur. Die Situation verschärfte sich, als ein Assistent am Otto-Suhr-Institut, Ekkehart Krippendorff, in einem Artikel über die Kuby-Affäre die Vermutung äußerte, der Rektor habe auch den Philosophen Karl Jaspers davon abhalten wollen, an der Podiumsdiskussion teilzunehmen. Der Rektor weigerte sich daraufhin, Krippendorffs Vertrag mit der Universität zu verlängern, was einer Entlassung gleichkam. Nun gesellte sich zur Kuby-Affäre die Krippendorff-Affäre. Die Studenten riefen zum Vorlesungsstreik auf. Vor dem Otto-Suhr-Institut stellten sich Streikposten auf mit Plakaten »Redefreiheit auch an der Freien Universität« und »Heute Kuby – wer morgen?« Neunzig Prozent der OSI-Studenten streikten. Trotzdem durfte Kuby nicht an der FU reden. Aber die Affäre hatte viele Studenten darauf aufmerksam gemacht, wie fragwürdig die Demokratie an der Uni war.

Die Unruhen eskalierten. Im Februar 1966 entschied der Akademische Senat, Räume der FU nicht zur Verfügung zu stellen für Veranstaltungen, bei denen »eine Störung des ordnungsgemäßen Universitätsbetriebes« befürchtet werden müsse. Diese Verordnung wurde parteiisch gehandhabt. Der RCDS durfte eine Podiumsdiskussion veranstalten, während ein geplantes Vietnamforum, das der SDS durchführen wollte, vom Rektor verboten wurde aufgrund baupolizeilicher Vorschriften.

Als Rektor gerade im Amt war ein Mann, der Rudi nicht unbekannt war und dem er große Fähigkeiten in der Ideologiekritik bescheinigt hatte: Hans-Joachim Lieber. Rudi war Doktorand bei Lieber und arbeitete als hilfswissenschaftlicher Assistent für ihn.

Liebers Entscheidung gegen den SDS war überraschend. Warum hatte er diese Wendung gemacht? Lieber stand unter dem Druck der Stadt und des Akademischen Senats, und wie so viele seiner Generation fühlte er sich den Amerikanern verpflichtet, die Deutschland von den Nazis befreit hatten und sich in West-Berlin dem Stalinismus entgegenstellten. Das bedeutete auch, ihre Vietnampolitik zu unterstützen. Klaus Meschkat, einer seiner Assistenten, hatte ihm vorgeschlagen, zurückzutreten. Klaus war überzeugt davon, daß weder Lieber noch irgendein anderer eine Lösung für die Studentenunruhen finden konnte. Doch Lieber wollte Rektor bleiben. Seiner Frau gefielen die feinen Empfänge für die Spektabilitäten.

Wissenschaftssenator und Rektor erhöhten den Druck auf den AStA, der es als ein demokratisches Recht betrachtete, zu Demonstrationen aufzurufen und Resolutionen gegen den amerikanischen Krieg in Vietnam zu unterschreiben. Sie verweigerten dem AStA das »politische Mandat« und hoben Beschlüsse des Studentenausschusses auf. Die Springer-Presse trieb sie an, es handele sich um ein kommunistisches Komplott, behauptete sie. Schon im August 1965 ging die »B. Z.« den AStA-Vorsitzenden der FU, Wolfgang Lefèvre, an: »AStA auf SED-Kurs«. Im Kommentar hieß es: »Ich bin immer für klare Fronten. Und Leisetreter sind mir ein Greuel. Deshalb begrüße ich es, daß der AStA-Vorsitzende der FU, Lefèvre, endlich klar bekennt, wes Geistes Kind er politisch ist. Der Studentensprecher unserer Freien Universität schlug sich gestern offen auf die Seite der Kommunisten. Er unterstützt deren Vietnampolitik.«
Gleichzeitig wurde versucht, eine Hochschulreform durchzusetzen, die keineswegs im Sinn der Studenten war. Im Sommer 1966 begrenzten einige Fakultäten die Studiendauer. Viele Studenten verstanden dies als einen Schlag gegen die Aktivisten. Studium oder Politik war das Motto der Hochschulreformer.
In diesem Kampf gab es nur wenige Professoren, die mit den Forderungen der Studenten sympathisierten. Die meisten sahen ihre Privilegien in Gefahr und hielten nichts davon, die Universitätsstruktur zu demokratisieren. Doch gab es in diesem Klima der professoralen Selbstherrlichkeit und Sturheit einen hell leuchtenden Stern. Das war Helmut Gollwitzer, unser Theologieprofessor. Er »gehörte in den 60er Jahren zu den wenigen radikaldemokratischen Lichtern in der Wüste der autoritären Professorenschaft. Man kann sagen, er war einer der wenigen Menschen der Generation mit Faschismus- und Rußlanderfahrung, die im Prozeß der politischen Kämpfe Veränderungen in der Rollenfunktion und der inhaltlichen Bestimmung der realen Klassenkämpfe durchmachten. Sein Brief von Ende März 1966 an den Rektor der FU Berlin, Hans-Joachim Lieber, ist ein exemplarisches Beispiel dafür und zeigt Gollwitzers Bereitschaft, sich nicht von den gesellschaftlichen Widersprüchen davonzustehlen, sondern Partei zu ergreifen. (...) Was ist das Besondere seines Briefes an den Rektor der FU? Wir lesen darin, ›ich bin verwundert und erschrocken, daß Sie den Begriff des politischen Radikalismus verwenden. Sie wissen als Soziologe, wie wenig eindeutig er ist. Nach den Erfahrungen der vergangenen Jahrzehnte assoziiert

man bei uns in Deutschland sofort undemokratischen Terrorismus und Totalitarismus. Keiner der politischen Studentengruppen, um die es sich in Ihrem Schreiben handelt, ist derartiges auch nur entfernt vorzuwerfen. Sie sind vielmehr zumeist radikaldemokratisch.‹ Wichtig in dem Brief des Theologen H. Gollwitzer an den Rektor war auch die Forderung, die Studentenorganisationen nicht auf Ost-Vergleiche abschieben zu lassen. ›Ich bedaure, daß Sie zwischen der Forderung freier politischer Betätigung der zugelassenen Gruppen und der einseitigen politischen Beeinflussung, der die Humboldt-Universität ausgesetzt war und ist, eine Parallele ziehen.‹ Der Rektor (...) war offensichtlich nicht mehr der kritisch denkende Soziologe und Philosoph, sondern war vielmehr blitzartig Funktionsträger geworden.« [49]

Lieber wußte natürlich, daß sein Assistent ein Rädelsführer war. Er verlangte von Rudi eine Loyalitätsbekundung. Das war die Bedingung für eine weitere Beschäftigung. Rudi war nicht überrascht, aber doch enttäuscht. Er hatte die Arbeit gern gemacht und auch eine akademische Zukunft im Auge. Aber nicht um den Preis der Erpressung. »Es bedurfte keiner langen Überlegung von meiner Seite, der radikale Politisierungsprozeß war schon seit Jahren gefestigt. Lieber hatte da über mehrere Semester eine nicht unwesentliche Rolle gespielt. (...) Da es aber mir und anderen in der Revolte nicht um Stellen oder Finanzgewinnung ging, konnte ich gehen, ohne einer Stelle und dem potentiellen Aufstieg nachzutrauern. (...) Meine Eltern in der DDR waren über diese Deklassierung entsetzt, die beschissene Mauer (...) hatte halt ihre gute Seite.« [50]

Bald folgte die öffentliche Konfrontation zwischen Rudi und Lieber. Am 22. Juni 1966 tagte der Akademische Senat, um über Raumverbote, Studienreform und die Reaktion der Presse und der Stadtregierung auf die Studentenunruhen zu diskutieren. Wir zogen am Nachmittag zur Universität, um zu sehen, was los war. Rudi hatte am Telefon erfahren, daß sich Leute sammelten, und spontan sagte er zu mir: »Komm, wir gehen los.« Bernd saß derweil an der Druckmaschine, um die »Funktion des Orgasmus« von Wilhelm Reich zu vervielfältigen, und wartete vergebens auf Rudi, der ihn ablösen sollte. Wo Bernd auch anrief, um nach Rudi zu fragen, niemand nahm das Telefon ab.

Als wir ankamen, saßen schon Studenten auf dem Boden und den Treppen vor dem Sitzungssaal des Akademischen Senats im Henry-Ford-Bau. Die Türen zum Saal waren fest verschlossen.

Die ehemalige studentische Sprecherin im Akademischen Senat Sigrid Rüger wurde als Delegierte der versammelten Studenten zur Sitzung des AS geschickt mit der Bitte an den Rektor, zu den Studenten zu sprechen. Das lehnte er ab. Die Versammlung, die immer größer wurde und nun schon etwa 3000 Studenten umfaßte, verlangte die Einführung der Drittelparität in Hochschulgremien und die Wiedereinstellung von Krippendorff. Sigrid Rüger überreichte die Forderungen dem AS. Aber wieder geschah nichts.
Erst um 20 Uhr 30, nach mehr als fünf Stunden, öffnete sich die Tür des AS, und der Rektor erschien. Er lehnte es ab, zu diesem Zeitpunkt auf unsere Forderungen einzugehen. Allerdings berichtete er, daß der AS seinen Beschluß über die Raumvergabe aufgehoben habe. Darüber hinaus bot er den Studentenvertretern an, öffentlich darüber zu debattieren, wie man gemeinsam eine neue Hochschulverfassung ausarbeiten könne.
Ein Augenblick lang war es still, während seine Worte in die Köpfe der Studenten eindrangen. Dann bat er uns wegen baupolizeilicher Vorschriften, die Halle zu verlassen. Mit Nachdruck fügte er hinzu, daß anderenfalls für Studenten und Professoren der FU unangenehme Folgen zu erwarten wären. Bis zu diesem Punkt war die Protestversammlung eher fröhlich-friedlich verlaufen. Jetzt aber quittierten wir Liebers Drohung mit Buh-Rufen und Pfiffen. Er verzog sich und hinterließ einen sauren Nachgeschmack und neue Wut.
Wir beschlossen, die Halle nicht zu verlassen. Das Sit-in wurde in ein Teach-in umfunktioniert, das erste an der FU. Solidaritätstelegramme von Professoren anderer Universitäten und Asten wurden vorgelesen. Sympathisierende Lehrkräfte der FU erschienen und machten mit.
Rudi hatte nie in Studentengremien gearbeitet. Er hatte ihre Rolle bis dahin nicht so wichtig genommen, aber nun sah er, daß die Studenten dabei waren, radikal zu werden. Die Universitäten, erkannte er, wurden zu Zentren einer neuen Bewegung. Hier war der Ort, einzugreifen. Rudi sammelte die Fäden der Diskussion zusammen in der Rede, die er nun hielt: »›Wir haben in unserer Geschichte die Restaurationen der modernen Völker geteilt, ohne ihre Revolutionen zu teilen. Wir wurden restauriert, erstens, weil andere Völker eine Revolution wagten, und zweitens, weil andere Völker eine Konterrevolution erlitten, das eine Mal, weil unsere Herren Furcht hatten, und das andere Mal, weil unsere Herren keine Furcht hatten. Wir, unsere Hirten an

der Spitze, befanden uns immer nur einmal in der Gesellschaft der Freiheit, am Tag ihrer Beerdigung.‹ Marx schrieb diese Sätze 1844, leider hat sich bis heute die untertänig-reaktionäre Kontinuität in der deutschen Geschichte durchgehalten. (...) Der Ruf der studentischen Opposition nach Demokratisierung der Hochschulen ist von dem geschichtlichen Prozeß der Entdemokratisierung der Gesellschaft nicht zu trennen. (...) Wir führen die Auseinandersetzung mit dem Rücken an der Wand, ohne illusionäre Hoffnungen, aber wir führen sie permanent und haben die Überzeugung, durch die ununterbrochene Vermittlung von Aktionen und Aufklärungskampagnen unser Lager der Anti-Autoritären vergrößern zu können. (...) Wir schwimmen nicht mehr im Schlepptau der öffentlichen Meinung, sind kein von Parteien und Interessengruppen umschmeicheltes Lieblingskind, man lobt uns nicht mehr, und das ist gut so. Wir sind dabei, die akademische Würde zu verlieren, und das ist gut so. Wir sind dabei, die akademische Würde zu verlieren und das Niveau der Geschichte zu gewinnen, das Niveau von Madrid, Barcelona, Berkeley und Caracas. Friede dem Berliner Modell, Krieg den autoritären Zuständen in und außerhalb der Universität.« [51]

Als alle gesprochen hatten, die sprechen wollten, erkannten wir, daß unsere Forderungen an den AS nicht radikal genug waren. Wir verabschiedeten eine neue Resolution, die die umfassende Demokratisierung der Universität weit über das gegebene »Berliner Modell« hinaus verlangte und die zum erstenmal diese Forderung mit der nach der Demokratisierung der ganzen Gesellschaft verband.

> »Die Frau im SDS sollte schön wie ein Reklamebild sein, mit modischer Kleidung und schick zurechtgemacht, gesellschaftlich attraktiv. Sie sollte im Bett funktionieren wie im Büro, sexy und gleichzeitig fix im Tippen und Zusammenlegen von Papieren, auch intellektuell auf der Höhe, damit sie mitreden konnte.« [52]

Eine Frau, die diesem Ideal nicht entsprechen wollte oder konnte, fand keine Anerkennung. Ich wollte mich damit nicht abfinden, wußte aber nicht, wie ich mich dagegen wehren sollte. Vielleicht mit anderen Frauen reden? Zusammen mit fünf oder sechs anderen bildete ich einen bescheidenen Frauenarbeitskreis. Wir trafen uns und lasen in August Bebels Buch »Die Frau und der Sozialismus«. Es war ein Herumtasten im dunkeln wegen eines unbehaglichen Ohnmachtsgefühls und ohne das Problem lösen zu können. 1966 war die Zeit noch nicht reif dafür.

Als im September in Frankfurt die Delegiertenkonferenz stattfand, waren die Antiautoritären ziemlich fest verankert im SDS. Rudi erwartete aber einen Kampf und hatte sich darauf vorbereitet. Ich ging mit, obwohl ich die Art, wie debattiert wurde, widerlich fand. Ich wußte, daß ich nicht auftreten konnte. Es gab kaum eine Frau, die das tat, und wenn, dann wurde sie ausgelacht. Wieviel schlimmer wäre es für eine, die Kauderdeutsch sprach. Im Zug nach Frankfurt stellte ich Rudi die Fragen, die mich beschäftigten: »Sind diese Kämpfe sinnvoll? Was erreichst du dabei? Ist das wirklich revolutionär?«
Rudi antwortete, er müsse kämpfen, um seine Linie gegen die Stalinisten durchzusetzen.
»Rede doch mal nicht über eure abstrakten Marxismus-Interpretationen; du weißt von den Schwierigkeiten unserer kleinen Frauengruppe. Sag was über die Lage der Frauen im SDS«, schlug ich vor.
Rudi war perplex. »Ich verstand sie, redete aber dennoch in alter Linie weiter. Zum anderen können Männer nicht Frauen ersetzen.« [53] Er wußte, daß einiges falsch lief. »Schließlich habe ich doch in Berlin sehen können, wie SDSler unruhig wurden, als die Frauen begannen einen selbständigen Arbeitskreis in die Hand zu nehmen und das Bebel-Buch zu studieren«, stellte er fest. Und »wie Genossen misera-

bel mit Genossinnen umgingen, kannte ich aus der Subversiven Aktion«. Aber seine Schlußfolgerung war enttäuschend: Ich »war und bin nicht bereit, daraus einen grundlegenden Konflikt zu machen. Was bleibt denn sonst noch übrig? Objektiv müssen da erst Voraussetzungen geändert werden.«
Die Konferenz verlief wie erwartet. Rudi und die Antiautoritären versuchten sich gegen die von Schauer und Genossen entwickelte Linie durchzusetzen. Gegen Strukturen, die aus den Beziehungen zwischen dem Bundesvorstand des SDS und dem FDJ-Zentralrat der DDR bestanden. Dazu gehörten auch Kontakte zu der 1956 verbotenen, aber illegal weiterarbeitenden KPD und zu Wolfgang Abendroth, Professor für Politologie und Staatsrecht in Marburg, der im SDS eine gewisse Rolle spielte, weil er zur Unterstützerorganisation des Studentenbunds gehörte. Abendroth befürwortete eine zentristische Position zwischen DDR-Sympathisanten und Bürgerlich-Liberalen, die im SDS zeitweise bestimmend gewesen waren. Beide Flügel lehnten Rudis antiautoritären sozialistischen Kurs ab.

Ein Mittel des KPD-Anhangs, um Einfluß zu gewinnen, sollte die Herstellung eines verbindlichen Schulungsprogramms für den gesamten SDS werden. Der Bundesvorstand hatte ein Schulungsreferat eingerichtet, das Kurt Steinhaus und Frank Deppe aus Marburg beauftragte, einen Schulungsplan zu entwerfen. Er wurde in Frankfurt auf der Delegiertenkonferenz vorgestellt.
Rudi hatte längst begriffen, daß ein theoretisches Fundament notwendig war, damit die antiautoritäre Richtung sich gegen die traditionellen Marxisten behaupten konnte. Auch er hatte ein Schulungskonzept mitgebracht. Er war davon überzeugt, daß die Altmarxisten gegen sein Konzept wettern würden. So geschah es. Aber am Ende schmetterte die Mehrheit das Marburger Schulungskonzept ab.
Die Antiautoritären hatten zum erstenmal gesiegt gegen die Traditionalisten. Aber keiner von ihnen wollte nun die Verantwortung übernehmen. Erst nach langem Hin und Her konnten Reimut Reiche und Peter Gäng überzeugt werden, sich zum ersten und zweiten Vorsitzenden wählen zu lassen.
Rudis Schulungskonzept wurde zwar nicht als offizielles Programm angenommen. Es wurde aber in der »SDS-Korrespondenz« abgedruckt und an die lokalen Gruppen verschickt. »Ausgewählte und

kommentierte Bibliographie des Revolutionären Sozialismus von Karl Marx bis in die Gegenwart« hieß es. Am Anfang wird die Distanz zu den Traditionalisten erklärt: »›Zurück zu Marx‹ hieß das 1926 in Leipzig erschienene Buch von J[ürgen] Kuczynski *. (...) Vierzig Jahre später ist dieser Ruf gebrochener, aber bei weitem materialreicher motiviert. Es stehen die für die Marxsche Theorie sehr wichtigen Texte, die erst ab 1932 editiert wurden, heute zur Verfügung. (...) Scheint es uns nun richtig zu sein, die Engelsschen Mißdeutungen des Historischen Materialismus sehr genau vom originär Marxschen Materialismus zu unterscheiden, so erscheint uns der Versuch der Wiederherstellung des Marxismus durch einen unmittelbaren und direkten Rückgriff auf den ›reinen‹ Marx das Wesen und die Methode von Marx zu verfehlen. (...) Da für Marx die Gesamtgeschichte nicht beherrscht wird durch eine der Geschichte immanente und unverlierbare Sinnidee, so versteht es sich für ihn von selbst, die verschiedenen Perioden der Geschichte als verbundene Einzelprozesse zu begreifen und jeweils konkret zu analysieren. (...) Jede Klasse kann ihre historische Mission geschichtlich ›verpassen‹, kann scheitern – andere ›Klassen‹ müssen dann unter neuen historischen Bedingungen ›alte Kämpfe‹ austragen. (...) Die kritische Aneignung der Marxschen Theorie (...) ist nun nur möglich durch eine Aufhebung der politischen Geschichte des Marxismus, ›die in hohem Maße eine Geschichte von Fehlinterpretationen und Entstellungen ist‹. (A. Schmidt **) (...) Für die schon angeschnittene Problematik des Marxschen Klassenbegriffs ist der im ›Manifest‹ auftauchende Begriff des Lagers von hohem Interesse. (...) Der kritische Begriff des Lagers scheint uns mit Mauke jenen gesellschaftlichen Zustand anzudeuten, in dem die ganze Gesellschaft zu einem einzigen Lohnarbeiter geworden ist.«[54]
Vieles von der Literatur, die Rudi in seiner Bibliographie vorschlug, war in Berlin nicht vorhanden. Nationalsozialismus und Stalinismus hatten alles getan, um auszulöschen, was an eine unabhängige sozialistische Bewegung erinnern konnte. Rudi durchkämmte Bibliotheken

* Jürgen Kuczinsky (geboren 1904), KPD-Mitglied seit 1930, war nach der Rückkehr aus der Emigration einer der führenden Wirtschaftswissenschaftler der DDR.

** Der Philosoph Alfred Schmidt (geboren 1931) gehörte zur Frankfurter Schule der Kritischen Theorie.

überall in Europa, um die Bücher zu finden. Das Drucken von Büchern, um aufzuklären und Geld zu verdienen, war eine Idee, die in der Subversiven Aktion entstanden war. Sie hatte eine einfache Rotaprintmaschine besessen, um den »Anschlag« zu drucken, und wir vom antiautoritären Flügel im SDS vervielfältigten darauf nun Wilhelm Reichs Bücher »Dialektischer Materialismus und Psychoanalyse« und »Funktion des Orgasmus« oder Karl Korschs »Marxismus und Philosophie«. Hin und wieder wurden die Bücher aus einer Bibliothek entwendet. Dafür aber vermehrten sie sich dann um über das Hundertfache.

*

Als wir einmal auf Büchersuche in Amsterdam waren, klopfte der Portier des Hotels an die Tür. »Da ist ein Telefonanruf für Sie«, sagte er zu mir. Ich war von den Socken. Wir hatten niemandem gesagt, wo wir waren. Ich nahm das Telefon und hörte meinen Vater: »Ist da Gretchen?« Ein niederdrückendes Gefühl durchfuhr mich. »Mom ist tot«, stammelte er. Ich schrie und ließ den Hörer fallen. Rudi lief zu mir, nahm den an der Schnur baumelnden Telefonhörer und versuchte von meinem Vater genau zu erfahren, was geschehen war.

Es hatte mehrere Tage gebraucht, bis mein Vater uns in Amsterdam gefunden hatte. Wir mußten uns beeilen, um rechtzeitig zur Beerdigung in die USA zu kommen. Wir gingen gleich zur amerikanischen Botschaft, um ein Visum für Rudi zu beantragen. Rudi glaubte nicht, daß dies schwierig sein könnte. Als wir erklärten, daß wir das Visum noch am selben Tag benötigten, weil die Beerdigung schon übermorgen sei, erwiderte der Botschaftsangestellte, daß das so schnell nicht gehe. Ich begann fürchterlich zu weinen, auch weil ich sicher war, daß Rudi nach einer politischen Überprüfung keine Einreiseerlaubnis erhalten würde. Der Botschaftsangestellte wurde unruhig, da ich nicht aufhörte zu weinen. »Ich werde sehen, was ich tun kann«, versprach er. Ich weiß nicht, wie viele Stunden wir dort saßen, aber dann kam endlich der Mann wieder. Er hatte Rudis Visum.

Nach der Beerdigung wollte Rudi die Slums sehen, denn dort vermutete er das revolutionäre Potential Amerikas. »Die Armut war unübersehbar«, stellte Rudi fest, »so wie die Zerschlagung bzw. Auflösung von so vielen Häusern. Sehen, wie schwarze Kinder um einen weißen

Polizisten herumspielen, bis ran an die Pistole. Jeder zeigt auf den anderen.«

Dann besuchten wir Buchhandlungen. Rudi fand alles, was er suchte: Schriften der marxistischen Ökonomen Paul A. Baran und Paul M. Sweezy, von Marcuse und Malcolm X. Doch wie hätten wir diese Mengen von Büchern bezahlen sollen? Rudi steckte sie in seine Ärmel, unter das Hemd, in die Hose, bis er sich kaum noch bewegen konnte, und wir verließen die Buchhandlung, Rudi humpelnd und merkwürdig verbeult. Wir mußten uns eine große Reisetasche für die Bücher borgen, und die war dann so schwer, daß ich sie nicht hochheben konnte.

Nach einer Woche in Chicago konnten wir in den letzten Tagen unseres Aufenthalts auch New York besichtigen. Wir fanden Ron, der uns in seiner Kirche übernachten ließ. Wir wanderten in Harlem herum, besuchten auch eine Buchhandlung, aber hier klaute Rudi nicht, denn den ärmlichen Laden wollte er nicht schädigen. Überall waren Aufrufe zur Revolution zu sehen zwischen Bildern vom schwarzen Christus.

*

Im Mai 1966 leitete Chinas KP-Führer Mao Tse-tung die Kulturrevolution ein. Er beabsichtigte damit, Führungskader auszuschalten, die nicht mit seinem Kurs konform gingen, und wollte die schwerfällige Parteibürokatie durch eine auf seine Person ausgerichtete Struktur ersetzen. Dieser Hintergrund blieb vielen Linken in Europa verborgen. Begeistert las man Äußerungen wie: »Die Methode, in allem für die Massen zu handeln, darf nicht angewendet werden. Vertraut den Massen, stützt euch auf sie und achtet ihre Initiative. Habt keine Angst vor Unordnung. Die Massen müssen sich in dieser großen revolutionären Bewegung selbst erziehen und es lernen, zwischen richtig und falsch zu unterscheiden.« Damit stimmte auch Rudi überein. Kulturrevolution war ein Begriff, der in den moralisch erstarrten westeuropäischen Gesellschaften gut angewendet werden konnte. Wenn die bürgerliche Presse von Massentötungen in China sprach, glaubten wir es nicht. Wir hatten ja auch wenig Grund, dem zu glauben, schließlich kannten wir die Lügen, die über uns verbreitet wurden.

Im Dezember fand in Berlin eine Podiumsdiskussion statt über die Kulturrevolution: Teilnehmer waren Rudi, der belgische Trotzkist Ernest Mandel und Leo Klatzer. Klatzer gehörte zur antiautoritären Bewegung der Provos in Amsterdam.

Bei dieser Veranstaltung erklärte Mandel vor ungefähr 500 Teilnehmern, die Kulturrevolution diene dazu, Machtkämpfe in der Parteispitze auszutragen. Klatzer bemängelte das brutale Vorgehen der Roten Garden gegen Altgenossen. Rudi trat wenig kritisch auf, aber danach schrieb er: »Sehr klar war der Gen[osse] Mandel in der politischen Verteidigung Chinas gegen potentielle Angriffe des US-Imperialismus, warf der Sowjetunion vor, da nicht eindeutig Klassenstandpunkt zu ergreifen. Gut finde ich, daß er sehr strikt die Permanente-Revolutions-Konzeption von Trotzki unterscheidet von den Versuchen, kulturrevolutionär ein bißchen bürokratische Scheiße loszuwerden. ›Echte Selbsttätigkeit der Massen ist bei Mao nicht gestattet‹ – eine verdammt kritische Bemerkung. Neu ist für mich auch, daß in China wie in Rußland jegliche Fraktionierung in der Partei mit Parteiausschluß und Liquidation endete. Einig waren wir darin, daß die Erungenschaften der Revolution immer wieder verlorengehen können.« Erste Ernüchterung in Sachen Kulturrevolution.

Aber in anderen Punkten war Rudi nicht bereit, zurückzustecken: »Agitatorisch, und was sozialistisch orientierte Glaubwürdigkeit angeht, werde ich vielleicht dem Genossen Ernest Mandel ebenbürtig gewesen sein. Dennoch ist er mir überlegen in der internationalen und ökonomischen Kenntnis der Weltmarktlage und des internationalen Klassenkampfes. Da muß ich viel von ihm lernen. Niemals allerdings werde ich die Formel vom Arbeiterstaat mit bürokratischen Auswüchsen für die Stalin-Zeit und heute anerkennen. Schon zu Lenins Zeiten war die Partei überall dabei, von der Arbeiterklasse wenig zu sehen und fast gar nichts zu hören. Da fehlt dem Genossen Mandel eine bestimmte Lebenserfahrung in der DDR.«[55]

Am Tag nach dieser Veranstaltung stand in großen dicken Buchstaben auf der Titelseite der »B. Z.«: »DUTSCHKE DREHT AN EINEM DOLLEN DING (...) Wo er auftaucht, da riecht es nach Rabatz. Wo er als geistiger Führer der Berliner Provos auf ein Podium steigt, da wimmelt es von Polizisten und Geheimen. Er knetet seine Argumente in die Menge wie ein Bäcker die Rosinen in den Teig. Er will Revolution mit ganz neuen Formen. Es muß ein dolles Ding sein, an dem der

Dutschke dreht.« Der Schreiberling war so beeindruckt von dem, was er mit Rudi erlebt hatte, daß er bei der »B. Z. kündigte«. Denn dort gab es keinen Platz für Revolution mit ganz neuen Formen.
Ging es nach dem Willen der Politiker in Bonn, dann gab es dafür nirgendwo einen Platz. Bundeskanzler Ludwig Erhard sprach von einer »formierten Gesellschaft«, in der die gesellschaftlichen Widersprüche durch alles überwölbende Gemeinschaftsinteressen zugekleistert werden sollten. Im Klartext bedeutete das »das Mundtot-Machen jeder radikalen Opposition«.[56]
Anfang Mai hatte Rudi sich intensiv vorbereitet auf die erste Sitzung des SDS-Arbeitskreises »Die Entwicklung zur formierten Gesellschaft und Formen politischer Praxis«. Zur Einführung hatte er einen Aufsatz verfaßt. Darin kam er wieder zurück auf vertraute Themen: »Nun ist die Machbarkeit [der Geschichte] historisches Resultat und nicht immer möglich gewesen, waren doch in der Vergangenheit (...) die materiellen Bedingungen, die die Befreiung der Menschen von innerer und äußerer Unterdrückung ermöglichen sollen, in keiner Weise gegeben. (...) Hier sind nun auch die großen Schwierigkeiten dialektischer Analyse, die ja als Totalitätsanalyse die allein historisch richtige Praxis ausweisen könnte, [u. a. daß sie] heute materialiter nur in Form von auf Jahren zusammenarbeitenden Arbeitsgruppen analytisch wirklich saubere Ergebnisse erzielen vermag. (...) Die konkrete Totalität Weltgesellschaft, als Herrschaft des Ganzen über die Teile, ist entscheidend für die Stellenwertfrage der Einzelanalysen, die bei der Detaildurchdringung des Details aufs Ganze aus sein müssen. (...) Die Forschung hat den Stoff sich im Detail anzueignen, seine verschiedenen Entwicklungsformen zu analysieren und deren inneres Band aufzuspüren. Erst nachdem diese Arbeit vollbracht ist, kann die wirkliche Bewegung entsprechend dargestellt werden. Gelingt dies und spiegelt sich nun das Leben des Stoffes ideell wider, so mag es aussehen, als habe man es mit einer Konstruktion a priori zu tun. Und so geschieht es auch bei den Marx-Fehlinterpreten. Erst die mit Hilfe der dialekti[schen] Methode durchgeführte sozioökonomische Tendenz-Bestandsaufnahme wird uns das ermöglichen, was Marcuse in Korcula forderte: Die Konkretion jener so liebgewordenen Begriffe wie Selbsterfüllung des Individuums, universelle Entfaltung des Menschen u. a. m. (...)
Was zeichnet die gegenwärtige Situation aus? 1) Zu hohe Staatsausgaben, 2) zu niedrige Steuern im Verhältnis zu den öffentlic[hen] Ausga-

ben, 3) Wahlgeschenke in Permanenz. (...) [Was sind die] Antworten von seiten der Herrschenden? 1) Abbau der unrentablen Subventionen, 2) Maßhalteappelle, um Sparkapitalien zu vergrößern, (...) 4) Lohnstopp in den arbeitsintensiven Industriezweigen, 5) große Koalition, die von der SPD und Teilen der CDU/CSU gewünscht wird, damit Verabschiedung der Notstandsgesetzgebung, Durchsetzung der Wahl- und Finanzreform [möglich wird].«

Allmählich wurde Rudi klar, wohin die Gesellschaft steuerte. Die große Koalition stand bevor. Die parlamentarische Opposition würde dadurch praktisch abgeschafft, und die außerparlamentarische Opposition sollte per Gesetz in die Illegalität gedrängt werden. Im November 1966 einigten sich CDU/CSU und SPD auf eine gemeinsame Regierung unter Bundeskanzler Kurt Georg Kiesinger (CDU) und Vizekanzler Willy Brandt (SPD).

Es gab Stimmen in der SPD, die sich gegen diese Gefahr für die Demokratie aussprachen. Eine Abspaltung schien möglich. Um die Sozialdemokraten, die die SPD verließen, aufzufangen, gründeten Alt-SDSler in West-Berlin die »November-Gesellschaft«. Sie sollte der Kern einer neuen sozialistischen Partei sein. Rudi hielt diese Idee nicht für abwegig. Aus der November-Gesellschaft entstand bald der Republikanische Club, der ein wichtiger Treffpunkt für die Bewegung wurde. Rudi benutzte den Club als außeruniversitäres Forum, aber er beteiligte sich nicht am Parteiansatz der November-Gesellschaft, die ihm zu traditionell war.

Kurz nachdem die neue Regierung gebildet war, organisierte der SHB eine Protestkundgebung gegen die große Koalition auf dem Wittenbergplatz in West-Berlin. Während der Reden erschallten mehrmals Sprechchöre »USPD! USPD!« 1917 hatte sich der linke Flügel der SPD abgespalten und die Unabhängige Sozialdemokratische Partei gegründet, deren Mehrheit aber schon 1920 zu den Kommunisten übertrat und deren Minderheit kurz darauf zur Sozialdemokratie zurückkehrte. Die Diskussion über eine unabhängige sozialistische Partei war seitdem immer wieder aufgekommen, und jetzt, mit dem Schwenk der SPD nach rechts, erhielt sie erneut Auftrieb.

Am Tag darauf gab es eine weitere Veranstaltung gegen die große Koalition, diesmal organisiert von den Falken in der Neuen Welt in Neukölln. Der Sozialdemokrat Erwin Beck forderte eine Urabstimmung innerhalb der SPD über die Beteiligung an der großen

Koalition. Harry Ristock erklärte, daß der stellvertretende SPD-Parteivorsitzende Herbert Wehner die Mitgliedermehrheit überfahren habe. Aber keiner redete von Abspaltung. Bis plötzlich ein mysteriöser Mann in schwarzer Lederjacke auf das Podest sprang und mit Überzeugung und Feuer dafür plädierte, eine neue sozialistische Partei zu gründen. Sein Name blieb zunächst unbekannt.
Der Mann mit der Lederjacke war Rudi. Er sagte: »Der Weg der SPD ist Wiederholung alter Fehler, ein ewiger Versuch, sich als staatstragende Partei auszuweisen, [und] dies immer in der falschen Stunde, immer in der Stunde der Gefahr für das gerade herrschende Regierungssystem. (...) Jetzt sind die hohen Profite vorbei, Milliarden fehlen, und die SPD steigt ein; muß nun dafür sorgen, daß die sozialpolitischen Errungenschaften nicht nur eingefroren werden, sondern auch abgebaut werden. (...) Und so, ihr Partei-Sozialdemokraten, innerhalb des etablierten und starren Parteiapparates habt ihr keine Chance, werdet wie nach Godesberg, wie immer nach einer Phase des Aufbäumens Disziplin üben. (...) Und Gen[osse] Ristock, Gen[osse] Gleitze, wenn ihr euch den Kampf nur innerhalb der Partei vorstellen könnt, so kann ich das nur als Organisationsfetischismus begreifen. Jetzt sollte noch keiner die Partei verlassen, in den nächsten Wochen sollten alle Kräfte mobilisiert werden, um die Urabstimmung durchzusetzen. Das sollte aber schon so organisiert werden, daß nach dem möglichen Scheitern dieser Aktion die ersten Zellen einer neuen Partei in Keimform vorgebildet sind. (...) Denkt an die große Demonstration gegen die Notstandsgesetze in Frankfurt, denkt an die zumeist jugendlichen und studentischen Anti-NPD-Demonstrationen – das könnte ein immer stärker werdendes Wählerreservoir werden. (...) Nicht zuletzt erhielte diese neue Partei durch die außerparteiliche Linke (Intellektuelle und Studenten) wertvolle Unterstützung. Diese neue Partei wäre die einzige Alternative zur NPD, könnte wenigstens kompensierend wirken, wäre die einzige Möglichkeit, in der Zeit der großen Proporzmaschine der CDU/CSU-SPD die Demokratie zu erhalten und in Zukunft Sozialismus zu erreichen.«[57]
Es gab viele Zuhörer in dieser Veranstaltung, die Rudis Worte bejubelten. Der SDS aber nicht. Rudis Versuch, Ristock zu überzeugen, war ebenfalls vergeblich. »Harry, wir könnten genug Unterstützung bekommen«, redete Rudi auf ihn ein.

Doch Ristock entgegnete: »Ja, Rudi. Das kann ich mir vorstellen, Ristock die Karosserie, die du brauchst. Und du der Motor. Ein solches Bündnis gibt es nicht, weil wir hinsichtlich des Motors nicht übereinstimmen.«[58]

Die SDS-Genossen verstanden nicht, warum Rudi sich so für eine neue Partei engagierte. In den Diskussionen im Studentenbund herrschte weitgehende Übereinstimmung darüber, daß irgendwann eine Räterepublik das parlamentarische System ablösen sollte. Rudi agierte jedoch in der Gegenwart. Von dieser Perspektive aus sah er keinen Gegensatz zwischen Partei und Räten. Er wollte eine neue Form der Organisation, die die Vorteile von beiden miteinander verband. Rudi stützte sich bei seinen Überlegungen zur Parteifrage auf Lukács' These, daß die linke Intelligenz in einer herrschenden Kultur immer eine Minderheit sei. Deswegen müsse sie sich mittels einer Organisation mit der unterdrückten Klasse oder, nach Marcuse, mit dem Lager der ausgegrenzten Minderheiten zusammenschließen, um die Idee einer alternativen Gesellschaft zu verwirklichen. Rudi faszinierte der Gedanke, daß eine Idee organisiert sein müsse. Eine Idee, die nicht organisiert sei, werde zu einem Vorurteil, zu einem individuellen Konzept vielleicht, das keine Wirkung habe. Und eine Idee, die nicht zur Aktion führe, sei falsch.

Auf der anderen Seite war Rudi begeistert von Schriften, die sich gegen Ende des Ersten Weltkrieges mit der Rätediskussion beschäftigten. Schon früh hatten die niederländischen Rätekommunisten Anton Pannekoek und Hermann Gorter gegen Lenin polemisiert. Sie sahen die Gefahren einer Entdemokratisierung voraus, die von der leninistischen Partei ausgehen würden.

Wie sollte das Verhältnis von Räten und Parteien sein, um leninistische Despotie und anarchistisches Chaos zu vermeiden? Das wußte Rudi nicht. Sein Organisationskonzept war keineswegs abgeschlossen.

*

Ich bekam einen Brief von meinem Vater: »Ich glaube, dieser Vietnam-Schlamassel ist nur politisch. Ich begreife es nicht, einen Krieg zu führen so lang wie möglich, damit die Wirtschaft angekurbelt wird. Geld bedeutet mehr für den da oben als Leben, besonders wenn es jemand anderes Leben ist. Ich sage pfui zur Wirtschaft, wenn sie Leben kostet.« Mein konservativer amerikanischer Vater. Ich traute meinen Augen nicht. Die Proteste hatten doch etwas bewirkt.

Nun redeten alle von Vietnam. Auch der RCDS, der im Dezember eine Veranstaltung mit dem südvietnamesischen Botschafter im Theatersaal der FU organisierte. Der SDS zeigte am selben Abend ebenfalls an der FU einen Film über Vietnam, danach zogen die Besucher zum Theatersaal, um dem Botschafter aus Saigon einige Fragen zu stellen. Die bereits anwesenden Zuhörer, etwa hundert Anhänger des RCDS, wurden immer nervöser, als sich der Saal bis zum Bersten füllte. Um die SDS-Horden daran zu hindern, den Botschafter mit unangenehmen Fragen zu überschütten, erklärte der Diskussionsleiter, daß er nur schriftlich gestellte Fragen zulasse. Das Abwiegelungsmanöver war leicht durchschaubar, die Zuhörer forderten das Mikrophon. RCDS-Leute umzingelten das Saalmikrophon, um es gegen SDS-Frager zu schützen. Es blieb nur das Podiumsmikrophon, das der Botschafter benutzte. Rudi sprang in der Manier des geübten Hochspringers graziös und blitzschnell auf das Podium neben den Botschafter und fragte: »Wissen Exzellenz, daß nach Angaben amerikanischer Geheimdienste achtzig Prozent der südvietnamesischen Landbevölkerung die Befreiungsfront unterstützen?«

Der Botschafter, äußerlich gefaßt, fragte zurück: »Glauben Sie etwa, daß die Befreiungsfront Südvietnam repräsentiert?«

Im Saal ertönte ein lautes Ja und »Hoch lebe Ho Chi Minh!«. Weitere SDSler kamen auf das Podium und stellten aggressiv ihre Fragen. Der Botschafter blieb stur dabei, die Vietkongkämpfer als »Terroristen« und »Mörder« zu bezeichnen. Die Anwesenden hörten dem Botschafter eineinhalb Stunden zu, dann ging die Diskussion in Tumulten unter.

Nach diesem Vorfall bat der Rektor den RCDS-Vorsitzenden, die Störer zu nennen. Dieser denunzierte seine Kommilitonen mit größter Selbstverständlichkeit. Gegen jene, die er nannte, wurden Disziplinarverfahren eingeleitet. Wegen dieser Vorfälle begann der Akademische Senat darüber zu diskutieren, ob dem SDS die Förderungswürdigkeit und damit die finanzielle Unterstützung durch die Universität abgesprochen werden solle.

Kurz nach dem Auftritt des südvietnamesischen Botschafters wurde eine Demonstration gegen den Krieg angemeldet. Da Rudi reden

mußte, stand ich allein unter den Zuschauern. Als ich nach den Reden merkte, daß einige Demonstranten in Richtung Kurfürstendamm zogen, schloß ich mich an. An der Ecke Joachimstaler Straße und Kudamm, beim Café Kranzler, drängten sich die Menschen. Vor dem Café sah ich Kunzelmann und einige andere. Sie hatten einen Weihnachtsbaum aufgestellt und mit der US-Flagge drapiert. Auf einem Transparent daneben stand: »Spießer aller Länder, vereinigt euch!« Zwei zugedeckte Pappköpfe wurden enthüllt: US-Präsident Johnson und SED-Chef Walter Ulbricht. Während ich da stand und ruhig mit meiner Kamera knipste, setzten Kunzelmann und Genossen den Köpfen benzingetränkte Strohhüte auf und zündeten sie und den Weihnachtsbaum an. Bald heulten die Polizeisirenen, und ein Trupp Polizisten kesselte die Menge ein, während viele Demonstranten Weihnachtslieder sangen. Plötzlich griff mich ein riesiger Polizist hart am Arm und begann mich wegzuziehen. Ich schrie auf englisch: »Was machen Sie? Ich tue nichts, als zuzuschauen.« Der Polizist war völlig verdutzt und ließ meinen Arm los.
Bürgermeister Heinrich Albertz billigte das Verhalten der Polizei. Die Berliner Bevölkerung möge keine politischen Radauszenen, schon gar nicht, wenn sie sich gegen die Amerikaner richteten. Er hatte recht, die Bevölkerung war gegen uns. Im politischen Klub »Ça Ira« wurden ein paar Tage später die Ereignisse ausgewertet. Viele fragten, wie es möglich sei, die Bevölkerung besser anzusprechen? Leo Klatzer beschrieb erfolgreiche Demonstrationsformen der Provos in Amsterdam: nicht die Bevölkerung provozieren, sondern mit ihr diskutieren.
Für den kommenden Samstag, den 17. Dezember, wurde, inspiriert von den Provo-Erfahrungen, zu einer Spaziergangsdemonstration aufgerufen. Der SDS druckte ein Flugblatt, das bei dem Spaziergang verteilt wurde: »Aus Protest gegen die brutalen Schläger dieser Demokratie gehen wir auf die Straße. Um uns nicht zusammenschlagen zu lassen, um nicht die hilflosen Objekte der Aggressivität junger Leute in Polizeiuniform zu sein, demonstrieren wir nicht in der alten Form, sondern in Gruppen – als Spaziergänger; wir treffen uns an vorher bestimmten Punkten, um uns beim Nahen der Freunde von der Polizei zu zerstreuen, zu Passanten zu werden, um an einem anderen Ort wieder aufzutauchen. Diese Spa-Pro-Taktik will die versteinerte Legalität lächerlich machen, will das Irrationale der rationellen Ordnung

bloßlegen, will durch Spaß zeigen, daß die Vor- und Leitbilder dieser Gesellschaft Narren sind.«

»Wir ›spazieren‹ für die Polizei!!!« stand auf einem anderen Flugblatt. »Wir fordern für sie die 35-Stunden-Woche, damit sie mehr Zeit zum Lesen haben, mehr Muße für die Bräute und Ehefrauen, um im Liebesspiel die Aggressionen zu verlieren, mehr Zeit zum Diskutieren, um den alten Passanten die Demokratie zu erklären. Wir fordern eine moderne Ausrüstung für die Polizei. Statt des Gummiknüppels eine weiße Büchse, in der sich Bonbons für weinende Kinder befinden und Verhütungsmittel für Teenager, die sich lieben wollen, und Pornographie für geile Opas. (...) Ausschuß ›Rettet die Polizei e. V.‹«

An diesem verkaufsoffenen Samstagnachmittag zogen Rudi und ich zum Kudamm. Ich trug eine Tasche mit zwei Flaschen Wein und Rudi eine Kiste mit Flugblättern. Auf die Kiste konnte er sich stellen, wenn er reden wollte. Es schien eine festliche Stimmung aufzukommen. Die Passanten nahmen die Flugblätter, und wenn sie lasen »Wir spazieren für die Polizei«, lachten sie freundlich. Plötzlich hielt ein graues Auto neben uns. Vier grimmig aussehende Männer in Trenchcoats stiegen aus, schubsten mich zur Seite und packten Rudi. Einer riß ihm seine Kiste weg. Ein anderer zeigte ein Kriminalpolizeiabzeichen. Rudi wehrte sich mit Händen und Füßen, während eine daneben stehende ältere Dame empört rief: »Das ist ja wie bei den Nazis!« Die Polizisten schleppten den zappelnden Rudi zum Auto.

Ich lief hinterher und schlug auf einen der Polizisten ein. »Laß ihn los, laß ihn los«, heulte ich. Rudi wurde grob ins Auto gedrückt. Ich seufzte und begann in Richtung Joachimstaler Straße zu gehen, in der Hoffnung, einem Genossen berichten zu können, was geschehen war. Bald sah ich jemanden, den ich kannte. Während wir überlegten, was wir unternehmen konnten, stoppte ein Polizeibus neben uns. Ich sah, wie darin ein Mann mit seinem Finger auf mich zeigte. Die Türen des Wagens flog auf, und mindestens zehn Polizisten stürzten sich auf mich.

Das Zimmer, in das ich eingesperrt wurde, war klein, schmutziggelb und häßlich, und immer mehr Frauen wurden hineingeschoben. Nach einer Weile sagte ich: »Ich habe Wein. Wenn wir draußen nicht feiern können, dann feiern wir hier.«

Draußen auf dem Kudamm drehte die Polizei durch. 74 Menschen wurden festgenommen, nur ein kleiner Teil davon waren Demon-

stranten. Die Stimmung auf der Straße schlug um und richtete sich nun gegen die Polizei. Zum erstenmal schien es, daß wir tatsächlich die Bevölkerung erreicht hatten.
Rudi wurde als Rädelsführer nicht in einem Zimmer mit den anderen Festgenommenen untergebracht. Zwar kamen Polizisten und fragten ihn mehr neugierig als feindselig, warum er so viel Radau mache, aber es war für ihn allein langweilig in seiner Zelle. Nach vielen Stunden drohte er zusammenzubrechen, wenn er weiterhin nichts zu essen bekam. Daraufhin entschied die Polizei, mich freizulassen unter der Bedingung, daß ich für Rudi etwas zu essen holte. Ich wußte nicht, daß Rudi allein war. Ich ging in die Stadt und kaufte, soviel ich tragen konnte, zwei große Tüten voller Fressalien. Als ich zurückkam, schaute mich ein Polizist verblüfft an: »Denken Sie, daß er hier wochenlang bleiben soll?«
»Nein«, sagte ich etwas verlegen. »Hoffentlich nicht. Aber es sind viele Leute da, und die haben alle Hunger. Da ist auch etwas für die anderen.«
»Ah«, entgegnete er. »Das geht aber nicht.«
»Warum denn, sie haben auch Hunger.«
Er schüttelte den Kopf.
Dann sagte ich: »Rudi kann nicht alles essen, und ich nehme es nicht wieder mit, es ist zu schwer. Vielleicht kann jemand es irgendwie auch den anderen geben.«
Er seufzte: »Ich bringe es zu Rudi. Ich bin nur dazu befugt.«
Er nahm beide Taschen und verschwand.

Zuspitzung

> »Grundfragen: Was kann ich wissen? Was soll ich tun? Was darf ich hoffen? Was ist der Mensch?«[59]

Die Geschichte las sich so: »Geplant in Berlin: Bombenanschlag auf US-Vizepräsident«. Das »Attentat auf Humphrey« wurde »von Kripo vereitelt«. »FU-Studenten fertigen Bomben mit Sprengstoff aus Peking, Maos Botschaft in Ost-Berlin liefert die Bomben gegen Vizepräsident Humphrey.«

In größter Verschwörermanier hatte die Kommune I den frevelhaften Anschlag vorbereitet. Bewaffnet mit Plastiktüten, Puddingpulver und Joghurt, alles in roter Farbe, schlichen die Kommunarden in den Wald und übten zum Leidwesen der Bäume ihr Verbrechen. Wenn Hubert Humphrey durch West-Berlin fuhr, wollten sie dem Staatsgast einen ganz speziellen Empfang bereiten: erst durch Werfen von Rauchkerzen Verwirrung stiften, damit sie die Polizeiabsperrung um den Wagen Humphreys durchbrechen konnten, dann Puddingpulver und Joghurt auf das Auto schmeißen, um schließlich im entstandenen Chaos Lieder zu singen wie »Backe, backe Kuchen«.

Aber am Tag vor Humphreys Ankunft saßen die sieben Kommunarden im Gefängnis, verraten von Unbekannten. 2000 Studenten begrüßten den Vize-Präsidenten mit Sprechchören: »Humphrey ist der Vize-Killer! Jeder, der den Springer liest, auch auf Vietnamesen schießt!« und sangen die »Internationale«. Eier und Mehltüten dienten als Wurfgeschosse. Berittene Polizei griff die Demonstranten an, Hunde wurden eingesetzt.

Die Stadtregierung, der Akademische Senat, der Rektor und die Medien wußten nicht, wie sie die Revolte eindämmen konnten. Also griffen sie zur Peitsche. »Die sollen nur kommen«, drohte der Senatsrat Prill, »dann kriegen sie eins mit dem Knüppel über den Kopf, das ist dann ein gutes Übungsfeld für unsere Polizeibeamten.« Und Innensenator Kurt Neubauer fügte hinzu: »Auf Tote kommt es nicht an.«

In dieser Lage lud der AStA zu einer Vollversammlung im Audimax ein, die am 19. April 1967 gleichzeitig mit einer Sitzung des Akademischen Senats stattfand. Dessen Hauptdiskussionspunkt war die Förderungswürdigkeit des SDS. Gollwitzer schickte ein Grußtelegramm an die Studenten, das mit Jubel aufgenommen wurde: »Eine Suppe braucht Salz. Eine FU den SDS. Sonst verwechselt der Schah Berlin mit Teheran.« Der deutsch-amerikanische Schriftsteller Reinhard Lettau rief: »Es ist traurig, immer wieder dasselbe sagen zu müssen. Nirgendwo in der Welt außer in West-Berlin ist es ein Geheimnis, daß der Polizeipräsident Duensing hysterisch ist und absichtlich oder unabsichlich falsche Statements herausgibt, die er nachträglich entweder aus Ignoranz oder aus Bosheit nicht dementieren läßt. In der ganzen Welt, außer in West-Berlin, weiß man, daß die hiesige Presse polizeihörig und servil ist und im Zweifelsfall immer auf der Seite der Autoriät steht, anstatt, wie jede andere demokratische Presse, ihrer Verantwortung nachzukommen, die darin bestünde, jede Autorität immer und überall und unentwegt in Frage zu stellen und zu kontrollieren. (...) In den Artikeln, die ich untersucht habe, wird fast durchweg versucht, die eigene Meinung des Verfassers als eine feststehende, allgemeine Meinung zu etablieren.« Am Schluß seines Referates sagte er: »Verzeihen Sie, wenn ich das Resultat meiner Berliner Presseanalyse dadurch mitteile, daß ich hier jetzt die Berliner Zeitungen zerreiße.«

Gegen 22 Uhr entschied die Vollversammlung, den 2. AStA-Vorsitzenden Bernhard Wilhelmer zum AS zu schicken, um herauszufinden, wie dort der Stand der Diskussion war. Er wurde aber aus dem Senatssaal gewiesen. Daraufhin berichtete Wilhelmer im Audimax, der AS lehne es ab, die versammelte Studentenschaft zu informieren. Die brüskierten Studenten beschlossen, das Audimax zu verlassen und ein Sit-in zu veranstalten in der Halle des Henry-Ford-Baus, wo der AS tagte.

Dort ging die Diskussion hitzig weiter. Der West-Berliner RCDS-Vorsitzende Jürgen Runge nahm das Mikrophon und griff an. Würdeloses Verhalten warf er den oppositionellen Gruppen vor, Mangel an Toleranz und Demokratie. Nur wenige spendeten Beifall. Als er fertig geredet hatte, sprang Rudi auf und erwiderte im unverwechselbaren Dutschke-Stil.

»Toleranz mit unmenschlichen Repräsentanten ist eindeutige Parteinahme gegen die Opfer der Herrschaft, und dessen dürfen wir uns nicht schuldig machen. (...) War es keine eindeutige Parteinahme für Humphrey * und Ky **, als diese Universität für Humphrey die ameri-

* Hubert H. Humphrey (1911-1978) war lange Jahre US-Senator. 1965 bis 1969 war er Vizepräsident, 1968 unterlag er Richard Nixon bei den Präsidentschaftswahlen.

** Nguyen Cao Ky (geboren 1930) war von 1965 bis 1967 Ministerpräsident Südvietnams.

kanische Flagge hochziehen ließ? Darin allein kann ich ein würdeloses Verhalten dieser Unversität erblicken und nicht im Protest dagegen. (...)
Der erste große deutsche demokratische Versuch von Thomas Münzer schlug fehl. (...) Das Verhältnis des Deutschen zur Obrigkeit und die Gebundenheit des Deutschen, jedwede Autorität anzuerkennen und damit jener repressiven Toleranz Vorschub zu leisten, die uns schließlich den Faschismus gebracht hat [, prägt unsere Geschichte]. Der zweite große wichtige Einschnitt in der deutschen Geschichte war die mißlungene bürgerliche Revolution im Jahre 1848, als es uns nicht gelang, die historische Aufgabe der bürgerlichen Revolution, die Einheitsstaatlichkeit Deutschlands, durchzusetzen. (...) Der nächste entscheidende Punkt war, daß wir 1918 allzu schnell wieder gelernt haben, Untertanen zu werden. (...) Nach der unerhörten Entmündigung des deutschen Volkes durch den Faschismus ist gerade die Erweckung eines selbständigen politischen Denkens in der Bevölkerung das Gebot der Stunde gewesen. (...) Militär, liberale Bourgeoisie und expansive und stützungsbedürftige Industrie waren nur zu schnell bereit, an das Volk zu appellieren, mit den Losungsworten ›Rechtsstaat‹ und ›Freiheit‹. Mit diesen Losungsworten ›Rechtsstaat‹ und ›Freiheit‹ wurde die Demokratisierung des deutschen Volkes nach 1945 verhindert. (...) Meine Damen und Herren, oft ist schon in unserer deutschen Geschichte gesagt worden, wehret den Anfängen. Mir scheint es fast zu spät zu sein. (...) Allein Massenaktionen des Campus können bestimmte autoritäre Tendenzen abbiegen in der konkreten Auseinandersetzung.«
Klatschen, Gejohle, allgemeine Zustimmung.
Runge antwortete verärgert, es seien Rudi und die Krawalle des SDS, die die Demokratie beseitigen würden.
»Herr Runge, das war unter dem Strich«, schoß Rudi zurück. »Die Berufung auf Demokratie unterstellt demokratische Mündigkeit der Menschen in diesem Staate. Wenn diese Mündigkeit nicht vorhanden ist, wenn sie systematisch verunmöglicht ist, so ist jede Aktion für die kritische Bewußtmachung der Menschen demokratisch! Legalität wird zum Fetisch der Aufrechterhaltung dieser illegalen Methode der Herrschenden in der Gesellschaft und in der Universität, darum handeln wir im Augenblick demokratisch, und der akademische Senat setzt seine undemokratische Haltung fort.«

Runge trat bei jeder Veranstaltung gegen Rudi auf, und Rudi polemisierte hart, aber ernsthaft mit ihm. Irgendwie war es bewundernswert, wie Runge immer wieder gegen großes Mißfallen ankämpfte und nie aufgab. Seine Auftritte regten die Diskussionen an. Aber auch er brach die Regeln, machte Sit-ins und ging nicht auf Obrigkeitsbefehl nach Hause. Sein Verhalten mußte ihn radikalisieren. Später wurde Runge im RCDS isoliert, und er trat im Mai 1968 aus.
In der Diskussion wurden Vorschläge für eine Forderungsliste an den AS ausgearbeitet. Ein Punkt war, daß die Senatssitzungen öffentlich sein sollten. Rudi dagegen: »Mit öffentlichen Sitzungen des Senats ist uns nichts genützt. Das bürgerliche Parlament hat auch Zuschauertribünen. Wir fordern open hearings«, das hieß die Beteiligung der Studentenverbände an Entscheidungen.
Der Hausmeister tauchte auf, wie es zum Spiel gehörte, und forderte uns auf, das Gebäude zu räumen. Das hatte keine Wirkung. Schließlich erschien der Rektor. Er drohte, die Polizei zu holen. Rudi reagierte blitzartig: »Die Androhung mit der Polizei müssen wir ernst nehmen. Sollte die Polizei erscheinen, sollen sich alle Kommilitonen sofort hinsetzen, sich aneinander festhalten, keinen Widerstand leisten und sich einzeln wegtragen lassen.«
Gegen Mitternacht erschien der Hausmeister wieder und verkündete, daß der AS die Polizei gerufen habe. Spannung und Angst mischten sich. Rudi setzte sich neben mich. Bald betrat ein Haufen Polizisten den Raum mit schnellen Schritten, ein spürbares Schaudern lief durch die Reihen. Die Ordnungshüter warteten einen Augenblick, als ob sie glaubten, daß die Menschenmenge sich von selbst auflösen würde. Doch die meisten von uns hätten eher versucht, im Fußboden Wurzeln zu schlagen. Ich sah, wie sich Polizisten weit von uns entfernt daran machten, Studenten wegzutragen – eine Sisyphusarbeit, denn viele, die hinausgeschleppt worden waren, kamen durch eine andere Tür wieder herein. Die Angst wich, und wir begannen zu lachen. Plötzlich rückte die Polizei ab. Es war fast ein Uhr, und wir waren müde. Ohne Polizei wurde die Versammlung beendet. Es blieb lediglich ein Saubermachkommando in der Halle, während der Rektor den Innensenator per Telefon immer noch zu weiteren Polizeieinsätzen drängte. Schließlich überzeugte ihn eine Putzfrau von der Zwecklosigkeit seiner Bemühungen. Das reichte dem AS aber nicht. Kurz darauf beklagte er sich beim Regierenden Bürgermeister und beim Senator

für Wissenschaft und Kunst darüber, daß der Polizeieinsatz abgebrochen worden war, und forderte Verhandlungen. Diese wurden einberufen und darin ein Stufenplan beschlossen, der von der Relegation sogenannter Rädelsführer über die Schließung der Universität bis zur Einsetzung eines Staatskommissars reichte. Zunächst sollten 250 Kommilitonen verwiesen werden von der Universität.

Gleich danach teilte der Rektor öffentlich mit, daß er gegen die beiden AStA-Vorsitzenden, den Konventsvorsitzenden, den Ältesten des Konvents und gegen den Studenten Rudi Dutschke Disziplinarverfahren eingeleitet habe. Er forderte eine Rückkehr der Studentenvertretung zur Legalität. Da er glaubte, daß die Mehrheit der Studenten hinter ihm stehen würde, forderte er den Konvent auf, den betroffenen AStA- und Konventsmitgliedern das Vertrauen auszusprechen, und von der Studentenschaft verlangte er, daß sie diesen Konventsbeschluß in einer Urabstimmung verwarf.

Der Konvent kam seinen Forderungen nach: Er sprach den betroffenen Konventsmitgliedern das Vertrauen aus und beschloß eine Urabstimmung der Studentenschaft über diese Entscheidung. Daß sie für AStA und Konvent gut ausgehen würde, war keinesfalls sicher.

Rektor Lieber blieb aktiv. Er ließ Zehntausende von zeitungsgroßen Flugblättern drucken und verteilen, in denen er seine Haltung rechtfertigte und zwei ominöse Angebote machte: »Wenn die Studentenschaft so den verantwortlichen AStA-Funktionären deutlich macht, daß sie von ihnen erwartet, ebenfalls auf den Boden der Unviersitätsordnung und der Satzung der Studentenschaft zurückzukehren, dann – aber auch nur dann – wäre der Weg frei, von Disziplinarmaßnahmen, die allen Mitgliedern unserer Universität gleichermaßen widerstreben, abzusehen.« An die Adresse des SDS erklärte er, die Entscheidung über dessen Förderungswürdigkeit hänge davon ab, daß der Verband sich von den Mitgliedern distanziere, die das Puddingattentat auf Humphrey geplant hatten.

Rudi was keinesfalls beglückt über die Disziplinarverfahren. Aber der Erpressungsversuch des Rektors regte ihn auf. Rudi war bereit, die Konsequenzen seines Auftritts im Sit-in zu tragen. Bis zur Urabstimmung tat er alles, um den AStA und sich zu verteidigen.

Auf einer Veranstaltung im Otto-Suhr-Institut in Anwesenheit von Richard Löwenthal sagte er: »Da gegen mich ein Disziplinarverfahren eingeleitet wurde, fühle ich mich hier berechtigt, in eigenener Sache etwas zum letzten Sit-in sagen zu dürfen. Ich möchte das im Zusammenhang mit den Ausführungen von Professor Löwenthal über ein demokratisches Ordnungsmodell sehen. Demokratie wurde auf Diskussion und Ordnungsrahmen reduziert. Ich denke, daß damit einem formalistischen Demokratiebegriff Vorschub geleistet wird, der unkritisch von jeder bestehenden Ordnung benutzt werden kann. (...) Demokratie wird von Vernunft und kritischer Rationalität getrennt, formal hatten wir die etablierte demokratisch-baupolizeiliche Ordnung durch eine neue Ordnung abgelöst, und wer der Beteiligten des Sit-ins die dortige Ordnung leugnete, wird als undemokratisch und faschistoid tituliert. Wodurch zeichnet sich die faschistische Ordnung aus? Dadurch, daß sie sogar die formale Diskussionsfreiheit der bürgerlichen Demokratie terroristisch vernichtet! Wodurch zeichnet sich ein Sit-in aus? Dadurch, daß es die formale Demokratie inhaltlich faßt. (...) Wir haben die fast zufällige Chance, unser Vernunftvermögen in wirklich kritische Rationalität zu transformieren, eine Chance, die den Menschen insgesamt in dieser Gesellschaft systematisch verweigert wird. Verspielen wir diese Chance, so ist eine weitere autoritäre Phase der deutschen Geschichte, vielleicht ohne Antisemitismus, fest verbürgt. Und darum, meine Damen und Herren, geht es bei dieser Urabstimmung nicht um die Frage pro AStA oder contra AStA, sondern es geht um autoritäre, inhaltlich und nicht formal demokratische Tendenzen gegen autoritäre formaldemokratische Tendenzen in der Gesellschaft, die von seinem universitären Funktionsträger, dem Rektorat, getragen werden.«

Für den SDS war die Förderungswürdigkeit ein wertvolles Gut, das nicht verlorengehen sollte. Undiszipliniertheit, was immer das sei, war ordnungsliebenden Sozialisten schon immer ein Ärgernis. Deren Zorn richtete sich jetzt gegen die Kommune I und die inzwischen gegründete Kommune II. Nicht ganz zu Unrecht. Die Kommunarden, die als Kollektiv in den Vorstand des West-Berliner SDS gewählt worden waren, hatten ohne Absprache mit den übrigen Mitgliedern in fünf mit SDS unterzeichneten Flugblättern den Rektor, den AS, den AStA und die anderen Studentenverbände verhöhnt. Sie hatten die Studenten als politische Lahmärsche und Karrieremacher bezeichnet und sie aufgefordert, an der Urabstimmung nicht teilzunehmen. Damit waren sie dem SDS in den Augen vieler seiner Mitglieder in den Rücken gefallen. Die Förderungswürdigkeit wurde noch stärker

bedroht. Aber war Ausschluß das richtige Mittel der politischen Auseinandersetzung, wie viele es nun forderten?
Rudis Position war ambivalent. Einige der Kommuneflugblätter hatte Rudi nicht schlecht gefunden und sie sogar verteilt. Aber auch er glaubte, daß die Kommuneflugblätter zur Urabstimmung nicht mit SDS hätten unterschrieben werden dürfen. Das war für Rudi eine Mißachtung der politischen Fairneß. Für die Kommune sprach die gemeinsame Geschichte und eine moralische Solidarität. Rudi verstand den Ärger vieler Genossen. Aber er war nicht daran interessiert, Leute hinauszuschmeißen, und es gefiel ihm nicht, auf diese Weise dem Druck der Universitätsbürokratie nachzugeben. Mit seinen Bedenken stand er jedoch allein im SDS. Die Mehrheit der SDS-Mitglieder, etwa 200 Leute, stimmten für den Ausschluß. Rudi enthielt sich der Stimme.
Am 9. Mai, einem wunderschönen sonnigen Tag, fand die Urabstimmung statt. Eine hohe Wahlbeteiligung zeichnete sich ab. Zehntausend Studenten hatten am Ende ihre Stimmen abgegeben, weit mehr als gewöhnlich bei Wahlen, und niemand wußte, ob sich das eher zugunsten des AStA oder des Rektors auswirken würde. Rudi war so aufgeregt, daß er wie ein Hahn mit abgeschnittenem Kopf herumlief zwischen AStA und Wahllokalen. Ständig berichtete er mir, es sei sehr, sehr knapp. Und das war es dann auch: 46,1 Prozent für den AStA, 43,4 Prozent gegen ihn, der Rest waren ungültige Stimmen. Rektor und Akademischer Senat wollten diese bittere Niederlage nicht hinnehmen. Den Ausschluß der Kommunarden aus dem SDS nahmen sie absichtlich nicht zur Kenntnis und gingen auf der nächsten AS-Sitzung daran, dem SDS die Förderungswürdigkeit abzuerkennen. Die angekündigten Disziplinarverfahren wurden eingeleitet.

*

So schön dieser Mai 1967 war, ich fühlte mich nicht gut. Die Antibabypille, die die Frauen befreien sollte, hatte mich krank gemacht. Nun wußte ich nicht, ob ich schwanger war. Ich fürchtete es. Wir wollten damals kein Kind haben. Ich ließ einen Schwangerschaftstest machen. Das Resultat erfuhr Rudi ein paar Tage später: »Ich telefonierte mit der Apotheke, um die Bestätigung für das Werden unseres Kindes zu erhalten. War nicht nur froh, aber freute mich dennoch. Die entstehenden Probleme für Gretchen und mich konnte ich nicht übersehen, die Zuspitzung der sozialen Auseinandersetzung war unübersehbar.«

*

Für den 2. Juni waren der Schah von Persien und seine Frau Farah als Staatsgäste in Deutschland angesagt. Das deutsche Publikum wollte eine gigantische Inszenierung aus Tausendundeiner Nacht sehen, und die Presse tat ihm den Gefallen: »Mit überschäumendem Temperament feierten gestern mehr als 1000 in der Bundesrepublik lebende Perser das Kaiserpaar Schah Mohammed Reza Pahlevi und Kaiserin Farah. Vor dem Hotel Petersberg bei Königswinter, der Residenz des Kaiserpaares, überrannten sie sämtliche Sicherheitsvorkehrungen, stimmten Hochrufe an und inszenierten turbulente Szenen nationaler und royalistischer Begeisterung.« [60] Die Pressebilder zeigten die orientalische Pracht des Pfauenthrons. Nur wenige interessierten sich für die Rückseite des Glanzes – die Armut des persischen Volkes und die Menschenrechtsverletzungen der Diktatur. Doch es gab ein paar Leute, bei denen der kaiserliche Prunk Ekel erregte. Die Springer-Schreiberlinge ahnten, daß der Schah nicht nur Begeisterungsstürme auslösen würde, und sie warnten die West-Berliner Bevölkerung vor einem geplanten Attentat auf den Autokraten.

Das war zwar eine Erfindung der Springer-Zeitungen, aber dadurch kamen iranische Studenten auf eine Idee. Rudis iranischer Freund Bahman Nirumand erzählte ihm von der Sache, und Rudi unterrichtete den SDS. In der Nacht vom 30. zum 31. Mai klebten Mitglieder der Konföderation Iranischer Studenten und des SDS in allen West-Berliner Stadtteilen Plakate, in denen unter der Überschift »Mord« ein Steckbrief des Schahs stand. Zur selben Zeit erschien die erste Nummer einer kleinen alternativen Zeitung, des »Oberbaum-Blatts«. Die Schlagzeile hieß: »Der Schah ist tot – Farah geschändet!« Der Artikel war unterzeichnet von R. S. Dieses Kürzel benutzten Rudi und sein chilenischer Freund Gaston Salvatore bei gemeinsamen Artikeln. Sie nahmen die Attentatshysterie der Springer-Zeitungen auf die Schippe und berichteten phantasiereich vom Empfang des Schahs in München: »In der Begrüßungsansprache hob Oberbürgermeister Vogel die Denkwürdigkeit dieses Besuches hervor. Danach sollte ein Krug voll des köstlichen Gerstengebräus gereicht werden. 12 Uhr (High Noon). In diesem Augenblick geschah jedoch das Unfaßbare. Ein Bierkrug segelte durch die Luft und traf mit einem dumpfen Knall den edlen Kopf des Schahs. Die Menge war wie gelähmt. Einige nahmen an, daß der Streit unter den Geheimdiensten erneut entflammt war. Doch dem war nicht so. Ein Attentäter, Augenzeugen berichteten, er habe einem Südländer nicht unähnlich gesehen, hatte dem ruhmreichen Leben des Schahs ein unrühmliches Ende verschafft. (...) Der Schah ist eine Marionette von Gnaden des CIA. (...) Die USA können ohne allzu große Schwierigkeiten ihren neuen Schah finden. (...) Vom Standpunkt der Gerechtigkeit ist gegen das Attentat nichts einzuwenden, von einem Standpunkt jedoch, der (...) das Recht von den einzelnen Individuen auch in der BRD praktisch und selbsttätig verwirklicht wissen will, muß das Attentat abenteuerlich erscheinen. (...) Damit jedoch kein Mißverständnis sei, den Attentätern von München gehört unsere Solidarität.«[61]

Am Abend fand im brechend vollen Audimax eine Veranstaltung zum Schahbesuch statt. Bahman Nirumand referierte über das Thema »Persien – Modell eines Entwicklungslandes«. Der Schah sei ein orientalischer Diktator, die politischen Parteien verboten, und die Geheimpolizei, der Savak, habe die Gesellschaft durchzogen mit einem Netz von Spitzeln. Die meisten Studenten hatten bis dahin wenig über Persien gewußt, sie waren betroffen und wütend. Der Schah sollte angemessen empfangen werden.

Die staatlichen Organe bereiteten sich ebenfalls vor. Sie hatten erfahren, daß die Studenten demonstrieren wollten, und beschlossen, dem Diktator zu zeigen, daß man auch in Deutschland für Ordnung sorgen konnte. Sie schufen einen »Generalstab«, und dieser schmiedete einen »Schlachtplan«. Als politische Begleitmaßnahme wurde mit Unterstützung der CDU die rechtsorientierte Deutsch-Iranische Gesellschaft gegründet. Sie wollte »politischen Extremisten« entgegentreten und die Beziehungen zwischen dem Iran und der BRD vertiefen.

Rudi war am 2. Juni in Hamburg und machte dort Propaganda für eine Demonstration gegen Reza Pahlevi, da dieser die Hansestadt ebenfalls besuchen wollte. Warum hätte er auch in West-Berlin sein sollen? Würde es nicht eine Demonstration geben, wie es schon

viele gegeben hatte? Niemand hatte sich vorstellen können, daß unsere Welt am folgenden Morgen ganz anders aussehen würde.
Abends gegen neunzehn Uhr hatten sich mehrere tausend Demonstranten und Zuschauer vor der Deutschen Oper aufgestellt, wo der Schah und seine Gastgeber Mozarts »Zauberflöte« lauschen wollten. Der Platz vor der Oper war eng, und die Menschen standen dicht gedrängt, besonders weil die Polizei den Eingang großräumig freisperrte. Am hinteren Ende wurde der Platz durch einen hohen Bauzaun begrenzt. Die Demonstranten skandierten Sprechchöre gegen den Schah und die Polizei: »Mo Mo Mossadegh, Schah-Schah-Schaschlik, SA-SS Schah, Gestapo, Notstandsübung und Schweine.«
Zu diesem Zeitpunkt hielten zwei Busse vor der Oper, aus denen eine lange Reihe von Persern ausstieg, sie trugen Transparente und Plakate mit Pro-Schah-Parolen. Die Polizei plazierte sie zwischen dem Eingang der Oper und den Demonstranten. Später erfuhren wir, daß diese Perser überall auftauchten, wo der Schah Station machte. Das war so zwischen Bonn und Teheran abgesprochen. Die »Jubelperser« erhielten für ihre spontane Begeisterung achtzig Mark pro Tag.
Gegen halb acht Uhr rollte der schwarze Mercedes mit dem Kaiserpaar vor die Oper. Die Jubelperser jubelten, die Demonstranten schrien und warfen Tomaten, Mehltüten, Farbbeutel und Rauchkerzen, die aber alle ihr Ziel verfehlten. Das dauerte ein paar Sekunden, dann waren Kaiserpaar und Bürgermeister Albertz mit Ehefrau in der Oper verschwunden. Die Demonstranten wollten nach Hause gehen, aber wegen dem Gedränge kamen sie nur langsam vorwärts.
Nun setzte die Polizei ihren Schlachtplan in die Tat um. Die Jubelperser hatten ihre Transparente zum Teil an Eisenstangen befestigt. Mit diesen, mit Holzknüppeln und mit Schlagringen begannen sie auf die Demonstranten einzudreschen. Die Polizei stand daneben und schaute zu, wie Menschen blutig geprügelt wurden. Flucht war nicht möglich, alle Wege waren verstopft. Panik brach aus. Blutende Menschen wurden liegengelassen, als die Polizei endlich Jubelperser und Demonstranten trennte. Die Jubelperser durften sich dann durch die U-Bahn-Station absetzen. Kein einziger von ihnen wurde festgenommen. Danach blockierte die Polizei den Eingang zur U-Bahn. Die Demonstranten waren nun von der Polizei eingekeilt zwischen Bauzaun und Oper.
Die Polizei behauptete später, sie habe per Lautsprecher dazu aufgefordert, den Platz zu verlassen. Keiner der Anwesenden konnte das

bestätigen. Es wäre auch unmöglich gewesen. Polizeipräsident Erich Duensing erklärte voller Stolz, seine Beamten hätten die »Leberwurstmethode« angewendet – in der Mitte drücken, damit die Wurst an den Enden platzt. Aber da, wo die Leberwurst platzen sollte, war es gerammelt voll von Polizei. Die Polizei drängte in die Mitte, und die Menschen, die an den Enden herausgedrückt wurden, fielen einer hemmungslosen Prügelorgie zum Opfer. Exakt 22 Minuten, nachdem die Polizei angefangen hatte zu prügeln, wurde endlich der Räumungsbefehl gegeben. Aber die Polizei versperrte weiterhin alle Abzugswege.

Zu diesem Zeitpunkt war der Kommunarde Fritz Teufel wegen eines angeblichen Steinwurfs bereits verhaftet. Sein Rechtsanwalt Horst Mahler wies später nach, daß Teufel spätestens um 20 Uhr 10 festgenommen worden war. Der Polizist, den ein Stein verletzt hatte, war aber erst um 20 Uhr 15 getroffen worden. Und doch sollte es ein Nachspiel für Teufel haben.

Gegen jene, die sich aus der Einkesselung befreien konnten, wandte sich die zweite Stufe des Polizeischlachtplans – die »Operation Fuchsjagd«. Wasserwerfer wurden eingesetzt, und diejenigen, die versuchten, in Häusereingängen dem Wasserstrahl zu entgehen, sollten dort gestellt und verprügelt werden.

In der Krummen Straße suchte ein Mann Unterschlupf in einem Hauseingang. Aber Polizisten sahen ihn und schleiften ihn auf den Hof. Andere Demonstranten, die das beobachtet hatten, darunter der Student Benno Ohnesorg, folgten, um dem Gefangenen zu helfen. Aber die Polizeiketten trieben auch sie in die Falle. Dort schlugen die Polizisten auf die Menschen ein, bis sie zusammenbrachen. Wer auf den Boden sank, wurde getreten. Ein Demonstrant warf einen Taschenschirm auf einen Beamten, der über einem am Boden liegenden Demonstranten stand und ihn mit Fäusten und Füßen traktierte. Der Beamte nahm den Schirm und drohte: »Nu kommt mal her.« Möglicherweise hatte Ohnesorg sich etwas aus dem Knäuel gelöst, um zu fliehen. Ein Augenzeuge: »Und dann habe ich das Mündungsfeuer der Pistole gesehen. Das Mündungsfeuer war ungefähr in Kopfhöhe. Im nächsten Moment lag der Student am Boden und rührte sich nicht.«[62] Ein Polizist soll den Schützen, Karl-Heinz Kurras, der mit entsicherter Waffe dastand, angebrüllt haben: »Bist du denn wahnsinnig, hier zu schießen?« – »Die ist mir losgegangen«, soll Kurras geantwortet haben.[63]

Nachdem Benno Ohnesorg zusammengebrochen war, ging ein Journalist zu den Polizisten und fragte, ob es denn nicht an der Zeit sei, einen Krankenwagen zu besorgen. Aber die Polizeibeamten sagten nur: »Nee, wieso? Das hat Zeit.«[64] Auf dem Transport ins Krankenhaus bemühte sich eine Krankenschwester um den noch lebenden Benno Ohnesorg. Auch sie war blutig geschlagen und hatte eine Gehirnerschütterung.

Die Polizisten sagten später aus, die Demonstranten hätten sie mit Messern bedroht. Niemand sonst konnte das bestätigen. Auch wurden weder Messer noch andere Waffen gefunden. Aber während der Prügelorgie der Polizei war das Gerücht lanciert worden, die Studenten hätten einen Polizisten erstochen. Es war umgelaufen wie ein Wildfeuer und hatte die Polizisten zu einer Pogromstimmung aufgestachelt. Um 22 Uhr fuhr ein Polizeifahrzeug über den Kurfürstendamm und verkündete wiederholt per Lautsprecher, daß ein Polizist erstochen worden sei. Das stimmte nicht, und das wußten sie auch.

Bürgermeister Albertz saß währenddessen mit seinen hochmögenden Gästen in der Oper. Später schreibt er: »Das Gerücht, ein Student sei erschossen, dann: ein Polizist sei erschossen, drang schon in die Oper. Eine verläßliche Meldung lag nicht vor. Ich saß steinern neben der steinernen Farah Diba. Ich habe nie in meinem Leben so wenig von einer Oper gesehen und gehört.«

Das Vertuschungsmanöver der Behörden begann gleich nach der Tat. Ohnesorg sollte erst an einem Schädelbasisbruch gestorben sein, dann am Querschläger eines Warnschusses. Ein Arzt im Krankenhaus hatte tatsächlich versucht, das Einschußloch zusammenzunähen, damit die Schädelbasisbruch-Legende gestützt wurde. Kurras behauptete, am Boden liegend und von Messern bedroht, in Notwehr geschossen haben. Die laut verbreitete Lüge, daß ein Polizist durch Messerstiche getötet worden sei, wurde nicht zurückgenommen. Statt dessen erklärte Innensenator Wolfgang Büsch, daß ein Polizeibeamter vor dem Opernhaus durch einen Steinwurf am Kopf verletzt worden sei. Er blutete stark. Helfer des Deutschen Roten Kreuzes glaubten, daß die Verletzungen auf einen Messerstich zurückgingen.

Die zwanzig Polizisten, die an diesem Tag verletzt wurden, konnten am Abend das Krankenhaus wieder verlassen. Hinsichtlich der schwerverletzten Studenten wurde eine Nachrichtensperre verhängt, so daß Angehörige und Freunde tagelang nicht wußten, wo sie waren.

Gegen Mitternacht stieg Rudi in der Station Fehrbelliner Platz aus der U-Bahn. Ein Mann, den er nicht kannte, berichtete ihm: »Rudi, einer von uns hat einen Polizisten mit dem Messer umgelegt, der Teufel ist los!« Rudi war entsetzt. Er kam nach Hause und erzählte es mir. »Ich weiß nicht, ob es wahr ist, hoffentlich nicht«, sagte er beunruhigt.
Am Morgen kaufte er alle Zeitungen, und wir lasen mit Ekel die Schlagzeile in »Bild«: »Blutige Krawalle: 1 Toter«. Daneben ein Foto von einem blutenden Polizisten. Im Kleingedruckten: »Ein junger Mann ist gestern in Berlin gestorben.« Es stand da nichts von einem Studenten, der einen Polizisten erstochen habe.
»Es ist wahnsinnig, total wahnsinnig!« rief Rudi aus.
Er las weiter. »Hier hören der Spaß und der Kompromiß und die demokratische Toleranz auf. Wir haben etwas gegen SA-Methoden.«
»Sie drehen alles um, die totale Lüge. Wer hat denn die SA-Methoden?« fragte Rudi. Diese Wut, diese ohnmächtige Wut auf einen Staat, der tötete, und eine Presse, die log.
Die »B. Z.« : »Die Anständigen in dieser Stadt aber sind jene Massen der Berliner, die Berlin aufgebaut und Berlins Wirtschaft angekurbelt haben. Ihnen gehört die Stadt, ihnen ganz allein.«
»Das ist der Anfang der Ausgrenzung, am Ende werden sie uns alle umbringen, wie gehabt«, fürchtete ich.
»Nein, nein, es wird nicht dazu kommen«, versicherte Rudi.
Am nächsten Tag setzte die Presse ihre Kampagne fort: »Die Polizei trägt keine Schuld an den Zusammenstößen, die eindeutig von unseren Krawallradikalen provoziert wurden. Die Polizei tat ihre schwere Pflicht. Benno Ohnesorg ist nicht der Märtyrer der FU-Chinesen, sondern ihr Opfer.« – »Der Beschluß des Senats, bis auf weiteres alle öffentlichen Demonstrationen zu untersagen, muß aufrichtig begrüßt werden. Das gleiche gilt für die beschleunigte Reform des Hochschulgesetzes, die es ermöglicht, daß radikale Studenten disziplinarisch rasch belangt und ebenso rasch relegiert werden können. Man wünschte sich für Heinrich Albertz und die tragenden politischen Kräfte, daß sie diesmal hart und konsequent bleiben. Sie stehen nicht allein.« – »Die Überwindung der radikalen Elemente kann nicht nur von Polizei und Senat geleistet werden, sie ist eine Angelegenheit der

gesamten Bevölkerung. Demzufolge appelliert man an diese: ›Helft der Polizei, die Störer zu finden und auszuschalten.‹«

Bürgermeister Albertz gab eine Presseerklärung ab: »Die Geduld der Stadt ist am Ende.« Auch er rechnete den Toten und die Verletzten ausschließlich den Demonstranten als Schuld an und stellte sich hinter die Polizei. Für die Hinterbliebenen Benno Ohnesorgs fand er kein Wort des Bedauerns. Am Abend gab er im Fernsehen ein Demonstrationsverbot bekannt und kündigte Schnellgerichte an.

Dann mußte er noch den Schah zum Flugzeug bringen. »Ich fragte ihn«, schrieb Albertz später, »ob er von dem Toten gehört habe. Ja, das solle mich nicht beeindrucken, das geschehe im Iran jeden Tag«, habe der Schah geantwortet.

Am Tag nach der Ermordung sind wir vormittags zur Universität gefahren, wo der AStA zu einer Protestversammlung aufgerufen hatte. »Am Vormittag des 3. 6. waren es nur wenige Hunderte, die [es] schon wagten, auf die Straße zu gehen. Wir kamen nur durch wenige Straßen in Dahlem, die Polizeieinheiten unter der Leitung von Polizeipräsident] Duensing schotteten den Campus völlig ab.«

Um 15 Uhr wollten wir vor dem Rathaus Schöneberg eine Schweigeversammlung durchführen. Der Senat verbot sie. Rudi, ich, einige SDSler und andere bewegten sich dennoch in Richtung Schöneberg. Überall Polizei. Studenten verhandelten mit ihnen, damit wir weitergehen konnten. Die Polizei erklärte sich dazu bereit, wenn die Schweigemarschierer in fünfzehn Meter Abstand voneinander blieben. Der Marsch streckte sich dadurch unendlich lang, und nach kurzer Zeit erzwang ein Polizeieinsatz das Ende der ungewöhnlichen Demonstration, die keine sein sollte. Das Rathaus Schöneberg war eine belagerte Festung.

Wir zogen uns zurück zur Universität. Der Dekan der Fakultät für Wirtschafts- und Sozialwissenschaften gestattete es uns, die Protestversammlung in einem Hörsaal weiterzuführen, und immer mehr Menschen kamen dazu. Auch Prominente erschienen, wie Günter Grass. »Viele Reden, viel Unsinn auch darunter«, kommentierte Rudi. In seiner Rede forderte Rudi den Rücktritt von Bürgermeister Albertz, Innensenator Busch und Polizeipräsident Duensing, die Entfaschisierung der West-Berliner Polizei und die Vernichtung der schwarzen Liste über die politische Opposition. Die Versammlung nahm diese Forderungen begeistert auf. Dann folgte ein glänzendes Referat von Klaus Meschkat, das seinen Höhepunkt erreichte in der Forderung, den Springer-Konzern zu enteignen aufgrund der Bestimmungen der Verfassung von West-Berlin und des Grundgesetzes der Bundesrepublik. Außerdem wurde verlangt, den Mörder von Benno Ohnesorg zu bestrafen und Staatsempfänge für Diktatoren zu verbieten.

Inzwischen platzte die Versammlung aus allen Nähten. Sie mußte verbotenerweise auf der Wiese vor dem Gebäude fortgesetzt werden. Zuletzt waren es mehr als 4000 Studenten, die für die Resolution stimmten.

Die Verdrehungen und die Hetze der West-Berliner Presse waren so massiv, daß die Studenten ihnen entgegentreten mußten. Doch es schien hoffnungslos, mit Flugblättern gegen Presseimperien zu kämpfen. Aber wir fingen damit an. Und es kam unerwartete Unterstützung. Ein Teil der liberalen Presse war bereit, mit den Studenten zusammenzuarbeiten. Mit Hilfe der auch von Studenten ermittelten Tatsachen druckten »Spiegel«, »Zeit« und »Frankfurter Rundschau« Sonderausgaben, die die Studenten in großer Auflage verteilten. Sogar die konservative »Frankfurter Allgemeine Zeitung« schrieb, »die Berliner Polizei hat ›nicht nur im Affekt‹, sondern auch ohne gravierende Notwendigkeit mit Planung einer Brutalität den Lauf gelassen, wie sie bisher nur aus Zeitungsberichten über faschistische oder halbfaschistische Länder bekannt wurde«. Die Gegeninformationsoffensive erreichte viele Menschen. Der Sympathisantenkreis der Rebellen erweiterte sich schlagartig.

Aber gleichzeitig verstärkten sich die Aggressionen gegen uns, und sie nahmen vielerlei Formen an. Wir wohnten noch in der schäbigen Hinterhofwohnung. Mit den Nachbarn hatten wir kaum Kontakt. Nur ein Mann, der über uns wohnte, hämmerte hin und wieder mitten in der Nacht besoffen an unsere Tür und quasselte irgendwelchen Blödsinn. Nach Bennos Tod wurde es schlimmer. Menschen, die wegen des Todes von Benno Ohnesorg trauerten, hängten schwarze Fahnen aus ihren Fenstern. Wenn man durch die Stadt fuhr, sah man sie überall. Ich kaufte ein großes Stück schwarzen Stoff und hängte es auch aus dem Fenster. Danach wuchs die Feindseligkeit der Nachbarn. Der Besoffene schrie nun jede Nacht herum und schlug auf unsere Tür ein. Als ich den Mülleimer ausleerte, fauchte mich eine Frau bissig an, daß wir gefälligst das dreckige Tuch von unserem Fenster entfernen sollten. Es blieb hängen.

Am 7. Juni beschloß eine Vollversamlung der FU, daß Lehrkräfte und Studenten den Lehrbetrieb für mindestens eine Woche durch Diskussionen ersetzen sollten. Zwei von zweihundert Dozenten stellten sich an diesem Abend auf die Seite der Studenten, Dr. Margherita von Brentano und Professor Jakob Taubes, ihr Mann. Ich freute mich, daß eine Frau diesen Mut zeigte. Und doch fand Margherita von Brentano nicht die gleiche Anerkennung wie ihr Ehemann, obwohl das, was sie sagte, viel intelligenter war. Die Reden von Professor Taubes wurden besser in den folgenden Monaten, und es gab das Gerücht, daß Margherita von Brentano sie geschrieben habe. An diesem Abend sagte Frau von Brentano: »Ich fasse meine Aufgabe hier so auf, eine Faschismusdiskussion einzuleiten, die nicht nur in diesem Saal und heute, sondern ab jetzt an dieser Universität, nicht nur wie bisher in einem kleinen Kreis, sondern auch in der ganzen Universität geführt werden müßte. (...) Zunächst aber die einzelnen Züge: das sind erstens der offen und unkaschiert hervorgetretene Polizeiterror, zweitens einige Maßnahmen oder Ankündigung von Maßnahmen von seiten der Administration, die faktisch Notstand und Aufhebung der Grundrechte implizieren. Drittens, das Verhalten einer in ihrer Mehrheit jedenfalls hier in Berlin gleichgeschalteten Presse, deren zynische Lügen gar nicht mehr kaschiert werden. Wir fordern das West-Berliner Abgeordnetenhaus auf, endlich das tatsächliche Geschehen am und nach dem 2. Juni zur Kenntnis zu nehmen und im eingesetzten parlamentarischen Untersuchungsausschuß den einzig angemessenen Auftrag zu erteilen, das Verhalten der Exekutive öffentlich zu prüfen.«[65]

»Der Beerdigungszug f[ür] B[enno] Ohnesorg wird leider kein Protestzug«, schrieb Rudi ins Tagebuch. »Falke Rexin * enthüllte sich wieder einmal als angepaßter Opportunist. Die für die Innenstadt geforderte Route gab er bei Büsch kurzfristig auf.«
Am 8. Juni, nach einer Trauerfeier in der FU, wurde der Sarg in einem Autokonvoi von West-Berlin nach Hannover überführt. An der Grenze zur DDR sprach Helmut Gollwitzer einige Abschiedsworte, bevor die Autos weiterfuhren: »Ein Tod verpflichtet zur Versöhnung.

* Offenbar ein Vertreter der Falken (SPD)

Der Todesmonat von Benno Ohnesorg ist auch der Todesmonat für viele junge Vietnamesen, Amerikaner, Israelis und Araber gewesen. Benno Ohnesorgs Leidenschaft galt dem Frieden. (...) Als er sich dort von seiner Frau an der Straßenecke in der Schillerstraße trennte und hinüber zur Krumme Straße ging, (...) war es vielleicht sein Impuls, einem Mißhandelten zu helfen, der ihm sein Leben kostete. (...)
Nehmt diesen ersten unkontrollierten Konvoi seit Kriegsende als Zeichen der Verheißung für ein künftiges friedliches Deutschland (...), in dem man wieder, ungehindert durch Autobahngebühren, Stacheldrähte und Mauern, frei hin- und herfahren kann.«
Die DDR hatte angeboten, den Zug von Hunderten von Autos und den Sarg ohne Kontrolle und Autobahngebühr durchfahren zu lassen, und ein großes Aufgebot von FDJlern stand am Straßenrand und begrüßte den Konvoi, als er vorbeifuhr.
Am Tag darauf war die Beerdigung in Hannover, gefolgt von einem kurzfristig einberufenen Kongreß über Bedingungen und Organisation des Widerstands. Rund 5000 Menschen nahmen daran teil. Erich Kuby schilderte die Ereignisse am Abend des 2. Juni. Horst Mahler wies auf Unstimmigkeiten in der Darstellung der Polizei hin: »Das Bedenkliche, das diesen Vorgängen zugrunde liegt, was jetzt immer mehr sichtbar wird, ist, daß wir eine Stadtobrigkeit haben, für die die Rechtsgarantien, die im Grundgesetz verankert sind, eine Last sind.«
Danach formulierte Jürgen Habermas seine umstrittenen Thesen, die die Diskussion danach bestimmten: »Sollte unser begründeter Verdacht auf Terror nicht mit aller wünschenswerten Konsequenz aufgeklärt und sollte er nicht unmißverständliche, juristische und erhebliche politische Folgen haben, dann werden wir den 2. 6. '67 als einen Tag in Erinnerung behalten müssen, an dem die Gefahr nicht etwa nur einer schleichenden Austrocknung, sondern einer manifesten Einschränkung der Demokratie in unserem Lande für jeden Bürger (...) sichtbar geworden ist. (...) Diese Welt ist von Gewalt besessen, wie wir wissen. Aber die Befriedigung daran, durch Herausforderung die sublime Gewalt in manifeste Gewalt umzuwandeln, ist masochistisch, keine Befriedigung also, sondern Unterwerfung unter eben dieselbe Gewalt. (...) Die demonstrative Gewalt, welche die politische Aufklärung in unserer Situation in Anspruch nehmen muß, ist definiert durch das Ziel der Aufklärung.«

Wolfgang Lefèvre hielt mit einer überraschenden Radikalität dagegen: »In einer Zeit, wo gerade die Gesellschaftsordnung, auf die Sie sich berufen, durch die Exekutive in Berlin außer Kraft gesetzt worden ist und damit jeder Einsatz für diese demokratische Gesellschaftsordnung durch diese Aktion der Exekutive zur Illegalität wird, muß man eben illegal werden, wenn man noch Demokrat sein will.«
Auch Jürgen Runge war da: »Man sollte sich mehr als bisher bemühen, reformerische Kräfte innerhalb der Universitäten (...) zur Geltung kommen zu lassen. Man sollte davon ausgehen, daß unser demokratisches System in der BRD zwar außerordentlich viele Mängel aufweist, daß diese Mängel erkannt sind, daß diese pluralistische demokratische Gesellschaft die Möglichkeit eröffnet, Probleme zu diskutieren und zur Lösung von Problemen beizutragen. (...) Diese Gesellschaft kann nur mit der Gesellschaft und nicht gegen die Gesellschaft verändert werden.«
Als er fertig war, sprang ein aufgeregter Vertreter des AStA Freiburg auf: »Ich finde es empörend, wenn Herr Runge sich hier hinstellt und behauptet, es bestände eine Solidarität vom RCDS bis zum SDS, wenn Herr Runge sonst zu denen gehört, die am Samstag noch nach diesem Mord an Ohnesorg sich hingestellt und gesagt haben, daß die Polizeimaßnahmen von Kommunisten provoziert worden seien.«
Runge antwortete aufgebracht: »Ich möchte diese Methoden eindeutig zurückweisen. Ich habe als RCDS-Vorsitzender an der FU (...) eine Presseerklärung abgegeben, in der es ganz eindeutig heißt, daß wir uns von diesen polizeistaatähnlichen Maßnahmen aufs schärfste distanzieren.«
Rudi hatte bis dahin noch nichts gesagt. Forderungen im Saal wurden laut, er solle reden. Es war schon spät, und einige wollten nach Hause gehen. Rudi hatte sich Zeit genommen, um eine Antwort auf Habermas vorzubereiten. Nun ging er zum Rednerpult: »Bei Professor Habermas kann es noch mit Marx so heißen, es genügt nicht, daß der Gedanke zur Wirklichkeit drängt, die Wirklichkeit muß zum Gedanken drängen. Das war richtig für die Zeit der transitorischen Notwendigkeit des Kapitalismus. Davon kann schon längst keine Rede mehr sein. Die materiellen Voraussetzungen für die Machbarkeit unserer Geschichte sind gegeben. Die Entwicklungen der Produktivkräfte haben einen Prozeßpunkt erreicht, wo die Abschaffung von Hunger, Krieg und Herrschaft materiell möglich geworden ist. Alles hängt

vom bewußten Willen der Menschen ab, ihre schon immer von ihnen gemachte Geschichte endlich bewußt zu machen, sie zu kontrollieren, sie sich zu unterwerfen, daß heißt, Professor Habermas, Ihr begriffloser Objektivismus erschlägt das zu emanzipierende Subjekt. (...) Wir hatten in monatelanger Diskussion theoretisch herausgearbeitet, daß die bürgerliche Demokratie, in der wir leben, sich gerade dadurch auszeichnet, daß sie es dem Lord gestattet, mit seinem Hund spazierenzugehen und so auch den Vietnamprotesten den Weg zur Verfügung stellen und die Kanalisierung des Protestes durchführen. Aus dieser theoretischen Einschätzung der Integrationsmechanismen der bestehenden Gesellschaft ist es für uns klargeworden, daß die etablierten Spielregeln dieser unvernünftigen Demokratie nicht unsere Spielregeln sind, daß Ausgangspunkt der Politisierung der Studentenschaft die bewußte Durchbrechung dieser etablierten Spielregeln durch uns sein müßte. (...) Ich fordere alle westdeutschen Studenten auf, umgehend Aktionszentren in den Universitäten der BRD aufzubauen: (...) für die Expandierung der Politisierung in Universität und Stadt durch Aufklärung und direkte Aktion. (...) Es geht darum, daß wir für Dienstag in West-Berlin eine Demonstration beantragt haben zur Aufhebung des Demonstrationsverbotes. Sollte diese einberufene Demonstration nicht gestattet werden, so haben wir bei uns beschlossen, daß unmittelbar nach Verbot der Demonstration über Kampfaktionen gegen dieses Demonstrationsverbot beraten wird.«

Der Saal geriet in laute Bewegung, Raunen, Klatschen, Zurufe. Ein Mann trat ans Mikrophon: »Bevor von Aktionszentren und ihrer Arbeit näher gesprochen werden kann, wäre es wichtig, von Herrn Dutschke eine sehr klare und eindeutige Antwort darauf zu bekommen, was, falls die Demonstration für das Demonstrationsrecht untersagt wird, er unter Kampfmaßnahmen versteht.«

Dann kam Runge: »Herr Dutschke, in Ihren Ausführungen haben Sie ein Modell entwickelt, das ich als nicht mehr als demokratisch begreifen kann.«

Ein anderer fragte, was Rudi mit »begrifflosem Objektivismus« meinte.

Rudi antwortete: »Etwas noch über den Begriff der Kampfmaßnahmen. Wer Kampfmaßnahmen und Gewerkschaften ausschließt, identifiziert Gewerkschaften und [den West-Berliner DGB-Vorsitzenden]

Walter Sickert, und das mache ich nicht. (...) Wir wollen die Form der passiven Protest-Sitzstreikdemonstration benutzen, (...) um zu zeigen, daß wir nicht provozieren, daß wir aber auch nicht bereit sind, uns organisiert abwiegeln zu lassen.«

Über den »begrifflosen Objektivismus« sagte er: »Marx ging davon aus, daß wir eine dialektische Identität von Ökonomie und Politik hätten. Die Tendenz der Ökonomie sollte in Richtung Krise gehen und die Krise politische und menschliche Emanzipation durch kämpferische Aktion ermöglichen. (...) Da aber die gegenwärtige sozioökonomische Entwicklung diese emanzipierende Tendenz nicht mehr in sich trägt, verändert sich vollkommen das Gewicht der subjektiven Tätigkeit des einzelnen. Davon bin ich ausgegangen. (...) Ich vertraue nur auf die konkreten Tätigkeiten von praktischen Menschen und nicht auf einen anonymen Prozeß. (...) Herr Runge, (...) Ihr Demokratiebegriff geht aus von baupolizeilichen Vorschriften, Ordnung, Sicherheit, und damit hat es sich.«

Später, es war schon nach Mitternacht und die Halle hatte sich etwas geleert, trat Habermas wieder ans Mikrophon: »Meine Damen und Herren, ich hoffe, daß Herr Dutschke noch hier ist. (Zwischenruf: ›Nein.‹) Es tut mir leid, ich kann dann in der vorgesehenen Schärfe mich nicht mehr äußern. Ich bin aus dem Auto wieder zurückgekommen, weil ich es für richtig hielt, doch nicht zu schweigen. (...) Herr Dutschke hat als konkreten Vorschlag, wie ich zu meinem Erstaunen nachher festgestellt habe, nur vorgetragen, daß ein Sitzstreik stattfinden soll. Das ist eine Demonstration mit gewaltlosen Mitteln. Ich frage mich, warum nennt er das nicht so? Warum braucht er eine dreiviertel Stunde, um eine voluntaristische Ideologie hier zu entwickeln, die man (Zurufe, Zischen) im Jahr 1848 utopischen Sozialismus genannt hat und unter heutigen Umständen – jedenfalls, ich glaube, Gründe zu haben, diese Terminologie vorzuschlagen – linken Faschismus nennen muß (Beifall, Pfui-Rufe, Pfiffe). (...) Ich hätte gern geklärt, ob er nun willentlich die manifeste Gewalt herausgefordert hat nach den kalkulierten Mechanismen, die in diese Gewalt eingebaut sind, und zwar so, daß er das Risiko von Menschenverletzung, um mich vorsichtig auszudrücken, absichtlich einschließt oder nicht. (...) Oder habe ich ihn total mißverstanden? (Zuruf: ›Sie haben ihn mißverstanden. Total mißverstanden.‹) So so. Bitte, bin ich der einzige, der ihn so mißverstanden hat? (Zurufe: ›Nein! Nein!‹)«

Es war ein verhängnisvoller Augenblick für die antiautoritäre Bewegung. Der Vorwurf des Linksfaschismus, den Habermas aus dem Sack gelassen hatte, stand am Anfang von ihrem Ende.

Erst am folgenden Abend, als Rudi und ich in den West-Berliner Republikanischen Club gekommen waren, erfuhr er durch eine Tonbandaufnahme von der Habermas-Anklage. Rudi war weder erschrokken noch wütend auf Habermas, aber er ahnte die Gefahr für die Bewegung, die aus diesen Worten entstehen würde. In seinem Tagebuch notierte er: »Der Vorwurf reduzierte sich darauf, daß ich, der ich durch Aktionen die sublime Gewalt zwinge, manifest zu werden, bewußt Studenten verheizen wolle. H[abermas] will nicht begreifen, daß allein sorgfältige Aktionen Tote, sowohl f[ür] d[ie] Gegenwart als auch noch mehr f[ür] d[ie] Zukunft vermeiden können. Organisierte Gegengewalt unsererseits ist der größte Schutz, nicht organisierte Abwiegelei à la H[abermas]. Der Vorwurf d[er] voluntaristi[stischen] Ideologie ehrt mich.«

Gleich ging Rudi daran, Habermas zu widerlegen: »Die herrschende Klasse (...) der Kapitalisten (...) ist funktionslos geworden, wurde abgelöst durch die viel vermitteltere Herrschaft von bürokratischen Oligarchien, die primär nicht das Profitinteresse, sondern das Herrschaftsinteresse des Kapitals verkörpern. Dieser Unterschied ist grundlegend für das Verständnis der Gegenwart in den Metropolen. (...) Die günstige Ausgangslage der BRD [nach dem Zweiten Weltkrieg] ermöglichte einen durch amerikanisches Kapital vermittelten langen Aufstieg bis zur vollen Ausnützung des vorhandenen Niveaus der Arbeitskräftestruktur und der von ihr in Bewegung gesetzten Produktionsmaschinerie. Diese Aufschwungperiode ist endgültig abgeschlossen. (...) Vietnam und tendenziell immer mehr Bolivien zeigen aber die Richtung dieser objektiven Seite unserer subjektiven Tätigkeit an. Gerade darum ist die Forderung von Habermas nach der defensiven Erhaltung unserer Positionen in letzter Konsequenz konterrevolutionär, weil sie nicht sieht, daß wir erst eigene Positionen durch offensive Aktionen zu gewinnen haben und gewinnen können. (...) Der späte Versuch von Habermas, den objektiv fatalen Begriff (Oskar Negt) des linken Faschismus, der zur Diskreditierung der praktischen Linken benutzt werden würde, zu rechtfertigen, können wir nicht nur bedauern oder moralisch-abstrakt negieren, [wir] müssen ihn vielmehr als ziemlich genauen Ausdruck der individuellen

Lage eines professoralen Genossen verstehen, der den direkten Zusammenhang zur praktisch-politischen Arbeit nur noch in seiner Funktion als Referent auf Kongressen und Veranstaltungen findet. (...) Die in der Tat objektive Diffamierung von Personen und Tendenzen auf einem öffentlichen Kongreß aber untergräbt die Grundlagen einer solidarischen Zusammenarbeit.«[66]
Jahre später kam Rudi noch einmal auf dieses Thema zurück: »Voller Wonne griff die Springer-Presse den Begriff Linksfaschismus in den nächsten Monaten und Jahren auf. Daß Jürgen Habermas in der Welle der Antiintellektuellen-Hetze von 1977 seinen Vorwurf von damals erklärte und zurücknahm, spricht für ihn.«[67]
Am 12. Juni wurde das allgemeine Demonstrationsverbot in West-Berlin aufgehoben. Die Stadtregierung stellte allerdings die Bedingung, daß die Organisatoren Ordner stellten, die Ausschreitungen verhindern sollten. Die Ordner sollten durch ein schwarzes Armband kenntlich gemacht werden. Um diese Forderung ad absurdum zu führen, wurden für jeden Demonstranten fünfzig Personen zu Ordnern ernannt. Jeder Demonstrant trug ein Schild bei sich, auf dem stand: »DEMONSTRANT«.

An dem Abend gingen Rudi und ich aus. Es war das erstemal seit Wochen, daß wir Zeit für uns hatten. In der Deutschlandhalle gab es Maurice Béjarts Ballett »Romeo und Julia«. Wie war das komisch, dort unter den feinen Leuten zu sitzen. Gepuderte Frauen in engen schwarzen Kleidern, die fast zu platzen schienen, und Männer in grauen Anzügen, die ihre Bäuche versteckten. Ich trug immerhin ein Kleid. Rudi hatte sich rasiert, aber seine langen Haare fielen ins Gesicht. Wir hatten gute Plätze vorne im Balkon. Es wurde dunkel, die Fantasie auf der Bühne begann, und Rudi war binnen fünf Minuten fest eingeschlafen. Aber das war kein gewöhnliches »Romeo und Julia«. Keine Fehde zwischen verfeindeten Familien, sondern Klassenkampf. Die Tänzer bewegten sich in Kampfhaltung. Plötzlich fingen sie an zu rufen: »Es lebe die Revolution! Es lebe die Revolution!« Rudi wachte schlagartig auf. Er sprang hoch, hob die linke Faust, hüpfte herum und rief: »Es lebe die Revolution! Es lebe die Revolution!« Um uns herum Raunen und Keuchen. Ich drehte mich um und sah die erschrockenen Gesichter und gerunzelten Stirnen. Aber auch Lächeln dazwischen. Ich schaute wieder nach vorne und schmunzelte. Rudi hüpfte weiter, die

Musik riß ihn mit, und der Jubel auf der Bühne steckte an. Dann schaffte es irgendein Mann, sich zu fassen, und er zischte Rudi böse an: »Setzen Sie sich hin, und seien Sie still!« Rudi entschuldigte sich und setzte sich wieder hin. Aber er schlief nicht mehr. »Hervorragendes Ballett gegen Krieg, für die Liebe. Das Schlußbild arbeitet mit einer Vielfalt an Mitteln, die Dritte Welt in ihrem Kampf steht vor uns. Das Leben und die Liebe besiegen den Tod«, notierte er im Tagebuch.

Während Todesschütze Kurras frei herumlief, saß Fritz Teufel, der sich bei der Demonstration gegen den Schah nicht anders verhalten hatte als Tausende von anderen Studenten, immer noch im Gefängnis. Aus Solidarität zeigten sich 700 Studenten selbst an wegen schweren Landfriedensbruchs. Horst Mahler übernahm die Vertretung von Fritz Teufel, und was er berichtete, war erschreckend. Das Gericht »erwäge die psychiatrische und neurologische Untersuchung des Angeklagten«. Fritz trat in den Hungerstreik.
Am nächsten Tag wurde zu einem Solidaritäts-Hungerstreik für Fritz Teufel aufgerufen. Doch als wir vor der Kirche erschienen, wo er stattfinden sollte, hatten Gemeindemitglieder den Eingang versperrt. Der Kirchensuperintendent wies aber darauf hin, daß der Besuch einer offenen Kirche jedermann, auch den Studenten der FU, freistehe, und wir gingen hinein. Die schnell zusammengerufene Kirchenleitung beschloß jedoch, den Streik in ihrer Kirche zu verbieten. Rudi stieg auf die Kanzel und gab die Entscheidung der Kirchenleitung bekannt. Er beklagte, daß sich darin die hoffnungslose Situation der Kirche in der Gesellschaft zeige. Eigentlich müsse die Kirche letzte Zufluchtsstätte für die Entrechteten sein. Der Hungerstreik wurde im Evangelischen Studentenheim in Dahlem fortgesetzt.

*

Der 17. Juni wurde bis 1990 in Westdeutschland als Tag der deutschen Einheit gefeiert: als Tag, an dem die Ausgrenzung des Ostens bestätigt wurde, an dem Menschen hassen durften. In West-Berlin sammelten die Menschen sich vor dem Rathaus Schöneberg und wurden mit antikommunistischen Beschwörungsformeln überschüttet. Im Jahr 1967 organisierten AStA und Republikanischer Club in West-Berlin eine Gegenveranstaltung in der Neuen Welt. Rudi war als Redner eingeladen.

Vor 2500 Zuhörern sprach er über die Geschichte des Stalinismus und den Wandel des Kommunismus in der UdSSR. Die Anwesenden verstanden nicht, was das mit dem 17. Juni zu tun hatte, und riefen mehrfach: »Zur Sache.«

Dann kam Rudi zur Sache: »Eine kritische Auseinandersetzung mit dem, was die überwiegende Mehrheit der Bevölkerung als Ulbricht und die Mauer, Schießbefehl, Kommunismus und Unterdrückung der freien Meinungsäußerung usw. begreift, allerdings auch eine kritische Auseinandersetzung mit dem, was manche von unseren Freunden als ersten sozialistischen Staat auf deutschem Boden verstehen. (...) In der DDR gibt es diese revolutionären Kräfte noch nicht in organisierter Form. Gerade dort aber wäre ein solcher Weg für die Weiterentwicklung unserer Oppositon hier und in der BRD von äußerster Bedeutung. Ich weiß, daß sich in dieser Frage viel Widerspruch erheben wird. (...) Seien wir uns darüber klar, die geschichtliche zweite Front für Vietnam ist nicht primär Bolivien, (...) die wirkliche zweite Front ist der aktive Kampf in den Metropolen, der Kampf der revolutionären Jugend in Osteuropa und in der Sowjetunion gegen die dort herrschenden Bürokraten und seine Vervollständigung durch unseren politischen Kampf gegen eine Ordnung, die sich mit der amerikanischen Machtelite solidarisiert.«

Nach der Veranstaltung analysierte Rudi seine Rede selbstkritisch: »Das Stalinismusreferat war etwas zu wissenschaftlich f[ür] eine Massenversammlung. (...) Erstmalig wurde von unserer Seite (bei einer Massenversammlung) eine zweite Revolution für die DDR, Osteuropa und [die] SU gefordert.«[68]

Rudis Überlegungen über die nationale Frage führten ihn nicht dorthin, wohin die meisten SDSler gelangt waren. Mit ihrer Vorstellung einer friedlichen Koexistenz waren sie nicht weit entfernt von der Politik der SED. Rudi wollte eine Revolution in der DDR. Er veröffentlichte seine Forderungen allerdings unter einem Pseudonym. Warum? In Reden hatte er zwar deutlich seine Einstellung zur DDR und zur Wiedervereinigung erklärt. Aber er wollte seine Haltung nicht unter eigenem Namen schwarz auf weiß dokumentieren. Er glaubte, die Zeit sei noch nicht reif dafür.

Im Juni 1967 schrieb er im »Oberbaum-Blatt« unter dem Kürzel »A. J.«: »Der Tag der deutschen Einheit war in den Jahren der Konjunktur ein glänzendes Beherrschungsinstrument. (...) In der Beschwörung der Bilder der ›deutschen Größe‹, der ›deutschen Einheit‹ und des ›Deutschen Reichs‹ in den Grenzen von 1937 wurde keine kritische Aufhebung der verzerrten Vergangenheit, sondern herrschaftsorientierte Beeinflussung der psychischen Disposition der Menschen praktiziert. (...) Die deprimierende Feier auf dem Kennedy-Platz (17. Juni) veranlaßte die Springer-Kanaille ›Morgenpost‹ zu dem verzweifelten Ausruf: Macht endlich Schluß mit diesem Feiertag. Dem bleibt wenig hinzuzufügen. Interessant allerdings ist, daß auf der Gegenveranstaltung in der Neuen Welt in einem völlig überfüllten Saal 2500 Studenten, Arbeiter und Angestellte in dreistündiger kritischer Reflexion über den Weg der Entwicklung in den beiden deutschen Staaten ausharrten.« [69]
Ein paar Wochen später schrieb er wieder im »Oberbaum-Blatt«, diesmal als R. S. zusammen mit Gaston Salvatore: »Ein von unten durch direkte Rätedemokratie getragenes West-Berlin, in der die freien Individuen in direkter Wahl in allen Bereichen des gesellschaftlichen Lebens die ständig rotierende und nur temporäre – jederzeit durch Räteversammlungen absetzbare – Führung wählen, so in den Betrieben, den Schulen, Universitäten, Verwaltungen etc., könnte ein strategischer Transmissionsriemen für eine zukünftige Wiedervereinigung Deutschlands sein. Hier könnte ein beispielhaftes Modell eines real demokratischen Lebens der Menschen für die anderen beiden Teilstaaten, für die ganze Welt demonstriert werden.« [70]
Vielleicht wußten die SDSler nicht, daß Rudi das geschrieben hatte. Vielleicht war die Idee der Wiedervereinigung für sie so unvorstellbar, daß sie sie gar nicht wahrnahmen.

Über die Ergreifung der Macht zu diskutieren war im Gegensatz dazu in diesen Monaten keineswegs verpönt. Angesichts des exponentiellen Wachstums der Bewegung schien sie sich in naher Zukunft in eine reale Möglichkeit zu verwandeln. Machtergreifung hatte nichts zu tun mit einer militärischen Konfrontation. Rudi stellte sich »einen realisierbaren Fixpunkt« vor, mit »mehreren Kranz-Zielpunkten und dann ein Aktionsprogramm mit Springerenteignung, auch die Frage des Gegenparlaments (Volksrat, Konvent). (...) Der letzte Zielpunkt [kann] Gegenuniversität oder Springerenteignung (oder Gegenparlament, Insitutionalisierung der Unruhe im Volksrat) sein. Aktionen mit spezifischen Vorstellungen schaffen Aktionszentren, die sich personell und organisatorisch von Aktion zu Aktion verändern können, sich auflösen, neu konstituieren.« Am Ende stand die »Desintegration von der BRD«.[71]

Einige Tage später, am 24. und 25. Juni, trafen sich Rudi, Peter Wellert, Urs Müller-Plantenberg, Christian Semler, Peter Schneider, Bernd Rabehl, Wolfgang Lefèvre und Stanzik im IG-Metall-Haus in Pichelsdorf. Rudi nannte es eine »historische Sitzung über Gegenwart und Zukunft West-Berlins«. Heraus kam erstaunlicherweise ein Plan für die Machtergreifung in der Stadt. Zwei Tage lang wurde mit konkreten Schritten und Zielen herumgespielt.

Rudi hat umfangreiche Notizen von diesem Wochenendtreffen gemacht:

Wellert stellte die Frage: »Was soll aus West-Berlin werden? Was wollen wir mit dieser Stadt?«

Ohne Zögern antwortete Rudi: »Es ist nicht mehr übermütiger Irrsinn, in dieser Stadt die Machtfrage zu stellen und positiv zu beantworten. ›Positiv‹, d. h. durch schon vor der Machtfrage sich herstellende Räteorgane das Gleichgewicht verschieben. Freistaatstatus. Abschaffung der Armee [bis] auf ein notwendiges Minimum, tote Kosten suchen und positiv verwerten für unser Alternativprogramm. (...) Von entscheidender Bedeutung ist die Frage der Absatzmöglichkeiten.«[72]

Die anderen fielen nicht von den Stühlen, als Rudi das sagte, sondern waren zum Teil sogar bereit mitzuphantasieren.

Urs überlegte: »Zu den uns umgebenden Gebieten müssen Absatzabsprachen hergestellt werden, die attraktiv sind für die Unternehmer und Abnehmer.«

Ein ungenannter Teilnehmer sagte: »Es ist zu erwarten, daß die großen Konzernbetriebe nur mit dem BRD-Regierungskurs zusammenarbeiten. (...) Der Senat lehnt es expressis verbis ab, eine eigene Konjunkturpolitik unabhängig von der BRD durchzuführen. Die Forderung müßte sein die Verselbständigung der Konzerntöchter in West-Berlin, eine mixed economy mit Privatindustrie, die immer streng vergesellschaftet, d. h. veröffentlicht wird. Die Minimalforderung: Konzerne zwingen, einer Offenlegung der Bilanzen zuzustimmen, die Maximalforderung: Gemeinwirtschaftsbetriebe.«

Rudi: »Wir können tatsächlich durch wilde Streiks sie überrumpeln. Der erste wilde Streik könnte die Praxis der Rätedemokratie beginnen, dann erst die Agitation dafür.«
Urs bemerkte, daß eine mögliche DDR-Krise von innen erzeugt werden müsse, sie solle nicht von außen hineingetragen werden.
Rudi stimmte zu: »Unsere Politik darf keinen Augenblick den Anschein einer DDR-Politik haben. Die internationale Garantie der vier Großmächte wird das Konstituens der Freistaatpolitik mit einem räteartigen Modell des gesamtgesellschaftlichen Zusammenlebens. Ein internationaler Freihafen West-Berlin hätte hohe Wertschöpfung at once, sogar ohne Veränderung der Produktionsstruktur.«
Wolfgang äußerte eine Befürchtung, die sich bald als real erweisen würde: »Wie können wir es vermeiden, zum Sündenbock der verminderten Wirtschaftsfähigkeit der Stadt zu werden? Sonst sind wir die wirklichen Juden! (...) Wird die latente Aggression der Bevölkerung gegen uns bei der Blockierung des Springer-Apparats in manifeste Gewalt gegen uns umschlagen?« [73]
Am 27. schreibt Rudi in sein Tagebuch: »In der Kneipe Machtergreifungsplan ausgepackt. Riesige Überraschung – Wasserstoffbombe. (...) Neues Gespräch angepeilt.« Am Tag darauf wurde der Plan dem SDS vorgelegt, als »Theorie der räterevolutionären Machtergreifung in West-Berlin«. Wie die Anwesenden im SDS-Zentrum reagierten, hat Rudi seinem Tagebuch nicht anvertraut. Ich vermute, positiv, zumal viele führende Mitglieder das Konzept kannten oder sogar mitentwickelt hatten.
Anfang Juli wurde der Plan im »Oberbaum-Blatt« konkret ausgemalt. Diese Ausgabe wurde in 30000 Exemplaren vertrieben und dürfte einen beträchtlichen Teil der Gegenkultur erreicht haben. [74] »Zum Verhältnis von Organisation und Emanzipationsbewegung« hieß der Artikel, der unter dem Pseudonym »R. S.« veröffentlicht wurde. Es ist möglich, daß kaum jemand wußte, daß Rudi und Gaston dahintersteckten.
Rudis Konzept beginnt mit der organisierten Verweigerung. Eine bewußte Minderheit macht nicht mehr mit bei der Aufrechterhaltung der Institutionen Universität, Schule, Presse, Parlament, Staatsbürokratie, Wirtschaft. »Ausgangspunkt dieser Überlegungen ist, daß die politische Machtergreifung einer Gruppe, Clique oder auch spezifischen Klasse für die gegenwärtige Phase der gesellschaftlichen Ent-

wicklung keine Möglichkeit mehr ist. (...) Mit dem prozessualen Zusammenbruch des etablierten Systems von Institutionen muß in dialektischer Parallelität der Aufbau neuer, menschlicherer Selbstorganisationen einhergehen. (...) Die Organisationsfrage ist das Kriterium der Reife oder Unreife der Bewegung, ist keine technische, sondern die Grundfrage der Revolution. (...) Nicht auszudenken, was eine organisierte Verweigerung der überdimensionalen Mieten durch politisierte Hausfrauen für den staatlich-gesellschaftlichen Apparat bedeutete. Es wäre die vergesellschaftende Expropriation der Expropriateure. (...) Eine gleitende Arbeitszeitskala würde jeden Produktivitätsfortschritt der Arbeit durch Arbeitszeitverkürzung beantworten. (...) Die systematische Kampagne wird ihren Höhepunkt in der Blockierung der Produktion bzw. Verteilung von Springer-Zeitungen an einem bestimmten, öffentlich bekanntgemachten Termin finden. (...) Es ist klar, die Blockierung der Springer-Zeitungen trifft einen entscheidenden Lebensnerv dieser Gesellschaft. (...) Die Mobilisierung aller Repressionskräfte gegen uns ist sicher aber auch nicht zu überschätzen, besonders nicht seit dem 2. Juni.«[75]

Geplante Schritte zur Machtergreifung machte Rudi auch einer großen Öffentlichkeit in einem »Spiegel«-Interview bekannt.[76] Darin erklärte Rudi: »Wie steht es um die innerparteiliche Demokratie bei CDU und SPD? Wo ist da noch Selbsttätigkeit der Parteimitglieder. (...) Ich denke, daß die Parteien und das Parlament nicht mehr die Wünsche, Interessen und Bedürfnisse von vielen Menschen repräsentieren. Wir haben eine Interessendemokratie. Eine Vielfalt von Interessengruppen trifft sich an der politischen Börse und macht in der Anerkennung des bestehenden Staates nur noch einen Scheinkampf um den Anteil am Brutto-Sozialprodukt.

Spiegel: Sie möchten an der Börse mitspielen?

Dutschke: Die Studentenschaft war in der Geschichte der Bundesrepublik an dieser Börse von Anfang an nicht beteiligt. (...)

Spiegel: Sie wollen also gar nicht an die Börse?

Dutschke: Wir können es nicht und wollen es nicht mehr.

Spiegel: Sie sind für die Abschaffung des Parlamentarismus, so, wie er in der BRD heute existiert?

Dutschke: Ja. Ich denke, daß wir uns nicht zu Unrecht als außerparlamentarische Opposition begreifen, im Gegensatz zum Beispiel zu Habermas. (...) Wenn wir sagen außerparlamentarisch, soll das

heißen, daß wir ein System von direkter Demokratie anzielen. (...) Berlin ist eine politisch tote Stadt. Ihre historische Chance, Mittler zwischen Ost und West zu sein, hat sie nicht wahrgenommen. (...) Berlin kennt seit Jahren keine Arbeiterstreiks. Es könnte dazu kommen, daß die Vereinigung von Arbeitern und Studenten in der organisatorischen Form von Räten die Frage der Doppelherrschaft aufwirft.
Spiegel: Machtergreifung?
Dutschke: Die Verbreiterung einer Streikaktion durch Solidarisierungsstreiks in anderen Betrieben würde, ergänzt durch die angedeutete Solidarisierungswelle der Studentenschaft, in der Tat eine radikale Herausforderung für die gesellschaftliche Struktur West-Berlins bedeuten, gleichermaßen für Ost-Berlin, könnte doch ein von unten demokratisiertes West-Berlin ein Beispiel für die Arbeiter und Studenten in der DDR sein.« Die ersten Schritte sollten die Enteignung des Springer-Konzerns sein und die Gründung einer Gegen-Universität.
Aber haben Rudi und die rebellierenden Studenten wirklich geglaubt, die Machtfrage stellen zu können? Es war eine merkwürdige Situation. Man erlebte Dinge, die einen zu der Auffassung kommen ließen, daß man Mehrheiten gewinnen könne in West-Berlin. In der Zeit der großen Koalition erschien es vielen notwendig, durch so etwas wie eine Räteorganisation das Parteienkartell aufzubrechen. Manche, die besonnener waren als Rudi, mögen gedacht haben: Wenn er über das Ziel hinausschießt, ist es auch nicht schlimm, er wird wieder zurückfinden. Er fand zurück. Als er Jahre später seinen Artikel über die Machtergreifung noch einmal las, schrieb er an den Rand: »Was für eine Illusion!«

Der Anfang vom Ende des SDS

»It was Rudi Dutschke's analysis of the authoritarian nature of late capitalist societies which provided the students of Nanterre, Paris, Turin, and Rome with the theoretical devices that allowed student unrest to take the great step forward from sectorial claims to the contestazione globale, total confrontation. In a sense, Dutschke was not a prophet in his own country – as had occurred with his ideological master Herbert Marcuse. His theories found a more receptive audience among Italian and French student masses rather than among German students whose mobilization was short-lived, ineffective, and even counterproductive with regard to the spreading of the utopia of protest.« [77]

Gaston Salvatore war Stipendiat der Konrad-Adenauer-Stiftung. Er war ein junger Chilene, der 1965 nach Deutschland gekommen war, um die vermeintlichen Vorteile des entwickelten Kapitalismus kennenzulernen. Er studierte am Osteuropa-Institut. Rudi arbeitete zu dieser Zeit dort als Hilfskraft und leitete manchmal Seminare. Dort erlebte Gaston ihn zum erstenmal. Gaston gehörte zum linken chilenischen Bildungsbürgertum, er schrieb Gedichte, war ein Ästhet im traditionellen Sinn und unterschied sich dadurch von den meisten anderen Südamerikanern, die politisch interessiert waren. Er hatte ein feines Gefühl für Sprache und für die Verbindung von Kunst und Politik. Das zog Rudi an. Als Rudi Che Guevaras Schrift »Schaffen wir zwei, drei, viele Vietnams« in die Hand bekam, von der es nur eine spanische Ausgabe gab, fiel ihm Gaston ein, und er wollte, daß dieser sie zusammen mit ihm übersetzte.

Rudi traf Gaston zufällig unterwegs an der FU. Er zeigte ihm gleich Che Guevaras Schrift: »Das müssen wir unbedingt ins Deutsche bringen, am liebsten sofort.« Gaston begleitete ihn nach Hause. Sie saßen zwei oder drei Tage lang an Rudis Schreibtisch zwischen einem wachsenden Stapel von dreckigen Tellern und Teetassen und übersetzten. Che Guevaras Schrift erschien als erstes Buch im Oberbaum Verlag. Rudi und Gaston waren seitdem unzertrennlich.

Che Guevara war ein Revolutionsmythos geworden in Lateinamerika und in Europa. Er hatte gemeinsam mit Fidel Castro Kubas Revolution geführt. Aber dann war er aus unerklärten Gründen verschwunden. Eines Nachts in einer Kneipe erzählte Eden, ein Haitianer aus dem Dritte-Welt-Arbeitskreis, was er wußte: »Fidel ist einmal pro

Woche an der Universität für stundenlange Diskussionen über den Weg der Revolution. Che lebt und arbeitet in Bolivien, die dritte Front ist errichtet.«[78] Rudi jubelte. Aber je mehr er sich mit Ches Schriften beschäftigte, desto mehr hatte er auch Bedenken.
Rudi las mir ein Zitat von Che vor: »Ein Mensch, der sein ganzes Leben der Revolution weiht, kann sich nicht ablenken lassen durch den Gedanken an das, was einem Kind fehlt, an seine abgetragenen Schuhe, an das Allernotwendigste, was seiner Familie fehlt. Wenn er sich von diesen Sorgen heimsuchen läßt, schafft er einen günstigen Boden für die Entwicklung der Korruption.« Ich hörte bedrückt zu. Wir würden bald ein Kind haben. Was konnten solche Äußerungen für uns bedeuten? Ich hatte nicht vergessen, was Rudi mir dereinst über Netschajews Katechismus für Berufsrevolutionäre erzählt hatte.
»Und wie siehst du das jetzt?« fragte ich.
»Es gibt auch eine andere Seite«, beteuerte er. »Die Lage in diesen armen Ländern ist anders.« Aber er war unschlüssig. Seine Freunde, auch Bernd, hatten ihm gesagt, daß es ein Fehler gewesen sei, eine Familie zu gründen, mit einer Familie könne man kein Revolutionär sein.
Es gab mehr bei Che, das Rudi nicht akzeptieren konnte: »Der Haß als Faktor des Kampfes, der unbeugsame Haß dem Feinde gegenüber, der den Menschen über die natürlichen Grenzen hinaus antreibt, verwandelt ihn in eine wirksame, gewaltsame, selektive und kalte Tötungsmaschine. Unsere Soldaten müssen so sein. Ein Volk ohne Haß kann über einen brutalen Feind nicht siegen.«
Rudi schreibt im Vorwort der Schrift, die er zusammen mit Gaston übersetzt hat: »Die uns alle bedrückende Passage über den Haß als Faktor des Kampfes ist von der Situation und der Zerrissenheit der revolutionären Bewegung nicht zu trennen. Wir müssen aber deutlich zwei Seiten dieser Erscheinung unterscheiden. Auf der einen Seite liegt im Haß gegen jedwede Form der Unterdrückung ein militanter Humanismus. Auf der anderen Seite – wie B. Brecht richtig betont – macht auch der Haß gegen die Unterdrücker die Stimme heiser, besteht die Gefahr der revolutionären Verdinglichung, die das emanzipatorische Interesse, das alle Mittel und Formen der revolutionären Befreiung durchdringen muß, nicht mehr in den Mittelpunkt stellt. Die Gefahr des Umschlags von militantem Humanismus in verselbständigten Terror wohnt jeder Form des Hasses inne.«

Der Jubel über die »dritte Front« währte nur kurz. Die CIA beauftragte Agenten, Che in Bolivien zu finden. Im Oktober gelang es ihnen, und Che wurde ermordet. Wir glaubten es zunächst nicht. Der SDS verteilte ein Flugblatt: »Die internationale Konterrevolution feiert den Tod von Che Guevara als das Ende der bolivianischen Revolution. Sollte Che wirklich im Kampf gegen die Konterrevolution fallen, so kann das für uns eine Aufforderung sein, unsere direkten Aktionen gegen den amerikanischen Imperialismus und seine westdeutschen Bundesgenossen zu verschärfen.« Am folgenden Tag bestätigte Fidel Castro Ches Tod.

*

Nach dem 2. Juni wurde der SDS überflutet von Menschen, die Mitglied werden wollten. Bei einer Massenveranstaltung in Berlin gab es 77 Neuaufnahmen. Die Verbandsstruktur konnte diesen Zustrom nicht verkraften. Der SDS begann aus den Fugen zu geraten. Es wurde versucht, die neuen Mitglieder in Projektgruppen zu erfassen. Aber diese verwandelten sich schnell in Fraktionen um ihre Leiter, die sich immer feindlicher gegenüberstanden. Schon Mitte Juli notierte Rudi: »Auch herrscht bei den etablierten SDS-Genossen ein gewisses Unbehagen über R[udi] D[utschke], der nach außen zu stark in Erscheinung tritt; (...) diese Mißstimmung ist auflösbar, muß aufgelöst werden, um vorzeitige Fraktionierungen, die nur die Parteifixierten innerhalb und besonders außerhalb des SDS stärken, zu vermeiden.«
Aber der Streit über Kleinigkeiten nahm zu. Die Kombination aus Eifersucht und Unbehagen über Rudis Rolle war nicht die einzige Quelle von Querelen. Rudis frühere Verbündete im Verband, Rabehl, Semler und Lefèvre, distanzierten sich von ihm und begannen sich gegen die antiautoritäre Linie zu wenden. Rudi sah darin eine Gefahr für den SDS, aber er glaubte nach wie vor an eine Lösung. Er war zu optimistisch. Die Situation im SDS verschlechterte sich rapide.
Was war los mit der SDS-Führung? Warum handelte sie gegen die eigenen Interessen? Warum versank sie im Sumpf des Dogmatismus? Und warum bekämpften die Genossen Rudi mit aller Kraft?
Sie waren eitel. Rudi war ihnen weit überlegen, sie mußten diese Überlegenheit zerstören. Rudi war anders als sie, und das verkrafteten sie nicht. Sie anerkannten sein Charisma nicht und hatten selbst keines.

Sie akzeptierten nicht Rudis außergewöhnliche Fähigkeiten, die sie selbst nicht besaßen. Sie hielten sich für so klug wie er. Das waren sie vielleicht auch, aber sie benutzten ihre Klugheit, um Windmühlen zu bekämpfen. Sie verachteten Gaston, der Rudis engster Vertrauter geworden war, weil er Rudi angeblich nie kritisierte und ihm loyal untergeben zu sein schien. Das war die bittere Wirklichkeit.

Wir fuhren einige Tage vor Beginn des SDS-Delegiertenkongresses im September 1967 nach Frankfurt. Rudi gehörte zu den 77 gewählten West-Berliner Delegierten. Er erwartete ein Affentheater.
Vor dem Kongreß wollte Rudi sich mit Hans-Jürgen Krahl treffen, dem profiliertesten theoretischen Kopf des Frankfurter SDS, um Gemeinsamkeiten gegen die Anti-Antiautoritären herauszuarbeiten. Krahl war ein intensiver, hyperaktiver Typ mit einem Glasauge. Er erzählte uns, daß er als Kind im Kinderwagen von einem Bombensplitter getroffen worden sei, wodurch er ein Auge verloren habe. Er nahm das Glasauge aus der Augenhöhle und zeigte es uns, eine schleimige weiße Murmel mit einem starrenden blauen Kreis um die schwarze Iris. Fast schien es so, als ob uns eine Leiche Stück für Stück präsentiert werden sollte. Nach dieser Vorstellung gingen sie an die Arbeit. Als der Kongreß anfing, hatten Rudi und Hans-Jürgen ein gemeinsames Referat ausgearbeitet.
Nie zuvor war soviel Rummel bei einem SDS-Kongreß gewesen. Berichterstatter aus dem In- und Ausland waren angereist. Kunzelmann, der zu Recht vergrätzt war wegen des Ausschlusses seiner Kommune aus dem SDS, ließ unaufhörlich dieselbe Platte mit Liedern der chinesischen Kulturrevolution jaulen. Die Atmosphäre ähnelte der einer Kampfarena. Als Gäste angereist waren drei Vertreter des Studentenrats der UdSSR, zwei Vertreter vom Zentralrat der FDJ, eine Delegation des amerikanischen SDS, Vertreter von griechischen antifaschistischen Widerstandsgruppen und eine Reihe von Professoren und Gewerkschaftsfunktionären.
Jeder wartete darauf, daß Rudi reden würde. Als er aber ans Mikrophon trat, herrschte einige Verwunderung, denn bei ihm stand Hans-Jürgen Krahl. Zwischen den Berlinern und Frankfurtern hatte es immer Spannungen und Konkurrenz gegeben, selten Zusammenarbeit. Kaum einer der Anwesenden hatte gewußt, daß Rudi Kontakt zu Krahl hatte.

Auf der Grundlage einer ökonomischen Analyse der hochentwickelten westdeutschen kapitalistischen Gesellschaft wollten Rudi und Hans-Jürgen erklären, wie eine Revolution entstehen konnte und was für eine Organisation sie brauchte: Im System des »integralen Etatismus« verwandele sich »die Kulturrevolution der revolutionären Bewußtseinsgruppen« aus der bloßen Kulturkritik selbst in eine »ökonomisch objektivierte Potenz. Diese Ökonomisierung des Überbaus ermöglicht tendenziell einen Bewußtseinsprozeß für agierende Minderheiten innerhalb der passiven und leidenden Massen, denen durch sichtbar irreguläre Aktionen die abstrakte Gewalt des Systems zur sinnlichen Gewißheit werden kann. (...) Die Organisation (...) ist keine technische Frage, sondern die Grundfrage der Revolution: Was sind die Formen glücklicheren, herrschaftsloseren Zusammenlebens der Menschen?« Angesichts der »globalen Eindimensionalisierung aller ökonomischen und sozialen Differenzen« sei die damals richtige marxistische Anarchismuskritik – »voluntaristischer Subjektivismus« – heute in einem anderen Licht zu sehen.
»Die Propaganda der Schüsse (Che) in der Dritten Welt muß durch die Propaganda der Tat in den Metropolen vervollständigt werden, welche eine Urbanisierung ruraler Guerillatätigkeit geschichtlich möglich macht. Der städtische Guerillero ist der Organisator schlechthinniger Irregularität als Destruktion des Systems der repressiven Institutionen. Die Universität bildet seine Sicherheitszone (...), in der er und von der aus er den Kampf gegen die Institutionen, den Kampf um den Mensagroschen und um die Macht im Staate organisiert.«
Als Rudi und Krahl ihr Referat vorgetragen hatten, spendete ein Teil der Delegierten frenetischen Applaus, während ein anderer Teil wütend protestierte. Der Delegierte Hannes Heer nahm sogar Habermas' Vorwurf auf und beschimpfte Rudi als Linksfaschisten. Aber die DDR-Anhänger waren nicht vorbereitet und konnten nichts entgegnen außer Unflätigkeiten.
In den Abstimmungen setzte sich die antiautoritäre Linie durch. Der politisch unerfahrene Jurastudent Karl-Dietrich Wolff wurde zum ersten, sein Bruder Frank zum zweiten Bundesvorsitzenden gewählt. »Einige, die prinzipielle Legalität überschreitende Resolutionen wurden angenommen«, freute sich Rudi.[79]
Der Erfolg der Antiautoritären beunruhigte die DDR-Sympathisanten und die SED. »Sie sieht die Gefahr, durch diese Gruppen in der

Öffentlichkeit in den Hintergrund gedrängt zu werden.«[80] Schon in der Kongreßdiskussion über eine Resolution zur Aufhebung des KPD-Verbots war es fast zum Auszug der FDJ-Delegation gekommen, als Rudi erklärte: »Als Demokrat bin ich noch dafür, als Revolutionär eher skeptisch.« Sie mußten zurückschlagen.

Ausgewählt dafür wurde nach der Niederlage seiner Fraktion Herbert Lederer von der Kölner SDS-Gruppe. In einem Artikel denunzierte er die Antiautoritären und forderte die Spaltung des SDS.[81] Der Kölner SDS war immer das Zentrum der DDR-Sympathisanten gewesen. Solange der West-Berliner SDS relativ einheitlich gegen sie vorgehen konnte, waren die Kölner allerdings nicht gefährlich für den antiautoritären Flügel.

Schwierig wurde es jetzt, als Mitglieder des West-Berliner Verbandes ebenfalls begannen die Antiautoritären zu bekämpfen. Peter Gäng und Wolfgang Lefèvre verfaßten eine Polemik gegen das Dutschke/Krahl-Referat. Sie kritisierten Rudi, weil er die führende Rolle der Arbeiterklasse im revolutionären Prozeß nicht anerkannte. Der SDS besitze nicht die richtige Organisationsform und könne daher die Bedürnisse »aller potentiellen revolutionären Gruppen« nicht erfassen. Die Guerillamentalität, die Dutschke und Krahl forderten, lehnten Gäng und Lefèvre ab, statt dessen propagierten sie den Marsch zur Arbeiterklasse. Rudi sah keinen Gegensatz. Er hielt Ausschau nach einem Zeichen, daß die Arbeiterklasse aufwachte und sich als Verbündeter anbot. Er verfolgte jeden Streik. Aber er war nicht gewillt, dem Gespenst des Dogmatismus hinterherzulaufen.

Während der SDS innerlich zerbröckelte, beschäftigte sich die West-Berliner Stadtregierung mit den Folgen des Studentenprotestes. Der Senat gestand Fehler ein, Polizeipräsident Duensing mußte sich beurlauben lassen und kam nicht wieder. Am 13. September trat Innensenator Büsch zurück. Am Tag danach machte der Regierende Bürgermeister Albertz ein überraschendes Geständnis: »Ich war am schwächsten, wenn ich am härtesten gehandelt habe, am Abend des 2. Juni, weil an diesem Tag habe ich mich objektiv falsch verhalten.« Zwei Tage später trat auch er zurück.

Es waren Pyrrhussiege. Als neuen Bürgermeister schickte die SPD den biederen Klaus Schütz nach West-Berlin. Auf Fragen zur schwierigen Lage in West-Berlin fielen ihm nur Plattheiten ein: »Ein Berlin ohne

Universität, aber mit einer Bevölkerung, die in Ordnung zu halten ist, kann noch leben. Auf die Studenten kann ich notfalls verzichten.« – »Wer ist Herr Dutschke? Ich kenne diesen Namen nicht.«

*

Wir erreichten die gesuchte Adresse in Mailand und standen vor einem alten rötlichen Haus. Es unterschied sich nicht von den Nachbarhäusern. Nur ein kleines Schild neben der Tür erklärte, daß es eine Bibliothek verbarg. Die Tür war abgeschlossen. Wir standen etwas ratlos davor. »Da ist eine Klingel«, sagte ich. Rudi drückte, und nach einer Weile erschien eine Frau an der Tür. Rudi erklärte, daß er für seine Dokorarbeit forschen wolle.

Wir wußten nicht viel über Giangiacomo Feltrinelli, nur, daß er viel Geld geerbt hatte und daß diese Bibliothek ihm gehörte. Er mußte Ahnung von der Geschichte der Arbeiterbewegung und dem Kommunismus haben, Rudi sah gleich, daß die Bestände der Bibliothek seine Erwartungen weit übertrafen. Nachdem wir uns orientiert hatten, erschien ein drahtiger, dünner Mann mit dickem schwarzrotem Schnurrbart und schwarzem, leicht graumeliertem Haar. Er trug eine schwarze Hornbrille. Er streckte Rudi seine Hand hin und sagte, er heiße Giangiacomo Feltrinelli. Überrascht stellte Rudi sich ebenfalls vor. Vielleicht hatte Feltrinelli schon von Rudi gehört. Auf jeden Fall lud er uns zum Essen ein. Er hatte wohl gesehen, daß wir nicht reich waren, und fragte uns, ob wir in einer seiner Wohnungen übernachten wollten. Wir hatten nichts dagegen. Die Wohnung, die er uns überließ, war besser als ein Luxushotel eingerichtet in ihrem eleganten klassischen italienischen Stil.

Abends erschien Feltrinelli mit seiner Freundin Sibylle und wollte uns die Stadt zeigen. Wir stiegen in seinen Sportwagen und erlebten eine Wirbelrundfahrt durch die Metropole. Als ein Auto in einer Einbahnstraße uns den Weg blockierte, gab Feltrinelli bis zum letzten Augenblick Gas – wohlgemerkt in der falschen Fahrtrichtung –, dann quietschten die Bremsen, und der Wagen stand Stoßstange an Stoßstange mit dem Hindernis. Menschen sprangen aus dem Auto vor uns und schrien. Feltrinelli sprang auch aus dem Auto und schrie noch lauter. Noch mehr Menschen sammelten sich, und alle schrien und gestikulierten. Feltrinelli hielt am längsten durch. Besiegt stiegen die Leute in ihr Auto und fuhren rückwärts, um die Straße für Feltrinelli freizumachen.

*

Rudi mußte etwas schreiben. Aber er kam nicht dazu, pausenlos lenkten ihn andere ab. Ich glaube nicht, daß es ein Artikel für den »konkret«-Verleger Klaus Rainer Röhl war, aber eines Tages rief dieser an: »Nimm dir ein paar Tage frei, und verschwinde, wo sie dich nicht finden, und schreibe. Ich habe ein Haus in Kampen gemietet. Da können du und deine Frau hin.«

»Kampen?« fragte Rudi skeptisch.

»Kampen auf Sylt. Es ist sehr schön dort an der Nordsee: Es gibt gute Luft und den Strand«, sagte Röhl.

»Und die höheren Damen und Herren, Axel Springer«, ergänzte Rudi.

»Es gibt da meistens nur ganz gewöhnliche Menschen, und sie werden dich nicht stören.«

Wir machten Zwischenstation in Hamburg, wo wir zum erstenmal Ulrike Meinhof begegneten, die damals mit Röhl verheiratet war. Rudi diskutierte mit Ulrike, die sich vermutlich zum erstenmal mit der antiautoritären Linie auseinandersetzte. Die Hamburger Linksschickeria, zu der sie gehörte, bestand vor allem aus Altkommunisten.

In Kampen wohnten wir in einer roten Backsteinhütte mit Reetdach in den Dünen zwischen verwehtem Sand und knisterndem Strandgras. Ein paar Tage lang blieb es ruhig. Dann wurde Rudi entdeckt. Ein älterer Mann erschien und stellte sich als Peter Schilinski vor. Er vertrat eine anthroposophische Richtung, eine Alternative zu Kapitalismus und Kommunismus. Und er arbeitete an einer Kampagne für direkte Demokratie. Seine Gruppe hatte einen Plan für eine offene Stadt West-Berlin ausgearbeitet, der in einigen Punkten Rudis Freistaatskonzept glich, was diesen neugierig machte.

Schilinski wohnte auf Sylt und organisierte wöchentlich Diskussionsveranstaltungen. Er fragte Rudi, ob er nicht an einem solchen Gespräch teilnehmen wolle. Rudi reizte es, weil Springer einen Wohnsitz in der Nähe hatte. Damit war der Urlaub von der Politik zu Ende. Schon am Abend zog Rudi mit ein paar politischen Freunden von

Schilinski los, um auf einer Klippe »Enteignet Springer« einzuritzen. Ein paar Tage später hatte Schilinski ein Flugblatt hergestellt: »Einladung, 20 Uhr, Hofbräuhaus, Westerland. Axel Cäsar Springer – Was stört uns?« Springer wurde auch eingeladen, um entgegnen zu können. Rudi war etwas nervös vor der Veranstaltung. Vor Unternehmern zu sprechen war er nicht gewohnt.

Der Versammlungsraum, eine Teestube, war gerammelt voll, und davor drängten sich die Menschen. Schilinski erinnerte sich später an diese Veranstaltung: »Was rüber kam, war der Mensch Rudi Dutschke, er erreichte den Menschen selbst im hartgesottenen Unternehmer. Nie hab ich einen Politischen erlebt, der sich so um die ihm zuhörenden Menschen bemühte wie er. Ich sehe es noch vor mir, wie er menschlich auf die blödesten Springer-Argumente antwortete, wie er einem bulligen Dicken, der empört gehen wollte, sagte, bleiben Sie doch, wir können ja noch nachher sprechen. Der Mann blieb wirklich, irgend etwas, was ganz einfach von Mensch zu Mensch, von Herz zu Herz ging, hatte ihn erreicht. (...) Ich höre noch, wie einer unserer wütendsten Gegner in den Rundgesprächen, ein ›realistischer Manager‹, nicht umhin konnte, in der Runde zu sagen: ›Ich verstehe den Dutschke nicht, ich bin auch weiter ein Gegner aller Linken, aber der Junge ist ein anständiger Mensch, das steht fest. Der ist anständiger als alle Politiker zusammen.‹« [82]

*

Wir hatten zwei Jahre lang gegen den Krieg in Vietnam demonstriert, ohne Ergebnis. Die USA verstärkten ständig ihr militärisches Engagement in Südvietnam, immer mehr Soldaten und Rüstungsgüter schafften sie nach Indochina. Wir konnten dagegen nicht viel mehr tun, als zu demonstrieren. In den USA waren für den 21. Oktober Demonstrationen gegen den Krieg geplant. Diese sollten internationalisiert werden, und auch in Berlin sollte eine Kundgebung stattfinden. Rudi glaubte nicht, daß weltumspannende Demonstrationen viel bewirkten, wenn sie alle ruhig und unbemerkt durchgeführt würden. Er wollte die Regeln durchbrechen, wie er es in der Theorie so oft formuliert hatte. Seit dem 2. Juni hatte es keine Ausschreitungen bei Demonstrationen in West-Berlin gegeben. Die meisten Studenten hatten Angst vor der Brutalität der Polizei. Rudi hielt es für unwahrschein-

lich, daß die Polizei wieder töten würde, weil das die Revolte nur weiter anstacheln müßte.
Aber es gab viele, die Ruhe bewahren wollten. Am Tag vor der Demonstration fand eine Vorbereitungsveranstaltung statt im Audimax der FU. Überraschend erschien eine Gruppe bekannter SPD-Politiker, darunter Gerd Löffler und Harry Ristock. Aber nicht nur sie riefen zur Mäßigung auf, sondern auch Studentenvertreter wie Knut Nevermann. Schließlich reichte es Rudi: »Meine Damen und Herren, besonders Genosse Löffler, nun wollen wir mal fragen, wer in dieser Stadt nervös ist. Wer, und das ist sicherlich keine Fehlinformation, stellt morgen für den Kudamm 1400 Polizisten, 2000 in den Nebenstraßen des Kurfürstendammes, 2000 im Bereich Springer-Hochhaus, 2000 in der Friesenstraße in Bereitschaft. Das ist der Plan der Polizeiführung für morgen. Unter diesen Bedingungen führen wir morgen eine freie Demonstration durch. (...) Knut Nevermann macht uns zum Vorwurf, daß die objektive Situation der Veränderung nicht da ist. Was für ein Bild von der Gesellschaft steckt dahinter: ein völlig mechanisches Bild, an einem Tag wird es krachen, und dann wird der Laden zusammenfallen. Das ist die sozialdemokratische Zusammenbruchstheorie der Vergangenheit, die uns noch nie einen Schritt vorwärts gebracht hat. (Tumulte) Meine Damen und Herren, ist der Prozeß der Revolution ein Prozeß, oder ist es ein Akt, geradezu, wo man heute mal schießt, und morgen ist die neue Gesellschaft da. (...) Worauf es ankommt, ist, daß wir morgen in der Durchbrechung der Regeln, die uns von der anderen Seite gesetzt werden, die nicht unsere eigenen sind, Agitation und systematische Aufklärung in den Nebenstraßen, auf dem Nebengleis durchführen. (...) Wir werden nicht prügeln, wir haben nie angefangen zu prügeln. (...) Eine der wesentlichen Voraussetzungen, um das verhindern zu können, ist, daß wir uns morgen so organisieren, daß die Reihen, die geschlossen werden, die Sechser- oder Achterreihen, daß sie sich im wesentlichen zusammensetzen aus Kommilitoninnen, Kommilitonen, Arbeitern und Angestellten usw., die miteinander bekannt sind, wo man weiß, wenn der neben einem verschwindet, was man zu tun hat.«
7000 Menschen kamen zu der Demonstration. Und doch gelang es nicht, die Regeln zu verletzen. Rudi, ich, die Kommunarden und andere Störtrupps versuchten wiederholt im Widerspruch zu einer polizeilichen Auflage die Gegenfahrbahn des Kurfüstendamms zu

besetzen und den Verkehr zu blockieren, aber die Massen der Demonstrierenden folgten nicht, und wenn eine neue Autowelle kam, mußten wir zurückweichen. Rudi war frustriert und wütend wegen der Trägheit und Mutlosigkeit der Menschen.

Nach der Demonstration wurde Rudi wieder angegriffen. Die einen kritisierten ihn, weil die Provokation nicht gelungen war, die anderen, weil er die Provokation überhaupt versucht hatte. Rudi wiederum verurteilte die linke Intelligenz, die es so schwer hatte, »sich vom Geist des Individualismus zu befreien und sozialrevolutionäre Organisationsarbeit zu leisten. (...) Es galt am 21., durch systematische kontrollierte und limitierte Konfrontation mit der Staatsgewalt und dem Imperialismus in West-Berlin die repräsentative Demokratie zu zwingen, offen ihren Klassencharakter, ihren Herrschaftscharakter zu zeigen, sie zu zwingen, sich als Diktatur der Gewalt zu entlarven. (...) Dieses Ziel wurde nicht erreicht. Hier hat auch die schonungslose Selbstkritik der Organisationsmitglieder, der Initiativgruppen zu beginnen.«

*

Rudi war ein gesuchter Redner geworden. Er war immer öfter unterwegs in Westdeutschland und im Ausland. Weg von zu Hause, wo es keine kleinlichen Querelen und Eifersüchteleien gab. Die Diskussionen waren aufgeregt und aufregend. Das tat Rudi gut. Aber es war ein weiterer Grund für Ärger in West-Berlin. »Du bist immer weg«, klagten die Genossen. Und insgeheim fragte sich mancher: »Warum immer er? Ich könnte das auch machen.« Aber sie konnten es nicht. Sie elektrisierten die Versammlungssäle nicht.

»16.00 Uhr Mannheim, 20.00 Uhr Heidelberg, völlig überfüllter Saal, bei 700 Sitzplätzen ca. 1100 anwesend und noch 200 vor dem Raum, hektische Atmosphäre, kaisertreue Fahne zu sehen, viel Lärm, Schreien, Lachen und Beifall für mich zu Beginn. Mikrophonanlage fiel nach 10 Minuten aus, dann 90 min. Schrei-Rede bei äußerster Ruhe und Aufmerksamkeit des Publikums«, berichtete Rudi. Wer dachte, Rudi zum Schweigen bringen zu können, indem er das Mikrophon ausschaltete, irrte sich. Rudi brauchte kein Mikrophon.

Selten verlief eine Veranstaltung glatt. Es waren fast immer Störer da, Rechte und Kommunisten, die ihn übertönen wollten. In Bonn, einem besonders konservativen Pflaster, wurde Rudi an der Universität der große Hörsaal verweigert. Er mußte sich auf die Treppe des Vorlesungsgebäudes stellen vor mehr als 5000 Zuhörern, die Halle und Gänge füllten. Die Burschenschaften waren besonders stark in Bonn. Während Rudi sprach, brüllten sie »Freibier! Freibier!« Diese Art von Störungen aber hatte keine Wirkung auf Rudi, und nach einer Stunde zogen die Schreihälse mit Halsschmerzen frustriert ab. Die Diskussion kam richtig in Gang, als ein RCDSler intelligenten Widerspruch vortrug. Rudi polemisierte nicht, sondern antwortete ernst und auf hohem Niveau. Die Zuhörer waren beeindruckt. Das war nicht der Rabauke aus West-Berlin, über den die Medien herzogen. Die Menschen diskutierten den ganzen Nachmittag und Abend bis 22 Uhr mit Rudi.

Eines Tages kam Rudi nach einer Veranstaltung erschöpft nach Hause und wollte sich ausruhen. Da klingelte das Telefon. »Ach, nein«, hörte ich Rudi sagen. »Ich habe keinen Kalender, der ist irgendwo verlorengegangen.« Das Gespräch ging weiter. »Wie dann?« fragte er. »Ja, okay dann. Okay, ich komme.« Er schaute mich verwundert an: »Ich habe eine Veranstaltung in Norwegen vergessen.«
»Wann?« fragte ich.
»Jetzt.«
»Aber jetzt bist du in Berlin.«
»Die Leute warten auf mich. Sie wollen mich mit einem Flugzeug abholen«, sagte Rudi.
Ich lachte: »Wie sollen sie dich mit einem Flugzeug abholen? Das geht gar nicht.«
»Verstehe ich auch nicht, aber sie haben irgendwie einen Pilot und ein kleines Privatflugzeug besorgt und wollen mich nach Norwegen fliegen.«
»Das wird schrecklich sein«, seufzte ich.
Rudi zuckte die Achseln: »Jetzt werde ich sehen, wie es ist, in einem kleinen Flugzeug zu fliegen.«
Er nahm seine Brieftasche, zog die Jacke an und war weg. Ich zitterte die ganze Zeit, mir kam die Flugzeuggeschichte verrückt vor. Als Rudi am nächsten Tag zurückkam, erzählte er, daß die Flugtour tatsächlich furchterregend gewesen sei, aber auch spannend. Tausend oder mehr Zuschauer hatten, dichtgedrängt in einem Saal, stundenlang gewartet,

bis das Flugzeug heil angekommen war. Dann hörten sie sich Rudis lange Rede an und diskutierten darüber. Irgendwann frühmorgens gingen sie angeregt nach Hause.

Nach der Erfahrung auf Sylt hatte Rudi keine Bedenken mehr, in die vornehme Kurstadt Baden-Baden zu fahren. Joschka Fischer, damals Mitglied im Frankfurter SDS, begleitete ihn. Baden-Badens Oberbürgermeister Schlapper hatte den Kursaal schon einige Male den Neonazis für Veranstaltungen überlassen. Rudi aber sollte nicht hinein. Es war Januar, und der Regen war kalt. Da die Polizei das Kurhaus abgeriegelt hatte, sprach Rudi vor dem Konzertpavillon im Kurhausgarten per Megaphon. Plötzlich ertönten aus der Lautsprecheranlage metallisch klingende Karnevalslieder, die Rudi übertönen sollten. Die Antwort auf diese Provokation war klar: Das Kurhaus mußte gestürmt werden. Joschka zögerte nicht und rückte mit Rudi, gefolgt von tausend Zuhörern, an die Absperrung heran. Kaum war das »Humba, humba, täterä« verklungen, wurden die ersten Sperrgitter weggerissen. Die Polizisten zückten die Gummiknüppel. Joschka bekam als einer der ersten einen harten Schlag auf den Kopf, taumelte einen Augenblick und fing sich wieder. »Das hat keinen Sinn!« rief Rudi, als er den dumpfen Schlag auf Joschkas Kopf hörte, und änderte sofort die Taktik: »Demonstrationsmarsch zur Villa des Oberbürgermeisters!« Bevor die Polizei schalten konnte, hatte sich der Zug formiert. Mit Sprechchören – »Schlapper abtreten!«, »Amis raus aus Vietnam!« – zog die Kolonne durch die prachtvolle, lichterglänzende Innenstadt. Verkehrsstockungen, schimpfende oder belustigte Passanten, ungläubige und verständnislose Kurgäste. Einige unerschrokkene und neugierige Bürger schlossen sich an. Auf einer Anhöhe vor dem Haus des Oberbürgermeisters im Villenviertel fand die Abschlußkundgebung statt. Zum Schluß bat Rudi noch um Spenden zur Bezahlung seines Flugscheins Berlin-Frankfurt. Eine schnelle Sammlung ergab den Betrag von 190 Mark.

Die Bremer Jusos versuchten Rudi für eine Veranstaltung zu gewinnen. Da sie ihn am Telefon nicht erwischten, beauftragten sie Olaf Dinné, Leiter des Bremer Jazzklubs Lila Eule, nach West-Berlin zu fahren. Er nahm drei große Flaschen Wein mit, stellte den Plakatentwurf für die Veranstaltung fertig und machte sich auf den Weg. Er fand

Rudi beim Dritte-Welt-Arbeitskreis. Als er sein Anliegen vortrug und erzählte, daß er SPD-Mitglied sei, erntete er bei den meisten Anwesenden ironisches Kopfschütteln. Olaf holte die drei Weinflaschen aus seiner Tasche und stellte sie auf den Tisch mit der Bemerkung, daß sie auch beim Feiern das Bremer Anliegen nicht vergessen sollten, und dann hängte er den Plakatentwurf an einem Nagel an der Tür auf. Alle lasen neugierig das Plakat, dann fragte Rudi: »Was meint ihr, sollen wir die Revisionisten unterstützen?«

»Uh, Scheiße«, murmelte Dinné.

»Die Jusos machen was gegen die Partei, so ist es gut«, sagte Rudi. Daraufhin wurde kurzerhand beschlossen, den Bremern zu helfen. Rudi sollte am 27. November in die Lila Eule kommen.

Bei so vielen Reisen und Reden mußte Rudi rationalisieren. Er schrieb ein Standardreferat und paßte es dann an die jeweiligen Bedingungen an. Er fing so an: »Ich hoffe, daß recht viele, die gekommen sind, um den nicht ganz ungeschickten Demagogen Dutschke zu erleben, enttäuscht nach Hause gehen. Ich würde meine Ideen verraten, wenn ich den Versuch unternähme, durch funktional eingesetzte Emotionalisierungseffekte eine triebmäßige psychische Verbindung jenseits des Dialogs kritischer Rationalität mit Ihnen herzustellen. (...) Nehmen Sie die Reden von Strauß oder Kiesinger. Hören Sie sich bitte sehr genau die Opferklaviatur an. Haben Sie schon eine ernsthafte Erklärung für das Ende des Wirtschaftswunders erhalten?«

*

Rudi war immer seltener zu Hause. Und dies gerade, als der Geburtstermin unseres Kindes näher rückte. Manchmal fand ich es spannend, dieses spürbar werdende Leben zu fühlen, manchmal hatte ich Angst, hätte ich Rudi brauchen können und fühlte mich einsam. Und wenn er endlich da war, dann wollten alle mit ihm sprechen. Ich ärgerte mich über die Überheblichkeit der Leute, die Rudi in unserer Wohnung besuchten und alles dreckig zurückließen, rauchten, bis ich keuchte und Angst für das Kind hatte, und mit ihren Zigaretten Löcher in Tischdecken, Plastikteller und sonstwohin brannten.

Auch Rudis Mutter machte sich Sorgen um ihr künftiges Enkelkind, aber auch um ihren Sohn:

»Muß Euch einige Zeilen schreiben aufgrund einer Sendung, wo Du, lieber Rudi, leider wieder einmal scheinbar führend beteiligt warst. Denn Du warst hauptsächlich zu sehen mit wüsten Haaren, und Gretchens Pullover hattest Du an, sagte Eva, die sieht das sofort, den hatte Gretchen wohl an, wo sie bei uns war. Hast Du keinen eigenen? Dann kaufe Dir einen oder einen anständigen Anzug, wenn Geld zum Verreisen da ist, muß auch welches für anständige Garderobe da sein. Das ist das mindeste für einen gebildeten Mitteleuropäer, für den Du Dich noch hoffentlich hältst. Ja, Rudi, Günter und wir alle haben nur mit dem Kopf geschüttelt über den Tumult, den ihr auf dem Gelände der FU angestellt habt. Brandt in seiner Rede stören, der soviel für Berlin getan hat, dem Du in den vergangenen Jahren mit verdankst, daß Du in Ruhe konntest studieren, ist doch ein starkes Stück. Für einen dummen Jungenstreich bist Du doch zu alt. Du machst noch so lange, bis sie Dich einsperren wie den Teufel. Bist Du ganz vom Bösen besessen, hast Du kein Verantwortungsgefühl mehr für Deine Frau und für Dein kommendes Kind? Was soll dann aus den beiden werden? Mir scheint, Du weißt noch gar nicht, was Du für eine Verantwortung auf Dich genommen hast, oder warst Du noch nicht reif zum Heiraten? Vater läßt Dir sagen, ob Du so enden willst wie alle Anarchisten, dann hättest Du keine 6 Jahre zu studieren brauchen.«

»Warum macht sie sich so viele Sorgen?« fragte ich. »Wir werden es schon hinkriegen.«

Rudi sagte nichts.

Ein Monat, nachdem sie diesen Brief geschrieben hatte, bekamen wir ein Telegramm: »Mutti ist eingeschlafen.« Rudi durfte nicht in die DDR reisen. Aber es gab Gerüchte, daß bei Todesfällen hin und wieder Ausnahmen gemacht wurden. Rudi erkundigte sich beim »Extra-Dienst«, einem linken West-Berliner Blatt mit DDR-Sympathie (und mehr, wie sich später herausstellte). Kurz darauf rief der SEW-Vorsitzende Gerhard Danelius Rudi an und bat ihn um eine Unterhaltung. Rudi war überrascht. War es eine Ehre oder eine Gefahr? Er zögerte. Ich riet ihm, mit Danelius zu sprechen. Dieser bot an, eine Aufenthaltserlaubnis für uns beide zu besorgen und, weil er ohnehin nach Ost-Berlin fahre, uns von seinem Fahrer abholen und nach Luckenwalde bringen zu lassen. Er forderte nichts. Ich versuchte Rudi zu beruhigen: »Ich bin auch dabei, und wenn sie uns kidnappen, dann haben sie es auch mit den amerikanischen Behörden zu tun.« Das erschien Rudi logisch.

Es war wie bei der Großbourgeoisie oder der Mafia. Am Tag vor dem Begräbnis holte der Fahrer uns in der Wohnung ab und geleitete uns zum Auto, das groß, schwarz und sehr teuer aussah. Danelius saß schwarz gekleidet und vermummt darin. Wir fuhren zu einem Grenzübergang, den ich nie zuvor gesehen hatte. Er war nur für Parteioffizielle. Wir passierten ihn ohne Formalitäten. Ich dachte an die anderen Übergänge, an stundenlanges Warten in schäbigen Gängen, peinliches Durchsuchen und an die Kuchen, die Grenzpolizisten mit ihren Fingern durchbohrt hatten. Was für ein Privileg! Rudi und Danelius diskutierten während der ganzen Fahrt.

Ein Stasispitzel notierte: »Dutschke ist am 14. 11. 67 aus Westberlin nach Luckenwalde eingereist. Er hat sich auf dem VPKA* Luckenwalde bei der Abt. PM vom 14. 11. bis 16. 11. angemeldet. Es ist nicht bekannt, wer für D. die Aufenthaltsgenehmigung besorgte. Es wurden im VPKA Stimmen laut, daß die Einreise des D. durch das MfS ** genehmigt wurde. Im VPKA ist bekannt, daß D. mit einem PKW eingereist ist. Der Wagen, mit dem D. in Luckenwalde war, soll, auf Grund eines inoffiziellen Hinweises, ein amerikanischer Wagen gewesen sein, bzw. ein Wagen der amerikanischen Militärverbindungsmission. (...) Es wurde weiterhin bekannt, durch Sendungen des RIAS und des West-Fernsehens, in denen Dutschke sprach, daß er sich zum Sprecher einer Studentengruppe machte. Da diese Sendungen von Luckenwalder Bürgern gesehen bzw. gehört wurden und Dutschke in Luckenwalde bekannt war, wurde in der letzten Zeit sehr viel über ihn gesprochen. Die Personen, die Dutschke aus seiner Lehrzeit bzw. Schulzeit kennen, (...) sind erstaunt über diesen und bewundern ihn wegen seiner polit. Aktivität, seiner Schlagfertigkeit und seines Mutes. Diese Entwicklung hätte dem D. keiner seiner Bekannten zugetraut.«

Trotz des traurigen Anlasses bewegte es Rudi, nach sechs Jahren zum erstenmal wieder seinen Heimatort besuchen und mit alten Bekannten reden zu können. Er wurde überall angesprochen, und ganz fremde Menschen schüttelten ihm die Hand.

Ein paar Tage später erhielten wir die Quittung: »SED verhalf Dutschke zu Zonen-Reise. Rudi Dutschke, führender Funktionär des

---

* VPKA: Volkspolizei-Kreisamt, die Kreisbehörde der DDR-Polizei
** MfS: Ministerium für Staatssicherheit

SDS, unterhält gute Beziehungen zur Westberliner SED. (...) Bisher hatte der SDS die Zusammenarbeit mit den Kommunisten öffentlich immer abgestritten. Bei den jüngsten Aktionen der linksradikalen Studenten beteiligten sich aber immer häufiger Angehörige der SED.« So die »Morgenpost«.
In der »Welt« war es noch schlimmer: »In der Landesvollversammlung des SDS am 18. 11. '67 sprach sich Dutschke für gegenseitige Eintritte in SDS und SED-W aus. Bisher wurden weder SED- noch FDJ-Mitglieder [in den SDS] aufgenommen.« Die »B. Z.« haute in dieselbe Kerbe.
Rudi las das und explodierte fast vor Wut. Er kritzelte gleich über den Artikel »Lüge!«. Dann forderte er eine Gegendarstellung, die die »B. Z.« auch brachte: »Dutschke bestreitet. Rudi Dutschke bezeichnete gestern eine Meldung der Nachrichtenagentur AP als bewußte Lüge. (...) Dutschke erklärte der ›B. Z.‹ gestern abend wörtlich: ›Ich habe den gegenseitigen Eintritt von SDS- bzw. SED-Mitgliedern in die eine oder andere Organisation als tiefe Gefahr für die politische Arbeit des SDS dargestellt.«

*

Am 21. November 1967 wurde Kriminalobermeister Karl-Heinz Kurras von der Anklage der fahrlässigen Tötung des Studenten Benno Ohnesorg freigesprochen. Es überraschte niemanden. Sechs Tage später sollte der Prozeß wegen Landfriedensbruch gegen Fritz Teufel eröffnet werden. Angeblich hatte er am 2. Juni einen Stein geworfen. Freispruch bei Mord, Gefängnis für einen erfundenen Steinwurf. Die Empörung war groß.
Auf einer Veranstaltung fragte Rudi, was denn noch passieren müsse, bis man zur radikalen Tat schreite: »1926 war in Wien der Justizpalast in Brand gesteckt worden, als dort wie heute in Berlin politische Terrorprozesse stattfanden. 5000 Demonstranten hatten dann verhindert, daß die Feuerwehr den Brand löschen konnte. Also noch mal, das Beispiel nur zum Nachdenken. Ich fordere alle auf, zu verhindern, daß Fritz Teufel verurteilt wird.«
Die Zuhörer wollten genauer wissen, was er meinte.
Rudi antwortete: »Also, was ich meine, ist ein massenhaftes Go-in. Wenn Fritz Teufel aber verurteilt wird und ins Zuchthaus kommt, dann werden wir Aktionen durchführen, die jenseits des bestehenden

Rechts liegen. Wir wollen nicht wie die Häschen ins Gefängnis wandern.«

Das Go-in sollte am 27. November, dem Tag der Eröffnung des Prozesses gegen Teufel, im Gerichtsgebäude stattfinden. Rudi war ziemlich aufgeregt. Lefèvre hatte versucht Rudis Plan für Provokationen bei der Demonstration zu sabotieren. Wenn es wieder so lahm ausginge wie bei der letzten Demonstration, wäre es eine schlimme Niederlage für Rudis Richtung.

Rudi hatte gesagt, es könne gewalttätig werden, aber ich wollte mitgehen. Wir verließen die U-Bahn in der Turmstraße, und da ich hungrig war und mich schwach fühlte, holten wir in einem Imbiß neben der U-Bahn-Station etwas zu essen. Schon dort war deutlich zu sehen, daß sich die Polizei überall eingenistet hatte. Unübersehbar standen am Ausgang der U-Bahn-Station zivil gekleidete Polizisten, wohl vom politischen Kommissariat, und beobachteten uns. Das Wetter war grau, kalt und nieslig. »Nein«, sagte Rudi zu mir, als wir Currywurst, Brötchen und Buletten aufgegessen hatten, »du kommst nicht mit. Ich habe kein gutes Gefühl.«

»Laß uns doch noch ein bißchen gucken«, schlug ich vor, »vielleicht ist es nicht so schlimm.« Wir gingen bis zur nächsten Ecke. Dort sahen wir Polizeiwagen, Polizisten zu Pferd und Wasserwerfer. Es sah aus wie in einem Militärstützpunkt. »Du mußt nach Hause gehen«, sagte Rudi. »Für das Kind.« Ich schwankte noch. Aber ich hatte einen Anfall von Schüttelfrost, und die düstere Atmosphäre bedrückte mich. »Okay«, sagte ich, »ich gehe.«

Zu dieser Zeit hatte die Hauptverhandlung schon begonnen. Auf die einleitende Frage nach seinem Beruf hatte Fritz Teufel geantwortet: »Ich würde sagen, ich bin Kommunarde.« Zur Aufforderung, sich bei Eintritt des Gerichts zu erheben, sagte er: »Na ja, wenn's die Wahrheitsfindung erleichtert.«

Draußen war der Bereich um das Gerichtsgebäude weiträumig durch rot-weiße Planken, Sperrgitter und tiefgestaffelte Polizistenreihen abgeriegelt. Es war nicht möglich, sich dem Gebäude auch nur zu nähern. Rudi hakte sich rechts und links bei anderen ein, sie bildeten eine Kette und rannten gegen die Sperrgitter. Die dahinterstehenden Polizisten wichen etwas zurück. Rudi riß als erster ein Sperrgitter zur Seite, und die Kette schoß pfeilförmig auf die Polizisten los, die jetzt weiter zur Seite wichen. Rudi hatte sich kurz vor dem Zusammenstoß

der Demonstranten mit der Polizeikette entfernt, tauchte jedoch einige Minuten später wieder auf, um eine neue Angriffsreihe zu bilden. Jetzt fingen die dahinterstehenden Wasserwerfer an mit voller Wucht die Demonstranten zu beschießen. Der Wasserstrahl war so stark, daß die Menschen gruppenweise zu Boden geworfen wurden, und alle in der Umgebung waren total durchnäßt. Dann rückten die Wasserwerfer vor, und die Polizisten fingen an zu prügeln. Eine weitere Offensive war nicht möglich.
Beim dritten Anlauf griffen zehn Polizisten Rudi an, sie knebelten ihn und führten ihn an die Seite. Er stand neben einem Wasserwerfer und merkte, daß nur vor ihm Polizisten aufpaßten. Er kroch unter dem Wasserwerfer durch und stieß auf der anderen Seite auf eine mannshohe Mauer. Er kletterte über sie und landete in einem verwilderten Garten. Total durchnäßt, war er entkommen.

Um sicherzugehen, daß Rudi wirklich in der Lila Eule in Bremen erschien, entschied sich Olaf, nach West-Berlin zu fahren und ihn abzuholen. Er landete nichtsahnend mitten in den Vorbereitungen für die Teufel-Demonstration. Er kam nach Moabit, um Rudi beim Gerichtsgebäude zu finden. Als er gerade bis auf zwanzig Meter an die Demonstrantengruppe herangekommen war und Rudi sehen konnte, ging es los. Olaf wurde durch den Sog der vorpreschenden Kette in Richtung Wasserwerfer gezogen. Er versuchte zu fliehen und geriet plötzlich zwischen zwei riesige Pferdeärsche. Rudi war längst aus seinem Blickfeld geraten. Es gelang auch Olaf, der Polizei zu entkommen. Und wieder mußte er Rudi suchen. Jemand gab ihm einen Tip. Auf dem Weg zur Wohnung, in der sich Rudi angeblich aufhielt, hörte Olaf mit verzagendem Herz im Radio, es gebe einen Haftbefehl gegen Rudi wegen Landfriedensbruch. Das Flugzeug, das Rudi und Olaf nach Bremen bringen sollte, flog um sieben Uhr abends, und es war nun schon sechs Uhr. Als er die Wohnung erreichte, war es halb sieben. Rudi war tatsächlich dort. Olaf fragte zaghaft, wie es denn mit dem Bremen-Termin stehe.
Rudi antwortete, er habe nicht einmal mehr Schuhe, er hatte sie bei der Demonstration verloren. Er sei barfuß, total durchnäßt, und eigentlich sei doch alles zu spät. Olaf bot ihm seine Stiefel an oder ein paar mexikanische Plastikschuhe, die er zufällig im Wagen hatte. Rudi entschied sich für die Schuhe. Es war Viertel vor sieben.

Sie stiegen in Olafs Auto ein und fuhren los. Zehnmal überfuhren sie rote Ampeln. Olaf fragte: »Rudi, hast du Angst?«
»Nein, Mensch, das macht mir richtig Spaß. Weiter, weiter.«
Als sie am Flugplatz ankamen, war das Flugzeug noch da, der letzte Aufruf wurde gerade durchgegeben. Rudi und Olaf setzten sich auf ihre Plätze und schnappten nach Luft. Aber dann geschah nichts, das Flugzeug bewegte sich nicht von der Stelle. Nach zehn Minuten erschienen vier bewaffnete Polizisten. Sie schüttelten Rudi am Ärmel und forderten ihn auf mitzukommen. Rudi weigerte sich. Er sagte, er habe die Paßkontrolle absolviert, sei im Besitz eines gültigen Flugscheins und müsse zu einer politischen Veranstaltung. »Zeigen Sie mir den Haftbefehl, oder ich bewege mich keinen Meter.« Sie zerrten Rudi gewaltsam vom Platz. Rudi forderte nun, mit dem Flugkapitän zu sprechen, und sagte, daß er das Flugzeug nur dann freiwillig verlasse, wenn dieser ihm garantiere, nicht ohne ihn abzufliegen. Der Kapitän sagte zu.
Zwei Polizisten schleiften Rudi durch den Schneematsch bis zum Vorgelände der Tempelhofer Halle. Es gab ein Geflüster zwischen den uniformierten Polizisten und dazugekommenen zivilen Beamten. Plötzlich wurde Rudi freigelassen. Das Eingreifen der Polizei auf dem exterritorialen Gelände des West-Berliner Flughafens war nach alliiertem Recht nicht gestattet. Zwei Stunden verspätet landeten sie in Bremen.
Bei der Demonstration in Berlin an diesem Tag wurden vierzehn Personen festgenommen. Niemand wurde schwer verletzt.
Fritz Teufel wurde am 22. Dezember 1967 freigesprochen.

*

Schon im Juli war in Vorbereitungskomitees entschieden worden, eine Kritische Universität (KU) als Ergänzung zur bestehenden Hochschule zu schaffen. Rudi hatte zwar sein Konzept einer Gegenuniversität entwickelt, das von dem der KU abwich, aber er unterstützte die Kritische Universität, weil er in ihr eine Übergangsform zur Gegenuniversität sah. Letztere sollte nicht ein bloßer Zusatz zur FU sein. Sie war ein »Kampfinstrument zur Mobilisierung von Minderheiten, um sie aufzuklären«.[83]
Sobald die Diskussion über die Organisation der KU feste Formen annahm, begann schon die Gegenkampagne in Presse und Professo-

renschaft. Der Akademische Senat erwog juristische Maßnahmen gegen Assistenten, die in Arbeitskreisen der KU mitmachen wollten, und beschloß im September, für die KU keine Räume zur Verfügung zu stellen.
In einem Interview mit dem »stern« sprach Rudi über Ziele und Schwierigkeiten der Kritischen Universität: »Die Kritische Universität ist die Rückbesinnung auf den ursprünglichen Inhalt von Wissenschaft als Prozeß der Selbstbefreiung des Menschen durch Aufklärung. (...) Dieser ursprüngliche Inhalt von Wissenschaft ist identisch mit dem Begriff der Demokratie. (...)
stern: Was haben Sie an der FU auszusetzen?
Dutschke: Sie ist eine fachidiotische Registriermaschinerie. (...) Wenn uns die Räume verweigert werden, so wird das den Konflikt natürlich verschärfen. (...) Es sind sehr wenige Professoren, die mit uns sympathisieren. Sehr wenige. Mehr Assistenten, ganz klar.«
Auf die Frage, ob dieser Prozeß zur Machtergreifung führen solle, antwortete Rudi anders, als er es noch wenige Monate zuvor getan hatte: »Ich halte das Wort für falsch, denn es bedeutet, daß eine Minderheit versucht, die Macht zu ergreifen. Der Prozeß der Revolution, von dem viele von uns träumen oder ihn vorbereiten, ist ein Prozeß, der über die Selbstorganisation geht und nicht über die Manipulation. (...) Das Bedürfnis der Studentenschaft, sich wissenschaftlich zu organisieren, führt zur ›Kritischen Universität‹.«[84]
Obwohl der AS es verboten hatte, wurde am 1. November 1967 die Kritische Universität im Audimax der FU gegründet. Niemand versuchte das zu verhindern. Mehr als 25 Seminare fanden im ersten Semester im Rahmen der KU statt zu einer breitgefächerten Auswahl von Themen: Hochschulgesetzgebung - Hochschulreform - Hochschulrevolte, Imperialismus und Entwicklungsprobleme, Wirtschaftskrise in West-Berlin, Sexualität und Herrschaft, Medizin, Schule, Architektur, Recht, Kritik der Keynesschen Theorie, politische Theologie. Rudis Konzept für sein Dritte-Welt/Metropolen-Seminar war wie viele andere KU-Veranstaltungen auch gegründet auf konkretes Lernen, dessen Ziel es war, zu verstehen, wie Gesellschaft und Politik funktionierten. Dies sollte unterstützt werden dadurch, daß die Teilnehmer im Lauf des Seminars direkt in gesellschaftliche Prozesse eingriffen, und dies keineswegs nur im Rahmen der Gesetze. Vorgeschlagen wurden direkte Aktionen gegen »Marionettenkonsulate«. Es sollte desertions-

willigen US-Soldaten in West-Berlin geholfen werden, und es war geplant, einen illegalen Sender aufzubauen, um den herrschenden Rundfunk zu überlagern. Außerdem reisten einige Seminarteilnehmer im Sommer 1968 nach Kuba, um die Dritte Welt nicht nur in Büchern kennenzulernen.

*

Je mehr manche SDSler sich von Rudi absetzten, desto mehr Beachtung fand er in Kreisen der liberalen Bourgeoisie. Sie wollten den Kapitalismus nicht missen, aber Rudis radikale Gesellschaftskritik faszinierte sie. In einem überfüllten Audimax der Hamburger Universität diskutierte Rudi mit dem FDP-Professor Ralf Dahrendorf und »Spiegel«-Herausgeber Rudolf Augstein. Sie wollten wissen, was für eine Revolution das war, die Rudi herbeizuführen beabsichtigte.
Dahrendorf: »Muß ich Herrn Dutschke bitten, wenn Sie sagen, es ist ein langer, langer Weg und wenn Sie hinweisen auf die Jahrzehnte, die das dauern kann, dann machen Sie Ihre Auffassung unangreifbar.«
Augstein: »Ist es möglich, das System zu reparieren, oder muß das System umgestoßen werden? Ich muß sagen, ich habe wenig Optimismus, was Reformen angeht. Wir müssen Herrn Dutschke zwingen, uns zu sagen: Welches System will Dutschke an die Stelle des jetzigen Systems setzen? Es genügt nicht, daß er uns sagt, diese Antwort kann er uns im Laufe eines langen revolutionären gesellschaftlichen Prozesses geben.«
Dutschke: »Reformen, wie sie sich durchsetzen können, sind nichts anderes als Verbesserung der Gefängniszellen. (...) Beseitigung von Rüstung, um Kapital zu gewinnen, Beseitigung von toten Kosten, um zu ermöglichen, daß alle Menschen immer mehr ausgebildet werden können, das ist die entscheidende Voraussetzung für eine wirkliche Veränderung unserer Situation, und nicht nur der universitären. (...) Es gilt erst mal ein Bewußtsein des Mißstandes zu schaffen, jetzt nicht gleich zu fragen: Gib doch die Antwort. Ein Dutschke will keine Antwort geben. Das wäre genau die manipulative Antwort, die ich nicht zu geben bereit bin, denn was soll es bedeuten, als einzelner Antworten zu geben, wenn die gesamtgesellschaftliche Bewußtlosigkeit bestehen bleibt.«

Dahrendorf: »Warum ist es denn sinnlos, eine neue Struktur unserer Bürokratie mit vollständig neuen Ausbildungsformen (...) zu entwerfen und den Versuch zu machen, es zu verwirklichen?«
Dutschke: »Ja, Herr Dahrendorf, wenn Reform Notwendigkeit ist und wenn die Notwendigkeit besteht, das Studium zu verkürzen, dann möchte ich von Ihnen (...) wissen, was für einen Wissenschaftsbegriff Sie dabei verwenden.«
Dahrendorf: »Zum Unterschied von Ihrer Vorstellung würde es in meiner Universität keine Dogmatisierung irgendeines Wissenschaftsbegriffes geben.«
Dutschke: »Ich finde es falsch, mit einem pluralistischen Wissenschaftsbegriff zu arbeiten, der es verunmöglicht, Wissenschaft als Moment der Selbstbefreiung der Menschen von unbegriffenen Mächten, als Moment von Emanzipation im aufklärerischen Sinne [zu verwirklichen].«
Im Rückblick auf dieses Podiumsgespräch bemerkte Rudolf Augstein: »Ich war der erste Dutschke-Geschädigte, als ich 1967 im Audimax der Hamburger Universität einen redlich-unschädlichen Vortrag hielt. Man wurde damals beklatscht, man wurde nicht gestört. Nur einer rief: ›Wir wollen den richtigen Rudi!‹ Das Auditorium schien den Mann noch nicht zu kennen. Als ich elf Wochen später mit eben diesem richtigen in eben diesem Audimax am Podium saß, schrie der, ein neuer Savonarola: ›Wir werden einem Augstein nicht gestatten, sich mit fünf lumpigen Tausendern von unserer Bewegung loszukaufen.‹ Anschließend nahm er mich beiseite und sagte: ›Mahler kann ohne Geld nicht mehr verteidigen. Gibst du mir zehntausend Mark?‹«[85]
Augstein gab Geld, auch später immer wieder, aber er war beleidigt. Im Dezember 1967, kurz nach der Podiumsdiskussion in Hamburg, nahm Augstein im »Spiegel« Rudi aufs Korn: »Dutschke – ›Aufkündigung des Bündnisses zwischen Beherrschten und Herrschenden ist schon längst reif, alles hängt vom bewußten Willen der Menschen ab, die von ihnen schon immer gemachte Geschichte endlich der Kontrolle und den Bedürfnissen des Menschen zu unterwerfen.‹ Hier enthüllt die unscharfe Ausdrucksweise den Mangel an Denken. Es sind die Bedürfnisse der Menschen, die objektiv Bedingungen für eine Revolution setzen (und nicht reifen lassen), und zu diesen Bedürfnissen gehört nicht und hat nie gehört – hier irrt Dutschke mit dem

damals gleichaltrigen, dem frühen Marx –, die Geschichte endlich der Kontrolle des Menschen zu unterwerfen.«[86]

Ein paar Wochen später, als Günter Gaus Rudi im Fernsehen interviewte, wirkte er recht souverän. Die »Stuttgarter Nachrichten« kommentierten: »Was immer gegen ihn, seine Thesen, seine Anhänger und ihre Methoden sprechen mag, dieser Rudi Dutschke, wie er sich Günter Gaus zum Fernseh-Interview stellte, kann und muß ernst genommen werden.«

Die Ratten kommen aus den Löchern

»Jeder Versuch, diese Zeit zu fetischisieren, zu idealisieren, ist genauso reaktionär wie der Versuch, sie zu negieren. Die Erbschaft besteht vor allem in dem Bewußtsein, daß der einzelne kein Objekt von Parteifunktionären sein darf in der Entwicklung hin zur Selbständigkeit, in dem Verlangen nach Demokratisierung. Der Sozialismusbegriff muß erweitert werden, er muß zurückgewonnen werden. Ehe man die Sozialismusfrage stellt, muß man zunächst die demokratische Tradition des Bürgertums ernst nehmen.«[87]

Die Berliner Gedächtniskirche war im Krieg zerbombt worden. Es stand von ihr nur noch ein halber Turm. Dieser diente als Mahnmal, um das herum eine neue, moderne Kirche gebaut worden war. Vor der Grundsteinlegung im Jahr 1958 hatte Pfarrer Günter Pohl gesagt: »Mögen Toleranz und Weltoffenheit ein Merkmal der neuen Gedächtniskirche sein.« 1967 galt die Toleranz offenbar nur noch für alte Nazis. Ein Zyklus von Gottesdiensten der Evangelischen Studentengemeinde durfte in der Gedächtniskirche nicht stattfinden, weil, wie es im Beschluß des Gemeindekirchenrats hieß, dieser »das Verhalten der Evangelischen Studentengemeinden in der jüngsten Zeit nicht ohne Kritik und Widerspruch« billigen könne.
Das war nicht der einzige Grund dafür, daß fünf Studenten Rudi fragten, ob er mitkomme zum Weihnachtsgottesdienst in die Gedächtniskirche. Sie wollten dort Plakatwände aufstellen gegen den Krieg in Vietnam. Die Plakate zeigten einen gefolterten Vietnamesen und trugen den Bibelvers Matthäus 25,40: »Was ihr getan habt einem unter diesen meinen geringsten Brüdern, das habt ihr mir getan.« Rudi ging als erster in die Kirche hinein, peilte die Lage und setzte sich in eine der vorderen Reihen. Die Plakatträger folgten ein paar Minuten später. Sie kamen nicht weit. »Schämt euch! Wascht euch erst mal! Raus, ihr Schweine!« erklang es aus der frommen Gemeinde. Dann vergaßen die anständigen Bürger vollständig, daß sie in einem Gotteshaus waren. Sie entrissen den Studenten die Plakate, stießen sie grob zum Ausgang und trampelten auf dem Matthäusvers herum.
Mitten im Tumult sprang Rudi auf, erklomm die Kanzel und rief: »Liebe Brüder und Schwestern!« Weiter kam er nicht. Kirchendiener kreisten ihn ein. Ein hinkender älterer Mann nahm seine Krücke und zielte auf Rudis Kopf, er traf ihn mitten auf dem Schädel, und ein

Blutstrom rieselte in Rudis Gesicht. Die Kirchendiener hielten Rudi fest, während der Mann weiter auf den blutenden Kopf einschlug. Rudi wurde ins Krankenhaus gebracht, eine dreieinhalb Zentimeter lange Platzwunde mußte genäht werden. Als er spät am Abend wieder zu Hause auftauchte, war sein Kopf verbunden und seine Kleidung voll von getrocknetem Blut. »Keine Angst«, sagte Rudi, als er mein erbleichtes Gesicht sah. »Es ist nicht schlimm.«

Ich schüttelte den Kopf: »Es sieht nicht gut aus. Du mußt vorsichtiger sein. Sie wollen dich umbringen.«

»Nein, nein, so schlimm ist es nicht«, beteuerte Rudi. Aber es wurde so schlimm.

*

Das Baby war immer noch im Bauch. Wir ersehnten mit einem bißchen Angst den Tag der Erlösung und hatten Zeit zu überlegen, wie wir unser Kind nennen wollten. Wir dachten an einen revolutionären Propheten, Rudi an Amos, weil Bloch so begeistert über ihn geschrieben hatte. Aber der Name gefiel mir nicht. Gollwitzer hatte kürzlich über den Propheten Hosea und die Liebe gepredigt, dadurch kamen wir auf den Namen Hosea. So einigten wir uns, falls das Baby ein Junge würde, sollte es Hosea-Che heißen nach dem Propheten der Liebe und dem ermordeten Che Guevara.

Ich machte nicht viel Aufhebens aus der Schwangerschaft. Deswegen war ich belustigt, als ich einen Brief von Christa Ohnesorg bekam: »Ich bin wieder in Berlin und möchte gern etwas über Ihr Baby wissen und nachgucken, ob sich die Mutter auch warm anzieht und wie es ihr geht.«[88] Christa sollte ihr Kind, Bennos Kind, vor mir bekommen. Daher wußte sie Dinge, von denen ich noch keine Ahnung hatte. Sie erzählte mir, daß in einem bestimmten West-Berliner Krankenhaus der Vater bei der Geburt dabeisein dürfe, was damals neu war. Ich wollte Rudi dabeihaben, und Rudi wollte das auch. Aber wir mußten vorher testen, ob Rudi es aushalten konnte oder ob er, wie man es bei Männern erwarten mußte, umkippen würde. Es lief gerade ein Film im Kino, in dem eine Geburt gezeigt wurde. Wir schauten uns den Film an. Rudi blieb bei Bewußtsein.

Das Kind sollte noch im Dezember kommen. Aber das neue Jahr meldete sich ereignislos. Als die Tage vergingen und das Baby sich nicht

rührte, wurde ich verzweifelt. »Kein Baby ist je drin geblieben«, tröstete mich eine Krankenschwester.
Am 12. Januar saß Rudi in keiner politischen Debatte, weil er einen Termin im Kreißsaal hatte. Er hielt mein Hand fest, drückte quasi mit, plötzlich diese unglaubliche Erleichterung, und der Arzt verkündete: »Sie haben einen Sohn.«
Als Hosea drei Wochen alt war, zogen wir zum Cosima-Platz und wohnten dort zu dritt in einem Zimmer. Unter den vielen Leuten im Haus wohnte auch Wolf Biermanns Mutter, die in der Nähe von ihrem Sohn in Ost-Berlin sein wollte. Es war angenehm, Emma Biermann dazuhaben, weil sie Erfahrung mit Kindern hatte, und sie interessierte sich für Hosea. Aber manchmal machte sie mich verrückt, wenn sie mir beibringen wollte, wie ein deutsches Kind erzogen würde. Ich hatte alle Bänder, Schnüre und Lappen, in die Hosea gewikkelt war, als ich ihn vom Krankenhaus bekam, weggeschmissen. Als Emma ihn im einfachen Nachthemd daliegen sah, schimpfte sie: »Du kannst dein Kind nicht so lassen. Er wird sterben.«
»Aber er muß sich bewegen können«, wandte ich ein.
»Nein«, belehrte sie mich, »Säuglinge können sich gar nicht bewegen, sie müssen gewickelt werden.«

Die Medien interessierten sich auch für das Kind, und die Presseleute rannten uns die Bude ein. »Ich falle nicht vom Stuhl, als ich höre, daß der Revolutionär sein Baby wickelt«, berichtete ein Reporter. »Erst tags zuvor hatte mir ein Berliner Journalist, der bei den Dutschkes einmal vierzehn Tage lang gewohnt hatte, erzählt, daß Rudi morgens immer die Brötchen holt und die Milch und auch sonst im Haushalt manche Arbeit macht, die unsereins für unter seiner Würde hält. Das tut er nicht nur, weil er sein Gretchen gern hat, sondern aus politischer Überzeugung. Die Ehe ist für ihn ein Vertrag unter zwei gleichberechtigten Partnern. Unter wirklich Gleichberechtigten meint Dutschke, kann der eine nicht eine Arbeit ablehnen, die er dem anderen zumutet.«[89]
Wie in unseren anderen Wohnungen in West-Berlin zuvor, setzten auch im neuen Haus die Belästigungen bald ein. »Vergast Dutschke« stand eines Morgens im Hausflur an der Wand. Ein anderes Mal lag Kot vor der Tür, und ein paarmal schmiß jemand Rauchbomben in den Hauseingang. Als es nicht mehr auszuhalten war, erzählte Goll-

witzers Nichte, daß die Gollis verreisten, und wir konnten solange in ihrer Villa in Dahlem wohnen.

*

Es gab zwei verschiedene Konzepte, wie eine Anklage gegen den Springer-Konzern vorgebracht werden sollte: in einem Tribunal, das wie ein Strafprozeß durchgeführt wurde und an dessen Ende ein Urteilsspruch stand, oder in einem Hearing, in dem Fachleute ihre Gutachten vortrugen. Rudi unterstützte das Tribunal: »Hinzu kommt, daß es dem System gelungen ist, durch langjährige funktionale Manipulation die Menschen auf die Reaktionsweise von Lurchen zu regredieren. Wie Pawlowsche Hunde reagieren sie auf die Signale der Mächtigen. In jedem vierten Jahr dürfen sie den Nachweis ihrer geistigen Reduziertheit und Unmündigkeit ablegen. Die wesentlichen Träger der Manipulation und Anpassung der Menschen sind die Massenmedien, Zeitungen, Rundfunk und Fernsehen. In der Bundesrepublik und besonders in West-Berlin beherrscht der Springer-Konzern die Massenzeitungen, die noch immer bedeutendste Indoktrinierungsebene. Er entfaltet seit langer Zeit im Interesse der bestehenden Ordnung eine planmäßige Verhetzung aller Kräfte, die das Freund-Feind-Schema der Meinungsmacher nicht akzeptieren wollen. (...) Wir werden in einem Pressetribunal den empirischen Nachweis führen, daß die Volksverhetzung und Entmündigung der Menschen durch Manipulation bei uns die Ergänzung zum Völkermord in Vietnam (...) darstellt. (...) Der tägliche Gang zum ›Bild‹- oder ›B. Z.‹-Kiosk gehört zur Lebensweise des verwalteten Individuums.«[90]
In Oktober waren die Anklagepunkte gegen den Springer-Konzern ausgearbeitet: »Praktizierung faschistischen Meinungsterrors, Boykotthetze gegen Gastarbeiter bei Ansteigen der Arbeitslosenziffer, Verniedlichung und Ignorierung von Mißständen innerhalb der Verwaltung, Anstiftung zum Mord, Rufmord an fortschrittlichen Persönlichkeiten, Aufruf zur Lynchjustiz und Aufforderung an die West-Berliner Bevölkerung, sich der links-fortschrittlichen Kräfte gewaltsam zu entledigen.« Auch der Gründer des Konzerns wurde angeklagt. »Als Funktionär des Propagandaministeriums unter Goebbels nutzte der Journalist Axel C. Springer seine Kenntnisse und Fähigkeiten nach 1945 aus, die Zeitungslandschaft der BRD so zu gestalten, daß sie

an die unpolitische Seite der nationalsozialistischen Propaganda anschließen konnte.«[91]

Rudi gehörte dem Organisationskomitee des Springer-Tribunals nicht an, aber er hatte die Aufgabe übernommen, bei »Spiegel« und »stern« Geld zu beschaffen. Das sollte nicht aussichtslos sein. Auch die liberale Presse sorgte sich wegen der Machtkonzentration beim Springer-Konzern. Mehr als hundert Schriftsteller hatten ihre Verlage gebeten, Springer-Publikationen zu boykottieren. In West-Berlin kontrollierte Springer 70 Prozent der Presse. In Westdeutschland besaß er 31 Prozent der Tageszeitungen und 88 Prozent der Sonntagsblätter. »Manchmal kommt es mir vor, als sei Springer schon so sehr Teil des Establishments geworden, daß man den bloßen Gedanken, er könnte sich mit dem Einsatz seiner gewaltigen Macht ganz schlicht strafbar gemacht haben, gar nicht mehr denken kann«, schrieb Sebastian Haffner. In diesem Klima fiel es Rudi nicht schwer, Geld aufzutreiben, aber Rudolf Augstein und Gerd Bucerius stellten die Bedingung, daß kein Tribunal stattfinden solle, sondern nur ein Hearing.

Bei einem der letzten Vorbereitungstreffen sorgte Holger Meins nach einer eher langweiligen Diskussion für zweifelhafte Abwechslung, als er seinen gerade fertig gewordenen Kurzfilm über die Herstellung von Molotow-Cocktails zeigte. Für die einen war es ein Aufruf zur Tat. Für die anderen machte es das ganze Anti-Springer-Projekt zu einer heißen Kartoffel, die sie lieber fallenlassen wollten. Einige folgten später dem Aufruf zur Tat, doch ohne Molotow-Cocktails. Nach dem Film sammelten sich mehrere Fokusgruppen, um verschiedene »Morgenpost«-Filialen zu attackieren – die erste Anti-Springer-Aktion. Rudi ging mit dem Komponisten Hans Werner Henze zu einer Filiale. Dort konnte man sehen, daß hinter einer Scheibe eine Kamera angebracht war. Henze überzeugte Rudi davon, daß dieser nichts unternehmen solle. Der Komponist wollte selbst die Fenster zertrümmern. Beim ersten Wurf sprang der Stein wie ein schlaffer Ball zurück auf den Gehweg, ohne das Fenster zu beschädigen. Henze hob den Stein wieder auf und schleuderte ihn diesmal mit aller Gewalt. Die Kamera drehte. Sie muß ihn aufgenommen haben. Sie filmte sogar Rudi, der ziellos herumhüpfte, weil die Scheibe immer noch nicht klirrte. Beim dritten Wurf krachte es, die Scheibe zerbrach, und Rudi und Henze verschwanden. Henzes Tat wurde von den Springer-Gazetten verschwiegen. Nur Rudi wurde später dafür belangt.

Das Springer-Hearing sollte vom 9. bis 11. Februar 1968 stattfinden. Es wurde auch eröffnet, aber da alle eingeladenen Zeugen außer Eugen Kogon und Erich Kuby den Schwanz einzogen, mußte das Hearing vertagt werden. Es sollte nie stattfinden. Aber die lange Kampagne bewirkte immerhin, daß die Auflagen der Springer-Zeitungen sanken. Was noch fehlte, war, eine Gegenöffentlichkeit und ein Gegeninformationssystem zu entwickeln für die abtrünnigen Leser.

*

Rudi kannte Ernst Bloch von seinen Büchern. Blochs »Thomas Münzer« hatte Rudi mir als eines der ersten Bücher in die Hand gedrückt, ich sollte es unbedingt lesen. Aber Rudi hatte Bloch nie getroffen. So war er nicht nur aufgeregt, sondern auch etwas nervös, als er eingeladen wurde, mit Bloch zu diskutieren in der Evangelischen Akademie in Bad Boll. Es war eine außergewöhnliche Begegnung, eine Inspiration, die nachwirkte bei Rudi und bei Ernst. Bei Rudi, weil er Ernst für die Sache der Studentenrebellion gewinnen konnte. Bei Ernst, weil er eine intelligente, intensive, zuhörende, lernende, kritische, politisch und transzendierend denkende Persönlichkeit entdeckte, er und seine Frau Karola waren begeistert.
In Bad Boll versuchte Rudi noch einmal zu erklären, warum er keine Utopie ausmalen wollte: »Ich bin der Meinung, daß theoretische Konzepte direkt parallel, und zwar ungleichzeitig mit der praktischen Bewegung, entstehen, daß wir nicht eine großartige Antizipation zukünftiger Formen der Demokratisierung in Hochschule und Gesellschaft durchführen können, weil allein die praktische Auseinandersetzung und die Lernprozesse in der Praxis auch entscheidend auf die Theorie einwirken. Darum mein Plädoyer für die Lernprozesse an den Universitäten, an den Schulen; da entstehen Formen, die in der Tat sehr ambivalent erscheinen, aber dahinter stecken Bedürfnisse, Wünsche nach neuen, besseren Formen und nach Demokratisierung und Humanisierung der Gesellschaft.«
Er sah die Revolution als Lernprozeß. Lernprozesse finden statt, »und es ist nicht sicher, wie sie ausgehen werden. Es hängt da wiederum nicht von einer objektiven Dialektik ab, sondern von der festen Fähigkeit der Menschen, die antiautoritär arbeiten, diese Lernprozesse produktiv zu verwerten.«

Auf keinen Fall durfte eine Gesellschaft dabei herauskommen, die dem realen Sozialismus auch nur ähnelte: »Ob wir nicht viel eher den Begriff der ›freien Gesellschaft‹ benutzen sollten, um mit der Ambivalenz des Sozialismus (...) zu brechen, ist eine Frage – ich stelle sie als Frage. (...)
›Alle Macht den Räten‹ unter heutigen Bedingungen heißt nur bewußt gewordene Erringung der Macht, Durchführung der Revolution durch die Mehrheit.« Bis es zu diesem Punkt kommt, daß die Mehrheit bereit ist, selbsttätig die Kontrolle über gesellschaftliche Vorgänge zu übernehmen, lernen die Menschen, wie sie selbsttätig sein können durch einen »langen Marsch durch die Institutionen«. Das ist die Antwort auf die Frage, wie »eine kleine radikale Minderheit« zu einer Mehrheit werden könne. Nicht durch die Gründung einer Partei, die versucht irgendwie 51 Prozent der Stimmen zu bekommen. Aber man solle doch in Parteien und Parlament hineingehen, um sie zu verändern.[92]

*

Vom langen Marsch durch die Institutionen hatte Rudi zum erstenmal schon kurz nach den Junitagen 1967 gesprochen. Für manche Ohren mußte Rudis langer Marsch reformistisch geklungen haben. Rudi selbst stellte die Frage: Ist dieser lange Marsch nichts anderes als Reformismus? und antwortete: Ja schon, aber es ist ein »systemabschaffender Reformismus«. Der lange Marsch durch die Institutionen war gemeint als eine Kulturrevolution, die »die Voraussetzung der vorrevolutionären Etappe« schaffe. Rudi sah freilich die Gefahr, daß die Marschierer sich den Institutionen anpassen könnten und nicht die Institutionen veränderten. Deswegen formulierte er eine Doppelstrategie und stellte an die Seite des langen Marsches die Illegalität.
Wenn er von Illegalität sprach, hatte das wenig mit dem zu tun, was die RAF später tat. Rudi, Bernd, Gaston und manche andere vom SDS und vom Dritte-Welt-Kreis stimmten darin überein, daß ein illegaler Kampf notwendig sei, der über die bisherigen Regelverletzungen hinausging. Aber wie sollte er aussehen? Wo war die Grenze? Sie waren sich einig, daß sie nicht in der Lage wären, Widerstand im Untergrund zu leisten, weil die Bewegung nicht die Kraft und nicht die Unterstützung

der Bevölkerung hatte. Sie mußten die Toleranzgrenze des bürgerlichen Staats und der Verfassung ausnutzen.
In den Novembertagen von 1967 ging es beispielsweise darum, zu verhindern, daß Springer-Zeitungen ausgeliefert wurden. Diese Blockaden verletzten zwar das Gesetz, aber in der Öffentlichkeit zeigten sich Verständnis und Solidariät für diese Aktionen.
Anfang des Jahres 1968 dachte Rudi auch daran, in verschiedenen europäischen Städten Arbeitergruppen zu unterstützen, die »Sabotage-Akte«[93] durchführen sollten, sofern dies möglich und sinnvoll erschien.
Bis Februar 1968 überlegten Rudi und sein Kreis fast fieberhaft, welche praktischen illegalen Schritte sie unternehmen sollten. Es gab Verbindungen mit Gruppen in Frankreich und vor allem in Italien, die ähnlich dachten. Es bahnten sich aber auch Kontakte an zur ETA in Spanien und zur IRA in Nordirland, die illegal im Untergrund kämpften und nicht davor zurückschreckten, Waffen einzusetzen. Diese Gruppen wollten eine illegale internationale Organisation aufbauen, die auch Terroraktionen gegen die Kriegsmaschine der Amerikaner durchführen sollte. Rudi lehnte dieses Konzept nicht grundlegend ab. Er war nur nicht überzeugt davon, daß diese Gruppen die gleichen Ziele verfolgten wie er.
Aber auch Bernd und andere gingen auf Distanz. Bernd weigerte sich, mit Leuten von der ETA oder der IRA Kontakt aufzunehmen, und er versuchte, Rudi davon abzuhalten.

Diese Überlegungen blieben in der Luft hängen, als auf einem ganz anderen Feld illegale Aktionen unternommen wurden. Ich hatte schon im Jahr davor Amerikaner getroffen, die in Verbindung mit Deserteurgruppen standen. Diese ermutigten US-Soldaten, die nach Vietnam verschifft werden sollten, zur Desertion und halfen ihnen, unterzutauchen und in sichere Länder zu fliehen, vor allem nach Schweden. Das Verbindungsnetz funktionierte im Februar 1968 schon einigermaßen. Es sollte aber noch mehr getan werden. Auf einer Versammlung in der FU trat ein Angehöriger des amerikanischen SDS auf: »Obwohl es offenbar geworden ist, daß die USA den Krieg nicht gewinnen können, werden neue Truppen dorthin geschickt, einschließlich einiger aus Deutschland. Es ist Mord, weitere Soldaten in einen schon verlorenen Krieg zu schicken, und manche

Soldaten, die Befehle nach Vietnam haben oder erwarten, werden wahrscheinlich bereit sein, an Desertion zu denken. (...) Wie aber kommt man in Kontakt mit den Leuten? (...) Ich gebe hier nur die wichtigsten Hinweise, nämlich vor allem, daß man nicht aggressiv vorgehen darf und daß man nicht über Politik streiten darf.«
Nach der Veranstaltung gingen Gruppen von jeweils vier Studenten und Studentinnen in Bars, wo sie sich mit Soldaten unterhielten und unauffällig kleine Flugblätter hinterließen. Rudi ging nicht mit, weil er zu leicht erkannt werden konnte, was zu sinnlosen Streitereien hätte führen können.
Aber er leistete seinen Beitrag. Eines Abends erzählte er mir gut gelaunt, er wolle mitten in der Nacht zu den US-Kasernen gehen.
Ich rief erschrocken: »Das ist wahnsinnig, sie werden dich erschießen.«
Aber er antwortete: »Da ist keine Gefahr, es ist dunkel, und wir kommen nicht so nah ran. Wir haben kleine Raketen.«
Ich unterbrach ihn: »Aber das werden sie merken, und was, wenn die Raketen explodieren und jemand verletzt wird. Sie werden euch finden.«
»Sie explodieren nicht«, erwiderte Rudi. »Damit schießen wir Flugblätter, die zur Desertion aufrufen, über die Mauer. Die Soldaten werden sie morgens finden.«
»Woher habt ihr die Raketen?« fragte ich.
»Da war jemand von der S-Bahn. Der hatte sie besorgt, hat irgendwie Zugang.«
Ich wußte natürlich, daß die S-Bahn auch in West-Berlin der DDR gehörte und daß jemand, der Zugang zu Raketen hatte, diese kaum ohne Billigung der DDR-Behörden aushändigen könnte. Aber Rudi ließ sich dadurch nicht irritieren. Die Aktion klappte reibungslos.
Es wurde noch aufregender. Eines Tages klingelte es an der Tür. Rudi ging hin, und ich hörte seinen Überraschungsschrei, dann die Stimme eines Mannes, der »Rudi« rief, und dann Rudi, der »Giangiacomo« rief. Feltrinelli trat ins Zimmer. Er schien die Schäbigkeit dieses Ortes (wir wohnten noch am Cosima-Platz) nicht wahrzunehmen. Er war wie immer voller sprudelnder Energie und verkündete fröhlich: »Ich habe etwas, das möchte ich euch zeigen. Kommt mit runter.« Er führte uns zu seinem Auto, das vor dem Haus auf der Straße geparkt war. Feltrinelli machte die Tür auf, grinste und klappte die Rückbank hoch. »Schaut«, sagte er. Ich schaute und bekam ein flaues Gefühl im Magen.

Rudi schaute auch und sagte nichts, aber seine Augen waren weit aufgerissen. Die ganze Rückbank war mit Dynamitstangen gefüllt. Endlich fand ich meine Stimme wieder und piepste: »Was, wenn das explodiert?« Feltrinelli lachte.

Als es dunkel war, brachten Rudi und Feltrinelli die Ladung in unser Zimmer. Das gefiel mir ganz und gar nicht. Aber Rudi versicherte mir: »Wir finden einen anderen Aufbewahrungsort, mach dir keine Sorgen.« Ein paar Stunden lang war er unterwegs, um ein Versteck zu finden. Rudi kehrte mit Gaston zurück. Zusammen mit Giangiacomo füllte er unsere Kindertragetasche mit dem Dynamit. Als alles eingepackt war, packte Rudi die Tasche, und ich nahm Hosea. Unten auf der Straße montierte Rudi die Tragetasche auf das Fahrgestell, mit dessen Hilfe man die Tasche in einen Kinderwagen verwandeln konnte. Feltrinelli befahl: »Tu das Baby darauf, dann wird es nicht verdächtig aussehen.« Das war mir nicht geheuer, aber ich legte Hosea auf das Dynamit und schob den Kinderwagen zum Auto. Wir fuhren in irgendeine Villengegend. Ich schob Hosea und das Dynamit im Kinderwagen vom Auto zu der konspirativen Wohnung, in der der Sprengstoff versteckt werden sollte. Hosea schlief die ganze Zeit.

Bernd stellte von vornherein klar, daß er mit der ganzen Sache nichts zu tun haben wollte. So trafen sich Rudi, Gaston und Christian Semler bei dem Liedermacher Franz Josef Degenhardt und überlegten, was sie mit dem Dynamit anstellen konnten. Feltrinelli schlug Sabotageakte gegen US-Schiffe vor, die von deutschen Häfen aus Waffen nach Vietnam transportierten. Überlegt wurde außerdem, Eisenbahngleise zu sprengen, um Truppentransporte zu behindern, oder Überlandleitungen, die für militärische Zwecke genutzt wurden, zu zerstören. Das Dynamit wurde nach Westdeutschland geschafft, und dort ging die Diskussion weiter. Es erwies sich, daß es nicht hundertprozentig sicherzustellen war, daß Menschenleben nicht gefährdet wurden. Das war unannehmbar. Es wurde gefordert, das Dynamitabenteuer ohne Explosion zu beenden. Was mit dem Sprengstoff schließlich geschah, weiß ich nicht.

*

Frühmorgens am 31. Januar 1968, während des Tet-Festes, noch bei Dunkelheit, schlichen sich tausend Vietkong in Saigon ein, der Hauptstadt Südvietnams. Das waren nicht viele, gemessen an der Machtzusammenballung der US-amerikanischen und südvietnamesischen Streitkräfte. Aber am nächsten Tag lasen wir etwas Unglaubliches in der Zeitung. Der Vietkong hatte das eingemauerte Grundstück um die US-Botschaft eingenommen, den Saigoner Radiosender in seinen Händen und den Präsidentenpalast umzingelt. Das klang wie ein neues Dien Bien Phu, wo die französische Kolonialmacht 1954 eine entscheidende Niederlage erlitten hatte. In den nächsten drei Wochen gelang es den Amerikanern aber, die Guerillas aus Saigon zu vertreiben. Es kostete viele Tote und schwere Zerstörungen.

Genau zu diesem Zeitpunkt sollte in Berlin der Vietnamkongreß stattfinden. Rudi hatte den Traum, die Internationale wiederaufleben zu lassen. Er wollte »mit dem internationalen Vietnamkongreß nicht nur die Tradition der Kongreßpolitik von Willi Münzenberg* und seiner Internationalen Arbeiterhilfe fortsetzen, sondern auch ein Gegenmodell zu den vom BV [SDS-Bundesvorstand] veranstalteten Studentenkongressen in Bonn und Frankfurt/Main schaffen«[94]. Rudi dachte an ein »Massenmeeting« mit einer internationalen Beteiligung von vielen Gruppen: »400-1500 Ausländer«. Damit verbunden, sollte dann der »Übergang zur militanten Phase der Anti-Springer-Kampagne« eingeleitet werden. Aber »wie sich die Vorbereitung des Vietnamkongresses vollzog!« schrieb Rudi in seiner Frustration ins Tagebuch. »Hatte feste Basis dafür, allerdings die Mehrheit der SDS-Führung gegen mich.« Rudi konnte sein Konzept dennoch erfolgreich durchsetzen, trotz ihres Widerstands.

Als erstes wollte Rudi Redner für den Kongreß verpflichten. Einer war Ernst Bloch. Oskar Negt, der Bloch kannte, rief ihn an und trug Rudis Wunsch vor. Bloch antwortete etwas barsch, er würde nicht gern als ein Hampelmann auftreten, und im übrigen sollten die Leute von der Frankfurter Schule dort mal reden, die hätten ohnehin ein politisches Defizit. Rudi war enttäuscht.

Was dahintersteckte, offenbarte sich in einem Brief, den Karola Bloch Rudi schrieb: »Mein Mann (...) glaubte, daß sein alleiniges BRD-Auftreten eher schaden als nützen könnte. Ich persönlich bin nicht sicher,

---

* Willi Münzenberg (1889-1940) war seit 1919 Mitglied der KPD. 1921 gründete er die Internationale Arbeiterhilfe (IAH). Der spätere Propagandachef der KPD wurde 1937 als Stalin-Kritiker aus der Partei ausgeschlossen und starb unter ungeklärten Umständen in Frankreich.

daß er recht hat. Obwohl auch mir die Vorstellung nicht behagte, daß drei Deutsche, die da repräsentativ sprechen würden, jüdische Emigranten wären: Fried, Weiss und Bloch. Ihre Generation hat selbstredend eine ganz andere Beziehung zum jüdischen Problem, aber wir sind da noch befangen. Wir wissen, wie viele in der BRD bösartig denken würden; immer wieder die Juden.«[95]

Andere Probleme bahnten sich an. Zu dieser Zeit, Ende Januar, Anfang Februar 1968, verbot die Stadt West-Berlin alle Demonstrationen im Zusammenhang mit dem Kongreß, und die FU weigerte sich, Räume für ihn zu bewilligen. Es war fraglich, ob der Kongreß überhaupt stattfinden konnte. Der Berliner Polizeipräsident Moch begründete das Demonstrationsverbot mit dem seltsamen Argument, daß der Demonstrationsantrag als Versuch gewertet werden müsse, dem SDS die Möglichkeit zu geben, sein Vorhaben trotz der Ablehnung zu verwirklichen. Wegen der internationalen Breite des Kongresses wurde das Verbot im Ausland bekannt, und viele bekannte Persönlichkeiten in vielen Ländern protestierten dagegen. Rudi war fest entschlossen, dieses Verbot zu durchbrechen und den Kongreß unter allen Umständen durchzuführen.

Der Kongreß sollte aus zwei Teilen bestehen: Reden und Aktion. Die »antiimperialistische Aktion« umfaßte Anti-Springer-Aktionen und die Desertionskampagne, die mit der nun verbotenen Demonstration hin zu den amerikanischen Kasernen einen Höhepunkt finden sollte. Durch die Desertionsgruppen hatte Rudi gehört, daß es schwarze amerikanische Soldaten gab, die sich zu den Black Panthers, einer linken afroamerikanischen Organisation, zählten. Es wurde berichtet, daß die Black Panthers sich der Demonstration anschließen würden, wenn diese die Kasernen erreicht habe. Gestützt auf das Besatzungsstatut Berlins, verbot die Militärpolizei diese Demonstration, was darauf hindeutete, daß sie die Möglichkeit einer Meuterei der Schwarzen Panther ernst nahm. Die Militärpolizei machte dem West-Berliner Innenminister deutlich, daß sie Schußwaffen einsetzen würde, falls trotz des Verbots Demonstranten zu den Kasernen zögen.

Aber Rudi und andere SDSler bekundeten ihre Entschlossenheit, die verbotene Demonstration durchzuführen. Es wurden taktische Pläne entwickelt, mit denen der SDS die zu erwartenden Polizeimaßnahmen zu unterlaufen beabsichtigte. Unter anderem sollte der Polizeifunk

abgehört, und die Demonstranten sollten mit Sprechfunkgeräten geleitet werden. Auf Veranstaltungen wurden Bauschutzhelme verkauft und Ratschläge erteilt, wie man sich etwa vor der Wirkung von Tränengas schützen könne: mit Zitronensaft. Es wurde betont, daß das Demoverbot widerrechtlich sei und sich daraus ein Notwehrrecht für die Demonstranten ergebe.
Bernd hatte seit einigen Monaten Kontakt zu einer Gruppe von Kriminalbeamten der West-Berliner Polizei. Sie hatten sich beim SDS gemeldet, um gegenseitig Informationen auszutauschen, damit eine tödliche Eskalation vermieden werden konnte. Sie unterrichteten Bernd, der Polizeiapparat sei entschlossen, die außerparlamentarische Opposition in eine Situation zu bringen, in der man sie polizeilich-militärisch zerschlagen könne. Rudi glaubte nicht, daß die Stadt es auf eine blutige Konfrontation ankommen lassen wollte. Außerdem beabsichtigten die ausländischen Gruppen, die sich am Kongreß beteiligten und weit radikaler als die Deutschen waren, auf jeden Fall, zu den McNeer-Kasernen zu marschieren. Die Franzosen und Italiener wollten gut ausgerüstet nach West-Berlin kommen, mit Helmen, Schlagstöcken und Fahrradketten. Als Bernd das hörte, war er empört. Die Dissonanzen zwischen ihm und Rudi verstärkten sich.
Einen Tag vor Eröffnung des Vietnamkongresses rief der evangelische Bischof von Berlin-Brandenburg, Kurt Scharf, Bernd an. Bischof Scharf war dabei, eine Art Krisenstab einzurichten mit Kirchenleuten, Polizeibeamten und SDS-Vertretern, denn der ehemalige Bürgermeister Albertz hatte ihm berichtet, daß eine blutige Konfrontation bevorstehe. Die Drohungen der Polizei waren ernst gemeint. Scharf bat auch Albertz, an der Sitzung teilzunehmen. Albertz zögerte. Noch nie hatte er seinen Gegnern der Junitage gegenübergesessen, die ihn für Benno Ohnesorgs Tod mitverantwortlich machten. Bischof Scharf überredete ihn schließlich. Scharf bat Bernd und die anderen Organisatoren des Kongresses, ebenfalls in den Bischofssitz zu kommen. Bernd holte Rudi und berichtete ihm vom Schießbefehl der Alliierten. Rudi war beunruhigt. Bei dieser Sitzung, schrieb Rudi, »setzte Bischof Scharf alle seine Kraft ein, um unsere demokratischen Rechte zu verteidigen. (...) In keinem Augenblick versuchte er uns dazu zu bringen, die Demonstration abzusagen.«[96] Er erklärte sich bereit, sich beim Senat dafür einzusetzen, daß das Demonstrationsverbot zurückgenommen wurde. Er appellierte aber an Rudi, einen Kompromiß zu

akzeptieren. Die Demo solle stattfinden, das amerikanische Viertel jedoch nicht betreten werden. Rudi erklärte sich dazu bereit: »Ich will tun, was in meinen Kräften steht, daß sich die Studenten und die internationalen Gruppen auf die neue Route bei der Demonstration einlassen. Aber Sie müssen bedenken, ich bin der temporäre Führer einer fluktuierenden Gruppe. Ich weiß nicht, ob ich morgen noch das Vertrauen dieser fluktuierenden Massen habe und ob sie dann das, worauf ich mich eingelassen habe, wirklich einhalten. Ich hoffe, ich werde gehört.«
Mit diesem Versprechen brach Bischof Scharf ins Schöneberger Rathaus auf in Begleitung von Günter Grass, Hans-Werner Henze und dem Theologieprofessor Martin Fischer, um Klaus Schütz den Vermittlungsvorschlag zu überreichen. Die anderen blieben zurück und warteten. Schütz lehnte unter dem Druck von Innensenator Neubauer den Kompromißvorschlag ab. Es blieb nur der gerichtliche Weg. Horst Mahler und der Kirchenjustitiar von Wedel beantragten eine einstweilige Verfügung gegen das Demonstrationsverbot. Als am folgenden Tag der Vietnamkongreß eröffnet wurde, war der Antrag noch nicht entschieden.
3000 Menschen versammelten sich in der TU. Alles, was es an Häßlichkeiten im SDS in den letzten Monaten gegeben hatte, war für einen Augenblick vergessen. Es waren Menschen aus allen Ländern Europas gekommen, aus Südamerika und den USA, es war in der Tat eine Internationale im Zeichen der Revolutionseuphorie. Hinter dem Podium waren riesige Fahnen aufgepflanzt, eine der vietnamesischen Befreiungsfront und eine andere mit Che Guevaras Satz: »Die Pflicht eines Revolutionärs ist es, die Revolution zu machen.« Noch saßen die revolutionären Akteure alle zusammen. Es war das letzte Mal.

Um elf Uhr morgens in der Eröffnungsrede bekräftigte der SDS-Bundesvorsitzende Karl-Dietrich Wolff, daß die nach wie vor verbotene Demonstration auf jeden Fall am kommenden Tag stattfinden werde. Dann folgte Rede auf Rede.
Am Nachmittag kam Rudi dran: »Ich würde sagen, daß das, was ich als kulturrevolutionäre Übergangsperiode, die spätestens seit dem 2. Juni '67 bestimmte Schichten innerhalb und außerhalb der Universität mobilisierte, daß diese kulturrevolutionäre Übergangsperiode heute nicht mehr beendet werden kann durch die Herrschenden, es sei denn, sie vernichten uns alle. Wir sind zu viele geworden, als daß sie es

noch schaffen könnten, uns zu integrieren. (...) Dieses System hat eine Massenbasis, aber diese ist passiv und leidend, ist unfähig, politischen und ökonomischen Herausforderungen von sich aus spontan zu begegnen. Der heutige Faschismus ist nicht mehr manifestiert in einer Partei oder in einer Person, er liegt in der tagtäglichen Ausbildung der Menschen zu autoritären Persönlichkeiten, er liegt in der Erziehung, kurz in der entstehenden Totalität der Institutionen und des Staatsapparats. Den letzteren zu sprengen ist unsere Aufgabe, daran arbeiten wir. (...) So kann dieser Faschismus im Unterschied zu den zwanziger und dreißiger Jahren, wo er die historische Aufgabe der Verhinderung der proletarischen Revolution hatte, auch keine aktive Massenbasis hervorbringen. (...) Sie wagen es nicht mehr, aus ihren Löchern hervorzukriechen als Organisation, das schließt allerdings nicht aus, daß individualisierter Faschismus gegen uns mobilisiert wird. Dagegen haben wir uns praktisch und organisatorisch zu schützen. (...)
Genossen, wir haben nicht mehr viel Zeit. In Vietnam werden auch wir tagtäglich zerschlagen. (...) Das ist unsere Aufgabe, nicht zu warten auf Godot, auf die neue sozialistische Partei, sondern konkret zu arbeiten an der Herstellung der Mobilisierung jedes einzelnen. (...)
Es hängt von unseren schöpferischen Fähigkeiten ab, kühn und entschlossen die sichtbaren und unmittelbaren Widersprüche zu vertiefen und zu politisieren, Aktionen zu wagen, kühn und allseitig die Initiative der Massen zu entfalten. (...) Es lebe die Weltrevolution und die daraus entstehende freie Gesellschaft der ganzen Welt!«
Am frühen Abend wurde Erich Fried als Redner angekündigt. Der Dichter, in Wien geboren, von den Nazis vertrieben, lebte seitdem in London. Er schrieb seine Gedichte auf deutsch. Rudi traf ihn zum erstenmal.
Erich stand auf und balancierte sich mit Mühe auf seinen kurzen, etwas wackeligen Beinen auf der vollbesetzten Bühne zum Rednerpult und begann zu sprechen: »Die großen Städte sind ein potentielles Forum. (...) Das Forum Stadt ist nicht nur unseres, sondern ist ebenso Forum des Feindes. Ja, nicht nur ebenso, sondern mehr so, solange er herrscht. Wessen das Forum ist, das ist Machtfrage, das ist Kampffrage. (...) Dann sind die Städte unsere Schlüsselstellungen, denn die Information, das Denken, die Skepsis, das Wagen des Widerspruchs, das sind Verhaltensformen, die in hochentwickelten westlichen Staaten

vorwiegend von der Stadt her ins Land kamen.« Etwa an dieser Stelle wurde es unruhig am Podiumstisch, jemand war gekommen und redete aufgeregt mit den Sitzenden. Es war 19 Uhr 40 Uhr. Erich hielt inne und schaute hin. Dann verkündete einer, der am Tisch saß: »Ich will den Genossinnen und Genossen mitteilen, daß das Verbot der für morgen geplanten Demonstration soeben vom Berliner Verwaltungsgericht außer Kraft gesetzt worden ist mit der Bedingung, die amerikanischen Wohnviertel in Dahlem nicht zu berühren.«

Beifall erschallte im Audimax. Als er verebbt war, sagte Erich: »Das war die schönste Unterbrechung meines Lebens.«

So fand am Sonntag die Demonstration ganz legal statt, 20000 Menschen nahmen teil. Rudi ging morgens los, um den Zug mit zu organisieren. Ich mußte Hosea versorgen. Als ich fertig war, legte ich ihn ins Bett und sagte: »Jetzt schlafe. Ich muß eine Weile weggehen.« Er war einen Monat alt. Ich glaube nicht, daß er mich verstand, aber er schrie. »Nein, nein«, flüsterte ich. »Nicht schreien. Ich muß weg.« Er schrie weiter. Ich packte meinen Kopf in ein Kissen. Als Hosea sich beruhigt hatte, stand ich auf, zog Jacke und Hut an und ging so leise, wie ich konnte, aus der Tür.

Von weitem schon hörte ich Rufe: »Ho Ho Ho Chi Minh!« – »Wir sind die kleine radikale Minderheit!« Dann erschienen die Demonstranten plötzlich. Sie hatten sich in langen Ketten an den Armen eingehakt, die Reihen waren in Blöcken geordnet, die im Eilschritt voranstürmten. Ich sah Rudi und lief hin zu ihm. Er nahm meinen Arm, und ich wurde mitgerissen, als der Block wieder zu laufen begann.

Die Demonstration ging zur Deutschen Oper, wo die Schlußkundgebung stattfinden sollte. Direkt davor stand ein Mauergerüst, und Studenten kletterten einen riesigen Baukran hoch, um Plakate von Rosa Luxemburg und Karl Liebknecht und Vietkongflaggen anzubringen. Rudi nahm das Megaphon und forderte sie auf herunterzukommen. Er fürchtete, das wackelige Gerüst könnte zusammenbrechen. Dann begann vor den Augen von Tausenden von Demonstranten eine Truppe der Jungen Union, verkleidet als Bauarbeiter, ebenfalls das Gerüst hochzuklettern. Rudi murmelte zu Erich Fried, der neben ihm stand: »Hoffentlich fällt bloß keiner von denen da runter und bricht sich das Genick.« Die »Bauarbeiter« rissen die Plakate herunter und steckten die Fahnen in Brand. Empört drohte die Menge mit wütenden Rufen, sie zu verprügeln. Einige Demonstranten begannen den

Provokateuren nachzuklettern. Da griff Rudi wieder das Megaphon. »Genossen«, rief er, »laßt sie, sie verstehen es nicht besser. Die, die jetzt unsere Fahnen verbrennen und unsere Plakate herunterreißen, die werden die ersten sein, die die rote Fahne auf dem Springer-Hochhaus hissen. Laßt euch von denen nicht provozieren.« Die Spannung löste sich auf in befreiendes Gelächter.

*

Nach dem Vietnamkongreß wollte Rudi der neuen »Internationale« ein Fundament geben und gründete dazu das Internationale Nachrichten- und Forschungsinstitut (INFI). Das Geld stammte von Feltrinelli. Mit dem Aufbau des INFI hoffte Rudi, sich eine Basis zu schaffen, um die politische Arbeit auf internationaler Ebene und in den deutschen Organisationen miteinander zu vermitteln. Es sollte Informationen sammeln aus und für die Dritte Welt. Da wir Deutschland auf jeden Fall bald verlassen wollten, stellte Rudi sich vor, seine politische Tätigkeit als Mitglied des INFI in den USA und in Südamerika fortzusetzen. Aber ohne es zu beabsichtigen, trieb der INFI-Ansatz den Absetzungsprozeß der Internationalen Fraktion von den anderen Gruppierungen im SDS voran, sowohl politisch als auch finanziell. Doch das INFI war keine undogmatische Oase im Fraktionskampf. Im Vorwort des vom INFI veröffentlichten Bandes, in dem die Reden und Diskussionen auf dem Vietnamkongreß abgedruckt sind, schreiben die Herausgeber Wolfgang Dreßen, Sibylle Plogstedt und Gerhart Rott: »Der Gefahr solcher Institute, die aus der Zusammenarbeit an bestimmten Projekten über eine kurzgefaßte Taktik erwachsen kann, kann nur in der weiteren Festigung marxistisch-leninistischer Positionen im antiautoritären Lager begegnet werden.« [97] Das war der erfolgversprechendste Weg, das antiautoritäre Lager zu zerstören. Rudi beschrieb diese Zeit später in einem Brief an Peter Paul Zahl: »Der Widerstand der Lefèvre, Rabehl bis zu Semler, wobei letzterer sich zumeist eine Ecke aufrechtzuerhalten versuchte, gegen die antiimperialistischen Kampfformen von Aufklärung und Aktion war gewachsen. Die Vorurteilsbildung von deutschen Genossen der [SDS-] Führung [gegenüber] einem Chilenen wie Gaston Salvatore u. a. war beschämend. Welche Fehler er nach dem April gemacht hat, weiß ich nicht. Eins weiß ich mit Sicherheit, er gehörte zu den wenigen in der

SDS-Führung, die zwischen Juli '67 und Februar '68 in keinem Augenblick zögerten, die volle Zeit ohne jegliche Einschränkung zur Verfügung zu stellen. Sicher, die ganze Schufterei, mit unheimlich wenig Schlaf, wenig Liebe u. a. m. verbunden, war beileibe nicht immer bzw. wenig anreizend für Menschen, die schon acht Stunden hinter sich hatten. Doch was hinderte bzw. behinderte die Mehrheit der SDS-Führung?«

Ein paar Tage nach dem Vietnamkongreß war Rudi auf einer Veranstaltung in Amsterdam. Was er dort vortrug, hatte er zuvor auch schon gesagt. Aber diesmal war er im Ausland, und die durchdringende Radikalität seiner Rede erregte enorme Aufmerksamkeit: »Wir [müssen uns] gegen die schreckliche Kriegsmaschine wenden. D. h. gegen die NATO-Basen. Die NATO ist ein Instrument, um die europäische Revolution zu unterdrücken. Wir können nicht die Opposition gegen die NATO als eine passive Beobachtung sehen oder als einen Protest, sondern wir müssen handeln, z. B. mit Angriffen gegen NATO-Schiffe.« Die CIA hörte mit. Aufgrund ihres Berichtes von dieser Rede sollten wir einige Zeit später aus England ausgewiesen werden.

In West-Berlin heizten derweil Schütz und Neubauer eine Pogromstimmung an gegen die Studentenbewegung. Weil sie wegen der Gerichtsentscheidung die Polizei nicht gegen die Studenten losschlagen lassen durften, hetzten sie die Bevölkerung auf. Schon vor dem Kongreß hatte »Bild« getitelt: »Stoppt den Terror der Jungroten jetzt«, und dann halbfett: »Man darf über das, was zur Zeit geschieht, nicht einfach zur Tagesordnung übergehen. Und man darf auch nicht die ganze Drecksarbeit der Polizei und ihren Wasserwerfern überlassen.«

Nun wurde an das »gesunde Volksempfinden« appelliert, an den Schweinehund im Spießbürger. Der Senat, die Gewerkschaft ÖTV, die Springer-Presse und prominente Bürger riefen auf zu einer Gegenkundgebung am 21. Februar. Der West-Berliner DGB-Chef Sickert sorgte dafür, daß die Arbeiter und Angestellten des öffentlichen Dienstes am Nachmittag dienstfrei bekamen, um an der Kundgebung teilzunehmen.

Um 16 Uhr 30 war der Platz vor dem Rathaus brechend voll. Die Ratten waren aus ihren Löchern gekrochen. Auf Plakaten stand: »Raus mit Dutschke, Teufel, Kunzelmann« – »Volksfeind Nr. 1 Rudi Dutschke« – »Raus mit dieser Bande« – »Politische Feinde ins KZ«.

Der Bürgermeister fing an: »Das gefährliche Rüpelspiel der Randalierer muß ein Ende haben. Bürger, Berliner, das geht alle an.« Spätestens jetzt waren alle gefährdet, die anders aussahen oder anders gekleidet waren. Aber nicht nur sie. Da stand ein junger Mann, der auch frei bekommen hatte und neugierig war. Er hatte eine Kamera dabei und war sonst eine unauffällige Erscheinung. Aber irgend jemand wurde vom Wahn befallen und glaubte, daß dieser Mann Rudi sei. Er schrie: »Da ist Rudi Dutschke!« Wie Lemminge drehte sich eine Menschengruppe um und rückte gegen den Mann vor. Er rief verzweifelt: »Ich bin ein Arbeiter wie ihr.« Keiner hörte auf ihn. Als er stolperte, traten sie ihm mit Schuhen ins Gesicht. Jemand schlug mit einer Flasche auf ihn ein. Die Meute rief: »Schlagt ihn tot! Hängt ihn auf!«
Der junge Mann lief einem Polizisten in die Arme, fiel ihm um den Hals und stammelte: »Um Gottes willen, schützen Sie mich, die wollen mich totschlagen.« Die Meute fiel nun auch über den Polizisten her und schmiß beide zu Boden. Sie schleppten sich zu einem Polizeibus, während die Meute schrie: »Lyncht die Sau!« – »Schlagt ihn tot!« – »Kastriert das Judenschwein!« – »Dutschke ins KZ!« Der Polizist schob den Mann im letzten Augenblick in den Bus. Die Tobenden kreisten den Bus ein. Sie hämmerten gegen die Scheiben und versuchten den Bus umzustürzen. Ein Rundfunkjournalist stand daneben und setzte an, die Szene zu schildern: »Da ist die Verstärkung eingetroffen, die Polizisten haben jetzt den Schlagstock gezogen und werden offenbar versuchen …« Weiter kam er nicht. Jemand befahl: »Mach das Mikrophon aus, Mann, das Mikrophon aus!«
Die versammelte Prominenz auf den Stufen des Rathauses sah zu und schwieg. Sie schwieg bis heute darüber, daß sie selbst die Gewalt heraufbeschworen hatte, und faselte in all den Jahren über »den geistigen Nährboden des Terrorismus« in der Studentenbewegung. Es gab auf dieser staatstragenden Kundgebung vierzig Prügelopfer, ein Rekord an nichtpolizeilichem Rabaukentum.
Zu Hause klingelte das Telefon. Horst Mahler war besorgt und dann erleichtert, als er hörte, daß Rudi nicht in West-Berlin war. Mahler erzählte von der Kundgebung und fügte hinzu: »Es wäre besser, wenn Rudi in der nächsten Zeit nicht in die Stadt ginge. Die Menschen sind aufgehetzt. Man weiß nicht, was sie tun könnten.«
Ich war erschüttert, aber nicht überrascht. Ich wollte nur noch weg. Rudi sollte in diesen Minuten nach West-Berlin zurückfliegen. Ob es

möglich war, ihn in Amsterdam im Flughafen zu erreichen? Ich ließ Rudi ausrufen. Nach kurzer Zeit klingelte das Telefon, und er war dran. »Hör zu«, sagte ich, »die Lage hier in Berlin ist sehr schlimm. Heute wurde jemand verprügelt, weil er wie du aussah. Es ist sehr gefährlich. Rudi, komm nicht zurück. Bleib da. Ich werde gleich das nächste Flugzeug nach Amsterdam nehmen.«
Er verstand erst nicht, was ich meinte. Dann lachte er und sagte: »Das ist übertrieben. Ich habe keine Angst.«
»Aber ich habe Angst um dich und um uns alle«, entgegnete ich.
»Bleib ruhig. Du brauchst keine Angst zu haben, ich werde bald dasein.« Dann ging ihm das Telefongeld aus, und das Gespräch brach ab. Wenige Stunden später war er wieder in West-Berlin.

Bald danach war Rudi mit Bernd und Horst Kurnitzky im Auto unterwegs. Plötzlich kreisten an einer Kreuzung mehrere Taxis ihren Wagen ein. Horst, der am Steuer saß, erkannte die Gefahr, legte den Rückwärtsgang ein und fuhr mit Vollgas davon. Sie flohen durch eine Seitenstraße, dann um eine Ecke und konnten den sie verfolgenden Taxen ausweichen. Die enttäuschte Reaktion der Jäger kam über Taxifunk: »Der Dutschke ist uns entkommen.«

In diesen Tagen überbrachte Emma einen Brief von Wolf Biermann. »Sehr solidarisch«, schrieb Rudi darüber in seinem Tagebuch, »und mich in einem gewissen Sinne warnend vor eventuellen Anschlägen der Rechten gegen mich. Scheint mir übertrieben zu sein. Bisher konnte ich mich auf meine Beine und Fäuste, vom Maul ganz zu schweigen, verlassen.«

*

Prag ist nur ein paar Stunden von Berlin entfernt, aber es lag damals hinter dem Eisernen Vorhang. So drang die Information, daß dort eine Revolution geschah, nur allmählich und zweideutig zu uns. Durch Zufall war Rudi für Ende März 1968 von der Jugendkommission der Christlichen Friedenskonferenz (CFK) nach Prag eingeladen worden. Es war die Chance, zu sehen, was wirklich los war.
Wir packten unsere Koffer, steckten Hosea in seine Tragtasche und brachen auf. Auf dem Bahnsteig in Ost-Berlin stand jemand, der Rudi

kannte: Clemens Kuby. Er begrüßte Rudi fröhlich, und wir entdeckten, daß wir dasselbe Reiseziel hatten. Clemens kannte Prag. Er wußte auch ein billiges Hotel in der Nähe des Bahnhofs. Am folgenden Tag kam Stefan Aust, der damals als Journalist für »konkret« arbeitete, und zog ebenfalls in unser Hotel ein. Während der Woche in Prag waren wir unzertrennlich.

Am nächsten Tag eilten wir zum Tagungsort der Friedenskonferenz. Wir betraten einen großen Saal, gefüllt mit herumirrenden Menschen. An der Stirnseite hing ein Banner mit dem Motto der Konferenz: »Save Man – Peace is Possible«. Zwischen den jungen Menschen und gutgefütterten Pfarrern und Priestern aus aller Welt gab es viele russisch-orthodoxe Geistliche, die in langen schwarzen Gewändern herumgeisterten mit ihren hohen runden Hüten und langen schwarzen oder grauen Bärten. Wir trafen dort auch Bas Wielenga, der Rudi die Einladung verschafft hatte.

Die Konferenz fing mit einer Plenarsitzung an, auf der Kurzberichte aus verschiedenen Teilen der Welt gegeben wurden. Auch Rudi sollte über Ziele, Perspektiven und Strategie des SDS reden. Jedoch bevor Rudi dran war, kam Bas aufgeregt und sagte: »Sie wollen deinen Bericht nicht hören.« Die russischen Priester durften an dieser Konferenz nur teilnehmen, weil sie als Emissäre der sowjetischen Regierung auftraten, um deren Interessen durchzusetzen. Die Sowjetregierung hielt die westeuropäischen Studenten für Radaumacher und vermutete Verbindungen mit dem Prager Frühling. Sie wollte eine Debatte über Rudis Ideen verhindern.

Am Mittag gingen wir mit Clemens und Stefan in das luxuriöseste Hotel der Stadt, das »Esplanade«. Dort aßen wir das luxuriöseste Essen, das auf der Speisekarte stand. Clemens bezahlte die Völlerei aus Honoraren seines Vaters, Erich Kuby, für tschechoslowakische Ausgaben seiner Bücher. Dieses Geld durfte nicht aus der CSSR herausgebracht werden.

Abends waren wir wieder im »Esplanade« und bestellten uns ein mehrgängiges Luxusessen, das die halbe Nacht dauerte. In diesem Hotel herrschte ein Massenandrang westlicher Journalisten wegen des Prager Frühlings. Als einige Rudi entdeckten, setzten sie sich zu uns, und wir feierten ein heiteres Fest.

Wie ein Fest erschienen uns auch die politischen Ereignisse in der CSSR. Alexander Dubček war seit dem 5. Januar erster Sekretär der KPCZ. Am 5. März wurde die Pressezensur gelockert. Am 29. März

sollte das Parlamentspräsidium einen neuen Präsidenten wählen. Wir begaben uns an diesem Tag zum Wenzelsplatz. Tausende von Menschen waren dort versammelt, um auf das Ergebnis der Abstimmung zu warten. Plötzlich erhob sich ein Geschrei. Ein Mann war auf einem Balkon erschienen. »Dubček! Dubček!« ertönte es. Er hob die Hände, und es war still. Dann sagte er, daß Ludvík Svoboda zum Staatspräsidenten gewählt worden sei. Als Dubček unten an der Tür erschien, tobten die Menschen. Er wurde über den Köpfen der Menschen von Hand zu Hand weitergetragen. Der Jubel hörte nicht auf. Die Straßen wurden zu Tanzflächen umfunktioniert. Nie zuvor hatte ich so viele Menschen gesehen, die so lange und so unbändig gefeiert haben. Man konnte nicht anders, als mitgerissen zu werden.
Es war der 1. April. Wir saßen beim Frühstück in unserem bescheidenen Hotel, da kam ein riesig großer Mann zu uns an den Tisch. Er brummte eine Begrüßung auf deutsch, und wir erkannten ihn als einen westdeutschen Pfarrer, den wir am Tag zuvor schon getroffen hatten. »Stellen Sie sich mal vor«, sagte er. »US-Präsident Johnson will nicht für eine weitere Amtsperiode kandidieren, und er will Friedensgespräche mit Nordvietnam anfangen.« Der Mann grinste, so daß wir ihn nicht ernst nahmen.
»Das ist ein Aprilscherz«, sagten wir. Aber es war kein Aprilscherz. Verteidigungsminister Robert McNamara war schon zurückgetreten.

Rudis Auftritt in Prag fand statt, obwohl die ängstlichen CFK-Funktionäre ihn verboten hatten. Die Mitglieder der CFK-Jugendkommission scherten sich nicht darum und verlegten die Veranstaltung kurzerhand in eine Gaststätte. Dort drängte sich eine große Menge meist junger Menschen aus allen Teilen der Welt hinein. Rudi redete auf englisch: »Wir glauben, daß eine internationale Opposition notwendig ist, um gegen alle Formen autoritärer Strukturen zu kämpfen. Ich denke, daß es in der Tschechoslowakei eine große Aufgabe gibt: neue Wege zu finden, um Sozialismus, wirkliche individuelle Freiheit und Demokratie miteinander zu verbinden, nicht im bürgerlichen Sinn, sondern in einem wirklichen sozialrevolutionären Sinn. Wir wollen die bürgerliche Demokratie nicht abschaffen, aber wir wollen sie sehr ernsthaft mit einem neuen Inhalt füllen.«
Zwei Tage später durfte Rudi als Gast von Professor Milan Machovec und seinen Studenten vom Philosophischen Seminar der Prager

Karls-Universität im Audimax reden an derselben Stelle, von der aus vier Tage zuvor Parteichef Alexander Dubček zu den Prager Studenten gesprochen hatte. Mehr als tausend Studenten strömten ins Audimax. Sie hörten einen komplizierten Vortrag auf deutsch: »Die demokratische Erneuerung der CSSR« sei begrüßenswert, aber noch sei nicht gewährleistet, daß der Weg sozialistischer Demokratisierung auch wirklich beschritten werde. So sei die repräsentative Demokratie westlichen Musters keine Alternative zur Alleinherrschaft der kommunistischen Partei. Eine wirkliche Alternative sei nur eine Produzentendemokratie der Betroffenen in allen Lebensbereichen. »Marx spricht 1845 in den Feuerbachthesen (...) davon: Der Erzieher muß erzogen werden. Dieses Prinzip müßte eigentlich das Prinzip jedes demokratischen Aufbaus sein in sozialistischer Form. Die kommunistischen Parteien in Osteuropa haben in den letzten Jahren dieses Prinzip (...) konterrevolutionär mißbraucht. (...) Das Maß der Freiheit wurde nicht bestimmt durch die Bewußtheit der Menschen selbst, sondern wurde bestimmt durch bürokratische Entscheidungen von oben, und jeder Ruf nach individueller und gesellschaftlicher Freiheit wurde denunziert als Konterrevolution.«

Nach der Vorlesung diskutierte Rudi stundenlang mit den Studenten. Sie verstanden seinen Marxismus nicht. Für sie war Marxismus gleichbedeutend mit Unterdrückung. Rudi erfuhr, daß die Forderung der Studenten nach einer demokratischen sozialistischen Erneuerung nicht hauptsächlich in einem Rückgriff auf die Geschichte der Arbeiterbewegung oder auf Rosa Luxemburg wurzelte, sondern in einem spezifisch tschechoslowakischen Erbe, in der Auseinandersetzung mit den Thesen des böhmischen Reformators Jan Hus.

Dagegen opponierte Rudi nicht. Und wenn es um mögliche gemeinsame Aktionen ging, gab es auch keine Dissonanzen: »Jiri Müller, Peter Uhl und viele andere mehr haben wir in diesem Frühling kennengelernt. Nie konnte ich den Satz von J. Müller vergessen. ›Der Schah von Persien wird durch Prag nie wieder so durchkommen wie beim letztenmal.‹ Es war als Entschuldigung gemeint, es ging ihm um Solidarität, um die Gemeinsamkeit des internationalen Klassenkampfes.« [98] An einem Punkt war Rudi überrascht: »Wir diskutierten natürlich auch über die Möglichkeit der Okkupation durch die Russen. (...) Die jungen tschechoslowakischen Genossen sagten, sie kann

morgen da sein, auch wenn du es nicht glaubst, Rudi. Und ich glaubte es tatsächlich nicht.«[99]
An unserem letzten Tag in Prag, als wir am Frühstückstisch saßen, erschien wieder der riesige Pfarrer aus Westdeutschland. Sein Frohsinn war gedämpft. »Ich habe schlechte Nachrichten«, sagte er betrübt. »Martin Luther King ist tot.« Wir zweifelten diesmal nicht an seinen Worten. »Was ist geschehen?« fragten wir. Er antwortete: »King wurde in Memphis ermordet, noch keine weitere Information.« Wir stöhnten. Es war, als ob ein giftige Wolke auf uns herabfiel. Die Tage, die wie ein Dauerfest gewesen waren, mündeten in einem Gefühl der Niedergeschlagenheit und Unruhe.

*

Während wir in Prag waren, fand eine außerordentliche SDS-Delegierten-Konferenz in Frankfurt statt. Zur selben Zeit erschien eine neue Ausgabe des Wirtschaftsmagazins »Capital«. Vorne war Rudi zu sehen, elegant in einem grauen Mantel, mit rotem Halstuch und Marx' »Kapital« unter dem Arm. Ein Delegierter hatte das Heft mitgebracht. Es ging durch die Reihen, und es gab Gelächter. Einige waren empört. Vor allem die DKP-Sympathisanten, die sich am meisten ärgerten über Rudis Aussage in dem »Capital«-Interview: »Ich habe ein sehr einfaches Verhältnis zum Geld. Wenn es kommt, und ich kann es politisch akzeptieren, das heißt, es ist kein Geld aus der DDR, aus der Sowjetunion oder aus anderen kommunistischen Quellen, dann nehme ich es selbstverständlich an.«[100] Daß Rudi namentlich die Kölner Gruppe als DDR-finanziert entlarvte, gefiel ihnen nicht. Obwohl es stimmte.
Der Leiter der Bonner Delegation, Hannes Heer, beantragte aufgrund des »Capital«-Interviews spontan, Rudi aus dem SDS auszuschließen. Die Genossen aus Köln und Marburg schlossen sich gleich an. Trotz der Konflikte der letzten Zeit aber hielten die Berliner zusammen. Als Heer seinen Antrag begründete, rief Christian Semler: »Du Arschgeige. Aufhören. Du spinnst ja wohl. Ihr Stalinisten!«, und dann warf er Heer ein zerknülltes Stück Papier an den Kopf. Auch die Frankfurter hielten dagegen. Sie vermuteten eine gemeinsame Aktion der stalinistischen Gruppen, um Rudi endlich loszuwerden. Der Antrag wurde abgelehnt.

*

Die SDS-Genossen wußten, daß wir weggehen wollten. Sie verstanden es nicht. Sie dachten, wir wollten es, weil ich Angst hätte. Sie begriffen nicht, daß Rudi die Nase voll hatte vom Dauerärger mit den Genossen. Als sie dann in einem Fernsehgespräch mit Wolfgang Venohr Rudis Erklärung hören konnten, hatte das Attentat schon alle Pläne zerschlagen: »Revolutionäre Genossinnen und Genossen, Antiautoritäre! Das bürgerlich-kapitalistische Denken zeichnet sich dadurch aus, daß es gesellschaftliche Konflikte, von Menschen massenhaft gemacht, nur begreifen kann in der Gestalt von Personen. Dieses Denken muß personalisieren, und so war es auch kein Wunder, daß unser Konflikt mit dieser Gesellschaft, von der wir nichts mehr erwarten, mit der wir uns auseinandersetzen, gegen die wir kämpfen, weil sie uns eine neue Welt verweigert, darum war auch von ihr nichts anderes zu erwarten, als daß sie unsere Bewegung personalisiert. So wurde die antiautoritäre Bewegung identisch gesetzt mit Dutschke und personalisiert im fast totalen Sinne. Nun, ich meine, aus diesem Grunde und auch aus anderen politisch-revolutionären Gründen habe ich Rechenschaft abzulegen, warum ich jetzt für einige Zeit aus der BRD weggehe, um im Ausland politisch zu arbeiten. Ich meine, durch diese totale Personalisierung ist ein autoritäres Moment in unsere Bewegung hineingekommen, das wir eigentlich nur durch ein systematisches Konzept von Kritik und Selbstkritik überwinden können. Wenn jetzt hier von den Herrschenden gesagt wird, ohne Dutschke ist die Bewegung tot, so habt ihr zu beweisen, daß die Bewegung nicht steht mit Personen, sondern daß sie getragen wird von Menschen, die sich im Prozeß der Auseinandersetzung zu neuen Menschen herausbilden. Zu neuen Menschen mit neuen Bedürfnissen, mit neuen Interessen, die sich nicht von oben, links oder rechts manipulieren lassen, sondern fähig sind, an der Basis die Widersprüche zu vertiefen, in den einzelnen Sphären sich zu organisieren mit einer klaren antiautoritären, antifaschistischen Tendenz, die in einem langfristigen Prozeß diese Gesellschaft revolutioniert.«

Venohr hatte Rudi noch etwas gefragt: »Schon fünfmal haben Sie in den letzten Monaten Ihre Wohnung gewechselt. Beim letztenmal hatten Unbekannte Stinkbomben durch den Briefschlitz geworfen und mit roter Farbe neben die Tür geschmiert: ›Vergast Dutschke‹. Haben Sie nicht manchmal Angst, daß Ihnen einer über den Kopf schlägt?«

Rudi antwortete: »Nicht Angst. Das kann passieren. Aber Freunde von mir passen mit auf. Normalerweise fahre ich nicht allein rum. Es kann natürlich irgendein Neurotiker oder Wahnsinniger mal 'ne Kurzschlußhandlung durchführen.«

Am 10. April schrieb Rudi eine lange Eintragung in sein Tagebuch: »Warum der Bernd R[abehl] gekommen ist, verstehe ich nicht recht, er war aber im Gespräch recht freundlich, der ganze Krach im SDS schien vergessen zu sein. Er weiß von meiner Absicht, nach Amerika zu reisen, müßte aber desgleichen von meiner Paris-Einladung für den 1. Mai wissen. Aber Informationen werden seit Wochen im SDS schier ›fraktionell‹ gehandhabt. Wir haben die INFI-Sache nicht umsonst mit Geldern ermöglicht, die vom Vietnamkongreß übrigblieben. (...) Hoffentlich kann unser INFI sich halten.«

*

Irgend jemand hatte Rudi im Dezember 1967 eine Seite der »Stuttgarter Zeitung« geschickt. Seine Augen wanderten über die Spalten und entdeckten »Bemerkenswerte Horoskope in West-Berlin«. Rudi las nie Horoskope. Diesmal las er es: »Der Glücksplanet Jupiter im Trigon zur Sonne (Regierung von Berlin) und im Sextil zum Mond (das Volk) zeigt auch deutlich, daß die Regierung von Berlin immer die Macht behalten wird gegenüber Demonstrationen, die im April 1968 stattfinden könnten. Gewiß ist die Stellung des Mars am Aszendenten nicht erfreulich und weist darauf, daß unruhige Elemente politische Schwierigkeiten und öffentliche Unruhe herbeiführen wollen. (...) Wenn im April, vor allen Dingen in der ersten Hälfte, der Rektor der Universität in West-Berlin und die Berliner Stadtverwaltung durch einige soziale Reformen, (...) durch eine vernünftige Propaganda zur Erhaltung der Ruhe und Ordnung auf die Bevölkerung einwirken, dann wird diese totale Mondfinsternis nicht zwingen.«[101] Auf diesen Artikel schrieb Rudi in großen Buchstaben »KURIOSA« und unterstrich es.

Explosion

> »Das ›Prinzip Hoffnung‹ kennt einen Ausweg für jede Situation. Jede Not trägt die Wendbarkeit dieser Not in sich. Anders gäbe es keinen Begriff der Notwendigkeit. Das war mir durch das Studium der Texte von Herbert Marcuse aus den dreißiger Jahren einsichtig geworden. Von all dem waren unzweideutige Spuren geblieben, an sie anzuknüpfen war die Aufgabe. Das Leben gesellschaftlich zu leben und die Frage des Todes nicht zu verdrängen zeigt wohl am ehesten die eigene Geschichtsbezogenheit an. (...) Aus dem realen politischen Prozeß geriet ich nach dem allerersten Wiederherstellungsprozeß in keinem Augenblick heraus.« [102]

Am Gründonnerstag, den 11. April 1968, eine Woche nach der Ermordung von Martin Luther King in den USA, wurde Rudi in West-Berlin auf offener Straße von einem durch die Springer-Presse aufgehetzten Hitler-Verehrer namens Josef Bachmann niedergeschossen. Rudi hatte leichtsinnigerweise daran geglaubt, unverwundbar zu sein. Obwohl er in Gehirn und Gesicht getroffen war, erinnerte Rudi sich später an den Mordanschlag: »Im April 1968 auf dem Kudamm zu warten war für mich ein gewisses Risiko. Aber die wahnwitzige Hetze war schon im März abgeflacht, und zum anderen hatte ich für Ho, unser Baby, was zu holen. Natürlich schaut man sich in einer solchen Situation des öfteren um, ohne bedeutend aufzufallen. Nach ca. 10-15 Minuten Sitzen auf dem Fahrad machte mich etwas aufmerksam, ein Mann war aus einem Auto, welches sich gerade gegenüber vom SDS-Eingang in der Kudamm-Parkmitte eingenistet hatte, ausgestiegen und bewegte sich immer mehr von seinem Auto weg, blieb in der Mitte, näherte sich mir, ohne zu begreifen oder zu verstehen, daß diese Person sich direkt an mich heranmachen wollte, um mich zu ermorden, es zu versuchen. Nach ca. vier bis fünf Minuten standen wir uns gegenüber, zwischen uns war nur noch die Straße. Nachdem die letzte Autowelle vorbei war, kam er über die Straße, ging entspannt in einem Abstand vorbei und wendete sich vom Gehweg mir direkt zu, stellte die Frage: ›Sind Sie Rudi Dutschke?‹, ich sagte: ›Ja‹, die Schießerei begann, ich schmeiße mich automatisch auf ihn los, die leeren Stellen im Gehirn über die nächsten Minuten und Stunden beginnen, mit kurzen Zwischenmomenten. (...)« [103] – »Allerdings war, es wurde mir später bestätigt, mein letzter Schrei am 11. 4. 68 schon ca. 70 Meter mit Kugeln im Kopf hinter mir, halt dann auf der Bank vor der SDS-Tür, niemand ließ mich verständlicherweise mehr rein: ›Mutter, Mutter‹, mehr kam nicht mehr raus.«[104]

Ich hatte Vorahnungen genug gehabt.

Es war Nachmittag. Ich plauderte mit Cano, dem Hausverwalter bei Gollwitzers, wo wir zu der Zeit vorübergehend wohnten. Rudi war in die Stadt geradelt, um Nasentropfen für den erkälteten Hosea zu kaufen. Statt eine naheliegende Apotheke aufzusuchen, fuhr er zur Apotheke neben dem SDS-Haus. Dort wollte er für Stefan Aust Materialien über Prag besorgen. Als er ankam, hatte die Apotheke noch Mittagspause, und Rudi mußte warten.

Währenddessen tauchte Stefan Aust bei mir auf. Er wollte für »Konkret« einen Artikel von Rudi über die Lage in der CSSR abholen. Rudi hatte ihn, wie gewöhnlich, nicht rechtzeitig fertig. Plötzlich spürte ich einen stechenden Schmerz im Unterleib. Es tat so weh, daß ich die Unterhaltung mit Cano und Stefan abrupt abbrechen mußte. Kurz danach kam ein Anruf. Ein unbekannter Mann fragte mich, ob Rudi zu Hause sei. Nichts ahnend, sagte ich nein. Er murmelte, daß jemand vor dem SDS-Haus am Kurfürstendamm niedergeschossen worden sei, es könne Rudi gewesen sein. Ich erschrak. Der Mann sagte: »Nein, nein, es tut mir leid, ich wußte nicht, daß Sie darüber nichts wußten. Vielleicht war es gar nicht Rudi. Ich wollte nur wissen, ob er dort war.« Er legte auf. Verzweifelt griff ich nach meinem Kind, als ob Hosea den Schrecken hätte bannen können.

Ich zitterte unkontrolliert, irgendwie wußte ich, was passiert war. Gaston klingelte an der Tür, und ich überfiel ihn gleich mit der merkwürdigen Mitteilung. Aber er hatte nichts gehört und sagte, es müsse irgendein Verrückter gewesen sein, der angerufen habe. Kurz danach aber rief der Unbekannte noch einmal an. Diesmal sprach Gaston mit ihm. Danach zweifelte er nicht mehr.

Gaston rief die Polizei an, von der er erfuhr, daß Rudi in einem kritischen Zustand in das Westend-Krankenhaus eingeliefert worden war. Nach dem Gespräch drehte sich Gaston zu mir um. Seine Augen waren wild aufgerissen und voller Angst. Ich dachte, Rudi sei tot, und schrie. Es fühlte sich an, als ob meine Eingeweide durch Magen und Speiseröhre hinausquellen würden. Die Abwehr, die ich in den Monaten der Drohungen, Stinkbomben und Schlägereien aufgebaut hatte, fiel in diesem Augenblick zu einem dumpfen Nichts zusammen.

Vor dem Westend-Krankenhaus wartete schon eine große Ansammlung von Journalisten und Neugierigen. Sie erkannten mich, als wir ankamen, und es blitzte und lärmte. Der Polizei genügte allerdings dieser Identitätsnachweis nicht, sie wollte uns erst nicht hineinlassen. Als Gaston und ich uns mit Clemens Kuby, der inzwischen zu uns gestoßen war, endlich durch die Menge gequetscht hatten und in die drückende Stille des Krankenhauses gelangt waren, kam ein Oberarzt und berichtete mir mit merkwürdig ruhiger Stimme, daß Rudi gerade operiert werde. Er konnte nicht sagen, ob es viel Hoffnung gab, aber er erklärte, daß die Tatsache, daß er noch lebte, eine kleine Ermutigung sein könne. Dann ging er.

Wir warteten, das hilflose Sitzen war unerträglich. Jemand brachte ein Telegramm von Bundeskanzler Kiesinger, das Clemens gleich zerriß. Zwischendurch fuhr ich nach Hause, um Hosea zu stillen. Gegen 23 Uhr erschien der Gehirnchirurg und teilte mit, daß das bedrohlichste Geschoß aus dem Gehirn herausoperiert worden sei. Seine Hoffnung war gestiegen, weil Rudi die Operation überstanden hatte.

Am zweiten Tag ging ich zu Rudi. Sein Kopf war mit Ausnahme der Augen und Mundpartie völlig verbunden. Was man aber sah, war bläulich und geschwollen, nicht als Rudi erkennbar. Er öffnete die Augen nicht. Doch am folgenden Tag erkannte er mich gleich, und er versuchte sich wie eine wieder zum Leben erweckte Mumie aufzurichten. Die Krankenschwester fragte ihn: »Wer ist das?«, und er antwortete: »Meine Frau.« Die Ärzte freuten sich. Er hatte mindestens ein Rudiment seiner geistigen Fähigkeiten behalten. Darauf konnte man aufbauen. Als Vater und Brüder am selben Tag aus Luckenwalde kamen, fragte er sie: »Wo ist Mutter?« Danach ging es von Tag zu Tag aufwärts.

*

Als sich die Nachricht vom Attentat wie eine Feuersbrunst verbreitete, sammelten sich noch am 11. April Tausende von Menschen vor dem Springer-Hochhaus. Es gab keinen Augenblick Zweifel daran, wer der eigentlich Schuldige am Anschlag war. Auch die Polizisten hatten diese einfache Tatsache begriffen. Sie hielten sich zurück, als die aufgebrachten Menschen Lieferwagen verbrannten und Fenster einwarfen.

In den Tagen danach strömten Studenten in die Basisgruppen in den Stadtteilen, die sich meist um Miet- und Wohnungsprobleme kümmerten. Sie hatten oft einen riesigen Zulauf, zerfielen aber auch schnell wieder. Studenten gingen in Betriebe, um mit Arbeitern Kontakt zu bekommen und sie zu organisieren. An den Universitäten bildeten sich Rote Zellen. Diese Basisgruppen verstanden sich als Vorläufer einer Rätemacht. Es schien so, als ob sich funktionsfähige Ansätze einer Räteorganisation herausbildeten. Schlagzeilen wie im »stern«: »Ist die Revolution noch zu stoppen?«, versehen mit Bildern von Straßenschlachten und demonstrierenden Menschen, ließen die Hoffnungen noch wachsen.
Die Stimmung war so, »als stünde die Revolution dicht vor der Tür«[105], schrieb eine Zeitzeugin. An der Mai-Demonstration in West-Berlin nahmen 50000 Menschen teil. Kurz danach protestieren 50000 Demonstranten in Bonn gegen die Notstandsgesetze, und am 10. Mai wurden Barrikaden im Pariser Viertel Quartier Latin errichtet, wo sich 30000 Studenten und Arbeiter eine tagelange Straßenschlacht mit der Polizei lieferten. Am 27. Mai, dem Tag der 2. Lesung der Notstandsgesetze im Bundestag, streikten Studenten an 25 deutschen Universitäten. Es kam zum erstenmal nach dem Zweiten Weltkrieg zu politischen Streiks in einigen Betrieben. Der Bundestag wurde durch ein massives Aufgebot von Polizei abgeriegelt, damit die Demonstranten die Verabschiedung der Notstandsgesetze nicht stören konnten. In November 1968 gab es in West-Berlin den bis dahin gewalttätigsten Kampf der Studenten gegen die Polizei, die »Schlacht am Tegeler Weg«. 130 Polizisten wurden durch von Studenten geworfene Pflastersteine verletzt. An diesem Tag sollte der Prozeß gegen den Rechtsanwalt Horst Mahler im Landgericht am Tegeler Weg stattfinden. Er wurde als einziger für die Schäden angeklagt, die beim Angriff auf das Springer-Hochhaus nach dem Attentat am 11. April entstanden waren: über eine halbe Million Mark (obwohl die meisten Verwüstungen auf die Molotow-Cocktails zurückgingen, die der Polizeispitzel Peter Urbach zur Verfügung gestellt hatte).[106]

*

Als die kritische Zeit in Rudis Genesungsprozeß allmählich überstanden war, drängte sich die Frage auf, wieviel vom Gehirn zerstört war.

Schon in den ersten Tagen merkten wir, daß Rudi alle Familienmitglieder kannte, aber er wußte nicht, wie wir hießen. Sagten wir ihm unsere Namen ein paarmal, dann behielt er sie. Ganz einfache Fragen konnte er mit Ja und Nein beantworten, aber viele Erfahrungen und Ausdrucksmöglichkeiten waren weg. Er wußte damals auch nicht, was mit ihm geschehen war. Einmal fragte ich Rudi: »Weiß du, wer Lenin war?«
Er schaute mich verwirrt an, überlegte, dann sagte er: »Nein.«
»Du hast sehr viel über ihn studiert, den russischen Revolutionär von 1917.«
Ich sah, wie Rudi mit dem Denken kämpfte, wie er versuchte, mit dem Namen etwas anzufangen, aber er sagte nichts. Doch es arbeitete den ganzen Abend in seinem Kopf, und am nächsten Tag sagte er mir: »Ich kenne Lenin.« Und er fügte hinzu: »Ich möchte etwas haben.«
»Was?« fragte ich.
»Es ist so«, sagte er und formte mit seinen Hände ein Buch.
»Buch?« fragte ich.
»Ja, ein bestimmtes.« Er zeichnete mit seinen Fingern etwas in der Luft.
»Was? Bilder?«
»Nein.«
Dann verstand ich: »Einen Atlas?«
»Ja.« Er freute sich.
Ich brachte ihm am nächsten Tag einen Atlas mit, und er vergrub sich darin gleich mit großem Eifer. Er fragte ständig, wie dieses oder jenes Land hieß, denn er konnte nicht lesen.
Er wurde sich allmählich bewußt über die Lücken in seinem Wissen und Erinnerungsvermögen. Es war für ihn ungeheuerlich und deprimierend, aber er ließ sich nicht unterkriegen. Er ging gleich daran, Lükken zu füllen. Die Namen seiner Freunde waren alle verloren. Ich schrieb ihm eine Namensliste, die immer noch existiert mit dem nachträglich eingesetzten Kommentar von Rudi: »1. Mal wieder die Namen der Freunde aufgeschrieben mit Hilfe von Gretchen im Krankenhaus Westend, W. B.: Gaston, Christian Semler, Bernd Rabehl, Meschkat, Gollwitzer, Krippendorff, Wolfgang Neuss, Enzensberger.«
Rudi wollte wissen, was in der Welt los war. Am 1. Mai bekam er ein kleines Radio und versuchte, die Berichterstattung zu begreifen. »Mein Gehirn hatte echte Schwierigkeiten«, schrieb er später. »Schließ-

lich konnte ich weder lesen noch die Alltagssprache ausreichend ausdrücken. Aber den Sinn und die Zahlen einer Berichterstattung konnte ich durchaus schon wieder mitbekommen.«[107]

Jeden Tag kam ein Arzt, um mit Rudi eine Stunde lang sprechen zu üben. Auch ich tat in den Besuchszeiten, was ich konnte. Es wurde aber klar, daß das nicht ausreichte, um Sprache und Kenntnisse vollends wiederzuerlangen. Niemand wußte, ob dies überhaupt möglich war bei einem Menschen, dem zehn Zentimeter seines Gehirns weggeschossen worden waren. Die wenigsten Hirnverletzten aus dem Krieg oder von Unfällen hatten es geschafft. Aber so eine niederschmetternde Tatsache konnte Rudi nicht hinnehmen. Er erinnerte sich an seinen alten Freund Thomas Ehleiter. Thomas war Psychologe geworden und arbeitete in Berlin. Rudi war sicher, daß er der geeignete Mensch war. So wurde mit dem Oberarzt vereinbart, daß Thomas täglich morgens und nachmittags mit Rudi üben konnte. Dafür mußte Thomas allerdings seine Stellung aufgeben.

Am wichtigsten war zunächst, die Sprache zurückzugewinnen. Thomas überlegte fortwährend, wie er mit Rudi Fortschritte erzielen könnte. Er nutzte es aus, daß Rudi an allem Politischen brennend interessiert war: »Bei den allerersten Leseübungen mit Hilfe einer Fibel für Erstkläßler stutzte Rudi bei dem Wort Uli. Er fragte: ›Wieso Uli?‹ Ich erklärte ihm, daß Uli ein Vorname sei, wie Rudi oder Gretchen. Bei dem nächsten Wort, Leo, stockte er wieder, sah mich an und sagte: ›Leo, wir haben doch einen Politiker. Leo …‹ Er machte eine Pause, wiederholte das Wort einige Male, konnte sich aber nicht an die Person erinnern. Erst bei der Nennung der vier ersten Buchstaben von Trotzki ergänzte er sofort den Namen von Trotzki und lachte. (…) Am 10. 5. '68, fünf Wochen nach dem Attentat, formulierte Rudi folgenden Satz: ›Ich habe Fehler gemacht. Ich bin einfach noch zu jung, um Politiker zu werden. Ich bin 28 Jahre alt. Ich muß mich noch mal zurückziehen und an mir selbst arbeiten.‹ Der Anspruch dieses Satzes wurde bei der Erarbeitung des Sprachmaterials zur inhaltlichen Orientierung. (…) Durch diesen Anspruch gefordert, arbeitete Rudi bereits sechs Wochen nach seiner schweren Verletzung mit Texten von Marx. (…) Beim ersten Leseversuch der 11. Feuerbach-These ›Die Philosophen haben die Welt nur verschieden interpretiert, es kommt darauf an, sie zu verändern‹, unterlief Rudi ein bemerkenswerter Fehler. Er las: ›Die Philosophen haben die Welt nur verschieden interpretiert, es kommt darauf an, sich zu verändern.‹ Als er auf den Lesefehler aufmerksam gemacht wurde, überlegte Rudi, ob nicht seine Lesart den Wert dieser These für sein eigenes politisches Handeln bereichern würde.« [108]

Ein Zufall ergab, daß die Frau des Polizeipräsidenten von Berlin, Moch, sich gerade von einer Operation erholte in derselben neurochirurgischen Abteilung des Krankenhauses wie Rudi. Das gab Anlaß für eine Eintragung in Rudis Arbeitsheft: »Heute ist der 21. 5. 1968. Um 17:30 kam der Oberarzt Dr. Schulze und frug mich, ob es möglich wäre, daß der Polizeipräsident Herr Moch, dessen Frau zwei Zimmer neben mir liegt, für einen Händedruck hereinkommen dürfe. Wir haben überlegt – Thomas und ich – und sahen keine Schwierigkeit und keine Gegenmöglichkeit. Er erschien, und wir sprachen wenige Minuten über die Schießerei des jungen Menschen (Bachmann). Die Polizisten haben ihn nach wenigen Minuten schon gefunden, und der Kampf ging sehr schnell weiter. Sie konnten schließlich seine Knarre kaputtschießen, dabei gingen auch seine Finger kaputt. Ein Polizist wurde auch angeschossen von B., wurde auch noch gesund gemacht. (...) Er sprach schließlich von den Polizisten, die sehr froh über Dutschkes Leben sprechen. Dut[schke] war der Meinung, daß es bei den Polizisten noch sehr viele Rechte gibt.« [109]
Anfang Mai sollte ich eine Bitte an Rudi herantragen. Herbert Marcuse war in Berlin und wollte Rudi sehen. Rudi war bereit, das Wagnis einzugehen, ein Versuch, sich seine alte Welt wieder anzueignen. Er wußte aber nicht, ob er die Aufregung durchhalten würde. Als Test und aus Freundschaft wollte Rudi erst Gaston sehen. So anstrengend diese Besuche waren, Rudi merkte, daß er jetzt wieder in der Lage war, komplizierte politische Diskussionen zu führen. Sein Sprachverlust im Bereich der politischen Begriffe war minimal.
Es kam auch unerwünschter Besuch. Sensationsgeile Zeitungsleute wollten Gruselfotos von einem mumifizierten Rudi im Krankenhaus veröffentlichen. Rudi wehrte sich dagegen: »Die Geier des Pressemarkts – wie immer der einzelne Journalist sich geben mag und es subjektiv gut meint, ist dabei völlig unwichtig – wollten das Bild eines Geschlagenen, eines Ausgeschalteten, das Bild eines SDS-Wracks sehen. Der Jugend sollte in letzter Konsequenz gezeigt werden: Geht bloß nicht solch einen Weg, es wird euch wie ihm ergehen.« [110]

Ich sah es als meine Aufgabe an, Rudi in seinem Wunsch zu unterstützen und ihn, soweit ich konnte, vor der Presse zu schützen. Daraufhin griffen Medien mich an. Erich Kuby machte den Anfang, indem er Rudis Arzt mitteilte: »Ich schrieb absichtlich nicht, daß ich die bisherige Pressepolitik von Frau D[utschke] für nicht ganz zweckmäßig halte – aber das ist meine Meinung.« Kurz danach erschien Horst Mahler. Zuerst freute sich Rudi, ihn zu sehen, aber mit steigender Betrübnis hörte er seine Bitte: »100 000 Mark von ›stern‹ für ein Bild, 80000 für den SDS. Wir können es gebrauchen«, sagte Horst. Rudi ließ ihn nicht ausreden, er schätzte Horst zu sehr, wollte die Erniedrigung von sich und von Horst abwenden: »Er konnte mich nicht verstehen. Gretchen wenigstens.« [111] – »Mich zu erniedrigen war ich nicht bereit. (...) Nachdem wir uns getrennt hatten, fragte ich mich: Hast du eigentlich für den SDS und die APO, für die ganze Sache von uns allen in dieser Zeit nicht genug an Kraft und Energie gegeben?« [112]

Mitte Mai wurden Rudis Fortschritte ein erstes Mal unterbrochen. Der Oberarzt erklärte: »Sie müssen noch eine Operation durchmachen.«

»Warum?« fragte Rudi verblüfft und erschrocken.

»Es fehlt noch ein großer Teil vom Schädelknochen, der jetzt im Kühlschrank aufbewahrt ist. Er muß wieder eingesetzt werden.«

Rudi hob langsam sein Hand an seinen Kopf, er hatte überhaupt nicht bemerkt, daß ein großes Stück Knochen fehlte und sein Gehirn praktisch direkt unter der Haut lag.

»Das Schädelteil wurde bei der ersten Operation entfernt, damit das Gehirn nicht durch die Schwellungen zerquetscht wurde. Jetzt wird es wieder angenagelt«, erklärte der Arzt.

Rudi erholte sich schnell von der Operation, und die Stunden mit Thomas wurden fortgesetzt. Um das Selbstverständnis als politisch handelnder Mensch zurückzugewinnen, übte Rudi, seine Gedanken schriftlich auszudrücken, zuerst nur in Fetzen: »Die Frage, ob dem menschlichen Denken gegenständliche Wahrheit zukomme – ist keine Frage der Theorie, sondern eine praktische Frage. In der Praxis muß der Mensch die Wahrheit, d. h. Wirklichkeit und Macht, Diesseitigkeit seines Denkens beweisen. Der Streit über die Wirklichkeit oder Nichtwirklichkeit des Denkens – das von der Praxis isoliert ist – ist eine rein scholastische Frage.« Ohne die Praxis fühlte Rudi sich nun ein bißchen wie ein Fisch ohne Wasser.

Das Attentat hatte auch sein Selbstbewußtsein verletzt. Hatte er sich früher unverwundbar gefühlt, so mußte er jetzt wahrnehmen, daß er sich nicht auf seinen Verstand und seine Fäuste verlassen konnte. Rudi war in der ersten Zeit nach dem Attentat noch nicht in der Lage, zuzugeben, daß er Angst hatte, da er früher Angst nicht gekannt hatte. Selbstreflexion bedeutete für ihn nicht, irgendwelche tiefenpsychologischen Geheimnisse zu entdecken. Er akzeptierte nur die Selbstveränderung, die in der revolutionären Praxis stattfand.

Mitte Juni war Rudi stark genug, das Krankenhaus zu verlassen. Er wirkte recht beängstigend mit seinem dunklen, hageren Gesicht und den stacheligen schwarzen Haarstoppeln. Er hatte eine große sternförmige Narbe auf der rechten Backe, und die Narben auf seinem Kopf waren noch sichtbar. Seine Vitalität kehrte zurück, aber nicht mehr in der übermütigen, sprudelnden Weise wie vorher. Und da war eine Bitterkeit, die ich nie zuvor bei ihm erlebt hatte. Er sah die Umwelt nun mit anderen Augen.

Dr. Schulze schlug vor, Rudi solle sich in einem Sanatorium auskurieren. Mit Hilfe von Gollwitzer fanden wir eines in der Schweiz, das so mutig war, Rudi aufzunehmen. Um der lauernden Pressemeute zu entgehen, wurde Rudi, versteckt im Wagen eines Arztes, aus dem Krankenhaus geschleust. Die Bekanntschaft mit dem Polizeipräsidenten Moch zahlte sich aus. Er arrangierte, daß wir den Geheimeingang zum Flughafen benutzen konnten, der vorher auch Tschombé und dem Schah zum Versteckspielen gedient hatte. Ohne die Flughalle zu betreten und ohne Paßkontrolle kamen wir ins Flugzeug. Unsere Flugkarten waren auf falsche Namen ausgestellt: »Familie Klein«, Vater, Mutter und ein fünf Monate altes Kind. »Das ist ein guter jüdischer Name«, erklärte Thomas. Er hatte den Namen Klein spontan vorgeschlagen. Aber Klein war auch der Mädchenname meiner Großmutter. Thomas wußte das nicht.

Das Leben im Sanatorium war einfach. Hosea wachte um sieben Uhr auf. Ich holte und stillte ihn. Rudi schlief noch. Wenn Hosea satt war, legte ich ihn Rudi in die Arme. Hosea zog an Rudis Haaren und steckte die Finger in seine Augen, bis er aufwachte. Wir blieben im Bett und spielten gemeinsam, dann schliefen wir wieder ein, bis das Frühstück gebracht wurde. Die Schwester versuchte verzweifelt, uns zu wecken, aber wir taten so, als würden wir nichts merken. Erst gegen neun Uhr frühstückten wir, dann kam Thomas, um mit Rudi zu lernen. Ich ging währenddessen mit Hosea spazieren bis zum Mittagessen. Nach dem Essen wieder Arbeiten, Spazieren, Arbeiten. Abends liefen dann alle gemeinsam noch eine Runde. Einfach, eintönig und doch nicht langweilig.

Thomas wohnte mit seiner Freundin Nana ebenfalls im Sanatorium. Das bezahlten wir mit Geld aus den vielen Spenden, die wir nach dem Attentat bekommen hatten. Die Spenden machten es möglich, daß Rudis Unterricht auch im Sanatorium fortgesetzt werden konnte.

Weil Rudi die Hälfte seines Gesichtsfeldes verloren hatte, schlug Thomas vor, daß Rudi Tischtennis spielen sollte, um zu lernen, bewußt nach rechts zu gucken. Rudi spielte gern. Ich weiß nicht mehr, ob es ihm je gelungen ist, Thomas zu besiegen, aber Rudi war ein ehrgeiziger Wettkämpfer und wollte nie verlieren.

Wenn wir das Sanatorium verließen, trug Rudi eine Sonnenbrille und einen Schlapphut, um nicht erkannt zu werden. Aber die Verkleidung war nicht hundertprozentig erfolgreich. Eines Abends machten wir den üblichen Spaziergang durch das kleine Dorf und die umliegende Landschaft. Da sahen wir einen Mann, der sich an einen Baum lehnte, und als wir uns näherten, bewegte er sich immer noch nicht. Wir wurden etwas unruhig. Als wir an ihm vorbeigingen, trat er plötzlich auf die Straße und sagte: »Ich weiß, wer Sie sind.« Thomas war sofort bereit, zu kämpfen. Ich war wie ein Tier, das den Jäger wittert und alle Kraft sammelt, um mit dem Kind zu fliehen. Rudi war sich nicht sicher, ob er kämpfen oder fliehen sollte. Der Mann stellte sich vor: »Ich bin Karl Gerold.« Rudi und Thomas wußten, mit wem sie es zu tun hatten, und waren wenig beglückt. Gerold war Herausgeber der »Frankfurter Rundschau«. Aber dann sagte er: »Machen Sie sich keine Sorgen. Ich bin nicht hier, um Sie aufzuspüren. Ich bin Patient im Sanatorium. Ich habe Sie erkannt, als Sie ankamen, aber ich wollte nicht stören. Ich bin auch nicht daran interessiert, daß meine Anwesenheit hier bekannt wird. Aber wenn Sie wollen, können wir diskutieren, auf einer absolut privaten Basis.« Dann erklärte er etwas über seine Krankheit. Später schenkte Gerold Rudi ein Buch mit Gedichten, die er teils als junger Arbeiter, teils im Gefängnis als Antifaschist geschrieben hatte. Er hielt sein Wort und erzählte niemandem von diesem Treffen. Wegen seiner Krankheit nahm er sich einige Jahre später das Leben.

*

Keiner von uns wollte zurück nach West-Berlin, als der Sanatoriumsaufenthalt vorbei war. Rudi war noch lange nicht stark genug, um in die Politik zurückzukehren. Auf Gastons Betreiben bot Hans Werner Henze uns an, in seiner Villa La Leprara in Italien zu wohnen. Es war Mitte Juli. Ein schrecklich heißer Wind und Ruß drangen durch das Fenster in das Abteil des Zuges, der uns nach Rom brachte. Hosea wachte auf und wurde quengelig.

In Rom trafen wir Henzes Sekretärin, die nicht davon unterrichtet war, daß Thomas und Nana uns begleiteten. Das führte zu Mißstimmungen, und Thomas war schließlich so verärgert, daß er drohte, gleich abzufahren. Nun erkannte die Sekretärin ihren Fehler. Sie wendete fortan Thomas besondere Aufmerksamkeit zu, was die Lage allmählich beruhigte.

Wir verließen die heiße römische Ebene und fuhren in die kühleren Berge. Es ging durch enge kurvenreiche Straßen und malerische Dörfer, vorbei an uralten Villen und dekorativen Ruinen aus römischer Zeit. Die Ortschaft Marino kündigte sich durch eine hohe und langgezogene verblassende rote Mauer entlang der Straße an. Schwarzgekleidete Bäuerinnen trugen Säcke mit Wäsche zu einem Brunnen, dessen funkelndes Quellwasser vor roten Mauern emporschoß. Hinter den Mauern wohnte Sophia Loren. Gegenüber lag eine neuere Villa. Wir fuhren durch das Tor.

Henze führte uns sein imposantes Anwesen vor, und wir waren beeindruckt. Jedes der vielen Badezimmer war mit unterschiedlichen exquisiten Fliesen gekachelt. Es gab ein riesiges Wohnzimmer mit dunkelroten Teppichen und zwei Flügeln, das Ganze verschwimmt in meiner Erinnerung zu einer unfaßbaren Phantasie von Reichtum und Eleganz. Henzes Zimmer war an Decke und Wänden mit blauem Stoff gepolstert. Merkwürdig war auch das Zimmer von Henzes Sekretär und Lebensgefährten Fausto mit roter und schwarzer Tapete. Die einzigen Lichtquellen darin waren Scheinwerfer.

Später zeigte uns der Hausangestellte Silvano auch Faustos Kleiderschrank, er war gefüllt mit glitzernden Goldanzügen, die mit Spitze verziert waren.

Nach der Besichtigung erschien Fausto an der Tür. Er war ein langer dünner dunkler italienischer Mann, bekleidet mit einem seiner glitzernden Anzüge. Er glitt auf Zehenspitzen vorwärts, als ob er ein Tanzstück vorführen würde. Er hielt vor uns und verbeugte sich. »Das ist

Fausto«, sagte Henze. Fausto begrüßte die Männer inklusive Hosea, der sechs Monate alt war. Er musterte Nana, um zu sehen, ob sie Mann oder Frau war, entschied sich für Frau und beachtete sie nicht mehr. Beim Abendessen plazierte Henze mich neben sich am Tisch. Offenbar war es Faustos Stammplatz, denn er wurde eifersüchtig, begann die Katze zu schlagen und verließ schließlich erbost das Zimmer.
Am Anfang lebten wir in La Leprara wie Neureiche und ließen uns von Henzes Personal verwöhnen. In dieser merkwürdigen ätherischen Weltabgeschiedenheit war es schwer, an die Kämpfe in den Städten zu glauben. Aber nach einer Weile begann sich das traumhafte Leben zu trüben. Viele von Rudis Freunden wußten inzwischen, wo wir waren. Auch italienische Genossen erfuhren von unserem Aufenthaltsort und meldeten sich. Die Kontakte, die Informationen und das Gefühl, sich von der Peripherie wegzubewegen, waren wichtig für Rudi. Aber es wuchs damit auch die Gefahr, daß die Presse uns entdeckte.
Es geschah, was geschehen mußte. Jemand, wohl ein Bekannter von uns, hatte für viel Geld geplaudert. Eines Tages saßen wir im Garten zum Nachmittagskaffee. Thomas hörte es zuerst, es war ein leises Rascheln von Blättern in den Weinstöcken hinter uns. Er sprang auf und schrie: »Sie schießen! Verschwindet!« Ich riß Hosea aus seinem Bett und lief zum Haus. Thomas und Rudi rannten zu den Weinstökken und stellten die Angreifer, die nicht mit Pistolen, sondern mit Kameras bewaffnet waren. Rudi und Thomas versuchten, ihnen die Fotoapparate wegzunehmen, um die Filme zu zerstören. Aber es gelang nicht.
In der nächsten Ausgabe vom »stern« stand dann der Artikel, garniert mit Bildern von uns im Garten: »Tageslauf wie im gutbürgerlichen Urlaub: regelmäßige Mahlzeiten, Rasenspiele, Tischtennis und Fortschritte mit der Doktorarbeit. ›Genosse, du schummelst‹, ruft der Berliner Diplompsychologe Dr. Thomas Ehleiter seinem Patienten über den grünen Rasen zu. Doch den kümmert das wenig. Mit seinem Krocketschläger schiebt er eine ruhige Kugel durchs Tor und triumphiert: ›Ich bin erster.‹ Der erste ist Rudi Dutschke.« [113]
Kurz danach erschienen einige italienische Journalisten an der Tür und forderten ein Interview. Da sich unsere Einstellung der Presse gegenüber nicht geändert hatte, wollten wir keines geben. Sie drohten, daß alle Journalisten Italiens anrücken würden, wenn wir dazu

nicht bereit wären. Und sie hielten Wort. Eine Woche später erschienen Hunderte von Journalisten, sie klingelten unaufhörlich an der Tür, und das Telefon stand nicht mehr still.
Auch für die Hausangestellten waren die Störungen schwer zu verkraften. Und zu groß war die Verlockung, zu faulenzen, wo doch Henze seit einigen Wochen verreist war. Eines Abends gab es kein Essen für uns. Und morgens kein Frühstück und dann auch kein Mittagessen. Wir kamen in Bedrängnis, da wir keinen Zugang zu Nahrungsmitteln hatten. Thomas fand schließlich ein Lebensmittelgeschäft. Als Henze zurückkam, mußte er die Ordnung wiederherstellen. Silvano hatte das Geld, das unserer Versorgung dienen sollte, genommen, um ein paar Freudentouren nach Rom zu machen.

Eines Tages tauchte der SDS-Genosse Peter Schneider bei uns auf. Rudi sah eine Chance, auf die Genossen in West-Berlin einzuwirken. Er setzte Vertrauen in Peter, weil er nicht zu denen gehörte, die schon Ende 1967 angefangen hatten, gegen ihn zu klüngeln. Auch nach dem Attentat hatten einige Genossen ihre Attacken auf Rudi nicht eingestellt, und sie wollten seine Abwesenheit zu ihren Gunsten ausnutzen.
Rudi schrieb nach Lenins Vorbild eine Art Vermächtnis, einen Brief, der die selbstzerstörerisch streitenden Genossen vor dem Untergang warnen sollte. Den Brief gab er Peter mit. Er sollte auf dem SDS-Delegiertenkongreß im September vorgelesen werden, jedoch nur unter der Bedingung, daß keine »Journaille« dabei war. Der Delegiertenkongreß wurde jedoch zu einer geradezu hysterischen Medienshow gemacht, und der Brief konnte nicht vorgelesen werden. Er wurde aber von den Genossen von Hand zu Hand weitergereicht. In seinem Brief beklagt Rudi die »Vulgarisierung des antiautoritären Lagerbewußtseins«, die von »Teilen unseres Lagers« betrieben werde. Er fordert die »alte Garde« auf, ihre Plätze für die Jüngeren freizumachen, und nennt sie beim Namen: »Reiche, Dabrowski, Schauer, Amendt, Krahl, Pozzoli, Lefèvre, Rabehl, Semler, Gäng«. Er meint damit auch sich selbst, schreibt aber: »Warum wollte ich wohl, was alle Genossen der Spitze u. a. wissen, schon im April für lange Zeit international im Ausland tätig sein?« Nur für Christian Semler konnte nach Rudis Einschätzung eine Rolle bleiben, denn er zeige im Gegensatz zu den anderen eine »radikale Kampfentschlossenheit«, obwohl »seine völlige abstrahierende und falsche Wirklichkeitsbestimmung«

dagegenstehe. Über Krahl sagt er: »Sein autoritärer Narzißmus ist untragbar«, über Lefèvre: »Fehlen von Kampfentschlossenheit (...), Elemente von Zynismus«, über Rabehl: »Etwas zynisch war er immer, hat sich gesteigert.« Er schlägt vor, die sinnlosen und demoralisierenden Kämpfe mit der Polizei einzustellen und statt dessen in die Illegalität zu gehen. Nicht aber, um Terrorakte zu verüben. Er fordert die SDS-Mitglieder dringend auf, Fokusse aufzubauen, »clandestine Vierer- oder höchstens Sechsergruppen. (...) [Sie] müssen pro Jahr vier Monate in den wichtigsten Institutionen [den Fabriken, den Büros, den Kaufhäusern, den Landbetrieben, den Einheiten der Polizei usw.] arbeiten, (...) die Lohnabhängigen nicht mehr jenseits bzw. (...) elitenmäßig von außen betrachten, sondern mit ihnen tätig sein, von ihnen lernen, ihnen anderes beibringen. Dort allein entstehen die neuen Bedürfnisse, Hoffnungen und Wünsche der Massen, der verschiedenen Fraktionen des Volkes und der Revolutionäre.« Er beendet den Brief mit dem Versprechen, »zur rechten Zeit« aufzutauchen, »wenn ich wieder wirklich körperlich voll in Ordnung bin [und] Fokusse sich herausgebildet haben, zu denen ich gehöre«.[114]

> »Im Grunde befinden sich die revolutionären Gruppen von heute in Deutschland wieder am Anfang der deutschen Revolution, die nicht einmal als bürgerliche ›vollendet‹ worden ist.« [115]
> »In den Tagen des April haben wir den bisher einzigen Sprung nach vorn in unserer deutschen Nachkriegsgeschichte getan, obwohl er weiterhin fast ›theoretisch‹ blieb.« [116]

Am 21. August 1968 marschierten Truppen des Warschauer Pakts in Prag ein. Ein kleiner Sproß der Hoffnung wurde zertrampelt. Der Prager Frühling hätte ein Wendepunkt in der Geschichte des Sozialismus sein können. Für Skeptiker wie Enzensberger, der schrieb: »für unsere sache sehe ich in prag keine aussichten«, hatte Rudi nur Unverständnis.

Als Rudi die Nachrichten hörte, war er zornig und auch deprimiert, denn was nun verlorenging, war nicht mehr zurückzuholen: »Christian rief aus Berlin an, berichtete von der Sauerei der Russen – die CSSR ist okkupiert worden. In Prag habe ich solch einen ›Weg‹ für unmöglich gehalten, die tschechoslowakischen Studenten waren da viel ›realistischer‹. Als ich bei Christian fragte, ob ich nach Berlin kommen sollte, war seine Antwort: ›Bleib ruhig.‹ Gut gesagt, aber für den Kopf unmöglich. Mal sehen, was der SDS nun von sich geben wird. In Berlin hatten die auf meinen Prag-Bericht Ende März unbetroffen reagiert.« [117]

Keineswegs alle im SDS teilten Rudis Zorn über den Einmarsch der Panzer in Prag. Das gab Rudi zu denken: »Am allermeisten aber machte mir die Wendung so vieler SDSler meiner Generation zu schaffen. Am 21. August 1968 waren noch so viele bei der Demonstration gegen die Okkupation der CSSR durch die Armeen des Warschauer Pakts dabei. Kurz danach aber wurden diese Leute zu großen Teilen ›Marxisten-Leninisten‹. Es quälte mich in den nächsten Jahren darum immer mehr die Frage, wie Sozialisten-Kommunisten demokratischen Typs zu ›Marxisten-Leninisten‹ werden können. War die Erbschaft der bürgerlichen Revolution, die Demokratiefrage, nicht ernst genug genommen worden?« [118]

*

Vor dem Attentat hatten wir eine große Kiste mit unseren Sachen an meinen Vater nach Chicago geschickt in der Annahme, daß wir bald darauf folgen würden. Sie wartete dort immer noch auf uns. Aber Rudi war nicht mehr so begeistert, nach Amerika zu gehen. Er konnte kaum in seiner Sprache lesen und schreiben. Wie hätte er sich da eine fremde aneignen sollen? Seine Sprachschwierigkeiten waren zu einer fast unüberwindlichen Barriere geworden. Die Vorstellung, daß Rudi etwa in die USA ging, erschien den deutschen Genossen gleichbedeutend damit, sich freiwillig vor einem Exekutionskommando aufzustellen. Aber Rudi wollte auch, daß ich glücklich war. Denn manchmal hatte ich Heimweh, zwar nicht schmerzhaft, aber spürbar. Deswegen gaben wir die Idee nicht auf, später nachzuholen, was uns jetzt verwehrt war.
Hosea und ich fuhren im August nach Amerika, um Wohn- und Arbeitsmöglichkeiten zu erkunden. Es sollte so aussehen, als ob wir alle aus Henzes Villa verschwänden, um Rudi, Thomas und Nana von der Journalistenplage zu befreien. Thomas und Rudi kehrten unbemerkt nach La Leprara zurück und konnten dort noch mehr als zwei Monate in Ruhe arbeiten.
In den USA schien es Chancen für Rudi zu geben, verschiedene Universitäten hätten ihn als Doktoranden genommen. Aber davor stand ein Hindernis. Rudi hatte schon vor dem Attentat ein Visum für die USA beantragt. Das dafür notwendige polizeiliche Führungszeugnis war in West-Berlin ausgestellt worden. Rudi hatte keine Vorstrafen, und als Ehemann einer amerikanischen Staatsbürgerin sollte er eigentlich ein Visum bekommen. Aber viele Monate waren seitdem vergangen, und wir hatten nichts gehört.

*

Wir waren des Reisens überdrüssig, Rudi wollte uns wieder bei sich haben, und so bereiteten wir uns auf die Rückkehr nach Italien vor. Noch vor der Abreise traf ich mich mit einem Journalisten vom »stern«. Es war ein informelles Treffen, er wollte kein Interview machen. Er erklärte sich bereit zu eruieren, warum wir keine Antwort auf Rudis Visumgesuch bekamen. Er pflegte offenbar die richtige Kontakte, denn bald hatte er herausgefunden, daß die US-Regierung nicht über Rudis Antrag entscheiden würde. Wir konnten ewig warten.

*

Feltrinelli sollte uns in Mailand am Bahnhof abholen und uns zu einer neuen Bleibe bringen. Als der Zug in Mailand hielt, drängelten sich auf dem Bahnsteig die Menschen. Es war fast unmöglich, aus dem Zug auszusteigen. Als wir noch in der Tür standen, überfiel uns ein Blitzlichtgewitter. Wir konnten ihm nicht ausweichen. Menschen drückten von vorne und hinten. »Scheiße«, brummte Rudi. »So eine Scheiße.« Er wehrte sich gegen die Blitzerei und griff einen Journalisten an. Aber sein Vorstoß ging ins Leere. Er stolperte und fiel so ungeschickt, daß er sich leicht verletzte. Die Polizei, die überall stand, tat nichts. Hosea fing an zu heulen wie eine Sirene. Endlich tauchte Feltrinelli auf zwischen gaffenden Menschen und verwirrten Polizisten. Er rief: »Kommt schnell!« Völlig absurd, es war nicht möglich.
Er zerrte uns durch die Menge, hin zu seinem Auto, einem großen Citroën. Nun gab es eine wilde Verfolgungsjagd, Feltrinelli in rasender Fahrt vorneweg und ein Haufen Journalisten dicht an der Stoßstange hinterher. Wir fuhren auf kurvenreichen nassen Landstraßen. Es war Nacht und nebelig. Ich war sicher, wir würden die Fahrt nicht überleben, aber irgendwie kamen wir lebendig und ohne Journalisten zur Villa der Comtessa Della Rovere, wo wir bleiben sollten. Es war zu dunkel, um viel zu sehen, das einzige Licht kam vom Fenster der Hausmeisterwohnung, es spiegelte sich als ein gespenstischer gelber Streifen auf den nassen Pflastersteinen des Hofs. Wir wurden durch unbewohnte Zimmer geführt. Die Möbel waren mit weißen Tüchern bedeckt, um sie vor Staub zu schützen, sie schienen wie Geister zu schweben in den Schatten der von nur je einer nackten Birne beleuchteten Räume. Zwei Zimmer waren für uns vorbereitet. Dunkle Zimmer mit massiven dunklen Möbeln in einem Spukhaus.
Feltrinelli hatte uns einen Leibwächter besorgt, der mit uns im Haus bleiben sollte. Er hieß Gianni Ray. Er war ein Mann mit einer von Pomade glänzenden Haarsträhne auf dem blanken Schädel und einer Zackennase, die unendliche Male zerschlagen worden sein mußte. Gianni war früher Boxer gewesen. Er hatte eine gewaltige Pistole, die er uns stolz zeigte und uns so signalisierte, daß er gut auf uns aufpassen würde. Er sprach nur wenig Deutsch, aber Rudi konnte sich erstaunlich gut mit ihm verständigen.
Feltrinelli erschien am nächsten Morgen mit den Zeitungen, in denen von unserer Ankunft und unserem Aufenthaltsort berichtet wurde – mit dem zu erwartenden Ergebnis. In der folgenden Nacht wurden

wir durch zersplitterndes Glas und Schüsse aus dem Schlaf gerissen. Dann Schreie und mehr Schüsse. Rudi und ich schauten uns erschrokken an. Gianni schien keine Umstände zu machen mit seiner Pistole. Wir spekulierten, wie viele Leichen draußen herumliegen würden. Aber am Morgen berichtete Gianni fröhlich, daß er alle Leute verscheucht habe. Niemand war tot. Irgend jemand hatte ein Fenster aufgebrochen, um ins Haus zu kommen.
Es gab keinen Zweifel, dort konnten wir nicht bleiben. Rudis Gesundheitszustand hatte sich außerdem verschlechtert, und wir waren besorgt. Daher entschieden wir uns, nach England zu gehen. Rudi rief Erich Fried an, der sich freute, Rudis Stimme zu hören, und sich sofort bereit erklärte zu helfen. Wieder reiste ich mit Hosea voraus, diesmal nach London, um alles vorzubereiten. Währenddessen wohnte Rudi zusammen mit Gianni in Feltrinellis Wohnung in Mailand.

*

Mir wurde ein Neurologe empfohlen, und er war einverstanden, Rudi zu behandeln. Ich erklärte Dr. Ian MacDonald, daß er für Rudi bürgen müsse, damit dieser nach England einreisen konnte. Er tat es, und alles klappte. Wir konnten im Haus von Catherine Frieds Bruder wohnen, der für einen Monat in Südafrika war. Rudi kam am 10. Dezember in England an.
Am ersten Morgen nach Rudis Ankunft versuchte ich frierend herauszufinden, wie die Heizung funktionierte. Rudi war erschöpft von der Reise und nervös wegen des anstehenden Termins bei Dr. MacDonald. Als ich nach Brennstoff suchte, begann Hosea zu schreien, und ich war etwas verärgert. Wie sollte ich das Heizproblem lösen und mich gleichzeitig mit Hosea beschäftigen? Aber ich ging schließlich ins Zimmer zu Hosea, und da lag Rudi verkrampft und bewußtlos auf dem Boden. Im Schock rannte ich hinaus auf die Straße und fragte Passanten, ob sie wüßten, wo ich Hilfe bekommen könne, einen Arzt, irgend jemanden, der etwas tun konnte. Sie schauten mich an, als ob ich verrückt wäre. In meiner Verzweiflung fiel mir ein, daß ich Dr. MacDonald anrufen sollte. Ich erreichte ihn glücklicherweise. Er bat mich zu beschreiben, wie Rudi aussah. Als ich dies getan hatte, sagte er: »Machen Sie sich keine Sorgen. Er liegt nicht im Sterben, und er wird bald wieder in Ordnung sein. Er soll nur eine

Stunde schlafen und dann mit Ihnen sofort in meine Praxis kommen.«

Als Rudi aufwachte, war er etwas durcheinander, aber nicht so bestürzt wie ich. Wir gingen zu Dr. MacDonald. Zuerst beantworteten wir die üblichen Fragen. Dann fragte der Arzt, was die Ursache von Rudis Beschwerden sei. Ich war verblüfft, da ich glaubte, jeder müsse die Geschichte kennen, und außerdem sollte der Arzt doch wissen, für wen er gebürgt hatte. Aber er wußte es nicht. Ich erklärte ihm, daß ein Attentäter Rudi in den Kopf geschossen habe. Jetzt klickte es im Hirn von Dr. MacDonald. Ich sah mit Entsetzen, wie sein Gesicht bleich und grau wurde. Noch nie hatte ich jemanden gesehen, dessen Gesichtsfarbe sich so schnell änderte. Ich befürchtete, daß er zusammenbrechen würde. Statt dessen drehte er sich abrupt um und lief aus dem Zimmer. Nach zehn Minuten kam er gefaßt wieder und setzte die Befragung fort, als ob nichts geschehen wäre. Danach untersuchte er Rudi allein. Das Resultat nach dem langen Gespräch mit dem »phantastischen« Arzt zählte Rudi auf: »1) Ich bin überhaupt nicht mehr krank, bin aber auf gefährlichem Weg. 2) Aus Nervosität wird Neurose (...). 3) Aus Todesangst wird Rückschlag. 4) Aus den traumatischen Erfahrungen der Schüsse muß ich heraus: ich habe 2 Chancen – Friedhof – völlige Gesundheit in 3-5 Monaten. 5) Nur wenn ich Ruhe, Sicherheit und Selbsttätigkeit wieder entwickele. (...) Gretchen: Wir sind beide ziemlich abhängig voneinander, unsere Liebe, unsere Vergangenheit, unser Ho, unsere Vorstellungen der nächsten Zeit – wir wollen endlich klarkommen, darum darf es keine Rückschläge geben.« [119]

Kurze Zeit später fühlte er sich »schon recht gut, besonders durch das Zusammensein mit Kobold und Ho. Welcher historische Materialist versteht nicht die Einheitsfront von Körper und Geist?« Rudi begann ohne Hilfe einen Brief an den »Spiegel« zu schreiben. Und es ging nach seinem Urteil »dufte voran«. Henze war im »Spiegel« als »Konterrevolutionär« bezeichnet worden. [120] Nachdem er so viel für uns getan hatte, ging uns diese absurde Verleumdung nah, und Rudi verteidigte den Komponisten: »H. W. Henze wird zur Zeit von seinen ›ehemaligen Freunden‹, den Mitarbeitern der Medien gegen das Volk, bekämpft. Warum? Weil Henze dabei ist, sich aus diesen herrschenden Institutionen herauszubrechen, sich einen neuen Weg der politischen und musikalischen Haltung menschlichen Daseins zu erkämpfen.

Darin allein sehe ich Henzes Entwicklung, seinen Lernprozeß und die Schaffung neuer Beziehungen des Musikers Henze mit den lohnabhängigen Massen des Volkes. Wer das praktisch durchführt, muß von den herrschenden Verrätern der Interessen, Hoffnungen und Bedürfnisse der Massen total bekämpft werden. (...) Henze arbeitet tatsächlich schon seit längerer Zeit in unserem Gesamtlager der revolutionären und antiautoritären Sozialisten, die gegen den autoritären Staat der spätkapitalistischen Basis kämpfen.«[121] In Folge wurde Rudi von allerlei Musikwissenschaftlern angesprochen, und sie fragten ihn nach Dingen, die für ihn so klangen, als hätte er es mit einem Geheimkult zu tun.

*

Rudi arbeitete auch an einem Buchprojekt, das Feltrinelli schon vor dem Attentat angeregt hatte. Aufsätze von Revolutionären aus verschiedenen Ländern zur Frage, wie die Bewegung organisiert werden könne, sollten gesammelt und kommentiert werden. Die deutschen Autoren waren Rudi, Bahman und Christian Semler. Um die Kommunikation zu verbessern, beschlossen Rudi, Christian und Bahman, sich in Calais zu treffen. Aber als Rudi mit der Kanalfähre dort ankam, wurde er gleich verhaftet. Französische Grenzpolizisten zerrten ihn gewaltsam in ein Zimmer und schlugen ihm absichtlich auf den Kopf. Es fühlte sich an, als ob die noch nicht ganz zusammengewachsenen Teile des Schädels auseinanderbrechen würden. Doch Rudi überstand es körperlich unbeschadet, und er wurde einige Stunden später nach England zurückgeschickt, ohne daß er Bahman und Christian hätte sehen können.

Nicht nur Schreiben füllte die Zeit. Rudi fand durch Erich schnell Kontakt zur Szene der deutschen Emigranten, die in der Nazizeit nach England geflüchtet waren, und er genoß die Gespräche über ihre Erlebnisse. Immer wieder besuchten durchreisende Menschen aus Deutschland Erichs rotes Backsteinhaus in Hampstead Heath, und die Diskussionen waren immer aufregend.

Zwischen Erich und Rudi entwickelte sich eine enge politische und persönliche Beziehung, in der für Rudi nur die gemeinsame politische Praxis fehlte. Im Miteinander gab es Wärme und Solidarität. Es war eine Männerbeziehung, und ich mischte mich nicht ein. Hin und wieder kritisierte Rudi Erich, besonders wegen dessen Verhalten gegenüber Catherine: »Erich ist nicht imstande, die Vermittlung zwischen ›Ich-Du-Es‹, um mit Buber zu sprechen, herzustellen. Der Kern scheint mir in der bei Erich nie aufgehobenen Mutter-Beziehung zu liegen, Catherine ist die zweite Mutter, hat darum manches unnötigerweise zu erleiden.«[122] Die richtige Mutter wohnte mit im Haus und beherrschte es.

Catherines Bruder sollte am 8. Januar aus Südafrika zurückkehren. Am 10. Januar lief Rudis Visum ab, und die Regierung kam unserem Ersuchen um eine Verlängerung nicht nach. Wir wurden aufgefordert, das Land so bald wie möglich zu verlassen. Wir hatten keine Ahnung wohin und waren niedergeschmettert. Aber Neal Ascherson, ein Journalist, den wir in den Tagen des Prager Frühlings kennengelernt hatten, fand einen Ausweg. Er kannte den irischen UNO-Beauftragten Connor Cruise O'Brien, der ein Haus in Howth Summit am Meer in der Nähe von Dublin besaß. Die O'Briens hatten Platz für uns.

Als wir in Howth Summit ankamen, wartete Frau O'Brien schon mit einem herrlich duftenden Frühstück auf uns. Wir wurden herzlich willkommen geheißen, und es verbreiteten sich gleich Freundlichkeit und Wärme im kleinen windverwehten Haus am Meer. Connor Cruise erzählte von seiner UNO-Arbeit und seiner Überlegung, in die irische Politik einzusteigen. Frau O'Brien sorgte für die Gäste, die Kinder und kochte das Essen, Irish Stew, dessen Zubereitung ich mit Staunen beobachtete. Es stand ein riesiger Topf auf dem Herd mit Resten von vorherigen Stews aus unbekannter Vorzeit. Jeden Abend füllte sie den Topf wieder auf mit Gemüse, Fleisch, Kartoffeln und mit was auch immer, und so wandelte sich die Konsistenz des Gerichts von Tag zu Tag.

Rudi richtete sich im Vorraum des Hauses ein Arbeitszimmer ein. Es war mitten im Winter, und der Raum war ungeheizt, aber ich deckte die vielen Fenster mit dunklen Bettdecken ab, die tagsüber die Hitze der Sonne speicherten, so daß Rudi dort arbeiten konnte.

Er quälte sich mit seinem Beitrag für das Feltrinelli-Buch herum. Im Februar schrieb er Bahman: »Das Buch wird für uns ein politisches Risiko, wenn es uns nicht gelingt, den ursprunglichen Zusammenhang, nämlich die internationale org[anisatorische] Möglichkeit unter den je spezifischen Bedingungen eines Landes klar zu erfassen – und mag die schriftliche Diskussion noch so lange dauern. Natürlich kommen

bei mir die Kommunikationsschwierigkeiten, die doch nicht zu ersetzende Abwesenheit von der praktischen Arbeit einfach hinzu. (...) Bin mir nicht einmal klar darüber, ob ich unter den veränderten Bedingungen einen praktisch wichtigen Beitrag leisten kann. Warum? Weil jeder Beitrag der russischen oder chinesischen Genossen der revolutionären Periode für eine schon existierende oder sich entwickelnde Fraktion geschrieben wurde. Finanziell ist es wohl für uns leider verdammt wichtig.«[123]
Rudi saß vom Vormittag, sobald die Sonne das Zimmer aufgewärmt hatte, bis zum Sonnenuntergang am Tisch und versuchte zu schreiben. Aber es war eine Überforderung. Die Isolation war ein Hemmnis. Auch seine Frustration über die eigenen großen Denkmängel war schwer zu verkraften. Und Hosea war ein lebhaftes Kind, das sich ständig irgendwelchen Unsinn ausdachte, zumeist lustiger Natur. Nur abends vor dem Essen ging seine Quengelei Rudi auf die Nerven. Ich riet ihm: »Du mußt philosophisch die Tatsache akzeptieren, daß nach fünf Uhr Hosea unmöglich ist, und das Arbeiten in der Zeit einfach vergessen.« Es schien ihm verlorene Zeit zu sein: »Hier kam es zu den einfachsten und elementarsten Fehlern. Statt beispielsweise nach dem ersten Verlassen Englands in Irland die Gelegenheit zu nutzen, den physischen Zustand zu festigen, die Luft zu genießen und meine sportliche Seite zu ihrem Recht kommen zu lassen, saß ich jeden Tag wie besessen am Schreibtisch, um die Zeitschrift ›Kommunismus‹ zu studieren und zu versuchen, aus eigener Kraft einen Strategie-Entwurf als Beitrag für ein Buch beim Verlag Feltrinelli zu entwerfen. Ich quälte mich, nichts kam angemessen heraus. Es mangelte nicht an gewissen Ideen – aber der entscheidende Umschlag der inneren Organisierung der Ideen kam nicht zustande.«[124]

Die Regierung in London hatte unserem Antrag auf eine Aufenthaltserlaubnis inzwischen stattgegeben. Wieder aufbrechen, uns aufs neue ins Ungewisse begeben – wir waren nicht sicher, ob das richtig war. Aber Irland war so weit weg, so isoliert. Es sprach eigentlich alles dafür, zurück nach England zu gehen. Die Engländer waren bereit, Rudi zu dulden, weil er versprochen hatte, sich nicht in ihre politischen Angelegenheiten einzumischen.
Als wir in London ankamen, entdeckten wir, daß ein Teil unseres Gepäcks gestohlen worden war. Wir mußten uns mit der Polizei und

diversen Formularen herumplagen, und als wir damit endlich fertig waren, war Hubertus Hüppoff, ein deutscher Bekannter, der uns am Bahnhof abholen sollte, schon weg. Wir fanden ihn und seine Freundin Dorothea schließlich irgendwo, und da wir alle ohne Wohnung waren, gingen wir gemeinsam auf die Suche. Hubertus kannte einen wohnungslosen Engländer namens Sabby Sagall, der mit uns ein ganzes Haus mietete. Sabby war ein aktiver Trotzkist, dessen Großonkel Adolf Abramowitsch Joffe Trotzkis Verbündeter und Teilnehmer der russischen Oktoberrevolution gewesen war. »A. J.« nach Joffe, so hatte Rudis Pseudonym im »Anschlag« und im »Oberbaum-Blatt« gelautet. Ein merkwürdiger Zufall. Sabby hatte einen Sohn, der bei seiner Mutter wohnte, aber am Wochenende immer bei uns war. Er hieß Roy und war fünf Jahre alt. Diese Wohngemeinschaft funktionierte zumeist recht harmonisch. Hubertus regte sich zwar ständig auf, weil Rudi die verschiedenen Zahnbürsten nicht unterscheiden konnte. Aber es gab, was Rudi brauchte: die ständige Möglichkeit, deutsch zu sprechen.

*

Im Herbst, als unsere finanzielle Lage immer prekärer wurde, wandten sich Bernd Rabehl, Peter Schneider und Christian Semler an Augstein und baten ihn zu helfen. Er tat es, ohne zu zögern. Wir erhielten von ihm jeden Monat tausend Mark. Aber wir wollten uns nicht allzu lange auf den guten Willen Augsteins verlassen. Außerdem war es uns ein bißchen peinlich. Ein Stipendium wäre besser gewesen. Darauf gab es eine Chance. Ein Industrieller im Ruhestand hatte die Heinrich-Heine-Stiftung gegründet, um gesellschaftskritische Studien zu unterstützen. Gollwitzer und sein Freund, der Philosoph Michael Theunissen, die uns auf diese Gelegenheit hingewiesen hatten, waren sich nicht sicher, ob Rudi darauf eingehen würde. So schrieb Theunissen: »Dieses Angebot wird Sie, lieber Herr Dutschke, vor eine grundsätzliche Entscheidung stellen, nämlich vor die Frage, ob Sie nicht das ›System‹, gegen das Sie kämpfen, zugleich anerkennen, wenn Sie sich von einem Kapitalisten bezahlen lassen. Dieser Kapitalist, Herr Morat, sein Sohn und ich wissen natürlich, daß es sich hier um eine Entscheidung handelt, die Sie nicht leichtnehmen können.«[125]

Rudi antwortete: »Der Dialektik zwischen Bekämpfung und Anerkennung des Systems des Spätkapitalismus, des unvollendeten und blockierten Sozialismus in den Staaten des Warschauer Pakts (...) sind wir alle unterworfen. (...) Die rebellische Parole der Juden gegen die Römer: zurück in die Berge, um von dort aus die Vorbereitung des entscheidenden Kampfes durchzuführen, ist schon seit langem nicht mehr in den ›Metropolen‹ möglich. (...) Die Integration steht bestimmt bis zum Schluß in Bereitschaft, sie weiß immer, worum es geht. Ich bin jahrelang vom System bezahlt worden (Stipendium), die Austragung des Widerspruchs war nicht immer leicht, der tieferwerdende Lernprozeß des Lagers der Antiautoritären und Sozialisten hat Resultate und Konsequenzen verschiedener Art mit sich gebracht. Die von vielen unerwartete Verbreiterung und Vervollständigung radikalen Denkens und Handelns hat Individuen aus verschiedenen Klassenfraktionen etwas freigemacht von der bis dahin absolut unangetasteten Herrschaft der bestehenden Verhältnisse, ohne dieselben schon sprengen zu können. (...) Die Entscheidung des Sohnes des jetzigen Stifters, eines Schülers von Ihnen, das Unternehmen nicht fortzuführen, die Kontrolle und Linie der Stiftung durch die technologisch unverwertbaren Geistes- und Sozialwissenschaften sowie der Künste ermöglichen mir ein unverstörtes Ja zu Ihrem Angebot.«

*

Das Ziel des INFI blieb, internationale Kontakte aufzubauen. Rudi setzte sich die Aufgabe, Verbindungen zu schaffen oder wiederherzustellen. Er hatte dies bei seinen Aufenthalten in Italien, Irland und England schon getan. Er korrespondierte mit türkischen, italienischen, osteuropäischen und, wie im folgenden Brief, mit spanischen Genossen: »Die ›neue Internationale‹, die Einheitsfront der um ihre Freiheit und Demokratie (Zerschlagung des Kapitalismus und autoritären Staatssozialismus – Warschauer Pakt, wenn es auch klare Differenzen gibt) kämpfenden Völker ist noch unterentwickelt und unterdrückt gehalten. Wir träumen oft von der spanischen Revolution der 30er Jahre, haben aber noch nicht die geringste tiefe Unterstützung der neuen Kampfformen und neuen inhaltlichen Bedingungen der spanischen Arbeiter, Bauern, Studenten, Intellektuellen u. a. m. erkannt und die internationale Einheitsfront hergestellt. Auf keinen Fall dürfen wir mit der nationalen Niveaulosigkeit der halbrevolutionären

Kräfte fortfahren. Die Konterrevolution arbeitet international, das zeigte die temporäre Zerschlagung der Che-Fokusse in Bolivien, zeigte die Zusammenarbeit von US-Imperialismus und Stalinismus (autoritärer Staatssozialismus) im Falle CSSR-Reform-Weg, der tatsächlich keine Revolution darstellen konnte und wollte, auch kapitalistische Gefahrenelemente in sich hatte. Wie dem auch sei, wir sollten unseren Kontakt schnellstens ausbauen.«[127]
Rudi hatte Kontakte mit Menschen aus dem alten Dritte-Welt-Arbeitskreis, einige waren in ihre Heimatländer zurückgekehrt. Rudi hoffte, daß auch Gaston nach Chile gehen würde. Gaston wollte es, aber er zögerte noch. Er wußte nicht, ob er sich überhaupt noch Chile zugehörig fühlte. Rudi verstand das nicht und dachte, eingreifen zu müssen. Warum reiste Gaston nicht nach Chile, wie es abgesprochen war? »Seit Mai will er die BRD bzw. W[est] B[erlin] bzw. Europa verlassen, um in Lateinamerika den neuen Weg der revolutionären Tätigkeit zu beginnen.« Doch dann war er auf einmal weg.
Gaston entdeckte schnell nach seiner Ankunft in Chile, daß er als verhätschelter »europäischer« Intellektueller, der durch seine Zusammenarbeit mit Rudi auch in seiner Heimat bekannt geworden war und deswegen gleich überwacht wurde, nicht zu den Enscheidungszentren der Guerillas vordringen konnte. Trotzdem war sein erster und einziger Bericht aus Chile an Rudi schwärmerisch optimistisch.[128] Gaston glaubte, schon bald zusammen mit der linken chilenischen Bewegung MIR den Kampf beginnen zu können. Rudi sollte den MIR bei der Russell Foundation vertreten, Geld besorgen von Leuten wie Augstein und Feltrinelli und ein Bulletin über die Arbeit in Südamerika in Europa vertreiben. Außerdem sollte Rudi fünfzig Leute für eine Freiwilligenbrigade aussuchen, die bereit waren, nach Chile zu gehen. Ein Schiff sollte beschafft werden, um Waffen zu schmuggeln, und dann sollte Rudi selbst nach Chile kommen, eine Stelle an einer Universität annehmen und als Verbindungsmann arbeiten. Dieses Programm wird Rudi ein bißchen größenwahnsinnig vorgekommen sein. Aber Gaston schrieb: »Ich schwöre Dir, daß ich nicht spinne.« Daneben malte Rudi ein großes Fragezeichen.
Nicht einmal zwei Monate später bekam Rudi einen Anruf: »Gaston verläßt mit größter Wahrscheinlichkeit in zwei oder drei Tagen sein Land Chile und kehrt nach Europa, diesmal wohl nach Rom, zurück.«

Die Gründe für die Rückkehr: Die Polizei habe ihm seine politischen Materialien weggenommen, er sei permanent verfolgt worden, politische Arbeit sei ihm insgesamt unmöglich gemacht worden.
»Ich fühlte mich nach diesem Gespräch mit Ch. äußerst unglücklich«, schrieb Rudi. »Besonders, weil ich durch längere gemeinsame Kampferfahrungen mit Gaston weiß, daß er innerhalb einer durch Dialog sich bewegenden, durch Kampf vereinigenden Gruppe von größter Handlungsfähigkeit ist. (...) Ohne Hilfe und Liebe gibt es nur wenige Revolutionäre, die in der Lage sind, die verschiedensten Etappen der Revolution permanent und systematisch zu überstehen. Nie dürfen wir es wieder zulassen, daß ein Genosse abfährt ohne breiteste kritisch-materialistische Vorbereitung.« [129]

*

Um Ostern 1969 erschien Manfred Scharrer bei Erich. Manfred war ein West-Berliner SDS-Mitglied der nachrückenden Generation. Er kannte Rudi nur vom Sehen, und Rudi kannte ihn gar nicht. Manfred hatte gehört, daß es bei Erich Übernachtungsmöglichkeiten für finanzschwache deutsche Revolutionäre und Künstler gab. Aber erst, als er bei Erich untergekommen war, erfuhr er, daß Rudi in London war und gern hören würde, was in West-Berlin los war. Manfred erzählte, und Rudi hörte zu. Schnell entstand zwischen ihnen eine enge Freundschaft, die mehrere Jahre dauern sollte.
Sie fing damit an, daß die beiden meinten, ordentlich Englisch lernen zu müssen. Es gab auf der Volkshochschule Abendkurse. Rudi und Manfred meldeten sich, Rudi unter dem falschen Namen Müller. Im Klassenzimmer saßen sie in der letzten Reihe, um unbemerkt zu bleiben. Aber als der Lehrer fragte, wie sie hießen, hatte Rudi wegen seiner Mogelei so ein schlechtes Gewissen, daß er »Müller« nicht herausbrachte.

*

Das vermasselte Treffen in Calais sollte in West-Berlin nachgeholt werden, um das Feltrinelli-Buchprojekt zu diskutieren und um zu beraten, wie das vom Verleger bereit gestellte Honorar verteilt werden könne. Aber Rudi hatte gemischte Gefühle. Sollte er es wagen, sich dem Berliner Strudel auszusetzen?

Er tat es mit Manfred als Stütze. Sie versuchten es wieder mit dem Inkognito. Rudi gab für seinen Flugschein einen falschen Namen an. Aber wieder ging es schief, weil das Flugzeug, das sie gebucht hatten, ausfiel. Bei der Umbuchung wurde der Paß verlangt, und die Tarnung wurde aufgedeckt. Die Behörden wurden mißtrauisch. Erst am nächsten Tag waren alle Verdachtsmomente vom Tisch, und Manfred und Rudi flogen ab.
Die wichtige Buchdiskussion hatte schon stattgefunden, ohne daß die Schwierigkeiten beseitigt worden waren. Ob je eine Lösung gefunden werden konnte, war höchst zweifelhaft. Aber Rudi hatte genug damit zu tun, das politische Klima zu erkunden. Er beschrieb seine Eindrücke übungshalber auf englisch: »I was for 10 days in W.-Berlin, it was living, doing discussing and helping under the condition of real development and chaos – it's going together. A lot of groups and persons are going their own way. That's real good for the fighting against the state structure, but the content of the fight, the clear strategy etc. wasn't to find. In the hospital the professors were real content with me. But difficulties for me are sure more or less for the whole life. Doesn't make anything. I will try all what I can do.«
Rudi übernachtete im Krankenhaus, weil sein Arzt befürchtete, er würde bei seinen Freunden das Schlafen vergessen.
Die Reise in die Heimat machte die Frage virulent, ob und, wenn ja, wann wir nach Deutschland zurückkehren sollten. Rudi war hin- und hergerissen zwischen dem Wunsch einzugreifen und dem Bewußtsein seiner gesundheitlichen und geistigen Schwächen: »I think that I'm really not able to learn English if my German is not real developed. For this reason I'm thinking very often to go back to a country, in which my learning process in relation to my country language is more easier. Gretka is against a come-back to Germany, we shall see – many comrades want that I'm coming back – but the subjectiv situation of myself is not able to ›help‹ in relation to the revolutionary movement in W. B. o. BRD. (...) The other side of my thinking is the question of an official Dr. Thesis. In the last years it was for me only a secondary problem, that's now not possible, because we must find a real new beginning of my life. It is too much destroyed in the head. My nervosity(?) is real big, especially in relation to the cars or busses, airplanes a. s. o. in the streets. Until now we have no answer.«
Nach seiner West-Berlin-Reise im Mai begannen einige Genossen

Rudi einzureden, daß er zurückkommen solle. Sie hatten ihn gesehen und glaubten, daß er gesund genug sei. Sie sahen auch, wie die Lager sich immer mehr zerfledderten, der SDS praktisch wirkungslos war, und sie hofften, daß Rudi die Risse zusammenkitten und den Zerfallsprozeß aufhalten könnte. Ich weiß nicht, ob er überhaupt einen Einfluß darauf hätte haben können. Mir schien es so, daß man zwar eine Lawine in Gang setzen kann, daß es aber danach unmöglich ist, ihren Kurs zu steuern. Und da schon in der Zeit vor dem Attentat die Zersplitterung begonnen und die Aggression gegen Rudi eingesetzt hatte, war es zweifelhaft, ob Rudis Anwesenheit den Prozeß hätte aufhalten können.
Meine Position war klar. Mich zog nichts nach Deutschland. Ich war aber bereit, zurückzukehren, wenn Rudi restlos überzeugt gewesen wäre davon, daß es für ihn keine andere Möglichkeit gab. Daß Deutschland das Zentrum einer Weltrevolution sein konnte, glaubte ich nicht. Daß der Faschismus dort so bedrohlich war, das man eingreifen mußte, hielt ich auch nicht für realistisch. Und doch wußte ich, daß wir irgendwann nach Deutschland zurückkehren würden. Dahinter setzte ich nie ein Fragezeichen.
Die Wut von Rudis Freunden auf mich wuchs, als sie merkten, daß ich nicht nach Deutschland zurückwollte und daß Rudi ohne mich und Hosea nicht zurückkommen würde. Sie sahen in mir den Teufel, der Rudi von der Revolution fernhielt, und versuchten ihn gegen mich aufzuwiegeln. Und ich konnte kaum anders, als in ihnen die Teufel zu sehen, die mich von Deutschland abschreckten. Bernd vor allem redete von der demoralisierenden Funktion des Privatlebens, das den Revolutionär in die Verzweiflung treibe.
Doch Rudi tadelte ihn: »Mein studentisches Dasein, bei allem verbalen revolutionären Internationalismus, beschränkte mich theoretisch mehr als mein jetziges individualisiertes. Letzteres ist langfristig viel gefährlicher als ersteres, es könnte tatsächlich, wie Du schreibst, zu einer wirklichen Trennung von der revolutionären Bewegung führen. Dem Aufbau eines individualisierten Großfamilien-Lebens – mit linker Fratze – ist praktisch vorgebeugt, ganz zu schweigen von dem Typus, den Du nun schon seit 1963 kennst, der eher aufhören würde zu existieren, als mit der Idee und Möglichkeit der revolutionären Emanzipation der Massen und der eigenen zu brechen. Klingt ziemlich ethisch, dennoch, die Praxis unseres Lebens wird wie immer entscheiden.«[130]

So richteten wir uns in Golders Green ein. Schwierigkeiten gab es genug dabei. Rudi hatte in seinem Weltbild einen Platz für das private Alltagsleben, aber er empfand es auch als Begrenzung seines revolutionären Daseins: »Bin des öfteren, nicht erst seit kurzem, einfach fast vollständig unglücklich; alles geht voran, aber furchtbar langsam. Die Alltagsaufgaben vermindern immer mehr die schon so geringe Arbeitszeit, die Anstrengungen mit den Zimmern, dem Haus im allgemeinen, die physischen und psychischen Schwierigkeiten, von der so wichtigen Kinder-Arbeit ganz zu schweigen. (...) Was geschieht mit mir? Wo bleibt der Revolutionär? Er absolviert eine schwierige Aufgabe, er versucht die Gleichheit zwischen Mann und Frau praktisch zu erproben!!«[131] So schwer es war, er wendete seine Not in etwas Positives. Auch darin lag seine Größe.
Während er sich in der Erfüllung häuslicher Pflichten erprobte, konnte ich etwa zwei Stunden täglich mit meiner Magisterarbeit weitermachen. Das Thema, die revolutionären Bewegungen in Palästina zur Zeit von Christus, interessierte Rudi auch, und er las und korrigierte, was ich geschrieben hatte.
Wir hatten unterschiedliche Schwerpunkte in unserem Alltagsleben. Und doch versuchten wir immer wieder den gemeinsamen Punkt zu finden, an dem wir uns treffen konnten. Unsere Beziehung war eine Mischung aus Widersprüchen und enger Verbundenheit. Es hing auch vom jeweils anderen ab, wie einer sich fühlte: »Von großer Bedeutung ist mein Verhältnis zu Gretchen. Bin ich unzufrieden mit ihr, streiten wir uns unproduktiv etc., dann nimmt die Attacken-Potentialität zu, das gilt für alle ähnlichen Dinge, bei Gretchen nur besonders. Leben und streiten, lieben etc. wir uns produktiv, so scheint mir meine Abwehr und Behandlungsfähigkeit der Epilepsie-Geschichte viel größer zu sein. (...) Arbeiten wir zusammen, sprechen wir in Dialogform, helfen wir einander, lieben wir in verschiedenster Form, dann vermindert sich die Angst, verschwindet sie manchmal sogar ganz.«[132] – »Erstmalig seit einer Ewigkeit ein intensives zweistündiges Gespräch über uns selbst und unser Verhältnis gehabt – Gretchens Kampf um die Identifikation, Freiwerden von Rudi, Zurückgewinnen von Rudi auf neuer Stufe. Allerdings beidseitig zu betrachten. Problem des Liebesverhältnisses (...). Sie selbst hält das Liebesverhältnis für fest und ungebrochen, sieht nur ihre größeren Ansprüche mir gegenüber, ihre Ansprüche sich selbst gegenüber, will vollständig kämpfen gegen ihre

Abhängigkeit von meiner Rollenfunktion, will ihre gesellsch. Rollenfunktion – Frau von einem Führer – durchbrechen und freies selbständiges, anerkanntes, durch Arbeit gewordenes Subjekt werden. Frauen kämpfen mit allen Mitteln für ihre Freiwerdung, berücksichtigen bisher in diesem Kampf nicht den Faktor der Entwicklung des Motors, des Hemmnisses des Mannes, der sie liebt und den sie vielleicht selbst geliebt hat oder noch liebt.« [133]

Es war ein schwerer Schlag, als Rudi erkennen mußte, daß er zu epileptischen Anfällen neigte. Er spürte, wenn sich ein Anfall anmeldete. Es zerrte stark an meinen Nerven, wenn er dann meinen Namen wiederholt schrie, voller Angst wie einer, der schwer gefoltert wird. Ich konnte mich an das immer wiederkehrende Schreien nicht gewöhnen, und mein Bauch zog sich jedesmal krampfartig zusammen. Ich empfand zeitweise Gefühllosigkeit in den Armen und hatte Angstattacken mit starkem Herzklopfen und Gleichgewichtsstörungen.
Die Epilepsie brachte Unberechenbarkeit in sein Leben und machte ihm immer wieder die Mängel seines körperlichen Zustandes bewußt. Sie beeinträchtigte seine Arbeits- und Denkfähigkeit und verursachte die große Angst vor dem nächsten Anfall. Er leugnete diese Angst nicht mehr. Er mußte lernen, mit der Schwäche zurechtzukommen, aber es war nicht leicht.
Erst im Frühling 1970 wagte er es zum erstenmal, wieder öffentlich aufzutreten: In seinem Tagebuch beschrieb er, wie er sich dabei fühlte: »Ein gewisser Sprung ereignete sich vor ca. drei Wochen, ich sprach in einer christlichen Jugendgemeinde hier in London – Bonhoeffer-Kirche – vor ungefähr 50-70 Menschen. Je näher der Termin kam, desto nervöser und zweifelnder wurde ich. (...) Schließlich entschied ich mich, die Pillen immer in der Hand, ich trat auf, entfaltete im Sprechen Selbsttätigkeit, wurde freier, hörte mit der Ablesung eines aufgeschriebenen Textes auf, sprach frei, entfaltete die Denkzellen, hielt es durch, sprach ca. 45 min., es folgte bald eine 1 1/2stündige Diskussion – es ging um die revolutionären Grundkategorien, Prozeß der Revolution, Gewalt gegen Personen und Sachen, Emanzipation, Klassenkampf. Das war ganz sicher ein wesentliches Moment von Entwicklung, die körperlichen Schranken zeigten sich in den nächsten Tagen, war einfach down.« [134]

*

Im Oktober vervollständigten Gisela Breyer und Pucki Treulieb mit ihrer einjährigen Tochter Laura unsere Wohngemeinschaft. Laura kam zu Hosea ins Zimmer, was er mit Großzügigkeit gestattete. Gleich am ersten Morgen stieg er zu ihr ins Bett. Das fand Laura nicht ziemlich, und das ganze Haus wachte wegen des Kindergeschreis auf. Aber mit der Zeit gewöhnte sie sich an seine Anwesenheit, und die beiden wurden gute Freunde.
Am 10. November wurde unser zweites Kind geboren. Auch diesmal kam es sehr spät. Rudi war dabei vom Zeitpunkt, als die Wehen anfingen, bis zur Geburt ein paar Stunden später. Er hatte sich an der Schwangerschaftsgymnastik beteiligt und wußte, was zu tun war, um mir lindernde Entspannung zu verschaffen. Unser schönes Mädchen nannten wir nach der Polly in der »Dreigroschenoper« von Bertolt Brecht und Kurt Weill.
An den Tagen, an denen Roy da war, waren nun vier Kinder im Haus. Rudi kam mit Kindern immer gut zurecht. Doch so intensiv er versuchte, sich in die Rolle des erziehenden und erzogen werdenden Elternteils zu versetzen, so schwer fiel es ihm, die praktische Verantwortung zu übernehmen. Aber er kämpfte mit diesem wechselseitigen Erziehungsprozeß und nutzte seine Kinderbetreuungsstunden zum Nachdenken über Erziehung: »Am frühen Morgen mit Ho schon spazierengegangen, er findet sich immer deutlicher zurecht, instrumentalisiert die Tätigkeit zwischen und auf den Straßen, nähert sich wohl immer mehr der Sprechfähigkeit und der Doppel-Sprache. Habe Benjamins (...) Methode der Beobachtung als Mittel der Erziehung heute schon praktiziert, Ho immer sichtbarer zum ›Diktator‹ seiner Bedürfnisse und Handlungssphäre werden lassen, diese ›Diktatur‹ ist schöpferische Selbsttätigkeit. Wir haben uns dem sich entwickelnden und bewegenden Kind zu unterwerfen, soll heißen, wir dürfen das Kind nicht mit Hilfe von gesellschaftlich bedingten Sachzwängen - in verschiedenster Einschätzung - unterdrücken. Ho drückt schon jetzt ›proletarischen Klassencharakter‹ aus, weil sein lebendiges und handelndes Verhalten immer selbständiger geworden ist, die wohl nun entstandene antiautoritäre Verhaltensweise wird die entscheidende Permanenz der Entwicklung, wenn wir die Methode der Beobachtung richtig handhaben, gewährleisten.«[135]
»Wir haben darauf zu achten, daß all die unerläßlichen und objektiven Widersprüche innerhalb der Familie, der Hausgruppe und gesell-

schaftlichen Lebensbedingungen, die Ho mitmacht und erfährt, richtig ausgetragen werden, ohne Austragung der Widersprüche ist Entwicklung des Lebens und Bewußtseins der Individuen unmöglich. Widersprüche sind überall und permanent sinnlich sichtbar, es gilt sie zu erfassen, zu beobachten und auszutragen.« [136]
Eines Morgens, als Rudi ins Kinderzimmer kam, waren Hosea und Roy »schon hart in Bewegung geraten, nicht gegen sich, vielmehr gegen die Herrscher. Ho übernahm die Spitze des Aufstands, griff mich an, okkupierte eine Hand von mir mit einer von ihm, zeigte mit seiner anderen eindeutig die Richtung; vorsprachliche Geräusche ließen gleichermaßen von sich hören – der lange Marsch auf dem Gehweg stand wieder vor der Tür.« [137]
Rudi war auch selbstkritisch: »Verhalte mich Hosea-Che gegenüber manchmal nicht richtig. Reste der autoritären Struktur aus der eigenen Periode der Erziehung zeigen sich in solchen Fällen: Schaue ihn an wie eine repressive Autorität in dem Augenblick, in dem er sich manchmal zu stark auf Laura legt, sie angreift, sich zu stark wehrt etc. Ho reagiert so gut, daß ich zumeist meinen Fehler schnell erkenne und das richtige Verhältnis zu Ho wiederherstelle, seine antiautoritäre Struktur entwickelt sich immer deutlicher, obwohl er des öfteren sich Laura gegenüber ›autoritär‹ aufspielt. Eine richtige Behandlung des Phänomens der ›Kindererziehung‹, in welcher eine tiefe Selbst- und Miterziehung verbunden sein muß, meine damit die Erziehung des Erziehers, ist uns bisher nicht gelungen, die Bedingungen sind weiterhin auch nicht die besten.« [138]
Antiautoritäre Erziehung »heißt, daß wir auf ein Maximum an ›Neins‹ verzichten müssen, genauer, daß wir die antiautoritären Tendenzen sich an allen Ecken entfalten lassen müssen, natürlich nicht ein undialektisches, mechanisches Anerkennen der antiautoritären Dynamik kindlichen Verhaltens«. [139]
Dieses Familien- und Gemeinschaftsleben war wohl spannend, aber kein Idyll. Um mit den schweren Gemütsbelastungen fertig zu werden, versuchte Rudi wieder Gedichte zu schreiben. Diese aber hatten nichts von der Schönheit seiner früheren Verse:

»Die Bäume sehen mies aus, der Nebel verschwindet kaum
Die Trauben kosten viel,
Ihr Geschmack ist kritisch bestimmt,

Der Blumenkohl durchläuft den Mund und Magen weich,
Der Kohl bleibt irgendwo stecken,
Ein neuer Dünnschiß ist die Folge. Die Lebenslage klagt in sich,
Die Klassen regen sich,
Das Essen wird immer verwalteter,
Das Schlafen verliert die Substanzlosigkeit der Träume
Der Schlaf entgeht dem Aufstand noch
Der Gang wird dennoch deutlicher
Es singen die 3 Kinder
Es seufzen 2 Frauen voller Lust
Ein Mann steht unten...
Eine Revolutionärin entsteht
Einer mußte leiden
Um neue Liebe, Lust, Erfahrungen und Kampfentschlossenheit zu gewinnen.
Die
Siege
Sind Niederlagen
Diese Niederlagen lassen neue Siege ermöglichen.« [139]

Das Ende des SDS

> »Zwar gehörte ich auch zu den Genossen und Genossinnen, die zwischen '63 und '68 die nur historisch zu verstehende, aber nicht zu rechtfertigende Einschätzung des fundamentalen Gegensatzes von der Klassenorganisation der Räte und der Partei hatten. Aber niemals wären meinen Freunden und mir die selbstzerstörerischen und liquidatorischen Ideen der Selbstauflösung des SDS in den Kopf gekommen.« [141]

In Deutschland war Ende 1968 die Rebellion verebbt. Deren Wellen aber verbreiteten sich immer weiter in der Bevölkerung. Von den Nachwehen profitierte die SPD bei den Bundestagswahlen im Herbst 1969. Willy Brandt wurde Bundeskanzler. Trotz antiparlamentarischer Vorbehalte wurde es in der Linken als positive Veränderung empfunden. »Die Atmosphäre ist besser, und die schlimmsten Leute [sind] nicht mehr so aktionsfähig.« [142] Rudi glaubte, daß dies wenigstens beachtet werden sollte: »Die stattgefundene Wahl in der BRD hat den wesentlichen Charakter der sozialen Struktur der Regression menschlichen Daseins nicht verändert, die Regierungsveränderung drückt allerdings doch eine sekundäre Differenz aus, die von der praktischen Theorie subversiven Denkens richtig gehandhabt werden muß.« [143]

*

Im Jahr 1969 ging die Geschichte des SDS zu Ende. Was war schiefgegangen? Die Versuche seit Ende 1967, neue, offensivere Strukturen zu entwickeln, waren fehlgeschlagen. Im SDS konzentrierten sich die Kontrahenten auf die eigenen Positionen: »Der SDS war so etwas wie eine kulturlose Bewegung, und in der gab es Organisationskerne, die alle glaubten, daß man die Entwicklung forcieren muß. Man mußte sehr schnell sich selber präsentieren, die eigene Gruppe als die richtige Partei des Proletariats.« Der zunehmende Einfluß von maoistischen Gruppen und der Führungsanspruch der Neostalinisten der DKP chaotisierten alle Versuche, die schon immer brüchige Einheit des SDS zu retten.

Hinzu kam die völlige Unfähigkeit des SDS, auf die wachsende Frauenbewegung zu reagieren. Auf der Delegiertenkonferenz des SDS im September 1968 versuchten Frauen, in die von Männern beherrschte

Diskussion einzugreifen. Als ihre Argumente mit Getöse beantwortet wurden und im Chaos unterzugehen drohten, warfen die Frauen Tomaten auf die Männer.

Besonders entmutigend war die Unfähigkeit des SDS, in die wilden Streiks im September 1969 einzugreifen.

Nach Rudis Überzeugung hatte die SDS-Führung ihre Aufgaben nicht erfüllt: »Eine elitäre Org[anisations]-Form oder durch elitären Intelligenzgrad bestimmte politische Gruppe wie der SDS hat die Potenz des Sektierertums in sich, allerdings auch die Möglichkeit der temporären Überwindung desselben, wie die Geschichte des SDS zwischen '65 und '68 es zeigte. Solch eine Organisation steht und fällt durch die Zufälligkeit der Fähigkeit bzw. Unfähigkeit der Führung, objektive Möglichkeiten als solche zu erkennen, dementsprechende Parolen zu entwickeln und an entscheidenden geschichtlichen Wendepunkten die Möglichkeit bzw. Unmöglichkeit von Schritten nach innen und außen zu sehen, Demokratisierung und Mobilisierung, Kritik und Selbstkritik, die antibürokratische Organisierung im Inneren der Partei ist weiterzuentwickeln. Als revolutionäre Marxisten wissen wir, daß die Geschichte nicht durch große Personen, sondern durch die konkreten Individuen der Klassenkämpfe, Klassenorganisationen und der diese objektiv vorantreibenden sozialökonomischen Stufe in der Entwicklung der Produktivkräfte bestimmt wird. Allerdings wissen wir gleichermaßen, daß die subjektive Seite geschichtlicher Möglichkeiten, d. h. die Seite der handelnden Menschen, sehr bestimmt ist durch den Typus der Organisation, der Partei und den oft verschiedenen Charakter der führenden Genossinnen, soweit solche sich hineingekämpft haben, und Genossen.« [144]

»Die führungslose Führung entwarf ›Modelle‹, eine eigenartige Tendenz von Entpolitisierung zog in den SDS ein, destruktive Spielereien im VDS *-Zentrum ersetzten die unerläßliche Arbeit, um überhaupt 1969 noch einen SDS-Kongreß zu ermöglichen. Die innere Dynamik und Kraft des SDS, die trotz ihrer theoretisch-politischen Unklarheit an vielen Punkten sich zwischen '64 und '68 entwickelt hatte, brach zusammen. Das durch die antiimperialistische Welle außer Kraft

* VDS: Verband Deutscher Studentenschaften, Zusammenschluß der Allgemeinen Studentenausschüsse der Hochschulen in der Bundesrepublik und West-Berlin

gesetzte Sektierertum innerhalb des antikapitalistischen Lagers begann mit seiner Wiedergeburt, an der Spitze die revisionistische DKP, die den Zusammenbruch des SDS zusammen mit der SPD ›freundlich‹ zur Kenntnis nahm.«[145]

Die DKP, die Wiederauferstehung der 1956 verbotenen KPD, war im September 1968 zugelassen worden. Rudi glaubte, daß die Regierung damit einen Zweck verfolgte. Die neue Partei sollte einen Teil der sich auflösenden APO schlucken und die Jusos einen anderen, um zu verhindern, daß autonome sozialistische Positionen weiterlebten.

Als letzten Rettungsversuch beschloß der Bundesvorstand des SDS, den Delegiertenkongreß, der für Oktober 1969 geplant war, zu verschieben. Er wollte so Zeit gewinnen, um die Kräfte vielleicht doch wieder sammeln zu können. Es nutzte nichts, wie Rudi vorausgesehen hatte. Am 21. März 1970 beschloß eine willkürlich zusammengesetzte Versammlung von SDS-Mitgliedern im Frankfurter Studentenhaus die Auflösung des Studentenverbands per Akklamation. Das Ende hätte nicht schäbiger sein können.

Obwohl Rudi immer eine kritische Einstellung zum SDS hatte, war diese Entscheidung für ihn eine Katastrophe. Er versuchte, die Wurzeln des Scheiterns zu ergründen: »Der SDS hat sich selbst aufgelöst. (...) Ein fundamentaler Grund scheint uns darin gelegen zu haben, daß der SDS als ein Motor des sich gerade erst entwickelnden ›antiautoritären Lagers‹ in einen Prozeß hineingeriet, mit Aufgaben konfrontiert wurde, die eine im Grunde reine militante Studentenorganisation nicht mehr lösen konnte. Diese antiautoritär-sozialistische Tendenz, die sich nie als politisch-organisatorische Richtung mit langfristiger Perspektive verstand, verstehen konnte, mußte historisch unvermeidlich ein Ende finden.«[146]

An anderer Stelle: »Die Liquidierung des Gesamt-SDS durch die Liquidatorenpolitik von führungsunfähigen Genossen aus den eigenen Reihen hat den anstehenden Umorganisierungsprozeß, die wohl äußerst komplizierte Übergangsetappe in die sektiererische Richtung getrieben. Desorganisation und Demoralisierung sind voneinander wohl nicht zu trennen. Die neuen Kampfformen, ob nun die Basisgruppen, Betriebsgruppen oder Stadtteil-Gruppen etc., alle begannen ihre Aktivität nicht auf der Grundlage eines wenigstens begriffenen und weiterzuentwickelnden strategischen Konzepts, sie begannen vielmehr mit einem spontanen plus-minus Null mit Prolet-Kult-Blick. Die antiautoritären und subversiven Ausgangserfahrungen und Errungenschaften gingen somit zumeist verloren, obwohl gerade die junge Arbeiter- und Angestelltengeneration dieser Elemente besonders bedurfte.«[147]

In einem Interview: »Keiner der SDS-Kader hat diese unmittelbare Not der militanten jungen Teile der Arbeiterklasse ausreichend gesehen, vermochte darum auch nicht die Losung der politisch-organisatorischen Wendung dieser politischen Not in all ihren Konsequenzen zu initiieren. Speziell für militant studentische Augen, die nur die Räte sahen und den Aufbau revolutionärer Parteien für eine historische Mißgeburt in der Gegenwart hielten, erschien die DKP-Losung – Laßt uns unsere Partei aus dem Boden ›stampfen‹ – nur verdächtig. Der deformierte Sozialismus (Stalinismus) in unserem Lande (Deutschland) hatte uns unserer revolutionären Geschichte beraubt. (...)

Das kann man post festum ohne Schwierigkeiten sagen, obwohl alle Schritte des ›Abgangs‹ einen durchaus anderen Charakter hätten tragen können, wodurch auch neue soziale und politische Zugänge vorhanden gewesen wären, die durch eine sektiererische ultralinks-opportunistische Führung von Mitte '68 für lange Zeit verunmöglicht wurden. Niemals war der SDS in der Lage, seine motorische, seine mobilisierende Fähigkeit in eine schmiegsame, aber doch geschlossene Organisation umzuwandeln. (...)

Warum gelang uns dieser entscheidende Schritt nicht? Einer der Gründe dafür scheint uns in der romantischen Seite der so wichtigen antiimperialistischen Kampagnen zu liegen, wodurch die Studien über die eigene nationale und EWG-sozialökonomische politische Wirklichkeit, ohne im geringsten die internationale Qualität des Imperialismus und ihrer Vermittlung mit der nationalen Lage außer acht zu lassen, vernachlässigt werden mußten. Damit die eigene Zukunft in diesem Lande in unserem Kontinent unbeachtet blieb, eine emanzipierende ›Disziplin‹ innerhalb unserer Organisation somit schier verunmöglicht wurde. (...) Da der SDS diese befreiende und zu entwickelnde antiautoritär-sozialistische Disziplin in der eigenen Organisation nicht zu schaffen vermochte, erhielt die Bedeutung der Rolle und Funktion der Führungsgenossen eine zusätzliche, eine übertriebene Relevanz. Diese wiederum entschieden gleichermaßen nach eigener Willkür, sie erschienen, wenn es ihnen paßte, standen teilweise in linksbürgerlicher Konkurrenz zueinander, nur wenige veranstalteten regelmäßig Seminare. Dieses elitäre Moment des SDS, welches in der sogenannten antiautoritären Phase nur verbrämt, aber nicht lebendig und theoretisch aufgehoben worden ist, wird gegenwärtig erneut in den leninistisch sich nennenden Grüppchen sichtbar.« [148]

Und in einem Brief: »Diese Führung, mit verschiedenen anderen Gruppen zusammenarbeitend, erwies sich noch als relativ fähig in der Vorbereitung des Protestes gegen die Verabschiedung der Notstandsgesetze, erwies sich aber als völlig unfähig, das zu tun, was in einem solchen geschichtlichen Augenblick unerläßlich gewesen wäre! Ich meine, direkte Konfrontationen mit der herrschenden Klasse – es gilt immer die den Umständen entsprechende Form zu wählen –, aber niemals haben wir in einer objektiven Kampfsituation das Feld kampflos zu räumen, das aber geschah durch die damalige führungsunfähige Führung.« [149]

Zersplitterung, Verbitterung

> »Wie wurde es möglich, die verrotteten und doch (...) reizvollen Geister der Vergangenheit zu beschwören? Das geschieht nicht von heute auf morgen, da haben sich Prozesse abgespielt im herrschenden und im linken Lager in dieser Phase, und zwar auf der Grundlage objektiver Verhältnisse. Da sind Reformkompromisse der Herrschenden, gerade an der Uni, da ist der Übergang in der SPD/FDP-Regierung völlig theoretisch und erst recht politisch falsch und kampflos zur Kenntnis genommen worden. Die im Grunde fortzuführende kulturrevolutionäre Übergangsperiode, die neue Stufe der EWG und internationalen Klassenkämpfe, wurde aufgegeben, der Reformismus der herrschenden Klasse erzeugte einen neuen linken Reformismus und als Variante das Sektierertum.« [150]

Manfred Scharrer hatte London verlassen und studierte im Wintersemester 1969 in West-Berlin. Er sollte Rudis Vertreter und Informationsquelle sein. Und das ging, ohne unsere Finanzen zu belasten. Manfred rief Rudi fast jeden Tag von der FU aus an. Es gab einen Trick, wie man umsonst telefonieren konnte.

Rudis internationaler SDS-Flügel (INFI) hatte den wesentlichen Anstoß zur Gründung der »Roten Presse-Korrespondenz« (RPK) gegeben. Sie war nicht mehr als eine kleine hektographierte Zeitung, aber dieses Kommunikationsmittel war trotzdem wichtig, um die antiautoritären Gruppen zusammenzuhalten. Ende 1969 wurde aber deutlich, daß das Virus, das die politische Arbeit überall in Berlin infizierte, auch den »RPK«-Beirat angesteckt hatte. Die marxistisch-leninistische Fraktion, darunter Bernd Rabehl, wollte gegen den erklärten Willen der anderen Redaktionsmitglieder ein Positionspapier abdrukken. Als Manfred und Christian Semler davon erfuhren, eilten sie in die Redaktion, um den Putsch zu verhindern. »Wo bringen wir die Kartei hin?« fragte dort jemand. Gleich meldete sich ein junger Mann, der immer einen Hut trug und proletarisch aussah. Man kannte ihn nicht so gut, aber Arbeitern traute man. Der Mann bekam die Kartei, und er brachte sie in Sicherheit. Beim Verfassungsschutz. Der Mann mit dem Hut hieß Peter Urbach.

Im März 1970 berichtete Manfred: »Die ›RPK‹ kann kaum noch erscheinen, da einfach nichts mehr geschrieben wird. (...) Die einzelnen Gruppen stehen im Konsolidierungsprozeß, haben sich abgekapselt und Informationssperre verhängt.«[151] Mit dem Ende der »RPK« aber hatte Rudi sein Sprachrohr verloren.

Politsekten blieben zurück: Proletarische Linke Parteiinitiative (PLPI); die Ruhrkampagne, hauptsächlich eine Schöpfung von Bernd Rabehl; DKP; KPD/AO; KPD/ML; KAB/ML; Rote Zellen; Unabhängige Sozialisten; Kritische Sozialisten; FNL; Tupamaros; Trotzkisten; Underground-Ideologen. Ein Genosse schickte Rudi einen Brief: »Die APO hat sich in ca. 12 Fraktionen gespalten: Du bist in London, Krahl ist tot, Meinhof, Mahler, Kunzelmann nach Arabien emigriert, Semler/Neitzke/Horlemann spielen sich als Mini-Stalins auf, jede Gruppe sieht ihre Konzepte als die einzig richtigen an. Was tun?«
Fast resigniert schrieb Rudi an Marcuse: »Eine ›objektive Notwendigkeit‹ dieser Erscheinung ist nicht zu sehen. (...) Die Zerschlagung der Substanz, des subversiven Denkens, wie es leider gerade in der Anti-Marcuse-Welle noch immer läuft, zeigt sich katastrophal im Verlust revolutionärer antiimperialistischer Sensibilität, wie wir sie durch die widersprüchliche Dialektik von Aufklärung und Aktionen zwischen 1964 und 1968 entwickelt hatten. Wie dem auch sei, der Strom gegen die allein destruktiven und repressiven Staatsapparate ist nicht geringer geworden.«
Aus West-Berlin berichtete Horst Mahler: »Die haßvolle Atmosphäre ist entnervend. Die Genossen bringen sich alle zur Zeit noch verbal gegenseitig um. Die schlimmsten Mißverständnisse werden zum Ausgangspunkt immer neuer ›Fraktionierungen‹. Das Ganze bekommt mehr und mehr operettenhafte Züge.«[152]
Nicht nur verbal. Bei der 1.-Mai-Veranstaltung in der Hasenheide »wurde die Krone aufgesetzt, als ein Vertreter der Spartakisten ihre Teilnahme an der Gewerkschaftskundgebung begrüßen wollte und ihre Position zur Gewerkschaftsfrage darstellen wollte – er wurde mit Bierseideln beworfen, man versuchte ihn vom Podium runterzureißen, und das alles endete mit einer Schlägerei auf dem Podium«.[153]
»W[est-]B[erlin] verrottet und entwickelt sich immer mehr, der Scheincharakter der Rebellion dort wird immer deutlicher, die x-Gruppen (Zellen, Kindergärten, Sozialarbeiter etc.) machen sinnvolle Arbeit und zeigen im Mai-Aufruf einen klugen und schöpferischen Kopf. Die (KPD/AO) hat gerade begonnen, ihr Mai-Aufruf ist ein höchstes Maß an Niveaulosigkeit.«[154]

Im März hatte die Kommunistische Partei Deutschlands/Aufbauorganisation (KPD/AO) ihre »Vorläufige Plattform« in der »RPK« veröffentlicht. Manfred nahm an der Gründungsversammlung teil, ebenso Jürgen Treulieb und Peter Rambausek. Horlemann und Semler saßen in der ersten Reihe als die neuen Führer. Rambausek hatte eine Tüte Mehl mitgebracht, und um seine Verachtung gegenüber dieser Art von Politik zu unterstreichen, warf er die Tüte auf den neuen Vorsitzenden, der von einer Mehlwolke eingehüllt wurde.
Manfred war in die KPD/AO eingetreten. Semler wußte nicht, daß dies mit Rudi abgesprochen war, damit dieser möglicherweise indirekt Einfluß ausüben konnte. Bei einer der ersten Sitzungen sollten die Mitglieder über einen Namen abstimmen. Von der Leitung war »KPD-Aufbauorganisation« vorgeschlagen worden. Manfred bekam einen Schreck. Das war nicht nur Hochstapelei, sondern eine KPD ohne Arbeiter war auch absurd.
Nach der Sitzung rief Manfred Rudi an und berichtete: »Um Gottes willen«, hörte ich Rudi aufgeregt im Nebenzimmer rufen, »KPD/AO, das ist furchtbar, so geht das nicht.« Bei der nächsten Demonstration schleppte die selbsternannte neue Avantgarde des Proletariats Stalinbilder mit, und ihre Mitglieder skandierten »Marx, Engels, Lenin, Stalin, Mao Tse-tung«. Das war zuviel für Manfred. Er griff sie an und sagte: »Ihr spinnt alle. Wieso Stalin?«
Das hielt die Führung für Aufruhr gegen ihre Autorität, und sie begann Manfred zu mißtrauen. Eine ihrer ersten Amtshandlungen war, ihn von der politischen Arbeit zu suspendieren. »Der neue Ton war damit vorgegeben – hartgesottene autoritäre Herrschaft, und das durch ehemalige Antiautoritäre.«[155]

Nicht alle ehemaligen Antiautoritären landeten in stalinistischen oder maoistischen Kaderorganisationen. Der Untergrund schien eine Alternative zu sein. Nach dem Bachmann-Attentat hatten Rudi und viele andere den Glauben verloren an eine demokratische Wandlung in Deutschland. Anfang 1969 war auch Rudi bereit, in den Untergrund zu gehen, falls die Bedingungen dafür gegeben waren. Er interpretierte die illegale Arbeit maoistisch: »Im Volke wie Fische im Wasser schwimmen.« Die illegalen Fokusse trennten sich demnach nicht von der Bevölkerung. Zwar dachte er offensichtlich an Bankraub, um Geld für die Bewegung zu beschaffen, aber er sah die Gefahr, daß dadurch Menschen gefährdet würden. Das wollte Rudi nicht in Kauf nehmen.

Die Menschenverachtung der Terroristen war ihm zuwider. Er lehnte den Terrorismus, im Gegensatz zu illegalen Aktionen, von vornherein ab: »Unsere damaligen Elemente praktischer Theorie haben sich inzwischen manchmal vulgarisiert durchgesetzt. Terror und neue Militanz sind allerdings noch kaum als Ausdruck der Weiterentwicklung praktischer Theorie der Revolution in der Epoche der destruktiven Gesellschaftsform zu begreifen. Die Veränderungen der spezifischen Ausdrucksformen des revolutionären Gesamtprozesses waren und sind ungeklärt.« [156]

Wie die illegale Aktion in einem politischen Zusammenhang funktionieren könnte, überlegte Rudi auch in England. Im Juli 1969 desertierten einige deutsche Soldaten aus der Bundeswehr. Sie flüchteten nach West-Berlin, weil sie hofften, dort unter alliiertem Recht sicher davor zu sein, in die Bundesrepublik zurückgebracht zu werden. Trotzdem verhaftete die Polizei die Deserteure und ließ sie mit einer Maschine der British Midland Airways (BMA) nach Westdeutschland zurückfliegen. Es half den Fahnenflüchtigen nicht, daß dies gegen alliiertes Recht verstieß.

In dieser Zeit erschien ein Trupp junger Männer bei uns an der Tür. Einen kannten wir, Schlacke, ein Deutscher, der in London lebte. Die anderen waren aus West-Berlin. Schlacke stellte uns Bommi Baumann vor und die anderen, die alle Rabatz machen wollten. Rudi redete mit ihnen über eine Solidaritätsaktion für die Deserteure. Sie erwogen, Engländer für die Aktion zu gewinnen, und Rudi trat an verschiedene Personen heran, die er kannte. Aber er wurde immer wieder enttäuscht. Nur Michael Foot von der Labour Party war bereit, eine Anfrage im Parlament zu machen. Im Grunde interessierten sich die Engländer nicht für diese Sache, obwohl es eine britische Fluggesellschaft war, die gegen das Gesetz verstoßen hatte.

Bommi, Schlacke und ihre West-Berliner Freunde wollten daraufhin allein etwas unternehmen. Ihr Plan war, die Büros von British Midland Airways mit Molotow-Cocktails anzugreifen, nach dem Muster von Berlin, wo die Fenster von British European Airways (BEA) schon eingeworfen waren. Rudi saß bei den Beratungen dabei und äußerte keine Einwände, obwohl er sich nicht selbst daran beteiligen wollte, weil er sich ja nicht in die britische Politik einmischen durfte.

Erich Fried dagegen war entsetzt, als er eingeweiht wurde. »Gewalt«, argumentierte er, »erzeugt nur Gegengewalt und wird weder den Deserteuren helfen, noch werden die Menschen in England verstehen, worum es geht. Ich würde lieber eine Geldsammlung als Wiedergutmachungsaktion für die BEA organisieren, denn die BEA hatte gar nichts damit zu tun.«
Frustriert entgegnete Rudi: »Die Differenz zwischen BEA und BMA trägt rein quantitativen Charakter, die Banken und ähnliche Büro-Zentren des Systems, aus welchen Ecken sie auch stammen, müssen überall und permanent zerschlagen werden.«[157] Die West-Berliner aber hielten nichts von Erichs Argumenten gegen Gewalt und wollten auf alle Fälle weitermachen.
»Bedenkt doch«, bat Erich eindringlich, »daß ihr schon an meinem Telefon darüber gesprochen habt. Und mein Telefon wird gewiß abgehört.«
Alle bedachten das und entschieden, daß das Risiko doch zu groß sei.
Die Aktion wurde abgeblasen.
Aber zuviel Adrenalin war erzeugt worden. Die Berliner hatten das leere Loch im Garten bemerkt, das wir mit Sand für Hosea füllen wollten. Sie verschwanden und kamen bald wieder mit einem Wagen voller geklautem Sand.

Die Illegalität schien Rudi notwendig, wenn es überhaupt gelingen sollte, neue Strukturen im herrschenden System aufzubauen. Doch es war eine ungelöste Frage, wie diese Illegalität aussehen sollte. Rudi gelang es nicht, legitime Formen der Gewalt sauber von illegitimen zu trennen. So deutlich er sich vom Terrorismus distanzierte, so unklar blieb, wie der illegale Kampf aussehen sollte.
Einige Freunde hatten weder Hemmungen, menschliches Leben zu gefährden, noch den Blick für die Realität, noch die Fähigkeit, die Frage der Illegalität differenziert zu betrachten. Sie wählten den Terror. Von den ersten RAF-Mitgliedern kannte Rudi einige gut: Horst Mahler am besten (er war Rudis Anwalt), Ulrike Meinhof und Jan-Carl Raspe auch. Mahler besuchte Rudi im September 1969 in London. Er war verzweifelt über die Lage in Deutschland: »Ich glaube, wir haben einen Punkt erreicht, wo man sich nicht mehr um die Konsequenzen drücken kann. So, wie die Dinge heute liegen, wird es

notwendig sein, dir auf die Bude zu rücken, um über diese Konsequenzen zu reden.« Es war nichts Genaues, aber Rudi ahnte, was dahintersteckte, und sagte: »Meiner Meinung nach sollten wir nicht in den Untergrund gehen.« Aber kurz darauf war Horst abgetaucht. Ulrike Meinhof hatte nach dem Attentat auf Rudi in »konkret« die Gefühle der Betroffenheit von so vielen ausgedrückt: »Stellen wir fest: Es ist dokumentiert worden, daß hier nicht einfach einer über den Haufen geschossen werden kann, daß der Protest der Intellektuellen gegen die Massenverblödung durch das Haus Springer ernst gemeint ist, (...) daß Sitte und Anstand Fesseln sind, die durchbrochen werden können, wenn auf den so Gefesselten eingedroschen und geschossen wird.« [158] Rudi hatte Ulrike getroffen, als er im Mai in West-Berlin war. Auch in ihrem Fall ahnte Rudi nicht, daß sie vorhatte, in den Untergrund zu gehen. Er erzählte mir aber mit Verwunderung und einer Mischung aus Abscheu und Geschmeicheltsein: »Ulrike hat mir etwas Seltsames vorgeschlagen. Ich soll dich verlassen und mit ihr zusammenleben. Als ich ihr sagte, daß ich das nicht tun kann, sagte sie: ›Nimm deinen Sohn mit. Er wird bei uns doch besser aufwachsen als bei deiner Frau.‹« Vielleicht war sie enttäuscht, als Rudi ihr Angebot ablehnte. Einige Monate später nahm sie Gudrun Ensslin und Andreas Baader in ihrer Wohnung auf. Die beiden wurden wegen eines politisch motivierten Kaufhausbrandanschlags gesucht.

Während die Intellektuellen ihre Ratlosigkeit in Resignation, Aktionismus, Dogmatismus oder Terrorismus auslebten, wirkte die Studentenbewegung auch außerhalb der Hochschulen nach. Willi Hoss war Arbeitervertrauensmann und Gewerkschaftsfunktionär bei Daimler-Benz in Stuttgart. Er und seine Kollegen hatten die Studentenbewegung mit Begeisterung beobachtet. Sie waren allerdings nicht die revolutionären Arbeiter, die die marxistische Orthodoxie forderte. Kaum ein Arbeiter war am Sozialismus, geschweige denn am Kommunismus interessiert. Da lagen die linken Sekten völlig daneben. Die Studenten begeisterten aber viele Arbeiter, weil sie mutig und antiautoritär waren, mehr Demokratie forderten und Verkrustungen aufbrachen. Dadurch ermuntert, machten Willi Hoss und seine Freunde 1969 einen ersten Versuch, eine eigene Arbeiterliste bei den Betriebsratswahlen aufzustellen. Sie gerieten sofort in Konflikt mit jenen Betriebsräten, die eng mit der Firmenleitung zusammenarbeite-

ten, Verträge abschlossen und Kompromisse machten, ohne die Belegschaft zu fragen. Die Alt-Kommunisten bekämpften Hoss und seine Freunde besonders verbittert. Und doch gewannen Hoss' Leute bei Mercedes-Benz auf Anhieb 29,4 Prozent der Stimmen.
Aber das war nur ein vereinzelter Widerstandsakt. Der lange Marsch durch die Institutionen war ins Stolpern gekommen. Rudi hatte ihn nur in Wechselwirkung mit der politischen Fokusgruppe und einer radikalen Organisation gesehen. Doch manche Leute interpretierten den Marsch als individuelle Lösung. Im Februar 1970 schrieb Rudi: »Die x-fachen Erfahrungen des mißlungenen Entrismus weisen darauf hin, daß wir ohne eine durch Kampferfahrungen aufgebaute ›feste‹ Organisation, [trotz] jeder notwendigen Variierung einsatzfähig, jeder revolutionären Möglichkeit hoffnungslos gegenüberstehen. Revolutionäre Sprung-Möglichkeiten haben wir voll auszutragen, die kap[italistische] Formation ist x-fach getestet worden, jeden Test hat sie bisher mit ›Klugheit‹ und Neuanpassung beantwortet.«
Viele hatten die Parole vom langen Marsch als Aufforderung verstanden, in die SPD einzutreten, um diese Partei umzufunktionalisieren. Auf ihrem Bundeskongreß im Dezember 1969 verabschiedeten die Jusos eine sozialistische Plattform. Sie sprachen von systemüberwindenden Reformen und Doppelstrategie. Rudi war nicht blind gegenüber der Tatsache, daß der linke Flügel in der SPD »Sprung-Möglichkeiten« hatte, und blieb doch skeptisch. Er schrieb einen Brief an den sozialdemokratischen Bundespräsidenten Gustav Heinemann: »Ihr Verständnis und das meinige über die Rolle und Funktion der SPD wird sich weiterhin unterscheiden, dennoch scheinen mir die gemeinsamen Elemente von entscheidender Bedeutung zu sein. (...) Für entscheidend halte ich es, daß diese wesentlich verschiedenen politischen Richtungen unter schwierig werdenden Zuständen die vereinigenden Bänder der humanistischen Solidarität gegen die lautstarken Tendenzen der vergangenen und neuen Erscheinungsformen des Faschismus schließlich doch organisieren und nicht erst, wenn es zu spät ist! (...) Hoffentlich erfüllt die SPD historisch einmal mehr als das, was die herrschenden und bestimmenden naturwüchsigen Produktionsverhältnisse ihr als Aufgabe gestellt haben. (...) Der historisch übliche Verschleiß der SPD ist eigentlich vom Standpunkt der dialektischen Methode der Geschichtsbetrachtung zu erwarten, aber nicht im geringsten zu erhoffen.«[159]

Das Versäumnis, die Fokusse nicht aufgebaut zu haben, beruhte auf der Fehleinschätzung, daß unter dem Dach des SDS eine Massenorganisation gebildet werde könne, die in der Lage sei, die Revolution durchzuführen. 1968 waren »die objektiven Möglichkeiten (...) nicht reif für den Aufbau einer starken Organisation. (...) Starke Organisationen und revolutionäre Situationen können nicht getrennt werden. Wir hatten keine revolutionäre Situation, sondern nur eine Rebellionssituation. (...) Einige von uns hatten die Illusion, daß es eine revolutionäre Situation war.« [160] Dieses selbstkritische Eingeständnis formulierte Rudi erst 1971. Aber er hielt daran fest, daß eine revolutionäre Organisation aufgebaut werden müsse, damit man vorbereitet sei, wenn der Umschlag in eine revolutionäre Situation komme. Wie anders sollte es möglich sein, neue gesellschaftliche Strukturen zu schaffen? Man braucht dazu mehr als einzelne geniale Erneuerer.

> »A useful life, a life in which human beings are really able to use time for themselves and are independent of wages. I know many in this country won't accept that this is possible but I think that a humane life will be possible only if we are without wars, monopolies, repressive states and so on. Our life is more than money. Our life is thinking and living. It's about us and what we could do in this world, and how we could use the possibilities of development and the forces of production. It is about how we could use technology and all the other things which at the moment are used against the human beings, such as military equipment. My question in life is always how can we destroy things that are against human beings, and how can we find a way of life in which the human beings are independent of a world of trouble, a world of anxiety, a world of destruction. In the last analysis we now have a world that exists not for life but for the destruction of life, with people always worrying about wages and payments, or fearing unemployment.« [161]

Josef Bachmann saß im Gefängnis. Aber irgendwie war er immer bei uns. Es war merkwürdig, wie Rudi umging mit diesem Menschen, der sein Leben zerstört hatte. Daß er das Attentatstrauma jemals ganz verkraftet hat, bezweifle ich.
Im November 1968 bekam Rudi einen Brief von Bachmann. Was ihn dazu bewegt hatte zu schreiben, ist ungewiß. Er bereute, was er getan hatte. Rudi machte sich an den Antwortbrief, als er bei Feltrinelli war. Christian Semler war gerade in Mailand und fragte Rudi, wem er schreibe. Rudi sagte es. Christian las den Entwurf. »Den Brief solltest du gleich wieder wegstecken«, erklärte er. Er fand den versöhnlichen Ton darin übertrieben.
»Du kennst mich doch«, wandte Rudi ein.
»Aber dann wenigstens ein bißchen anders. Das ist ziemlich Kraut und Rüben«, erwiderte Christian.
Sie setzten sich zusammen und versuchten, das Ganze zu glätten. [162]
Da Rudi nicht glaubte, daß Bachmann diesen Brief bekommen würde, verfaßte er ihn für die Öffentlichkeit: »Du wolltest mich umbringen. Aber auch wenn Du es geschafft hättest, so hätten Dich die herrschenden Cliquen, von Kiesinger bis Springer, von Barzel bis Thadden wiederum umgebracht. (...) Ihr müßt Euch Tag für Tag abstrampeln, für die Schweine der herrschenden Institutionen, für die Repräsentanten des Kapitals, für die Parteien und Gewerkschaften, für die Agenten

der Kriegsmaschine und die wider das Volk gerichteten Massenkommunikationsmittel, für die Faschisten jeder Partei. (...) Schieß nicht mehr auf uns, kämpfe für Dich und Deine Klasse. Versuch nicht mehr, Dich selbst umzubringen. Der antiautoritäre Sozialismus nimmt auch für Dich Partei.«

Schon am ersten Tag, als er nach dem Attentat wieder den Mund aufmachte, hatte Rudi von den »Schweinehunden« gesprochen, obwohl er sich ganz genau an Bachmann erinnern konnte. Und doch fragte er mich: »Könntest du Bachmann verzeihen?«

Ich antwortete: »Nur insofern die Gesellschaft für den Anschlag verantwortlich ist. Ich kann ihm aber nicht verzeihen, was er aus unserem Leben gemacht hat.«

Es blieb ein Hauch von Angst vor dem Attentäter. Ich war unsicher, ob Bachmann wieder gefährlich werden konnte. Vielleicht war er ja von der Idee besessen oder darauf programmiert, Rudi umzubringen. Rudi wollte auf Bachmann einwirken, nicht wieder auf ihn zu schießen. Aber konnte Bachmann das verstehen?

Nur drei Wochen später schrieb Rudi einen zweiten Brief, der persönlicher war und für Bachmann viel verständlicher.[163] Rudi schrieb an Gollwitzer, der den Brief übermitteln sollte: »Wie könnte ich J[osef] B[achmann] böse sein? Ich lebe, werde mit höchster Wahrscheinlichkeit fit werden, bin mit einer geliebten Frau und einem permanent tätigen Sohn zusammen, werde in einiger Zeit wieder eingreifen können. Allerdings ohne Wiederholung alter Fehler, alter Erscheinungsformen. Die Bedingungen haben sich, der Meinung sind Sie sicherlich auch, ziemlich verändert. Die Vertreter des antiautoritär-sozialistischen Lagers, ich meine hier im wesentlichen die Führungspersonen, begreifen im Augenblick zu wenig den Anfang einer neuen, längeren und schwierigeren Periode der Weiterarbeit, des Aufbaus neuer Kräfte, neuer Kampfformen.«[164]

In der Nacht vom 23. auf den 24. Februar 1970 beging Josef Bachmann Selbstmord. Rudi reagierte am selben Tag: »Noch immer sehe ich ihn deutlich. Er repräsentierte die Beherrschung von unterdrückt gehaltenen Menschen, die ihre Möglichkeiten und ein lebendiges schöpferisches Leben bisher nie kennengelernt haben. Das Gefängnis ist für einen Menschen, der den Selbstmord durch politischen Mord verwirklichen wollte, die Voraussetzung und Bedingung zum vollen Selbstmord, seine Chancen waren minimal. (...) Der Kampf für die

Befreiung hat gerade erst begonnen, leider kann Bachmann daran nun nicht teilnehmen.«[165]
Später kam er noch einmal auf Bachmanns Selbsttötung zurück: »Die Eigendynamik der individuellen Entscheidung unter den selbstmordlatenten Bedingungen des Gefängnisses ist von außen wohl nur äußerst gering zu beeinflussen. Dennoch bedauerte ich es am Tage der Bekanntgabe des Selbstmords, die Briefverbindung nicht weiterausgebaut zu haben.«[166]
Weil bei Bachmanns Anschlag schließlich der Attentäter umkam, wie es auch dem Kennedy-Mörder Lee Harvey Oswald geschehen war, waren wir mißtrauisch. War Bachmanns Selbsttötung seine freiwillige Entscheidung gewesen? Er hatte mehrere Suizidversuche unternommen, bevor es ihm gelang. »Ich habe niemals an den Selbstmord meines Attentäters Bachmann geglaubt«, schrieb Rudi, »wie auch der Mordversuch an mir nicht aus heiterem Himmel kam. (...) Der Attentäter Bachmann soll auch ein Einzelgänger [gewesen] sein. Das mag eine kriminalpolizeilich richtige Aussage sein – in allen Fällen, aber ist es eine politische Wahrheit?«[167]
Ist es das?

*

Rudi hatte eine schwierige Aufgabe zu lösen, die ihn bedrückte. Er traute seinem Gehirn nicht, dem Gehirn mit den Denkmängeln, die noch da waren. Aber er hatte die Kontinuität mit seinem Vorattentatsdenken gefunden. Er wollte es wagen, seine Doktorarbeit anzupakken. Er mußte sich selbst beweisen, daß sein Gehirn noch funktionierte. Rudi bewarb sich an der Universität Cambridge.
Anfang Februar wurde er von Bob Young, Provost am King's College in Cambridge, zu einem Gespräch gebeten. Bob wurde gleich zu einem Verbündeten, der Rudi durch die Aufnahmeprozedur begleitete, indem er ihn immer wieder ermutigte. Rudi wurde in Cambridge gründlich ausgefragt, vielleicht gründlicher als irgendein Bewerber zuvor. Die Universität wollte keinen Unruhestifter. Unüblich war auch, daß Rudi ein Essay über seine Doktorarbeit schreiben sollte, um zu beweisen, daß er noch im Besitz seiner geistigen Fähigkeiten war. Dieses Essay wuchs sich zu einer beängstigenden Herausforderung für Rudi aus. Es war viel schwieriger, als er es sich vorgestellt hatte,

und er mußte es ohne Hilfe von Freunden schaffen. Er brachte mir seinen Entwurf, den ich ins Englische übersetzen sollte. Als ich ihn las, entdeckte ich große Sinnlücken. Offenbar gab es noch eine Blockade zwischen Denken und Schreiben. Ich erklärte ihm, wo Gedankengänge mangelhaft erschienen. Er begriff die Mängel sofort und konnte mir sagen, wie ich den Text verbessern sollte.

Die Zulassung schob sich hinaus. In Juni schrieb Bob Young, daß bei aller Verzögerung das Board of Graduate Studies Rudis Antrag nicht ablehnend gegenüberstehe. Die Schwierigkeit liege darin, daß die Beteiligten später Rechtfertigungsargumente haben wollten, wenn sie gefragt würden, warum Rudi zugelassen worden sei.

Am 31. Juli bekam Rudi die Zusage. Das Innenministerium war allerdings weniger zuvorkommend. Gleich nach der Annahme an der Universität war es nicht bereit, Rudi eine längere Aufenthaltserlaubnis als für zwei Monate zu geben. Schon wurde es uns mulmig.

Unsere finanzielle Lage dagegen hatte sich verbessert. Im September bewilligte die Heinrich-Heine-Stiftung ein Monatsstipendium von 2000 Mark für zwei Jahre. Wir unterdrückten die Angst, keine Aufenthaltserlaubnis zu bekommen, und zogen in Clare Hall ein, einem modernen Komplex, der die Bedürfnisse von Studenten mit Familien berücksichtigte. Im Wohnzimmer war ein riesiger Schreibtisch, der sich an drei Wänden entlang erstreckte. Die Küche war klein, da wir die Mahlzeiten im Speisesaal einnahmen. Wir hatten einen hervorragenden französischen Koch, und die Familien in Clare Hall trafen sich täglich zum Genießen und Diskutieren. Nach hinten hinaus lag ein großer Garten, wo alle Kinder spielten und aufeinander aufpaßten. Unter den Familien herrschte eine überwältigende Freundlichkeit und Hilfsbereitschaft. Mir erschien Cambridge wie ein Blick in eine Utopie. Es war ein Blick durch eine nur ein wenig geöffnete Tür, die gerade, als wir eintreten wollten, zugeknallt wurde. Mitten in unsere Gesichter.

Wir erhielten am 1. September einen Brief vom Innenministerium, dem Home Office, in dem wir aufgefordert wurden, das Land innerhalb eines Monats zu verlassen. Unsere kleine schöne Welt wurde gestört. Wir wußten nicht, wie wir mit der Bedrohung fertig werden sollten. Die Trotzkisten wollten einen Streikposten aufstellen als Protest gegen die Ausweisung. Aber Erich, Kommilitonen und Dozenten

in Cambridge und die Presseleute waren der Meinung, daß die Engländer zivilisiert seien und unmenschliche Bosheiten nicht begingen, wenn man sie nur in aller Stille darum bat, vernünftig zu sein.
Die stille Arbeit machte schnell Fortschritte. Neal Ascherson mobilisierte »Times« und »Observer«, Ernst Bloch schrieb einen offenen Brief an Heinemann und Brandt, den auf der Buchmesse in Frankfurt unzählige Menschen mit unterzeichneten. Wir bekamen auch Hunderte von Briefen von Leuten, die berichteten, daß sie sich an Innenminister Reginald Maudling wenden würden. Manche erklärten, daß sie zum erstenmal seit dem Zweiten Weltkrieg ihren Haß gegen alle Deutschen durch diese Auseinandersetzung überwunden hätten.
Warum tut die Regierung das bloß, wollten wir wissen, und das fragten sich auch viele andere: »Is [Rudi] just being made a scapegoat (...) to show the public how firm a line Britain is to take?« Prominente Persönlichkeiten wie der Politiker Michael Foot oder der Psychologe David Triesman protestierten bei der Regierung, sogar der Ölkonzern Mobil Oil schaltete sich ein. Die Volkswirtin Joan Robinson, bei der Rudi promovieren sollte, wandte sich ebenfalls an Maudling, und sogar der konservative Unterhausabgeordnete von Cambridge setzte sich für uns ein.
Bundeskanzler Willy Brandt und Bundespräsident Gustav Heinemann wurden aufgefordert, sich für unser Verbleiben in England stark zu machen. Doch Brandt kniff: »Im Interesse von Herrn Dutschke sollte der Angelegenheit, solange das Beschwerdeverfahren läuft, möglichst wenig Publizität gegeben werden.«[168] Offenbar tat er nichts. Aber Richard Löwenthal, der damals im Bund »Freiheit der Wissenschaft« gegen die linken Studenten kämpfte, schrieb den englischen Behörden, daß er Rudi Dutschke als »hervorragenden politischen Gegner« kenne und nur wünsche, daß es »mehr politische Gegner von solcher Ehrlichkeit und menschlicher Integrität« gebe und daß er sich für Rudi Dutschke verbürgen könne.[169] Es gab niemanden, der öffentlich für die Ausweisungs-Entscheidung der frisch installierten Tory-Regierung eintrat.
Die stille Arbeit erreichte nichts. Dann machte Sabby uns darauf aufmerksam, daß ein neues Gesetz es Ausländern ermöglichte, Einspruch gegen eine Ausweisung zu erheben. Maudling hatte das offenbar vergessen. Wir waren nicht bereit, zu kapitulieren. So war unser Aufenthalt in Cambridge keine ruhige Zeit des Lernens an idyllischem

Ort, statt dessen bereiteten wir uns auf ein Tribunal vor, das zu entscheiden hatte, ob wir in England bleiben durften.
Für Rudi war das nicht schlecht. Er wollte diese neue Herausforderung zum politischen Testfall machen: »Schließlich gibt es x Entscheidungen von LP [Labour Party] und Tory Home Office über das Leben von Individuen und Familien, über die nie ein einziges öffentliches, aufklärendes Wort verloren wurde. Die bekanntgewordenen Menschen erblicken leicht das vernebelte Licht der Öffentlichkeit, die viel unmenschlicher behandelten Menschen bleiben von dieser getrennt. Obwohl gerade die Menschen, denen die fundamentalen Rechte und Fähigkeit menschlicher Selbsttätigkeit vorenthalten werden, das Forum der Enthüllung und Aufdeckung von Problemen zur Verfügung gestellt werden sollte.« [170]
In all der Verwirrung erreichte uns eine ermunternde, leicht ironische Begrüßung von Joan Robinson, Rudis neuer Doktormutter: »I am most delighted to hear that you will be coming here as a Research Student. I am sorry and ashamed about the delay and harassment that our authorities have subjected you to, but I suppose it is a useful part of your political studies. Looking forward to seeing you next term.« [171]
Es gab einen Massenandrang von Leuten, die Rudi treffen wollten. So viel Geselligkeit hatten wir noch nie erlebt. Wir hatten praktisch jeden Tag Einladungen zum Tee, zum Kaffee, zum Abendessen oder zum Mittag. Es erschienen auch Prominente bei diesen Gelegenheiten, etwa der amerikanische Ökonom John Kenneth Galbraith, die Frau von Bischof Pike, eines radikalen und etwas verrückten amerikanischen Geistlichen, der Theologe J. A. T. Robinson oder der Philosoph Noam Chomsky. Rudi mußte mit den Leuten englisch sprechen, und das fiel ihm mitunter schwer. Manches verstand er auch nicht. Aber er lavierte sich geschickt durch. Wenn er etwas nicht mitbekommen hatte und plötzlich über etwas anderes redete, dann änderte sich eben der Gegenstand der Diskussion. Das störte niemanden, weil alle entzückt waren, einen leibhaftigen Revolutionär zu erleben. Diese urenglischen Gartenparties und Nachmittagtees waren so drollig wie spannend und immer witzig. Rudi provozierte die Menschen zu politischen Diskussionen, er ließ es nicht zu, daß über Banalitäten geredet wurde. Das wollten die meisten Leute auch nicht.

Chomsky hielt eine Rede in Cambridge. Die Plätze im Hörsaal reichten bei weitem nicht aus, und sie waren schnell besetzt von Privilegierten. Die jüngeren Semester und andere Normalsterbliche sollten vor der Tür bleiben. Rudi kam mitten im Gedrängel zum Hörsaal, er gehörte zu den Erlauchten, die hineindurften. Aber er erkannte sofort die Lage. Als die Tür für ihn geöffnet wurde, schob Rudi, sanft und freundlich lächelnd, die Türsteher aus dem Weg und sagte zu den drängelnden Studenten: »Go in.« Sie gingen hinein und preßten sich zusammen wie die berühmten Sardinen in der Büchse.

Bob Young hatte uns schon im Juni einen Kommilitonen vorgestellt, den er betreute. John Fekete stammte ursprünglich aus Ungarn, war »äußerst gut ausgebildet, ging schon 1956 als 11jähriger weg, lebte in Kanada, nahm in Quebec an politsch-stud[entischen] Kämpfen teil, ist außerordentlich theoriefähig und aktionswillig«.[172] Rudi kam mit ihm gleich gut zurecht. John hatte sein Ungarisch nicht vergessen und fand trotz des Ausweisungsrummels Zeit, für Rudi Lukács-Texte ins Englische zu übersetzen. Durch John lernten wir auch radikalere Studenten sowie Freunde und Freundinnen kennen, die nicht zum Tea-Party-Establishment gehörten. Mit denen feierten wir abends, redeten über Politik und dachten über Taten nach.

Rudi blieb weiterhin politisch inaktiv, aber ich fühlte mich nicht an politische Auflagen gebunden. In London hatte ich zur Frauenbewegung gehört. Ich wollte wissen, ob es in Cambridge eine Frauengruppe gab. Sheila, Bob Youngs Frau, verneinte das.

Ich wunderte mich: »Das ist merkwürdig, wenn man bedenkt, wie viele Frauen hier leben, nur weil ihre Männer studieren. Das muß eine grundlegende Quelle der Unzufriedenheit sein.«

Sheila, Cheryl und ich planten das erste Treffen in unser Wohnung. Rudi fand das Vorhaben gut. Ich merkte aber, daß er doch irgendwelche Bedenken hatte.

»Was ist es?« fragte ich.

»Wo wolltet ihr euch treffen? Ihr könnt euch doch immer hier treffen«, sagte er.

»Ja, wenn es geht. Aber warum?«

Er schien zu überlegen, antwortete aber nicht. Ich schaute ihn an. Ich war ein bißchen perplex und spürte einen Druck, der mir nicht gefiel.

»Warum?« wiederholte ich etwas schroff.
»Es geht mir nicht immer gut«, murmelte er. »Was würde geschehen, wenn ich einen epileptischen Anfall bekomme, während ich allein zu Hause bin mit den Kindern?« fügte er nach einer Weile hinzu.
Ich fühlte schon ein leichtes kaltes Kribbeln. Sollte ich eine Gefangene sein? »Wir können eine Lösung finden«, sagte ich. »Aber erst mal werden wir die Treffen hier haben.«
Der Zulauf zur Gruppe war überwältigend, und sie wurde schnell zu groß für unsere Wohnung. Rudi mußte einsehen, daß ich nicht zu Hause bleiben konnte. Aber ich verstand auch seine Angst. Es tat ein bißchen weh.
Neben uns wohnte ein Ehepaar, Anna und Ian, das sich vorher kaum mit Politik beschäftigt hatte. Sie hatten einen kleinen Jungen, der gern mit Polly spielte. Anna war sofort begeistert von der Idee einer Frauengruppe und machte mit. Ian blieb mit dem Kind zu Hause. Es lag nah, daß Rudi und Ian gemeinsam auf die Kinder aufpaßten.
Aber als ich das vorschlug, schüttelte Rudi den Kopf: »Ich weiß nicht, ob das gehen wird.« Er wollte nicht. Etwas frustriert, überlegte ich, warum Rudi die Lösung mit Ian nicht akzeptierte. Seine Erklärung fand ich nicht einsichtig: »Ian wird nicht wissen, was zu tun ist, wenn ich einen Anfall habe.« Ich begriff, daß Rudi gegenüber Ian nicht zugeben wollte, daß er Angst hatte, allein zu bleiben. Er fürchtete vor allem, daß er seine Hilflosigkeit entblößen würde. Doch für uns beide mußte er es lernen, sich einem fremden Mensch soweit anzuvertrauen. »Ian wird die Situation nicht ausnutzen«, sagte ich. »Er möchte helfen. Und du mußt mir diese Freiheit geben.«
Für das Prinzip der Frauenemanzipation rang Rudi sich durch, diese Barriere zu überwinden. Leicht fiel es ihm nicht. Aber er lernte es immer besser, sich mit seiner verdrängten Angst auseinanderzusetzen: »Auf jeden Fall tritt an die Stelle von unbearbeiteter Angst eine an Handeln und Denken orientierte Hoffnungsperspektive. Manche Inhalte und Formen von Ängsten, wie ich sie vor den Schüssen – soweit ich mich richtig erinnern kann – nie kennengelernt hatte, zeigten sich plötzlich in direkter Gestalt, waren mit Sicherheit nicht wesenhaft aus den Schüssen zu erklären. Eine wirkliche Aufhebung der Angst-Erscheinungen ist nicht zu erwarten, eher wohl eine immer erneut zu erkämpfende Sublimierung des Problemzusammenhangs,

um gerade die in unserer Generation besonders ausgebildete Verdrängungstendenz bekämpfen zu können.«[173]

*

Hinter den mittelalterlichen Höfen der verschiedenen Colleges fließt ein kleiner freundlicher Fluß, die Cam. Häufig unternahmen wir Punttouren auf ihr. Ein Punt ist ein flacher Kahn, der durch Staken fortbewegt wird. Unter den Studenten war Punten eine beliebte Freizeitbeschäftigung. Trauerweiden wuchsen entlang der Ufer und streichelten zärtlich die Gesichter der gelassen Vorbeigleitenden, eine ruhige Szene, bis Rudi kam. Er hatte den Ehrgeiz, schneller als alle anderen zu sein. Dabei verlor er einige Mal das Gleichgewicht und fiel mit lautem Platschen ins Wasser. Alle Gesichter drehten sich hin zu uns. Als Rudis nasser Hut über dem Kahnrand auftauchte, brach am Fluß große Heiterkeit aus.

*

Bob Young vermittelte uns eine Rechtsanwältin, Rosemary Sands, mit der wir unsere Verteidigung für das Tribunal vorbereiteten. Mit ihr rätselten wir über die Frage, was uns das Innenministerium vorwerfen wollte. Sie dachte, die Verteidigung etwa so zu gestalten: »I feel that we must be able to say, ›yes, we have discussed politics‹, but, ›no, we have not engaged in action or advocated action in any way‹.«[174] Wir notierten detailliert, mit wem wir in den letzten Monaten über was gesprochen hatten. Es wirkte absurd.
Rosemary konnte uns vor dem Tribunal nicht verteidigen. Dafür brauchten wir einen anderen Anwalt. Die Meinungen klafften auseinander, ob wir lieber einen linken oder einen liberalen Verteidiger hinzuziehen sollten. Nachdem alles Denkbare erwogen worden war, neigte die Mehrheit unserer Berater dazu, einen liberalen Anwalt zu engagieren. Unsere Wahl fiel auf Basil Wigoder, einen Juristen, der dem Establishment angehörte. Wir hätten ihn nicht bezahlen können, aber er hat nie ein Honorar von uns verlangt. Erst den Stasiakten habe ich entnommen, daß ein junger Trotzkist, der ein Vermögen geerbt hatte, die saftige Anwaltsrechnung beglich. Wigoder bekam unsere Listen, die wir für Rosemary aufgestellt hatten, und wunderte sich. Da

war nichts zu finden, was als Verbrechen oder Vergehen interpretiert werden konnte. Was steckte also dahinter? Er schaute Rudi und dann mich intensiv an und runzelte die Stirn. »Ich kenne Leute von der Regierung«, sagte er. »Ich werde versuchen herauszufinden, was die Anklage sein könnte.«

Was er herausfand, war recht wenig. Weil es nichts gab, was uns vorgeworfen hätte werden können, griff das Innenministerium in die Trickkiste. In einem obskuren Gesetz über die nationale Sicherheit fanden die Bürokraten einen Paragraphen, der es ihnen erlaubte, ein Verfahren durchzuführen, das zum Teil geheim war. Der Mangel an Anklagepunkten sollte so gegenüber der Öffentlichkeit vertuscht werden. »Vielleicht ist die Entscheidung von Madling [sic!] durch die üblichen verrotteten Tricks schon unveränderbar geworden«, schrieb Rudi. »Vielleicht aber zeigen die bürgerlich-demokratischen Institutionen dieses Landes ihre Festigkeit noch einmal. Die Sache sieht nicht gut aus, besonders weil ›national security‹ von entscheidender Bedeutung wird. Und ich weiß beim besten Willen nicht, wie ich die Sicherheit Englands in Gefahr gebracht habe, die special branch scheint wieder einmal konstruiert zu haben. Madling [sic!] will ja nun ›mit Recht‹ wegen einer solchen kleinen Sache nicht seinen großen Posten in Frage stellen lassen.«[175]

Die Ankläger hatten Informationen über uns, die uns erstaunten. Wir glaubten, daß sie von einem Spitzel in unserem Umfeld stammten. Wigoder schien es wichtig herauszufinden, wer das war. Hier hätten wir stutzig werden müssen. Doch es wurde wichtig genommen. Unsere Freunde, vor allem Erich Fried, gingen auf die Suche nach Spitzeln. Erich fand einige Namen heraus, die von irgend jemandem verdächtigt wurden. Es war schrecklich. Wir wurden in einen paranoischen Strudel hineingezogen, plötzlich war keiner mehr frei von Verdacht. Aber ich gab Wigoder Erichs Information. Wigoder versprach, beim Geheimdienst nachzufragen, damit keine Unschuldigen verdächtigt wurden. Kurz danach bekamen einige Freunde Besuch vom Geheimdienst und das Angebot, für ihn zu spitzeln. Spätestens jetzt erkannten wir unseren Fehler und wollten den Wahnsinn beenden, aber es war zu spät. Rudi hat nachher alles getan, um die Verdächtigungen zurückzuweisen. Ich bin sicher, die Jagd nach Spitzeln war inszeniert, um uns und die linke Szene in London zu zermürben. Das war die dunkelste Seite dieses

Prozesses für uns.[176] Die Informationen über uns stammten aus Abhöraktionen.
Für England war es eine Schande. »Wenn diese irre Angelegenheit für die Tories ›gut‹ ausgeht, so ist ohne Zweifel darin ein weiteres oder ein tiefes erstes Zeichen für die Zerstörung der bürgerlichen Institutionen in demokratischer Form zu erblicken. (...) Das Tory-Klima trägt McCarthy-Charakter, allerdings mit historischen Unterschieden«[177], kommentierte Rudi.
Das Tribunal fand vom 17. bis 22. Dezember statt. Obwohl es um unsere weiteren Lebensumstände ging, war es ein bißchen wie ein bizarres Happening. Die Aristokraten saßen da mit ihrem Ankläger Sir Peter Rawlings, um über uns zu urteilen wie der Sheriff von Nottingham über Robin Hood. Wir fühlten und verhielten uns danach. Zwischen uns und unseren Beratern und Verteidigern gab es außer sichtbarem Staunen über die Dummheit der Ankläger einen regen Austausch von Notizen: »Du siehst, wie gut der Arzt ist. Er hat durch einen Satz alles zerstört, was Rawlings anpeilte.« – »Du bist kein ›Bürger‹, aber genau so wenig ein ›Extremist‹ in der Sprache, wie das Tribunal sie versteht. (Vergleich mal Baader, von Rauch und andere, oder Weathermen.) Du bist namentlich im Lichte der heutigen Zustände kein Extremist.« – »›We discussed openly‹ was translated ›we often discussed‹.« – »Tribunal are watching your reactions, careful.« – »Mach keine Faust, und laß Dich nicht provozieren.« – »Wie feiern wir die Niederlage, die in letzter Konsequenz doch ein Sieg für uns war?« – »François [der Koch in Clare Hall] macht ein schönes Essen für alle?« – »Wir gewinnen! Wir schlafen noch in dieser Nacht miteinander! Auch wenn wir verlieren!«
Nachdem Staatsanwalt Sir Peter Rawlings seine Anklage vorgebracht hatte, stand Rudi auf, schaute Rawlings in die Augen und sagte: »Mr. Rawlings, I think it is unfair to use prejudices against me – so the first was I was born in East Germany. 1940 I was born in the fascist Deutschen Reich. And everybody should know what a form of Germany it was. (...) Are you feeling in the tradition of the Britisch and French Revolution? Democracy. Or Burke, or Gentz Counter-Revolution! Or are you in feudalism?« Danach erinnerte unser Verteidiger das Tribunal an Prinz Kropotkin, den »Anarchisten, der 1876 aus einem Gefängnis in St. Petersburg zu einem schwedischen Hafen floh, wo er sich in einem Schiff versteckte. Kropotkin erinnerte sich später: ›Als

ich zu dem Dampfer kam, fragte ich mich ängstlich: Unter welcher Flagge segelt er? Norwegisch, deutsch, englisch? Als ich dann den Union Jack über dem Heck des Schiffs sah, die Flagge, unter der so viele Flüchtlinge, Italiener, Franzosen, Ungarn, alle Nationen, ein Asyl gefunden hatten, begrüßte ich diese Flagge aus tiefstem Herzen.‹« [178]
Hatte England das alles vergessen?
Rawlings glaubte, einen Punkt gefunden zu haben: eine Fahrt von uns nach Swansea, wo ein deutscher Militärstützpunkt lag. »Was haben Sie dort gemacht?« fragte Rawlings. »Warum haben Sie den Stützpunkt beobachtet? Mit wem haben sie darüber gesprochen?«
»Es hat mich erschreckt, daß die deutsche Armee in England ist«, sagte Rudi. »Und ich hielt es für sinnvoll, meine Freunde in Deutschland davon zu unterrichten.«
Rawlings wollte nun wissen, wer Rudi diese Information gegeben hatte.
»Ich habe seinen Namen vergessen«, erwiderte Rudi.
Dann fragte Rawlings mich, und ich antwortete: »Ich habe keine Ahnung.«
Die Zuschauer lachten.
»Welchen politischen Organisationen gehören Sie an?«
Rudi war wieder dran: »Ich bin seit Ende 1968 kein Mitglied einer Organisation. Der SDS beging Selbstmord. Ich hoffe, daß ich künftig in Westdeutschland revolutionär aktiv sein kann. Aber mein Interesse in der Gegenwart besteht ausschließlich darin, mein theoretisches Bewußtsein zurückzugewinnen und weiterzuentwickeln.«

Bundespräsident Heinemann bürgte schriftlich für Rudi (und er hat später über das Auswärtige Amt unseren Umzug nach Dänemark bezahlt). Helmut Gollwitzer und Heinrich Albertz erschienen persönlich vor Gericht und sagten für Rudi aus. Nach der Sitzung gingen wir gemeinsam mit den beiden essen. Sie wählten ein gutes, teuer aussehendes bürgerliches Restaurant. Wir gingen hinein. Golli und Albertz hatten die Tür bereits passiert, als ein Mann am Eingang sich plötzlich Rudi in den Weg stellte. »Nein«, sagte er. Golli, Albertz und ich schauten ihn an mit offenen Mündern. »Schlips«, sagte der Mann. Rudi hatte keinen Schlips. Solange ich ihn kannte, besaß er keinen. Ich stöhnte. Aber Albertz grinste und öffnete seine Aktentasche. »Schauen Sie mal«, sagte er. »Für den Notfall.« Es waren ein paar Krawatten darin.

Rudi wählte eine aus und band sie sich mit Hilfe der zwei Männer um seinen Hals. Sie paßte überhaupt nicht zu seinem bunten Hemd, aber der Sittenwächter mußte weichen.

Gleich nach der letzten Sitzung des Tribunals war Weihnachten. Daß beides zusammenfiel, war verrückt. Wir hatten Lust, richtig zu feiern mit einem großen Weihnachtsbaum und Geschenken für die Kinder als Ausgleich zur Beschäftigung mit Juristen und angeblichen Spitzeln. Rudi schrieb in sein Tagebuch: »Der historisch größte Mythos feiert seinen Jahrestag, im Grunde ist es der Tag der noch nicht abgeschlossenen Befreiung des Menschen. Ganz im Hintergrund steht der Wunsch nach Aufstand. Armer Papiertiger ›Sir Peter‹ [Rawlings], er wird schon mal mit seiner ganzen Minderheitsklasse draufgehen, sonst wird die Barbarei wieder voll triumphieren. Jeder hat sich ›gut geschlagen‹, Anwalt bleibt etwas borniert, er tat es aber seiner Funktion gemäß außerordentlich gut. Nun müssen wir warten, daran ist nichts zu ändern. Ohne politisch-subversive Gruppe, in einem ›fremden‹ Lande, die Kampfbedingungen tragen so einen besonderen Charakter. Darum mußten wir auch den Umständen gemäß handeln. (...) Die ganze Sache war für mich in letzter Konsequenz doch äußerst produktiv. Zum erstenmal sah ich für mich wirklich eine subversive Zukunft. Nach langer, äußerst langer Zeit stand ich wieder einmal unter politischen Kampfbedingungen, auch wenn die Form dennoch noch einen etwas unterentwickelten Chrarakter trug. Eine Auseinandersetzung, die ich dann noch in fremder Sprache zu führen hatte, bereitete mir viel Freude und Lust. Meine spezifische Aggressionsfähigkeit zeigte sich, Klarheit und politisch-subversiver Witz kamen zusammen, teilweise weiterentwickelte Vergangenheit. (...) Das pig arbeitete und fragte ohne Logik, war darum auch besonders leicht anzugreifen. (...) Durch die Auseinandersetzungen im Tribunal sind hoch entwickelte psychologische Hemmnisse (Nervosität, Angstgefühle, Attackengefühle, Minderwertigkeitsaspekte, Sprachfragen etc.) aufgelöst bzw. aufgehoben worden. Vielleicht nur temporär.« [179]
Nach der Verhandlung mußten wir über zwei Wochen auf die Entscheidung warten. Ich wäre gern in England geblieben, aber Rudi hatte sich schon innerlich auf einen Aufenthalt in Dänemark vorbereitet. Das bot ihm einen Vorteil: die Nähe zu Deutschland. Schon nach dem ersten Abschiebungsbescheid hatten wir überlegt, wohin wir

gehen konnten, falls wir in England nicht bleiben durften. Wir versuchten es in der Schweiz, bekamen aber keine Antwort. Schweden war eine Möglichkeit, auch Holland. Wir entschieden uns schließlich für Dänemark, weil wir schon im Oktober einen bemerkenswerten Brief bekommen hatten: »Ich bin ein Journalist und habe ein Stück über ihre Schwierigkeiten mit dem Home Office geschrieben, in dem ich vorschlug, daß es eine sinnvollere linke Sache wäre, Sie nach Dänemark einzuladen, als Tupamaros in den Straßen von Kopenhagen zu spielen. Zu meiner Überraschung wurde der Vorschlag von einer Gruppe von Studenten und einem Professor an der Universität Aarhus aufgenommen. Die Initiative kommt von Michael Larsen, der eine relativ wichtige Rolle in der linken Studentenpolitik in Aarhus spielt.« [180]

Die Entscheidung des Geheimtribunals am 8. Januar 1971 überraschte uns nicht. »Die pigs schmeißen uns raus. Auf 19 Seiten begründete das Tribunal seine Entscheidung. Deren widersprüchliche und schier lügenhafte Logik überrascht mich theoretisch nicht im geringsten, dennoch erzeugte sie im Moment der Konfrontation mit ihr Überraschung und Unsicherheit – allerdings eine zunehmende Sicherheit und Überzeugtheit über die Notwendigkeit einer radikalen und sprengenden Revolution.« [181] Mittelalterlich, willkürlich las sich der Beschluß des Tribunals: »For our part, from the evidence presented to us by the Security Service we do not think that up to the present time the presence of the Appellant in this country has constituted any appreciable danger to national security. Nevertheless if he were to remain for a further period as a full-time post-graduate student he would be free from any conditions during that period and we consider that, having regard to all the circumstances of the case, there must without doubt be risk in his continued presence on a longer term stay of this kind.« [182]

Rudi wurde verurteilt für etwas, was er in der Zukunft möglicherweise tun würde. Diese aberwitzige Entscheidung stieß in der Öffentlichkeit auf heftige Kritik. Die Universität Cambridge fühlte sich angegriffen. Immerhin hatten über 400 Professoren dort eine Protesterklärung unterschrieben. Zwei Tage nach der Entscheidung fand ein Protesttag in Cambridge statt. Vorlesungen wurden boykottiert, statt dessen fanden Diskussionen statt über die Geschichte des Falls Dutschke, die Einwanderungsgesetzgebung und die akademische Freiheit.

Bevor wir Cambridge verließen, gaben wir ein großes Fest. Wir luden alle ein, die wir in den vergangenen zwei Jahren in England kennengelernt hatten. Es war wie das überdrehte Feiern vor dem Opferfest. Nach den nervenden und gehetzten Monaten war es nun still und traurig zu Hause. Wir hatten unsere Sachen in Pappkartons eingepackt, die bedrohlich schräg gestapelt waren. Hosea kam vom Kindergarten. Als er im Haus war, bremste er jäh und sah mit Entsetzen, daß seine gewohnte Umgebung sich aufgelöst hatte. »Warum?« fragte er.

Herantasten

»›Vom Eise befreit sind Strom und Bäche‹, in diesem Sinne jedenfalls erwies sich hier in der Nähe von Aarhus der Naturzusammenhang noch als ›normal‹ und ›korrekt‹.« [183]

An einem kalten, sonnigen Februarmorgen gingen wir an Deck des Schiffes, das uns nach Dänemark bringen würde. Am Horizont erstreckte sich ein brauner Streifen. Ich nahm Rudis Hand und hielt sie fest. Wir blickten aufgewühlt in die dort vor uns liegende Zukunft. Doch bald unterbrach Manfreds Stimme unser Nachsinnen: »Wir müssen ins Auto, es geht bald los.«

Schnell rissen wir Pappe von den Umzugskartons und fertigten Schilder an, auf die wir schrieben: »Danke, Dänemark«. Mit ihnen verdeckten wir die Scheiben unseres VW-Käfers, um Dänemark freundlich zu begrüßen und um uns vor den Blitzlichtern der wartenden Journalisten zu schützen. Damit deren Neugierde befriedigt wurde und damit die Medien uns nicht dauernd plagten, veranstalteten wir gleich nach unserer Ankunft in Aarhus eine Pressekonferenz in der Universität, die Rudi eine Assistentenstelle angeboten hatte. Rudi las ein Statement vor:

»Die englische Regierung ist keine aktuelle faschistische Regierung, das gilt es besonders zu betonen, es wird aber von der Widerstandskraft der bürgerlich-demokratischen Institutionen und der radikalen APO abhängen, ob die potentielle faschistische Regierung eine direkte wird oder eine politische Alternative in England entsteht. Unter solchen Umständen werden Sie es besonders verstehen, daß wir über unsere Aufenthaltsgenehmigung in Ihrem Lande wirklich froh sind. Im Mittelpunkt meiner Arbeit hier in Dänemark wird allein die Universitätsarbeit im Institut von Professor Slök stehen. Mit Freude nahmen wir zur Kenntnis, daß uns keine Restriktionen auferlegt wurden. Wir allein werden über Form und Inhalt unseres Lebens voll bestimmen können. Für beide von uns gibt es eine eindeutige Priorität wissenschaftlich-analytischer Arbeit!«

Unsere Reise endete nicht in Aarhus. Wir fuhren weiter am Meer entlang, majestätisch lag vor uns die glimmernde blaue Aarhus-Bucht. In gemütlichen Dörfern flatterten rot-weiße dänische Fahnen im Wind. »Es müssen doch alle Patrioten sein«, bemerkte Rudi erstaunt. Auf der anderen Seite der Bucht erreichten wir den Bauernhof, in dem wir leben sollten. Wir konnten unsere neue Bleibe kaum übersehen, denn Neugierige hatten das Haus vor uns erreicht und den Hof besetzt. Manfred manövrierte das Auto durch die enge Hofeinfahrt. Rudi nahm Polly in die Arme, Hosea und ich sprangen hinterher zur geöffneten Haustür. Die Journalisten ließen ein Blitzlichtgewitter auf uns los. Jemand knallte die Tür hinter uns zu, und der Rummel draußen war verbannt. Rudi setzte Polly ab, und sie stand da wie angewachsen mit einem Gesichtsausdruck zwischen Überraschung und Angst. Wir setzten uns erleichtert nieder im Wohnzimmer des etwa 150jährigen einstöckigen langgestreckten Bauernhauses aus grauem Backstein. Im Wohnzimmer standen abgewetzte Möbel, Bierkisten dienten als Regale für Bücher und Platten. An den Wänden hingen Plakate von Marlon Brando und Brigitte Bardot.

Außer Carsten, der nach England gekommen war, um uns abzuholen, wohnte dort Vibeke, auch Vibs genannt, eine schlaksige Frauengestalt mit knochigem Gesicht. Sie war Mitglied im Studentenrat an der Uni und hatte intensiv mitgearbeitet am Aufbau einer linken Partei, der Venstre Socialist (Links-Sozialisten), die auch einige Sitze im dänischen Staatsparlament hatte. Dann gab es noch eine Vibeke, was uns zuerst durcheinanderbrachte, denn die beiden sahen sich mit ihren strähnigen blonden Haaren und blauen Augen ähnlich. Eskild war mit der zweiten Vibeke liiert. Peter war ein stämmiger Typ mit Wikingerhaarschnitt und Flower-Power-Bekleidung, Anne war seine Freundin. Finnemann war ein Intellektueller.

Der Bauernhof wurde von einer Familie betrieben, die in einem kleinen Haus nebenan wohnte. Leo und seine Frau Erika stammten beide aus alten Bauernfamilien. Sie waren konservativ und bodenständig. Sie hatten sicher Vorurteile gegenüber den radikalen Studenten um sie herum, aber Rudi erzählte ihnen, daß auch er aus einer Bauernfamilie komme. So entstand eine Verbindung, die unsere Zeit in Aldershvile (Altersruhe), so hieß der Bauernhof, überdauerte. Leo und Erika hatten zwei Kinder, Bente und Jan. Jan war so alt wie Hosea. Außer dem Haus gab es Ställe für Kühe und Schweine und eine Scheune, die im Karree um den Hof standen. Der Bauernhof verdankt seinen Namen der Tatsache, daß hier früher die Alten vom großen Herrenhof in der Nachbarschaft ihre letzten Jahren verbrachten, nachdem die Söhne dessen Bewirtschaftung übernommen hatten. Nun gehörte Aldershvile einem reichen Mann aus der Stadt.

Wir wurden in einem Schub in eine durch verzwickte Beziehungen unserer neuen Mitbewohner bestimmte Umwelt hineingeworfen. Die meisten Dänen sprechen englisch, wenn sie nicht müde, aufgeregt oder besoffen sind. Also haben wir alles verstanden außer dem wichtigsten.
Rudi kannte das bäuerliche Leben, es war für ihn nicht so exotisch, neben Schweinen und Kühen zu leben, wie für mich und die Kinder. Eines Tages schlug Jan Hosea vor, zum Vater in den Stall zu gehen. In diesem Moment trieb Leo gerade ein großes Schwein, das quietschend zu entfliehen suchte, zur Schlachtbank. Hosea stand neben Jan, und da Jan ohne irgendwelche Regungen zuschaute, tat Hosea es auch. Er erzählte es mir danach so sachlich, daß ich lachen mußte. Aber ein bißchen Übelkeit mußte ich doch unterdrücken.
Allmählich stellte sich ein Tagesrhythmus ein. Das war für uns bis dahin unbekannt. Zum erstenmal seit langem lebten wir ohne die Angst, weiterziehen zu müssen. Die Kinder wachten morgens als erste auf und machten einen Rundgang, um zu sehen, wo etwas Interessantes passierte. Das brachte irgendwann auch die Erwachsenen auf die Beine. Jeder war in wechselnder Folge eine Woche für das gemeinsame Frühstück zuständig. Er oder sie deckte den Tisch mit rohen Haferflocken, Dickmilch und Kaffee, für uns neue dänische Eßgewohnheiten. Essen, Waschen, Saubermachen: alles war nach einem festen Arbeitsplan aufgeteilt. Auch Kleidungsstücke wurden nicht nur von einem benutzt. Der Mietbeitrag richtete sich nach dem Einkommen. Unsere Finanzen waren gut. Uns reichten die monatlichen Überweisungen der Heinrich-Heine-Stiftung. »Das Leben im Kollektiv geht einen kollektiven und lebendigen Gang bezüglich der unmittelbaren Forderungen des Alltagslebens. Sogar in der Zeit des Aufenthalts von Pukki, Laura, Gisela und Karl, Osterferien an der Uni etc., werden die Abläufe der Arbeit im Hause geregelt. An kleinen persönlichen Problemen mangelt es auch nicht, dennoch haben Gretchen und ich den Eindruck, daß es das beste, wenn auch noch beschränkte Kommuneverhältnis darstellt, das wir bisher kennengelernt haben.« [184]
Rudi urteilte als Außenstehender. Die dänischen Mitbewohner grenzten sich deutlich von uns ab, aber gewiß nicht mit Absicht. Wahrscheinlich war es ihnen gar nicht bewußt. Sie waren politisch interessierte Menschen, deren Neugier durch unsere Anwesenheit genährt

wurde. Sie fühlten sich verpflichtet, Rudi zu schützen, und sie empfanden es als eine gewisse Ehre, sich mit ihm auseinandersetzen zu können. Das stellte Ansprüche an sie, die nicht immer leicht zu tragen waren. Es entstand eine Zerrissenheit, die doch möglichst unterdrückt wurde.

Ich empfand die Spannungen weit stärker als Rudi. Manchmal hatte ich das Gefühl, als balancierten wir auf einem Drahtseil und könnten jeden Augenblick abstürzen. Ich glaubte, daß das zum Teil auf die Sprachbarriere zurückzuführen war. Rudi hatte akzeptiert, daß er Dänisch nicht lernen würde. Wenn die Menschen um ihn herum redeten und er sie nicht verstand, dann schaltete er die Umwelt aus und beschäftigte sich wie automatisch vollständig mit seinen Gedanken oder Büchern. Ich dagegen begann Dänischunterricht zu nehmen. Aber Hosea lernte die neue Sprache viel schneller als ich, obwohl er bei unserem Umzug gerade drei Jahre alt war. Wenn wir einkaufen gingen, spielte der Knirps den Dolmetscher. »Ist das nicht komisch, ein dreijähriges Kind zu haben, das eine ganz andere Welt kennt, die uns verschlossen ist?« fragte ich Rudi.

Wir waren kaum mehr als einen Monat in Dänemark, da kam ein Brief von Bob Young aus Cambridge. Ich machte ihn auf, las und rief Rudi zu: »Stell dir mal vor, dieser Mad Maudling, der Innenminister, der uns heimatlos machen wollte, der wird arbeitslos.« Maudling hatte sich in unserem Fall heftig blamiert, was gewiß seinen Ruf nicht steigerte. Aber gestürzt war er über dubiose Finanzgeschichten, schmutzige Geschäfte in seiner Vergangenheit. »Manche Widersprüche des Kapitalismus sind sehr süß«, kommentierte Bob.

Aarhus hatte neben der beschaulichen Lage für Rudi noch einen weiteren Vorteil, den ich damals unterschätzt habe. Es liegt nur ein paar Autostunden von der deutschen Grenze entfernt. »Als wir rausgeschmissen worden sind aus England, gab es neben der negativen Seite auch eine sehr positive, wir verschwanden von der Insel und sind auf dem Kontinent gelandet und waren dann ganz nahe an der Grenze. Es war die Vermittlung von Dänemark mit Deutschland immer eine Kleinigkeit«,[185] sagte Rudi. Deutschland war für ihn ein Koloß, der immer seinen Schatten auf ihn warf und mit verwirrenden, widersprüchlichen Bedeutungen gefüllt war. Liebe und Haß, hat er einmal gesagt, präge sein Verhältnis zu Deutschland. Und doch war er ein

Patriot – der lieber im Exil lebte. Es waren Stacheln, die nie erlaubten, daß Ruhe herrschte in unserem Leben.

*

Rudis Seminar an der Universität fing an. Es »bereitet mir viel Lust, an Nervosität und Unruhe fehlt es allerdings auch nicht!«[186] Er kämpfte mit sich selbst und vertraute es nur seinem Tagebuch an. Er war ein Mensch, den die Öffentlichkeit reizte, und er konnte geschickt mit ihr umgehen. Aber das Attentat hatte die Angst in ihn eingepflanzt. Er tat alles, um sie zu überwinden, aber sie verschwand nicht. Er mußte lernen, mit ihr umzugehen. Er mußte es wagen, wieder vor eine Öffentlichkeit zu treten, auch wenn es nur in einem Seminar war. Er wollte sich nicht blamieren und fürchtete, einen epileptischen Anfall vor Fremden zu bekommen. Er empfand es als seine politische Pflicht, nicht als ein gebrochener Mensch in der Öffentlichkeit aufzutreten. Und das tat er auch nie. Aber es war ein harter Kampf.

Rudi wählte Themen für die Seminarsitzungen, die ihn bewegten und die in politische Praxis münden konnten. Er hoffte, daß seine Studenten sich darauf einlassen würden. So erklärte er beim ersten Treffen: »Die kritisch-materialistische Theorie verliert ihre Kritik- und Selbst-Kritikfähigkeit, wenn sie apologetisch, wenn sie positiv wird. Der treibende Motor der weltweiten Entwicklung der menschlichen Lebens- und Produktionsbedingungen wurde nach der Durchführung der 1. industriellen Revolution zu einem Hemmnis der Entfaltung menschlicher Schöpfungskräfte und ihrer Befriedigung. In diesem Zusammenhang findet der kritisch-materialistische Begriff der Krise seinen Kontext. Die kritisch-materialistische Theorie ist keine kontemplative Reflexion bestehender Verhältnisse. Ihr fundamentales Ziel ist die praktische Umwälzung, sie ist kritisch-subversiv, oder sie hört auf, eine kritisch-materialistische Theorie zu sein. (...)

Worin besteht Klassenbewußtsein? Wie entsteht es? Die unterdrückten Klassenmitglieder machen sich selbst zum Objekt ihrer Erkenntnis. Indem sie sich als Objekt-Subjekt selbst erkennen, erkennen sie die Zusammenhänge jener Elemente, die die Klassenstruktur der Gesellschaft bilden – die sozialökonomische Welt.«[187]

Im März erschien ohne Ankündigung Thomas Ehleiter, der gerade seine Doktorarbeit fertig hatte. Er hatte sicherlich nichts dagegen, die Meeresluft zu genießen, aber das war nicht das Ziel seiner Reise. Er hatte einen Vorschlag: »Rudi, jetzt hast du gute Arbeitsbedingungen. Die Zeit ist reif, an deine Abschlußarbeit zu denken. Du sollst sie nicht länger aufschieben.« Um seiner Anregung Nachdruck zu verleihen, schnappte er sich gleich die ungarischen Texte der zwanziger Jahre, die Rudi für seine Doktorarbeit über Lukács brauchte, und begann sie zu übersetzen. Rudi hatte sich schon längst den Kopf darüber zerbrochen, wie er mit seiner Arbeit vorankommen konnte. Er wollte etwas schreiben, was für seine zukünftige praktische Arbeit eine Grundlage bot. Er fragte Thomas prinzipiell: »Können wir es uns überhaupt vorstellen, daß eine Revolution in den hochentwickelten kapitalistischen Ländern möglich ist?«
Thomas bejahte dies.
Rudi entgegnete: »Aber Marx hatte von der Krise des Kapitalismus geredet, in der die Wirtschaft zusammenbricht. Das ist nicht unsere Perspektive. Und außer der ökonomischen Krise als automatischem Auslöser hatte Marx keine Antwort zu der Frage des Wie gegeben.«
Rudi wußte, daß das gering industrialisierte Rußland von 1917 kaum dem marxistischen Bild von der Krise des Kapitalismus entsprach. Lenin hatte die sozialistische Revolution durchgeführt, ohne daß die objektiven Bedingungen eines Zusammenbruchs des Kapitalismus reif waren. Rudi glaubte, daß Lenin trotzdem richtig gehandelt hatte, »nur, er hatte alle die falschen Gründe und begriff nicht richtig, was er tat«. Er habe unter Diktatur des Proletariats die Herrschaft der bolschewistischen Partei verstanden. Die Arbeiterklasse war eine kleine Minderheit, die Landbevölkerung eine riesige Majorität. Die Revolution hätte nicht gesiegt, hätten die Bolschewiki nicht gegen die Masse gehandelt.
»Hat es jemals die Diktatur einer Klasse gegeben? War es geschichtlich nicht immer – von den Römern bis heute – die einer Person mit dem Rahmen einer totalen Minderheits-Gruppe?« fragte Rudi.
Thomas spielte den Advocatus diaboli und verteidigte die traditionelle marxistische Sicht – Diktatur des Proletariats gleich Herrschaft der kommunistischen Partei. Rudi hielt zwar eine Organisation für notwendig, um eine Revolution durchzuführen, aber diese durfte nichts zu tun haben mit einer Diktatur des Proletariats. Was dann?

»Wir müssen eine Organisationsform finden, in der der Organisationstypus der Räte die entscheidende Tendenz in der revolutionären Partei ist. Eine Verankerung der Räteprinzipien in einem solchen Partei-Typus wäre ein Moment der Absicherung gegen Deformationsmöglichkeiten. Ohne Räte gibt es keine direkte Demokratie, keinen Sozialismus.«

Thomas setzte keine Argumente mehr dagegen, sondern sagte: »Dann ist es klar, wie du mit der Doktorarbeit anfangen mußt.«

Thomas nahm auch an Rudis Seminar teil. Dieser freute sich wie ein Kind über Thomas' Lob: »Außerordentlich gelungen, besonders der inhaltliche und pädagogische Aufbau hätten sich richtig ergänzt.« Ermutigt schrieb Rudi: »Nun ja, will hier in Dänemark nicht mithelfen, ›Seminar-Sozialisten‹ aufzubauen, natürlich nicht, dennoch scheint mir in einer vorrevolutionären Phase gerade die Aufklärungsarbeit in der ›Pest-Zeit‹ besonders unerläßlich zu sein.«[188]

Den ersten Kampf mit sich selbst hatte Rudi gewonnen, die kleine Öffentlichkeit war erobert. Aber es ging um mehr. »Äußerst produktiv, schließlich kann ich endlich wieder voll mein deutsches Maul öffnen. (...) Es ist ein kleines Seminar, für mich gut geeignet, muß mich erst wieder für Massenveranstaltungen praktisch vorbereiten.«[189]

Während Rudi seine Gedanken über eine Doktorarbeit sammelte, stellte ich meine Magisterarbeit endlich fertig und schickte sie Helmut Gollwitzer. Sie wurde angenommen. Die Prüfung sollte im Juni in West-Berlin stattfinden. Eine Woche davor packte ich meine Bücher ein und fuhr mit Bauchschmerzen los nach Berlin. Rudi blieb in Aldershvile mit den Kindern. Dieses Mal wäre ich lieber diejenige gewesen, die nicht wegfahren mußte. Russische Geschichte war der Knackpunkt. Einige Tage vor der Prüfung sprach ich mit dem Professor über den Inhalt dieser Prüfung. Er merkte so gut wie ich, daß ich von russischer Geschichte wenig Ahnung hatte. Es war etwas spät, um das festzustellen.

Doch dann erschien ein Gast bei Gollwitzers. Dieser Gast erwies sich als meine Rettung vor der russischen Geschichte. Es war Bas Wielenga, der holländische Theologe, den ich schon länger kannte, nicht zuletzt aus Prag, und der in West-Berlin studiert hatte. Ich erzählte ihm, daß ich am nächsten Tag zur Prüfung antreten mußte, praktisch aber nichts wußte. Er sagte mit einer unglaublichen Selbstverständlichkeit, die ich zwar nicht verstehen konnte, die aber doch sehr beruhigend wirkte: »Gut, wir kriegen das hin.« Wir paukten die ganze Nacht. Er fragte mich ab und sagte mir, was richtig war. Morgens war ich viel zu aufgeregt, um müde zu sein. Zu meinem und des Professors Erstaunen konnte ich alle Fragen richtig beantworten. Die Magisterprüfung war bestanden.

Ich hoffte, nun auch wie Rudi eine wissenschaftliche Stelle in Aarhus zu bekommen, obwohl ich nicht davon überzeugt war, daß ich eine Karriere nach bürgerlichem Muster anstreben sollte. Schließlich lebte ich mit einem angeschlagenen Mann und zwei Kindern in einem fremden Land mit Menschen, die ich oft nicht verstand. Im Herbst bat mich die theologische Fakultät in Aarhus, eine Reihe von Vorlesungen zu halten über mein Thema »Revolutionäre Bewegungen in der Zeit Christi«. So hatte ich nun auch einen Job an der Uni, und es machte mir Spaß, mit den Studenten und Dozenten, die meine Vorlesungen besuchten, zu diskutieren, auch wenn ich unheimlich nervös war. Meine Ideen waren aber gut genug. Einige Zuhörer haben danach mit ihnen ihre wissenschaftliche Laufbahn weitergeführt.

*

Der dänische Sommer mit seinem irren Nordlicht verbreitet die Aura uralter heidnischer Mystik. Zur Sonnenwende griffen sich die Kommunemitglieder dicke Pullover und warme Decken, und, gut versorgt mit Alkohol, begaben wir uns zum Strand, um die Fruchtbarkeitsriten wachzuhalten. Nach und nach wurden die großen Feuerstellen, die alle paar hundert Meter am Strand errichtet worden waren, angezündet. Um die ganze Bucht herum leuchtete es, glühende Punkte in einer nächtelangen Dämmerung, Feuer, um den Hexen auf ihrem Weg zum Blocksberg Orientierung zu geben. Man spürte, wie sie vorbeihuschten. Rudi und ich bauten uns eine Höhle aus Decken. Um uns herum spielten Menschen, verschwanden unter ihren Deckenhöhlen, lachten, liebten sich und verfielen allmählich in alkoholisierte Lähmung. Als die Sonne im Osten neue Helligkeit ausstrahlte, glühten noch die verkohlten Baumstämme und Äste. Die Sonne fing an, die einander umschlingenden Menschen zu wärmen. Rudi und ich wachten auf.
Es gab viel Besuch in diesem Sommer. Die Kommune Aldershvile war eine Institution geworden. Die politischen Diskussionen waren bunt

und kontrovers. Revolutionsgeist im Paradies. Manchmal meldeten sich unsere Besucher an, manchmal nicht. Helga kündigte sich an. Ich war überrascht, einen Brief von ihr zu bekommen. Ich hatte, nachdem wir West-Berlin verlassen mußten, nur sporadisch schriftlichen Kontakt mit ihr gehabt. Sie schrieb mir, daß sie sich von ihrem Mann Andreas trennen wolle und Abstand, Erholung und gute Luft für sich und ihre Tochter Rosa brauche. Ob sie nach Dänemark zu uns kommen könne. Ja, ich war begeistert. Rosa war so alt wie Polly.

Helga wollte nicht in der Kommune wohnen, wo soviel Trubel war. Sie fand im Nachbarhof ein Zimmer, das sie mietete. Sie und Rosa kamen aber täglich nach Aldershvile, oft auch zu den Mahlzeiten. Helga war eine archetypische deutsche Frau dieser Generation, die von der Geschichte ihrer Eltern zerrissen wurde. Sie kam aus einer gutbürgerlichen Familie, die in der Nazizeit mitgemacht und profitiert hatte. Helga hatte weder die Möglichkeit noch eine Interesse daran, ihre bürgerliche Identität zu verwerfen, aber sie mußte die Schuld der Eltern sühnen, die diese verdrängt hatten. Sie hielt sich an der Rebellion, am Kommunismus und auch am antifaschistischen Anspruch der DDR fest wie an Strohhalmen, die sie davor bewahren sollten, im Sumpf ihrer gesellschaftlichen Herkunft zu versinken. So begegneten wir uns in diesem Sommer jede mit ihrer Not. Manchmal gibt es Umstände, wo Menschen glauben, einen gemeinsamen Sinn in ihrer Existenz zu finden und den gleichen Pfaden zu folgen. Für einen Augenblick treffen sich zwei Seelen. So war es mit mir und Helga.

Rudi nahm es zur Kenntnis. Er fand in Dänemark nicht die Seelenverwandtschaft mit einem Menschen wie vorher in England. Vielleicht suchte er sie auch nicht, sein Blick war nach Deutschland gerichtet. Er betätigte sich in Dänemark nicht politisch, obwohl wir keinen Auflagen unterworfen waren.

Eines Tages erschien unangemeldet ein Ehepaar mit zwei Kindern. Keiner von uns kannte sie, aber sie erzählten von gemeinsamen Freunden in Berlin. Sie hatten das Wagnis auf sich genommen, mit Hab und Gut abzuhauen und bei Fremden anzuklopfen. Einer von uns machte auf und sah ein strahlendes Paar mit schönen Kinder, eine Anziehungskraft, die es selbstverständlich machte, daß wir ihnen unsere Türe öffneten. Es waren Chilenen. Sie hatten kein Geld, keine Arbeit und keine Aufenthaltserlaubnis. Doch für die Kommune war das nebensächlich.

Claudio war groß und blond, ganz und gar nicht, wie man sich einen Südamerikaner vorstellt. Er hatte deutsche Vorfahren. Ingrid war dunkelhaarig, hatte aber auch deutsche Ahnen. Claudio und Ingrid bekamen gleich eine Stelle an der Uni, um Spanisch zu unterrichten. Damit erhielten sie eine Aufenthalts- und Arbeitserlaubnis. Ohne weiteres wurden sie Teil der Kommune.

Die Verhältnisse in der Kommune wurden durch die Besucher noch verwickelter. Nachdem Helga, Claudio und Ingrid gekommen waren, gab es eine große deutschsprachige Fraktion, was trennend wirken konnte. Die sexuellen Verhältnisse waren nicht geregelt, weder gab es den zwanghaften Partnertausch noch das Beharren auf Zweierbeziehungen. Die meisten hatten eine feste Bezugsperson und hin und wieder sexuellen Kontakt mit anderen. Claudio und Ingrid hatten gehofft, daß Rudi und ich uns auf einen Vierertausch einlassen würden, aber Rudi interessierte sich nicht für solche Experimente. Mich reizte es zwar, aber ich hätte große Schuldgefühle gehabt, wenn ich ohne ihn mitgemacht hätte. Bei den Dänen gab es solche Hemmnisse nicht.

Im Lauf des Sommers kamen aus Cambridge Cheryl und Rick, Sheila, Bob Young und John Fekete zu Besuch. Sie waren fasziniert von der Idee des Kommunelebens und suchten nach Vorlagen, die sie selbst umsetzen konnten. Sie trafen bei uns auf einen massiven Gefühlsstau und ein Übermaß an sexuellen Anreizen. Claudio und Ingrid hatten die Sprachbarriere mit den Dänen durch Sex schon vermindert. Bob und Anne begannen ein Verhältnis, das länger dauern sollte und durch gegenseitige Besuche über den Kanal gepflegt wurde.

Doch solche spontanen Verbindungen können genauso spalten wie zusammenbringen. Dem Reiz folgten Eifersucht und Einsamkeit. Es zeigte sich immer deutlicher, daß in unserer Kommune eine geistige Annäherung nicht in genügendem Maß stattfand. Die politische Kommune, wie Rudi sie sich damals vorstellte, ließ sich im dänischen Paradies nicht verwirklichen. Wir lebten nicht nebeneinander her, waren aber auch nicht richtig integriert. Emotional und sexuell gab es offene Wege, aber darüber hinaus hatten die Dänen ihr Leben abgegrenzt. Und Rudi hatte das auch, weil er überzeugt war davon, daß die Revolution, wie er sie sich vorstellte, in Dänemark nicht möglich, wahrscheinlich nicht einmal nötig war.

*

Rudi mochte Kinder, und sie mochten ihn. Sie hielten ihn vielleicht für etwas verrückt, aber er spielte mit ihnen, so, wie ein Kind spielt. Es war nicht herablassend. Aber es war für ihn nur eine Unterbrechung, wenn er mit den Kindern zusammen war. Er war nicht immer auf dem Sprung, wie ich es sein mußte, weil er mir die Verantwortung überließ.
Das war anders, wenn ich verreist war. Dann trug er die ganze Verantwortung. »Es ist nicht einfach, auf der anderen Seite möglich, wie erneut sichtbar, als Vater mit Kindern und einigen Freunden über die Alltags-Runden zu kommen«, schrieb er mir. »Bei aller beschränkten und dennoch guten Unterstützung durch die Genossinnen und Genossen hängt die ganze Kindersache und manchmal mehr von mir allein ab. (...) Das ist nicht einfach. (...) Polly hat die größten Schwierigkeiten. Der Vater, und wenn er noch so lieb ist, kann die Mutter in den ersten Jahren offensichtlich nicht ersetzen, die Tochter kann sie nicht entbehren. (...) Vielleicht, wenn ich mich primär der Kinderarbeit widmen könnte, vielleicht würde ich als Resultat herausbekommen, daß die Abwesenheit der Mutter für ein Kind unter drei Jahren auch durch den Vater ersetzt werden könnte. (...) Gleichberechtigung ist nicht formalistisch oder mechanistisch zu betrachten, die physische Differenz zwischen uns ist eine echt naturwüchsige, ist nicht allein als gesellschaftlich hergestellte Differenz zu sehen. (...) Fühle mich in Bezug auf die Kinder, wie Du liest, nicht wohl.«

Als ich wieder einmal unterwegs war, erreichte mich ein Brief von Rudi: »Hosea, Jan und Bente versuchten sich gestern mit ominösen Pillen. Wir im Haus begannen wild zu werden. Es war eine nicht ganz ungefährliche Bauch-Pille für Erwachsene. Nach längerer und sehr erregter Erklärung gab ich ihnen allen einen Schlag auf den Arsch. Als ich auch unserem Ho eins auf den Arsch gab, sagte er einfach und richtig, und sehr stark: ›You are crazy, Rudi.‹ Alle bekamen im Hospital einen Durchlaß, und alles beruhigte sich.«[190]

*

In August waren Ernst und Karola Bloch in Dänemark, um uns zu besuchen. Bloch saß jeden Tag in einem großer Plüschsessel, den wir mitten in den Garten gestellt hatten. Von den umgebenden Beeten her wehte der Duft der Blumen über die Versammelten, die Bienen summten umher. Die wißbegierigen Zuhörer setzten sich zu Blochs Füßen. Da wurde diskutiert, bis die Sonne unterging und die Kälte von der Bucht herankroch. Einmal brach die Diskussion ab, Bloch mußte Wasser lassen. Er war ein alter Mann von fast neunzig, und der Gang ins Haus war beschwerlich. Rudi nahm ihn am Arm, führte ihn einige Schritte zu ein paar Sträuchern und sagte: »Es tut den Büschen gut.« Bloch war verlegen und fragte Rudi, ob er das wirklich tun solle. Rudi sagte: »Ja, ja, das kannst du. Das tun wir alle.« Also tat er es.

Rudi machte Notizen zu den Gesprächen: »Liebe hat mit konkreter Solidarität etwas zu tun, der B[loch] sagt Sachen, die wir in etwa wußten, aber er vervollständigt die Ansätze in den verschiedensten Punkten, obwohl er nirgendwo Antwort in einem dogmatisch gemeinten Sinne geben kann und geben will. Er entfaltet in den Köpfen Phantasie-Sprengkraft, das Dynamit der Phantasie muß philosophisch-soziologisch sein, um realistische Phantasie, konkrete Utopie denken und entwickeln zu können. Solidarität, Freiheit, Phantasie, Utopie, Liebe etc. gehören zusammen, sie gilt es miteinander zu vermitteln(!), in der Vermittlung erfolgt die Konkretisierung (...). Der gerade Gang ist Prozeß-Resultat, ist nicht schon von vornherein gegeben, ist aber, wie B. sagt, objektive Möglichkeit menschlichen Daseins, das Noch-Nicht-Dasein des Menschen, also jenes ominöse, aber nicht unverständliche Ultra-Violett. (...)

Die Bedingungen und die Formen des Aufbrechens [des vernebelten Denkens in Osteuropa] waren den Blochs auch nicht klar. Allerdings waren wir uns alle darin einig, daß jede illegale Zellenbildung außerhalb der SED dem Klassenfeind, der Konterrevolution diente. Die illegalen, verborgenen, nicht wirklich erkennbaren Zellen müssen Mitglieder der Partei, der Jugendorganisationen sein; notfalls als Sozialist im Gefängnis zu landen ist Mitvoraussetzung für den Beginn eines neuen ›dritten Weges‹. (...)

Offensichtlich ist die französische Revolution weiterhin ein Ausgangspunkt für die Einschätzung des Charakters einer Revolution, der gallische Hahn hatte in Rußland noch nicht gekräht, unter veränderten Bedingungen muß er es neu versuchen, um schließlich die proletarische Revolution ermöglichen zu können.«[191]

*

1971 begannen sich zaghaft die Undogmatischen wieder zu melden. Michael Schneider, ein Freund aus SDS-Zeiten, schrieb eine wichtige Insiderabrechnung mit dem dogmatischen Leninismus der Sektierer, jenen Dutzenden sich kommunistisch nennenden Kleingruppen, von denen jede die alleinige Wahrheit für sich beanspruchte. Michael schickte Rudi seinen Aufsatz [192], weil er glaubte, Rudi teile sein »kritisches Verhältnis zur leninistischen Organisations-Theorie und Praxis«. Er fügte hinzu: »Die Resonanz in einigen Gruppen, die ihn schon gelesen haben, ist sehr groß.« [193] Dies war für Rudi ein Hoffnungsschimmer, daß der Spuk sich nun aufzulösen begann. »Der Artikel stößt auf Boden, hoffentlich beginnen die Maulwürfe zu gehen.« [194]
Rudi setzte sich intensiv mit Michaels Ausführungen auseinander und faßte seine Gedanken in einem Brief an ihn zusammen: »Es bereitete mir aber eine produktive Freude, in kritisch-solidarischer Haltung einen Freund und Genossen zu kritisieren, Selbst-Kritik – Kritik – Gegen-Kritik etc. sind die wesentlichen Lebensnerven der Entwicklung einer auf Praxis sich beziehenden Theorie – deren Spezifikum als Theorie etc. nicht geleugnet wird, ganz im Gegenteil.« [195]
Rudi und Michael waren sich darüber einig, daß der tragische Fehler im Rückfall auf die alten Kaderideen bestand. Kaderparteien waren überall zu Diktaturen entartet. Trotzdem holten die Führer der neuen Sekten diese Ideen wieder aus der Mottenkiste. Disziplin war ihnen heilig, »antiautoriär« setzten sie gleich mit »Chaos«. »In der Tat«, schrieb Rudi, »hat man bei vielen Genossen den Eindruck, daß ihr Politisierungsprozeß nur ›über den Kopf gelaufen ist, daß sie also ihren Intellekt revolutioniert haben, ohne ihre Affekte zu revolutionieren‹. War es nicht gerade auch die ›Dialektik der Gefühlswelt‹, die zwischen '66 und '68 den Politisierungsprozeß mitbestimmte? Das begonnene, unreflektiert beendete Kommune-Experiment etc., die ›neuen‹, aber wohl zumeist formalistischen Wohngemeinschaften weisen darauf hin, daß das Problem weiterlebt. (...) Die Kader-Politisierung im Kopf, so würde ich dem entgegenhalten, war und ist eine potentielle Entpolitisierung, gerade als Resultat der Diffamierung und Reduzierung der Totalität des kreativen Lebens. (...)
Der Inhalt der antiautoritären Seite bezog sich teilweise verkürzt auf die Zerschlagung der ›autoritären Staatsmaschine‹, sah erst im Prozeß der Rebellion zwischen '66 und '68 die Not der eigenen Sache, dann allerdings, in der ersten Hälfte von '68, begann es, mehr in einem ech-

ten kleinbürgerlichen Egoismus als in einem kollektiv zu handhabenden Individualismus – schöpferische Entfaltung des ›konkreten Individuums‹ im antiautoritär-sozialistischen Kollektiv als Voraussetzung für den Angriff gegen die persönliche und allgemeine Unterdrückung, Verfestigung etc.«

Rudi war nicht in jedem Punkt einverstanden mit Michael: »Dein Artikel zeigt (...) keinerlei prozessual sich anzeigende politische Wendemöglichkeiten, es mangelt absolut an politischen Parolen. Du zeigst die politischen Hemmnisse, und dennoch wird der subversive Motor nirgendwo sichtbar! Der Kritik ist nicht genug. Warum gehst Du nicht daran, (...) eine antisektiererische Organisation aufzubauen?« fragte Rudi.

Er wußte aber ebenfalls nicht, wie der subversive Motor auszusehen hätte: »Es ist schier unmöglich, hier fortzufahren, sollte gemeinsam durchdacht werden.«[196]

*

Angeregt durch den Besuch von Bloch und dann durch Gespräche mit Manfred, blickte Rudi erneut auf philosophische Grundfragen: Was ist Freiheit? Was ist Wahrheit? Die Diskussion begann, als Manfred in Aldershvile zu Besuch war, und wurde bis Ende des Jahres in Briefen fortgeführt. Rudi war kein Philosoph, sondern ein politischer Aktivist, ein Revolutionär, aber er bemängelte die Trennung von Theorie und Praxis: »Wohl die Gesamtheit der Leninschen Schriften haben in sich die Frage ›Was tun?‹, weder bei Marx, Engels noch bei Lukács, Bloch etc. ist solch ein Lebens-Typus zu finden; die Rückwirkungen, positive und negative, auf den Ablauf der weltgeschichtlichen Prozesse sind darum auch äußerst verschieden.«[197]

Mit dem Begriff der Freiheit hatte er sich schon früh befaßt, so etwa in seiner ersten Klassenarbeit im Askanischen Gymnasium 1960. Rudi war damals überzeugter Christ und hatte erste Bekanntschaft mit dem Existentialismus gemacht: »Wahrheit, Freiheit und Ordnung sind Worte, die wir nur teilweise erfassen können. Alle drei Ausdrücke sind nicht zu trennen. Sie sind keine Produkte, keine Gegenstände und können daher nie Besitz werden. ›Nicht die Wahrheit, in deren Besitz ein Mensch ist oder zu sein glaubt, sondern das aufrichtige Streben nach der Wahrheit macht den Wert des Menschen aus.‹ (...) Ich weiß, all die aufgeworfenen Fragen sind realpolitisch zu betrachten. Ich bin der festen Überzeugung, daß wir in der Lage sind, eine Menschenrepublik, in der allgemeine Gewissensfreiheit herrscht, zu schaffen.« [198]

Zehn Jahre später knüpfte Rudi an diese Überlegungen an und ergänzte sie durch die Anwendung der dialektischen Methode und marxistischer Begriffe. Er schrieb Manfred: »Die Gespräche mit Bloch und das oftmalige kritische Heranziehen von ›Vernunft und Revolution‹ von Herbert Marcuse haben mich immer wieder auf die Frage des Verhältnisses von Wahrheit und Freiheit hingewiesen. (...) Marcuse (...) beachtet das Verhältnis von Freiheit – Wahrheit – Theorie – Praxis durchaus, wenn auch in einem eindeutig philosophischen Sinne. (...) Daß die philosophische Abstraktionsebene Borniertheiten in sich trägt, sollte uns nur zu klar sein. Dennoch scheint mir sein Insistieren auf die Theorie als Hüter der Wahrheit abstrakt korrekt zu sein, die vulgarisierte Idee, daß die Theorie in der Praxis entwickelt wird, ist voller Flachheit, obwohl die Praxis, die revolutionäre Realisierung der theoretischen Wahrheit, den höchsten und richtigsten Wendepunkt der Vermittlung von Theorie und Praxis darstellt. Jeglicher Versuch einer Theorie/Praxis-Identität ist begrifflos, d. h. ohne Dialektik. (...) Als Kriterium der Kritik an all unseren Größen scheint mir tatsächlich die Frage des Verhältnisses von Wahrheit und Freiheit zu liegen, die Wahrheits-Kategorie ist substanzlos, wenn die je historische Konkretisierung der Freiheits-Richtung nicht erfolgt. Da Marcuse die Abstraktionsebene nicht überschreiten konnte aus verschiedenen Gründen, konnte das revolutionsstrategische Verhältnis von Wahrheit und Freiheit im Kontext konkreter sozialistischer Utopie nicht in den Griff genommen werden. (...)

Ich verehre den Ernst [Bloch] sehr, das kann aber nicht heißen, unkritisch zu sein. Nimm den ganzen Beitrag, es gibt nirgendwo eine wirkliche Problematisierung des Theorie/Praxis-Verhältnisses unter den historischen Bedingungen der Übergangsperiode in den sozialistischen Ländern. Das ist auch historisch erklärbar, dennoch nicht im geringsten mit einem revolutionären Theorie/Praxis-Verhältnis zu verwechseln. Es mangelt fundamental an historischer Konkretisierung des Begriffs der Befreiung der Arbeiterklasse. (...)

Nun noch zum Wahrheits/Freiheits-Begriff. Gut, Du hast die enge Verbundenheit dieser Begriffe nachgewiesen, in abstracto. (...) Da

Du die Prämissen der Freiheit nicht benennst, bleibt der Begriff substanzlos, wird nicht in der Lage sein, die anstehenden Probleme als solche zu erkennen, das hat wiederum etwas damit zu tun, daß bei Dir nirgendwo eine Historisierung und Materialisierung des Arbeits-Begriffs erfolgt, d. h. Aufzeigen der durch die neue Stufen-Leiter in der Entwicklung der Produktivkräfte freigewordenen objektiven Möglichkeiten für die Befreiung der unterdrückten Klassen durch diese Klassen-Avant-Gardes, d. h. die treibenden Fraktionen in den Klassen.«[199]

*

Es war Heiligabend. Das war die dunkelste Zeit des Jahres, schon früh am Nachmittag wurde es schwarz vor den Fenstern. Die Außenwelt verschwand, und wir waren in unserer Kommune in merkwürdiger Weise zusammengekettet, ein kleiner Haufen Menschen, eingehüllt in einem Kokon, der gefüllt war mit gefesseltem Bewegungsdrang, Wärme, dem Geruch von frischen Tannen, Schweinebraten und Rotkohl. Es klingelte an der Tür. Aus dem Dunkeln drangen Menschen ein. Birgit, eine alte Freundin von Vibs, kam aus Kopenhagen. Sie stürzte in das Haus hinein, schon halb durchgedreht wegen Alkohol oder aus Verzweiflung. Sie fiel über Vibs her, als ob sie sie seit zwanzig Jahren nicht gesehen hätte. Kurz danach erschienen Vibs Mutter und ihr Bruder Peter.

Als sie für einen Moment zur Ruhe kamen, tauchte an der Tür ein echt aussehender Weihnachtsmann mit weißem Bart und einem riesigen Sack auf. Die kleinen Kinder beschauten ihn mit Staunen, Verwirrung und etwas Angst und hatten keine Ahnung, was das bedeuten sollte. Die größeren aber griffen gierig nach den Geschenken, die der Weihnachtsmann aus seinem Sack holte. Als sie ihre Geschenke ausgepackt hatten, öffneten sie die Pakete für die Kleinen. Dann liefen sie noch aufgeregt herum in dem Haufen von Geschenkpapier, bis sie schließlich ins Bett mußten.

Birgit geriet als erste außer sich, sie fiel über einen Mann und dann über den nächsten her und zeigte, daß sie bereit sei zum sofortigen Geschlechtsverkehr. Peter trank zurückgezogen, bis der Alkohol ihn beherrschte und er zu brüllen anfing. Er wurde rot vor Wut. Warum, begriff ich nicht. Er torkelte an der Grenze einer Zerstörungswut, so

daß die anderen mit Schrecken vor ihm zurückwichen. Peters Mutter aber bemerkte den Wahnanfall ihres Sohnes nicht, der Alkohol hatte der kleinen weißhaarigen Frau Gleichgewichtssinn und Wahrnehmung geraubt. Es folgten merkwürdige Sequenzen von Geschrei, Weinkrämpfen und leichteren Verwüstungen. Das alles lief vor unseren Augen ab wie alte Stummfilme mit dröhnender Klavierbegleitung. Rudi und ich verstanden nicht, was gesagt wurde. Wir hielten uns aneinander fest, waren außenstehende Beobachter. Die anderen merkten es und richteten ihre Aggression gegen uns, ohne sie artikulieren zu können. Wir hatten nichts getrunken. Gewöhnlich war Rudi fähig, mit spannungsgeladenen Situationen umzugehen. Doch das, was sich hier abspielte, war ihm zuviel.
Irgendwann in der Nacht wurde es plötzlich still. Der Wahnsinn hatte sich ausgetobt. Einer nach dem anderen stolperten die Leute zu ihren Betten und fielen in Ohnmacht.
Obwohl dies alles im Vollrausch geschehen war, wuchs die Distanz unserer dänischen Mitbewohner zu uns. Danach ging nichts mehr glatt, und die Freundlichkeit wurde überlagert durch Kälte, nicht nur uns gegenüber.
Der Alkohol spielte auch bald danach eine Rolle beim sich allmählich abzeichnenden Zusammenbruch der Wohngemeinschaft. Vibs hatte sich an einem Trinkgelage in Aarhus beteiligt und verwandelte danach unseren grünen VW-Käfer, den wir aus England mitgebracht hatten, in Schrott. Da Vibs betrunken war, bezahlte die Versicherung nichts, und wir waren unser Auto los. Das verbesserte die Lage nicht.
Im Mai 1972 wurde die Kommune aufgelöst. Möbel, Bücher, Autos, alles, was in die Gemeinschaft eingegangen war, sollte an die ursprünglichen Besitzer zurückgegeben werden. Offenbar hatten einige dieses Prinzip nicht ganz begriffen. Beim Einpacken merkten wir, daß unsere teuersten Bücher verschwunden waren, die Kinderspielzeuge gehörten plötzlich Ingrids Kindern, wir sollten mit ein paar Mülleimern entschädigt werden. Es war so absurd, daß ich lachen mußte. Die Kommune-Autos wurden unter den Dänen verteilt, für unser kaputtes gab es keine Entschädigung.

In dieser schwierigen Zeit kam die Nachricht von Feltrinellis Tod. Eine Bombe hatte ihn zerfetzt. Ob es ein Unfall war oder Mord, ist nie aufgeklärt worden. Aber es paßte in eine Kette von Bombenattenta-

ten der Faschisten. In der Nähe des Orts, an dem Feltrinelli gestorben war, wurde das Auto eines Faschisten entdeckt, und Giangiacomos Ausweis wurde im Haus eines Faschisten gefunden. Wieder war ein Revolutionär ausgelöscht.
Zusammen mit Vibs, Carsten und Peter, Vibs Bruder, mieteten wir in Aarhus zwei Wohnungen in einem Neubaukomplex, deren Eingangstüren nahe beieinander lagen. Hosea war mit der neuen Wohnlage nicht zufrieden. Es fehlten ihm die vielen Kinder. Er fragte hundertmal am Tag: »Warum wohnen wir hier? Warum leben wir nicht in Aldershvile? Warum nicht?«
Ich antwortete: »Warum ist die Banane krumm?«
Und er sagte: »Du bist eine krumme Banane.«

*

Wir packten unsere Koffer gar nicht richtig aus. Rudi zog es nach Deutschland. Was war aus der Bewegung geworden? Gab es sie überhaupt noch? Er wollte nicht nach Deutschland ziehen, sondern nur erfahren, wie sich die Lage darstellte und was alte Genossen taten. Während Rudi nach Berlin fuhr, reiste ich in die USA. Ich war seit 1968 nicht mehr in meiner Heimat gewesen und wollte meine Familie und Freunde wiedersehen.
Es war eine schwierige Entscheidung, unsere erste Trennung seit langem. Rudis Abhängigheit von mir hatte nachgelassen, er hatte seit längerem keine epileptischen Anfälle mit Bewußtlosigkeit mehr gehabt. Die Trennung sollte ein Experiment sein. Ein Experiment mit uns selbst, unserer Unabhängigkeit und Abhängigkeit voneinander, unseren Emotionen, unserer Beziehung. Niemals hatte ich auch nur einen Hauch von Zweifel, daß ich die Beziehung mit Rudi weiterführen wollte, und das war bei Rudi genauso. Aber die ständigen Krisen, die wir durchmachen mußten, hatten alle Höhen und Tiefen der Emotionen eingeebnet. Wir verständigten uns darauf, daß wir während der Trennungszeit mit anderen sexuelle Beziehungen eingehen dürften. Es hätte schiefgehen können. Doch das glaubte ich nicht, Rudi ebensowenig. Aber es blieb eine Spur von Unsicherheit. Damit ich nicht mit der Belastung von beiden Kindern reisen mußte, nahm ich Hosea mit und Rudi Polly.
Gemäß unserer Vereinbarung wollte Rudi ausprobieren, wie es war, wenn er offen war für andere Frauen. Bisher hatte er sich jeder Versu-

chung entzogen. Er bereitete sich darauf vor: »War in der Form-Frage, der Kleider-Bestimmung einen Schritt vorangegangen, hatte mit Helga zusammen neue Hosen, Hemden und Schuhe gekauft. (...) Laufe nun nicht rum wie ein Truthahn, meine Kleidung ist allein nun meinem Körper und Instinkt angepaßt. Die neue Außen-Form von mir hat bei den Genossinnen eigenartige Sätze erbracht, Uschi sagte: ›Erstmalig sieht man deinen sexy Körper‹, Johanna ging noch weiter, sprach von einer ›Revolution‹ bei mir, die Hose, die ich anhabe, sei die erste, die mir wirklich passe, und vieles mehr.«

Nach weiteren Erfahrungen mit seinem neuen Image berichtete er: »Ich staune wirklich, vielleicht habe ich früher wirklich keinen Geruch diesbezüglich gehabt, Genossinnen und sogar Frauen aus dem Kindergarten haben mich ›gern‹. Was soll's, Rudi, gib nicht an, hab kein großes Maul, aber es fällt mir einfach auf, lieber Kobold, Du rot-grüne Nuß, von der ich bald einen Kuß haben möchte und ihr geben will.«

Er traf Elsa, eine Amerikanerin, und ließ sich verführen, er genoß es. Aber das kostete Zeit, und so blieb es für ihn ambivalent. Es war auch unser Experiment, und er berichtete mir: »Noch etwas zum umstrittenen und in der jetzigen gesellschaftlichen Wirklichkeit nicht lösbaren Problem eines richtigen Verhältnisses von Arbeit und Sexualität. Wenn angenommen wird, daß der Stoffwechsel von Mensch und Natur eine teleologische Objektivation ist, so impliziert das den Fundamental-Charakter der Arbeit für alle Bereiche menschlichen Daseins in der Welt, in der Natur etc. So ist der Sexualverkehr ein lustreicher oder nicht lustreicher Arbeitsprozeß, jeder Versuch, es als Spiel zu bezeichnen, ist falsch, weil der Doppelcharakter der Arbeit unter den Bedingungen der Warengesellschaft unbeachtet bleibt. Die sexuelle Arbeit scheint mir aber dadurch geprägt zu sein, alle die besonderen Schwierigkeiten sind daraus ableitbar.«

Der Arbeitsprozeß wurde durch Pollys Anwesenheit gestört, sie forderte Aufmerksamkeit, und Rudis Lese- und Schreibkonzentration wurde ständig unterbrochen. Waren antiautoritäre Kinderläden der Keim einer Befreiung für das Kind – und für den Vater? Polly durfte es ausprobieren, damit Rudi lernen konnte, und sie bekam die Möglichkeit, wieder mit ihrer Freundin Rosa zusammenzusein. Rudi blieb mehrere Tage als Beobachter im Kinderladen, auch damit Polly leichter vertraut wurde mit der neuen Umgebung.

»Polly ging relativ unbefangen mit Rosa in den Kindergarten, begann sofort mit einer aktiven Sucherei und Schauerei, fand Gegenstände, die sie irgendwie kannte. (...) Den anderen im Garten war das alles nicht interessant, schrien, schlugen weiter, unproduktive Aggression tobte sich aus. (...) Rosas Solidarität mit Polly entfaltete sich ca. 1 1/2 Stunden später, als beide mit einem gemeinsamen Spiel begannen. (...) Sie kletterten die Treppe hinauf, und es begann ein wohl 2stündiges Spiel, das nur ein einziges Mal Motzerei von sich hören ließ, sonst wurden zwar die Türen hin und her geschoben, manchmal mit viel Lärm, aber das gehörte zum gemeinsamen produktiven Spiel. Dort oben entschied sich die Polly, die den Toilettenraum noch nicht kannte, zur Scheißerei, sie zog sich aus, die Rosa desgleichen, geschissen hat wohl aber die Polly allein, voller Lust spielten sie lange Zeit, erst als die Rosa wohl auf die Scheiße getreten war, hielt sie es richtigerweise für notwendig, mich darauf hinzuweisen, was da oben los war. Als ich zur Säuberung mit Rosa zu Polly kam, empfing sie mich mit dem freundlichen deutschen Hinweis ›sauber machen‹. Du siehst, ich bin primär mit Problemen zusammen, die das bürgerliche Recht und die kap[italistische] Prod[uktions]weise Euch Frauen zugeordnet hat; wenigstens hier wird etwas sichtbar vom Überschreiten der bürgerlichen Schranke bei uns, und nicht erst seit jetzt.«[200]

Über Polly war Rudi begeistert, aber nicht über den Kinderladen: »Es mangelt, so meine ich, an Erziehungs- und Selbstveränderungsprozessen der Kinder und des Erziehers. Unmenschlicher Darwinismus von jungen Menschen untereinander, Destruktion ohne Umwandlung in phantasiereiche Produktion, egoistisches Verhalten ohne Gemeinsamkeit, ohne Solidarität waren zu sehen.«[201]

Nachdem Polly sich im Kinderladen eingelebt hatte, fand Rudi Zeit zu arbeiten. Er wollte einen Sammelband mit Aufsätzen von Lukács beenden, an dem er schon seit fast einem Jahr arbeitete. Lukács war am 4. Juni 1971 gestorben, und der Band sollte ihn ehren. Die Auswahl der Aufsätze fiel ihm leicht, er kannte praktisch alles, was es von Lukács gab, und wollte vor allem bisher nicht zugängliche Texte veröffentlichen. Aber Kommentierung und Auswertung fielen ihm noch immer schwer.

*

Bundespräsident Heinemann kam hin und wieder nach West-Berlin, um seinen Freund Helmut Gollwitzer zu besuchen. Als Rudi mit Polly in West-Berlin war, schaute er häufig bei Gollwitzer vorbei. Nicht nur, um mit ihm zu reden. So gern das alle linken Bekannten taten und bei allem Respekt vor Golli, es lockte an heißen Sommertagen auch dessen Swimmingpool. Die Gollis ließen den Massenandrang in ihrem Garten gütig über sich ergehen. Rudi sah in dem Pool ebenfalls einen legitimen Grund, nach Dahlem zu fahren, zumal Polly ein Wassertier war. Sie war verrückt nach dem Swimmingpool.

Als Heinemann erfuhr, daß auch Rudi oft bei Golli war, schlug er ein Treffen vor. Trotz seiner außerparlamentarischen Position fühlte Rudi sich geehrt. Rudi und Manfred hatten eigentlich schon aufbrechen wollen auf eine Deutschlandreise, für Heinemann wurde ihr Beginn aber verschoben.

Rudi kam bei Gollwitzer an mit Jürgen Treulieb, einem Freund, mit dem er im SDS zusammengearbeitet hatte, einem der wenigen, der nicht zu den Sektierern abgewandert war. Gollis Villa wirkte von außen eher bescheiden. Jetzt umzingelte sie eine Armada von Polizisten und Geheimdienstlern. Rudi, der trotz seiner vorübergehenden Bekleidungsreform immer noch wie ein Bürgerschreck aussah, wurde von Bewaffneten zum Eingang eskortiert.

Ohne einleitende Höflichkeiten stürzte Rudi sich in die Diskussion: »Was ist los mit der SPD? Wie schätzen Sie sie ein? Wie veränderungsfähig ist sie?« sprudelte es aus ihm heraus. Heinemann erklärte, daß Leute wie Rudi schnell isoliert wären in der SPD. Sie »ist eine Partei von Unteroffizieren«. Rudis Ideen wären nie mehrheitsfähig in der Sozialdemokratie.

Als Rudi ihn fragte, was die wichtigen Erfahrungen in seinem Leben gewesen seien, berichtete Heinemann von Enttäuschungen. Nach dem Zweiten Weltkrieg habe die CDU in ihrem Ahlener Programm die Enteignung des Monopolkapitals und den Sozialismus aus christlicher Verantwortung gefordert. Aber die USA und England hätten verhindert, daß die Sozialisierungen durchgeführt werden konnten. Die zweite große Enttäuschung sei die Remilitarisierung der BRD gewesen. Als Bundeskanzler Konrad Adenauer sich für die Wiederbewaffnung ausgesprochen hatte, trat Heinemann als Bundesinnenminister zurück und gründete 1952 die Gesamtdeutsche Volkspartei (GVP), die für Neutralität und die Wiedervereinigung Deutschlands

eintrat. Aber sie konnte sich bei Wahlen nicht durchsetzen und wurde 1957 aufgelöst. Heinemann trat der SPD bei in der Hoffnung auf deren Reformpotential. Aber auch hier trogen seine Erwartungen.
Die außerparlamentarische Opposition sei die einzige teilweise erfolgreiche basisdemokratische Massenbewegung in der Geschichte Westdeutschlands, stellte Heinemann fest. Mit ihr verband er neue Hoffnungen.
Rudi spitzte die Ohren, als Heinemann sein Konzept der Deutschlandpolitik schilderte, das er damals gegen Adenauer vertreten hatte. Es ging ihm um ein entmilitarisiertes, neutrales Deutschland, das wiedervereinigungsfähig wäre und das er als Alternative sah zum Ost-West-Konflikt. Allerdings glaubte Heinemann inzwischen nicht mehr an eine baldige Wiedervereinigung. In den fünfziger Jahren aber hätte es in seinen Augen diese Chance gegeben.
Rudi widersprach: Heute gerade sei es möglich. Doch Heinemann, Jürgen und Gollwitzer hörten Rudis Worte mit Unglauben. Die Wiedervereinigung war für sie passé.
Heinemann machte dann einen Vorschlag für die Politik der APO: »Damit ihr eine demokratische Struktur an den Universitäten bekommt, müßt ihr sie erst besetzen. Genauso wird es sein mit einem demokratischen Mietgesetz. Bevor wir eine ordentliche Mietreform bekommen, müßt ihr Häuser besetzen.« Das war lange bevor das erste Haus in West-Berlin besetzt wurde.
Heinemann zeigte sich überrascht von der Diskussion. Er hatte einen schäumenden Revoluzzer erwartet und traf einen Mann, der die Revolution verfocht, aber die Tagespolitik nicht verschmähte und sich darin und in der Zeitgeschichte gut auskannte.

Gleich nach dem Treffen mit Heinemann brachen Rudi, Manfred und Polly auf zur Reise durch die linke politische Landschaft Westdeutschlands. Manfred chauffierte. Rudi schrieb mir von unterwegs:
»Die Reise ging über fast 2000 km, über München, Stuttgart, Tübingen (zu Blochs), Frankfurt (Cohn Bendit und Joschka Fischer), Hannover (Negt und Brückner). Trafen dort verschiedene Gruppen, ging von Fritz Teufel, der gerade das Gefängnis verlassen durfte, bis zu den Jungsozialisten, dazwischen Arbeiter- und Studentengruppen mit verschiedenen Erfahrungsebenen. (...) Polly war die große Überraschung für unseren Fahrer, für Manfred, der die Mitfahrt von Polly für

ein zusätzliches Hemmnis der Arbeitsmöglichkeiten gehalten hatte. Polly erwies sich als äußerst stabil, Manfred war am Ende so überrascht und überzeugt von Polly, daß er zukünftige Reisen mit Po oder Ho für absolut realisierbar hält.«

Sie entdeckten 1972 ein Deutschland, in dem es keine antiautoritäre Bewegung mehr gab, sondern fast nur noch Sektierer. Diese waren eigentlich bedeutungslos, doch als Rudi immer wieder hörte, was für ein Unheil sie anrichteten, und entdeckte, wo ihre Vertreter sich überall eingeschlichen hatten, begann er ihren Einfluß zu überschätzen. Er war jedoch überzeugt davon, daß es außerhalb der K-Gruppen viele undogmatische Linke gebe, die isoliert voneinander vor sich hinwerkelten. In der Tat, die Ideen lebten weiter. Die Reise bestätigte das.

Nach tief in die Nacht gehenden Gesprächen und während Polly schon schlief, saßen Rudi und Manfred noch zusammen und versuchten einzuschätzen, was sie erfahren hatten: Wie lassen sich spontane Bewegungen so organisieren, daß Dauerhaftes bleibt? Es reicht nicht aus, daß bloß Erfahrungen gemacht werden, es muß etwas aufbewahrt werden. Theorie ist auch das kollektive Gedächtnis einer Bewegung. Menschen, die theorielos kämpfen, haben keine Orientierung. Wie sollte die Organisation aussehen, die Spontaneität, Aktion und Theorie miteinander verband?

In Stuttgart trafen sie auf eine antiautoritäre Jugendzentrumsbewegung; sie sollte auf ihrem Höhepunkt Mitte der siebziger Jahre rund 1400 Initiativen umfassen. Diese und andere Erkenntnisse bestärkten Rudi in seiner Überzeugung, daß Verbindungen hergestellt werden mußten durch eine neue Organisation.

In Stuttgart traf Rudi den Gewerkschafter Willi Hoss, der ihm über die Lage der Arbeiter in den großen Fabriken und Gewerkschaften berichtete. Willi war mit zwei Kollegen, die von den Ideen der antiautoritären Bewegung beeinflußt waren, auf einer eigenen Liste erfolgreich gegen Bonzen und gegen die DKP bei Betriebsratswahlen angetreten.

Fritz Lamm, der Betriebsratsvorsitzende der »Stuttgarter Zeitung«, hatte in den fünfziger Jahren in der illegalen KPD gearbeitet. Er war später Mitglied der SPD geworden, wurde aber 1961 ausgeschlossen, weil er vor der Bundestagswahl dazu aufgerufen hatte, nur Atomwaffengegner zu wählen. Er genoß großes Ansehen auch bei nichtsozia-

listischen Arbeitern in Stuttgart. Nach der Diskussion drückte Lamm Manfred fünfzig Mark in die Hand und sagte: »Nun geht mal was essen.« Er war der einzige, der daran dachte, daß Rudi und Manfred wenig Geld hatten.
Sie fuhren auch in kleinere Städte, um dort die politische Atmosphäre zu erleben. Meist hieß es dort: »Rudi, erzähl.« Aber er sagte: »Erzählt ihr mal: Was bewegt euch? Was geht vor? Was sagt ihr zu den Studenten?« Er stellte gezielte Fragen, und wenn einer antwortete, dann diskutierte er mit ihm. Bald schlossen sich mehr an, und die Diskussionen gingen bis tief in die Nacht.

Daß Rudi sich mit so vielen politisch aktiven Linken getroffen hatte, blieb nicht unbemerkt, obwohl die Zusammenkünfte nie öffentlich angekündigt worden waren. Rudi rieb sich die Augen, als er am 19. Juli 1972 in der »Frankfurter Allgemeinen Zeitung« las: »Rudi Dutschke will eine neue Partei gründen.« Aus dem Nichts eine Partei hervorzaubern? Die »F. A. Z.« wußte zu berichten von einem Treffen im Hessischen: »An dem Gespräch mit Dutschke im Sozialistischen Büro in Offenbach beteiligten sich maßgebliche Linkssozialisten wie Andreas Buro, Kristen und Gert Schäfer, Edgar Weick und Klaus Vack. Vack ist Geschäftsführer des Sozialistischen Büros. In den meisten zentralen Punkten soll es eine weitgehende Übereinstimmung in der Einschätzung der Situation der Linken gegeben haben. (...) Dutschke hat es (...) als notwendig bezeichnet, daß sich die undogmatische sozialistische Linke bald theoretisch und politisch von der KPD und ihrer Aufbauorganisation abgrenze.«[202]
Etwas war dran an dem Bericht. Rudi hatte sich tatsächlich mit den SB-Leuten getroffen. Das Sozialistische Büro (SB) war eine der wenigen linken Organisationen, die nach dem Verfall des SDS entstanden und nicht den Weg ins Sektierertum gegangen waren. Rudi war am Kontakt zum SB interessiert, weil er glaubte, daß es eine Rolle spielen könne, wenn es darum ging, die undogmatische Linke neu zu sammeln.
Der »F. A. Z«-Artikel verursachte Unruhe im SB. Andreas Buro schrieb Rudi: »Die Meldung kommt aus Bonn. Ich vermute fast, daß es sich um eine Verfassungsschutzstelle handelt, die Teile einer internen Notiz des Sozialistischen Büros, mit eigenen Phantasien kombiniert, in die Presse gebracht hat. (...) Ich habe dpa und Korrespondenten

gegenüber darauf hingewiesen, daß über eine Parteigründung zwischen Dir und uns nicht gesprochen worden ist.«[203]
Auch der »Spiegel« meldete sich, wenn auch nicht mit Parteigründungsgerüchten. Rudi schrieb mir nach Amerika: »Einige Scheißkerle vom ›Spiegel‹ benutzten die Reise von uns durch die BRD, um sofort gefährliche und falsche Informationen in der Personalspalte von heute unterzubringen. (...) Werde Augstein direkt angehen, sie sollen ihre Schnauze halten, wenn ich öffentlich auftrete, haben sie ihre Rechte, wenn das nicht der Fall ist, werde ich über die linke Öffentlichkeit und nicht über die bürgerliche kommunizieren. Der Witz in der Personalspalte ist nur der, sie beschreiben Dutschke als einen mit Bart, der schwer erkennbar war, habe nun aber schon seit 1 Woche keinen Bart mehr, ganz auf dem laufenden ist also nicht einmal der ›Spiegel‹ mehr. (...) Lasse mich nicht in die Falle führen, werde weiterhin mein Maul halten, werde durch die Reisen und die Publikation sowieso bekannt, schlimm genug, aber unvermeidbar, muß nur wesentliche Fehler vermeiden. Viele dachten und denken, hoffen fälschlicherweise auf einen alten und neuen politischen Messias, begreifen noch immer nicht, daß die herrschende Klasse seit Jahrzehnten die Führer des proletarischen, bäuerlichen befreienden Kampfes liquidiert, um Bewegungen zu zerstören. (...) Was kann ich tun? Wohl nichts weiter, als die Gefahren sehen und allein Kleinarbeit bzw. Theorie-Arbeit mit praktischem Anspruch zu betreiben, eine allgemeine Führer-Rolle nicht nur ablehnen, sondern auch als autoritär und Befreiung behindernde Funktion zu entlarven. Natürlich wäre auch hier eine ultranegative Einschätzung dieses Komplexes falsch, aber bei mir persönlich muß ich da tendenziell ultranegativ vorgehen, um die falschen Illusionen und Hoffnungen gar nicht erst aufkommen zu lassen.«

*

Mit dem Regierungsantritt der sozialliberalen Koalition unter Willy Brandt verstärkten sich die Bemühungen, die Lage zwischen Ost und West zu entspannen. Anfang der siebziger Jahre wurden Verträge mit der Sowjetunion, Polen und der DDR unterzeichnet, die die Beziehungen zwischen diesen Staaten und der BRD normalisierten. Das bewirkte auch, daß die Grenzen durchlässiger wurden. Auch Rudi durfte nun in die DDR reisen, seine Familie wiedersehen und die poli-

tische Situation jenseits der Mauer erkunden. Das reizte ihn. Er hatte lange überlegt, wie sich die Lage eines geteilten Landes in einer Strategie der sozialistischen Umwälzung widerspiegeln könne.
Beladen mit seiner abgetragenen Ledertasche, machte Rudi sich zusammen mit ein paar Freunden auf zum Grenzübergang Friedrichstraße. Durch die rotzgelbe Kontrollhalle erreichten sie ohne Beanstandung die graue Seite der Mauer. Sie fanden ihren Weg zur Chausseestraße und klingelten beim bekanntesten DDR-Oppositionellen, Wolf Biermann. Daß Menschen in Hauseingängen standen oder in geparkten Autos saßen und sie beobachteten, bemerkten sie nicht. Biermann und alle, die zu seiner Tür pilgerten, waren beliebte Objekte der Stasiausspähung. Er war den DDR-Führern ein Dorn im Auge, ein Sozialist, der das SED-Regime von links kritisierte. Er durfte seit 1965 nicht mehr öffentlich auftreten und konnte seine Lieder nur noch in seinem Wohnzimmer vor Freunden und Bekannten singen. Es war ihm aber gelungen, im Westen Platten herauszugeben, die sich nicht schlecht verkauften.
»Biermann hat großartige Lieder und Essays, neue, uns vorgeführt. In der Tradition unseres H[einrich] Heine hat er ein ›Deutschland ein Wintermärchen‹ geschrieben, beschreibt eine Reise von ihm durch die deutschen Staaten«, berichtete Rudi. Nach dem kleinen Konzert diskutierten sie stundenlang über die Lage der Opposition in der DDR. In der Nacht, so daß seine Gäste den Grenzübergang gerade noch rechtzeitig vor Mitternacht erreichen konnten, schloß Biermann philosophisch die Diskussion: »Wir gehen nicht an den Schlägen kaputt, die wir einstecken, aber an den Schlägen, die wir nicht austeilen.«
Seit diesem Besuch lief es nicht mehr glatt an der DDR-Grenze. Rudi wurde jedesmal in ein Verhörzimmer geführt. Er mußte seine Aktentasche leeren und einen Haufen dummer Fragen über sich ergehen lassen. Zumeist ließen sie ihn schließlich passieren, nachdem sie einen Spitzel eingeteilt hatten, der ihm folgen sollte.

Wieder im Westteil der Stadt, traf Rudi zufällig seinen alten Freund Bernd Rabehl. Die Distanz zwischen ihnen war nicht überbrückt worden, und doch begrüßte Bernd Rudi freundlich mit seinem schiefen Grinsen. Er wollte reden. Die beiden erörterten die Aufgaben, die in diesen Zeiten, da die Bewegung am Boden lag, zu lösen waren. Sie

hatten darüber keine Meinungsverschiedenheiten. Doch dann sagte Bernd etwas, das Rudi aufwühlte: »Der Defätist Bernd R. (...) war allerdings der Ansicht, daß nach ›verschiedenen Psychologen‹ Veränderungsprozesse mit dem 30. Lebensjahr abgeschlossen sind. Als ob es um ›große Sprünge‹ nach dem 30. Jahr gehen würde, es geht doch vielmehr darum, immer mehr zu erkennen, ›wer du bist‹, das Wesen der subjektiven Individualität im Rahmen der objektiven Gattungsgebundenheit zu entfalten. Dieser Lern-Prozeß des Erkennens der allgemeinen, besonderen und individuellen Wirklichkeit endet tendenziell für das Individuum am Todestag, nicht eine Stunde vorher.« [204]
Die Kluft des Mißverstehens öffnete sich wieder. Durch sie hatten sich Zweideutigkeit und Mißtrauen in das Verhältnis der beiden eingeschlichen. Aber Bernd war ständig gegenwärtig in Rudis Gedanken. Einmal entdeckte er einen Artikel von Bernd und wurde so nervös, das er ihn nicht lesen konnte. Er versuchte seine Gefühle zu erklären: »Mein Freund und Kampfgefährte, der schon seit '64/'65 mit mir zusammen ist, immer die falsche ›2. Stelle‹ in der Gruppe und Öffentlichkeit einnahm bzw. einnehmen mußte, ist inzwischen nach vorne gerückt, was noch viel wichtiger ist, hat in den letzten 2 Jahren sich durch sorgfältiges Studium der Werke und der bestehenden Verhältnisse neu weiterentwickelt und politisch-theoretisch neu bestimmt. So jedenfalls hört man es, persönlich bin ich, psychologisch wohl verständlich, zur Zeit neidisch und besorgt, was sich im Grund nur auf mich bezieht, bin einfach in allen Bereichen schwach, kämpfe an vielen Stellen falsch.« [205]
Rudis Bedenken waren allerdings berechtigt. Bernd hatte Rudis Lebensweise und persönliche Entscheidungen nie mit Verständnis betrachtet, nicht einmal mit Toleranz. Er hatte kritisiert, daß wir heirateten. Er fand es unmöglich, daß Rudi nach London statt nach Berlin gegangen war, und gab mir die Schuld daran. Als Polly geboren war, hatte er gerügt, daß Rudi eine Familie gründe, obwohl man doch wisse, daß einen das von der Revolution entferne. Rudi verteidigte sich nicht direkt gegen Bernds Angriffe. Statt dessen Lebenstil und politische Fehler zu kritisieren, erklärte Rudi die persönlichen Widersprüche mit dem Fehlen politischer Möglichkeiten: »Sicher, wir haben weiterhin noch keine lebendige Organisation, die dann auch dem revolutionären Individuum die Lebensbedingungen ermöglichen würde. (...) Die Bedingungen des Aufbaus einer revolutionären Or-

ganisation waren wirklich schon überreif, als der SDS eine unangetastete Avantgarde-Position hatte. Keiner von uns begriff diese Situation als einen entscheidenden Ausgangspunkt für den Aufbau einer Organisation außerhalb der Universität, ohne letztere nur im geringsten außer acht zu lassen.«[206]

*

Der lange Sommer unserer Trennung ging zu Ende. Ich fühlte mich zerrissen. Ich hatte die Vielfalt der Eindrücke und Erlebnisse in meiner Heimat genossen. Amerika war durch die Bürgerrechts- und Antikriegsbewegung der sechziger Jahren anders geworden. Aber der Rausch war vorbei, und viele neue Entwicklungen schienen bedenklich. Trotzdem schrieb ich Rudi: »Ich denke an die Wiederkehr nach Dänemark immer mit ein bißchen Angst. (...) Ich bin nicht glücklich, vor der intellektuellen und emotionellen Öde von Dänemark stehen zu müssen.« Rudi plagten solche Zweifel nicht, und er antwortete: »Wir liegen in Dänemark richtig, aber unsere besten Freunde sind nicht dort.«
Vom Schiffsdeck schauten Hosea und ich auf die Menschenmenge am Kai in Bremerhaven, um Rudi und Polly gleich zu entdecken. Plötzlich sahen wir sie. Kaum hatten wir uns alle umarmt und uns über das Wiedersehen gefreut, sagte Rudi: »Das ist sehr schwierig mit dem Auto gewesen.«
»Warum?« fragte ich erstaunt. Seit dem gewaltsamen Ende unseres Käfers hatten wir kein Auto, und es war schwer, mit den Kindern anders mobil zu sein. Ich hatte Rudi geschrieben, er solle Manfred bitten, bei der Suche nach einem geeigneten Gefährt zu helfen. Sie könnten dann das neue Auto gleich nach Bremerhaven mitbringen und wir damit nach Dänemark zurückfahren.
Manfred grinste so schelmisch, daß ich irgendeine List vermutete.
»Habt ihr ein Auto?« fragte ich Manfred.
Er lachte.
Rudi mischte sich ein: »Doch schon, wir haben eines, aber es ist ein komisches.«
»Ah«, knurrte ich und überlegte, was für einen Streich sie vorbereitet hatten.
»Es ist ein Mercedes-Benz«, sagte Manfred.

»Das glaube ich nicht«, erwiderte ich.
Als wir auf dem Parkplatz angekommen waren, rief Rudi: »Das ist es.« Er zeigte auf eine graue Eminenz aus Blech.
»Ihr spinnt«, sagte ich lachend. »Das ist doch nicht wahr.«
»Doch, doch«, bellten Manfred und Rudi unisono.
»So geht das nicht.«
»Das Auto war billig«, erklärte Manfred. »Es ist groß genug für die ganze Familie, und Diesel ist günstig.«
»Na gut, aber dann kaufen wir Farben und machen das Auto schön«, beschloß ich. Wir parkten die Kapitalistenkutsche gleich vor dem ersten Farbengeschäft in Bremerhaven, das wir sahen. Bald sammelten sich Leute um uns herum, die mit Schrecken verfolgten, wie sich der graue Mercedes in ein buntes Blumenauto verwandelte.

*

Rudi schmerzte zwar die erneute Trennung von der politischen Arbeit in Deutschland, aber er war psychisch nicht bereit, zurückzukehren. Nichtsdestoweniger fühlte er jetzt, daß er mindestens einen Finger am Puls der deutschen Politik hatte.
Der große Buhmann, der in all diesen Jahren aus dem Schatten zu springen drohte, Franz Josef Strauß, war Rudis Meinung nach potentiell in der Lage, die Grundlagen für positive demokratische Änderungen in Deutschland zu zerstören. Jeder Landgewinn von CDU und CSU konnte den Weg für Strauß bahnen. Als die Union im Sommer 1972 durch hinterhältige Tricks versuchte die Brandt-Regierung zu stürzen, hielt Rudi es für möglich, daß ein Scheidepunkt erreicht war. Der CDU-Vorsitzende und Kanzlerkandidat Rainer Barzel aber scheiterte knapp mit seinem konstruktiven Mißtrauensvotum gegen die Regierung. Zwar blieb Barzel Vorsitzender der CDU und auch Kandidat bei den für den 19. November angesetzten Bundestagswahlen, aber Strauß wartete schon im Hintergrund. Er sah seine Chance kommen, seinen immer wieder erhobenen Führungsanspruch in der Union durchzudrücken.
Gewiß hatte Rudi ein distanziertes Verhältnis zum Parlament. Aber er verstand das »A« in APO nicht als »Anti«. Die anstehende Bundestagswahl hielt er nicht für unwichtig, weil bei einem Sieg der Rechten Strauß und mit ihm ein neuer Faschismus drohen könne.

Rudi suchte ein Sprachrohr, mit dessen Hilfe er sich zu diesen Fragen äußern konnte. Schon im Sommer hatte Manfred mit Ines Lehmann gesprochen, einer ehemaligen SDS-Genossin, die nach wie vor zur undogmatischen Linken zählte. Sie wollte eine Zeitung gründen. Rudi drängte Manfred, das Projekt mit ihr zu verwirklichen. Die erste Ausgabe des »Langen Marsches« erschien rechtzeitig vor der Wahl. In seinem Leitartikel stellte Manfred überzeugend dar, warum die Linke die SPD als kleineres Übel wählen müsse.

Der 19. November 1972 war Wahltag. Wir entschieden uns kurzfristig, nach Deutschland zu fahren, weil Rudi die Wahl direkt miterleben wollte. Er durfte zwar nicht wählen, weil er nicht in Deutschland wohnte und West-Berlin sein letzter Wohnsitz war; West-Berliner durften sich an Bundestagswahlen nicht beteiligen, die Bundestagsabgeordneten wurden aufgrund des Sonderstatus der geteilten Staat vom West-Berliner Senat gewählt. Aber Rudi wollte wenigstens dabeisein. Wir kamen bei einem Hamburger Freund, Reinhard Crusius, unter, dessen Wohngemeinschaft aber nur begrenzt beglückt war durch das Chaos, das nun über sie hereinbrach mit zwei kleinen wilden Kindern, mit Rudi und seiner alles andere mißachtenden Konzentration auf das politische Geschehen und mit mir, die, ohne es zu wissen, gegen Katzen allergisch war und bald von einer schlimmen Asthmaattacke erwischt wurde. Einer Hausbewohnerin gingen TV-Lärm, Kindergeschrei und meine Katzenkrise schwer auf die Nerven. Sie verließ das Haus, knallte die Tür hinter sich zu und erschien nicht wieder.

Wir schlichen um Wahllokale herum, als wären wir Spione. Es gab einen ununterbrochenen Strom von Menschen, herausgeputzt in ihren Sonntagskleidern, mit ernsten Gesichtern, die eher für eine Beerdigung getaugt hätten, und durchdrungen von staatsbürgerlichem Pflichtbewußtsein. Ich fand es richtig komisch. Nachdem wir diesem Pflichtfest eine Weile zugeschaut hatten, verfolgten wir die Hochrechnungen im Fernsehen. Rudi rührte sich nicht von der Mattscheibe weg, bis spät in der Nacht das letzte Wahlresultat eingegangen war und der Gewinner feststand.

Rudi, der einen CDU/CSU-Sieg befürchtet hatte, freute sich darüber, daß seine Prognose falsch war, und ließ sich nicht von den Störungen im Haus ablenken. Aber am nächsten Morgen nahmen wir den ersten Zug zurück nach Aarhus.

An der Grenze entschieden dänische Grenzpolizisten, daß wir etwas mit der »Baader-Meinhof-Gruppe« zu tun haben könnten, und zerrten uns mitsamt den Kindern aus dem Zug. Es war das erste Mal, daß uns die Antiterrorhysterie derart überfiel, aber bei weitem nicht das letzte Mal. Wir wurden zwei Stunden in ein kleines Zimmer gesperrt, während unsere Personalien überprüft wurden. Nachdem wir endlich entlastet waren, nahmen wir einen Stärkungsimbiß an einer kleinen Bude. Als wir gerade beim Essen waren, erschien ein neuer Zug nach Aarhus. Wir nahmen unser Gepäck in eine Hand und die halbverzehrten Würste in die andere und rannten los. Aber der Zug hielt extrem kurz und fuhr los, bevor wir ihn erreichten. Verzweifelt schimpften Rudi und ich auf den Zug und warfen uns gegenseitig vor, daß wir gegessen hatten, statt am Gleis zu warten. Doch zu unserem Erstaunen hielt der Zug noch einmal an, und wir konnten einsteigen.

Kaum waren wir zu Hause, klingelte das Telefon. Der »Spiegel« wollte von Rudi eine Stellungnahme zur Wahl. Rudi lehnte es aber ab, am Telefon eine Erklärung abzugeben, und schrieb einen Brief an die Redaktion:

»Ich verfolgte und verfolge permanent die Vorgänge in der gesellschaftlichen Oberfläche, dem Parlament. Aber die außerparlamentarische Methode und Erbschaft halte ich weiterhin für die sozialistisch angemessene Politik. Daß es diese Richtung war, die die ersten entscheidenden Voraussetzungen für eine Wendung der Perspektive der gesellschaftlichen Veränderungen mit verursacht hat, ist so anerkannt wie der ›Zerfall‹. Die parlamentarischen Parteien bilden sich ein, daß das außerparlamentarische Gespenst wieder abgeschafft worden sei und die Dynamik des demokratischen Parlamentarismus sich in den gerade stattgefundenen Wahlen, in der Wahlbeteiligung und den Wahlergebnissen besonders, gezeigt habe. Die Differenz von Wesen und Erscheinung gesellschaftlicher Vorgänge wird wohl auch weiterhin kein Gegenstand der politischen Diskussionen im Parlament sein. Es sei denn, daß die treibende Selbsttätigkeit der ›Beleidigten und Ausgebeuteten‹ (Bloch) an der realen klassenmäßigen Basis, auf der außerparlamentarischen Tribüne das Parlament immer tiefer unter Kontrolle nimmt, um notwendige Sozialisierungen zu realisieren. Die Klassen der Abhängigen von Löhnen und Preisen der Kapital-Bewegung werden in den nächsten Jahren das Wesen des Sozialdemokratismus und Liberalismus über die Erscheinungsweise derselben erkennen können. Darum war der Sieg der Sozialdemokratie von geschichtlicher Relevanz.«[207]

Die kleinen Hoffnungen, die manche Linken nach 1969 gehegt hatten, waren zwar weitgehend verflogen. Aber die ernüchternde soziallibe-rale Realität war immer noch besser als eine CDU/CSU-Regierung, womöglich gar mit einem Bundeskanzler Strauß. Das war das Dilemma in den siebziger Jahren. Auch angesichts dessen: Wo konnte linke Politik Anknüpfungspunkte finden?

Rudi versuchte, Kontakte zu Arbeitern zu finden. Er glaubte, daß man nur dann aus einer unabhängigen linken Minderheit eine Mehrheit machen könne, wenn auch die Arbeiter eine demokratische Alternative wollten: »Minoritäten beginnen in der Geschichte immer mit dem Kampf. Ob aus der Minorität eine Majorität wird, hängt ab vom subjektiven Willen und von der Fähigkeit der Minorität, die Majorität zu entwickeln, und von den objektiven Bedingungen, unter denen die Minorität arbeitet. Wenn hier in der Bundesrepublik im Ruhrgebiet die Arbeiter rufen ›Kühn * und Schiller ** Zechenkiller‹ und wir Studenten in Berlin sagen ›Brecht dem Schütz die Gräten, alle Macht den Räten‹, und wenn wir davon ausgehen, wir können diese Proteste miteinander vereinigen, so daß die gemeinsame Kraft der Arbeiter und Studenten und Angestellten tendenziell eine Majorität bringen kann, [kann es] eine Majorität [werden], die diese gesellschaftliche Struktur in Frage stellt und neue Möglichkeiten zur Diskussion und zur Alternative stellt.«[208]

Doch wie sollten die Arbeiter erreicht werden? Nicht über die SPD, das war klar. Aber vielleicht über die Gewerkschaften. Seit den Gesprächen mit Willi Hoss wußte Rudi von den kleinen Schritten in den Gewerkschaften. Er glaubte, daß eine Demokratisierungsbewegung in den Betrieben und in den Gewerkschaften die revolutionäre Perspektive ein Stück weiter voranbringen könnte. Reinhard Crusius, der für den DGB arbeitete, informierte Rudi laufend über die Lage in Hamburg, und sie trafen sich hin und wieder mit Freunden, um über Gewerkschaftsarbeit zu diskutieren. In einem Wochenendgespräch

* Heinz Kühn (1912-1992), seit 1930 Mitglied der SPD, war von 1966-1978 Ministerpräsident Nordrhein-Westfalens.

** Karl Schiller (1911-1994), 1966 bis 1972 sozialdemokratischer Bundeswirtschafts-, 1971/72 auch Bundesfinanzminister.

zeichneten sie ein recht optimisches Bild der Gewerkschaftsbewegung: »Die deutschen Gewerkschaften stellen weiterhin eine Fundamental-Institution dar, d. h. ihrer geschichtlich zu fassenden Deformation ist nicht durch Austritt, sondern durch organisierten und perspektivartigen Eintritt zu begegnen. (...)
Die sich objektiv verändernde sozialökonomische Lage in der BRD macht es möglich, die durch Streiks und Aufklärung sich ihrer Klassen und Kampf-Situation wieder bewußt werdenden Lohnabhängigen von der SPD zu spalten, ja geradezu sogar die SPD zu spalten, wodurch sich das politische Kräfteverhältnis, wenn eine solche Spaltung produktiv und nicht sektiererisch enden würde, entscheidend verändern könnte.«[209]

*

Weihnachten verbrachten wir mit Helga, ihrer Tochter Rosa und Rosas Vater Andreas in Bayern. Andreas hatte dort ein kleines Häuschen gemietet. Wir kamen abends an, Andreas wartete auf uns mit dem Abendessen. Die vorherigen Mieter des Häuschens hatten die Waschmaschine kaputtgemacht. Der Heißwasserboiler im Badezimmer war explodiert, und das Haus war innen mit einer Schicht schmierig-schwarzen Rußes bedeckt. Aber solche Malaisen konnten uns nicht weiter erschüttern.
Heiligabend waren die Kinder aufgeregt und warteten gespannt auf die Bescherung. Sie merkten nicht mal, daß Rudi und Andreas weggegangen waren. Plötzlich begann ein wildes Glockenklingeln vor der Tür. Die Kinder schauten etwas ängstlich hin. »Macht auf«, sagte ich, aber die Kinder trauten sich nicht. Ich öffnete die Tür, und da standen zwei merkwürdig anzuschauende Weihnachtsmänner mit bunt zusammengewürfelten Kleidungsstücken und grimmigen Masken. Sie trugen eine riesige Kiste voller Geschenke. In den Gesichtern von Polly und Rosa standen Erstaunen, Schrecken, und fast hätten sie zu weinen angefangen. Doch als Rudi »frohe Weihnachten« brummte, erkannte Polly seine Stimme und riß ihm die Maske ab. Alle lachten, und die Geschenke wurden mit großem Vergnügen verteilt und ausgepackt.

*

Damit aber war für lange Zeit das unbeschwerte Familienleben erst einmal vorbei. Wir wohnten bis Anfang Februar in Berlin. Rudi traf Freunde und Bekannte. Es ging immer wieder um das gleiche Thema, das Sektierertum. Ich konnte es nicht mehr hören. War nur dieses blödsinnige Gequatsche übriggeblieben von unserer Hoffnung von damals? Es ärgerte mich, und es ärgerte mich auch, daß Rudi so in diesen Diskussionen aufgehen konnte. Was sollte dabei nur herauskommen?

Rudi wurde immer unruhiger. Er fühlte, daß er etwas machen mußte, so schnell wie möglich, um die verfahrene Lage zu ändern. Er mußte ein Buch schreiben. Er dachte, Worte, die alle lesen könnten, brächten Licht ins Dunkle. Es war so dringend, aber es war so schwer für ihn, zu schreiben.

Er wußte jetzt, was er schreiben wollte. Seine Doktorarbeit sollte das Buch sein, das der Sektiererei die Grundlage entzog. Er wollte nicht mehr gestört werden, nicht von mir und nicht von den Kindern. Es trieb ihn. Ich merkte, daß die Spannung stieg, daß die Kinder ihn reizten. Er würde nicht dazu in der Lage sein, friedlich mit uns zusammenzuleben, bis das Buch fertig war. Ich entschied, daß wir uns für diese Zeit trennen sollten. Er blieb in Berlin. Ich ging mit den Kindern zurück nach Dänemark.

Das Buch sollte sein neuer Einstieg in die politische Auseinandersetzung sein. Allein, es zu schreiben war für Rudi eine politische Tat. Aber er zog sich keineswegs zurück, vielmehr wuchsen seine Kraft und sein Wille, in der Öffentlichkeit aufzutreten. Doch das war nicht die Öffentlichkeit, die er 1968 verlassen hatte. Hetze von rechts war kaum zu vernehmen. Seine Feinde waren links, und sie bekämpften ihn mit einer Bitterkeit, die jener der Rechten von damals kaum nachstand. Rudi nahm den Kampf auf. Aber es wurde ein einsamer Kampf, er forderte alle seine Kräfte. Er war auch bereit, sie dafür zu geben, aber sie reichten nicht aus. Es war bitter.

Aufrechter Gang

> »Die Frage der Lebensqualität ist nicht zu trennen von der sozialistischen Neubestimmung eines qualitativ neuen gesellschaftlichen Produktions-Typus, d. h. einer gesellschaftlichen Zielsetzung, die die Abschaffung der überflüssig werdenden Arbeitszeit, der neuen Stufe der Entwicklung der Produktivkräfte gemäß als grundlegende Anschaffung der Entfaltung der Selbst-Tätigkeit, der ›Selbst-Zweck- Entwicklung der menschlichen Individualität in seiner gattungsgemäßen Gesellschaftlichkeit‹ beinhaltet. Für die Arbeiterinnen und Arbeiter, für die Studenten und Intellektuellen ist dieser konkret-utopische Traum voller Wirklichkeitsnähe für viele Jahre ausgeträumt – hat er sich damit aber als falsch erwiesen?« [210]
> »Wer sagt, daß die Wiedervereinigung, d. h. die Vereinheitlichung der beiden existierenden Staaten BRD und DDR, ein Hirngespinst ist, der bestreitet die Aktualität der konkreten Utopie des aufrecht und nicht gekrümmt gehenden Sozialismus.« [211]

Es wurde ruhiger um Vietnam, nur noch selten gab es Demonstrationen, die Nachrichtenflut war verebbt. Und doch ging der Krieg unvermindert weiter. Die Vehemenz des Protestes hatte sich zwar verringert, aber Unbehagen war fast überall in der Gesellschaft spürbar. Niemand glaubte mehr, daß die Amerikaner gewinnen könnten, wenn sie nicht Atombomben warfen. Die Kriegsstrategen im Pentagon erwogen das in der Tat, aber sie konnten sich leicht ausrechnen, welche Reaktion in der internationalen Öffentlichkeit sie damit auslösen würden. Und würde der Hauptverbündete Nordvietnams, die Atomsupermacht Sowjetunion, es sich leisten können, dabei tatenlos zuzusehen? Aber wer der großen Politiker wagte es, seine Stimme gegen den Krieg zu erheben? Olof Palme, Schwedens Ministerpräsident, tat es, aber nicht Bundeskanzler Willy Brandt, der gerade den Friedensnobelpreis angenommen hatte. Eine Provokation, solange er nicht eindeutig gegen den Krieg in Vietnam auftrat. Rudi beschloß, öffentlich zu protestieren. Er schrieb in einem Leserbrief an die »Süddeutsche Zeitung«:
»In einer Zeit, in der sogar ein CSU-Blatt schreibt, daß ›die Berichte über die Bombenangriffe auf Nordvietnam‹ selbst diejenigen deprimieren dürften, die immun sind gegen ›antiamerikanische Vietnam-Propaganda‹, bringt es die linksliberale ›SZ‹ vom 28. 11. 72 zu nichts anderem als zu einer außenpolitischen Kritik der Kritik von O. Palme gegen die neueste Variante amerikanischer Vietnam-Beherrschung.

Der Vergleich des schwedischen Regierungschefs mit Guernica sei überzogen, schließlich gebrauche auch die andere Seite schwerste Waffen. Also findet in Vietnam fast ein fairer Kampf zwischen Rivalen statt? Welche Armut an Geschichte, welche entmoralisierte Moral, welche Tiefe des Verfalls liberalistisch-technokratischen Denkens wird hier offenbar! Olof Palme übertreibt nicht. Wenn W. Brandt es mit dem Begriff des Friedens wirklich ernst nimmt, so ist es gerade jetzt an der Zeit, sich zur Vietnam-Sache klar und nicht verklärend zu äußern. Die Anerkennung Nordvietnams und der südvietnamesischen Revolutionsregierung ist überfällig. Ist das eine Provokation des amerikanischen Volkes? Nein! Wird Nixon dann zur Atombombe greifen, wenn der vietnamesische Emanzipations-Widerstand nicht nachläßt? Gerade weil diese scheinbare Unmöglichkeit möglich ist, sollte sich W. Brandt seiner besonderen Aufgaben bewußt sein. Es wäre die größte Hilfeleistung für das amerikanische Volk, die jemals eine deutsche Regierung diesem großen und gequälten Volk geleistet hat.«[212]

Am 14. Januar 1973 wollte die vereinigte Linke und die Antikriegsopposition in Deutschland mit einer großen Demonstration in Bonn zeigen, daß Vietnam nicht vergessen war. Die linken Organisationen waren aufgefordert, Redner für die Abschlußkundgebung zu benennen. Rudi erwartete nicht, daß er gefragt würde. Der große Schritt in eine große Öffentlichkeit konnte warten. Er fühlte sich noch nicht bereit. Doch die Berliner traten an ihn heran. Rudi lehnte ab. Die Argumente dagegen, so meinte er, hätten sich nicht geändert. Die Genossen vom West-Berliner Vietnamkomitee waren anderer Meinung. Sie redeten Rudi ein, daß er in einem solchen geschichtlichen Augenblick geradezu eine politisch-moralische Pflicht habe, sein »Maul zu öffnen«. Das traf Rudi, und er sagte zu. Aber so einfach sollte es nicht werden.

Als Rudi in Bonn erschien, waren die Veranstalter erschrocken. Obwohl er es hätte wissen müssen, war Rudi doch überrascht, wie starrsinnig und auf sich selbst bezogen die Sektierer auftraten. Mehr als vier Stunden lang wurde über Zulassung oder Ablehnung von Rudis Auftritt gefeilscht. Das abenteuerliche Argument der Sektenführer war: »R. D. erinnere an längst überholte Zeiten, verändere den Charakter der Demonstration.« Fassungslos angesichts solcher ungeheueren Dummheit, rügte Rudi den Veranstalter: »Was für eine bürgerliche Befangenheit der bürgerlichen Presse gegenüber! Was für eine Leugnung der eigenen Geschichte der antiimperialistischen Kämpfe in der BRD.«[213] Trotzdem war er zuerst bereit, sich diesem Unsinn im Interesse der Aktionseinheit zu unterwerfen und nicht aufzutreten. Aber die Genossinnen und Genossen aus West-Berlin duldeten Rudis Zurückhaltung nicht. Ein Rückzieher, sagten sie, bedeute den Sieg der sektiererischen Kräfte.

Da das Berliner Komitee nicht zurückwich, mußten die Veranstalter Rudi schließlich als Redner zulassen, aber sie waren nicht bereit, ihre Niederlage stillschweigend hinzunehmen. Die Schikanen gingen weiter. Die Sektierer forderten das Recht, Rudis Beitrag nicht nur zu sehen, sondern auch nach ihren Vorstellungen umzuformulieren. Angesichts dieses krassen Manipulationsversuchs brach Rudi in riesiges Gelächter aus. Eine Aktionseinheit, schrieb er später, »die die Differenzen, die nichtantagonistischen Widersprüche unter den politischen Richtungen mechanistisch ausschaltet, gerät in Gefahr, den Begriff und die Substanz der internationalen Solidarität zu zerstören«.[214]

Die Wut über die Idiotie der Veranstalter hat Rudis Angst vor seinem ersten großen Auftritt nach langer Zeit verdrängt. Und als er vor den Menschen stand, war es wie früher, er spürte keine Nervosität. Rudi griff in seiner Rede den damaligen Bundesfinanzminister Helmut Schmidt an, den »starken Mann« in Brandts Kabinett und bald auch dessen Nachfolger: »Der bei uns für Kriegs- und Friedenswirtschaft zuständige Schmidt wagte es, von ›tendenzieller Entfremdung zwischen den USA und den europäischen Verbündeten‹ zu sprechen, falls es zu keiner Beendigung des Vietnamkrieges komme. Und Kühn war darum so kühn, vom Völkermord in Vietnam zu sprechen, weil er nicht Regierungsmitglied ist, sondern Ministerpräsident eines Landes, dessen Wählerbasis Arbeiter sind. Kühn und Schmidt können allerdings nicht begreifen, daß die entscheidende Entfremdung nicht eine bloße Verstimmung zwischen BRD-Regierung und US-Regierung ist, sondern eine sich immer mehr verstärkende Entfremdung zwischen der gegenwärtigen Regierung der BRD/West-Berlin und gerade den Schichten im Land, die von dieser sozialdemokratisch geführten Regierung zumindest in dieser Sache eine moralische Haltung mit politischen Konsequenzen erwarteten.«[215]

Die 100 000 Zuhörer gaben Rudi recht mit Klatschen und Zurufen. Doch dann begannen die Veranstalter, Rudi systematisch zu stören.

»Redezeit vorbei«, brüllten sie, »Redezeit vorbei!« Es war peinlich, aber sie machten soviel Geheul, daß er nicht weitersprechen konnte. Er brach ab.
Nachher schrieb Rudi an einen der Leiter der Veranstaltung, den Führer einer Sekte mit dem Namen »Kommunistischer Bund Westdeutschlands« (KBW), Joschka Schmierer: »Es ist wirklich eine unsolidarische Haltung, wenn die Leitung hinter dem Redner am Mikrophon steht und nach der dritten Minute, kaum daß nach der Kritik der SPD-Führung besonderer Beifall entstanden war, dem Redner zugerufen wird, daß seine Redezeit beendet sei. Nach der dritten Minute!«[216]

Das Jahr 1973 begann für Rudi mit dem denkwürdigen Widerspruch zwischen der ermutigenden Überwindung der Angst vor der großen Öffentlichkeit und der Frustration über die bizarren Streitigkeiten, die durch sein Auftreten entstanden. Es blieb ein Jahr von Fortschritt und Widerspruch, von zweischneidigen Ausflügen in die politische Arena und einem enttäuschenden Versuch, die politischen Themen zu finden, mit denen die verfahrene Lage in Bewegung gebracht werden konnte. Er steckte alle seine Kraft in die Doktorarbeit, sie sollte die Klärung voranbringen.
Nach der Rede in Bonn fuhr Rudi zurück nach West-Berlin. Er glaubte, dort weiterhin ungestört an der Promotion arbeiten zu können. Ein paar Monate nur, dann sei es überstanden, dann seien wir wieder zusammen, sagte er mir. Doch schon nach einem Monat in West-Berlin tauchte Rudi in Aarhus auf, aber das Buch war nicht fertig. Zuerst wollte er in Dänemark bleiben, aber ich merkte, daß die Spannungen unerträglich wurden. Wenn er nicht am Schreibtisch saß, war er nervös und reizbar. Das war weder für mich noch für die Kinder gut. Ich überzeugte ihn, nach West-Berlin zurückzukehren, damit er in Ruhe arbeiten konnte.
Er fand ein Zimmer an der Kirchlichen Hochschule, wo es Studenten gab, die sich ein bißchen um ihn kümmerten, die Stasi tat das übrigens auch. Rudi pendelte hin und her zwischen West-Berlin, wo er arbeitete, und Aarhus, weil er bei uns sein wollte. Aber den Kindern konnte er seine Aufmerksamkeit nur kurz widmen, dann drängte sich die Unruhe wie ein Keil dazwischen. Sie zeigte sich auch körperlich. Sein Gesicht war von einem rätselhaften Ausschlag überzogen, besonders Nase und Wangen wurden feurig rot und schrumpelig. Ich

versorgte ihn mit Vitaminen, wenn er nach Dänemark kam, in der Hoffnung, ihn zu stärken. Wie er in Berlin aß, wußte ich nicht. Er wird sicher oft vergessen haben, Nahrung zu sich zu nehmen. »Da die Beendigung der Buch-Qual sich nähert, nimmt die Spannung zu. Um die Nase herum wird alles rot, nehme Ultralan-Creme dagegen, hilft kurzfristig. Geht seit dem Buchbeginn (1 1/2 Jahr). Schlafe im Durchschnitt 7 Stunden, zwischen 1-2 und 9 Uhr«, notierte Rudi in seinen Kalender. Und mir schrieb er aus West-Berlin: »Komme im Grunde kaum mit anderen Menschen zusammen, nur in der Uni, wenn wir essen gehen, dann aber immer etwas. Möchte hier nicht bleiben, unter keinen Umständen. Ist oberflächliches Dasein, gesellschaftlich betrachtet, abstrakt-theoretische Diskussion, manchmal produktiv, zumeist ambivalent. Antisektiererische Tendenzen sind Gott sei Dank vorhanden, an sie ist anzuknüpfen. (...) Gretchen, halte durch, Du kannst Dir vorstellen, daß ich nicht eine einzige Minute hier umsonst rumsitze. Mir wäre eine Axt weg, wenn ich endlich von dieser einen Sache befreit bin.«

Seitdem Rudi das Ausmaß der Sektiererei in Deutschland erkannt hatte, wußte er, worum es gehen mußte. Kritik an Lenin – warum hatte die bolschewistische Revolution die Menschen nicht befreit? Er hatte Texte von Karl August Wittfogel entdeckt und fand dort die Anstöße, die er brauchte. Wittfogel wurde 1896 in Woltersdorf im Landkreis Lüchow-Dannenberg geboren, sein Spezialgebiet war chinesische Sozialgeschichte, er hatte, wie Marcuse, Adorno und so viele andere, die die antiautoritäre Bewegung beeinflussen sollten, dem Institut für Sozialforschung in Frankfurt am Main angehört. 1920 war er Mitglied der KPD geworden. 1933 mußte er in die USA emigrieren. Erst 1947/48, als er entdeckte, was Marx über Rußland gesagt und was Lenin daraus gemacht hatte, ist ihm aufgegangen, was wirklich in der Sowjetunion geschah. »Da riß etwas entzwei.« Wittfogel wollte eine Erklärung finden, warum der Kommunismus in der UdSSR so schnell zum Stalinismus verkommen war.

Rudi schätzte Wittfogels Arbeiten, war aber nicht mit allem einverstanden: »Wittfogels Texte waren mir schon in den 60er Jahren weitestgehend bekannt, aber halt Vorwürfe bzw. Unterstellungen wegen der Totalitarismustheorie«, die behauptet, daß Faschismus und Kommunismus vergleichbar seien. Wittfogel hatte zurückgegriffen auf Marx' Überlegungen über die »orientalische Despotie« und die »asiatische Produktionsweise«, und Rudi benutzte diese Begriffe nun, um zu erklären, warum der Aufbau des Sozialismus in der Sowjetunion gescheitert war. Er glaubte im Gegensatz zu Wittfogel jedoch nicht, daß die asiatische Produktionsweise unbedingt einen nichtdemokratischen Sozialismus hervorbringen mußte. Hätte Lenin die Stagnationsgründe erkannt, dann hätte er eine andere Strategie und Organisation entwickeln können und müssen, um die Demokratie zu verwirklichen. Doch Lenin hatte sie nicht erkannt und machte auch deshalb unwiderrufliche Fehler. Er schuf eine Organisation, die kommunistische Partei, die ein Ausfluß der orientalischen Despotie war und mit Demokratie nichts zu tun hatte. Rudi erkannte: Bei Lenin und seiner Partei »erscheint der Gegensatz der bürgerlich-demokratischen Interessen der Bauern antagonistisch den proletarischen Interessen gegenüber, statt die bürgerlich-demokratische Seite als unerläßlichen Bestandteil der Entwicklung der proletarischen Interessen in Rußland zu fassen, gerade weil letztere sich nicht entfalten können in dieser ungleichzeitigen Gesellschaft, wenn erstere Klasseninteressen zerschlagen oder nicht korrekt behandelt werden. Die Zwangskollektivierung ist für die SU der entscheidende Ausdruck für die völlig falsche Behandlung der Widersprüche im Volke und in der Tat ausgelöst durch die Existenz eines zu dieser Zeit nicht mehr neuen Typus der Partei, sondern eines immer älter, immer hemmender werdenden Typus.«[217]

Woanders vermerkt er: »Die Entfernung von den Fähigkeiten und Unfähigkeiten der Massen mußte die falsche Einschätzung der Massen überhaupt mit sich bringen, in diesem Prozeß sehen wir die Herausbildung des Hyperzentralismus, nicht in der objektiven Dezentralisation der Agrikultur. Hier liegen die theoretischen Fehler Lenins, aus diesen läßt sich korrekt das falsche Verhältnis von Lenin und den Bolschewiki den Räten gegenüber durchaus ableiten. Die russischen Bauern wollten Land, dieses Bedürfnis war kein dorfkommunistisches, es war ein bürgerlich-demokratisches.«

*

Da Rudi so vollständig in seine Doktorarbeit eingetaucht war und sich zumeist in Deutschland aufhielt, fühlte ich mich einsam und dachte daran, mich beruflich neu zu orientieren. Je mehr ich darüber

nachsann, desto klarer schien es mir, daß ich ein weiteres Studium brauchte, und zwar eines, das mir die Voraussetzungen für eine anschließende praktische Arbeit schuf. Meine Überlegungen waren nicht sehr realitätsbezogen, aber das hinderte mich nicht daran, Rudi begeistert meine Entscheidung mitzuteilen: »Ich bin auf das Studium der Haushalts- und Ernährungswissenschaft gekommen. Dann überlegte ich, ob es auch ein Beruf sein könnte, der revolutionäre Konsequenzen hat. Da ist schon implizite Kritik an der Freßindustrie, die Scheißzeug verkauft, um Profit zu machen, während die Gesundheit aller Menschen gefährdet wird, und mit der Haushaltswissenschaft, da der Zustand für Frauen im Haushalt noch teils im Mittelalter liegt, ist auch Kritik genug an den Männerwerten dieser Gesellschaft. Jedenfalls sehe ich eine Möglichkeit, die Frauenemanzipation konkret und nicht nur ideologisch voranzutreiben.« Rudi fand es gut. Denn er war auch bedrückt wegen meiner Unzufriedenheit angesichts der Perspektivlosigkeit, in die ich geraten war.
Nach einigem Suchen entdeckte ich, daß es an der Universität von Aarhus ein Institut für Ernährungswissenschaften – auch Hygiene-Institut genannt – gab. Zwar bildete dieses Institut keine Ernährungsexperten aus, aber ich beschloß trotzdem, dorthin zu gehen. Das Institut war klein. Es bestand aus einem Professor Helms und ab und zu einem Assistenten, Studenten waren gar nicht anzutreffen. Als ich schüchtern eintrat, begrüßte mich der Professor fröhlich. Meine Ratlosigkeit schien ihn gar nicht zu stören. Er war ein lustiger, sehr dünner Mann mit Fliege und Schnurrbart, an die sechzig Jahre alt, mitten auf dem Kopf stand ein Schopf strähnigen grauen Haars. Er rauchte eine Pfeife. Er schien sich über mich zu amüsieren, offenbar weil ich Theologin war und mich nun mit Ernährung befassen wollte. »Essen und Religion, das geht sehr gut zusammen. Eine Doktorarbeit könnten Sie machen«, sagte er. »Untersuchen Sie die Zusammenhänge zwischen religiösem Glauben und dem Essen und der Gesundheit der Gläubigen.« Helms sprang herum wie ein eifriger Hampelmann, der frohlockte wegen seiner guten Idee. »Schon lange habe ich so etwas im Hinterkopf gehabt«, sagte er. Ich solle diese Doktorarbeit bei ihm machen. Es gab da bloß das Hindernis, daß man dazu erst ein Medizinstudium absolviert haben mußte. Er wußte aber Rat. Ich sollte mich für zwei Fächer entscheiden, nämlich für Hygiene – dafür war er zuständig – und für Ideengeschichte. Er war so benommen von seiner

Begeisterung, daß ich mich fragte, ob er sich vielleicht irgendwie in mich verliebt hätte. Wie dem auch sei, ich bekam Bedenken. Außerdem erkannte ich an seinen Äußerungen, daß er kein Linker war. Ich wollte ihn gleich auf den Boden zurückholen, indem ich begann von der deutschen Studentenbewegung zu erzählen. Davon hatte er gehört, und er wußte gleich, wer die Aufwiegler von '68 gewesen waren. Auf Rudi Dutschke war er nicht gut zu sprechen. Ich verriet ihm nicht, daß ich mit diesem Schreckgespenst etwas zu tun hatte. Aber ich sagte: »Ich bin eine Marxistin.«
»Ah, uuh«, stotterte er verwirrt herum.
Ich überlegte, ob ich nicht schnellstens verduften sollte. Aber sein Gesicht leuchtete wieder auf, und er sagte: »Ich bin kein Linker, aber ich kenne die Linke gut, meine Kinder sind links. Mein Sohn hat sogar ein Buch geschrieben, das wird Ihnen gefallen.« Er griff ins Regal und schenkte mir das Buch. Ich merkte, daß er auf diesen linken Sohn mit seinem linken Buch stolz war, und ich dachte: Okay, reden wir weiter.

*

Rudi erfuhr von einem Kongreß, den die Jusos im April in Hannover abhalten wollten. Da konnte er nicht am Schreibtisch sitzen bleiben, er mußte hin. Er war nicht eingeladen und nicht erwünscht. Aber das machte ihm nichts aus.
Rudis Anwesenheit in Hannover wurde schnell bemerkt, und sie verursachte einige Irritationen. Die Jusos waren verunsichert, und die Presse fand es spannend. Rudi gab dem Süddeutschen Rundfunk ein Interview, in dem er die Jusos solidarisch kritisierte. Der Redakteur schrieb Rudi einige Zeit später: »Die Reaktion auf die Sendung war sehr interessant, vor allem Kollegen im Haus regten sich darüber auf, daß wir uns duzten. Das sei unjournalistisch und nicht objektiv! Alle Studenten, mit denen ich sprach – von Juso bis KHG * –, waren stocksauer auf Dich. Aber das war ja zu erwarten. Ich lege Dir auch die Kopie eines Briefs von Günther Nenning vom ›Neuen Forum‹ bei. Falls Du an einer Überarbeitung des Interviews [für eine Veröffentli-

* KHG: Kommunistische Hochschulgruppe, Hochschulorganisation des maoistischen Kommunistischen Bundes Westdeutschlands

chung im ›Neuen Forum‹] Lust und Zeit (...) haben solltest, können wir ja in nächster Zeit mal darüber sprechen.«[218]
Die Leute vom »Neuen Forum« aber warteten nicht auf Rudis Zusage, sondern redigierten das Interview nach Gutdünken und veröffentlichten es ohne Rücksprache und Genehmigung. Rudi sah sich und seine Position falsch dargestellt. Er war wütend, fühlte sich benutzt und fragte sich, wie ein linkes Blatt dazu kam, ein Interview, an dem er die Rechte hatte, einfach abzudrucken. Er drohte dem »Neuen Forum« mit einem Prozeß und schrieb den Jusos: »Es geht mir allein darum, daß das, was ich da über die Jusos gesagt haben soll, eine völlige Verfälschung der damaligen Aussage ist. Der Sinn der damaligen Sache in Bezug auf Euch vor Eurem Hannover-Kongreß war, und dazu stehe ich heute gleichermaßen, daß, wenn die Jusos sich auf Basisarbeit beschränken und die Auseinandersetzung mit der politischen Führung der Partei scheuen, die Jusos zu Handlangern der jetzigen Führung der SPD werden. Das bezog sich primär auf Aussagen von einigen Eurer Repräsentaten, die so taten, als ob mit der Basis-Arbeit, mit der Mobilisierung von unten das Problem der politischen Führung schier naturwüchsig sich lösen würde. Die politisch-theoretische Auseinandersetzung mit der jetzigen Parteiführung schien und scheint mir die conditio sine qua non zu sein für eine auf demokratischen Sozialismus, allerdings gegen und ohne kapitalistischen Boden, gerichtete Politik der Jusos. Nun, es ist Eure Politik, darum will ich mich darüber hier nicht weiter äußern. Es ging mir allein darum, das Prinzip kritischer Solidarität auch in solch einem Falle wie der Veröffentlichung eines nicht stattgefundenen ›Forum‹-Interviews von mir Euch gegenüber anzuwenden.«[219]
Rudi bekam keine Antwort von den Jusos. Dafür veröffentlichte ein J. Besser unter dem Titel »Warten auf Dutschke« einen Artikel im SPD-Blatt »Vorwärts«, in dem er auf das falsche Interview einging. Rudi antwortete in einem Brief an den »Vorwärts«: »Herr Besser, der Sozialismus, das ist kein Warten auf Godot, kein Warten auf Rezepte, keine Hoffnung auf große Führer, es ist die konkrete Aufgabe einer ganzen Epoche, um dem kapitalistischen Chaos ein auf Befreiung und aufrechten Gang der Menschen gerichtetes Ende zu bereiten.«[220]

*

Kurz danach mußte Bundeskanzler Willy Brandt zurücktreten, als entdeckt wurde, daß sein Referent Günter Guillaume ein Stasiagent war. Rudi nutzte die Gelegenheit, um einen Artikel für den »Langen Marsch« zu verfassen. Er informierte Manfred telefonisch über seine Absicht. Dieser war zunächst begeistert. Als aber Rudi erklärte, daß sein Artikel sich eigentlich um die nationale Frage drehen würde, wetterte Manfred: »Du bist wahnsinnig geworden. Die Redaktion wird das nicht einsehen.«
»Hör mal zu«, erwiderte Rudi. »Die nationale Frage wird irgendwann wieder von den Rechten besetzt werden. Jetzt haben die Linken die Pflicht, diese Geschichte vorher politisch zu besetzen, und wenn wir rechtzeitig damit anfangen, werden die Rechten keine Chance haben.«
Manfred blieb skeptisch: »Damit wird die Tür geöffnet, durch die die Rechten viel besser hereinströmen als wir.« Aber er war trotzdem der Meinung, daß über diese Frage öffentlich diskutiert werden sollte, und der Artikel wurde gedruckt. Er erschien unter dem Pseudonym »R. Bald«.
Für Rudi war die nationale Frage nicht neu und schon gar nicht tabu. Einmal kam Rudi zu mir und fragte etwas verlegen, was ich davon hielte, wenn Deutschland sich wiedervereinigte. Ich war überrascht. An diese Möglichkeit hatte ich nie gedacht. Für mich war die Teilung etwas Dauerhaftes. Sie würde jedenfalls so lange anhalten, bis in Ost und West eine andere Gesellschaftsform durchgesetzt werden würde. Rudi aber glaubte, daß die Trennung nicht ewig dauern würde, und er trat für eine Wiedervereinigung auf sozialistischer Grundlage ein.
Noch mehr als Rudis Frage überraschte mich aber das, was ich in mir selbst entdeckte. Tief im Unterbewußten machten sich plötzlich Gefühle bemerkbar, die ich zuvor nicht gekannt hatte. Es war die Erinnerung an ein Deutschland, das das Land der Feinde und Mörder war. Warum hatten die Deutschen so viele Menschen so kaltblütig ermordet? Ich schreckte vor der Möglichkeit zurück, daß wieder ein Großdeutschland entstehen könnte. Ich hatte in meiner Familie, die zum Teil deutschstämmig ist, nie negative Aussagen über Deutschland gehört. Keiner meiner Verwandten hatte im Krieg gegen Deutschland gekämpft. Und doch war da ein Unbehagen, wenn ich mir die Wiedervereinigung vorstellte. Ich sagte Rudi: »Ich bin mir in dieser Frage nicht sicher, viele Menschen befürchten, daß Deutsch-

land vielleicht wieder gefährlich werden könnte. Ich weiß daher nicht, ob man die Wiedervereinigung fordern soll.« Ich spürte, daß Rudi diese Haltung nicht begreifen konnte.

Er wurde tatsächlich um den Schlaf gebracht, wenn er nachdachte über Deutschland, das gespalten und identitätslos war, ein Land in Gefahr. »Die BRD-Faschisten (Aktion Widerstand) zeigen sich immer deutlicher. Der ganze Mist unseres Landes wird deutlicher als je zuvor nach dem 2. WK wieder sichtbar. Der Muff der angetasteten, aber unzerstörten Autoritäts-Verhältnisse wird wieder deutschgemäß. Entscheidend wird es mit sein, daß das linke Lager weiterhin in der Lage ist, die täglich größer und breiter werdende Jugend aufklärerisch und subversiv zu entwickeln. Gelingt der Rechten ein Eingriff in die Jugend, meine im Sinne der 20er Jahre, so verlieren wir ein entscheidendes Kettenglied!! Hier wäre auch eine sozialistisch-antiautoritäre Beleuchtung der Deutschlandfrage von grundlegender Relevanz. Unser Volk hat jegliches Selbstbewußtsein verloren, wenn es je ein solches hatte: vielleicht der Stolz über das Volk der Dichter und Denker. Aber gerade dieses subversive Element unserer Geschichte wurde bisher nie Ausgangspunkt einer politischen Selbstbestimmung und Reflexion des Volkes.« [221]

»Wie werden wir als revolutionäre Sozialisten und Kommunisten in den zwei deutschen Staaten uns darüber klar, daß unser größtes Hemmnis der Verlust, die Verhüllung, die Geschichtslosigkeit über die wirkliche Produktions- und Lebensgeschichte unseres Landes darstellt?« [222]

Angesichts der Gefahr glaubte Rudi eine Antwort gefunden zu haben: die Wiedervereinigung Deutschlands unter freiheitlichem sozialistischem Vorzeichen: »Uns Sozialisten und Kommunisten, die aufrecht und nicht ökonomisch-ideologisch gekrümmt an die sozialistische Wiedervereinigung Deutschlands herangehen, muß klar werden, daß der europäische Sozialismus-Kommunismus eine Abstraktion ist, die die konkrete nationale Besonderheit nicht berücksichtigt. Die Verquickung der Nationen im internationalen kapitalistischen Produktionsprozeß oder in den strukturell verschiedenen Systemen hat nicht die geschichtliche nationale Substanz aufgehoben. Das gilt besonders für unser Land, für die sozialistische Wiedervereinigung zwischen Rhein und Oder-Neiße. Diese Aufgabe wird immer mehr eine der Arbeiterklasse in der DDR und der BRD. (...) Der Imperialis-

mus wollte uns mit allen Mitteln spalten, die Gegentendenz beginnt zu wirken.«[223]
Doch die nationale Frage als Anknüpfungspunkt einer revolutionären Strategie war mit einigen Schwierigkeiten konfrontiert. Die Entspannungspolitik der letzten Jahren war unter Linken weitgehend akzeptiert. Die nationale Frage bedrohte diesen Konsens. Rudi kritisierte folgerichtig die Entspannungspolitik: »Dieser Prozeß [der Entspannung] scheint mir normal zu gehen, ob das das Ziel der revolutionären Sozialisten und Kommunisten sein kann, wage ich zu bestreiten. Ein revolutionärer deutscher Staat, der durch sozialistische Umwälzungen in beiden Teilen, wenn auch in verschiedenen Formen und unter verschiedenen Umständen, entstehen kann, wird nicht durch diplomatische Vereinbarungen entstehen.«[224]
Und wie war die Lage in der DDR? Dort gab es kaum jemanden, der es wagte, die Diktatur der SED anzuzweifeln. Es war zu gefährlich. Aber wie sollte es zu einer Vereinigung mit sozialistischem Vorzeichen kommen, wenn sich auf einer Seite, in der DDR, praktisch nichts in dieser Richtung bewegte? Rudi war brennend daran interessiert, daß sich eine Opposition im Osten herausbildete.
Voller Hoffnung schrieb er seinem Bruder in der DDR: »Die Entwicklung der Produktivkräfte, die Tendenz der Automation und der Wunsch der Klassen und der Menschen nach Freiheit, Gleichheit, Brüderlichkeit und Demokratie in der ganzen Welt nehmen immer mehr zu. Auch bei Euch werden die Vertreter der ›jungen Generation‹ bald anfangen zu bellen, haben es vielleicht schon.«[225]

Bereits 1969 hatte Rudi Bernd Rabehl geschrieben: »So wie Versailles, so waren Teheran und Potsdam nichts anderes als kapitalistisch-revisionistische Machtentscheidungen. Warum wurden bis heute von den deutschen Revolutionären diese Unterdrückungsergebnisse liegengelassen, seit Jahrzehnten konterrevolutionären Parteien und Personen überlassen? Es geht mir hier nicht um nationale ›Gefühle‹, die benutzenswert sind bzw. waren, es geht mir allein um die Voraussetzungen, Bedingungen und Möglichkeiten der vollen Analyse dessen, was ein revolutionäres sozialistisch-antiautoritäres Programm auszeichnen muß.«[226] Bernd hatte damit nichts anfangen können.
Nun wollte Rudi das Thema weiter ausführen. Es gab einen guten Anlaß, nämlich den zwanzigsten Jahrestag des Arbeiteraufstands in der

DDR am 17. Juni 1953. Dieser war für viele Linke nicht gerade ein populäres Thema. Ein Arbeiteraufstand in der vielleicht irgendwie doch sozialistischen DDR, der außerdem von der Rechten reichlich ausgeschlachtet wurde – damit war die schlichte Variante eines linken Weltbilds überfordert. Aber für Rudi war es wichtig, nicht zuletzt, weil der Aufstand das erste große politische Ereignis war, das er als Halbwüchsiger erlebt hatte.
Aber unter eigenem Namen wollte er dann doch nicht Stellung nehmen, und so mußte »R. Bald« wieder seinem Tarnzweck dienen für einen Artikel unter der Überschrift: »Denk ich an den deutschen Sozialismus und Kommunismus in der Nacht, so werd' ich um den Schlaf gebracht. – Hat das noch Sinn?«
In der DDR hatte die Regierung reichlich Angst, daß ihre Untertanen rebellieren würden, und daher ein Netz der Überwachung und Unterdrückung über das Land gezogen. Doch gleichzeitig bemühte sie sich, sich nach außen hin als den »ersten friedliebenden sozialistischen Staat auf deutschem Boden« darzustellen. Das war aber völlig unglaubwürdig, wenn sich der Staat nicht nach außen öffnete, wenn die Sicherheitsphobie nicht wenigstens teil- und zeitweise austariert wurde durch eine so begrenzte wie überwachte Öffnung. So wagten es die SED-Politbürokraten, in Ost-Berlin Weltjugendfestspiele durchzuführen, eine alte kommunistische Tradition. Ganz geheuer war den DDR-Oberen das aber nicht, denn sie wußten nicht, wer alles aus dem Westen in ihr Land hineinströmen und wer im Osten die Gelegenheit wahrnehmen würde, in aller Öffentlichkeit, vor Kameras und Mikrophonen, den Mund aufzumachen. Das konnte so gefährlich sein wie das Öffnen von Pandoras Büchse. Die Sicherheitsmaßnahmen wurden verstärkt, und die Sicherheitsorgane bereiteten sich auf mögliche Störungen vor – sie wußten aber nicht, daß Rudi kommen würde.

*

Wir waren zu diesem Zeitpunkt alle in Berlin und wohnten bei Helga. Es war Juli, sonnig, heiß und schwül. In Helgas Altbauwohnung in Charlottenburg im vierten Stock war es an diesem Morgen noch erträglich. Wir tranken die letzte Tasse Kaffee eines gemütlichen Frühstücks. Rudi las Zeitung und versuchte herauszukriegen, wann die Festspiele in Ost-Berlin richtig losgehen würden.

Da winkte Helga mir zu: »Komm, ich zeig' dir was.« Sie hatte einige Tüten, und als sie diese entleert hatte, lag da ein Haufen bunter Kinderkleidung. »Du kannst sie haben, wenn du willst«, erklärte sie. Ich durchwühlte den Haufen. Es war kaum benutzte, irgendwie ungewöhnliche Sommerkleidung in den Größen von Hosea und Polly.
»Woher kommen sie?« fragte ich.
Helga zögerte, dann enthüllte sie, als ob sie sich entschuldigen wollte: »Sie sind von Sven Simon, Axel Springers Sohn.« Und sie fügte noch schnell hinzu: »Du brauchst sie nicht zu nehmen.«
Ich war erstaunt. »Und wie bist du da herangekommen?«
»Meine Schwester«, sagte Helga, immer noch ein bißchen verlegen. »Sie kennt ihn gut.«
Ich war etwas verdutzt.
Aber Helga versicherte: »Der ist nicht wie sein Vater, er sympathisiert mit uns.« Rudi hörte jetzt zu.
Ich stellte fest: »Das sind lustige Kleider. Ich meine, wir brauchen ihn nicht nach dem zu beurteilen, was sein Vater macht.«
Rudi stimmte zu.
Ich rief Polly. Sie liebte neue Kleider, vor allem bunte mit Blumen. Auch Hosea bekam etwas. Sie wählten die Sachen aus, die ihnen am meisten gefielen, und zogen sie gleich an. So verwandelten sich die beiden Kinder in knallbunte Irrwische.
Als Rudi herausgekriegt hatte, wann es günstig war, in Ost-Berlin aufzutauchen, zogen wir los. In der U-Bahn stand noch kühle, muffige Luft in den Schächten. Als wir ausgestiegen waren, aber wirbelte schon ein heißer Wind den Dreck von der abgelegenen baumlosen Straße auf, so daß wir uns bald fühlten, als wären wir von klebrigem Staub überzogen. Sonnenstrahlen spiegelten sich grell in teils zerfledderten Werbeflächen zwischen Baustellen. Wir gingen zur Übergangsstelle Checkpoint Charlie, wo Abgase von wartenden Lastwagen und Bussen die Luft trübten.
Ich konnte den Ekel vor dieser Grenze nie überwinden. Diesmal gab es keine Scherereien. Hinter der Mauer war die Atmosphäre offener, freundlicher und fröhlicher als sonst. DDR-Jugendliche, alle in blauen FDJ-Hemden, füllten Straßen und Plätze, sangen und spielten Musik. An Straßenecken, U-Bahn-Stationen und in den Parks versammelten sich Diskussionsgruppen. Das Bedürfnis, eingefahrene Zwänge zu durchbrechen, war deutlich. Aber um Politik ging es selten. Darüber

zu diskutieren wagten die meisten nicht, oder es interessierte sie nicht.
Nach kurzer Zeit hatten ein paar Leute Rudi erkannt, und es sammelte sich eine Menschenmenge um ihn. Es waren mutige Leute, hier wurde heftig politisch debattiert, und das gar nicht nach dem Geschmack der Funktionäre und Spitzel. Sie beobachteten uns, und wir beobachteten sie, aber sie trauten sich nicht einzuschreiten, sondern beschränkten sich auf staatstragende Diskussionsbeiträge. Doch, wie Rudi anschließend sagte, ging es ihnen dabei »nicht glänzend«.
Am zweiten Tag des Festivals fingen die Grenzpolizisten Rudi ab und brachten ihn in einen Vehörraum. Rudi war nun als Feind der DDR eingestuft. Ein Grenzpolizist erklärte Rudi grob und drohend, daß er nicht in die Hauptstadt der DDR einreisen dürfe. Nachdem Rudi nach West-Berlin zurückgekehrt war – so wußte die Stasi zu berichten –, »nutzte er die Gelegenheit, um gemeinsam mit Bernd Rabehl in Westberlin auf einer Pressekonferenz gegen die sozialistischen Länder aufzutreten. (...) Bei wiederholten Einreisen in die DDR hatte D. in persönlichen Gesprächen die Jugend als revolutionäre Klasse bezeichnet, die nach seiner Auffassung Triebkraft der Entwicklung sei und die in der DDR ungenutzt brachliege.« [227]
Nach dieser Pressekonferenz und nachdem sich die Nachricht von Rudis Aussperrung herumgesprochen hatte, begann die Festivalgruppe der Jungdemokraten eine Protestdemonstration und -veranstaltung zu organisieren, die in Ost-Berlin stattfinden sollte. Folgt man dem Stasibericht, dann bekamen dagegen die Jungsozialisten, die ursprünglich auch eine Veranstaltung mit Rudi geplant hatten, kalte Füße. Von einem Jungdemokraten bekam Rudi am 29. Juli eine schnell mit der Hand gekritzelte Notiz: »Wir wollen versuchen, daß Du heute abend ca. 19:00 einreist (Verhandlungen), zum anderen werden wir Flugblätter verteilen und Megaphone mitnehmen. Abgesprochen ist es mit Delegationen von Dänemark, Finnland, Schweden, Luxemburg, Norwegen, GB. D. h., Du sollst heute abend vor 21:00 nochmals versuchen einzureisen.«
An diesem Abend trafen sich die Delegationen aus den genannten Ländern im Lustgarten in Ost-Berlin. Die Beteiligung von Deutschen fiel mäßig aus. Aber es stießen immer mehr Menschen dazu, die sich zufällig am Lustgarten aufhielten. Bald erreichte die Kundgebung bedrohliche Dimensionen.

Rudi tauchte abends wie geplant mit neun Begleitern – so zählte die Stasi – an der Grenze auf. Die Stasi berichtete weiter: »Kurz zuvor hatte er in Westberlin erklärt, nicht nur im Westen müsse für die Freiheit der Arbeiterklasse gekämpft werden, es finde eine Auseinandersetzung zwischen verschiedenen Formen des Sozialismus und der Arbeiterklasse statt.«[228] Rudi wurde wieder in den Verhörraum gebracht, aber diesmal zeigten sich die Grenzpolizisten freundlich, es sei ein Mißverständnis gewesen, daß er am Vortag nicht durchgelassen worden sei. Ihm wurden Karten für offizielle Veranstaltungen angeboten, aber Rudi lehnte sie ab: »Die Straßen und ihre schwer kontrollierbaren Diskussionsmöglichkeiten sind mir lieber.«

Rudi wußte so gut wie jeder andere, daß die Aussperrung kein Mißverständnis war. Trotzdem war der Juso-Vertreter Wolfgang Roth gleich bereit, diese Version der DDR öffentlich zu verkünden. Offensichtlich trieb ihn dabei die sozialdemokratische Angst, die DDR-Führer zu beleidigen. Rudi war erstaunt ob dieser Prinzipienlosigkeit.

Nachdem Rudi die Grenze passiert hatte, erschien ein freundlicher FDJler, um ihm einen »Extraempfang« zu bereiten. Dieser FDJler war Rudi nicht unbekannt. Er war ihm 1968, bei der Vorbereitung des Vietnamkongresses, schon begegnet. Dieser Mann sagte Rudi offen, daß es kein Mißverständnis gab, sondern daß er vorsätzlich daran gehindert worden sei, in die DDR einzureisen. Und der FDJler fragte Rudi kameradschaftlich direkt: »Rudi, was hast du vor? Warum bist du bei den Maoisten gelandet?«

Rudi lachte etwas bitter.

Rudi und seine Begleiter eilten erst zu Wolf Biermann, der ihnen sein neues Lied »Commandante Che Guevara«, das er für die Festspiele geschrieben hatte, vorsang. Danach, schrieb Rudi, »machten wir uns schnell auf die Socken voller Gier und Heiterkeit, um unser Maul öffnen zu können. (...) Nach kurzer Zeit stießen wir auf eine der vielen Diskussionsgruppen. Dort war es (...) einfach, über allgemeine Grundbegriffe der Politischen Ökonomie wie Gebrauchswert und Tauschwert abstrakt zu streiten, es war möglich, den Imperialismus im allgemeinen zu definieren, es wurde aber viel schwieriger, über konkrete Probleme des Aufbaus des Sozialismus zu diskutieren, über die sozialchauvinistische Okkupation der CSSR durch die Sowjetunion und ähnliches zu sprechen.«

Vor fünfzig bis hundert Menschen sang Biermann auf offener Straße trotz seines Auftrittsverbots ohne Gitarre sein »militantes, antibürokratisches Lied vom antiimperialistischen Kampf am Beispiel Che Guevaras«. Er erntete begeisterten Beifall. »Ein Altstalinist jammerte: ›So hat die Konterrevolution immer angefangen‹, Lachen und Entrüstung erntete er. (...) Ein äußerst klassenbewußter, hochqualifizierter Arbeiter aus einem Großbetrieb in der DDR machte den Funktionären und uns konkret den Unterschied zwischen Information und sozialistischer Diskussion klar: ›Ihr kommt zu uns in die Betriebe‹, so sagte er, den Funktionären zugewendet, ›und informiert uns über eure Ziele und Vorhaben. Information ist aber noch lange nicht sozialistische Diskussion. Zur letzteren gehört der Dialog auf der Ebene der politischen und ökonomischen Gleichberechtigung. Disziplin und Produktionssteigerung fordert ihr laufend – ist das sozialistische Diskussion?‹ (...)
Wie retteten sich die Funktionäre aus diesem Dilemma? Sie wiesen uns darauf hin, daß die Arbeiterklasse von der Partei erzogen werden müsse, schließlich wären da tausend Jahre Kapitalismus in ihren Knochen gewesen. Nicht verstehend, daß der Erzieher auch erzogen werden muß, erntete er von uns und anderen Spott und breit unterstützte Antworten. Dagegen sagte ein Mitglied der SEW zu mir: ›Rudi, du hast dich ja immer noch nicht verändert, die Zeiten aber sind vorbei‹«[229], eine Vorhaltung, die Rudi in dieser Zeit häufig hören mußte von DDR-Vertretern und -Sympathisanten.

Nach den Vorkommnissen bei den Jugendfestspielen waren wir eine Woche später nicht sicher, ob wir unsere seit mehreren Monaten geplante Reise nach Luckenwalde durchführen konnten, obwohl wir gültige Visa hatten. Wir mußten ungewöhnlich lang an der Grenze warten. Vermutlich mußten unsere Stasipirscher eingeschaltet werden. Dann durften wir endlich einreisen mitsamt unseren Vorräten von Bananen, Apfelsinen und Kaffee, die in der DDR schwer oder gar nicht zu bekommen waren und die wir deshalb den Dutschkes mitbrachten. Eva hatte eine Liste von Dingen geschickt, die sie aus der West-Fernsehwerbung kannte und haben wollte. Sie hatte jedoch nur den Markennamen notiert, nicht aber, um was es sich handelte. Da wir nicht Fernsehen guckten und uns für Firmen und Marken nicht interessierten, waren die Sachen mir unbekannt. Wir wußten nicht, was sie

haben wollte. Einiges fanden wir trotzdem, bei anderem mußten wir sie enttäuschen.
Die Dutschkes in Luckenwalde freuten sich, wenn Rudi zu Besuch kam. Doch sein Lebensstil versetzte sie immer wieder in Erstaunen. Rudis Vater hatte in seinem Verständnis die Ordnung in der Familie zu bewahren, aber der Sohn, das liebe Kind, brachte sie durcheinander.
Vor unserem Besuch hatte er uns quasi zur Vorbereitung einen Brief geschrieben, der diesmal nur vergleichsweise wenige väterliche Ratschläge enthielt: »Die Bilder von den Kindern, sie sind sehr schön geworden. Eva sagt, sie sind süß. Ich kann natürlich nicht feststellen, ob auch ein Junge dabei ist.« Ein mahnender Verweis auf Hoseas lange Haare, die sofort abgeschnitten werden sollten! »Hoffe nun, Rudi, daß Deine Arbeit schnell abgeschlossen wird und Du dann einer regelmäßigen Beschäftigung nachgehen kannst. (...) Rudi, bitte in einer besseren Aufmachung als das letzte Mal, bitte.«
Rudi hatte, wie viele andere auch, eine etwas widersprüchliche Einstellung gegenüber seiner Familie. Er liebte sie. Er fühlte sich in ihr geborgen. Aber ihre spießigen Mäkeleien wegen seines Aussehens und seines Verhaltens gingen ihm gegen den Strich. Wenn er da war, nahm er das alles hin, ohne seine Energie durch Auflehnung zu verschwenden, denn anderes war viel wichtiger. Er nahm es auf sich mit Humor und versuchte kleine Ablenkungsmanöver, die aber selten funktionierten.
Wenn wir in Luckenwalde ankamen, wurden wir herzlich begrüßt und umarmt. Doch dann folgten gleich die Vorschriften. Die Schuhe mußten ausgezogen werden, und alle Besucher bekamen Pantoffeln. Manfred, Günter und Vater betrachtete Rudis Haare: zu lang, nicht ordentlich rasiert, schlampige Kleidung. Dann Vater: »Wann machst du dein Studium fertig? Jetzt hast du eine Familie, du mußt für sie sorgen, endlich einen ordentlichen Beruf ergreifen, Rudi.« Eva schlug vor, gleich am nächsten Tag die richtigen Kleidungsstücke zu kaufen, damit er wie ein ordentlicher DDR-Kleinbürger aussah. Rudi erklärte sich widerspruchslos mit allem einverstanden. Er wollte die Qual schnellstmöglich beenden und über Politik reden, erfahren, wie die Menschen dachten und empfanden. Wie war das Leben unter den Bedingungen eines Regimes, das die meisten Bürger ablehnten, mit dem sie sich aber abgefunden hatten? Oder keimte irgendwo Widerstand?

Eva brühte Kaffee auf, richtigen Kaffee. Sie hatte Kuchen mit Obst aus dem eigenen Garten gebacken. Auch Heidi hatte Kuchen mitgebracht. Auf uns wartete ein überreichlich gedeckter Kaffeetisch mit exquisiten selbstgemachten Leckereien und Unmengen von Schlagsahne. Beim Kaffee begann Rudi mit Vater und Brüdern über Politik zu reden.

Zu DDR-Zeiten gab es in Luckenwalde mit seinen vielleicht 30 000 Einwohnern nicht mehr als zwei oder drei Bekleidungsgeschäfte. Eva und Heidi voraus, stolzierte die ganze Dutschke-Familie am Tag nach unserer Ankunft durch die Stadt, um einzukaufen. An der mittelalterlichen Kirche vorbei zu den Geschäften, die unansehnlich aneinandergereiht lagen. Die Fenster waren nicht beleuchtet, die Ware dahinter ungeschickt aufgestellt und schon staubig, so lange war die Dekoration nicht verändert worden. Viel Verkehr gab es nicht auf der Straße, meistens ratterten stinkende Lastwagen und klapprige Fahrzeuge der sowjetischen Besatzungssoldaten über das Pflaster; es gab in Luckenwalde einen großen Armeestützpunkt.
Vater, zwei Brüder, die Frauen, Neffe Torsten, Rudi, Hosea, Polly und ich füllten ein ganzes Bekleidungsgeschäft. Alle beteiligten sich an der Entscheidung, was Rudi zu kaufen hatte, und Rudi stand da mit angestrengter Geduld und zwinkerte heimlich mit den Augen. Wer sich sonst noch ins Geschäft hineinquetschte, guckte und staunte, und manche schimpften auch. Rudi verließ schließlich mit dem gesamten Anhang den Laden und war nun so gekleidet, wie es sich nach Meinung der Familie gehörte. Anschließend begleiteten ihn seine Brüder zum Friseur. Die meisten Menschen wußten natürlich, wer Rudi war. So ergaben sich bei solchen Stadtbummeln Möglichkeiten für ihn, mit vielen Leuten zu reden.
Die Überwachung in Luckenwalde war total. Die Stasi verfolgte jeden von Rudis Schritten: »Einschätzung des Objektes ›Quelle‹. ›Quelle‹ wurde am 09. 08. und am 10. 08. 1973, während seines Aufenthaltes bei seinem Vater in Luckenwalde, beobachtet. Dabei konnte festgestellt werden, daß ›Quelle‹ in seinem Wesen danach strebt, aufzufallen bzw. auf sich aufmerksam zu machen. Das kam darin zum Ausdruck, daß er beim Baden im Schwimmbad Luckenwalde sich so bewegte und herumsprang, daß er nicht zu übersehen war, ebenfalls beim Sprechen seine Lautstärke. Weiterhin wäre zu erwähnen, daß ›Quelle‹ ständig

eine Baskenmütze trug, die er selbst beim Baden aufbehielt und nur beim Duschen absetzte, sie aber anschließend sofort wieder aufsetzte. ›Quelle‹ hielt sich ständig im flachen Wasser des Schwimmbassins auf, in dem auch die Kinder badeten. Er scheint sehr kinderlieb zu sein, da er sich viel mit seinen Kindern beschäftigte, mit ihnen spielte und sie ständig in seiner Nähe hatte. ›Quelle‹ wurde während der Beobachtungszeit nie am Steuer eines PKWs gesehen. Auch bei der Abfahrt am 10. 08. 73 um 18.30 Uhr wurde der Mercedes von seiner Ehefrau bis zur Ausreise gefahren. Die Fahrweise der Ehefrau nach und in Berlin kann nicht als Kontrollmethode eingeschätzt werden, sondern ist auf Unkenntnis der örtlichen Verhältnisse zurückzuführen.«[230]

Der Stasi hatte nicht herausgekriegt, daß Rudi die Baskenmütze außerhalb des Hauses immer trug, um seine empfindliche Kopfnarbe vor der Sonne zu schützen.

Doktorarbeit

> »Quäle mich wieder herum an meinem Buch, das für mich eine Abrechnung meinerseits mit den 20er Jahren sein soll. War es zuerst als eine Lukács-Kritik verstanden worden, so stellte sich im Laufe der Realisierung heraus, daß das nur möglich ist, wenn Lenin und sein Geschichts- bzw. Wissenschaftsverständnis in den Mittelpunkt der ganzen Sache gestellt wird. Lukács hat sich nach seinem Eintritt in die KPU kontinuierlich als Marxist in der Theorie, [als] Leninist in der Praxis verstanden. Alle Wendungen, besonders auch das theoretische Rückzugsgefecht von ›Geschichte und Klassenbewußtsein‹, sind unter diesem widersprüchlichen Doppelcharakter zu verstehen. So ist natürlich danach zu fragen, wie Lukács die russische Entwicklung im allgemeinen und die Revolutionsgeschichte von 1905 und 1917 im besonderen rezipiert. Rosa Luxemburg wird dadurch viel weniger relevant für G. Lukács, als es an der Oberfläche so häufig erschien.
> Indem wir Lenin-Lukács im individuellen, Rußland und Ungarn im besonderen, aber die KI-Geschichte im allgemeinen reflektieren, wird für uns zentral das Leninsche und Lukácssche Kapital-Verständnis auf der einen Seite und das Verständnis der asiatischen Produktionsweise und ihrer Geschichte auf der anderen. Unsere These ist, daß die russische Entwicklung einen halbasiatischen Strukturzusammenhang trägt. Etwas, was von der Tatarisierung so wenig zu trennen ist wie von der türkischen Okkupation, über die es zur Herausbildung eines asiatischen Grundeigentums kommt.« [231]

Rudi blieb in West-Berlin. Polly, Ho und ich kehrten nach Dänemark zurück, und ich führte das Gespräch mit Professor Helms am Hygiene-Institut in Aarhus weiter. Nachdem ein gewisses Vertrauen entstanden war, erzählte ich ihm, daß ich mit Rudi Dutschke verheiratet sei. Er nahm es hin, und so ging es weiter.
Rudi hatte eigene Probleme. Die Doktorarbeit wurde nicht fertig, und der Herbst verging wie die Monate davor. Ich wurde ungeduldig. Er sagte immer, die Arbeit sei fast fertig. Ich murrte, weil sie nie fertig wurde. Er bat mich, nicht böse zu sein. »Es ist eine harte Sache, es muß einigermaßen sein, Gretchen, es muß vollständig sein, darf nicht zu viele Fehler in sich haben, die Zitate müssen einigermaßen glatt sein. Ich schufte wie eine Sau, im Traum spreche ich.«
Da mußte ich lachen, denn sollte ich Mitleid haben, weil er im Traum sprach? Er gab zu, daß die nächtliche Mitteilungsfreude nicht so schlimm sei, aber dann entdeckte er Bedrohliches: »Gestern habe ich begonnen furchtbar – nicht höllisch – Zahnschmerzen zu bekommen,

an den Stellen, die der Bruder von Horst M[ahler] bearbeitet, aber nicht abgeschlossen hatte. Konnte nicht arbeiten, mußte nun heute zu ihm. (. . .) Kobold, hab Vertrauen zu mir, und wenn es noch 'ne Woche länger dauert, gib mich nicht auf. Es ist für mich eine riesige Qual, die Übersetzungen sind noch immer nicht fertig.«

Rudi geriet unterdessen in neue Turbulenzen mit seiner Doktorarbeit. Er hatte eigentlich immer zwei Konzepte gehabt, sein ursprüngliches über Lukács und das sich daraus entwickelnde über Lenin und die Sowjetunion. Um die voneinander abweichenden Schwerpunkte auseinanderzuhalten, entschied er sich schließlich, zwei Bücher zu schreiben. Der Suhrkamp Verlag sollte den einen Teil bekommen mit dem Titel »Zur Genesis der Führung der Kommunistischen Internationale durch die KPdSU am besonderen Beispiel der KP Ungarns im Exil. G. Lukács als Revolutionär«, und der Wagenbach Verlag sollte den Lenin-Teil veröffentlichen. Aber der Suhrkamp Verlag zog sich am Ende von dem Projekt zurück.

Rudi schrieb mir, nachdem ich mehrere Tage nichts von ihm gehört hatte: »Hab' ich mich beeilt, hoffentlich noch rechtzeitig, um nicht meinen Kopf abgeschlagen zu bekommen, habe schon kaum noch einen. Es ist ein Wunder, daß ich noch ohne Attacken bin. Die Schufterei ist höllisch. Es bleibt mir aber keine andere Wahl. Die Sache mit Suhrkamp hat mich ziemlich frustriert gemacht.«

Bernd Rabehl war damals ebenfalls gerade dabei, seine Dissertation zu beenden. Da Rudi und Bernd ähnliche Themen bearbeiteten, fingen sie an wieder mehr miteinander zu diskutieren. Bernd gab Rudi seinen ersten Entwurf zu lesen, und Rudi zeigte Bernd seinen Lenin-Teil. Bernd schlug Rudi vor, den Lukács-Teil einfach liegenzulassen, damit er fertig werde. Da das eine wesentliche Erleichterung für Rudi bedeutete, ließ er sich überzeugen, doch blieb die Absicht, den anderen Teil später zu beenden. Als er Bernds Manuskript gelesen hatte, erkannte Rudi, wie ähnlich ihre Themen waren. Vielleicht zu ähnlich.

Es entwickelte sich nun ein seltsames Konkurrenzverhältnis zwischen beiden. Es schien so, als ob sich beide in einem Wettbewerb befänden, wer zuerst fertig würde, um die Theorien dann als eigene auszugeben, während der andere als Nachzügler und Abschreiber dastand. »Krach mit Rabehl beginnt«[232], notierte Rudi.

Aber trotz aller Ähnlichkeiten verfolgte Bernd doch einen anderen Ansatz als Rudi. »Statt die Akkumulation des Kapitals über die halbasiatische Tendenz zu bestimmen, geht er wie Rjasanow * von einem Vergleich der preußischen und russischen Entwicklung in der Agrarfrage aus. Indem er die preußische Entwicklung ab 1840 verfolgt, ist es ihm möglich, den westeuropäischen Feudalismus- und Kapitalismus-Begriff mit dem russischen gehen zu lassen über den Weltmarktzusammenhang. Scheinbar wichtig, aber dennoch grundlegend falsch. Habe ihm das gesagt, als ich ihm seinen Text zurückgab (...). Er war überrascht, besonders auch über meine Argumentation über die Geschichte der asiatischen Produktionsweise. Konnte nichts entgegenhalten, weil er es nicht kannte.« [233]

In November schrieb Rudi: »Bin mit meiner Arbeit ›fertig‹, es bereitet mir aber alles weiterhin Schwierigkeiten. Bernd bietet seine Hilfe an, die entsprechenden Profs usw. Ich finde das solidarisch. Seine Abschlußarbeit [ist] fast identisch mit der meinen (...). Hoffentlich beginnt nicht die alte Konkurrenzscheiße, die uns im SDS immer wieder lähmte!« [234]

*

Wenn Rudi in Dänemark war, überlegten wir, was nach der Doktorarbeit kommen sollte. Aber wir kamen nicht weit mit dem Nachdenken. Rudi hat nie versucht, einen Weg zu finden, wie wir als Familie in Deutschland leben konnten. Er wollte wieder politisch tätig sein, doch das war praktisch nicht durchführbar. Und psychisch hatte Rudi immer noch Hemmungen, ich genauso. »Wenn Rudi politisch tätig ist, so habe ich es erlebt, bedeutet es für mich keine Entwicklung, Befreiung, Lust oder Freude. Wie soll ich mich dann einverstanden erklären?« fragte ich Helga in einem Brief. Die Widersprüche waren real, allerdings glaubte ich nicht, daß es ein Leben ohne Widersprüche gab. Sie zu lösen, indem man sich davonstahl, war das ein Ausweg? Ich glaubte nicht daran.

---

* David Borissowitsch-Goldendach Rjasanow (1870-1938) war von 1921-1931 Direktor des Marx-Engels-Instituts in Moskau und gilt als einer der besten Marx-Kenner seiner Zeit. Rjasanow wurde in den Stalinschen Schauprozessen zum Tod verurteilt und hingerichtet.

Überraschend besuchte uns eines Tages Till Wilsdorf in Aarhus. Wir kannten ihn seit 1966. Er war Theologe und arbeitete in der Evangelischen Studentengemeinde (ESG). Er fragte mich, wie es mit der Theologie stehe, und ich erzählte ihm, daß ich sie mehr oder weniger aufgegeben hätte und ein Studium der Ernährungswissenschaft aufnehmen wolle.
»Wieso?« fragte er perplex. »Gib die Theologie doch nicht auf. Die ESG bietet Möglichkeiten an.«
»Für mich? Das bezweifele ich«, entgegnete ich.
»Es gibt eine Chance«, sagte er. »Willst du es nicht versuchen?«
Ich antwortete: »Laß mich darüber schlafen.«
Am nächsten Tag wollte Till abfahren. »Was sagst du?« fragte er.
»Okay«, antwortete ich, »ich bin bereit, es zu versuchen, und wenn es sich ergibt, werde ich nach Deutschland ziehen.«
Mir wurde die merkwürdige Verdrehung unserer Lage nur halb bewußt. Jetzt war ich es, der die erste ernsthafte Bemühung machte, nach Deutschland zurückzufinden. Rudis Reaktion darauf war kein Freudengeschrei. Wollte er nun doch nicht ganz zurück?
Im November bekam ich einen Brief aus Hannover. Der ESG-Pfarrer Hermann Bergengruen bat mich, mich für eine Stellung als ESG-Pfarrer in Hannover zu bewerben. Ich war von den Socken. Wie das? Ich hatte zwar einen Theologie-Magister, war aber als Pfarrer nicht ausgebildet. Bergengruen erklärte mir überzeugend: »Das ist nicht notwendig. Bei der ESG gelten nicht die gleichen Qualifikationsanforderungen wie für eine Pfarrstelle in der Kirche.« Er versuchte alles, um mich zu überreden, und da ich gerne arbeiten wollte und dieses Angebot verlockend war, bewarb ich mich schließlich.
Bergengruen wollte die Kirchenleitung provozieren. Nichtsdestoweniger glaubte er, daß ich eine Chance hätte. Es gab Berufsverbote, und die wurden nicht nur vom Staat praktiziert. Sollte eine Dutschke eine Stelle in der Amtskirche bekommen? Ich war so naiv, zu glauben, das es möglich sei. Ich faßte meine Bewerbung ganz und gar nicht als Provokation auf. Und deshalb war ich maßlos enttäuscht, als ich einige Wochen später erfuhr, daß die Kirche niemals eine Dutschke einstellen würde. Die Begründung, die sie mir gaben, war einfach: Ich sei nicht qualifiziert.

Nach der Bewerbung in Hannover fuhr ich gleich weiter nach West-Berlin. Ich sollte für Rudi sein Buchmanuskript, das beim Verleger Klaus Wagenbach lag, zu Professor Urs Jaeggi, einem der beiden Doktorväter an der FU, bringen. Das Ende der zehn Jahre langen Doktorarbeitsodyssee schien sich abzuzeichnen. Rudi war in Dänemark und versorgte die Kinder.
Ausgerechnet in dieser Zeit entschlossen sich Ho und Polly, die Masern zu bekommen. Rudi schrieb mir nach West-Berlin: »Die Krankheit der Kinder war nicht aufzuhalten, die Nacht ist schwer, das Fieber ist hoch, sonst verhalten sie sich angemessen. Hoch lebe die soziale Emanzipation der Frauen und Männer im politischen Klassenkampf. Die Kinder sind nicht zu vergessen, unsere sind aber im Augenblick besonders schwach, aber mutig und frech. Polly ruft weiter grinsend ›dummer Rudi‹, und Ho meckert mich an, wenn ich mit den Holzschuhen ins Kinderzimmer komme.« Diese Krise beherrschte Rudi mit einer kühlen Sicherheit, die mich erstaunte. Ich hatte anfangs befürchtet, die Reise abbrechen zu müssen.

*

Im November hatten Urs Jaeggi und der zweite Doktorvater, Professor Peter Furth, Rudis Arbeit erhalten. Die mündliche Prüfung sollte im Januar stattfinden. Jaeggi hatte Rudi versichert, daß alles gutgehen werde. Aber dann begann ein merkwürdiges Hin und Her, das uns bald wie eine Schikane vorkam. Rudi bemühte sich, mit den Professoren zu sprechen, aber sie waren nicht erreichbar. Der Januar verstrich ohne Termin für die Prüfung. Rudi bemühte sich weiter und bekam im Februar endlich einen Gesprächstermin. Die Botschaft war nicht ermutigend. Er schrieb mir: »Furth kritisierte meinen Text am Methoden-Problem, findet ihn aber sehr gut in seiner historischen Darlegung. Da ist ein Widerspruch geblieben, aber die Arbeit wird ohne jeden Zweifel bei ihm und Jaeggi nun durchkommen. Die Scheiße bei der ganzen Sache ist, daß es sich so lange verzögert. Furth sagt mir: Du mußt damit rechnen, daß wir mit der ganzen Sachen erst im Mai fertig sein werden. Ich fiel fast auf die Pantoffeln. Warum sich die Sache bei mir so verzögert? Weil sie mich, so sagen sie, nicht so einfach und verdreht wie den Bernd durchlaufen lassen können. Warum? Weil sie

alle (!) auf meine Arbeit schauen werden, um die Auswirkungen der Schüsse oder Fehler nachzuweisen.«
Solange die Prüfung wie ein Damoklesschwert über Rudis Kopf hing, konnte er sich nicht entspannen. Er fühlte sich wie in die Leere geschleudert. Noch drei lange Monate voller Unsicherheit. In dieser Situation konnte er manchmal nicht mehr arbeiten. Das war für ihn, der eine so große Freude an geistiger und politischer Tätigkeit hatte, ein verzweifelter Zustand.
Die Andeutung im letzten Gespräch mit den Professoren, daß Bernd ohne Mühe am Ziel angekommen sei, machte ihm zu schaffen. Ihm, der es schwer genug hatte, machten sie es noch besonders schwer. Rudi richtete seine wachsende Frustration auch gegen Bernd. In einem Brief schrieb er: »Bereiten wir dem Gerücht ein Ende, die politische Zusammenarbeit, die kaum begonnen hatte, ist mehr wert als persönliche Querelen. Ich wußte aus Deinem Originaltext, daß Dir die asiatische Sache fremd war, Du sie für eine verrückte Idee hieltest. Richtigerweise und blöderweise erzählte ich Dir meine Konzeption, problematisierte kritisch-solidarisch Deinen Original-Text, und das Resultat haben wir nun heute. Hättest Du in einer gemessenen Anmerkung in Deinem veränderten Buch darauf verwiesen, ohne Deine Arbeit zu gefährden, daß Du Deinen Feudalismus-Begriff über die Heranziehung der asiatischen Sache für Rußland relativiert hast (...), so hätte es für mich keinen Grund gegeben, mit Deiner Verkehrsform unzufrieden zu sein.« [235]
Aber Rudi wollte die Auseinandersetzungen mit Bernd nicht bis zum Bruch eskalieren lassen. Er hatte so viele Jahren mit ihm zusammengearbeitet und sich mit ihm auseinandergesetzt. Er hoffte, daß eine gemeinsame spätere Publikation die Wunden heilen würde. Im Februar berichtete er Jaeggi: »Es geht um das Verhältnis von Strukturen, Produktions- und Lebensformen in der DDR/SU und BRD. Mich reizt die Sache ungeheuer, wäre für mich endlich mal ein Durchbruch, ich könnte die Dominanz der 20er Jahre in meinem Kopf endlich real beenden. Nun habe ich an eine wilde Sache gedacht. Der Krach mit Bernd ist nicht beendet, er muß auf allen drei Ebenenen geführt werden. Als Resultat, so hoffe ich, wenn der kritisch-solidarische Kampf geführt wird, könnte eine gute Sache herauskommen. Eine gemeinsame Arbeit an dieser politisch-ökonomischen Vergleichsstudie.« [236]

Rudi beantragte bei der Deutschen Forschungsgemeinschaft (DFG) ein Stipendium für dieses Projekt. Aber gleichzeitig begann neuer Ärger, denn Urs Jaeggi war gar nicht erbaut darüber, daß er den Antrag unterstützen sollte. Rudi schrieb mir in niedergeschlagener Stimmung: »Heute werde ich sehen, ob Jaeggi wirklich mitmacht. Wenn nicht, so ist es zwar sicher, daß der Abschluß durchkommen wird, aber das genauso wichtige Stipendium, allein der Antrag, gerät in Gefahr. Allerdings hat der Hamburger Manfred Wilke mir schon einen Prof. besorgt, der den Stipendium-Antrag sofort unterschreibt. Die Scheiße ist bloß, ich bin nicht fertig, allerdings ist das dennoch irgendwie möglich. Du siehst, ich bin nicht gut dran, würde viel lieber oben bei euch sein.

Die Bullen hacken immer wieder ein bißchen mit mir herum. Stell Dir vor, die Schweine schickten einen Zettel in die Pfalzburgerstr. und behaupteten, daß ich ab August 1973 die Steuern nicht bezahlt hätte. Und ich bin am 20. 2. bei ihnen gewesen und hatte, nachdem ich alles bezahlt hatte, ihnen gezeigt, daß alles bezahlt ist.«

Und als würden diese kleinen und großen Ärgernisse nicht genügen, gab es jetzt auch noch Streit, wo Rudi ihn nie erwartet hätte. Am 23. Juni 1974 wurde der scheidende Bundespräsident Gustav Heinemann 75 Jahre alt. Zu diesem Anlaß sollte für Heinemann eine Festschrift im Suhrkamp Verlag erscheinen. Gollwitzer bat als Herausgeber Rudi, dafür einen Beitrag zu liefern: »Wie ich Dir schon bei unserem letzten Gespräch sagte, will ich Dich in keiner Weise dazu drängen. Du mußt selbst wissen, ob Du es mit Rücksicht auf Deine politische Linie, vielleicht auch mit Rücksicht auf diejenigen, denen Du wichtig bist und die es nicht verstehen könnten, verantworten kannst. Du sollst aber wissen, daß wir uns sehr freuen würden (einschließlich Heinemanns), wenn Du diese Bitte erfüllen könntest. Was den Inhalt anlangt, so bist Du darin vollkommen unabhängig.« [237]

Obwohl Rudi im Streß mit seiner Doktorarbeit war, reizte ihn diese Aufgabe. Stolz berichtete er mir: »Hätte ich fast für unmöglich gehalten, als ich nach Berlin fuhr. Es war unglaublich, Golli, ein sozialistisch gewordener Prof aus der Theologie, ›erniedrigte‹ sich so stark, daß er der Sekretär von Dutschke des öfteren wurde. War aber produktiv, und ich glaube, daß Du auch mit dem Text von mir einverstanden sein wirst.«

Aber so glatt durfte es nicht gehen. Im Februar fand Rudi heraus, daß der CDU-Vorsitzende Helmut Kohl auch einen Beitrag für die Festschrift liefern wollte und die Herausgeber das akzeptiert hatten. Rudi hielt Kohl für ein Vertreter von fast faschistoiden Positionen. Mit ihm in einem Buch zu erscheinen war eine schwierige Sache, und Rudi war nicht bereit, das stillschweigend durchgehen zu lassen. Er forderte, einen Zusatz zu seinem Beitrag hinzuzufügen mit folgendem Wortlaut: »Wenn der Kanzler W. Brandt gegen den Ruf nach dem ›starken Kanzler‹ in dem Sinne entrüstet ist, daß diejenigen, die danach rufen, ihn laufend daran behindern, ›stark‹ zu sein, so ist das symptomatisch. Er ist sich trotz seiner so wertvollen antifaschistischen Vergangenheit nicht darüber klar geworden, daß der Ruf nach dem ›starken Kanzler‹ ein Vor-Ruf nach dem ›starken Mann‹ ist. Vergessen wir nicht, den dreckigsten Kohl der deutschen Geschichte, den NSDAP-Faschismus, werden wir nicht wieder erhalten. Aber die Chaoten der ›freien Marktwirtschaft‹, der Inflation, die Vertreter von ›Ruhe und Ordnung‹ schikken sich immer mehr an, die Partei der Zweideutigkeit zu brechen, um den Sieg der Eindeutigkeit des Kapitals zu garantieren. Der Ausstieg von Gustav Heinemann vom Amt des Bundespräsidenten, der Einstieg von Scheel ist ein geschichtliches Signal.«[238]

Suhrkamp-Verleger Siegfried Unseld lehnte es ab, Rudis Nachtrag aufzunehmen. Rudi machte ihm daraufhin Vorwürfe: »Ich habe den Eindruck, daß Sie dem mißratenen Dutschke nicht besonders freundlich gegenüberstehen. Müssen Sie ja auch nicht vom Klassenstandpunkt her, aber als Autor verfüge ich über gleiche Rechte. Es fiel Ihnen nicht schwer, Herrn Kohl noch unterzubringen, der zeitlich niemals mehr hätte untergebracht werden können, es fällt Ihnen aber riesig schwer, mir gleiche Rechte zu gewähren. Auf diesen aber bestehe ich. Sonst ziehe ich meinen Essay zurück. Was einigen gefallen würde, nicht aber denen, die die Herausgeber sind, oder dem ›Gustav‹, um mit H. oder B. Gollwitzer zu sprechen. Ich muß bestehen auf den ganzen Schluß-Text, wie ich ihn per Brief an Sie geschickt habe. Hinzu kommt nun, daß ich den Eindruck habe, daß die von meinem Text eliminierten drei Seiten dazu dienten, die Hälfte des Textes von Herrn Kohl zu ermöglichen.«[239]

Am selben Tag schrieb Rudi an die Gollwitzers: »Die Geburt des Textes, der nie zustande gekommen wäre ohne Eure kritisch-solidarische Hilfe, muß sich immer wieder an der politischen Szenerie messen. Ihr habt den Kohl auch nicht gewünscht, richtig, nun war er aber da, einige Zeilen mußten (!) rein, ohne diesen CDU-Mann auch nur

direkt zu erwähnen. Das geschah, ich hatte Euch diese 14 Zeilen vorgelesen, Ihr hattet inhaltlich wohl nichts dagegen, wart aber der Meinung, daß schon längst alles entschieden ist. Daß das nicht der Fall ist, erzählte Unseld (...) vor einigen Tagen. Fügte nur hinzu, daß das dennoch die Dutschke-Korrekturen ausschließt. Ich will alles andere als ›aussteigen‹, muß mich aber in den Korrekturen und der Hinzufügung aus politischen Gründen durchsetzen. Um den Angriffen der Rechten und unserer Sektierer standhalten zu können, muß also kompromißlos schreiben und gerade darum nicht sektiererisch.«[240]
Ein paar Tage später wandte Rudi sich wieder an Unseld: »Ihr Versuch, sich über Ihre Sekretärin davonzustehlen, mal da, mal dort zu sein, aber nie bereit zu sein, offene Gefechte auszutragen, blieb Ihnen wohl heute nicht mehr möglich. Es war schon lustig (makaber), zu bemerken, wie einer Sekretärin der Mund gestopft wurde, als sie von mir befragt wurde nach der Lage im Konflikt. (...) Eigentlich hätte ich von einem Vertreter der anderen Seite, einem Sozialdemokraten, der eher mit Kohl als mit dem antikapitalistischen Flügel in der sozialdemokratischen Partei zusammenarbeitet, der mit linken Publikationen läuft, solange sie die Profitrate hochhalten, kaum etwas anderes erwarten dürfen.«[241]
Rudi schaltete einen Rechtsanwalt ein, aber das half nichts mehr. Unseld ließ den Beitrag fallen. Er tat dies in Übereinstimmung mit Gollwitzer, der wohl überzeugt worden war davon, daß ein Rechtsstreit den ganzen Band gefährden würde. Rudis Beitrag erschien mit dem Zusatz über Kohl am 28. Mai im West-Berliner »Extra-Dienst«.

Mit Bernd ging es auch nicht besser. Er verstand nicht, warum Rudi sich über die undokumentierten Änderungen in Bernds Doktorarbeit aufregte. Er versuchte Rudis Verhalten aus dessen Biographie zu erklären und schrieb ihm: »Was unsere Kommunikation und Diskussion so schwierig gestaltet, ist sicherlich darin zu suchen, daß wir nicht in einem gemeinsamen Arbeits-, Diskussions- und Lebensprozeß stehen, so daß tatsächlich nur die Erinnerung bleibt, aber eine konkrete Abarbeitung und gemeinsame Kooperation nicht erfolgen kann. Dann kommt hinzu, daß Du die konkrete Situation hier Dir sinnlich aneignen mußt, gegen Deine alte Rolle zu kämpfen hast. Lernprozesse scheinst Du immer wieder abzublocken, indem Du immer wieder verschwindest. Hinzu kommt, daß Du als Symbolfigur oder, um

ein von Dir geliebtes Schlagwort zu nehmen, als ›Charaktermaske‹ der APO der Sechziger besonderen Angriffen und Sympathien ausgesetzt bist, voller Haß oder Erwartung verfolgt wirst, alles Belastungen, die Dich bedrücken müssen. Und dann kriegst Du Deine Schnauze nicht auf, spielst die ›Dutschke-Rolle‹, immer freundlich, aufmerksam, reflektiert, produktiv, weniger aggressiv – daß das alles nicht stimmt, zeigt Dein Mißtrauen, das schon krankhafte Symptome aufweist. Also, Alter, ich habe nichts gegen Dich, eigentlich alles für Dich, nur ist mir klar, daß uns Erfahrungen, Lebensformen, Arbeitszusammenhänge, psychische Frustrationen trennen und daß diese nicht so leicht zu vermitteln sind.«[242]
Rudi war nicht mehr in der Lage, Kritik, gleich welcher Art, aufzunehmen. Für ihn war sie nur noch niederschmetternd. Er fühlte sich wie einer, der schon geschlagen auf dem Boden liegt und doch weitere Hiebe erhält.

Aber es kam noch dicker. Am 15. März meldete der Springer-Auslandsdienst: »rudolf dutschke, der ehemalige radikale studentenführer und student der politik im 20. semester, muss wahrscheinlich noch im laufe dieses monats daenemark verlassen. die daenische fremdenpolizei begruendet dies damit, dass dutschkes stipendium an der universitaet aarhus nicht erneuert worden ist und dass dutschke kein politischer fluechtling sei. im kulturministerium erklaerte die fuer den fall dutschke zustaendige beamtin birgit andersen, dass man im ministerium der meinung sei, dass dutschke nicht genuegend innere beziehungen zum land daenemark habe und dass man es nicht laenger verantworten koenne, einem daenischen staatsbuerger das stipendium vorzuenthalten.«
Rudi bekam diese Meldung im Originalwortlaut zu lesen. Es war ein Schock. Aber stimmte sie überhaupt? Das dänische Außenministerium hatte gleich nach der Veröffentlichung in einer dänischen Zeitung dementiert, Springer brachte das Dementi aber nicht. Manfred Wilke, der sich beim »Spiegel«-Redakteur Fritjof Meyer erkundigt hatte, klärte Rudi auf. Aber eine gewisse Unsicherheit blieb.
Und dann bekam er noch einen Brief von mir: »Unser Geld reicht wahrscheinlich nur bis zum Ende April. Es wird auf alle Fälle knapp, um die Miete für Mai zu bezahlen. Aber Michael sagt, da ist eine offene Möglichkeit für Dich, für je eine Woche Ende Mai ein Seminar über

die Komintern und über Rosa Luxemburg zu halten.« Wir hatten noch einige Ersparnisse auf unserer Bank in West-Berlin. Ich wußte nicht, wieviel Geld es war, hoffte aber, es würde uns über die nächsten Monate hinwegbringen.

Die Häufung von Niederlagen war für Rudi zuviel. Zum erstenmal in seinem Leben wuchs ihm etwas über den Kopf. In April kam er nach Dänemark. Er war nach der Meldung über den Rausschmiß nicht sicher, ob er über die Grenze kommen würde. Er trampte von West-Berlin nach Hamburg, nahm dort einen Zug und erreichte gegen Mitternacht die dänische Grenze. Die Grenzpolizei machte ihm keine Schwierigkeiten bei der Einreise. Da es aber von dort keinen Zug mehr nach Aarhus gab, wartete er an der Grenze, bis ein Auto ihn mitnehmen würde. Er nutzte die Zeit, um mit den dänischen Zollbeamten zu reden.

Rudi kam zu Hause an, als wir noch schliefen. Als er mich leise aufweckte, freute ich mich wie immer, wenn er länger weg war, aber ich spürte bei ihm eine merkwürdige Aufgeregtheit. Er erzählte, daß er unser ganzes Geld in West-Berlin abgehoben habe und damit in der Tasche per Autostopp nach Dänemark gefahren sei. Ich konnte es nicht fassen. Er schien die Sache aber lustig zu finden. Dieses Verhalten war völlig uncharakteristisch für ihn, ich war verwirrt.

In den nächsten Tagen trübte sich seine Laune. »Alles geht schief«, sagte er, »wie kann das sein?« Er glaubte, daß irgendwelche Geheimdienste dahintersteckten. So schlimm war es nie gewesen außer in der Zeit direkt nach dem Attentat. Alles, was Rudi phantasierte, hatte Stützen in der Wirklichkeit. Trotzdem war ich gezwungen, anzunehmen, daß bei ihm eine Paranoia entstanden war, die für ihn und für uns gefährlich sein konnte. Rationale Argumente nutzten nichts, und sobald ich versuchte, Dinge geradezurücken, tauchten überzeugende »Beweise« für Rudis Vorstellungen auf. Ich war ratlos.

Am dritten oder vierten Tag nach Rudis Ankunft in Aarhus erzählte er mir, daß ein Mann im Garten sitze, der ihn umbringen wolle. Ich schaute aus dem Fenster. Wir wohnten im unteren Stockwerk eines großen Wohnkomplexes, vor dem ein großer Garten lag, in dem sich bei gutem Wetter immer viele Menschen aufhielten. Der besagte Mann, das war mir klar, war ein gewöhnlicher Bürger, der die Sonne genießen wollte. Aber Rudi bestand auf seiner Einbildung. »Hole das Auto«, flehte Rudi. Ich tat es. Als ich zurückkam, rannte Rudi mir aus der Wohnung entgegen. Sein Gesicht war grau, die Augen wild verängstigt. Verworren sagte er: »Der Mann hat mich zusammengeschlagen.« Wir fuhren schnell los, und ich ließ ihn während der ziellosen Fahrt erzählen. Er hatte den Mann mit seiner Gaspistole bedroht, weil er sicher war, daß dieser zusammen mit drei anderen etwas gegen ihn vorhatte. Der Mann schlug ihn, um sich zu verteidigen. Es gab kein Zweifel mehr, es war ein Nervenzusammenbruch.

Ich brauchte Hilfe. Ich hatte keine Ahnung, wie ich mit einem Nervenzusammenbruch zurechtkommen sollte. Und ich wußte nicht, an wen ich mich wenden konnte. Rudi schlug vor, einige Freunde aus Hamburg zum Schutz zu holen. Das fand ich gut, denn mit ihnen konnte ich überlegen, was zu machen wäre. Doch als ich sie anrief, stand Rudi daneben, und ich konnte nicht ausreichend erklären, was los war.

Dieter Schütt, Herausgeber der Hamburger Zeitschrift »Der Funke«, seine Mutter und einige Freunde erschienen am nächsten Tag, ohne die Situation zu ahnen. Wir machten einen Ausflug zum Tierpark. Erst als Rudi dort über einen vier bis fünf Meter hohen Stacheldrahtzaun geklettert war, um vor einer eingebildeten Gefahr zu fliehen, konnte ich mich mit den erschrockenen Freunden beraten. Ich wollte die Polizei anrufen, denn ich fürchtete, daß Rudi in Gefahr war. Allerdings gab es im Wald nicht an jeder Ecke ein Telefon. Wir stießen auf ein großes Gebäude, eine Art Waldbühne, und ich betrat einen finsteren Gang. Ich ging weiter und kam zu einem beleuchteten Raum. Es war wie in einem wahnsinnigen Alptraum, blaue und silberne Birnen blinkten, Scheinwerfer kreisten über Glitzerwände, aber kein Mensch war da. Auch kein Telefon.

Nach einigem Suchen fanden wir Rudi auf einer Polizeiwache. Er hatte sich am Stacheldraht verletzt und blutete. Die Polizisten waren erleichtert, als wir kamen, sie hatten sich aus seiner Geschichte keinen Reim machen können.

Verzweifelt überlegte ich, wer helfen könne. Dann fiel es mir ein: Thomas Ehleiter. Ich rief ihn an, erklärte die Situation, und er sagte, wir sollten sofort nach West-Berlin kommen. Aber wie? Rudi hätte auf der Reise unberechenbar handeln können. Manfred Scharrer erklärte sich bereit, uns zusammen mit zwei anderen Männern abzuholen. Die Fahrt verlief in extremer Spannung, aber wir kamen ohne Zwischenfall in West-Berlin an.

Thomas fand heraus, daß Rudi vor allem wegen der Auseinanderset-

zung mit Bernd aus der Fassung war. Die sich immer wieder hinauszögernde Promotion, das Buch bei Wagenbach, der Ärger mit Unseld, Geldsorgen und drohende Arbeitslosigkeit: all das hatte Rudis ohnehin angeschlagenes Gehirn belastet. Der Streit mit seinem ehemaligen Freund Bernd aber hatte das Faß zum Überlaufen gebracht.
Thomas schlug vor, daß Rudi sich sofort mit Bernd treffen müsse. Rudi glaubte, daß Bernd ihn umbringen wolle. Aber er verstand, daß die einzige Lösung darin lag, sich Bernd zu stellen. Er bewaffnete sich mit einem Küchenmesser, um sich zu verteidigen.
Thomas hatte recht, die Begegnung löste einen Großteil der Spannung. Rudi: »Nun in der ›Höhle des Löwen‹ gewesen, der psychische Terror davor in Dä[nemark] scheint sich hier in W. B. zu relativieren, die Unsicherheit, der Vertrauensverlust usw. ist nicht beseitigt, aber die Möglichkeit der Wendung ist denkbar, aber nicht sicher. Zu viele Unsicherheitsfaktoren sind geblieben, einige weg, einige neu. Wir werden sehen. Ich stehe auf schwachen Beinen, ob sie stärker werden, hängt u. a. davon ab, ob B[ernd] seine gezeigte Ehrlichkeit von heute durchhält und mir über J[aeggi] keine Bremsen legt.« [243]
Wir konnten aufatmen. Seitdem war Rudi in der Lage, die Paranoia zu beherrschen, wenn sie wieder an ihn herankroch. Verrücktheiten unterliefen ihm nie wieder. Und doch war er selten so entspannt, wie es für ihn gut gewesen wäre. Er mußte sich immer wieder ungeheuer anstrengen, um Anflüge des Wahns zu unterdrücken. Ich sagte ihm: »Ich weiß, du glaubst, daß diese Drohungen wirklich sind. Ich glaube auch, daß ein Teil davon wirklich ist. Aber nicht alle. Du kannst dein Leben nicht in einem Zustand von Paranoia weiterführen. Das macht dich kaputt. Es macht die ganze Familie kaputt. Außerdem kannst du so nicht Politik machen. Und wenn du Politik machen willst und dein Leben noch weiter für die Revolution leben willst, dann mußt du die Ängste unterdrücken und dich anderen Menschen gegenüber normal verhalten. Wenn du dich paranoisch verhältst, wirst du niemals in einem politischen Zusammenhang akzeptiert, und die Menschen werden Angst vor dir haben.« Das sah er ein, und, wie sein Tagebuch offenbart, überzeugte er sich mit dem Hinweis auf diese Argumente immer wieder aufs neue, daß er seine Ängste beherrschen mußte. Aber die Ängste blieben, traten manchmal nach außen. Ich merkte immer, wenn sie ihn überfielen. Er verhielt sich dann komisch, und ich sah, wie er innerlich kämpfte.

Während unseres Besuchs bei Thomas ging ich zu Rudis Doktorvätern. Ich konnte nicht herausfinden, warum sie Rudis Prüfung immer wieder hinauszögerten. Aber ich bat mit aller Dringlichkeit darum, daß sie dem ein Ende machten, nicht nur um Rudis willen, sondern auch, weil unsere Familie Gefahr lief, zugrunde zu gehen. Ich vertraute ihrem guten Willen, auch wenn dieser vielleicht in Wirklichkeit nicht existierte. Und sie versprachen, alles zu tun, um das Verfahren zu beschleunigen. Aber es sollte immer noch zwei Monate dauern.
Der Verlag hatte Rudis Manuskript endlich zum Setzen gegeben, nachdem Klaus Wagenbach noch einmal seine Frustration über Rudis Arbeitsweise ausgedrückt hatte. Mit Wagenbach gab es nie so scharfe und aufgeladene Auseinandersetzungen wie bei Rudis Projekten mit anderen. Wagenbach hatte offenbar bessere Nerven und Geduld. Trotzdem wurde es auch ihm zuletzt zuviel: »Wir hatten ausgemacht, daß Du die noch übrigen Zitatvergleiche (aus Büchern, die wir nicht hier haben) machst und die drei, vier noch unklaren Stellen ansiehst. Das Manuskript kommt zurück und enthält aber etwa ein Dutzend neu geschriebener Seiten, samt zahlreichen Fußnoten, samt zahlreichen handschriftlichen Zusätzen. Du kannst nicht zugleich uns zu höchster Eile antreiben, das Satzfertigmachen des Manuskriptes aber andererseits durch fortwährende Zusätze, Streichungen, Ergänzungen etc. geradezu sabotieren.«[244]
Trotzdem bezahlte Wagenbach die erste Honorarrate für das Buch, was unsere finanzielle Lage zeitweilig erleichterte. Doch Ende Mai wurde Rudi wieder unruhig. Ich sah mich nicht in der Lage, noch einmal den Kampf gegen die Paranoia zu führen. Ich schrieb Rudi nach West-Berlin: »Du mußt alles tun, um wieder gesund zu werden, d. h. Spezialisten für Nervenkrankheiten besuchen. Das mußt Du jetzt machen, bevor Du nach Dänemark kommst. Denn hier ist die ärztliche Betreuung nicht so gut. Und ich kann Dir nicht helfen. Wir können Dich nicht hier haben, wenn Du die ganze Zeit solche Gefahren vermutest. Du machst mich und die Kinder dadurch verrückt. Bitte, komm erst, wenn Du gesund bist. (...)
Du kannst Deinen eigenen Zustand beurteilen. Du merkst, daß Du gespannt bist. Und Dich dauernd in Gefahr fühlst. Das ist Dein Maßstab für die Krankheit. Wenn Spannung und Gefahrgefühle weg sind, bist Du wieder gesund.« Ich hoffte, daß wohldosierter Druck ihn anspornte, die Sache in den Griff zu bekommen.

Er ging tatsächlich zu einem Nervenarzt und hatte neben Untersuchungen ein langes Gespräch mit ihm. Danach berichtete er: »Blut und Wellen sind all right, er meint aber, nachdem ich ihm von den Geschehnissen der letzten Wochen berichtet hatte, daß Du vollkommen recht hättest, als Du sagtest, daß ich mich politisch ausschalte, wenn es zu einer mehrfachen Wiederholung käme, sah aber natürlich den politischen Zusammenhang recht deutlich – ohne es zu überschätzen.«
Anfang Juni fühlte er sich einigermaßen: »Interpretier mich nicht zu schlimm, ich jedenfalls empfinde meinen Zustand nicht so problematisch mehr. Bin physisch und psychisch wieder recht stabil geworden. Stecke noch immer schwer in Arbeit, die Fahnen des Buches, die ersten 250, sind endlich angekommen (...), wird (...) doch Anfang Juli erscheinen. Jaeggi und Furth haben gute Beurteilungen geschrieben, der entscheidende Zusammenhang des Abschlusses ist gesetzt. Nächsten Dienstag werde ich von Furth geprüft. Hoffe, Jaeggi davor zu erhalten, wenn nicht, dann auf jeden Fall kurz danach. So daß in der Mitte des jetzigen Monats die ganze Uni-Kacke beendet sein wird.«[245]
Am 11. Juni schrieb mir Rudi mit wachsender Überzeugung, seine Schreckenszeit überwunden zu haben: »Ihr braucht keine Sorgen zu haben. In manchen Augenblicken kommt es zu Unklarheiten, aber die Klarheit und Standfestigkeit überwiegen immer mehr. Die zwei Gutachten liegen vor, beide gaben mir ein gutes Urteil – mit intensiver Begründung. Die Furth-Prüfung erstreckte sich über 4 Stunden, war intensiv und entspannt. Hat wohl allen viel Freude bereitet. Heute kommt Jaeggi – wird gehen. Die Meyer-Prüfung, die letzte, erfolgt am Wochenende nächster Woche. (...) Daß ich etwas besser dran bin, ist vielleicht daraus ersichtlich, daß ich nach der Prüfung ein bißchen rumflirtete bzw. mit mir flirten ließ. Nicht schlimm!? Kurz, dann wieder voll in die Arbeit eingestiegen!«
Auch die letzte Prüfung verlief gut. Die Sache war beendet. Rudi hatte seinen Doktortitel. Und wie fühlte er sich dabei? »Ich gerate in den Doktoren-Sumpf, werde mich aber schnellstens vernünftig damit so auseinandersetzen, daß es weiterhin einen Rudi und keinen Dr. Dutschke geben wird.«[246] Trotzdem war es ihm nicht immer unangenehm, wenn er »Dr. Dutschke« genannt wurde.

Belebungen

> »Die Einheit von wissenschaftlichem Sozialismus und aufgehobenem und nicht weggeworfenem utopischem Sozialismus, das ist (...) die Synthese der ›Abschaffungen, die die Anschaffungen sind‹. Abschaffung des Herrschaftsstaates und Abschaffung der Lohnarbeit als höchstes Ziel. Entwicklung konkreter Übergangsprogramme, damit die historischen Schritte immer auch Schritte der Annäherung an eben diese Utopie sind. Diese Programme haben wir nicht. Wir brauchen sie. Wir brauchen sie jetzt.« [247]

Klaus Wagenbach schrieb Rudi im Juli: »Dein Buch kommt natürlich so schnell raus, als Du es uns erlaubst. (...) Heute haben wir die Einmontage der Bilder zugesandt erhalten. (...) Mußt Du auch mal loben – Samstagsarbeit der Genossen Bernd und Carla! Jetzt geht es also in Druck und Bindung; um den 15. 8. wird es ausgeliefert. Nun frag mal in Deiner Umgebung bei Fachleuten rum, ob ein anderer Verlag so schnell in der Lage ist, einen 350-Seiten-Schinken mit den wahnwitzigsten Fußnoten, mit zweierlei Schriften und Abbildungen, so schnell durchzuhauen. Wir wollen endlich mal gelobt werden!!!!!!!!!!! Aber SOFORT!!!!!!!!!!!!!!!!!!!!!!!!!!!!!!!!!! Das sagt Dir der Dr. Klaus, mit der gebührenden Ehrfurcht und der Versicherung, daß der Sozialismus, wenn auch zu gegebener Zeit, siegen wird.« [248]
Rudi wartete aufgeregt und nervös auf die Reaktion der Öffentlichkeit auf sein Buch »Versuch, Lenin auf die Füße zu stellen«: »Das Buch von mir ist gerade heraus, sieht ganz gut aus, habe schon mehrere Druckfehler gefunden, ist wohl nie ganz zu vermeiden. Der ›Spiegel‹ läßt es, wie ich gerade höre, negativ absausen – Gott sei Dank. Wäre ja eine Schande für einen Subversiven, wenn er von einem ehemaligen Reaktionär wie Wolff (knapp 60 Jahre alt) recht gut davonkommt. Die Auflage liegt bei 15 000 – mal sehen, wieviel sie loswerden.« [249]
Einen Monat später konnte Klaus Wagenbach Rudi beruhigen: »Deinem Buch geht's gut, es sind jetzt etwa 11 000 Exemplare verkauft – für ein (verzeih) so schwieriges Buch ist das, in so kurzer Zeit, enorm viel.« [250]
Es gab viele Rezensionen. Rudi las sie mit Genugtuung. Und ärgerte sich unendlich, wenn Kritik geübt wurde, ob berechtigt oder nicht. Er reagierte immer darauf, von welcher Seite auch immer sie kam. Er genoß es, wieder mitten in Auseinandersetzungen zu sein und gegen

den Strom zu schwimmen. »Von der ›Welt‹ über ›F. A. Z.‹, ›Spiegel‹ usw. bis tief hinein in die linke Szenerie wurde mein Buch bekämpft. Was mich in der Tat sicherer machte.«[251] – »Bin zur Zeit durch das Buch erneut im Gespräch, die Konterrev[olution] (›Die Welt‹) hätte es lieber gesehen, wenn mein Kopf verrückt geworden wäre – leider drückt das Buch von R. D. den Vormarsch der Linken an der Uni aus. Unser SED-Haug * wird über den Vergleich mit mir nicht besonders froh sein. Haug sagte zu mir: ›Ihr wollt auf beiden Seiten die Revolution, ich aber nur auf der einen.‹«[252] – »Die Marxisten-Leninisten der Peking- und Moskau-Richtung, die Trotzkisten usw. hassen mein Buch wie die Pest, aber recht viele scheinen die politisch-organisatorischen Konsequenzen einer solchen Lenin-Kritik verstanden zu haben, und zwar theoretisch.«[253]

In den folgenden Jahren waren die Säle immer überfüllt, wenn Rudi über das Buch diskutierte. Kann sein, daß nicht ein einziger Zuhörer das Buch gelesen hatte, aber die Diskussionen waren hitzig, oft aggressiv und schneidend. Hätte Robert Steigerwald, der lauteste, sprachgewandteste und abgefeimteste Ideologe der DKP, Rudi nicht den Krieg erklärt, wäre das Buch vielleicht bald vergessen gewesen. Er tat das meiste, um Rudis Buch bekanntzumachen, natürlich mit dem Schaum der Empörung vor dem Mund.

Rudi bekam Steigerwald aber nie zu Gesicht, auf keiner seiner Veranstaltungen trat der DKP-Chefideologe auf. Er war wie ein Phantom, das Rudi heimtückisch angriff, ohne sich dem Kampf zu stellen. Er ließ keine Verleumdung aus:

»Rudi Dutschke war schon vor Jahren ein Verehrer des Anarchismus, wollte seine eingebildete Intellektuellen-Freiheit nicht der proletarischen Disziplin opfern. Sein Bauern-Mythos soll nur dazu herhalten, den wirklich vorhandenen Sozialismus zu kritisieren, die anarchistische Position zu verteidigen.

Wenn jemand sich mit Lukács und Lukács-Kritik befaßt und dabei erkennt, daß dazu die Beschäftigung mit Lenin unabwendbar ist – wieso folgt darauf, daß man sich mit Gegnern des Kommunismus befassen muß? Dutschke wollte offenbar sein antimarxistisches Eintrittsbillett fürs höhere Lehramt produzieren. Das ist alles, und das

---

* Der SED-nahe West-Berliner Philosoph Wolfgang Fritz Haug (geboren 1936) war Herausgeber der Zeitschrift »Das Argument«.

eben ist nicht neu. Dutschke hat offensichtlich Lenins Aufsatz gar nicht gelesen. Darum behauptet er, Lenin drücke seine Resignation aus, den ökonomisch überlegenen Kapitalismus zu überholen. Dutschke verwechselt Lenin mit Trotzki. Dutschkes Anti-Buch als Knüppel in den Händen der Verteidiger des Berufsverbots, das ist das letzte, was dabei herauskommt.« [254]

Rudi antwortete postwendend: »Da er nicht an einer einzigen Stelle auf den Text meines Buches eingeht oder daraus zitiert bzw. auf die Entwicklung der Argumentation des Buches kritisch zurückgreift, erübrigt sich eigentlich eine Antwort. Aber so leicht will ich es dem Genossen Steigerwald bzw. mir nicht machen. Der Leninsche Begriff der halbasiatisch-halbfeudalen Genesis Rußlands als sozialökonomische Totalitätskategorie ist ihm ein Ärgernis. Die Dialektik der Besonderheit Rußlands wird ausgeschaltet, und die Politik Lenins wird mechanisch verallgemeinert. Ist schon eigenartig. Für einen rechten SPDler bin ich ein RAF-Ideologe, für einen KSV-Vertreter bin ich ein Sozialdemokrat, für andere ML-Richtungen bin ich trotzdem ein Trotzkist, für den Genossen Steigerwald von der DKP bin ich in ›Kumpanei (...) gegen die Sowjetunion‹, also ein Anti-Kommunist in seinem Kommunismus-Verständnis. Aber es ist keine These, sondern die reale Wirklichkeit der SU, daß der sozialistisch-kommunistische Demokratisierungsprozeß nach den äußerst geringen Ansätzen des 20. Parteitags keine grundlegende Fortentwicklung erfahren hat. (...)

Der Anarchismus-Vorwurf ist mir bekannt, er wird durch seine Wiederholung nicht wahrer. Mir wurde zwischen 1966 und '67 der Vorwurf gemacht, über Korsch etc. den Anarchismus in den SDS eingeführt zu haben. Darüber bin ich eher froh als beschämt. (...)

Der letzte Höhepunkt der Rezensions-Komödie des Genossen Steigerwald ist es, mir noch unterzujubeln, mit meinem Buch ein Eintrittsbillet fürs höhere Lehramt erreichen zu wollen. Komödie, Farce und Denunziation liegen hier eng nebeneinander. Die Wahrheit als konkrete Waffe im Klassenkampf wurde vom Genossen Steigerwald von A bis Z abgeschafft. (...) Der Genosse Steigerwald hat keine Schwierigkeiten beim Schreiben der Wahrheit. Er glaubt vielmehr, die Wahrheit zu besitzen. Und weiß nicht, wie solche Besitzer sie schon längst verloren haben. (...) Wir dürfen niemals vergessen die weltgeschichtliche Rolle der SU in der Niederschlagung des deutschen Faschismus, dürfen aber auch nicht vergessen, wie stark der despotische Kommunismus unter der Führung von Stalin am Aufstieg des deutschen Faschismus mitgewirkt hat.«[255]

Diese Antwort an Steigerwald wollte Rudi im DKP-Organ »Unsere Zeit« (»UZ«) veröffentlichen, doch die Redaktion lehnte das ab. Danach bot Rudi seinen Artikel dem »Langen Marsch« an. Aber da gab es merkwürdige Auseinandersetzungen. Seit langem stand Rudi beim »Langen Marsch« als Berater und Autor im Hintergrund und wirkte über Manfred Scharrer. Im Redaktionskreis gab es nun, da Rudi wieder öffentlich in Erscheinung trat, eine Art Rebellion. Angeblich richtete sich diese gegen alte Autoritäten, zu denen Rudi gezählt wurde, aber sie war in Wirklichkeit ideologisch motiviert. DKP-Sympathisanten wollten Rudis undogmatische Richtung verdrängen. Sie weigerten sich, Rudis Aufsatz im »Langen Marsch« abzudrucken. Als Rudi hörte, daß sie Steigerwalds Angriff auf sein Buch veröffentlichen wollten, aber nicht seine Antwort, geriet er in Rage und schrieb einen bitteren Brief an sie: »Der ›Lange Marsch‹ mit seinem kurzen Arsch wird zum DKP-Handlanger. (...) Soeben habe ich bei Manfred Sch. angerufen, und mir wurde mitgeteilt, daß der Gen. Steigerwald, nachdem er sich nun schon zweimal in DKP-Blättern gegen mich hat äußern können, er nun zum drittenmal im ›Langen Marsch‹ erscheinen wird. (...) Wo steht nun der ›Lange Marsch‹? Ist er ein verstecktes DKP- bzw. SEW-Organ? (...) Ich habe nie wirklichen Einfluß auf den ›Langen Marsch‹ gehabt, dessen war ich mir immer bewußt. Ich verstand meine Mitarbeit von außen als nichts anderes als die Mitarbeit eines Genossen, der, wenn gewünscht oder vorgeschlagen bzw. aus eigenem Interesse, einen Beitrag geschrieben hat, der für die politische Diskussion sinnvoll war. (...) Und wenn Ihr Euch da noch einbildet, da haben wir eine erfolgreiche antiautoritäre Aktion durchgeführt, so kann ich Euch nur ganz antipädagogisch sagen, arme Nachkömmlinge des antiautoritären Lagers. Es stinkt zum Himmel, und erst recht zur realen Erde, wenn Ihr SEW-, DKP- bzw. SPD-Handlanger werdet.«[256]

Einige Genossen des »Langen Marsches« erkannten, daß sie dabei waren, einen politischen Fehler zu machen, und Rudis Beitrag wurde gedruckt. »Natürlich bin ich froh, im ›LM‹ neben dem Gen. Steigerwald erscheinen zu dürfen«, kommentierte Rudi, »aber das so plötzlich aufgetauchte Problem ist damit noch nicht gelöst.«[257]

Die Dutschke/Steigerwald-Debatte erregte Aufmerksamkeit. Zumal die Verleumdungen und Bosheiten Steigerwalds die normalen Grenzen überstiegen. Da durfte man auf eine gute Show hoffen, wenn es gelänge, die beiden an einen Tisch zu bringen. Aber Steigerwald weigerte sich. In einem denkwürdigen Brief erklärte er, daß er sich mit Rudi solange nicht an einen Tisch setzen werde, bis dieser nicht wahrmache, was er mit Manfred Wilke und Reinhard Crusius im Vorwort zu »Die Sowjetunion, Solschenizyn und die westliche Linke« geschrieben habe, nämlich daß die Wahrheit »wider« die Stärke der Linken werden müsse, »vor allem die Wahrheit gegenüber der eigenen Entwicklung und dem eigenen Handeln«.[258]

Als Rudi den Brief in die Hände bekam, entdeckte er einen erstaunlichen Fehler darin: »die Wahrheit wider die Stärke der Linken.«

Steigerwalds Ausweichmanöver nahmen immer neue Wendungen: »Ich habe also nicht erklärt, ich wolle mich mit Dutschke nicht an einen Tisch setzen. Vielmehr beziehe ich mich auf eine Arbeit, in der auf Dutzenden von Seiten nachgewiesen wird, daß Dutschke Briefe von Engels manipuliert, Lenin-Texte ebenso, auch Rosa Luxemburg (...). Ich fordere, daß er sich von solchen Methoden distanziere, bevor ich mich – es sei denn, es lägen zwingende Gründe vor, etwa eine gemeinsame Diskussion, an der außer ihm und mir eben auch noch andere teilnehmen – mit Dutschke an einen Tisch setze.«

Steigerwald blieb unsichtbar. Und die DKP bekämpfte Rudi weiter. Der Marxistische Studentenbund (MSB) Spartakus, der sich an die DKP anlehnte, bereitete seine Mitglieder und Anhänger auf Störaktionen vor. Ein internes Pamphlet wurde erarbeitet, damit die Spartakisten auf den Veranstaltungen Rudi und seine Thesen denunzieren konnten.

Sowenig Angst Rudi hatte, sich mit den DKP-Störern öffentlich zu streiten, sosehr wußte er, daß hinter ihnen eine Macht stand, die sogar morden konnte: die Stasi. Rudi ahnte, was die Öffnung der Akten in der Gauck-Behörde beweisen: daß das Ministerium für Staatssicherheit auch in der Bundesrepublik massiv präsent war. Rudi war deshalb besorgt wegen der haßerfüllten DKP-Angriffe auf ihn, die ohne Zustimmung oder sogar Weisung aus Ost-Berlin nicht denkbar waren. Er hielt es nicht für ganz ausgeschlossen, daß SED

und DKP ihn umbringen wollten. Aber: »Ich kann mir kaum vorstellen, daß das DKP-Ziel ist, mich umzulegen. Meinungskämpfe sind meiner Ansicht nach im Rahmen der antikapitalistischen Bewegung der Klassenkämpfe keine Machtkämpfe. Ist die Machtkampf-Frage schon für die DKP absurd, so ist sie das für mich noch viel mehr.«[259]
Trotzdem wollte er sich absichern, und deswegen hatte er plötzlich merkwürdige versöhnlerische Anwandlungen, die er jedoch mit politischem Kalkül rechtfertigte. Eine Volksfront inklusive DKP sei auf jeden Fall notwendig, wenn die Wendung nach rechts soweit gediehen wäre, daß Strauß an die Macht käme, wenn somit ein neuer Faschismus entstehe: »Die Sau Strauß steigt weiter hoch, es wird ein verrücktes Jahr. Im Ruhrpott wird so manche Entscheidung fallen. Oder? Die revolutionäre Richtung muß äußerst genaue Bündnispolitik betreiben.«[260]

*

Rudis Buch war ein Erfolg. Rudi hatte seinen Doktor geschafft, und darauf war er stolz. Auch ich war stolz auf ihn. Aber er war arbeitslos, und Stolz bezahlte kein Essen und keine Miete. Die unsichere Perspektive bedrückte uns beide. »Habe mit Gretchen gesprochen, beide sind wir down – will endlich alle bei mir haben! Neue Kraft und Energie sammeln! Leviné * sagte richtigerweise, daß wir Kommunisten Tote auf Urlaub sind, allerdings auch Menschen des Lebens und der Liebe. Ja, das Risiko ist gegeben, nicht anders als der Unfall – eine revolutionäre Tätigkeit ist mir aber lieber als ein ›Unfall‹! Aber Romantik, Pessimismus oder Romantizismus waren schon immer falsch.«[261]
Rudi hatte Schuldgefühle. Er spürte stark seine Verantwortung für die Familie, wie sie ihm in der Kindheit eingeprägt worden war. Das wurde er nie los. Aber er ließ es zu, daß die Verantwortung für die Familie überlagert wurde von der Verantwortung für die Revolution. Es zog ihn in zwei Richtungen zugleich.

---

* Der Kommunist Eugen Leviné gehörte zu den führenden Köpfen der Münchener Räterepublik 1919 und wurde nach deren Niederschlagung ermordet.

Mir erging es nicht anders. Ich mußte für ihn dasein, wenn es ihm schlechtging. Ich wollte aber mich nicht verlieren und wußte, daß etwas in mir schon verdrängt war, seit ich beschlossen hatte, mit Rudi und mit der Revolution zu leben. Wir kriegten diese konkurrierenden Verpflichtungen nie richtig in den Griff. Das zeigte sich manchmal in merkwürdigen Facetten: »Es macht mich ein bißchen unruhig, daß die Kinder, wenn Du krank wirst, solidarisch auch in Krankheit geraten. Ich weiß, wenn ich da wäre, regelmäßig, so würde solch ein Phänomen nicht einmal entstehen können. Zu den Kindern gehören halt Du und ich, in Kürze wird das wieder der Fall sein.« [262] Ein Versprechen, an das er vielleicht wirklich glaubte.

Ich sah es ein bißchen anders. Und ich schrieb ein Gedicht darüber. Das war 1974, als Rudi noch nicht begriff, wie wichtig die ökologische Frage werden würde. Er las mein Gedicht, korrigierte es und wollte es im »Langen Marsch« veröffentlichen. Das Gedicht amüsierte ihn.

»Während die theoretischen (Schwach-)Köpfe der Linken sich zum Exponieren versammelt hatten
Und gleichzeitig ihre oder andere Kinder sich zum Schlaf begaben,
Nachdem sie vor kurzem in der Schule gelernt hatten,
Daß Erhardt das Wirtschaftswunder geschaffen hat,
Und das glaubten sie auch,
Die Frauen zu Hause noch die Reste des Abendessens aufräumten,
Kam unbemerkt ein großes Monster vom Meer in den Fluß hineingeschwommen,
Das hieß Cyanid oder Atomschutt oder irgend etwas anderes.
Als ein sehr redegewandter Genosse über die Unterschiede zwischen Lenins Auffassung des Geldwertes
Und die fehlerhafte Interpretation des davor sprechenden Genossen klarlegte,
Kam das Monster ins Zimmer
Und fraß alle Genossen auf.
Nun, damit soll die Geschichte nicht enden,
Denn das wäre nicht sehr revolutionär.
Immerhin sitzen ja noch die Frauen und Kinder unbehelligt zu Hause,
Und vielleicht werden sie auch noch die Gefahr rechtzeitig erkennen.«

Ich fuhr mit den Kindern nach Hannover, wo ich einen Vortrag über die Frauenbewegung halten mußte. Rudi traf uns dort, und wir verbrachten einige Tage zusammen. Doch wir schafften es nicht, die latenten Spannungen zu mildern, die die sich widersprechenden Anforderungen an ihn und an mich hervorriefen. Rudi schrieb mir danach nach Aarhus: »Die Reise nach Hannover hat Dir, mir und den Kindern wohlgetan? Oder? Unsere Kinder waren glänzend, wir beide sind noch immer am Ende der Talfahrt, es beginnt aber die Periode der möglichen Berg-Auffahrt. Wenn wir gut kooperieren. Die Hannover-Rede hat Dich angestrengt, wird Dich aber auch befriedigt haben. Ganz dialektisch zu verstehen. (...) Im Verhältnis zu den vielen anderen Bekannten, Freunden und Freundinnen sehe ich unseren Konflikt, unser Problem, liebes Gretchen, als ein viel produktiver zu lösenden als bei so vielen anderen.«
Ich glaubte auch, daß wir unsere Schwierigkeiten würden lösen können, ich bezweifelte aber, daß wir auf dem richtigen Weg dazu waren. »Da Du mir verhältnismäßig psychisch stabil vorkamst, meinte ich, wir könnten die Diskussion über unsere persönlichen Schwierigkeiten beginnen. Jedoch gelang es nicht. Ich empfinde bei Dir einige Punkte, die die Sache erschweren. Darunter Dein Mißtrauen zu mir. Aber zum anderen Deine Idee, daß irgendwelche Leute uns trennen wollen. Mag sein, ist aber irrelevant. Dann, daß ich Dich daran hindern würde, die Revolution zu machen. Fand ich wirklich eine bösewichtige Sache, worüber ich mich noch so aufregen konnte, daß ich doch sagen konnte, wenn Du Dich so fühlst, ich übe wirklich keinen Zwang aus, um Dich zu halten. Das weißt Du ja, gerade deswegen war diese Beschuldigung besonders unangebracht.«[263]

*

Der Antrag bei der DFG hing immer noch in der Luft: »Die Fahrt nach Göttingen und Hamburg war eine Qual und brachte nichts Reales ein. Ein ›Jein‹ erfolgte erneut.«[264] Wenn das Projekt etwas werden sollte, war noch nicht einmal klar, wie es praktisch durchgeführt werden konnte, ob Rudi in Deutschland mit Industriesoziologen zusammenarbeiten würde und, wenn ja, wo und wie. Es gab einige Industriesoziologen in Göttingen. Aber Rudi wollte uns nicht entwurzeln: »Ich aber möchte nicht nach Göttingen, um dort regelmäßig zu leben.

Das Erlernen der Industrie-Soziologie will ich betreiben, aber nicht weg vom Norden. Es kommt nicht in Frage, das Dir vorzuschlagen, wäre auch für die Kinder-Sozialisierung echt falsch«, schrieb er mir.
Im Oktober erfuhr Rudi endlich, daß die DFG sein Projekt bewilligt hatte. Im November war aber immer noch kein Geld von der DFG angekommen. Ich fragte Rudi, ob er etwas vergessen habe. Er hatte sich bemüht, es war eine bürokratische Qual, er haßte sie, aber er hatte sich genau notiert, welche Formalien er einhalten mußte, und war planmäßig vorgegangen. Diesmal war es nicht seine Schuld. Die Formulare kamen per Post verspätet an, schwarze Flocken flatterten aus dem Umschlag, als Rudi ihn öffnete. Dabei fand sich eine freundliche Notiz der Post: »Die beigefügte Sendung wurde durch einen Brand beschädigt, dessen Ursache zur Zeit noch nicht geklärt ist. Wir bedauern das Vorkommnis und die dadurch entstandene Verzögerung.« Ich sah den Schrecken in Rudis Gesicht, als er die Restpartikel der verbrannten Formulare ratlos in den Händen hielt, und bemühte mich, ihn zu trösten. Was sollte ich anderes tun? Es war zu bizarr.
Aber verbrannte Formulare waren nichts gegen den nächsten Angriff. Im Januar 1975 fragte der CDU/CSU-Abgeordnete Pfeffermann im Deutschen Bundestag, »ob aus Mitteln des Bundeshaushalts ein Zuschuß zu den Übersiedlungskosten oder sonstigen Ausgaben des ehemaligen Studentenführers Rudi Dutschke gezahlt worden ist«. Er bezog sich auf einen Artikel im »Spiegel«, in dem erwähnt wurde, daß Rudi einen langen Dankesbrief an Gustav Heinemann geschrieben habe wegen dessen Hilfe bei unserem Umzug von England nach Dänemark.
Der Parlamentarische Staatssekretär beim Bundesminister der Finanzen, Haehser, beantwortete die Frage so: »Herr Kollege Pfeffermann, Herr Dutschke hat aus Mitteln des Bundeshaushalts keinen Zuschuß zu Übersiedlungskosten oder sonstigen Ausgaben erhalten.«
Daraufhin fragte die CDU/CSU-Abgeordnete Krill-Schlüter, ob der Bundesregierung bekannt sei, daß Dutschke von der Heinrich-Heine-Stiftung monatlich 2000 Mark bekommen habe. Diese Frage konnte nur dazu gedacht sein, die Stiftung und uns zu diffamieren.
Haehser: »Über private Mittel, die Herrn Dutschke zugeflossen sind, vermag ich Ihnen naturgemäß nichts zu sagen, ebenso wie ich über private Mittel, die einem Herrn des hohen Hauses in New York abhanden gekommen sind, nichts zu sagen weiß.«[265] Das bezog sich auf

Franz Josef Strauß, dem bei einem USA-Besuch eine Prostituierte unter ungeklärten Umständen die Brieftasche gestohlen hatte.
Als wäre es abgesprochen, stellte einen Monat später die CDU-Abgeordnete Ursula Besser eine Anfrage im West-Berliner Senat »über Gehaltszahlungen der FU Berlin an Rudi Dutschke«. Es war offensichtlich, daß bestimmte politische Kräfte es nicht ertragen konnten, daß wir überhaupt Geld verdienten.

Rudi mußte und wollte durch seine Arbeitsergebnisse beweisen, daß er die gestellten wissenschaftlichen Anforderungen in jeder Hinsicht erfüllte. Im April 1975 mußte er sein Projekt bei der DFG in Frankfurt verteidigen. Er war nervös. Er wußte, es gab starke Bestrebungen gegen ihn. Er wollte sich wehren, denn er hatte sein Thema endlich im Griff, und die Arbeit machte ihm Spaß. Er wollte die Lage der Arbeiter in DDR-Betrieben und BRD-Betrieben vergleichen, besonders im Hinblick auf Mitbestimmung und Demokratie. Bei der Analyse der DDR-Betriebe beabsichtigte er, »vergesellschaftete Planung und verstaatlichte Planung genauestens zu unterscheiden, um den Doppelcharakter der marxistisch-leninistischen Legitimationswissenschaft zu verdeutlichen«.
Die Verteidigung seiner Thesen geriet zur Konfrontation mit dem Vizepräsidenten der DFG. Dieser Mann, schrieb Rudi, war »ein Vertreter der Kapitalinteressen«, der sich offenbar niemals zuvor in Entscheidungen der Sachverständigen eingemischt hatte. Er hatte keine Ahnung und offenbar nur das Ziel, daß Dutschke wegmußte. Nach der Auseinandersetzung sagte Manfred Wilke: »Du hattest einen Gegner, jetzt hast du einen Feind.« Dieser Feind setzte durch, daß die DFG sich gegen Rudi entschied.
Rudi schrieb: »Durchgefallen, Ablehnung und freundliche Empfehlung zu einem Neuantrag. In der Angst um die Institutsmoneten ging fast alles unter, und dennoch loben sie mich, finden die nur konkretisierte Vergleichung ausgezeichnet. Was nutzt mir das, die Moneten gehen nicht mehr weiter, wohin? (...) Die Professoren aus den verschiedenen Institutionen wurden verständlicherweise ziemlich blaß. Die direkte Konfrontation zwischen dem Kapitalagenten und mir machte die Lage nicht besser – doch meinen Mund zu halten wäre volle Kapitulation gewesen. (...) Welche Vielfalt von Wegen die Kategorie Berufsverbot doch gehen kann.«[266]

Die Professoren, die Rudi unterstützt hatten, protestierten und versprachen, sich um einen neuen Antrag zu kümmern. Heraus kam dabei nichts, außer daß während der Verhandlungen das Stipendium wenigstens ein Jahr lang weiterlief.

Terror und Hysterie

»Holger, der Kampf geht weiter.«

Jan-Carl Raspe hatte Ende 1969 in einer Wohngemeinschaft mit Ulrike Meinhof und anderen gelebt, als Andreas Baader und Gudrun Ensslin sich dort versteckten. Die beiden hatten 1968 einen Brandanschlag auf ein Kaufhaus ausgeübt und wurden von der Polizei gesucht. Seit dem Auftauchen von Baader und Ensslin beteiligte Raspe sich an den Aktionen der Gruppe, an Bankraub, Brand- und Sprengstoffanschlägen. Er war zuvor Mitglied im West-Berliner SDS gewesen, hatte keine herausragende Rolle gespielt, galt aber als zuverlässiger Genosse. 1972 wurde er gefaßt. Die Gefangenen wurden hermetisch abgeschlossen von der Außenwelt und von anderen Häftlingen, eine Folter ganz besonderer Prägung.

Nur einige wenige protestierten gegen diese Verletzung von Menschenrechten und die Einengung demokratischer Rechte im Klima der Terroristenhysterie. Denn schon eine kritische Aussage konnte als Sympathie für den Terrorismus ausgelegt werden. Rudi wollte nicht nur protestieren, er beantragte auch, Jan Raspe besuchen zu dürfen. Zu seiner Überraschung bekam er von der Staatsanwaltschaft die Erlaubnis und einen Termin in Köln, wo Raspe zu der Zeit im Gefängnis war.

Ich war gerade in West-Berlin. Rudi brachte Polly bei unserer Nachbarin Ilse unter, und zusammen mit Hosea und dessen Freund Christian, Ilses Sohn, fuhr er nach Westdeutschland. An der Grenze schauten die Beamten den dunklen unrasierten Mann mit den zwei siebenjährigen Jungen mißtrauisch an. »Pässe«, forderte einer grob. Er nahm Christians Paß, schaute Christian an und fragte: »Wo ist deine Mutter?« Christian verstand kein Deutsch.

Rudi erklärte: »Sie ist in Aarhus, Christian reist mit uns.«

»Das geht nicht«, rügte der Beamte. »Das ist der Paß der Mutter. Sie können doch nicht ein fremdes Kind entführen mit Hilfe eines gestohlenen Passes.«

»Das ist auch nicht der Fall«, sagte Rudi.

»Zeigen Sie Ihren Paß.«

Rudi zeigte ihn.

»Dieser Paß gilt auch nicht«, erklärte der Beamte. »Das ist ein alter Paß,

sie müssen einen neuen Paß haben. Kommen Sie, sie können nicht weiterfahren.«
Mit Polizisten zu streiten war Rudi gewohnt. Mit einer Mischung aus Freundlichkeit und Eindringlichkeit machte er dem Beamten klar, daß er bald in Bremen bei einer Veranstaltung sein mußte.
»Ja, Herr Dutschke«, sagte der Polizist, »es gibt Regeln, die müssen sie einhalten.«
»Sie kennen mich«, erwiderte Rudi, »ich fahre hier alle paar Wochen durch. Sie wissen, daß ich keine Kinder entführe. Die Pässe werde ich in Ordnung bringen.«
Der Mann runzelte die Stirn, starrte mißbilligend auf Rudi, dann sagte er: »Ja, ja, Herr Dutschke, ja, okay, ich kenne Sie. Dann fahren Sie, aber das nächste Mal geht's nicht, die Pässe müssen in Ordnung sein.«

Bei der Veranstaltung in Bremen »kamen CDU, SPD und DKP schlecht davon«, berichtete Rudi. »KBW (der seine ganze Bremer Truppe versammelt hatte) und ich bestimmten den Inhalt der Diskussion, die sich im wesentlichen um die Frage drehte, was ist die Wurzel der jetzigen ›Rechtswendung‹ in der BRD? Ich versuchte es im besonderen am Verhältnis von Reform und Repression sichtbar werden zu lassen. Während ich dieser Spannung die von Reform und Revolution entgegensetzte, verstieg sich der KBW-Genosse zu der phrasenhaften Behauptung, daß hinter der Müdigkeit der Massen den Reformen gegenüber (wie die SPD usw. sagen) sich der Wunsch nach Revolution verberge. Statt nachzuweisen, daß es die Reformen sind, die mit Repression verbunden sind. (...) Eins ist mir klar geworden, ich muß klar sehen, daß mein Vergangenheits- und Denk-Vorteil in Diskussionen den anderen gegenüber zur Zeit nicht das Resultat einbringt, was möglich wäre, wenn ich bei Vorträgen in den einzelnen Städten auf eine dortige politisch-organisatorische Basis zurückgreifen könnte, ihr gewissermaßen politisch-aufklärerische Schützenhilfe leisten könnte. Auf kurz oder lang (auf keinen Fall zu lang) muß ich daraus Konsequenzen ziehen, d. h. ich muß im Sozialistischen Büro (am wahrscheinlichsten) mitarbeiten.«[267]

Am folgenden Vormittag betrat Rudi das Kölner Gefängnis. Die Kinder, die keine Besuchsscheine hatten, mußten in der Gefängnisvorhalle warten. Zuerst, berichtete Rudi, wurde er »von oben bis unten

durchforstet, ein Mann und eine Frau taten das. Dann ging einer von der Bonner Spezialtruppe und der Kölner Gefängnis-Leiter mit mir durch viele abgesicherte Türen in Richtung Jan. Unterwegs trafen wir viele Kriminelle und Polizei-Kriminelle. Aus diesem Riesenkoloß technischer Reform und gesellschaftlicher Repression zu entkommen sah wie die lebendige und tote Unmöglichkeit aus. Als wir auf Jan stießen und uns die Hände drückten, war er wiederum von 2 Polizisten umgeben, in einem kleinen Zimmer hielten sich 6 Menschen auf, 4, die verantwortlich waren, Jan und mich unter Kontrolle zu halten, wie auch das Gespräch aufzunehmen, nicht per Tonband, jedenfalls war nichts zu sehen, zum anderen ist das offiziell nicht gestattet.
Jan sah so aus wie in früheren Zeiten, war ohne Bart, ich erkannte ihn sofort, er war über meinen lang gewordenen Bart etwas überrascht, erkannte mich aber desgleichen sofort. Wir hatten nur 30 min. zur Verfügung. Ca. 7 Jahre hatten wir einander nicht gesehen, jeder versuchte also sich des anderen zu erinnern und ihn zu vergleichen. Der Jan hatte aber meinen Brief, in welchem ich mich ankündigte, nicht vorher erhalten. So war er am meisten überrascht über diesen Besuch.
Im nächsten Jahr wird der Prozeß für Ruhe und Ordnung stattfinden. SPD-FDP werden diesen Prozeß wahrscheinlich extrem hart führen, schon darum, weil die nächsten Bundestagswahlen ein Jahr später stattfinden werden. Lebenslänglich, so meint U[lrich] Preuß [Raspes Rechtsanwalt], steht vor der Tür. Es soll ein Lehrstück der Herrschenden gegen die Rebellen und Revolutionäre sein. Jan schien mir physisch und psychisch in Verfassung zu sein, ging auch schnell, schneller, als ich erwartete, in die politische Diskussion voller Freude ein. Was mir besonders auffiel, war seine ungebrochene Lernfähigkeit, d. h., der Wirklichkeitsverlust, der gerade von dieser Form der Repression der Isolation usw. durch die Herrschenden geschaffen werden soll, war bei Jan nicht erfolgreich. Er war auf dem laufenden. (...)
Zur Zeit befindet er sich (...) im Hungerstreik. Das besondere Ziel ist, daß sie aus ihrer Isolation herauskommen, ihre Arbeitslage verbessert wird, sie miteinander verkehren können usw. Mal sehen, dieser Widerstandskampf im Knast ist lebenswichtig, sonst gerätst du im Gefängnis unvermeidlicherweise in eine Selbst-Mord-Neurose. Wenn man die Lage der Revolutionäre in Sibirien mit der Lage von Rebellen im Spätkapitalismus vergleicht, so kann man mit Sicherheit sagen, daß das Dasein der Häftlinge in Sibirien (Verbannung) günsti-

ger war als die Lage der isolierten Rebellen im hochtechnisierten Gefängnis unserer Zeit. Und doch wäre es purer Romantizismus mit reaktionärem Inhalt, wenn man den Zarismus gegen die moderne bürgerliche Gesellschaft ausspielen würde.«[268]

Rudi lehnte die politische Taktik der RAF und den Terrorismus ab, aber das hinderte ihn nicht daran, Solidarität mit den RAF-Leuten zu üben. Er betrachtete Raspe und die anderen als Genossen, die von den Feinden der Revolution gefangen worden waren. Sie hatten ein gemeinsames Ziel. Rudi glaubte, daß die Diskussion über die Taktik nicht abgeschlossen sei, und er wollte die Gefangenen in Freiheit sehen, damit sie wieder an den politischen Auseinandersetzungen teilnehmen und ihr Urteil über die Mittel zum Zweck ändern konnten. Terrorismus war für ihn eine schwerwiegende Verirrung, die verhinderte, daß die Gesellschaft sich änderte, befreit wurde. Das, glaubte er, würden die Terroristen einsehen.

*

Zurück in Aarhus, eines Morgens. Rudi und ich lagen im Bett und dösten noch. Wir hörten, wie die Kinder im Nebenzimmer diskutierten. Sie sprachen dänisch, ich verstand sie, Rudi nicht. Polly sagte, sie habe Hunger und wolle etwas essen. Hosea war einverstanden. Sie gingen in die Küche.
Hosea: »Ich finde hier nichts zu essen. Was tun wir?«
Polly: »Wir brauchen Milch.«
Hosea seufzte: »Ich möchte lieber Süßigkeiten. Das ist besser.«
Polly: »Hier sind keine Süßigkeiten.«
Hosea: »Milch gibt es auch nicht.«
Polly beschloß, daß es nutzlos sei, weiter zu diskutieren, sie zog ihren Mantel an, nahm Geld aus ihrem Portemonnaie und zog los. Bald war sie zurück und sagte: »Jetzt können wir essen.«
Ich flüsterte Rudi ins Ohr: »Stell dir mal vor, Polly ist einkaufen gegangen.« Bis dahin war sie niemals allein außerhalb des Wohnkomplexes gewesen. Ich war überrascht, daß sie den Weg kannte und wußte, was Milch kostete. Sie war vier Jahre alt. Auch Rudi war erstaunt, Hosea nicht weniger. Ihre Initiative überraschte ihn, doch er wollte nicht übertrumpft werden.

Er sagte: »Warum hast du keine Süßigkeiten gekauft? Komm, wir kaufen Süßigkeiten.« Er zog sich an, nahm sein Geld und überzeugte Polly mitzukommen. Bald erschienen sie wieder mit Süßigkeiten, die Hosea mit Polly teilte. Rudi freute sich, sagte aber: »Po ist in mancher Hinsicht sozialer als der Bruder.«[269]

*

Der russische Schriftsteller Alexander Solschenizyn vertrat auf seine Weise das alte Rußland, mystisch, episch und dunkel. Er hatte ein tolstojanisches Epos geschrieben über das System der Stalinschen Arbeits- und Straflager in der Sowjetunion, den »Archipel Gulag«, und wurde danach ausgebürgert. Das Buch, in der Sowjetunion nur im Samisdat, der Untergrundliteratur, veröffentlicht, wurde im Westen zum Bestseller. Antikommunisten aller Schattierung stürzten sich darauf und nutzten es als Waffe gegen die Linke. Aber es konnte in Folge der Entspannungspolitik nicht mehr sehr erfolgreich ausgeschlachtet werden.
Rudi erkannte das und sah die Chance, dem gewöhnlichen Antikommunismus einen Schlag zu versetzen. Mit den Hamburger Genossen Reinhard Crusius und Manfred Wilke plante er ein Hearing über »Solschenizyn und die Linke«. Die DKP-Sympathisanten waren empört, was Rudi nicht überraschte: »War es sehr erstaunlich, daß sich in dieser Auseinandersetzung um reale Menschenrechte in der UdSSR zwei eindeutig sich unterscheidende Fronten herausbilden mußten? Eigentlich nicht. Was ist aber der besondere Punkt schließlich in der Sache geworden? Auf den ersten Blick hätte es eine Konfrontation von Kommunismus und Antikommunismus werden müssen. Es wurde aber eine zwischen zwei sich grundsätzlich unterscheidenden Sozialismus- und Kommunismus-Richtungen. Wenn es um reale Menschenrechte, nicht um formalisierte Abkommen zwischen Regierungen geht, so geht es immer wieder um jenes von E. Bloch philosophisch herausgearbeitete Naturrecht des Menschen, sich aufrecht und nicht gekrümmt bewegen zu können. Etwas, was jedem Herr-Knecht-Verhältnis fundamental entgegensteht. Es gilt, den Beherrschten exemplarisch zu zeigen, daß die Spielregeln der politisch und ökonomisch Herrschenden die einzigen sind. Die erste Durchbrechung dieser Spielregeln ist die radikale Kritik aller Verhältnisse, in denen der

Mensch ein erniedrigtes, beleidigtes, ausgebeutetes, verdammtes, von sich selbst entfremdetes, für andere soziale Mächte Mehrwert schaffendes, seine Potentialität nicht entfalten könnendes Wesen zweiter Natur ist.
Die despotische Verfremdung des Kommunismus in der UdSSR hat gerade für Jahrzehnte dazu geführt, diesen Grundsatz des kritischen Materialismus zu eliminieren und durch eine dominierende Legitimationswissenschaft zu ersetzen. Der proletarische Humanismus kam zu keinem Durchbruch, wodurch es nicht einmal möglich wurde, die Erbschaft der bürgerlichen Revolution, den bürgerlichen Humanismus, lebendig werden zu lassen. Anders ist die ganze sozialistische, neomarxistische Opposition, Bürgerrechts- und Menschenrechts-Opposition in der UdSSR gar nicht denkbar.«[270]
Das Komitee gegen die Repression in der CSSR und Osteuropa und die Evangelische Studentengemeinde veranstalteten am 22. Februar 1974 in Hamburg das Hearing über Solschenyzin. Der Veranstaltungsraum war brechend voll. Vorne auf dem Podium saßen die Vertreter der verschiedenen Positionen: SPD, FDP, Jusos, DGB und Kommunistischer Bund (KB) Nord, eine gemäßigte maoistische Gruppierung, die vor allem in Hamburg und Bremen verankert war. Rudi hatte seinen Platz in der Mitte des Podiumstischs. Vor ihm lag ein Stapel mit gekritzelten Notizen. Er wackelte etwas nervös auf seinem Sitz, schaute auf seine Aufzeichnungen, schob sie hin und her, musterte die Tausenden von Gesichtern, die vor ihm waren, sagte irgend etwas zu seinem Nachbarn.
Aber als die Veranstaltung begann, lehnte er sich entspannt und konzentriert zurück und hörte den anderen zu. Vor allem der Vertreter des KB würde der Gegenpol sein, das wußte Rudi. Der KB zählte sich zwar nicht zu den Anhängern der SED, aber er praktizierte eine gemäßigt kritische Solidarität gegenüber der DDR und der Sowjetunion. Sein Vertreter erfüllte die Erwartungen: »Was Solschenizyn betreibt, ist nichts weiter, als daß er die faschistische Hetze, die seit eh und je gegen den Sozialismus betrieben wird, in eine besondere literarische Form wandelt. Was Solschenizyn der Sowjetunion vorwirft, ist letztlich, daß die russische Revolution über die Konterrevolution gesiegt hat und nicht umgekehrt. Deswegen lehnt der KB auch jede Unterstützung Solschenizyns ab.«
Rudi schüttelte den Kopf.

Die anderen Sprecher vertraten ihre Parteien und drückten sich vorsichtig aus. Es war nicht interessant. Die Leute warteten auf Rudi.
Im Eingangsteil seines Referats erklärte Rudi, daß er wieder aktiv an den politischen Auseinandersetzungen in der BRD teilnehme. Er fuhr fort:
»Die Solschenizyn-Sache drückt besonders den Schleier, diesen Widerspruch und die Realität des Widerspruchs aus. (...) Ich meine damit, daß der Sozialismus eine relative Unkenntlichkeit dort erhalten hat, und wenn etwas unkenntlich wird, so wird natürlich für diejenigen, die entschlossen sind, für den Sozialismus zu kämpfen, und dabei permanent auf eine Bürokratie und auf eine Struktur stoßen, die nicht bereit ist, proletarische Demokratie zu realisieren, ein Widerspruch unvermeidlich, der zu Vernebelung führt, der zur Auseinandersetzung führen muß. Für einen Sozialisten und Kommunisten geht es um mehr als um Menschenrechte. Es geht um die Realität von Egalität.
Der Genosse vom KB hat einen entscheidenden marxistischen Fehler gemacht. Er hat nicht begriffen, daß Marxismus nicht eine Geschichte von Personen ist, die subjektiv handeln. Stell dir vor, wenn jemand sagen würde: Dutschke hat die APO gemacht. Was für 'n Unsinn. Gerade so ein Unsinn, wie du behauptest, der Solschenizyn hat seine Geschichte allein gemacht. Das ist doch Unsinn.«
Zwischenruf: »Er hat sie gewollt.«
Rudi schaute in die Richtung des Zwischenrufers und reagierte wie immer gleich darauf: »Gerade wenn du sagst, er hat sie gewollt; man kann nur etwas wollen, wenn die Bedingungen dazu gegeben sind, daß man etwas will.«
Er holte Luft und setzte seinen Gedankengang fort: »Es geht nicht um eine Diskussion der Menschenrechte in der Sowjetunion. Es geht um eine Diskussion über die Realisierung des Sozialismus.«
Rudis Eintreten für die Menschenrechte und seine Rückmeldung in der Politik fanden ein großes Medienecho. Sogar die »Bild«-Zeitung rätselte über einen vermeintlichen Sinneswandel: »Ein Gretchen, zwei Kinder und ein Beruf. Dann wird man eben bürgerlich (...), auch wenn man Rudi Dutschke heißt. Man kann sich die Haare noch so lang wachsen lassen, die grauen Haare wachsen mit. Da stand er am Wochenende im Hörsaal der Hamburger Universität vor etwa 2000 Studenten. Solschenizyn und die Linken hieß das Thema, über das er

sprechen sollte. Ein gemäßigter Dutschke, der mehr von Humanität spricht als von radikalen Kampfmaßnahmen. (...) ›Ich komme wieder‹, ruft er den Studenten zu. ›Bleib, wo du bist‹, grölen die Chaoten unter den Zuhörern zurück.«[271]

Rudi regte sich darüber auf und schrieb mir verärgert: »Am Sonnabend letzter Woche hieß es in ›Bild‹, ›Dutschke kanzelt die Chaoten ab‹, am Montag nun hieß es, daß Dutschke ein ›Bürger‹ geworden sei und ›abgekanzelt‹ wurde von den ›Chaoten‹. Diesmal werden wir alle 4 als Familie betont. Der Sinn ist nichts anderes gewesen, als mich gegen die Militanten in Frankfurt auszuspielen. Ich habe sofort einen Leserbrief verzapft, er wurde genauso schnell von den ›Bild‹-Zeitungs-Lakaien abgelehnt.«

Da die »Bild«-Zeitung nicht bereit war, einen Leserbrief abzudrucken, bestand Rudi auf seinem Recht der Gegendarstellung. Darin stellt Rudi die Fakten richtig: »›Bild‹ behauptet: ›Man kann sich die Haare noch so lang wachsen lassen – die grauen Haare wachsen mit.‹ Die Wahrheit ist: Die grauen Haare wachsen nicht mit, sondern sie wachsen schneller. (...) ›Bild‹ behauptet: ›Ein gemäßigter Dutschke, der mehr von Humanität spricht als von radikalen Kampfmaßnahmen.‹ Die Wahrheit ist, daß sozialistische Humanität, und die allein war mein Gegenstand, die radikalste Herausforderung des auf den Hund gekommenen bürgerlichen und stalinistischen Humanismus bedeutet. Radikal sein ist keine Phrase, radikal sein heißt, an die Wurzel zu gehen. Und die Wurzel ist der Mensch. (...) ›Bild‹ behauptet: ›Ein Gretchen, zwei Kinder und dann ein Beruf. Dann wird man eben bürgerlich.‹ Die Wahrheit ist, daß diese drei mich nicht mehr haben wollten, wenn ich den Sozialismus, den Kampf gegen den Kapitalismus aufgeben würde.«[272] Leider weiß ich nicht, ob die Gegendarstellung abgedruckt worden ist.

Die Resonanz auf die Solschenizyn-Veranstaltung ermutigte Manfred Wilke, Reinhard Crusius und Rudi, das Thema in einem Buchprojekt zu erweitern. Wilke und Crusius wußten wohl von Anfang an, daß die Zusammenarbeit mit Rudi nicht leicht werden würde. Und das war sie auch nicht. Rudi forderte, erst die Beiträge der Koautoren und -herausgeber lesen zu dürfen, bevor er entschied, ob er mitmachte und einen Beitrag lieferte. Er wollte verhindern, daß in dem Buch Positionen von SPD oder DKP gerechtfertigt wurden. Wilke und Crusius fanden diese Haltung elitär und zeitraubend. Rudi wurde wütend, glaubte, die beiden würden sich mit ihrer SPD-Anlehnung gegen ihn durchsetzen, und fror den Kontakt weitgehend ein: »Ich will nicht reingelegt werden, will auch nicht, daß das Buch einen antikommunistischen Klang erhalten kann durch eine Solschenizyn-Überziehung der Entartung der Oktoberrevolution usw. Will mich auch nicht in den Sozialdemokratismus treiben lassen. Crusius-Wilke fordern Solidarität um jeden Preis für Sol[schenizyn], das kann nicht unsere Position sein.«[273]

Ich ermutigte ihn, nach Hamburg zu fahren und die Sache auszudiskutieren. »Sei ein wenig kompromißbereit«, riet ich ihm, »damit das Buch zustande kommt.« Er schüttelte den Kopf, aber er fuhr nach Hamburg, und nach einigem Hin und Her erschien das Buch verspätet, jedoch nicht unbemerkt im Sommer 1975.

Zum Anliegen des Bandes schrieben Wilke, Crusius und Rudi in einem gemeinsamen Vorwort: »Die relative Unverdaulichkeit des Falls Solschenizyn für die bundesdeutsche Linke liegt bisher darin, daß sie diesen Fall fast ausschließlich durch unsere innenpolitische Brille betrachtet hat. Dabei übersieht sie völlig (...), daß der religiös-moralisierende Kritiker A. Solschenizyn, der aus der Tradition von Tolstoj kommt, mit seinem Werk einen wichtigen Beitrag zur tendenziellen Entstalinisierung der sowjetischen Gesellschaft leistete.«[274]

*

Am 9. November 1974 schrieb Rudi in sein Tagebuch: »Nun ist wieder einer gefallen, H[olger] M[eins] starb im Knast, die Schweine werden einen RAF-Toten im Rahmen des Hungerstreiks durchaus einkalkuliert haben, laut D[aniel Cohn-Bendit] in Frankfurt haben das auch die RAFs für möglich gehalten, um auf diese Weise die Isolationshaft zu durchbrechen. Die Zerstörungs- und Selbstzerstörungs-Logik ist offensichtlich. Wie wird die uninformiert gehaltene breite ›Öffentlichkeit‹ auf diesen Halb-Mord reagieren? Wird es der Ausgangspunkt sein, der nach der Ermordung von Benno [Ohnesorg] erfolgte? Niemals, die Lage ist völlig verändert. Wer wird die Sache ausnutzen können? Wahrscheinlich die Herrschenden (...). Verzweifelte Aktionen und Anschläge werden folgen, alle zum Tode verurteilt. Bloß, was tun? Schwere Etappe! Die im Herbst '68 begonnenen Verwirrungen

besonderer Art rächen sich noch heute, da ist so viel wiedergutzumachen bzw. neu zu beleben.«[275]
Rudi kannte Holger Meins seit 1967, als dieser nach dem Tod von Benno Ohnesorg im Gegenermittlungsausschuß der Studenten die Lügen der Polizei zu widerlegen versuchte. Meins war wie Ulrike Meinhof, Jan Raspe und andere nach dem Attentat auf Rudi in den Untergrund abgetaucht. Er war gefaßt worden und saß seit Juni 1972 im Gefängnis. Der Hungerstreik war schon fünfzig Tage alt, als der 33jährige in der Haftanstalt Wittlich starb.
Am folgenden Tag wurde der West-Berliner Kammergerichtspräsident Günter von Drenkmann erschossen. »Großfahndung hat begonnen«, notierte Rudi. »Wenn die Schützen nicht erwischt werden, so (...) halte ich es auf jeden Fall für möglich, daß die Konterrevolution die H[olger]-M[eins]-Sache systematisch und konsequent durchkalkuliert hat. Es ist aber gleichermaßen möglich, daß Prolet-Milieu-Halb-Intellektuelle oder Agenten völligen politischen Unsinn in potentiell wichtige junge Genossen hineintragen. Unsere Niederlage von damals hat heute noch katastrophale Rückwirkungen. (...) U[lrike], B[aader] usw. – wie es mit J[an] ist, weiß ich noch nicht – wollen den Hungerstreik fortsetzen, wollen den Tod nun voll riskieren, also nicht einmal mehr Wasser trinken, um die Isolationshaft zu durchbrechen oder zu sterben. (...) Sie halten ihr richtiges Ziel konsequent durch, haben es im Knast aber völlig verlernt, proletarische Politik nicht mit existentialistischen Ambitionen und Gefühlen zu verwechseln. Die Erschießung des Kammergerichtspräsidenten hat der politischen Sache des halben o. 3/4-Mords an H[olger] M[eins] den Boden für eine erweiterte politische Öffentlichkeit geraubt.«[276]
Rudi war aufgeregt. Ihn plagten widersprüchliche Gefühle. Einerseits fürchtete er sich, zu einer Veranstaltung in Köln zu fahren, weil er Angriffe durch Staatsorgane auf sich für möglich hielt. Andererseits wollte er eingreifen. Er fuhr nach Köln und dann nach West-Berlin. Dort traf er Otto Schily, einen der Rechtsanwälte, die die Terroristen verteidigten. Otto überzeugte Rudi, mit ihm nach Hamburg mitzufahren zum Begräbnis von Holger Meins am 13. November.

Es war eine makabre Szene. Schwarz vermummte RAF-Sympathisanten zogen still am Grab vorbei. Polizeiketten umschlossen die Veranstaltung. Rudi stand im Hintergrund mit Schily und Genossen aus

Frankfurt, die nach der Grabrede die »Internationale« anstimmten. Otto nahm Rudi am Arm, zusammen gingen sie mit düsterer Miene zum Grab. Rudi erst widerwillig, er wollte sich dem Blitzlichtgewitter nicht stellen. Nach Otto nahm er eine Handvoll Erde und warf sie auf den Sarg, die Kameras blitzten. Das löste etwas bei ihm aus. Er hatte es sich nicht vorgenommen. Er hob die Faust und sprach mit leicht rauher und durchdringender Stimme: »Holger, der Kampf geht weiter.«

Die Presse explodierte. »›Bild‹ und besonders die Hamburger Mottenpost* zeigen mich als RAF-Apologeten auf, die ›FR‹ beschuldigt mich, das harmonische Fest am Grabe von Holger durch die erhobene Faust usw. eklatant gestört zu haben«, schrieb Rudi. »Der ›Spiegel‹ wiederum macht mich zum Revolutionär, statt erst einmal Sozialist-Kommunist zu sagen. Jeder versucht immer wieder seinem Interesse gemäß zu agieren, ist ja klar.«

Allmählich begriff er aber, in was für eine heikle Lage er sich hineinmanövriert hatte. Genossen kritisierten ihn, und auch sein Vater rief aus Luckenwalde an, um zu fragen, ob Rudi nun bei den Anarchisten gelandet sei. Nachdenklich schrieb Rudi: »Ja, ja, so schnell sind Menschen in ihrem Denken, dialektische Kontinuität, gerade am Grabe, ist ihnen völlig fremd. Muß ich als Agitator berücksichtigen.«[277]

Rudis Kritik am Terrorismus war grundlegend. Aber nun gab es dieses Bild, das ihn mit erhobener Faust am Grab von Holger Meins zeigt. Er wehrte sich gegen den Eindruck, den er dadurch selbst mit hervorgerufen hatte, doch ohne seine Tat zu bereuen oder zurücknehmen zu wollen: »Ich bedauerte es, weil die allgemeine und persönliche Kampf-Unfähigkeit der linken Kräfte durch die Faust verschleiert und vernebelt wird, ich begrüßte es im nachhinein, weil eine unerläßliche Sponti-Kraft sich dabei mir zeigte, eine Ehrlichkeit, aber eine im objektiven Widerspruch.«[278] Er fühlte sich gezwungen, die Sache öffentlich geradezurücken, ob mit Erfolg, wußte er aber nicht: »Die Konkretisierung im ›Spiegel‹ hat da sicherlich geholfen, viele lesen den, aber viel mehr schauen auf die Fern-Birne. Die negativen Auswirkungen der RAF-Scheiße sind vielerorts erkennbar, CDU/CSU im besonderen, Regierung im allgemeinen und RAF-Kacke im einzelnen

* Gemeint ist die »Hamburger Morgenpost«.

scheinen verheiratet zu sein; um den politischen Klassenkampf zu hemmen!!«[279]

Rudi versuchte wie kein anderer einen riskanten Balanceakt zwischen Kritik und Solidarität. Die Terroristen im Gefängnis waren für ihn Genossen, nicht Verrückte, und deswegen wollte Rudi sie überzeugen und sie für den politischen Kampf zurückgewinnen. Auch deshalb war er gegen den Hungerstreik der RAF-Gefangenen. Rudi fragte Otto Schily: »Können wir die Genossen im Knast nicht davon überzeugen, den Hungerstreik zu beenden? Um die Toten wird sich kaum jemand kümmern. (...) Ihr seid politische Anwälte, als solche haben sie mehr auf Euch zu hören und sollten sich nicht einbilden, die realen Kräfte und Klassenverhältnisse einschätzen zu können. Die ganze Hungerstreik-Geschichte kann einem Fetischisten der Gewaltlosigkeit wie Flechtheim* gefallen, nicht aber einem revolutionären Marxisten. Gewalt war und ist ein primär ökonomisches Verhältnis. Das Privateigentum ist die ökonomische Gewalt der herrschenden Klasse, und der politische Klassenkampf ist die politisch-ökonomische Gegengewalt der Unterdrückten und Beleidigten. Im Gefängnis kann sich eine solche Gegen-Macht notwendigerweise am schlechtesten entwickeln. Sich das Gegenteil einzubilden setzt die Wirklichkeit auf den Kopf, aus dem Materialismus wird ein voluntaristischer Idealismus.«[280]

Dem französischen Philosophen Jean-Paul Sartre wurde ein Besuch bei Baader erlaubt. Aber auch das änderte die Situation der Gefangenen nicht, beendete nicht die tägliche Isolation, nicht die speziellen Maßnahmen. Rudi schrieb wieder an Schily: »Der Sartre-Besuch scheint keinerlei Konsequenzen zu bringen, die Herrschenden geben nicht im geringsten nach. Es muß zum Rückzug geblasen werden, zwei Schritte rückwärts sind unerläßlich, um nach einer Übergangsperiode mit neuen Kräften, besonders außerhalb des Gefängnisses, einen Angriff starten zu können. Einen, der dann drei Schritte vorwärts (d. h. Brechung der Isolationshaft usw.) ergeben könnte.
Vielleicht sehe ich die Sache völlig falsch, dann mach mir das politisch und nicht juristisch klar. Die Prozesse in Stuttgart sind doch auf Früh-

* Ossip K. Flechtheim (geb. 1909), sozialdemokratischer Politologe und Futurologe

jahr 1975 festgelegt. Dort können die Genossinnen und Genossen nur politischen Widerstand leisten, wenn sie physisch und psychisch in einiger Verfassung sind, der Hungerstreik schwächt immer mehr, der Tod tritt immer näher, die Lebensfähigkeit und Lebensentschlossenheit, ganz zu schweigen von einer politisch-emanzipativen Perspektive, treten immer weiter in die Ferne. (...)
Hast Du eigentlich irgendwo den Eindruck gewinnen können, daß die Kritik von Horst M[ahler] bei den RAF-Genossen eine produktive Rückwirkung hinterlassen hat? Gehört habe ich nur das Gegenteil. Horst soll als Konterrevolutionär denunziert worden sein, von Genossen im Knast und Freunden draußen. Ich kann das nicht glauben, aber unmöglich ist auch solch ein Unsinn nicht. Wenn jedenfalls die Kritik von Horst nur abgetan wird, so kann ich eine Zunahme der politischen Perspektive der Genossen im Knast mir schwer vorstellen. Und dabei ist das von Horst noch kein großer Schritt, wo es eigentlich losgehen müßte, die historischen Vermittlungen der Niederlage und Fehler aufzuzeigen, gerade dort hört er schon auf in seiner Kritik.«[281]
Während der ebenfalls inhaftierte Mahler anfing, Kritik an der Terrorstrategie zu formulieren, publizierten RAF-Überzeugte eine Dokumentation, die den Terror rechtfertigte. Rudi war angeekelt: »Die Dokumentation, wenn sie wahr ist, und viel spricht dafür, zeigt das Denken von Desperados (H[einz] Brandt), eine nicht mehr zu überbietende Höhe der Verdinglichung und Instrumentalisierung der Sprache, zeigt eine Inhaltslosigkeit, zeigt Antikommunismus. Da ist nichts mehr von kommunistisch-sozialistischer Emanzipation, die Arbeiterklasse und ihre Verbündeten existieren für die RAFler nicht mehr. Aus dem Gespräch mit J[an] R[aspe] hatte ich einen anderen Eindruck gewonnen, hoffentlich habe ich mich nicht getäuscht.«[282]
Rudi versuchte, einen weiteren Besuchstermin bei Jan zu bekommen. Aber nun galt er der Justiz als verdächtig. Wegen des Fotos am Grab von Holger Meins. Er hat Jan Raspe nie wieder gesehen.

In einer Rede auf der 200-Jahr-Feier der Technischen Universität Clausthal-Zellerfeld am 13. Juni 1975 ging Rudi noch einmal auf die RAF und die Terrorhysterie ein: »So, wie diejenigen, die die gesellschaftlichen Verhältnisse durch Stadtguerilla-Aktionen sprengen wollen, [die] sich primär mit den gesellschaftlichen Charaktermasken, den großen Persönlichkeiten der juristischen und politischen Maschine anlegen [wollen], ihnen gegenüber fixiert sind, so glauben die Fetischisten der Sicherheit, die damit die bürgerliche Freiheit in den Eimer gehen lassen, durch einen Monsterprozeß in einem extra geschaffenen Kafka-Gebäude allen antikapitalistischen Widerstandskräften im Lande das Gruseln beizubringen. Aber da kann ihnen schon heute gesagt werden, daß die verschiedenen, durchaus differierenden sozialistischen, kommunistischen, jungsozialistischen und jungliberalen Richtungen, die antikapitalistisch geworden sind, den Prozeß gegen die isolierte RAF genau verfolgen und gegen den juristischen Abbau demokratischer Grundelemente radikal protestieren werden. Ohne sich im geringsten falsch zu solidarisieren mit der RAF. Muß es uns doch mehr denn je zuvor darum gehen, die reale soziale Lage im Lande, die Sorgen, Nöte, Interessen und Träume der Lohnarbeiter, Lohnabhängigen, Studenten usw. zum Grundkriterium sozialistischer Politik zu machen.«

*

»Bin relativ in Spannung«, schrieb Rudi im Dezember 1975 in sein Tagebuch. Er suchte dafür politische und gesellschaftliche Gründe: »Hat mit der ganzen Zunahme von Repression in der BRD und WB zu tun im allgemeinen, mit der Lage der Linken im besonderen. Dadurch, daß ich mich immer mehr beteilige, gerate ich natürlich auch immer mehr in Angriffe von verschiedenen Seiten. Ist kein Wunder. Muß mich dabei nicht aufheizen lassen. Aber das Vertrauen von vielen mir gegenüber ist da, bloß kann ich es vorläufig absolut nicht erfüllen, objektiv und subjektiv desgleichen.«[283]

Wenn er in die Politik eingreifen konnte, ließ die Spannung scheinbar nach. »Nun hat die Auseinandersetzung begonnen, schon geht es mir besser, die totalen Vernebelungen psychischer Natur verschwinden dann am ehesten. Die Gründe sind mir nicht klar, aber meine Spannung vermindert sich.«[284]

Doch hier täuschte er sich selbst. Politische Aktivität war tatsächlich zuerst eine Ablenkung, aber wenn er sich dann ganz engagierte, traten die Spannungen wieder auf. »Im Rahmen einer kontinuierlichen Lebenssituation, in der Tag und Nacht ein normales Verhältnis haben, der Schlaf ausreichend [ist], vielleicht sogar bis zu 10 Stunden reicht, ist es bei mir anders. Der Körper ist nicht besonders scharf, nicht besonders begierig auf die Pillen. In einer solchen Lage entsteht bei mir der Eindruck, die Pillen mal wieder ganz loswerden zu können. Diese Hoffnung habe ich in der Tat nicht aufgegeben, ganz im Gegenteil. Eine gewisse Spannung objektiver und subjektiver Natur kam aber zustande, besonders in den Wochen, in denen ich an einer Reihe von öffentlichen Großveranstaltungen teilnahm. Die physisch-psychische Gefahrenzone lag hoch, das gebe ich zu, bin darüber auch nicht stolz (...) so muß ich auf jeden Fall eine Überanstrengung vermeiden. Habe daraufhin auch mehrere Veranstaltungen abgesagt, obwohl ich mich schon wieder in bester Verfassung befand.«[285]

In dieser Zeit wurde Hosea eingeschult und mußte sich nun noch mehr mit der dänischen Wirklichkeit auseinandersetzen. Niemand verwechselte uns mit einer durchschnittlichen dänischen Familie. Bei der ersten Weihnachtsfeier in der Schule wurde Rudi unfreundlich begrüßt. »Scheißdeutsche« schleuderte ihm einer ins Gesicht. Es gab auch ein paarmal den Hitlergruß. Rudi nahm es mit Fassung auf, begann freundlich mit den Leuten zu reden und versuchte zu erklären, daß es nicht richtig sei, ihn so anzugreifen, er kämpfe gegen den Faschismus. Damit war die Sache erledigt. Die um uns herum stehenden Menschen, die die Spannung bemerkt hatten, klatschten plötzlich und zeigten ihre Sympathie für Rudi. Nicht für Deutschland, sicher nicht. Aber für einen Deutschen.

Organisierungsversuche

> »Eins störte mich schon immer, jenes absolute Primat der politischen Kalkulation, Phantasie u. a. m. kommen dabei immer zu kurz. (...) Insofern ist es für mich ohne Zweifel, daß die Satire, sofern sie subversiv gehandhabt wird, eine wichtige Rolle im Klassenkampf spielen kann, ich von dieser Methode viel lernen kann. Ob wir in den nächsten Jahren viel zu lachen haben werden, so oder so, wird von vielen Faktoren und Tendenzen abhängen. Eins scheint mir sicher zu sein, lachen und von Halb-Wahrheiten leben führt in letzter Konsequenz in einen Zynismus, der der Befreiung der Arbeiterklasse von heute und den mit ihr verbündeten neuen Kräften feindlich bzw. hemmend gegenüberstehen wird. Zum Lachen, so meine ich, gehört auch die so unentwickelte Fähigkeit des Weinens.« [286]

Im Februar 1975 trat eine kleine Gruppe von dänischen und deutschen Genossen mit Rudi in Verbindung. Sie nannten sich Westeuropäische Sozialisten (WES) und rechneten sich dem undogmatischen Lager zu. Rudi hörte sie an und war unschlüssig. Was sie wollten, kam ihm etwas schwammig vor, und da gab es etwas Sektiererisches in ihrem Auftreten, das aber nicht klar zu bestimmen war. Sie wollten eine Partei gründen für die ersten Europawahlen 1978. Sie luden Rudi ein, mit ihnen nach Brüssel zu fahren, um zu schauen, wie die Vorbereitungen für die Wahlen liefen, und um Kontakte mit anderen Sozialisten in Europa zu knüpfen. Rudi wollte nicht mitfahren. Ich war neugierig, nicht auf die WES, sondern auf das, was in Brüssel vorging. Ich sagte zu Rudi: »Wenn du nicht fahren willst, laß mich doch.«
Rudi schaute mich erstaunt an: »Willst du das?«
»Warum nicht«, antwortete ich. »Es kann nicht schaden, oder?«
Er überlegte und sagte dann: »Ich weiß nicht genau, wer diese Leute sind oder wo sie stehen, aber das kannst du vielleicht herauskriegen. Okay, wenn du willst, dann mach das.«
Wir fuhren in einem vom WES gemieteten Bus nach Brüssel. Ich fand dort einen Platz zwischen meist jungen Männern, die wie typische Linke dieser Zeit aussahen, eher längere Haare, eher ungekämmt, bärtig oder unrasiert, in Jeans. Sie fanden es aufregend, als ich erzählte, daß ich Gretchen Dutschke sei. Ich spürte bei ihnen keine Feindseligkeit, keine »antiautoritäre« Abschottung, und das gefiel mir.

Der Leiter dieses Unternehmens hieß Richard Bünemann, und er paßte nicht in das beschriebene Bild. Er war um die Fünfzig, ein solider, etabliert aussehender Herr im Anzug. Ich erfuhr, daß er SPD-Abgeordneter im Landtag von Schleswig-Holstein war. Doch so sehr er wie ein gewöhnlicher Politiker aussah, ich hielt ihn nach der Fahrt für eher unrealistisch und etwas hysterisch.

Während der langen Busreise nach Brüssel las ich eine Broschüre, in der sich die WES präsentierten. Es war ein recht langweiliges Sammelsurium von ausgetrockneter linker Phraseologie, und vor allem war es ein Männerpapier. Auf die Frage meiner Begleiter, was ich davon halten würde, sagte ich: »Das ist ein männerchauvinistisches Dokument.« Einige brachen in Gelächter aus. Andere schauten mich perplex an. Sie wollten eine Erklärung, und ich zeigte ihnen die Punkte, die ich anstößig fand. Die jungen Deutschen waren begeistert. Offenbar leuchtete ihnen das ein. »Du mußt doch mit uns zusammenarbeiten«, sagten sie. »Wir können ein besseres Dokument machen. Willst du nicht in den Vorstand eintreten?«

Ich schaute sie erstaunt an. »Ihr kennt mich doch gar nicht. Ist das nicht etwas überstürzt?«

»Nein, nein«, sagten sie.

»Aber es gibt vielleicht ein Problem, ich bin amerikanische Staatsbürgerin. Ob das geht?«

»Wieso denn? Du bist mit Rudi Dutschke verheiratet.«

In Brüssel wanderten wir durch das EWG-Gebäude, ein bürokratisches Monstrum. Ich konnte verstehen, warum Rudi nicht hierherkommen wollte. Bei der Rückfahrt nach Deutschland saß ich neben Fritz. Er wohnte in Berlin, war Juso, schien die ganze Sache halbernst zu nehmen, und wir unterhielten uns ganz gut.

Kurz danach folgten Rudi und ich einer Einladung Bünemanns nach Plön, wo er wohnte. Nach einem guten Essen erzählte Bünemann von seinen Schwierigkeiten in der SPD. Er und Rudi waren sich schnell einig, daß eine Abspaltung des linken Flügels der SPD möglich und wünschenswert sei. Es klappte recht gut zwischen den beiden. Rudi sah in Bünemann einen potentiellen Mitkämpfer für sein noch unbestimmtes politisches Projekt. Bünemann sah in Rudi ein künftiges WES-Mitglied. Damit war der künftige Streit angebahnt.

*

Seit 1972 hatte Rudi wieder eine feste Adresse in West-Berlin. Er war zuerst bei Helga angemeldet und wohnte auch dort, wenn er in Berlin war. Rudis Name stand auf dem Briefkasten. Manche Hausbewohner faßten das als Provokation auf. So verhielten sich nicht wenige alteingesessene Berliner. Sie betrachteten Nachbarn als Feinde, die man bei der Polizei anzeigen oder auch tätlich angreifen durfte. Einmal, als ich bei Helga übernachtete, erschien eine Freundin von ihr. Sie war betrunken und machte Lärm auf der Treppe. Jemand begann zu schimpfen. Bald verursachte der zunehmende Krach einen Menschenauflauf. Ein verbiesterter Nachbar starrte die betrunkene Freundin an und sagte: »Du bist das Kommunistenschwein, wo Rudi Dutschke wohnt.« Dann prügelte er auf sie ein. Helga versuchte zu vermitteln, aber der Mann schlug sie so stark, daß sie die Treppe hinunterstürzte. Als wären sie Geister gewesen, verschwanden nun plötzlich die Menschen. Sie hätten ja sonst als Zeugen gegen ihren guten Nachbarn aussagen müssen.

Später wurde es schwieriger für Rudi, dort zu wohnen, aber nicht wegen der Nachbarn, die es nicht wagten, ihn anzugreifen, sondern wegen seiner Auseinandersetzung mit der DKP. Helga stand der DDR und der DKP nicht ablehnend gegenüber. Doch für Rudi war eine deutliche Stellungnahme gegen diesen »realen Sozialismus« wichtig. Er hielt Helga und auch die anderen Mitbewohner für Sympathisanten der DDR, die ihn vielleicht nicht unterstützen würden, wenn sich die Konfrontation mit der DKP weiter verschärfte. Aber ich blieb trotzdem mit Helga befreundet und dachte, daß Rudi auch ein bißchen eifersüchtig war, wenn ich sie besuchte.

*

Ich arbeitete nun regelmäßig im Ernährungsinstitut in Aarhus und begann mich mit ökologischen Fragen zu befassen. Das war zu dieser Zeit für Rudi so fremd, wie es die Frauenbewegung gewesen war. Er nahm alles auf, was ich dazu sagte, akzeptierte alles, was ich in der Praxis zu Hause in der Familie ändern wollte, eingeschlossen unsere Ernährungsgewohnheiten, aber er ging diesen Dingen nicht theoretisch nach. Ich schrieb mich für einen zehnmonatigen Kurs am Ernährungsinstitut ein. Als dieser beendet war, erhielt ich ein Stipendium vom Weltkirchenrat für ein Forschungsprojekt über Essen, Gesellschaft und Religion. Meine erste Reise dafür führte mich nach Israel.

Als das Flugzeug im Juni 1975 abhob in Richtung Tel Aviv, hatte ich vor Aufregung Knoten im Magen. Rudi wird es in Aarhus mit den Kindern auch nicht ganz geheuer gewesen sein. Eineinhalb Monate war er nun als Vater ganz auf sich allein gestellt.

Am 3. Juli vermerkte Rudi in seinem Tagebuch: »In Jerusalem war ein schwerer Terroranschlag, 14 Tote und mehr als 50 Verletzte. Hoffentlich ist Gretchen nicht dabei gewesen bzw. mit dem Leben davongekommen. Sie wird sich sagen, wäre ich doch nicht gefahren. Bin nervös, lasse es die Kinder nicht merken!!« Am Tag darauf: »Noch habe ich aus Jerusalem nichts gehört. Fange an den Kinder zu erzählen. P[olly] sagt: ›Ist Gretchen tot?‹ [Die Kinder] sind viel weniger gespannt als ich und nehmen an, daß G[retchen] bald nach Hause kommt. P[olly] will ihr doch den von ihr herausgerissenen Zahn zeigen.«

Am folgenden Tag: »Gegen Mittag war endlich ein Telephonanruf aus Jerusalem, ich war sicher, daß es keine Hiobsmeldung war. Gretchen erzählte kurz, sie war mitten in dem Hause, welches fast vollständig zusammenbrach. Kam mit dem Leben ganz davon, Gott sei Dank. Ist ohne Wohnung im Augenblick.«

Am 3. Juli spazierte ich vom Stadtzentrum zu der Herberge, in der ich wohnte. Sie lag knapp außerhalb der Jerusalemer Stadtmauer, an der Grenze zwischen dem arabischen und dem jüdischen Teil. Ich hörte einen Knall, danach unendlich viele heulende Sirenen. Ich kam in der Herberge an, und der Besitzer, Josef, ein junger Palästinenser, und sein Vetter saßen da und tranken Ouzo. Josef sagte, daß es in der Stadt einen Terroranschlag gegeben habe. Das war nichts Ungewöhnliches. Ich war etwas müde, hatte vormittags mehrere Interviews gemacht. Als ich vom Mittagsschlaf aufwachte, war es merkwürdig still. Ich ging hinunter zur Haustür, wo immer noch die beiden Palästinenser saßen. Doch nun schienen sie unruhig zu sein. Als ich mich der Tür näherte, sagte Josef: »Vorsichtig, vielleicht lieber nicht rausgehen.«

»Warum?« fragte ich.

»Schau!« Er zeigte mit dem Finger aus dem Fenster. Wir befanden uns in einem uralten Ecksteinhaus mit kleinen Fenstern, davor starke

Eisengitter. Gegenüber war ein arabischer Markt. Dort herrschte großes Durcheinander. Einige Händler packten nervös ihre Waren in Wagen und begannen ihre Stände abzubauen. Dann entdeckte ich den Grund dafür: Von einem kleinen Hügel im jüdischen Viertel aus rückte ein wilder Haufen von jungen chassidischen und orthodoxen Juden heran. Sie hatten Stöcke und Steine in den Händen und kamen immer näher. »O Gott«, rief ich, »was sollen wir machen?«
»Sie werden uns nichts antun«, sagte Josef.
Nun hörte man ein Grollen von draußen. Nur die Straße trennte uns von der drohenden Meute. Doch die hielt an und warf Steine, von denen die meisten auf der Straße landeten, einige trafen aber Marktstände. Vielleicht eine Stunde lang wurde geworfen und gebrüllt. Auf einmal gab es einen Schrei, und wie bei einem Dammbruch stürzte sich die aufgebrachte Menge auf den Markt. Die meisten Händler hatten ihre Waren schon eingepackt und waren verschwunden. Sie hatten nur die mit Matten, Pappe oder Holz überdeckten Stände zurückgelassen. Es waren nur noch wenige Menschen geblieben. Innerhalb von wenigen Sekunden war alles, was auf dem Platz stand, angezündet, schwarzer Rauch stieg nach oben; vor uns war ein riesiges Feuer. Die leicht brennbaren Stände der arabischen Händler verfielen binnen kürzester Zeit zu Asche. Das reichte der Meute aber nicht. Plötzlich schien es so, als wäre ein Signal gegeben worden. Josef, erst jetzt mit großer Angst in den Augen, sagte: »Sie kommen.« Er zerrte uns ins Haus hinein, knallte die große Holztür zu und verriegelte sie mit Eisenstangen. Die Meute griff das Haus an. Innerhalb von Sekunden waren wir von Glasscherben, Staub und Holzsplittern überschüttet. Josef führte uns in ein Zimmer in der Hausmitte, wo wir von außen nicht getroffen werden konnten. Schuttbrocken erreichten uns trotzdem. Wir hörten, wie sie alle Fenster zertrümmerten und versuchten die Tür aufzubrechen, es gab Geschrei, und es knallte, als würde geschossen. »Sie werden uns töten«, heulte Josef. »Schau, mein Haus.« Er begann zu weinen.
So ging es ein oder zwei Stunden. Dann hörten wir ein anderes Geschrei und Klopfen an der Tür. Die Armee war gekommen. Ich sah keinen Grund, den Soldaten besonders zu vertrauen. Als Josef sie hineinließ, richteten sie ihre Gewehre auf uns. Sie trugen eine grimmige Miene zur Schau und lachten höhnisch, während sie die Trümmer um sich herum betrachteten. Sie führten hinaus zu einem großen Armee-

fahrzeug, das vor dem Haus stand. Wir setzten uns hinein und wurden aus dieser gefährlichen Gegend weggefahren.
In Dänemark notierte Rudi am 8. Juli: »Ein schwerer Tag gewesen. Nach ausreichender Nacht, da 8 Stunden geschlafen, ist Hosea gegen 8.00 Uhr in den F[ritidshjem] gegangen, habe ich die Polly zum Kindergarten gebracht. Ab ca. 10.00 Uhr, nach ausführlicher Aufnahme von Radio-Informationen, nie die besten, habe ich mich daran gemacht, die C[lausthal]-Z[ellerfeld]-Rede für ›Das Da‹ zu korrigieren, besser lesbar zu machen usw. Schwere Arbeit, gilt es doch Proletkult zu verunmöglichen und die abgeschlossenen Stud.-Rebellion von Nostalgie fernzuhalten. Gegen 16.30 kam Hosea, und wir fuhren mit den Fahrrädern zu Po, Ho ist verflucht stark. Dann kauften wir bei V[ime] ein, dann hatte ich die Polly und die Tasche bei mir, und die Rückfahrt begann, verflucht schwere Tour. Ho hält gut durch. Zu Hause wird ein Kuchen von Ho gemacht, Po fährt mit ihrem Fahrrad rum, und ich bereite das Abendessen vor. Leider ist die Heizung im Eimer, ein eigenartiger Kuchen entsteht über der Gas-Heizung oben. Es schmeckt den Kindern, aber der Bauch wird geplagt, jedenfalls der meinige. Dann Sport, zum Schluß bin ich fast fertig, die Kinder weniger. Hab' gerade noch gebadet, gehe jetzt gegen 23.00 Uhr in den Schlaf.« [287]

*

Nachdem das DFG-Stipendium vorzeitig beendet worden war, wurde unsere finanzielle Lage wieder prekär. Aber ein Freund, der »Spiegel«-Redakteur Hans Halter, hatte eine Idee. Er schlug vor, daß Rudi und ich gemeinsam ein Buch schreiben sollten: »Sozialismus für Anfänger«. Er glaubte, daß es dafür einen Markt gab, und er war auch bereit, einen Verlag zu suchen. Rudi fragte mich, was ich davon hielt. Wegen der oft längeren Trennungen hatten wir jeder eine eigene Lebenssphäre aufgebaut, die dem anderen kaum bekannt war. Mich bedrückte es manchmal. Das Buchprojekt bot eine Gelegenheit, wieder enger mit Rudi zusammenzuarbeiten und zusammenzuleben. Er sah das auch so. Zum erstenmal seit langem verbrachten wir wieder Stunden der Diskussion miteinander.
Wir schrieben ein Exposé, und Hans fand mit Bertelsmann einen Verlag. Wir bekamen einen Vertrag und vor allem Geld, das uns für die

Arbeit freistellen sollte. Es war vielversprechend. Rudi erklärte den Zweck des Buchprojekts: »Dieses Buch ist nicht geschrieben für die Allesbesserwisser – wie auch immer sie sich nennen mögen. Wir versuchen vielmehr, den Lesern (und uns selber) einen gewissen Überblick über die Hoffnungen, Möglichkeiten, Schranken und Niederlagen der sozialistischen Versuche zu verschaffen. (...) Wir schreiben dieses Buch für alle Menschen, die in ihrem eigenen Alltag, ob nun in der Produktion, als Gewerkschafter, in der jeweiligen Institution (Schule, Universität usw.) oder im Büro bzw. zu Hause direkt oder indirekt mit den Worten Sozialismus und Kapitalismus etwas zu tun bekommen. (...) Mit den Worten Sozialismus und Kommunismus vermischte sich in großen Teilen der Arbeiterschaft und der anderen Werktätigen Kadavergehorsam, Bürokratie, Angst, Schrecken und Mittelalterlichkeit. Die Hoffnung auf eine sozialistische Alternative zu den kapitalorientierten Verhältnissen war in den hochentwickelten kapitalistischen Ländern für lange Zeit weit zurückgegangen.« Und doch sei »der Sozialismus seit Jahrhunderten ein universales Ziel, ein oft angebrochener, aber nie untergegangener Traum von Ausgebeuteten, Beleidigten und all denjenigen, für die das Leben noch nicht ausgelebt war«.

Zuerst ging es gut, wir redeten miteinander, konnten die Reibungspunkte, die es in den Monaten davor gegeben hatte, glätten, und wir schrieben einiges.

*

Nach dem Gespräch mit Bünemann im Februar glaubte Rudi, daß es eine Strömung innerhalb der SPD gab, die sich abspalten würde, wenn eine neue Linkspartei gegründet würde. Aber er war sich nicht vollends sicher. Er wollte es testen. Er schrieb Klaus Vack vom SB: »In verschiedenen Orten haben Personen, Grüppchen und Richtungen begonnen an den Aufbau einer ›sozialistischen Partei‹ heranzugehen. Teilweise Genossen, die aus der SPD ausgeschieden wurden, teilweise kurz vor dem Ausschlußverfahren sich befinden bzw. Leute aus der alten R[epublikanischen]-C[lub]-Tradition. Ich habe keine Initiative ergriffen, bin vielmehr über Manfred Sch[arrer] da hineingerutscht. Die gesellschaftliche Stimmung ist wahrscheinlich reif, aber ohne intensive Debatte und Aktionsbestimmung geht natürlich alles schief.

Von Dir würde ich gern hören, wie das SB sich in der nächsten Phase bezüglich der Organisation verhalten wird. (...) Meine Frage ist, ob im So[zialistischen] Bü[ro] eine solche Problemstellung zur Spaltung führen könnte?!? Zielst Du danach, durch die Debatte organisatorische Konsequenzen zu erreichen?«[288]

Rudi wandte sich auch an den Hamburger Sozialdemokraten Freimut Duve: »Du hast merken können, die linke Fraktion in der SPD ist die, die mich politisch dabei am meisten interessiert. Du gehörst seit langem dazu. Was wären die poli[tisch]-org[anisatorischen] Konsequenzen einer Niederlage [der SPD in der kommenden Wahl]? Erst recht drin bleiben und an der Linkswendung arbeiten? Oder Abspaltungen unvermeidlich?«[289]

Rudis Behauptung, er sei durch Manfred in die Organisationsdebatte »hineingerutscht«, stimmt nicht ganz. Diese war nämlich schon lange sein Anliegen. Manfred wohnte in West-Berlin, arbeitete für den »Langen Marsch« und publizierte Beiträge zur Organisierungsfrage, um das Interesse für ein großes Treffen der undogmatischen Linken zu wecken. Manfred nahm auch an den Treffen der »Weinprobe-Gruppe« teil, die seit Anfang der sechziger Jahre Überlegungen über eine neue Partei anstellte. Randolf Lochmann, Horst Mahler und Manfred Keimle hatten sich regelmäßig beim Wein getroffen, um über Politik zu diskutieren. Manfred Scharrer stieß später dazu. Die »Weinprobe-Gruppe« war bereit, eine Veranstaltung zur Organisationsfrage in West-Berlin für Ende November 1975 vorzubreiten.

Manfred schickte Einladungen an alle undogmatischen Linken, die er kannte, die Auswahl war etwas zufällig. Er sprach Freunde an und nutzte die Abonnentenliste des »Langen Marsches«. Rudi wurde über jeden Schritt informiert. Aber er war nur ein- oder zweimal bei den Vorbereitungstreffen dabei.

Die Verständigung war offenbar nicht ausreichend. Für einige war das Ziel des Treffens, eine Parteigründung in Angriff zu nehmen, andere wollten lediglich darüber diskutieren, wie die Linke sich wieder sammeln könne. Was Rudi erreichen wollte, geht aus seinem Thesenpapier hervor:

»(...) die kollektive Sammlung von Erfahrung; Interesse, Bedürfnis und Ziel in der sozialistischen Organisation war und ist die Vermittlung von sozialistischer Theorie und sozialistischer Praxis. (...)
Die reale politische Situation in der BRD und WB ist von der sozial-

ökonomischen Stagnation neuen Typus so wenig zu trennen wie von den herrschenden politischen Parteien alten Typus.
Eine sozialistische Politik kann somit nicht zwischen SPD und DKP etc. sich entwickeln, sie kann nur sozialistisch sein, wenn sie fähig ist, die angemessene Negation der Verhältnisse politisch-organisatorisch auszudrücken. Letzteres ist nur möglich über ein sozialistisches Übergangsprogramm.
Im Rahmen eines deutschen sozialistischen Übergangsprogramms ist die soziale Frage nicht von der nationalen Frage zu separieren. Und diese Dialektik hat an der Elbe nicht aufgehört. (...)
Wer daran mitwirken will, kann sich niemals als Konkurrenz-Unternehmen dem SB gegenüber verstehen. Ich werde mitwirken am kritisch-solidarischen Meinungskampf immanent der jetzigen Veranstaltungen und an Auseinandersetzungen mit dem SB, um in Richtung Vereinheitlichung auf höherer politisch-organisatorischer Ebene mitzuwirken. Allerdings werde ich jeden politisch bekämpfen, der die jetzige Diskussionsebene dazu benutzen will, ein Konkurrenzunternehmen dem SB gegenüber aufzubauen.«[290]
Das deutete nicht darauf hin, daß Rudi eine Wahlbeteiligung im Auge hatte.

Ein paar hundert Leute erschienen am 29. November im Evangelischen Studentenheim in West-Berlin. Es sah aus wie ein »Altvatertreffen« der noch an der APO-Tradition hängenden Berühmtheiten plus ein paar andere. »Kopfstark« nannte es der »Spiegel«. Es trafen sich viele Intellektuelle, die gern redeten. Rudi störte das nicht, denn er hatte es in der Vergangenheit immer wieder geschafft, die Kopfmenschen zur Aktion hochzureißen. Das wollte er nun wieder tun. Aber diesmal schaffte er es nicht, eine produktive Provokation zu inszenieren. Der Hannoveraner Psychologieprofessor Peter Brückner und Johannes Agnoli dominierten das Treffen mit ihren intellektuellen Referaten.
Rudis Referat war eine Mischung aus aggressiven Vorschlägen, zurückhaltenden Überlegungen und einem direkten Eingehen auf das, was andere gesagt hatten. Er schloß mit der Äußerung: »Die Frage ist, haben wir eigentlich im Rahmen einer solchen Reflexion die Möglichkeit, an das politisch Aktuelle heranzukommen? Ganz kurz gesagt: Das ist natürlich die bevorstehende Bundestagswahl. Und

darüber wurde zwar kein Wort gewechselt, aber wer von Politik Ahnung hat, der redet halt nicht nur von außerparlamentarischer Opposition, der redet auch von der Realität der parlamentarischen Situation. (...) Das heißt für uns nicht, daß nicht auch die Organisationsfrage, die Parteifrage zur Debatte stünde. Sie steht zur Debatte.«[291]

Davon war vorher nie die Rede gewesen. Die meisten Zuhörer hörten allerdings nicht das, was er wirklich sagte, sondern nur die Reizwörter »Bundestagswahl«, »Parlament«. Sie zischten, lachten und zweifelten an Rudis geistiger Gesundheit.

Die Stimmung nach dem erfolglosen Treffen war nicht gut. Zumal Rudi nun auch mit Manfred bitter aneinandergeriet. Im »Langen Marsch« erschien eine Karikatur, die Rudi verhöhnte wegen seiner Idee, an Parlamentswahlen teilzunehmen. Rudi glaubte, daß Manfred dafür verantwortlich sei, und die Freundschaft der beiden war seitdem gestört wie auch die Zusammenarbeit mit dem »Langen Marsch«.

Die Kooperation mit den WES erwies sich ebenfalls als wenig fruchtbar. Die Gruppe wollte rasch eine traditionelle sozialistische Partei aufbauen. Sie hatte ein Parteiprogramm geschrieben und es beim »Altvatertreffen« vorgestellt. Petra Kelly war Mitglied der WES und hatte am Programm mitgearbeitet. Sie war in Berlin aber nicht dabei. Als Rudi Kontakt mit den WES hatte, trat sie nicht hervor. Das war möglicherweise gut für die spätere Zusammenarbeit, denn Rudi wurde auch von WES-Mitgliedern angegriffen wegen seiner Thesen über die nationale Frage: »Die Dutschke-These ist m. E. als einzige anachronistisch u. provinziell. Man verzeihe mir diese brutale Offenheit gegenüber einem sehr mutigen, aufrichtigen Charakter und hellwachen Denker.«[292] Selbst Bünemann regte sich auf: »Wir sind gezwungen, festzustellen, daß Deutschland geteilt worden ist und die Überwindung dieser Teilung, wenn überhaupt, dann aller Voraussicht nach nur durch gewaltsame weltpolitische Erschütterungen möglich ist, die wir nicht wollen.«[293] Rudi war nicht tolerant gegenüber einem solchen Mangel an geistiger Beweglichkeit.

Trotz aller Scherereien aber waren die meisten Teilnehmer bereit, die Diskussion fortzuführen, und so wurde ein zweites Treffen beschlossen, das im Februar 1976 in Hannover stattfinden sollte. Rudi wollte das Projekt einer alternativen sozialistischen Partei trotz der verqueren

Diskussionen nicht aufgeben, auch wenn die Mehrheit seine Thesen nicht unterstützt hatte. Nur zwingende Argumente konnten ihn von einem Weg abbringen, über den er lange nachgedacht hatte. Einige Monate später sollten ihn diese zwingenden Argumente erreichen.

Rudi fuhr im Februar 1976 nicht nach Hannover zum Fortsetzungstreffen. Er war krank. Aber wenn er davon überzeugt gewesen wäre, daß sich etwas Wichtiges tun würde, wäre er trotz triefender Nase und schmerzender Glieder losgezogen. Da ich hinfahren wollte, gab er mir sein vorbereitetes Referat mit, und ich verteilte es in der Versammlung. Ohne Rudi waren Brückner und Bünemann die Hauptakteure in einer bizarren Komödie. Bünemann konnte es nicht fassen, warum Menschen teilnahmen, die gar kein Interesse an einer Parteigründung hatten. Zu ihnen zählte Brückner. Als Bünemann ihn fragte, warum er gekommen sei, antwortete Brückner: »Ich bin hier, um mich selbst zu organisieren, du komischer Heini.«[294] Es folgten wütendes Geschrei, Gelächter, Menschen rannten hin und her, als ob sie Kampfstellungen einnehmen würden, die Versammlung verfiel in vollendeter Konfusion. Bünemann ist später resigniert ausgestiegen aus der Politik.

So chaotisch diese ersten Parteigründungsversuche waren, sie gingen nicht spurlos vorbei an der SPD. Viele Sozialdemokraten merkten, daß sich links etwas bewegte, und sie hielten es nicht für eine Episode. Peter von Oertzen, damals SPD-Landesvorsitzender in Niedersachsen, informierte Rudi und Jürgen Treulieb über eine interne Einschätzung in der SPD, wonach eine linke Reformpartei bei Wahlen auf etwa acht Prozent der Stimmen kommen könnte. Oertzen erklärte, daß er die Gründung einer solchen Partei begrüßen würde, weil das die SPD positiv beeinflussen müsse.
Aber die meisten SPD-Vertreter fanden das Parteiprojekt bedrohlich. Der Jusofunktionär Wolfgang Roth bat Rudi zu sich. Er erzählte, daß Gerüchte umgingen, wonach Rudi eine linke Partei gründen wolle. »Stimmt das?« fragte er.
Rudi antwortete, daß es keine festen Pläne gebe.
»Es wäre besser«, ermahnte ihn Roth, »wenn es so bleiben würde.« Er hatte den Auftrag zu verhindern, daß links von der SPD eine Partei entstand. Er wies auf die Gefahr hin, die aufkommen könne, wenn eine linke Partei ins Visier der Geheimdienste geriet. Aber er beließ es

nicht bei nebulösen Andeutungen, die wohl als Drohungen verstanden werden sollten, sondern hatte auch die Zuckerdose parat: Wenn Rudi das Parteiprojekt aufgebe, würde die SPD Rudi nicht hängenlassen, sondern ihm einen Job an einer Universität besorgen. Auch Geld könne sie zahlen aus einem Fonds, der zur Hinterlassenschaft der USPD gehöre und von Willy Brandt verwaltet würde. Aber Rudi wollte sich nicht kaufen lassen. Er war nicht bereit, seinen Traum für eine Anstellung an einer Universität zu opfern.

Solcher Widerspruch ermunterte Rudi nur. Und trotzdem hatte er Angst um sein Leben. Er zweifelte nicht daran, daß es Hintermänner mit Beziehungen zu den Sozialdemokraten geben könne, die ihn umbringen würden, wenn sie es für erforderlich hielten. Er wollte soviel wie möglich über die Absichten der SPD wissen wegen seiner politischen Ziele, aber auch, um sich zu schützen.

Es war seine Idee, daß ich Mitglied der SPD werden sollte. Er konnte es nicht, obwohl er darüber nachgedacht hatte. Die Vorstellung, daß jemand, der in Dänemark lebte, Informationen in der SPD beschaffen könnte, war unrealistisch. Aber ich fand die Idee lustig. Nur, als Gretchen Dutschke konnte ich schlecht eintreten. Unter falschem Namen wäre es auch nicht geschickt gewesen und zu peinlich, wenn es aufgeflogen wäre. Die Alternative war, daß ich meinen Namen legal änderte. Ich konnte in Dänemark leicht wieder meinen Mädchennamen annehmen. Ich brauchte nichts als meine Geburtsurkunde, ein Formular und meine Unterschrift. Mir kam das sehr gelegen. Denn ich war oft nur die »Frau von Rudi Dutschke«, und so habe ich mich nie verstanden. Ich konnte nun ein Stück Identität zurückgewinnen als Gretchen Klotz. Hinzu kam, daß ich fast jedesmal, wenn ich irgendeine Grenze überquerte, wegen des Namens Dutschke zum Teil schlimmen Schikanen ausgesetzt war.

Fritz von den WES, den ich seit der Reise nach Brüssel kannte, war Mitglied einer Juso-Gruppe in West-Berlin. Er war gescheit und schien in seiner Gruppe anerkannt zu sein. Ich bat ihn, mir zu helfen, in die SPD einzutreten. Es klappte, und wir bekamen regelmäßig Juso-Publikationen und andere Materialien der Partei.

Wenige Monate später bekam ich die Nachricht, daß meine Mitgliedschaft angefochten würde. Ich sei unter falschem Namen eingetreten. Das wußte ich besser. Ich konnte beweisen, daß mein richtiger Namen Gretchen Klotz war. Daraufhin war der West-Berliner Parteivorstand bereit oder vielleicht gezwungen, mich anzuhören. Ich reiste nach West-Berlin. Rudi freute sich über die Provokation und versuchte mich seelisch zu unterstützen: »Du hast die Wahrheit gesagt, du kannst es beweisen, es gibt nichts, worüber du dich aufregen brauchst.«

Fritz brachte mich zur SPD-Schiedskommission in ein finsteres Zimmer, in dem eine nackte Birne nur mich und die gemütslosen Männer, die mich befragten, beleuchtete. Die anderen Leute im Raum erkannte ich kaum. Es gab wenig zu sagen. Die Anklage wurde verlesen, ich wies sie zurück und zeigte meine Papiere, die meine Angaben bestätigten.

Die sozialdemokratischen Parteirichter gaben zu, daß ihre Anklage falsch war, aber sie waren nicht bereit, den Rausschmiß zurückzunehmen. Die SPD habe das Recht, die Mitgliedschaft von jedem abzulehnen. Dafür brauche sie keinen Grund.

Menschenrechte

> »Historisch entstand das Menschenrecht im allgemeinen als Bruch des Bürgertums mit den verschiedenen sozialökonomischen und politischen Feudalismuszusammenhängen. Ohne die Hilfe der werdenden Arbeiterklasse wäre die Bourgeoisie nicht an die Macht gekommen. In diesem Kontext der bürgerlichen Revolution sind Rechtsforderungen tendenziell naturrechtliche Forderungen nach Freiheit und Demokratie, die über das innere Wesen einer sich durchsetzenden kapitalistischen Produktions- und Lebensweise nicht verwirklicht werden konnten.«[295]

Rudi vertrat die Auffassung, daß die Ideologie der Herrschenden die Menschen oft erfolgreich ansprach, weil sie neben Lügen und Verdrehungen Wahrheiten enthielt, die sie aber mißbrauchte. Es war deswegen die Pflicht eines Revolutionärs, den Mißbrauch zu entlarven und die Wahrheit, die in ideologischen Themen steckte, umzufunktionieren. Es gelang ihm nicht immer, aber er gewann dadurch in manchen Kreisen Einfluß. Ich bin mir nicht ganz sicher, wie das konkret geschah. Nur wenige werden Rudis Schriften gelesen, noch weniger werden sie verstanden haben. Von seinen Reden kannten die meisten nur die Stichworte, wie sie in den Medien wiedergegeben wurden. Aber vielleicht reichte es, daß beispielsweise der Name Rudi Dutschke mit dem Namen Solschenizyn oder mit den politischen Gefangenen in der CSSR verknüpft wurde, mit Menschenrechten im Osten und im Westen. Darunter konnte man sich etwas vorstellen.

Rudi hatte spätestens in den Diskussionen um Solschenizyn begriffen, wie wichtig dieses Thema war. US-Präsident Jimmy Carter redete pausenlos über Menschenrechte. Rudi sagte aber: »Wer über Chile schweigt, so hörten wir es von Ernst Bloch immer wieder, hat kein Recht, über den Prager Frühling seine zwielichtige Trauer auszusprechen.« Das war eine typische Argumentation der Linken. Rudi blieb hier aber nicht stehen, sondern fragte: »Wie ist es aber mit denjenigen, die viel über Chile reden und den Prager Frühling der Selbstinitiative der Werktätigen und ihrer Organisationen als Konterrevolution denunzieren?« Solche Leute verteidigten die Menschenrechte nicht besser als Carter: »Carters Menschenrechte sind von ihm in Warschau zu hören gewesen. Als er Stunden danach in Teheran ankam, waren die schon nicht mehr existent. Millionen eines ganzes Volkes protestieren seit Wochen gegen den herrschenden Despoten und seine

militärische und bürokratische Maschine. Was berührt das schon die Herrschenden und deren Interessen? Darum ließ Carter in Nicaragua Somoza stützen und nicht die nach Fortschritt Schreienden. (...) Die DDR-Regierung hatte sich noch kurz vor dem beginnenden Volksaufstand [im Iran] durch ihren Außenminister Fischer in Teheran entschuldigt wegen eines Protestes von westl[ichen] Provokat[euren] gegen die iranische Botschaft. Herr Honecker wartete ja schon auf den Schah, um ihn zu würdigen und Ölverträge auszuhandeln.«[296]
In der CSSR saßen noch acht Jahre nach der Invasion Menschen im Gefängnis, die gegen die sowjetische Besetzung protestiert hatten. Das waren keine verkappten Kapitalistenknechte, wie die Propaganda behauptete. Einige wie Jiri Müller, für den Rudi sich besonders einsetzte, waren gesundheitlich gefährdet. Rudi beteiligte sich im August 1976 an einer Pressekonferenz in Bonn zusammen mit Milan Horacek, Heinz Brandt, dem stellvertretenden Juso-Vorsitzenden Otmar Schreiner und Vertretern von amnesty international. Sie forderten »die sofortige Freilassung aller politischen Gefangenen in der Tschechoslowakei«. »Unsere Forderung nach sofortiger Freilassung«, sagte Rudi, »richtet sich darum zuerst an diejenigen Demokraten, Sozialisten und Kommunisten, für die trotz politischer Differenzen untereinander die internationalen Menschenrechte nicht eine Formalität der eigenen Interessen, sondern ein wesentlicher gesellschaftlicher Maßstab sind, um Verhältnisse messen zu können, und in der Geschichte der Unterdrückten und Beleidigten heißt es nicht umsonst: ›Die Internationale erkämpft das Menschenrecht.‹«[297]
Milan Horacek war kurz nach dem Einmarsch der Armeen des Warschauer Pakts in der CSSR im August 1968 mit einem Freund, der Grenzsoldat war und einen Weg über die Grenze kannte, nach Westdeutschland geflohen. Er arbeitete danach als Elektromonteur. 1970 begann er in Frankfurt am Main zu studieren. Dort lernte er den linken tschechischen Professor Jiri Kosta kennen. Durch ihn erfuhr er von linken Oppositionellen im tschechoslowakischen Kulturverein. Er bekam eine Stelle als Halbtagsaushilfe in der Redaktion der IGMetall-Zeitung »Der Gewerkschafter«, deren Redakteur Heinz Brandt war. Später war Milan verantwortlich für die deutschsprachige Ausgabe der »Listy Blätter«, der Zeitschrift der tschechoslowakischen sozialistischen Opposition. Die tschechoslowakische Ausgabe leitete Jiri Pelikan in Rom. 1975 trafen sich Milan und Rudi. Kurz danach bat

Milan Rudi, ob er »Listy« ein Interview geben würde. Damit begann zwischen Rudi und Milan eine Freundschaft, die bis zu Rudis Tod dauerte.

Freundschaften waren wichtig für Rudi. Er wurde durch sie inspiriert, und wenn sie zu Bruch gingen, schmerzte es ihn. Er stellte so hohe Ansprüche an Freundschaft, daß mehrere enge Beziehungen scheitern mußten. »Freundschaft wäre somit Ausdruck der Tätigkeit von schaffenden Freunden oder Freundinnen, Genossinnen oder Genossen usw.«, schrieb er. »In der Geschichte als Aufeinanderfolge von Generationen erfolgen also immer wieder sinnlich-unmittelbare Prozesse der Sammlung von Erfahrungen, Interessen, Bedürfnissen usw., um arbeiten, leben und lieben zu können. Wenn sich zwar durch die Gattungsgeschichte der Menschheit eine gewisse Kontinuität von Freundschaft zieht, so ergibt sich dennoch, daß die je besondere Produktions- und Daseinsweise spezifische Freundschaftsverhältnisse, spezifische Verkehrsformen ergeben, spezifische Inhalte und Widersprüche prägend sind. Erst in diesem Kontext hat sich doch die Schaffenskraft der Freundschaft zu entfalten, kann sich aber gleichermaßen der Keim des Zerfalls anbahnen. D. h. jene Leere, jene Phantasielosigkeit, in welcher man sich nichts mehr zu sagen hat. Dann sind Schonzeit und Distanz überfällig, neue Diskussionen und neue Beziehungen notwendiger denn je. In jedem Falle gilt es sich in der Freundschaft produktiv zu vereinigen, ohne jemals die originäre Kreativität des immer wieder um Selbstveränderung, um Erweiterung der Freiheit und Schaffenskraft ringenden zu hemmen, zu behindern.«[298]

*

Die Jugendorganisation der Kommunistischen Partei Italiens (KPI) hatte Rudi nach Rom eingeladen, und Milan war mitgekommen. Da Milan gerade dreißig Jahre alt geworden war, fand bei Jiri Pelikan eine Geburtstagsfeier statt. Es wurde dabei über das Sozialistische Osteuropakomitee (SOK) für Menschenrechte und Solidarität mit den Gefangenen im realsozialistischen Lager diskutiert. Wie sollten die Oppositionellen in den osteuropäischen Ländern unterstützt werden? Wie konnten Verbindungen hergestellt werden?
Als sie gerade intensiv debattierten, klingelte es. Ein später Geburts-

tagsgast. Es war Adam Michnik. Michnik hatte schon in den sechziger Jahren in Polen im Gefängnis gesessen. Er war nun zusammen mit Jacek Kurón dabei, die Komitees zur Verteidigung der Arbeiter in seiner Heimat zu organisieren.

Auf Sartres Einladung war er für ein paar Monate in Westeuropa, und als er in Frankreich erfuhr, daß Rudi in Rom sein würde, eilte er dorthin. Er begann von der Verhaftung 1968 zu erzählen, von den ersten Verhören und der Beschimpfung als »Dutschkist«. Rudi beschrieb die Begegnung: »Auffallend an Adam war sofort bzw. im Prozeß: scharf im Denken und stark im Saufen. Ohne jemals besoffen zu werden. Die Kritik der polnischen und Comecon *-Verhältnisse ist fundamental. Die pseudowissenschaftliche und bzw. oder beschränkt moralische Legitimation der dortigen Zustände ist ihm fremd, solch einen Habitus überläßt er offensichtlich mit Hohn und Spott jenen Linken, die tatsächlich mit einem Teil ihres Gehirns in Moskau oder Peking verweilen. Zu mir sagte er sowohl in Rom und später in Frankfurt: ›Wenn ihr es nicht lernt, mit unseren Kämpfen um die Menschenrechte Solidarität zu entfalten, so wird es euch später an die Gurgel gehen, uns allerdings früher.‹

In der Analyse der Verhältnisse tauchte bei ihm des öfteren der problematische Begriff des Totalitarismus auf. Dennoch wird der mehr Realgehalt in sich haben als die Phrase vom realen Sozialismus. (...)

Im Gefängnis saß er schon in den 60er Jahren. Die Geheimpolizei beschuldigt ihn, ideologische Einflüsse aus dem West-Berliner SDS erhalten und ins Land hineingetrieben zu haben. (...) Natürlich habe ich von J. Kurón usw. schon viel früher gewußt und mitgeholfen, den Text ** [von Kurón und Modzelewski] '68 in die CSSR zu schleppen.«[299]

Nach dem Gespräch mit Michnik war Rudi mehr denn je überzeugt davon, daß organisatorische Verbindungen mit der Opposition in Osteuropa geknüpft werden mußten.

*

* Comecon: Council for Mutual Economic Assistence, Rat für Gegenseitige Wirtschaftshilfe (RGW). Im RGW vollzog sich die wirtschaftliche Integration des realsozialistischen Lagers.

** Siehe Fußnote auf S. 68

Währenddessen war ich mit den Kindern in Dänemark und nicht immer glücklich darüber. Eines Tages klingelte das Telefon. Es war Rudi, der sich mit verkrampfter Stimme meldete: »Ich habe heute deinen Brief bekommen. Ist unsere Beziehung beendet? Soll ich überhaupt nach Hause kommen?« Ich hatte ihm geschrieben, daß ich mit einem Mann geschlafen hatte, ohne Details.
»Nein, nein, so ist es nicht«, sagte ich erschreckt.
»Ich habe den ganzen Tag geweint«, schluchzte er. »Ich bin krank, habe Fieber. Ich werde nie wieder gesund.«
Ich fing auch an zu weinen: »Ich will dich niemals verlassen. Ich liebe dich, nur dich. Und es war kein dänischer Mann und nicht hier.« Ich erinnerte ihn daran, daß er mit ein paar anderen Frauen Verhältnisse gehabt hatte. Wir waren einig gewesen, solche Beziehungen eingehen zu können, wenn es sich ergab, und wollten einander davon auch berichten. Keine Geheimnistuerei hinter dem Rücken des anderen, deswegen hatte ich Rudi über diese Beziehung zu einem anderen berichtet. War das falsch gewesen?
»Nein, nein«, jammerte er. »Dieses Mal ist es nicht wie zuvor.«
Aber ich sagte: »Ich will dich nicht verlassen. Es hat sich nichts geändert für mich.«
Er war eine Weile still, dann sagte er: »Ich werde die Konsequenzen ziehen und mit einer anderen Frau ein Verhältnis anfangen.« Ich dachte, daß es absurd sei, wenn er das tun würde, nur um sich an mir zu rächen. Was sollte das für diese Frau bedeuten? Aber ich sagte nur: »Das ist kindisch.«
Er reagierte darauf nicht, sondern flüsterte nur: »Alle Leute wollen mich zerstören.«
»Komm nicht mit solchen Sachen«, bat ich verzweifelt. »Menschen haben sexuelle Impulse, ohne daß sie vorhaben, jemanden zu zerstören.« Er schien mir nicht zuzuhören. Und ich konnte nichts mehr sagen, weil Weinkrämpfe mich beherrschten.
Es war mir klar, daß ich das Verhältnis mit dem Mann nicht weiterführen konnte, aber Rudi glaubte mir nicht. Er kam wütend und bitter zurück nach Aarhus. Er beschuldigte mich, unser Verhältnis zerstört zu haben. Ich weinte, er wütete, und wir konnten nicht miteinander reden. Ich wollte das Verhältnis mit Rudi keineswegs zerstört sehen. Aber Rudi akzeptierte meine Beteuerungen nicht. »Du willst zuviel«, klagte er. »Du möchtest mich und ihn, du möchtest das Buch, das wir

gemeinsam schreiben wollten, du willst dein Ernährungsprojekt, und du willst Helga. Vielleicht ist es einfach so, daß du das alles nicht haben kannst. Daß, wenn du all das haben willst, mich dann nicht haben kannst.«
Ich dachte: Warum müssen wir uns gegenseitig solche Grenzen setzen? Ich wollte ihm keine Grenzen setzen, ich dagegen war gefangen. Ich verzweifelte. Ich fuhr nach West-Berlin und beendete das Verhältnis mit dem Mann. Und fuhr zurück zu Rudi. Trotzdem blies noch einige Zeit ein kalter Wind zu Hause. Nur allmählich glaubte er, daß die Beziehung mit dem anderen wirklich vorbei war.
Rudi machte die Drohung wahr, mit einer anderen Frau zu schlafen. Er begann ein Verhältnis mit Susanne, die er auf einer Deutschland-Reise getroffen hatte. Ich habe diese Frau nie gesehen und wollte es auch nicht. Das war ein Teil von Rudis Leben, der für ihn eine sinnvolle Funktion hatte, aber ich wollte nicht davon berührt werden. Ich wünschte, daß mir eine kleine private Sphäre gegönnt würde, und die sollte Rudi auch haben.
»Wie löst du den Konflikt, der nicht nur deiner als Person ist, für den uns die Frauenbewegung sensibilisiert hat, viel Zeit für wissenschaftliche und politische Arbeit, für Reisen etc. aufwenden zu müssen und gleichzeitig in einer Familie zu leben, Zeit für Frau und Kinder zu haben?« fragte ein Interviewer.
»Dutschke: Ich würde sagen, es ist nicht lösbar. Das einzige ist, sich dieses Problems voll bewußt zu sein und im Rahmen der vorhandenen Möglichkeiten diese Spannung von Arbeitszeit und Lebenszeit angemessen zu ordnen. Also, bei mir persönlich ist es zur Zeit noch immer im Grunde unlösbar. Ein bißchen haben wir ein Nomadendasein. Unsere Banditen [so nannte er die Kinder] sind unser Fundament, die machen auch die Nomadenrealität hin und wieder mit, aber sie haben ihre Kontinuität auf der Grundlage Dänemarks.«
Warum er dieses Nomadendasein führe, wollte der Interviewer wissen.
Rudi antwortete, daß dessen Zweck sei, »eine Kommunikation herzustellen mit sozialen Kräften, politisch engagierten Kräften, die es meiner Ansicht nach möglich macht, mehr denn je darüber nachzudenken, einen eigenen sozialistischen Weg zu gehen«.[300]

Diese Kommunikation funktionierte über Publikationen oder Veranstaltungen. Und durch sie mußte Rudi außerdem »nebenbei« genug Geld verdienen, um die Familie über Wasser zu halten. Finanziell waren wir nicht gut dran. Rudi war frei und doch abhängig vom Markt, er mußte schreiben und Reden halten. Ich verdiente ab und zu Geld bei Forschungsprojekten, aber es war nicht genug. »das da« und andere linke Blätter zahlten immer schlecht und oft unpünktlich. Reden und Veranstaltungstouren wurden zu einer lebenswichtigen Geldquelle, aber die linken Grüppchen, die sie organisierten, waren nicht reich. Oft konnten sie nicht viel mehr als Reisespesen anbieten. Rudi fühlte sich trotzdem verpflichtet, möglichst überall seine Botschaft hinzutragen. Er nahm die Reisespesen oder Zugkarten, aber er benutzte sie nicht. Er versteckte sich in den Zugtoiletten, wenn der Schaffner kam. Und wurde nie erwischt. Manchmal klaute er, was wir zum Leben brauchten. Ich konnte das nicht. Ich hatte nicht die Nerven und das Geschick. Aber Rudi war geübt. Zu Weihnachten schaffte er es sogar, eine Gans zu organisieren.

*

Das SB plante für Pfingsten 1976 einen Kongreß gegen politische und ökonomische Unterdrückung. Es stand nicht gut um die Demokratie in Westdeutschland. Der Terrorismus wurde bekämpft, indem persönliche und demokratische Rechte eingeschränkt wurden. Geschichte schien sich zu wiederholen. Der Kongreß sollte mahnen: »Wehret den Anfängen«.
Auch Rudi hielt dort eine Rede. Er sprach nicht nur über die Gefahren für die Demokratie, sondern auch über die Notwendigkeit der Organisierung, um diesen Gefahren entgegenzutreten. Diesmal hörten einige SB-Mitglieder zu. Oskar Negt sagte später: Rudi und Daniel Cohn-Bendit »brachten irgendwie das Salz in diese Veranstaltung«. Und er schrieb an Rudi: »Wir müssen versuchen, die von Dir (...) aufgeworfene Dialektik von Räteorganisation und Partei noch tiefer zu begreifen und Lösungen anzubieten. (...) Laß uns gemeinsam und vielleicht auch mit den Genossen des R[epublikanischen] C[lubs] Schritt für Schritt daran arbeiten, daß aus der zweifellos vorhandenen Grundlage des SB eine organisierte sozialistische Bewegung in der Bundesrepublik wird, die sich stabilisiert und tatsächlich zu dem

führt, was wir alle wollen: nämlich, daß die ungeheuren Potentiale, auf die wir wenigstens bei Studenten und anderen Arbeitern im Reproduktionsbereich rechnen können, nicht zerfasert und in die Resignation getrieben werden. Du hast in Deinem Brief versichert, daß für Dich die Gründung einer Konkurrenzorganisation [zum SB] auf keinen Fall in Frage kommt. Ich bin Dir für diese Versicherung außerordentlich dankbar, und sie gibt mir auch Kraft, allen anders laufenden Gerüchten zu widersprechen.«[301]

Die SB-Leute drängten Rudi, bei ihnen mitzumachen. »Ich möchte Dich noch einmal mit Nachdruck bitten, die endgültige Entscheidung über Deinen bereits mehrmals angekündigten Beitritt zum SB nicht länger hinauszuzögern«, schrieb Klaus Vack. »Ich verstehe nicht, wieso Du so lange zögerst. Für Deine politische Konzeption gibt es im SB eine nicht geringe Basis. Natürlich sind im SB auch andere Varianten sozialistischer Politik vertreten. Ich befürchte, Du kannst Deine Sowohl-als-auch-Haltung in der Organisationsfrage und insbesondere zum SB nicht länger durchhalten, ohne Dich politisch zu verschleißen.«[302]

Rudi war zufrieden, daß nun wenigstens die Bereitschaft entstanden war, über Organisation zu diskutieren, und er rang sich dazu durch, Mitglied im SB zu werden. Kurz darauf las Rudi in »das da«, daß er sogar im Vorstand sitze: »Ich glaubte meinen Augen nicht zu trauen (...). So etwas gibt es dort gar nicht. Genügt es nicht, ein aktiv werdendes Mitglied zu sein? Die Sozialismus-Frage ist keine Vorstands- und keine Büro-Frage. Wir vom SB sind uns gerade dessen bewußt, während andere damit stehen bzw. fallen.«[303]

Zwar war Rudi als Mitglied aufgenommen worden, aber einen Aufnahmeantrag mahnte das SB möglicherweise umsonst an. Ob er je diese »bürokratische Scheiße« erledigt hat, weiß ich nicht. Aber das machte am Ende ihm und dem SB nichts aus. Bald danach erklärte Rudi: »Wir sind um 1300 Mitglieder, aber es ist klar, daß wir mehrere tausend mehr bekommen können, sobald wir eine feste Organisation aufbauen.«[304]

Die gegenseitigen Erwartungen erfüllten sich aber nicht. Das SB erwies sich für Rudi nicht als flexibel genug, es verlor den Anschluß an die Bewegung in der Linken, auch wegen seiner Unschlüssigkeit und dem Streit um »Varianten sozialistischer Politik«.

*

Inzwischen war die Miete für unsere Wohnung in Aarhus so teuer geworden, daß wir sie nicht mehr bezahlen konnten. Ich hatte wieder eine »Ernährungsreise« vor mir, diesmal nach Mexiko. Wir entschieden uns daher, die Wohnung vor meiner Reise aufzulösen und danach nach Deutschland zu ziehen. Rudi schien dazu bereit zu sein.

Unsere Möbel und Bücher lagerten wir im Keller eines dänischen Freundes, Michael Larsen, in Aarhus. Während ich sechs Wochen mit Polly unterwegs war, brauchten wir keine Miete zu bezahlen. Und Rudi hatte Zeit, in West-Berlin eine neue Wohnung zu suchen. Er sollte dort mit Hosea hinfahren. Doch bald schrieb er mir: »Ich war bisher noch nicht in Berlin, hab' auch keine große Lust im Augenblick, sitze hier lieber und lese in Büchern, die für unser gemeinsames Buch wichtig sind.«

Aber dann fuhren Rudi und Ho doch los. Er schrieb mir nach Mexiko: »In Berlin ist bisher keine Wohnung auftreibbar gewesen. Jeder hat seine eigenen Interessen. Um da erfolgreich werden zu können, wird es unvermeidlich sein, diesem Ziel konsequent und durch nichts gestört zu folgen. D. h. wir müssen es in die eigene Hand nehmen und uns nicht auf andere verlassen. Im Augenblick stinkt mir die ganze Sache, auf der anderen Seite wäre es schade, gerade für Po, wenn wir erst später dort einsteigen. Weiß wirklich nicht.«

Sie reisten zurück nach Aarhus. Rudi meldete sich bei Michael Larsen und fragte, ob er eine Wohnung für ihn habe. Michael besaß ein Wohnhaus in Heibergsgade, in dem es tatsächlich eine freie Wohnung gab. Rudi zog in sie ein.

Kurz bevor ich Mexiko verließ, bekam ich einen Brief, von West-Berlin war keine Rede mehr: »Ho ist zur Zeit wie ein Wilder an der Olympiade interessiert, sonst spielen wir weiterhin jeden Tag Schach, er ist seinem Alter entsprechend ziemlich klar im Spiel.« Ich wußte nicht, wo Rudi war und auch nicht, wohin ich zurückkehren sollte. Ich rief bei Bekannten in Berlin an, aber niemand wußte, wo Rudi war. Ratlos versuchte ich mein Glück mit unserer alten Telefonnummer. Zu meiner völligen Überraschung nahm Rudi ab. Ich fragte: »Wo, um Gottes willen, bist du?«

Er antwortete, er sei in der Wohnung von Michael Larsen, das Telefon hatte er zwar eingesteckt, er hatte aber keine Ahnung gehabt, daß es funktionierte, und war so überrascht wie ich.

Ich fragte ihn: »Wollten wir nicht nach Berlin ziehen? Warum bist du dann in Aarhus?«
Rudi gab mir keine richtige Antwort, sondern murmelte etwas von »keine Wohnung gefunden in Berlin«.
Ich wußte nun, daß er einfach nicht nach West-Berlin ziehen wollte, daß er Deutschland immer noch nicht ganz annahm. Ich war nicht böse, aber auch nicht glücklich. Ich wäre bereit gewesen, wieder in Deutschland zu leben.

Polly und ich kamen in Aarhus an und betraten die neue Wohnung im vierten Stock. Die Sonne schien, es war ungewöhnlich heiß für Dänemark. Das Wohnzimmer war blendend hell wie ein Treibhaus, an den Fenstern hingen keine Gardinen. Auf dem Holzboden lagen Decken und Kissen, eine Schreibmaschine, Papier und Bücher wild durcheinander. Mitten im Zimmer brummte ein Kühlschrank. Es gab keine Stühle und keinen Tisch, sie standen noch im Keller. Nachts hing Rudi Bettlaken vor die Fenster, weil es zu dieser Jahreszeit kaum dunkel wurde. Die Laken lagen tagsüber auf dem Fußboden.
Ich schaute erst erschrocken, dann lachte ich. »So habt ihr gelebt! Was hat es mit dem Kühlschrank auf sich?«
Rudi sagte: »Es war so heiß, das Essen ist schimmelig geworden.«
»Aber warum steht er hier mitten im Wohnzimmer als einziges Prachtstück?«
Rudi: »Ja, so konnten wir leicht Essen holen, wenn wir Hunger hatten.«
Es gab zwar einen Herd in der Küche, aber Rudi hatte nicht herausgekriegt, wie das Gas aufzudrehen war. Sie hatten immer kalt aus der Dose oder Brot gegessen, doch es war Sommer und heiß, und trotz allem war Hosea in bester Gesundheit und gut gelaunt.

*

Mitte der siebziger Jahre versuchten die Kommunisten in Spanien, Italien und zeitweise auch in Frankreich, ihre Politik zu reformieren. Weil die Welt Schlagworte braucht, nannte man diese Bestrebungen höchst ungenau »Eurokommunismus«. Für Rudi schien der Ansatzpunkt verheißungsvoll: »Die KPI, KPF, KP Spaniens usw. streiten doch nicht umsonst vom Standpunkt der radikalen Kritik mit der

KPdSU und dem Warschauer Pakt über die Okkupation der CSSR, versuchen mehr denn je mit eigenen Beinen zu gehen und lehnen den Führungsanspruch der KPdSU strikt ab. (...) Daß Marx und die Unkenntlichwerdung des befreienden Wesens des Sozialismus-Kommunismus in der SU der nachrevolutionären Periode ein zentraler Hintergrund der Fragestellungen ist, sollte nicht verwunderlich sein.«[305]

Die erste Möglichkeit für Rudi, mit Eurokommunisten zu diskutieren, ergab sich im Sommer 1976 auf dem Festival des italienischen kommunistischen Jugendverbands (FGCL) in Rom. Rudi wurde eingeladen, über »das Jahr 1968 und seine Bedeutung für die heutigen Jugendbewegungen« zu reden. In Rom fing es etwas holprig an, wie Rudi beschrieb. »Die KPI hat eine lange Da-und-Dort-Seins-Geschichte (An-Wesen-Heit), die KPD, aus welchen Gründen auch immer, eine längere Ab-Wesen-Heits-Geschichte. Wie sehr die KPI anwesend ist, merkte ich schon am Flughafen. Noch 1968 mangelte es dort nicht an Schikane, Unfreundlichkeit, Überprüfungen. Auch diesmal stand mein Name offenbar noch im Fahndungs- und Beobachtungsbuch der Polizei. Ich wurde ausgesondert, neue Papiere wurden geschrieben, höhere Beamte hinzugezogen, die wissen wollten, wohin ich fuhr. Als ich aber die Einladung der KPI vorlegte, ging es plötzlich ganz schnell. (...)

Damals und später, so erzählte jetzt der KPI-Genosse [Ugo] Pecchioli, stellvertretender Chefredakteur der ›Unità‹ *, hätten Genossen aus kommunistischen Bruderparteien ihm gesagt: ›Dutschke ist ein Revisionist.‹ Die KPI kenne diesen Vorwurf nun selbst schon lange. (...) Der Genosse Pecchioli fragte mit Recht: ›Wie können wir weiterkommen mit 1968? (...) Was hat damals so begeistert‹ (...) und meinte: ›1968 hat Fragen gestellt, die bis heute nicht beantwortet sind.‹ (...) in der nachfolgenden Diskussion [wurde] deutlich (...), wie sehr die KPI noch in der Lenin-Erbschaft steht. Die Frage des materialistischen Gehalts der Subjektivität scheint die KPI noch nicht wirklich als Problem erkannt zu haben. Die alte Debatte über die Subjekt-Objekt-Dialektik war immer schlecht ausgegangen für das Subjekt. Der objektive Weltgeist triumphierte. Die Qual der Arbeit siegte, und der Genuß kam nicht einmal auf die Welt.«[306]

---

* »L'Unità«: Zentralorgan der Kommunistischen Partei Italiens

Rudi traf in Rom einen anderen wichtigen Eurokommunisten, Lucio Lombardo-Radice, Professor für Mathematik, Mitglied der KPI seit 1938 und ihres Zentralkomitees seit 1969, verantwortlich für die Arbeit in der BRD, auch persönlich engagiert in Fragen der politischen Unterdrückung beziehungsweise Verfolgung der Opposition in osteuropäischen Staaten.

In den Gesprächen mit Lombardo-Radice erkannte Rudi, daß die Eurokommunisten keinen radikal neuen Weg gingen. Er schrieb: »Die ersten Eurokommunisten waren Marx und Engels, und die heutigen ersten müßten von denen noch verflucht viel lernen, um überhaupt Eurokommunisten zu sein.«[307] Ob sie das lernen würden, erschien Rudi fraglich. Sie waren nicht bereit zu einem entschiedenen Bruch mit der Vergangenheit. »Es wäre falsch, von Bruch zu sprechen. Auch bei Gesprächen mit Genossen in Italien von der KPI war zu spüren, daß da an Bruch wenig gedacht wird. Bruch mit dem Stalinismus, ja, aber nicht Bruch mit dem ZK der KPdSU. (...) Carillo *, bei allen richtigen Kritiken der Bürokratie in der Sowjetunion und vielen anderen Aspekten, wo er einen Durchbruch der Tradition des Stalinismus angefangen hat. Aber seine Konzeption, soweit ich sie aus dem letzten Buch ** entnehmen kann, drückt einen Staatsbegriff aus, der ähnlich wie die KPI (...) keine Problematisierung des Staatsbegriffes kennt. Und darum das Problem von Vergesellschaftung und Verstaatlichung von Eigentum, die sehr fundamentale Differenz, nicht scharf genug in den Mittelpunkt stellt. (...) Eines ist fundamental richtig, was er sagt: Kampf um Demokratie.«

*

Gab es im Westen Risse im sozialistischen Dogma, so änderte sich im Osten gar nichts. Der reale Sozialismus gab sich als Monolith. Wer ihn demokratisieren wollte, galt als Staatsfeind. Aber trotzdem wurde im Osten um Demokratie gekämpft. Wolf Biermann hatte oft genug

---

* Santiago Carillo (geboren 1916) war lange Jahre Generalsekretär der Kommunistischen Partei Spaniens und ein prominenter Vertreter des Eurokommunismus.

** Gemeint ist das Buch: Régis Debray, Max Gallo, Santiago Carillo, Spanien nach Franco, West-Berlin 1975

darüber berichtet. Rudi wandte sich wieder an ihn: »Wie kann nun die politische Freundschaft zwischen Dir und mir, angemessen den vorhandenen Möglichkeiten, sich produktiv vereinigen? Für mich warst Du jahrelang, als Du mich noch gar nicht kanntest, von mir nicht gehört hattest, einer, der mich faszinierte, weil Du in die DDR gezogen warst und dort nicht mit fliehenden Fahnen den Schwanz eingezogen hast, sondern den Sozialismus nie wirklich aus dem Auge verloren hast. Dann als einer, der das ›Neue‹ in der DDR verteidigte und die aufkommende ›Wiederholung der alten Scheiße‹ (Marx) kritisierte. Der die blauen Hemden und roten Fahnen sieht, aber die Kluft von Form und Inhalt täglich erfuhr. Daß solche Typen wie Du und ich aus objektiven Gründen nur äußerst schwierig produktiv kooperieren können in einem politischen Sinne, haben wir anläßlich der Weltjugendspiele nur zu sehr erfahren müssen.«
Wolf Biermann war 1953 in die DDR eingewandert, weil er sie für den besseren deutschen Staat hielt. Aber seit 1965 durfte er nicht mehr öffentlich auftreten. Wegen dieser Biographie und weil Biermann politische Lieder schrieb und sang, mußte er nach Rudis Überzeugung, ob er wollte oder nicht, eine politische Rolle als Oppositioneller in der DDR spielen. Biermann war einer der wenigen, den Rudi damals kannte, der in der DDR in diesem Sinne wirken konnte. Biermann wird das anders beurteilt haben. Daß sich außerdem Biermann nicht nur als politischer Mensch, sondern auch und nicht weniger als Künstler sah, begriff Rudi nicht. Rudi hoffte, Biermann überzeugen zu können, die ihm zugedachte Rolle als Dissident zu spielen.
Im April 1976 schrieb Rudi Wolf einen offenen Brief, den er ihm vor der Veröffentlichung vorlegte: »Wenn ich einen solchen Brief beginne zu schreiben, so kannst Du Dir vorstellen, wie sehr ich versuche die dialektische Spannung von Solidarität und Kritik lebendig werden zu lassen. Das menschenfremde, menschenfeindliche Kritikastertum ist Dir so bekannt wie mir, und es stinkt und schmerzt uns beiden gleichermaßen. (...) Gerade der despotische Sozialismus ist den Mechanismen des Kapitalismus äußerst nahe. (...) Dieser gesellschaftliche Typus kann die produktive Erbschaft des Kapitalismus noch nicht auf eine neue weltgeschichtliche Stufe der Befreiung des Menschen bringen. Meine Frage ist, bist Du in eine solche Gesellschaft hineingeraten, habe ich mich aus einer solchen davongestohlen? (...)
Hast noch immer nicht die Lage der Arbeiterklasse und der neuen

sozialen Schichten in der DDR-Staatsmaschine und die Lage und Rolle der Partei zum Gegenstand der künstlerischen Forschung und Fragestellung gemacht. (...) Da müssen wir uns mehr denn je über eins klar sein: Erbschaft als schaffendes Erbe kann nur mithelfen, Neues zu schaffen in unserer Zeit, wenn da die grundlegenden metaökonomischen, dichterischen und anstehenden politisch-ökonomische Fragen für Gegenwart und Zukunft gestellt sind. (...) Du scheinst mir dagegen trotz aller Kritik im allgemeinen mit diesem Staat, mit dieser Partei noch immer verheiratet zu sein in einem eigenartigen Sinne. Meine Grundthese ist, Du bist denen noch zu nahe, die Dich aufgenommen haben und seit Jahren versuchen Dich bei der Stange der Isolation zu halten, bist nicht nahe genug denen, um die es in der Sozialismus-Frage geht, den Beleidigten, Erniedrigten, den von der Entfremdung nicht freigewordenen, mehr für andere als für sich Mehrwert schaffenden Arbeitern und Werktätigen.« [308]

Während Biermann las, wuchs sein Unbehagen. Ich glaube, daß dieser Brief für Biermann ein Schock war und daß er ihn Rudi nie ganz verziehen hat. Als er fertiggelesen hatte, sagte er: »Ich muß dich enttäuschen. Ich stehe in einer sehr widersprüchlichen Beziehung zu den Leuten, die du im innersozialistischen Konflikt als Reaktionäre bezeichnest, den Repräsentanten der stalinistischen Bürokratie. Ich kann diese Verheiratung nicht lösen. Das sind meine Genossen im klassischen Konflikt der sozialistischen Gesellschaft. Von diesen Leuten kann ich mich so lange nicht trennen, wie ich davon bedroht bin, daß die Leute mich auch einsperren können.«

Rudi erwiderte: »Gerade das müßte dich veranlassen, die Schärfe der Kritik an den Verhältnissen schärfer zu sehen.«

Biermann: »Na, die Beziehungen zu den vorhandenen Organisationsformen – die Partei – sind vielfältig. Auch Margot Honecker ist mit meiner Familie ein bißchen verbunden. Sie hatte mich in die DDR geholt. Nicht, daß sie einen politischen Sänger haben wollte, sondern weil ich lernen wollte, und ›die‹ ermöglichte es. (...) Ich war mir nicht klar darüber, als ich 1953 in die DDR kam, ich hatte keine Vorstellung über den Stalinismus, wie wir ihn heute haben. (...) Was Stalinismus bedeutet, wußten ja nicht einmal solche alten Füchse wie Havemann. Meinst du, ob du als dreizehnjähriger Kirchensohn vom 17. Juni in der DDR mehr verstanden hast als der siebzehnjährige stalinistisch orientierte Biermann?«

Rudi lachte etwas verlegen, beantwortete die Frage nicht, dann fuhr er fort: »Aber heute, wie erfolgt heute das Herankommen an die Lebensweise derjenigen, die ihre Emanzipation noch nicht haben. Die Frage dabei ist, ob der politische Erzieher – der politisch-künstlerische Erzieher – auch erzogen wird und wodurch. Du bleibst noch in vielen deiner Gedichte in der Vergangenheit der Arbeiterklasse. Aber du hast die Zuspitzung noch nicht erreicht, nämlich die Abarbeitung der Vergangenheit.«

»Die Frage steht noch, ob sich ›das‹ bei Honecker strukturell verbessert hat oder nicht. Deine Lage und die [der] anderen weist nicht darauf hin, daß es sich strukturell verbessert hat.«[309]

Biermann war nicht einverstanden mit Rudis Einschätzung, daß er und Havemann quasi die kommunistische Opposition in der DDR waren: »Das ist falsch, denn es existieren noch andere Personen, die zu nennen wären. Es gibt in der DDR viele Leute, die eine kommunistische Opposition bilden. Die Opposition in der DDR ist ein Tausendfüßler. Das Dumme ist bloß, daß der Westen und die westlichen Medien diesen Tausendfüßler immer nur von vorn sehen. Sie erblikken immer nur seine beiden vordersten Beine.«[310]

Auch Robert Havemann war unglücklich über Rudis Brief. »Ich habe Deinen Offenen Brief an W[olf] B[iermann] gelesen. Leider also sehr spät, aber, wie ich hoffe, nicht zu spät. Ich möchte Dich mit aller Dringlichkeit bitten, diesen Brief zurückzuziehen und keinesfalls gar auszugsweise im ›Spiegel‹ vorzuveröffentlichen. Dein Brief würde nicht nur Wolf, sondern uns allen hier in der DDR großen Schaden zufügen. (...) Das alles wäre dann nur ein weiterer Schritt in der Desintegration der Linken (.. .).«[311]

Das glaubte Rudi nicht. Nur die radikale Kritik am DDR-System konnte in seinen Augen etwas bewirken, Leisetreten war seine Sache nicht. Er hielt den Brief weiterhin für gerechtfertigt. Und er wurde in einem Buch mit Liedern von Biermann veröffentlicht.

Vielleicht gab es, wie Biermann glaubte, in der SED Reformer. Diese Leute sollte Biermann nach Rudis Meinung herausfordern durch kleine Provokationen. Das war jedoch schwieriger getan als gesagt. Biermann mußte die Grenzen, die er nicht überschreiten durfte, vorsichtig ausloten. Mit oder ohne Erfolg.

Eine Chance zur Provokation ergab sich, als Biermann zu einer Veranstaltung gegen den spanischen Diktator Franco in Offenbach eingeladen wurde. Am 13. Oktober erlaubte die SED Biermann, in Offenbach aufzutreten. Voller Vorfreude schrieb er innerhalb von fünf Tagen drei neue Lieder gegen den Terror des Franco-Regimes. Aber zwei Stunden vor der geplanten Abreise teilte das Kulturministerium Biermann kurz und kommentarlos mit, daß die Reise nun doch nicht möglich sei.

Unmittelbar nach diesem gescheiterten Versuch, Biermann in Westdeutschland auftreten zu lassen, wollte das Sozialistische Osteuropakomitee mehrere Großveranstaltungen über den Kampf für die Verteidigung der demokratischen Rechte und Freiheiten und für den Sozialismus durchführen. Wieder wurde Biermann eingeladen. Erstaunlicherweise wurde ihm diese Reise erlaubt. Rudi war skeptisch: »Der genehmigte Besuch der BRD für W. Biermann muß nicht unbedingt Ausdruck einer neuen Stufe von Demokratisierung in der DDR sein. Wird sich immer wieder zeigen.«[312] Der Tag der Ausreise kam. Diesmal wurde Biermann nicht im letzten Augenblick zurückgehalten. Er passierte die hermetisch abgedichtete Grenze, die distanzierten Gesichter der Grenzpolizisten zeigten keine Regung, als sie seinen Paß begutachteten. Biermann war endlich im kapitalistischen Westen, wo viele Menschen begierig auf seine Botschaft warteten.

Bald sollte Rudi Wolf zum erstenmal auf der Bühne sehen. »Der Weg nach Bochum war verrückt«, schrieb Rudi. »Am interessantesten war ein wahnsinniges Taxi-Gespräch im Ruhrpott. Der interpretierte den Auftritt von Wolf B. als Auftritt eines zukünftigen Guillaume Nr. 2, erst in die Hände der SPD und dann Entlarvung.«[313]

Rudi wollte glauben, daß sich im im Osten etwas in Richtung Demokratie bewegte, aber er konnte es nicht. Es blieb die Frage: »Warum hatte er eigentlich jetzt auf einmal die Ausreiseerlaubnis bekommen? Dazu wurde nirgendwo etwas gesagt.«

Wieder wurde die Hoffnung betrogen. Die DDR-Funktionäre hatten ihren Grund, Biermann ausreisen zu lassen. »Die Wirklichkeit hat uns überholt«, schrieb Rudi am 16. November an italienische Genossen. »Ein großer Freund von mir, ein großer Freund der KPI desgleichen, der Gen. Wolf Biermann aus der DDR darf nicht mehr zurück.«[314]

Wyhl und Brokdorf

> »Das Neue der Anti-AKW-Bewegung besteht meiner Ansicht nach darin, daß eine Bürgerinitiative in Erscheinung trat und existiert, die in der deutschen Geschichte eine Neuigkeit ist. Es stoßen in der Anti-AKW-Bewegung konservatives Denken und progressives Denken zusammen. Teilweise verknoten sie sich ineinander. Aber allgemein ist es ein Widerstand gegen eine Tradition deutschen Verhaltens, gegen eine Tradition deutscher Unterordnung, etwas, was in den 60er Jahren begann, aber auf die Universitäten beschränkt war. (...) All das ist nun in den 70er Jahren auf einer breiteren Ebene.«[315]

Im Ernährungsinstitut in Aarhus erzählte Professor Helms mir eines Tages von dem deutschen Naturphilosophen Ernst Haeckel, der von 1834 bis 1919 gelebt hatte. Dieser war zwar kein Marxist gewesen, aber er hatte in einem Brief Marx' Theorien über die Gesellschaft für richtig erklärt, obwohl er offenbar keine politischen Konsequenzen daraus zog. Er interessierte sich für Überschneidungen zwischen seinen und Marx' Anschauungen. Helms fragte mich, ob Rudi etwas darüber wisse. Rudi kannte jedoch keine Stellen bei Marx, wo eine Verbindung mit Haeckel erwähnt wurde, aber seine Neugier war geweckt.

Haeckel, wenn er unter Linken überhaupt bekannt war, wurde eher in die konservative, rechte, vielleicht sogar faschistoide Ecke gestellt. Aus seinen Schriften allerdings läßt sich diese Interpretation nicht erklären. Haeckel ist auch bekannt als Vater der Ökologie.

Ein weiterer Anstoß in Sachen Haeckel kam unerwartet von Klaus Mehnert, dem bekannten Publizisten. Er hatte bei Recherchen für ein Buch über die Jugendrebellion den Kontakt mit Rudi gefunden. Mehnert hatte sich mit ökologischen Fragen nicht beschäftigt. Aber er berichtete Rudi von einer kuriosen Episode, einer Geschichte über Mao Tse-tung und Ernst Haeckel: »Wo stecken die Wurzeln des Unterschieds von Maoismus und Sowjetkommunismus? Eine Teilantwort mag der folgende Hinweis geben, der (...) einen kleinen familiengeschichtlichen Bezug hat. In seinem Gespräch mit dem Kanzler Schmidt nannte Mao vier große Deutsche, die auf sein Denken Einfluß ausgeübt haben: Hegel, Marx, Engels – und Haeckel. Nur die Älteren unter den Chinafahrern – übrigens auch der Kanzler – wußten mit diesem Namen etwas anzufangen.

Ich erinnerte mich, daß in der väterlichen Bibliothek in Moskau vor dem Ersten Weltkrieg ein Buch stand, dessen Titel den Siebenjährigen anzog: ›Welträthsel‹. Für Rätsel hatte ich immer etwas übrig, und nun gar Welträtsel. Auch der Name des Autors blieb mir im Gedächtnis: Ernst Haeckel, Naturwissenschaftler und führender Modephilosoph um die Jahrhundertwende (...). Nach der Rückkehr aus China besorgte ich mir in der Württembergischen Landesbibliothek als erstes die Originalausgabe der ›Welträthsel‹ von 1899 und entdeckte nun endlich, woher Mao – von seinem chinesischen Erbteil abgesehen – einen Teil seiner weit von Marx wegführenden Ideen hat. Während für Marx mit der proletarischen Revolution die Menschheit in einen idealen Endzustand, in ein neues Paradies, eintritt, ist die Revolution für Mao nur ein kurzer Augenblick der Geschichte, dem zahllose weitere folgen werden. ›Auch unsere Mutter Erde wird nach Verfluß weiterer Millionen Jahre erstarren und, nachdem ihre Bahn immer kleiner geworden, in die Sonne stürzen‹, schrieb Haeckel 1899 (...). ›Am Ende wird auch das Menschengeschlecht verschwinden. Dann wird auch die Erde zu bestehen aufhören. Die Sonne wird erkalten‹, sagte Mao 1958. Wer aus solcher Perspektive die Gegenwart sieht, mag wohl wie Mao 1966 zu Edgar Snow sagen: In tausend Jahren werden wahrscheinlich sogar Marx, Engels und Lenin ziemlich lächerlich wirken.«[316]
Rudi griff gleich den Hinweis auf Haeckel auf und schrieb Mehnert: »Noch ein Wort zu Haeckel. Sie erwähnen Ihre erste Kenntnis des Biologen über den Vater in Rußland. Weist das nicht darauf hin, daß sich die russische Intelligenz mit dieser Evolutionstheorie beschäftigte? Und nicht nur Mao darin seinen Gefallen fand? Ich würde nämlich behaupten, und es gibt keinen gesonderten Beitrag von Mao über Haeckel, daß er ihn über Lenin rezipiert hat, über dessen Bemerkungen in den philosophischen Schriften, Rezensionen desselben. An Haeckel, so meine ich, würde sich eher die Gemeinsamkeit von Mao und Lenin als die Differenz der politischen Kurse der beiden Regierungen ableiten lassen. Allerdings würde ich Ihnen insofern zustimmen, daß die Dialektik von Evolution und Revolution nach der Machtergreifung von Mao und nicht von Lenin weiterentwickelt worden ist.«[317]

So fand Rudi den ersten Faden zur Ökologie. Dadurch wurde er aber nicht schlagartig zum Umweltrevolutionär, dazu fehlten noch einige

Erfahrungen. Die erste hatte er bald in Freiburg im Breisgau. In der Nähe Freiburgs, bei dem kleinen Ort Wyhl, sollte ein Atomkraftwerk gebaut werden, und große Teile der Bevölkerung protestierten massiv dagegen. Es war der sichtbare Auftakt der Bewegung gegen die Atomkraft in Westdeutschland. Rudi wußte davon, aber er hatte es nicht in seine politischen Überlegungen eingeordnet.

Im Januar 1976 war er zu einer Diskussionsveranstaltung in der Freiburger Universität eingeladen. Die Veranstaltung selbst verlief wie Hunderte von anderen davor. Und die Argumente der Sektierer waren auch nicht neu. »Ein Trauerspiel, vom leicht deprimierten Kopfschütteln des Genossen Rudi begleitet. Rudi Dutschkes nun folgende Rede war großartig«[318], kommentierte eine Studentenzeitschrift. Aber war sie auch vollständig?

Nach der Veranstaltung wurde Rudi in die Freiburger Buchhandlung »Jos Fritz« gelotst. Dort trafen sich Menschen von undogmatischen Initiativen einschließlich einiger Atomkraftgegner. Rudi wollte wissen, was in Freiburg läuft, besonders an der Universität. Nach intensiver Diskussion sang Walter Moßmann das Biermann-Lied vom »roten Stein der Weisen«, den die Genossen (»auch du, Genosse Rudi!«) noch nicht gefunden hätten.

Allmählich entstand eine spürbare Spannung im Buchladen. Ein Augenzeugenbericht: »Jedenfalls entlud sich dieses gruppendynamische Dilemma in dem theatralischen Auftritt eines sonst recht besonnenen Mitgliedes der KKW-Nein-Gruppe, der ausschließlich über Wyhl reden wollte, wozu Dutschke nur Allgemeines sagen konnte, worauf der Genosse Peter einige blödsinnige Beschimpfungen vom Stapel ließ.«[319]

Dieser Genosse Peter verteidigte sich: »Es waren ungefähr 50-60 Leute dort versammelt. Schlimm war es, zu sehen, daß fast alle anwesenden Genossen zu Dutschke wie zu einem Messias aufblickten, daß sie an seinen Lippen hingen und von ihm die Lösung ihrer Probleme erwarteten. (...) Ich erwähnte unter den Problemen, die außer der Uni eigentlich wichtig waren, Wyhl. Das liegt mir nahe, und zwar nicht nur, weil ich in der KKW-Nein-Gruppe bin. Hier fingen die Hörer an zu schimpfen. Immerzu Wyhl! Ist für euch die im Moment durchaus reale Möglichkeit, daß das KKW nach Wyhl kommt, nicht bedrohlich? (...) Einer der Freiburger Spontis sagte mir, ich solle mit meinem ›Feierabendhobby Wyhl‹ hier nicht die Leute terrorisieren.

Das hat mich schon verletzt, auch weil ich studentischen Hochmut gegenüber Berufstätigen heraushörte. (...) Rudi Dutschke ist ein Markenartikel geworden. Ist es möglich, hinter diesem Markenartikel noch einen Gebrauchswert zu sehen?«[320]
Peter war nicht allein in seinem Unbehagen in der Buchhandlung an diesem Abend. Auch Rudi war gereizt. Vielleicht spürte er zuerst nicht ganz klar, daß hier etwas anderes vorging, als er es gewohnt war. Die, die ihm hier widersprachen, waren keine Sektierer.
Nach diesem Treffen fuhr Rudi nach Hause. Er bekam die Freiburger Stadt- und Unizeitungen zugeschickt und las die Kritiken über sich. Er war sauer. Er wollte nicht kritisiert werden. Doch allmählich begriff er, daß er etwas verpaßt hatte, und er spürte, daß es wichtig war. Sein Ärger wich. Die dialektische Spannung von Solidarität und Kritik war wichtiger als verletzte Eitelkeit.

Einige Wochen gingen vorbei. Es kam ein schöner, sanfter Frühling in diesem Jahr, und in Wyhl ging es weiter mit dem Aufstand. Dann wurde es Sommer, ein warmer, sonniger Sommer, und der Aufstand ließ nicht nach. Moßmann war stark eingespannt. Er dachte nicht an Rudi oder an ihr letztes so wenig erfreuliches Treffen.
Eines Tages klingelte bei Moßmann das Telefon. Er nahm ab. »Hier ist Rudi«, sagte eine heisere Stimme.
»Wer?« fragte Moßmann.
»Rudi Dutschke, ich bin am Bahnhof, und ich wollte jetzt mal was erfahren von eurer Bewegung hier, und ich habe Zeit. Kann ich bei euch wohnen?«
Moßmann stockte einen Augenblick der Atem, dann sagte er: »Ja, ja, das ist gut. Komm nur. Ich hole dich ab.«
Moßmann lebte in einer Wohngemeinschaft. Es gab eine Kammer, in der Rudi untergebracht wurde. Der Aufenthalt verlief so: Vormittags hatte Moßmann zu tun, und er gab Rudi einen Haufen Literatur: Flugblätter, Bücher, Artikel. Rudi las alles konzentriert. Nachmittags unternahm Moßmann mit Rudi Ausflüge. Zum Kaiserstuhl und all den Orten, wo die Menschen gegen das geplante Atomkraftwerk protestierten. Moßmann stellte Rudi nie namentlich vor. Das klappte gut. Nur einer hat etwas geahnt, ein alter Fischer und Kommunist aus Familientradition, Balthasar Ehret. Er arbeitete mit in der Bürgerinitiative gegen das Atomkraftwerk. Hinterher beschimpfte er Moßmann

fürchterlich, daß er ihm nicht verraten hatte, wer der Besucher war. »Der Rudi Dutschke in meiner Stube, und du sagschd mir das nicht. Schließlich hab' ich auch demonschdrierd, als Rudi in Berlin niedergeschossen wore is.«
Rudi wollte nicht erkannt werden. Er wußte, wie das auf die Leute wirken würde. Moßmann hatte ein paar Jahre bei ihnen gearbeitet, und die Menschen kannten ihn und hatten Vertrauen. Sie redeten mit Rudi so, wie sie mit Moßmann redeten, unverstellt und direkt.
Ein Journalist wollte den Bauern Karl Meyer jr. aus Bottingen am Kaiserstuhl zu einem Interview aufsuchen. Walter Moßmann, der davon wußte, dachte, das könne auch für Rudi interessant sein. Als der Journalist auf Karl Meyers Hof anlangte, waren Moßmann, Rudi und ein Mitglied der »Gewaltfreien Aktion Freiburg« schon in heftiger Diskussion mit dem »Wurzelsepp, der zu einem der profiliertesten Widerständler gegen Wyhl geworden war und nun in der Region respektvoll Atom-Meyer genannt wurde. Karl Meyer jr., der über den biologisch betriebenen Heilwurz-Anbau zur Ökologiebewegung gekommen war, hatte sich eine naturpolitische Weltsicht erarbeitet und war vom Geist des gewaltfreien Widerstandes erfüllt. Er, Karl Meyer, war es, der sprach, nein, der seine Mission verkündete, und Dutschke war es, der zuhörte.« Wochen danach fragte auch Karl Meyer aus Bottingen leicht vorwurfsvoll den Journalisten, warum er ihm nicht gesagt habe, daß sein Besucher Rudi Dutschke war.[321]
Rudi hatte seine Art, mit den Leuten zu reden. Er fragte immer nach den sozialökonomischen Daten: Wie das mit der Arbeit sei, wie die sozialen Verhältnisse seien, wo die wirtschaftlichen Probleme lägen. »Das hat er sehr gut gelernt«, berichtete Moßmann. »Es war die Automatik, die erst mal funktionierte, und sehr gut auch. Dann aber kam, das war eindeutig halt Neuland, diese Beschäftigung mit dem Problem der Atomindustrie und mit allem, wofür das sozusagen Speerspitze war.« Eines überraschte Moßmann: »Das fand ich sehr lustig, daß immer, wenn Rudi versuchte irgendwo an das Bekannte anzuknüpfen, daß er immer sagte, er erinnere sich daran, daß Gretchen auch davon geredet hatte, wenn wir mit Landwirten über die ökologische Landwirtschaft Fragen stellten, von der Gretchen hat er dies und das auch schon mal gehört. Das war offenbar, für ihn gab es noch nicht viele Quellen.«
Nach dem Interview mit Wurzelsepp fuhr Rudi mit dem Journalisten und Moßmann nach Freiburg zurück. Rudi fragte nach der Gewalt-

freien Aktion Freiburg. Der Journalist wunderte sich: »Das Problem, sein Problem war aber damals, wie es Habermas auf dem Widerstandskongreß im Anschluß an die Beerdigung Benno Ohnesorgs in einer heftigen Intervention ausdrückte, daß die Aktionen der damaligen APO alle aus dem Arsenal der Bürgerrechtsbewegung Martin Luther Kings stammten, die Aktivisten des SDS sich aber beharrlich weigerten, diese Aktionen auch gewaltlos zu nennen.« [322]
Rudi blieb zwei Wochen in Freiburg. Das war der Anfang einer Wandlung, die Rudi nicht vom Sozialismus wegführte, ihm aber neue Einsichten verschaffte: Am Beispiel der Atomindustrie entwickelte er neue Gedankengänge, die die traditionellen linken Vorstellungen von dem, was wichtig ist in der Gesellschaft, korrigierten und ergänzten. Für Moßmann aber war es auch eine neue Erfahrung, nämlich wie ein Mensch auf eine vielleicht nicht einmal freundlich gemeinte Kritik reagieren konnte: »Er erfährt, da scheint irgendwas falsch zu sein, was ich da mache, und kommt her und sagt, jetzt bin ich Schüler zwei Wochen und nicht als Pose oder versucht nicht, wie kriege ich das unter in meiner Position, sondern geht hin und sagt: So jetzt will ich wieder lernen, und liest und lernt und fragt. Der hat nie gepredigt, niemals in diesen zwei Wochen, und das ist etwas, was ich bei den Politikern, auch bei den Grünen, nie bemerke. Das hat uns alle so menschlich begeistert. Es war so toll.«
Unter Linken war die Auffassung weit verbreitet, daß die Atomkraftgegner konservativ und rechts seien. Moßmann wollte Rudi und nicht nur ihn überzeugen, daß das nicht stimmte: »Wenn ein Kaiserstühler sieht, daß er im Rhein nicht mehr baden kann, aber daß er sich an Zeiten erinnert, als man Rheinwasser noch trinken konnte, was ist denn daran romantisch?« [323]

*

Bald kochte es auch in Brokdorf. Die Kieler Landesregierung unter dem CDU-Ministerpräsidenten Gerhard Stoltenberg hatte erst 1974 erklärt, daß sie dort ein Atomkraftwerk bauen wolle, obwohl das Projekt schon seit 1971 beschlossene Sache war. Die beunruhigten Bürger des Gebiets schlossen sich zu einer »Bürgerinitiative Umweltschutz Unterelbe« zusammen. Mehr als 20 000 Bürger wandten sich mit Einspruchsklagen gegen den geplanten Bau und vertrauten auf den

Rechtsweg. Während sich die Anhörungen und Verfahren hinzogen, investierten die Kraftwerksbetreiber bereits und verdeutlichten so, was am Ende des Rechtswegs stehen sollte.

Im Oktober 1976 wurde, wie erwartet, die Baugenehmigung erteilt. Schon in der folgenden Nacht standen Hundertschaften von Wachmännern und Kolonnen von Bauarbeitern am Bauplatz. Trotzdem gelang es Atomkraftgegnern, einen Teil des Geländes zu besetzen. Am Abend inszenierte die Polizei einen gewaltätigen Angriff auf die friedlichen Besetzer.

Daraufhin rief die Bürgerinitiative für den 13. November zu einer Demonstration auf. Im nahegelegenen Itzehoe war für denselben Tag eine Demonstration von SPD und DKP vorbereitet worden. Am Tag davor schrieb Rudi in sein Tagebuch: »Die Auseinandersetzung in Brokdorf wird mit Sicherheit von Stoltenberg usw. präventiv vorbereitet sein. Der Betrug, die Manipulation der Öffentlichkeit, wird strukturell so sein wie 1972.« Diesmal wußte Rudi, daß er dabeisein mußte, und begab sich am selben Tag nach Hamburg. Dort traf er sich mit Jürgen Treulieb und Milan Horacek.

Der 13. war ein eiskalter Tag, und über das flache Land blies ein schneidender Wind. Im Radio hörte Rudi gegen 15 Uhr, daß sich 1500 Demonstranten in der Nähe von Brokdorf versammelt hatten. Dort war es verboten, zu demonstrieren, obwohl die Absperrungen der Polizei gut zehn Kilometer vom Bauplatz entfernt waren. Als Rudi, Milan und Jürgen sich Brokdorf näherten, bemerkten sie etwas Beunruhigendes: Der Himmel war voller Hubschrauber. Aber im Radio war zuletzt nur von 4000 Demonstranten die Rede gewesen. Rudi wurde mißtrauisch. So viele Hubschrauber brauchte man nicht, um 4000 Leute unter Kontrolle zu halten.

Als sie in Brokdorf angekommen waren, sahen sie überall Menschen. »Das ist wahnsinnig!« rief Rudi aufgeregt. Er lief herum, schaute auf die Menschen und sagte zu Milan: »Das ist größer als die Vietnamdemo '68! Es sind mindestens 35 000 Menschen!«

Bei dieser Demonstration traf Rudi einige Betonarbeiter. 1968 waren die Demonstranten noch von Arbeitern angegriffen worden, hier machten Arbeiter mit. Sie freuten sich, Rudi zu treffen, und diskutierten mit ihm. Rudi erkannte, daß etwas Einschneidendes geschehen war, das nicht in das 68er Muster paßte. Es waren weniger Studenten. Es wurden keine Transparente mit sozialistischen oder antiimperia-

listischen Parolen getragen. Diese neue Rebellion hatte eine andere soziale Konstitution.
Ein Teil der Demonstranten versuchte das Baugelände zu stürmen. Sie wurden von Hubschraubern zurückgedrängt, aus denen Tränengas in die Menge geworfen wurde. Wer versuchte zu fliehen, wurde von Wasserwerfern angegriffen. Ohne Unterschied prügelte die Polizei auf Demonstranten ein. Über 100 Demonstranten und 79 Polizisten wurden verletzt. Die Demonstranten, die hinter den Reihen standen, die von der Prügelei betroffen waren, ließen sich durch die Gewalttätigkeiten nicht einschüchtern und liefen nicht weg. Rudi sah eine Bevölkerung, die bereit war, zu kämpfen. Er hatte solche Leute gesucht, und jetzt waren sie da. Es waren kaum Arbeiter, sondern vor allem Bauern, die überleben wollten und deshalb gegen den Atomstaat kämpften.

Hinter den Kulissen gab es Streit. Zwei Demonstrationen von verschiedenen Organisationen am selben Tag wenige Kilometer voneinander entfernt – es war absurd. In Itzehoe demonstrierten jene, die der Konfrontation mit der Polizei ausweichen wollten, DKP- und SPD-Anhänger zumeist. Ein Teil jener, die am Bauplatz demonstrierten, suchten dagegen die Auseinandersetzung. Zu letzteren gehörte der KB. Er hatte viel Einfluß in der Bürgeriniative wegen seiner straffen Organisation, seines geschlossenen Vorgehens bei Abstimmungen und des schnellen und hingebungsvollen Einsatzes seiner Mitglieder. Der KB hatte die ganze Wilstermarsch mit Plakaten für die Brokdorfdemonstration überschwemmt. Rudi war von dieser Demonstration deutlich stärker beeindruckt als von der Kundgebung in Itzehoe. Noch deutete nichts hin auf Feindseligkeiten gegenüber dem KB. Noch nicht.
Aber Rudi ärgerte sich über die Demonstrationsberichte im »Extra-Dienst«. Auch über einen Artikel von Horst Tomayer. Rudi hatte Tomayer bei der Demo getroffen. »Politisch waren wir beide froh über die ungeheure Gesamtkraft der Antiatomkraftbewegung. Beide waren wir uns jedenfalls einig darin, ca. 35tausend oder noch mehr in Richtung Brokdorf demonstrieren gesehen zu haben. Viele Atomkraftgegner desgleichen in Itzehoe, aber nicht so viel, ca. 25tausend«, notierte Rudi. »Ich glaubte jedenfalls meinen Augen nicht trauen zu dürfen, als ich im ›Extra-Dienst‹-Bericht das Gegenteil lesen mußte.

Hat der liebe Gen. Tomayer auf der Rückreise nach West-Berlin noch einmal gezählt und die Sache ›politisch‹ geordnet?«

*

Eines Tages kam Rudi zu mir mit einem Brief, den der Postbote gerade gebracht hatte. »Was für eine Einladung ist das?« fragte er. Es ging um Heinrich Albertz, den ehemaligen Regierenden Bürgermeister von West-Berlin. Im NDR-Fernsehen gab es eine neue Sendung, die einem alten amerikanischen Vorbild folgte: »Das ist Ihr Leben«. Albertz sollte die Hauptperson und Rudi einer der Überraschungsgäste sein. Ich kannte die Sendung aus meiner Kindheit und fand die Idee lustig. Rudi sagte zu unter der Bedingung, daß er die ganze Familie mitbringen dürfe.

Die Sendung wurde in Hamburg aufgezeichnet. Wir bekamen für uns zwei zusammenhängende Zimmer in einem der oberen Stockwerke in einem Hotel am Dammtor-Bahnhof. Es war eines der luxuriösesten Hotels, in denen wir je untergebracht waren. In jedem Zimmer gab es einen Kühlschrank, gefüllt mit verschiedenen alkoholischen Getränken. Wir tranken keinen Alkohol, dachten aber, bei den Flaschen handele es sich um ein Geschenk, und so packten wir sie ein, um Gästen zu Hause etwas anbieten zu können.

Die Sendung lief etwa so, wie ich sie kannte. Albertz war überrascht, als Rudi hinter den Kulissen hervortrat. Rudi bereicherte die Sendung mit einem Hauch von Bürgerschreck. Er trug seine Armeejacke und entsprach so äußerlich dem Klischeebild, das der Spießer von einem Revolutionär hatte.

Nach der Sendung bekam Rudi einige Briefe voller Kritik: »Mich würde interessieren, ob Rudi tatsächlich bei dieser Sendung gewesen ist, oder ob sich das Fernsehen die Frechheit erlaubt hat, ihn zu doubeln. Falls Rudi tatsächlich bei dieser Sendung mitgemacht hat, würde mich mal seine Begründung dazu interessieren. Ich kann mir nicht vorstellen, daß das etwas mit Öffentlichkeitsarbeit zu tun hat.«

Rudi beantwortete diesen Brief: »Der Gesamtzusammenhang ist Dir klar, es ging um den subversiv gewordenen Pfarrer Albertz, jenen ehemaligen Berliner Bürgermeister. Als ich zu dieser Sendung eingeladen wurde, zögerte ich keinen Augenblick. Warum? Weil ich diesen politischen Pfarrer-Typen sehr schätze, seine politische Tätigkeit in den letz-

ten Jahren genau verfolgt habe, er mich zusammen mit Golli in London unterstützte, um meine Ausweisung zu verhindern. (...) Ein anderer Grund der Teilnahme war für mich, mit Sicherheit wird in dieser ganzen Sendung nicht ein einziges Mal von Sozialismus die Rede sein, wenn ich nicht dabei bin. (...) Ich war der einzige, der den ehemaligen Bürgermeister schärfstens kritisierte und den demokratisch-subversiv gewordenen Pfarrer angemessen zu würdigen versuchte als christlichen Sozialisten. (...)
Zum Begriff von Öffentlichkeit. Daß die Medien des öffentlichen Rechts allgemeine Herrschaftsfunktionen zu erfüllen haben, ist bekannt genug. Erschöpft sich aber die Sache darin? Dürfen wir darum in keinem Augenblick dort auftreten? Was für ein beschränkter Unsinn! Stell Dir doch bloß vor, hätte ein Wolf Biermann mit aller Gewalt verhindern müssen, je im BRD-Fernsehen gezeigt zu werden? Was für eine Absurdität. Als Sozialisten und Kommunisten haben wir in den verschiedensten Fronten und Institutionen unseren Standpunkt, unseren Inhalt zu vertreten. (...) Öffentlichkeitsarbeit hat mannigfaltige Formen, in allen Fällen geht es dem demokratischen Kommunisten und Sozialisten um die konkrete Wahrheit als Grundlage der Massenmobilisierung im Klassenkampf.« [324]
In einem anderen Brief wurde die Jacke, die Rudi trug, kritisiert, weil sie militärisch aussah, wobei eine Wette entstanden war, ob sie von der US-Armee stammte oder nicht. Rudi antwortete auch auf diesen Brief: »Wenn Dein Kollege die Albertz-Sendung sah, so wird er doch wenigstens eine Minute von dem anderen längeren Film über andere und mich gesehen haben. (...) Wenn ich irgendwo unterwegs bin, ob nun zu einer Demo in Itzehoe oder Brokdorf, ob zu einer anderen Veranstaltung, so trage ich zumeist eine grüne Jacke. Wie zig Tausende hat sie breite Taschen, äußerst günstig für die Dinge des politischen Alltags. Allerdings ist bei mir weder US-Armee oder SU-Armee, weder BRD-Armee noch DDR-Armee zu finden. Insofern, lieber Jürgen, hast Du auf jeden Fall die Wette gewonnen, und ich wünsche dem Kollegen, daß er seine Augen besser öffne.« [325]

*

Wir hatten für unser gemeinsames Buch »Sozialismus für Anfänger« mehrere Kapitel geschrieben. Die ersten Meldungen vom Verlag waren positiv. Auch Hans Halter war zufrieden: »Ich finde das meiste sehr schön, und lesbar, und anregend – auch das, was Gretchen frisch von der Hand weg schreibt.«[326] Mehr als ein Jahr Zeit hatten wir gehabt, das Buch zu verfassen. Wir sollten das Manuskript Anfang 1977 abliefern. Aber Rudi mußte oft weg und hatte selten Zeit für das Buch. Als das Jahr begann, war klar, daß wir nicht rechtzeitig fertig sein würden.

Dann erfuhren wir, daß der Lektor, der uns unterstützen sollte, den Verlag verlassen hatte. Die Politik des Bertelsmann Verlags hatte sich geändert, keine linken Publikationen mehr, in diese Rubrik fiel unser Buch. Wieder eine Enttäuschung. Wir hatten durch das Buch eine Gemeinsamkeit in unseren auseinanderlaufenden Leben gehabt. Als es wegfiel, war ich niedergeschlagen und suchte einen Ersatz. Ich entschied mich, Rudi auf seiner anstehenden Veranstaltungstour in Deutschland zu begleiten.

In Hamburg trafen wir Milan. Ich hatte viel von ihm gehört, denn Rudi redete ständig über ihn und mit ihm; Milan rief regelmäßig in Dänemark an, wenn Rudi da war. Ich hatte ihn bis dahin noch nicht getroffen. Jetzt lernte ich ihn kennen, als wir im Zug von Hamburg nach Frankfurt fuhren. Er war ein langer dunkler Mann mit übermäßigem Bauch, der seine Liebe für gutes Essen verriet. Er hatte einmal als Koch gearbeitet. Ich empfand ihn als überheblich, er war auf Rudi fixiert und schien mich als überflüssig und lästig zu betrachten. Wenn ich etwas über Frauenemanzipation sagte, verspottete er mich. Ich ärgerte mich und war auch eifersüchtig, weil ich merkte, daß Rudi ihn schätzte.

Auf der ersten Veranstaltung, einer Podiumsdiskussion über Osteuropa, war die Atmosphäre gespannt und feindselig. Kaum jemand hörte wirklich zu. Es wurde gejohlt und gegackert. Rudi versuchte den Lärm zu übertönen. Es war ein Kampf, und Rudi dachte, er könnte gewinnen, wenn er nur oft genug seine Argumente wiederholte. Dann stand ein langer, hagerer junger Mann auf mit dünnen blonden Strähnen und wäßrig-blauen Augen, auf denen ein Schleier von Verrücktheit und Haß lag. Er erklärte, er komme von der DKP, der wahren Partei der Arbeiter und der Revolution, dann reckte er seine Faust in die Luft und sagte zu Rudi: »Wenn wir die Macht in der BRD übernommen haben, und das werden wir, dann bist du der erste, den wir an die Wand stellen und erschießen werden.« Er schien einen perversen Genuß dabei zu empfinden, sich diese Bluttat vorzustellen. Unter den Zuhörern war ein großes Kontingent von DKP-Leuten, die offenbar im Kopf schon ihre Maschinengewehre auf Rudi gerichtet hatten, und sie bekundeten ihre Zustimmung. Andere nahmen diesen Vorfall zur Kenntnis, als ob es völlig normal wäre, so zu reden. Ich war erschüttert. Was für Menschen waren das bloß? Und was für sinnlose Diskussionen.

Der nächste Stopp war in Wiesbaden. Dort war eine Podiumsdiskussion angesetzt mit Rudi, Milan und Ota Sik, dem CSSR-Wirtschaftsreformer unter Dubček, über den Prager Frühling und seine Folgen. Durch die Gründung der tschechoslowakischen Bürgerrechtsbewegung Charta '77 und die gerade erfolgte Verhaftung des Dramatikers Václav Havel hatte die Veranstaltung einen aktuellen Bezug.

Die Diskussion begann schlecht. Sik beschrieb seinen Versuch, die tschechoslowakische Wirtschaft über den Weg des Anreizes zu reformieren, indem Betriebe in Eigenregie marktbezogen produzierten. Rudi stellte diesen Ansatz in gesellschaftstheoretischer Hinsicht in Frage: »Sie zielen ausschließlich auf Effektivität. Borniertes Betriebsinteresse der Belegschaften in einem sozialistischen Markt könnte eine neue Verschleierung von gesellschaftlichen Vorgängen und Entfremdung auslösen.«

Sik dachte wohl, daß Rudi die zentrale Steuerung der Wirtschaft unterstützte, und erwiderte: »Das sind Phrasen ohne Realitätsbezug.«

Rudi geriet außer Kontrolle. Er griff Sik nun erbarmungslos an, ohne Rücksicht darauf, was Sik sagte oder meinte. Dieser brauste ebenfalls auf in Rage. Die Zuhörer wurden immer unruhiger. Es entstand ein totales Wirrwarr.

Ich saß da und staunte, daß diese erwachsenen Menschen nicht in der Lage waren, vernünftig miteinander zu reden. Als eine Pause eingelegt wurde, ging ich schnell zu Ota Sik, weil ich merkte, daß er vor Wut zu explodieren drohte. Ich sagte ihm ruhig: »Ich bin Rudi Dutschkes Frau, und ich meine...«

Er schaute mich wutentbrannt an und schrie: »Hier kann man nicht diskutieren. Ich gehe jetzt. Ich will nicht weiter meine Zeit verschwenden.« Er wollte weggehen, aber ich ergriff seinen Arm, um ihn festzuhalten.

»Warten Sie!« rief ich eindringlich, »hören Sie mal zu. Sie und Rudi sind so wütend, daß Sie einander nicht zuhören. Sie sind gar nicht so weit voneinander entfernt, wie Sie denken.«

Er schaute mich erstaunt an.

»Ja«, sagte ich, »versuchen Sie es doch noch mal. Ich werde auch mit Rudi reden.«

Ota Sik beruhigte sich etwas und sagte: »Wenn das so ist, dann werde ich es noch einmal versuchen, aber wenn es schiefgeht, dann gehe ich sofort.«

Die gleiche Therapie wendete ich danach auf Rudi an. Ich war betrübt, weil Rudi so heftig reagiert hatte auf Sik. Ein solches Fehlverhalten hatte es früher nicht gegeben. Er hatte immer hart gekämpft, aber dabei nie die Orientierung verloren. Offenbar waren die Auseinandersetzungen mit den ihm feindlich gegenüberstehenden Sektenführern und ihren Anhängern zu lang, zu bitter und zu enttäuschend. Es war in Wiesbaden nicht das letzte Mal, daß er ausrastete.

Der zweite Teil der Diskussion verlief einigermaßen friedlich. Ota Sik legte seine theoretische und historische Analyse der Bürokratie in den Ostblockländern dar.

Rudi erklärte anschließend: »Die Russen haben es unter der spezifischen halbasiatischen Tradition der Bürokratie als herrschender Klasse zu nichts anderem als zu einem halbasiatischen Staatssozialismus....«

Weiter kam er nicht. Denn in diesem Augenblick ertönte eine rauhe Stimme. Sie gehörte einem riesigen weißhaarigen älteren Herrn in der ersten Reihe. Er hatte seine langen Beine fast provokativ vorgestreckt und war Rudi deswegen schon aufgefallen. Mit rot werdendem Gesicht und heftiger Geste brüllte der Mann: »Allgemeine Staatssklaverei!«

Ein hilfloses Lachen ertönte in den Zuhörerreihen.

Aber Rudi begriff sofort, was der alte Mann meinte, wiederholte dessen Worte und sagte, ihm zugewandt: »Es gibt einen Unterschied zwischen der allgemeinen Staatssklaverei in China und dem halbasiatischen russischen Despotismus.«

»Nein«, widersprach der Mann freundlich-ironisch, »in deinem Buch wolltest du Lenin auf die Füße stellen, aber es gilt auch, Rudi Dutschke auf die Füße zu stellen.«

Nach der Veranstaltung wurde Rudi wie gewöhnlich von vielen Menschen umzingelt. Der weißhaarige Riese hatte sich eine Zigarre in den

Mund gesteckt, stand am Rand der Menschentraube um Rudi und wartete. Die Leute, die die Veranstaltung organisiert hatten, begannen Rudi wegzuziehen. Sie wollten die Diskussion in einer Kneipe weiterführen. Ein kleiner Kreis quetschte sich an einen großen Tisch, und dann wurde in dem dunklen, verrauchten Zimmer bei Kneipenlärm im Hintergrund bis frühmorgens über die Weltlage diskutiert. Der alte Mann war mitgegangen und setzte sich neben Rudi. Es war klar, daß er Rudi in Beschlag nehmen wollte. Ich saß auf der anderen Seite von Rudi und betrachtete den Mann, der mir ungewöhnlich aufdringlich und unhöflich vorkam, etwas mißtrauisch. Er zog ununterbrochen an Zigarren, und mir wurde allmählich schlecht von dem Gestank.

Der Mann hieß Günter Berkhahn. Er war 1936 nach Spanien gegangen, um in den Roten Brigaden gegen die Putschisten unter General Franco zu kämpfen. Kommunisten, Sozialisten und Demokraten aus aller Welt sammelten sich, um die Freiheit in Spanien zu verteidigen. Berkhahn machte dort seine ersten Erfahrungen mit den russischen Kommunisten. Er erzählte Rudi, wie sie versucht hatten, die Macht in den Roten Brigaden an sich zu reißen. Ihre Überheblichkeit gegenüber allen anderen habe die Niederlage der Republik verursacht. Rudi war von seiner Geschichte wie benommen.

*

Nach der Antiatomdemonstration in Brokdorf verstärkten die Atomlobby, einige Medien und die Regierungsstrategen ihre Bemühungen, die Demonstranten zu kriminalisieren, um zu verhindern, daß noch mehr Menschen auf die Straßen und Felder gingen. Atomkraftgegner hatten erneut zu Demonstrationen gegen das geplante Atomkraftwerk Brokdorf aufgerufen, obwohl ein Verwaltungsgericht einen Baustopp verfügt hatte. Niemand glaubte daran, daß dies das letzte Wort in dieser Sache sein würde.

Die Methode der Denunziation jener Menschen, die aufbegehrten, war immer die gleiche. »Das flachsinnige Nordlicht Stoltenberg und das hochsinnige Mittellicht Albrecht sagen nun fast nach jeder Demonstration der Bürgerinitiativen: ›Der harte Kern besteht aus reinen Terroristen, ja sogar aus Verbrechern.‹ Wenn ich das politische Verbrechen der Volksverhetzung und Volksverdummung der Herren

anschaue, so kann ich nur sagen: Herr Stoltenberg, Sie halten die Linie, die deutsche Linie über Bismarck, Hitler und Adenauer.« [327] Ein »Chaos in Itzehoe« kündigte die Springer-Gazette »Hamburger Abendblatt« eine Woche vor der Demonstration an. Die Bürger sollten ihre Fenster und Türen verschließen und sich verbarrikadieren. Tatsächlich verließen Tausende Wohnungen und Gemeinden in panischer Angst. In einigen Dörfern wurden Wertsachen ausgelagert.
Am 4. Februar 1977 verlegte die Bundesregierung Einheiten des Bundesgrenzschutzes nach Brokdorf, um das Baugelände zu sichern. Fünf Tage später bestätigte das Landesverwaltungsgericht Schleswig den Baustopp für das Atomkraftwerk in Brokdorf mit der Begründung, die Entsorgungsfrage sei ungeklärt. Gleichzeitig verbot die Landesregierung die geplante Demonstration. Kurz darauf hob ein Gericht auf Antrag von Atomkraftgegnern das Verbot auf, aber es wurde gleich ein neues verhängt.
An diesem Tag erwischte Rudi in Aarhus gerade noch den Zug nach Hamburg und erreichte nachmittags die Grenze. Er hatte am Vortag von der Aufhebung des Demonstrationverbots gehört und wußte nichts von dem erneuten Verbot. »An der Grenze zwischen Dänemark und BRD war schon eine gewisse Verkrampfung bei der Grenzpolizei zu spüren«, schrieb er. Gewöhnlich wechselten die Beamten bei der Paßkontrolle ein paar freundliche Worte mit Rudi. Diesmal waren sie »ziemlich wortkarg und besonders zurückhaltend«. Von dem erneuten Verbot erzählten sie nichts.
Rudi kam in Hamburg an. Seine strapazierten Schuhe waren an den Nähten geplatzt, als er in Aarhus dem Zug hinterhergelaufen war. Er ging kurz vor Ladenschluß in ein Kaufhaus, um sie reparieren zu lassen. Der Schuhmacher sah Rudi an, erkannte ihn, lächelte und sagte: »Na, Dutschke, wofür willst du die Schuhe haben, für Brokdorf oder für Itzehoe?« Rudi antwortete: »Ich lasse mich nicht einseitig festnageln, ich werde auf beiden Seiten dabeisein. Und du?« Der Mann hatte anderes zu tun.
Rund 50 000 Menschen hatten nichts anderes zu tun und erschienen unerschrocken, kampfbereit und illegal. Sie waren gekommen trotz massiver Pressekampagnen, Politikerdrohungen, Fahrtbehinderungen, scharfer Polizeikontrollen und Durchsuchungen von Teilnehmern schon weit im Vorfeld. Die meisten hatten nicht vor, mit den Polizisten zu kämpfen oder das Baugelände zu stürmen.

Als Rudi in Brokdorf ankam, hatte die Kundgebung schon angefangen. Robert Jungk hatte gerade seine Rede beendet, Heinz Brandt trat ans Mikrophon:
»Im deutschen Untertanenstaat meldet sich der Bürger zu Wort und verweigert trotz Prügel den Gehorsam, weil es ums Leben geht. Unter Atomfilz verstehe ich den reich bezahlten Gewerkschaftsbürokraten, der im Konzernaufsichtsrat und Konzernvorstand mit den Managern der Atomindustrie gemeinsame Sache macht, der mit der Atomlobby unter einer Decke steckt, der mit ihr widerlich verfilzt ist. (...)
[Der Atomfilz] ist es, der überall die Lüge verbreitet, den Schwachsinn, daß dieses fehlgeleitete Wachstum den Arbeitsplatz sichert, daß ohne diese hochgepäppelte Energieform die Lichter ausgingen. (...)
Noch nie in der Geschichte war die Menschheit technisch in der Lage, sich selbst zu vernichten. Heute aber reichen ihre Zerstörungskräfte hierzu aus, und zwar gleich zweifach: durch Umweltvergiftung und durch Atomkrieg.«[328]
Rudi bejahte diese Aussagen mit vollem Herzen, aber warum hörte sie nur die eine Hälfte der Demonstranten, während die andere Hälfte wieder in Itzehoe war? Rudi glaubte, die Wurzel der Spaltung in der hemmenden Rolle der DKP zu finden. Er kritisierte in einem Artikel aber auch den Sozialdemokraten Freimut Duve, der einer der Organisatoren der Itzehoer Demonstration war: »Manche linken Sozialdemokraten haben offensichtlich das Wesen des Denkens und Handelns der DKP bisher sowenig verstanden wie das Wesen der kapitalistischen Produktionsweise.«
Der Angriff auf Duve gefiel einigen Vertretern von Bürgerinitiativen gar nicht: »Dutschke denunziert unseren Gast Freimut Duve als Schmierenkomödianten und macht ihn zum SPD-Organisator, aber weder die SPD noch die DKP oder eine andere Partei haben mitgestaltet, was sie aus verschiedenen Gründen unterstützt haben. In Itzehoe haben die bei Dutschke überhaupt nicht vorkommenden örtlichen Bürgerinitiativen darzustellen versucht, was dieser nur verbal fordert: die Breite der Bewegung gegen Atomkraftwerke.«[329]
Rudi merkte, daß er die Bürgerinitiativen wieder falsch eingeschätzt hatte, und er hatte auch Gewissensbisse gegenüber Duve. Nach der Demonstration schrieb er ihm: »Du wirst staunen, in der letzten Nacht hatte ich einen Traum eigenartiger Natur. (...) Deine dufte Frau sagte zu mir in Hamburg am Hauseingang: ›Nach dieser Kritik

an Freimut darfst Du nicht wieder ins Haus hinein.‹ Was drückte der Traum nun aus, eine bestimmte Angst oder die Vorwegnahme eines Verhaltens von Dir mir gegenüber? Wie dem nun auch sei, meine überwiegende Solidarität Dir gegenüber hast Du hoffentlich aus dem Artikel entnehmen können. (...) Wollte vielmehr nicht eine zusätzliche irrationale Kommunikationsschranke entstehen lassen. Wenn Du mal Zeit hast, so würde ich doch gern mit Dir ein längeres Gespräch haben über die Verschiedenartigkeit der Bürgerinitiativen, über die Möglichkeit der Einheit bzw. Unvermeidlichkeit der Spaltung.« [330]

Rudi hatte den Charakter der neuen Bewegung noch immer nicht ganz begriffen, und das wußte er: »Sitze noch immer am ›das da‹- Artikel, die ganze Atom- und Massenmobilisierung in B[rokdorf] u. I[tzehoe] bereitet mir theore[tische] und politische Schwierigkeiten. ›Old Surehand II‹ mit und für die Kinder zu lesen ist leichter.« [331]
Eine der großen Schwierigkeiten war die erstrebte Verbindung der neuen Bewegung mit der Arbeiterbewegung. »Wenn es in der Bundesrepublik Deutschland den Bürgerinitiativen nicht gelingt, in absehbarer Zeit als politisch agierende Kraft neue Bündnisse mit Gewerkschafts- und Parteiteilen antikapitalistischer Richtung herzustellen, so werden Albrecht, Kohl, Dregger und Strauß ihr Süppchen kochen können. Wie schwer ein Bündnis von Bürgerinitiativen und Gewerkschaften ist, wurde spätestens klar nach der Demonstration der Einheit von Gewerkschaftern und Kapital gegen die Umweltschützer. Der Leiter der Bürgerinitiativen, Wüstenhagen, sagt nicht umsonst über Arbeitsplätze in Atomkraftwerken und in der Rüstungsindustrie: ›Hier kann Arbeit kriminell werden.‹ Das aufklärerisch deutlich zu machen und andere Arbeits- und Lebensmöglichkeiten tendenziell transparent zu machen bleibt die Aufgabe. (...) Der Schleier der friedlichen Nutzung der Atomenergie kann einem politischen Betrüger wie Genscher nur von besonderen Flachköpfen abgenommen werden.« [332]
Wie schwer ein Bündnis mit den Gewerkschaften war, zeigte sich, als die IG Metall versuchte Heinz Brandt wegen seines Engagements gegen Atomkraftwerke auszuschließen.

Jetzt, da eine neue Bewegung entstand, an die Rudi anknüpfen konnte, war es notwendig, eine vollständige Abgrenzung herbeizuführen gegenüber denen, die immer eine Gefahr für die Glaubwürdigkeit der undogmatischen Linken dargestellt hatten. Die DKP hatte auf ihre Weise Stellung zur Antiatombewegung genommen. In der Sowjetunion seien die Sicherheitsvorkehrungen in AKWs und Folgeanlagen viel besser als in den kapitalistischen Ländern, weil im Sozialismus jede wirtschaftliche Tätigkeit den Interessen der Menschen untergeordnet sei, erklärte ein DKP-Ideologe.

Rudi fand solche Argumente lächerlich, er mußte sie beantworten: »Wie sieht es aus mit der Atomenergie in der SU, ganz zu schweigen von den Atombomben? Den US-Imperialismus darf ich nie aus dem Auge verlieren, darf ich aber deshalb die andere Supermacht als Freund betrachten? Die reale Geschichte spricht so dagegen, wie die DKP-Bücher gegen uns. Kann es über die Atomkraftwerke, über die Atombomben in einer militarisierten Welt nicht viel eher in den Selbst-Mord der Gattung als in das Reich der Freiheit gehen? (...) Der zweifelhafte Strahlenschutz ist in der SU und der DDR noch geringer als in den hochentwickelten kapitalistischen Ländern. (...) Es war schon recht makaber, als am Tage der Demonstration in Grohnde ein bundesrepublikanischer Sender einen Wissenschaftler der DDR zitierte, der jegliche Kritik der Atomkraftwerke und der darin steckenden Gefahren ablehnte.«

Zu dieser Zeit erschien in der KB-Zeitung »Arbeiterkampf« ein Artikel über Atomkraftwerke, in dem auch die Haltung der DKP kritisiert wurde. Rudi war überrascht und schrieb an den Rand: »Hat ›Arbeiterkampf‹ endlich begriffen, daß alles im realen Sozialismus real ist, nur nicht der Sozialismus?« Der KB war weit davon entfernt, trotzdem gab es in ihm keineswegs eine so monolithische Linie, wie Rudi gedacht hatte.

Wie dem auch sei, die Proteste hatten Erfolg. Am 14. März 1977 verkündete das Verwaltungsgericht Freiburg ein Urteil, in dem es die Genehmigung für den Bau des AKW Wyhl aufhob. Die badisch-elsässischen Bürgerinitiativen hatten damit nach sechsjährigem Kampf einen großen Sieg errungen.

*

Im Januar 1972 hatte der damalige Bundeskanzler Willy Brandt zusammen mit den Länderregierungschefs den »Extremistenbeschluß«

gefaßt, der später zum »Radikalenerlaß« aufgewertet wurde. Er sollte sich gegen rechts und links wenden, aber praktisch wurde er fast nur gegen Linke eingesetzt. Bald gehörten auch Atomkraftgegner zu den »Verfassungsfeinden«. Bei ihren Überwachungsaktionen brachen die Geheimdienste sogar geltendes Recht, so, als sie den Atomwissenschaftler Klaus Traube abhörten. Sie hatten ihn im Verdacht, sich vom Atomkraftbefürworter und -manager zum Atomkraftgegner gemausert zu haben, und mit diesem Verdacht hatten sie recht.
Es dauerte eine Weile, bis die Westeuropäer begriffen, wie in der Bundesrepublik der Rechtsstaat ausgehöhlt wurde. Seit 1977 aber begannen sie, diese Entwicklungen mit besonderer Sorge zu betrachten, nicht zuletzt aufgrund ihrer üblen Erfahrungen mit Deutschland in der ersten Hälfte dieses Jahrhunderts. In verschiedenen Ländern wurden Komitees gegen Berufsverbote gebildet. Sie wollten Druck auf die Bonner Regierung ausüben, den Radikalenerlaß rückgängig zu machen. Es war aber schwierig für sie, Unterstützung in der Bevölkerung der jeweiligen Länder zu bekommen, solange die deutsche Regierung sich weigerte zuzugeben, daß es Berufsverbote überhaupt gab.

Das norwegische Komitee wandte sich an Rudi: »Hier hat es bis jetzt noch gar keine Debatte über Berufsverbote gegeben. Das hoffen wir mit dem Hearing am 5. März zu erreichen. Wenn Du Dich entscheiden könntest zu kommen, wären wir sicher, daß die Resonanz für sowohl die Pressekonferenz als auch das Hearing sehr viel größer wäre.«
Rudi hatte viel zu tun und sagte zu mir: »Ich weiß nicht, ob ich das schaffen kann, nach Norwegen.«
»Weswegen?« fragte ich.
»Sie wollen, daß ich nach Norwegen komme, das Berufsverbotekomitee.«
»Vielleicht könnten wir alle dorthin gehen und Ski laufen. Wann ist es?«
»Anfang März.«
»Frag doch«, drängte ich.
Die Norweger waren einverstanden, und wir durften sogar noch zwei Nachbarkinder mitnehmen. Während ich und die Kinder im norwegischen Schnee herumtobten, saß Rudi am Schreibtisch und bereitete seine Rede für das Hearing vor. Nachmittags kam er nach draußen, rauschte ein paarmal den Hügel hinunter, zettelte eine Schneeball-

schlacht an und machte sich dann wieder an die Arbeit. Rechtzeitig zum Hearing hatte er seine Rede fertig:
»Die antifaschistische und antikapitalistische Linie schlug [in den fünfziger Jahren] um in die alte deutsche Tradition, die schlechteste, die wir haben: die autoritäre und antidemokratische. Wer auf dem Boden des Grundgesetzes sich befindet, bestimmen dann nur noch die herrschende Regierung und die mit ihr verbundenen Institutionen. SPD, FDP und CDU/CSU waren sich darin durchaus einig. Nach deren Meinung gibt es in der BRD natürlich kein Berufsverbot. Obwohl ca. 200 aus dem öffentlichen Dienst entlassen bzw. nicht zugelassen wurden. Ganz zu schweigen von den ca. 500 000 Menschen, die man überprüfte. Stellen Sie sich bitte einmal vor, statt den Staat und seine Institutionen überprüfen zu können, um zu wissen, wie ich als selbständiger Lehrer meine Arbeitskraft für die Kinder und Erwachsenen einsetzen kann, werde ich zum Knecht erniedrigt. Der Befragte muß sein Leben, besonders sein politisches, total auf den Tisch legen. (...)
Da stellte sich vor wenigen Wochen heraus, daß scheinbar zum ersten und einzigen Mal ein freier Bürger, ein Atomwissenschaftler abgehört wurde über in sein Haus durch Geheimdienstleute eingebaute Wanzen. Alles geschah ohne richterliche Genehmigung. Erst über den ›Spiegel‹ erfuhren wir von dieser Schweinerei. Traube war einmal mit einem späteren Desperado gesehen worden, und das reichte dem Innenminister, um eine Notstandssituation anzunehmen. Alle Gesetze auszuschalten und Big Brother zu spielen. Orwell ist offensichtlich schon längst in der BRD und anderswo tief aktuell.«[333]

*

Ein Jahr war vergangen, seitdem wir unsere Wohnung in Heibergsgade bezogen hatten. Wir hatten nicht vorausgesehen, daß wir so lange dort bleiben würden. Deshalb war die Wohnung in dem Zustand geblieben, wie er nach Jahren der Abnutzung entstanden war. Die Wohnung war schmutzig und verkommen.
Vor den Sommerferien sollten die Kinder im Freizeitzentrum zum Schuljahresende ein Theaterstück aufführen, das war so üblich. Polly spielte in dem Stück eine Rolle als orangegelbe Sonnenblumensonne. Neben mir saß ein Mann in den Zuschauerreihen, der mich freundlich

begrüßte und mich fragte, warum ich ihn nicht begrüßt hätte. Ich war überrascht, da ich glaubte, ihn nie vorher getroffen zu haben. Er sagte, er sehe mich jeden Tag, aber ich würde ihn nie sehen.
»Wieso?« fragte ich.
Er berichtete, er sei Maler und arbeite gerade an der Fassade eines Hauses in unserer Nachbarschaft.
Ohne weiter nachzudenken, platzte es aus mir heraus: »Streichst du auch innen in Wohnungen?«
»Ja«, antwortete er.
»Unsere Wohnung sieht furchtbar aus«, sagte ich.
Er schaute mich an: »Du fragst mich, ob ich für dich malen könnte?«
Ich nickte.
»Wir reden nach dem Stück darüber«, sagte er. Offenbar dachte er während der Aufführung über meine Frage nach. Als das Stück fertig war, schlug Jens, so hieß der Mann, vor: »Ich werde in deiner Wohnung für hundert Kronen malen, plus unbegrenzt Bier, während ich arbeite.«
Ich fand das merkwürdig. 100 Kronen waren sehr wenig. Bier war für uns zwar etwas Fremdes, aber wenn es sein mußte, konnte ich welches kaufen. Die Sache wurde ausgemacht.
Ich erzählte Rudi davon, und er hatte nichts dagegen. Als Jens am folgenden Montag kam, war ich nicht zu Hause. Rudi ließ ihn herein und bot ihm gleich von dem Whisky an, den wir extra für diesen Anlaß gekauft hatten. Das war ein Fehler, wir hätten beim Bier bleiben sollen. Aber Rudi wollte Jens das seines Erachtens Beste anbieten, denn der Mann tat uns einen Gefallen. Jens trank fröhlich Whisky, schaute sich die Wohnung an, rechnete, wieviel Farbe er brauchen würde, und setzte sich dann hin. Rudi war höflich und bot ihm mehr Whisky an. Jens nahm an und begann Rudi die Geschichte seines Lebens zu erzählen – auf dänisch, Rudi verstand nichts. Als ich nach Hause kam, mußte ich Rudis Rolle als Zuhörer übernehmen. Jens erzählte weiter. Es war schon benebelt vom Alkohol. Allmählich leerte er die ganze Whisky-Flasche. Rudi kam wieder ins Zimmer, schaute erstaunt auf die leere Flasche und brachte sie in die Küche. Damit, als ob es ein Zeichen wäre, stand Jens auf und wankte zur Tür. »O Gott«, sagte ich zu Rudi, »hoffentlich kommt er die Treppe hinunter, ohne sich umzubringen.«
Wir kauften Farbe und Tapeten nach Jens' Vorgaben und warteten, daß er kommen würde. Aber die Woche verging, und er kam nicht.

Rudi und ich begannen zu glauben, daß er uns vergessen hatte. Na gut, dachten wir, wir könnten versuchen, es selbst zu machen. Rudi war nicht begeistert, aber er nahm einen Spachtel, und wir begannen die alte Tapete abzukratzen.
Am Montag erschien Jens dann doch. Wir hatten eine Kiste Bier bereit für ihn, und er nahm gleich eine Flasche, dann ging er an die Arbeit. Er strich die Decke an, trank Bier zwischendurch und verließ uns abends auf wackeligen Beinen. Am nächsten Tag ging er nicht mehr nach Hause. Er brach irgendwann spätabends im Rausch zusammen und schlief auf dem Fußboden. Am Morgen fanden wir ihn. Rudi und ich waren ratlos. Wir hatten ihm Alkohol versprochen, ohne das verheerende Resultat voraussehen zu können. Er war meistens so besoffen, daß er nicht malen konnte. Eines Abends hatte er den Flur tapeziert, aber am nächsten Morgen lag die Tapete auf dem Fußboden. Vielleicht hatte er den Kleister vergessen. Es ging wahnsinnig langsam voran. Aber ohne Alkohol konnte er gar nicht arbeiten.
Rudi mußte wieder nach Deutschland. Ich war nun allein mit Jens und wußte nicht, ob die Wohnung je fertig werden würde. Er war in seiner Weise rührend, manchmal auch lustig. Er gab den Kindern immer wieder Kleingeld, damit sie Süßigkeiten kaufen konnten, genug, um die ganze Nachbarschaft mitzuversorgen. Die Kinder hielten Jens für einen lieben Narren. Ich begriff, daß die Arbeit sich eine Ewigkeit hinziehen konnte, eine Ewigkeit mit einem wachsenden Berg leerer Bierflaschen. Ich nahm schließlich selbst den Pinsel und begann die Wände anzustreichen. Er schaute zu, ohne etwas zu sagen.

Als Rudi wieder aus Deutschland zurück war, flohen wir vor dem Bierflaschenberg in die Schweizer Alpen, nach Salecina. Wir wanderten viel. Polly wurde jedesmal müde und begann zu klagen. Wir ruhten uns aus, sie bekam ihre zweite Luft und war plötzlich kräftiger als die anderen. Aber an einem Tag ließ ich mich von ihrem Klagen nicht stören, und wir marschierten weiter. Auf einmal sah ich im Augenwinkel, daß eine Biene sich Polly näherte. Plötzlich heulte sie. Ich schaute hin und sah überall Bienen. »Lauf!« schrie ich. »Lauf weg!« Polly, Hosea und ich liefen, so schnell wir konnten.
Rudi dagegen blieb stehen und begann auf die Bienen einzuschlagen. Das brachte die Bienen erst recht in Rage, und sie stürzten sich in riesigen Mengen auf ihn. Er schrie wie verrückt: »Hilf mir! Hilf mir!«

Wir stoppten und drehten uns um. »Um Gottes willen!« schrie ich, »lauf weg, nur weg, schnell!«
Er stand wie eine Marmorstatue da und schrie weiter.
»Lauf, verdammt noch mal!« schrie ich lauter.
Endlich besann er sich und rannte los. Er entkam den Bienen, trug aber einige Stiche davon. Nun war er es, der klagte, als wir weiterspazierten.

*

Am 4. August starb Ernst Bloch im Alter von 92 Jahren. Der Tod drohte hinterlistig das Prinzip Hoffnung in Frage zu stellen. Von Bloch hatte Rudi viel gelernt, auch etwas, was nicht alle Bloch-Schüler akzeptiert hatten: »Diese Einheit von bürgerlicher Revolution, Erbschaft derselben und proletarischer Perspektive.«[334] Zwei Jahre vor Blochs Tod hatte Rudi zum neunzigsten Geburtstag des großen Philosophen geschrieben:
»Hier stoßen wir auf einen elementaren Punkt der Blochschen Konzeption des revolutionären Umbruchs der Gesellschaft. Zwei Revolutionstypen treten bei ihm immer wieder auf, sie sind miteinander vermittelt, sind aber niemals per se identisch: das sind die politisch-ökonomische und die religiös-metaphysische Umwälzung. Was heißt gerade das letztere? Ist es eine Überschreitung der materialistischen Geschichtskonzeption, verfällt es somit dem Verdacht des Idealismus? Oder geht es Ernst Bloch dabei eigentlich um die ›Revolution in der Revolution‹, um die Kulturrevolution als unerläßliches Pendant der politisch-ökonomischen Umstrukturierung? (...) Bei Bloch stand immer die konservierbare und utopische Vermittlung zur Debatte, nicht so sehr der reale Augenblick. Sein Verhältnis zur Politik ist philosophisch relativiert und bestimmt. (...)
Über die großartige Kommunistin Carola Piotrkowska erfährt er die Schwierigkeiten und Widersprüche der Alltagspolitik der kommunistischen Parteien. (...) Aber der Philosoph lehnt es ab, sich von unmittelbaren Erscheinungsformen blenden zu lassen. (...)
Die verhängnisvollen Auswirkungen der Innen- und Außenpolitik der jungen Sowjetunion für den Aufstieg der deutschen Konterrevolution bleiben unreflektiert. (...) Die Kategorie der Freiheit und die Beziehung von konkreter Wahrheit und realer Humanität als Krite-

rium sozialer Emanzipation bleiben vor Moskaus Toren stehen. Haben die Bloch, Brecht usw. ›keine Wahl gehabt‹? Diese Frage muß äußerst ernst genommen werden. Alternative Möglichkeiten sind nur gegeben, wenn eindeutige Tendenzen sich real an der sozialen Basis der nationalen bzw. internationalen Klassenkämpfe zeigen. (...)
Ist Heidegger Ausdruck der philosophischen Konterrevolution, wo die Angst zu Hause ist, so ist E. Bloch Repräsentant der revolutionären Philosophie, wo die Hoffnung als philosophische Kategorie fest geworden ist.«[335]
Rudi bedeutete den Blochs in dieser Zeit fast genausoviel wie sie ihm. Er personifizierte für sie das Prinzip Hoffnung und auch einen Hauch von einer Kultur, die in Europa längst zerstört war, nämlich der linken radikalen jüdischen Subkultur. Das war erstaunlich. Rudi hatte nie einen Juden wahrgenommen, bis er über zwanzig war. In seiner konservativ-deutschen bäuerlichen Kindheit erfuhr er nichts über das Judentum. Rudis Intensität, intellektuelle Neugierde und seine Offenheit schienen wie vom Himmel gefallen. Karola Bloch dachte nach über das Rätsel des Außergewöhnlichen: »Ich, die ich nicht religiös bin, finde in Christus auch ein ähnliches Rätsel. Er, der Menschensohn, der so Erniedrigte, wird ja nach wie vor von den verschiedensten Menschen geliebt. Ich liebe ihn auch, er ist meine Leitfigur. Aber wie ist es möglich, daß so viele in dieser verdorbenen Welt Christus lieben, verehren? Das ist ein Trost eigentlich, ein Zeichen, daß das Gute im Menschen da ist, daß er vom Guten angesprochen wird. Ernsts Optimismus hat seine Quelle in diesem Glauben an das Gute. Und Du, Rudi, hast auch diese Gnade um Dich.«[336]

2000 Menschen kamen zu Blochs Beerdigung nach Tübingen. Walter Jens hielt eine getragen-feierliche Trauerrede. Rudi sollte auch sprechen. Aber er hielt keine Totenrede. Er forderte im Sinn von Bloch eine »Revolution«. Ähnlich äußerte sich auch die Vorsitzende des AStA der Tübinger Universität.
Am nächsten Tag kritisierte »F. A. Z.«-Redakteur Jürgen Busche: »Die gehässigen Wendungen, mit denen der frühere SDS-Führer den von Terroristen erschossenen Bankier Jürgen Ponto beleidigte, beleidigten hier zugleich das Andenken des Philosophen. (...) [Rudi Dutschke und die AStA-Vorsitzende] predigen einen Sozialismus, mit dem man die Humanität zum Teufel jagt, und tun dies um so gründlicher,

je unverfrorener sie sich der Vokabeln des Philososphen bedienen.«[337]

Auch Fritz J. Raddatz, damals Redakteur der »Zeit«, kritisierte Rudi. Er schrieb ihm einen Brief: »Will ich Dir doch ganz ungebeten sagen, daß ich Deine Rede am Grab von Ernst Bloch eher schlimm fand. (...) Bist Du Dir denn nicht darüber klar, daß Du Dich da selber als Figur mißbrauchen läßt (ich erspare mir die billige Retourkutsche, nun meinerseits von Charaktermaske zu sprechen)? Du zelebrierst genau bis in die einzelnen Redewendungen hinein das, was etwa die Springer-Presse von Dir erwartet. (...) Und dann setzt Du Dich in die erste Reihe der privilegierten Gäste wie in eine Premierenloge, gibst Peter Huchel, der vor Empörung über Deine Rede fast den Saal verlassen hätte, freundlich und kulant die Hand.«[338]

Über diesen massiven Angriff war Rudi etwas erschrocken. Er hat natürlich mit Absicht provoziert. Aber eine so feindselige Reaktion hatte er nicht erwartet. Er glaubte, darin sei »die Wut der Bourgeoisie zu spüren, den Toten, den rev[olutionären] Denker an diesem Abend nicht in die eigene Hand nehmen zu können. Für uns dagegen ist Ernst Bloch kein Besitz, er ist Aufgabe.«[339]

Was hatte Rudi gesagt, daß Freunde und Feinde gleichermaßen erzürnten? »Wenn in der BRD ein hoher Bankspekulant, eine gesellschaftlich austauschbare Charaktermaske des Kapitals von Desperados ermordet wird, so gibt es ein mit ungeheuren Kosten und hochtechnologisiertem Polizeischutz versehenes Staatsbegräbnis. (...) Wenn in der DDR eine gesellschaftlich austauschbare Funktionärsmaske durch Selbstmord, Unfall bzw. Tod aus der (...) bürokratischen Herrschaftsmaschine ausscheidet, so wird die Staatsflagge auf Halbmast gesenkt. (...) Wenn dagegen ein persönlich und gesellschaftlich unaustauschbarer subversiv-treibender Philosoph wie Ernst Bloch, einer der großen philosophischen Söhne unseres Volkes, verstorben ist, so verleugnet die herrschende Klasse in der DDR sein Werk. (...)

Der amerikanisierte Bundeskanzler entdeckte plötzlich, daß er Ernst Bloch im Herbst besuchen wollte (...), aber nicht einmal am Tage der Beerdigung ist er persönlich anwesend. (...) Was für ein gespaltenes, geschichtsloses, von heute auf morgen dahinvegetierendes, finanziell reiches, geistig immer ärmer werdendes Volk der Gekrümmten.«[340]

Karola und Bloch-Sohn Jan waren mit den Angriffen in der Presse auf Rudi nicht einverstanden. Sie unterstützten Rudis Haltung. Das war für ihn der beste Trost. Karola schrieb Rudi: »Ganz kraß ist mir nach dem Tode von Ernst ins Bewußtsein gekommen, in wie verschiedenen Lagern die Menschen stecken, die um Ernst trauern. Diejenigen wie Du, Negt, (pars pro toto) der AStA, die ihre Trauer mit konkreter politischer Analyse und Tat verbinden und Ernst dahin stellen, wohin er gehört, und die anderen, die durchaus EB verehren, leider aber den Kern seiner Philosophie nicht verstehen, nicht verstehen wollen. Sie verdrängen die Tatsache, daß dieses durchgeistigte, aus der ganzen menschlichen Kultur schöpfende Genie bei der Verleihung der Ehrendoktorwürde in Tübingen die geballte Faust erhoben hat. (...) Und die geballte Faust damals gibt doch Euch Revolutionären allen recht.«[341]

*

Solch freundlicher Zuspruch änderte nichts an Rudis Schwierigkeiten mit der Presse. Er spielte sich nicht auf für sie, er provozierte sie. Er suchte ein Sprachrohr, aber er fand keines. Daß ihm dies mit den bürgerlichen Medien nicht gelang, versteht sich von selbst. Aber mit der linken Presse ging es auch nicht gut. Jedes Blatt hatte eine eigene Linie, und sie stimmte selten überein mit Rudis eigentümlicher Mischung aus freiheitlich-demokratischer Selbstbestimmung, Solidarität mit den Unterdrückten und kämpferischer Radikalität. Am häufigsten publizierte Rudi in »das da«, oft auch in »konkret«.

»konkret« war 1955 von Klaus-Rainer Röhl gegründet worden. 1973 versuchte die Redaktion unter Leitung von Hermann Gremliza, das Blatt zu übernehmen. Röhl zog sich daraufhin zurück. Die Redaktion änderte nun das Konzept der Zeitschrift. Statt Politik zwischen nackten Frauen gab es nur noch Politik. Das hätte ein Fortschritt sein können, wenn sich die Redaktion nicht gleichzeitig der SED/DKP-Linie genähert hätte.

Röhl gründete eine neue Zeitschrift nach seinem alten Konzept: »das da«. Seine Zielgruppe waren die Linken in der SPD und im undogmatischen Lager.

Obwohl Gremliza sich linkspluralistisch gab und Beiträge aus einem größeren linken Spektrum erscheinen ließ, sollte das Blatt letztlich die DDR-Politik legitimieren. Deshalb kam es schließlich zum Streit zwischen Rudi und Gremliza. Seinen Höhepunkt erreichte er im Juni 1977,

als Rudi den sowjetischen Dissidenten Grigorenko in Hamburg traf. Grigorenko war in der Sowjetunion psychiatrisch mißhandelt worden, bevor er ausgebürgert wurde. Rudi begrüßte Grigorenko in aller Öffenlichkeit, umarmte ihn und bekundete seine Sympathie. Für Gremliza war das zuviel, und er ließ Rudis Namen aus dem Autorenverzeichnis von »konkret« streichen.
Rudi empfand das als folgerichtig, auch wenn er darüber aufgebracht war. Doch Gremliza schrieb Rudi höhnisch, einige gemeinsame Freunde hätten ihm erzählt, daß Rudi über die Streichung seines Namens aus dem Autoren-Verzeichnis verärgert sei. Das habe ihn, Gremliza, ehrlich überrascht.
Viele Menschen fanden es überhaupt nicht folgerichtig, daß Rudis Name gestrichen worden war, sie fanden es unerhört. »konkret« wurde mit einer Flut von wütenden Briefen überschüttet. Erich Fried, der oft in »konkret« geschrieben hatte, erklärte: »Solange Rudis Name dasteht, habe ich gerne auch meinen drauf. Wenn Rudis Name abgesetzt wird, bitt' ich auch um Absetzung meines Namens.«
Mit »das da« war es auch nicht einfach. Die Schwierigkeiten lagen jedoch anders. Seit 1975 schrieb Rudi regelmäßig für die Zeitschrift, worüber auf verschiedenen Seiten Verwunderung geäußert wurde. Rudi wollte sich von Röhl nicht entfremden, aber auch nicht von denen, die seine Mitarbeit nicht verstanden. Er sprach Röhl an. Nicht wegen der Sexbildchen, sondern wegen der politischen Richtung des Blatts. Nach Rudis Auffassung praktizierte Röhl einen Antikommunismus, der sich von dem der Rechten kaum unterschied: »Ihr müßt eins begreifen, wenn ›das da‹ Ausdruck der linken Fraktion der SPD sein will, so muß damit eine volle Anerkennung des demokratischen Kommunismus-Sozialismus verbunden sein. Radikale Kritik des despotischen Kommunismus, wie ich sie versuche, wird von Euch bisher nicht begriffen. Ohne klaren antikapitalistischen Standpunkt entsteht Anti-Kommunismus von heute auf morgen. Versucht wenigstens die Diskussionen in der KPI und KPF real zu verfolgen.«[342]
Röhl wollte Rudi als Autor nicht verlieren, denn dieser sprach eine Lesergruppe an, die das Blatt sonst nicht gehabt hätte. Rudi war nützlich für ›das da‹, auch finanziell. Er wurde schlecht bezahlt, aber klagte nicht, weil er mehr an den politischen Zweck als an Geld dachte.
Aber als Rudi den Eindruck bekam, daß Röhl ihn ausnutzen wollte, und versprochenes Autorenhonorar nicht überwies, war es ihm zu-

viel. Besonders, weil wir davon leben mußten. Wir hatten damals kein anderes Einkommen. Rudi schrieb Röhl: »Jedenfalls bin ich von ›das da‹ schwer enttäuscht worden, ich muß mir sehr überlegen, in welchem Zusammenhang ich mal wieder bereit sein werde, einen Beitrag bei Euch abzugeben. (...) Was mich als Arbeitslosen (mit viel Arbeit) nicht daran hindern kann (...), Dich daran zu erinnern, endlich alle abgelieferten Artikel zu bezahlen. Ich habe für die Artikel scharf geschuftet, es wäre wert, sie dementsprechend zu bezahlen.«[343]

*

Rudi wurde 1975 nach Holland eingeladen, um eine Rede an der Universität Tilburg zu halten. Das wäre kaum mehr als eine inneruniversitäre Angelegenheit gewesen, wenn sich nicht herausgestellt hätte, daß Rudi in Holland persona non grata war. Das Einreiseverbot von 1968 war nicht aufgehoben worden. So wurde Rudis Vortrag zu einer nationalen Frage, die im Parlament behandelt werden mußte. Rudi bekam schnell die Erlaubnis, seine Rede in Tilburg zu halten, aber zunächst unter der Auflage, Amsterdam nicht zu betreten. Professoren und Studenten in Tilburg sowie ein Rechtsanwalt gingen der Sache nach. Parlamentsabgeordnete der sozialdemokratischen Partei der Arbeit setzten sich ebenfalls für die vollständige Aufhebung des Einreiseverbots ein. Mit Erfolg, alle Auflagen entfielen.

Durch die öffentliche Debatte wurde die Aufmerksamkeit einiger Professoren in Groningen auf Rudi gelenkt. Sie erfuhren, daß Rudi in Deutschland keine Stelle bekam, und glaubten, daß es für Groningen nicht schlecht wäre, Rudi einzustellen. Sie boten ihm eine Gastprofessur am Philosophischen Institut der Rijksuniversität in Groningen an, die erst einmal zwei Semester dauern und im Herbst 1977 beginnen sollte. Da Rudi dadurch ein gesichertes Einkommen hatte und die Arbeit möglicherweise auch für eine spätere Stellung in Deutschland hilfreich sein konnte, wollte er das Angebot annehmen. Rudi war sich nicht sicher, ob die Universität eine Daueranstellung anstrebte oder es sich um eine befristete Beschäftigung handeln würde. Er glaubte, daß die Groninger ihn quasi zur Probe einstellten, um später zu entscheiden, wie es weitergehen sollte. Wegen dieser Unsicherheit entschieden wir, daß ich und die Kinder in Dänemark blieben, um Schulprobleme zu vermeiden.

Rudi lehrte nur ein paar Tage in der Woche. Wenn er nicht politische Veranstaltungen in Deutschland hatte, kam er nach Dänemark. Er hatte nun ein Zimmer in Groningen, eines in Berlin und eine Wohnung in Aarhus. Es war ein unstetes und zersplittertes Leben. Er konnte sich nicht für einen festen Wohnsitz entscheiden, weil er keine Karriere im Auge hatte, sondern die Revolution. Wenn er es wirklich gewollt hätte, hätte er wohl über die zwei Semester hinaus in Groningen bleiben können. Aber er wartete darauf und arbeitete dafür, daß es für ihn in Westdeutschland wieder eine Basis gab. Ich konnte damit leben, mehr oder weniger staatenlos zu sein. Ich konnte auf Rudis Entscheidung warten, darauf hatte ich mich eingestellt. Aber die Kinder schlugen unmerklich ihre Wurzeln in Dänemark.

Nachdem er einige Wochen an der Universität war, schrieb mir Rudi: »Hier wird täglich gelesen, Seminar und Vorlesung vorbereitet, lasse mich von außen nicht stören. Die wissenschaftliche Arbeit bereitet mir Freude, ist aber Hundearbeit – Du kennst mich ja. An interessanten und schönen Frauen mangelt es hier so wenig wie überall, in zwei Monaten Vorlesung und Seminar ist dafür allerdings, wie zumeist, wenig Zeit.«

Ganz wohl fühlte sich Rudi nicht bei seinem Leben zwischen Holland, Dänemark und Deutschland. Er arbeitete hart und intensiv für seine Seminarveranstaltungen, aber schon der Blick auf spielende Kinder verleitete ihn, an Hosea und Polly zu denken, mit denen er nur hin und wieder Kontakt hatte. Das störte seine Konzentration auf die Arbeit. Er hätte darauf bestehen können, daß wir nach Groningen ziehen, aber das tat er nicht. Ob er von der Verantwortung für die Familie befreit sein wollte, weiß ich nicht. Es liegt gewiß nicht daran, daß er Beziehungen mit anderen Frauen haben wollte. Wenn er mir schrieb, daß er keine Zeit für Frauen habe, glaubte ich ihm.

Auch gesundheitlich war er nicht zufrieden: »Mit meinen physischen Körperteilen habe ich inzwischen doch so manche Bedenken. Habe vor wenigen Tagen eine Röntgenuntersuchung durchführen lassen. (…) Das Rückgrat macht einen ziemlich auflösenden Eindruck. Eigenartigerweise erhielt ich die Stelle eines Wissenschaftlers, der aus Rückgratgründen ausschied, bei ihm sollen die Ärzte über Operation nachdenken. Wenn mir solch ein Weg bevorsteht, wäre ich stinksauer.«

Der »deutsche Herbst«

> »Zuerst gilt es grundlegende Fragen erneut aufzunehmen. Was bedroht die Welt? Ist es eine bevorstehende Energie-Lücke, oder enthüllt sich dahinter, genau nachgefragt, erneut eine schwerwiegende Herrschafts-Lücke? Kaum wollten nach dem 2. Weltkrieg die Völker Frieden, träumten sogar von einem freien Sozialismus, schon gingen die Länder der antifasch[istischen] Front dazu über, ihre alten Herrschafts- und Ausbeutungsverhältnisse weiterzuentwickeln.« [344]
> »In den sechziger Jahren waren wir außerparlamentarisch, aber nicht antiparlamentarisch. (...) Darum muß das Problem von direkter und parlamentarischer Demokratie noch intensiver diskutiert werden.« [345]

Im Herbst 1977 gab es keinen Hitler und keine Wirtschaftskrise, aber es gab einen Strauß und eine aufgehetzte Bevölkerung. Die Lage war beunruhigend. Der sogenannte Extremistenbeschluß von 1972 war ein frühes Signal gewesen. Jenen politischen Kräften, die ihn zu verantworten hatten, ging es darum, Andersdenkende zum Schweigen zu bringen.
Im März 1976 fiel eine Gruppe von CDU/CSU-Bundestagsabgeordneten über eine Ausstellung des Politkünstlers Klaus Staeck in Bonn her und zerstörte eine Reihe von Objekten. In Mai 1976 wurde das Strafgesetzbuch geändert. Durch einen »Maulkorbparagraphen« wurde die freie Meinungsäußerung in Publikationen begrenzt. Die Gesetzesänderung eröffnete der Justiz die Möglichkeit, Kritik an gesellschaftlichen Zuständen als »Aufruf zur Gewalt« zu verfolgen. In Bochum, Hamburg, Köln, Tübingen, Heidelberg und München wurden im August 1976 linke Buchhandlungen und die Privaträume ihrer Geschäftsführer durchsucht, Zeitungen und Bücher wurden beschlagnahmt, vier Buchhändler festgenommen. Damit sollte ein Exempel statuiert werden.
Zuvor schon, im November 1975, hatte die Staatsanwaltschaft Michael »Bommi« Baumanns Autobiographie »Wie alles anfing« beschlagnahmt. Der Verlag wurde von der Polizei durchsucht. Im Januar 1978 urteilte ein Gericht über Bommis Buch: »Auf das Grundrecht der freien Berichterstattung können sich die Angeklagten nicht berufen, wenn in dem Lebensbericht Baumanns eine Anzahl schwerer Verbrechen billigend in einer Weise dargestellt wird, die den öffentlichen Frieden zu stören geeignet sind.« Michael Baumann war einer der jungen Genossen, die uns in England besucht hatten. Rudi hatte sein

Buch gelesen und fand darin keine Billigung, sondern eine gute Auseinandersetzung mit dem Terrorismus.
Die Demontage von Grundrechten ging weiter. Das Kontaktsperregesetz vom September 1977 erlaubte es, jeden Kontakt von Gefangenen untereinander und mit ihren Verteidigern zu unterbrechen schon allein beim Verdacht einer Verbindung zu einer terroristischen Vereinigung – was immer die Juristen darunter verstanden. Willkür wurde zum Gesetz. Rudi schrieb: »Man müßte ja zurückdenken! Den historischen Begründungszusammenhang des Grundgesetzes sich anschauen. Schließlich ist dieses Grundgesetz Resultat eines Nachdenkens über den durch das Bündnis von Monopolbourgeoisie und NSDAP begonnenen und verlorenen 2. Weltkrieg. Man könnte ja den antikapitalistischen, antifaschistischen und antistalinistischen Grundtenor des Demokratiebegriffs entdecken.«
In diese Zeit des Rechteabbaus fiel eine Serie spektakulärer terroristischer Mordanschläge. Im April 1977 wurden Generalbundesanwalt Siegfried Buback und ein Polizist erschossen, ein Beifahrer wurde schwer verletzt. Der Staatsschutz hatte gewußt, daß Buback in Gefahr war, aber nur ein Polizist begleitete ihn auf dieser Fahrt. In einem Interview sagte der Polizeipräsident von Stuttgart, Buback sei »voll unter Terrorkontrolle gewesen«. Rudi fand das erstaunlich. Es schien fast so, als ob der Staatsschutz es absichtlich zu diesem Mord hatte kommen lassen, um endlich einen Grund zu haben, mit aller Gewalt gegen die Linken zuzuschlagen. »Wird da zusammengearbeitet, um Stück für Stück den totalen Durchbruch der CDU/CSU zu ereichen? Sollen die Christen, Sozialisten, Kommunisten sich wieder im KZ begegnen?«[346] fragte sich Rudi.
Im September entführte die RAF Hanns-Martin Schleyer, den Präsidenten des Bundesverbandes der Deutschen Arbeitgeberverbände. Er war als Vertreter der Großindustrie und wegen seiner einschlägigen Nazivergangenheit ein prototypischer Repräsentant des verhaßten Systems. Bei der Entführung wurden vier Begleiter Schleyers ermordet. Die RAF forderte, Andreas Baader, Gudrun Ensslin, Jan-Carl Raspe und weitere inhaftierte Terroristen freizulassen im Austausch gegen Schleyer.
Viele Politiker und ein Teil der Medien machten die 68er Bewegung für den Terror verantwortlich. Rudi persönlich wurde herausgesucht: »Ihrer Herkunft nach gehören sie [die Terroristen] eindeutig ins linke

Spektrum. Es ist Rudi Dutschke gewesen, der auf einem der Frankfurter Kongresse des Sozialistischen Studentenbundes gefordert hatte, das Konzept Stadtguerilla müsse auch hierzulande entwickelt und der Krieg in den imperialistischen Metropolen entfesselt werden«[347], kommentierte etwa die »Stuttgarter Zeitung«.
Das Gerede vom geistigen Nährboden des Terrorismus wurde zum Schlagwort, aber es wurde verschwiegen, daß der geistige Nährboden des Terrorismus in Deutschland 1933 geschaffen worden war. Rudi wehrte sich gegen die Angriffe auf ihn und die Bewegung: »Wenn verzweifelte oder beauftragte Desperados schreiben: Schafft viele revolutionäre Zellen! Schafft viele Bubacks, so kann der Sozialist nur sagen: Höher kann die Zerstörung der kritisch-materialistischen Vernunft nicht mehr gehen. (...) Nur zu gerne finden die herrschenden Parteien den sogenannten geistigen Nährboden des Terrorismus. Wieder sollen die Linken an den Universitäten und anderswo die letzte intellektuelle Verantwortung für den individuellen Terror tragen. (...) Warum versucht man sich mit allen Tricks von dem Problem des sozialen Nährbodens anderer terroristischer Erscheinungsformen davonzustehlen? Wie kann man eigentlich einen Terrorismus austrocknen, wenn gleichzeitig sozialökonomisch und sozialpsychologisch Boden dafür geschaffen wird? Der individuelle Terror ist der Terror, der später in die individuelle despotische Herrschaft führt, aber nicht in den Sozialismus.«[348]
»Wenn Strauß, Springer, Filbinger, Dregger bis hin zu Schmidt vom linken ›geistigen Nährboden‹ des Terrorismus faseln, dann muß ihnen geistige Armut und politisches Denunziantentum ausgesprochen werden. (...) All diesen Profis der Lüge kann ich nur sagen: Nachdem ich die Kugeln schon in Kopf und Körper hatte, war ich es wert, als Mensch zu gelten, vorher hatten die Herren da oben alles getan, um ein geistiges, politisches und sozialpsychologisches Klima der Unmenschlichkeit wachsen zu lassen. Wir haben keinen Grund, die Ermordung von Benno Ohnesorg am 2. 7. '67 und den 11. 4. '68 zu vergessen. Da war nicht klammheimliche ›Freude‹, da war offene Freude der Herrschenden. Ach, hätten die Strauß, Springer und Walden * nur

* Matthias Walden (1927-1984), eigentlich Eugen Wilhelm Otto Freiherr von Saß, war 1956-1979 Chefredakteur und Chefkommentator des Senders Freies Berlin. 1979 wechselte der stark rechts orientierte Publizist zum Springer-Konzern.

einen Moment echter christlicher Substanz, dann wäre ihnen die ›Mitschuld‹ von damals und heute nicht so unbekannt.«[349]

Am 13. Oktober entführten arabische Terroristen ein Lufthansa-Flugzeug. Die Erklärungen der vier Luftpiraten stimmten mit denen der Schleyer-Entführer überein: Wenn die Gefangenen nicht freigelassen würden, würden Schleyer, alle Passagiere des Flugzeugs und die Besatzung getötet werden. Am 18. Oktober, frühmorgens, landete das Flugzeug in Mogadischu, der Hauptstadt Somalias. Am selben Tag, bei Dunkelheit, landete ein Einsatzkommando des Bundesgrenzschutzes in Mogadischu. Um Mitternacht wurde das Flugzeug gestürmt. Drei Entführer wurden getötet, eine Entführerin schwer verletzt. Alle Geiseln wurden befreit. Um 0 Uhr 38 wurde die Nachricht in Deutschland ausgestrahlt.
Am folgenden Morgen wurden im Gefängnis Stuttgart-Stammheim die Leichen von Gudrun Ensslin und Andreas Baader gefunden. Jan-Carl Raspe und Irmgard Möller waren schwer verletzt, nur letztere überlebte. Die Medien sprachen von Anfang an von Selbstmord, noch bevor es umfassende Ermittlungen gegeben hatte. Angeblich wurde untersagt, den Todeszeitpunkt genauer zu bestimmen, um Zweifel an der Selbstmordversion gar nicht erst aufkommen zu lassen. Lag dieser Zeitpunkt vor 0:38 Uhr, dann wäre das Motiv, das die Staatsanwaltschaft Stuttgart für die Selbstmorde angab, entfallen. War es doch Mord? Eine zufriedenstellende Antwort ist nie gegeben worden.
Am 19. Oktober wurde die Leiche von Hanns-Martin Schleyer in Mulhouse im Elsaß gefunden.

*

Nicht wenige sahen die Demokratie in ernster Gefahr. Sie war den Deutschen im Westen nach 1945 von den Besatzungsmächten verordnet worden und nicht tief im Volk verwurzelt. Übergangslos war sie an die Stelle des schnell verdrängten Nazismus getreten. Rudi erschien die Bedrohung wie eine dunkle Wolke am Horizont, aber er war jetzt bereit, an die Stärke der bürgerlichen Gesinnung zu glauben und an den prinzipellen Unterschied der historischen Situation: »Faschismus ist ein historischer Begriff, und die NSDAP ist so wenig zu trennen vom Antisemitismus wie vom Bündnis mit dem Großkapital. Wir haben keine Partei in der BRD, die auf den Grundlagen des Antisemitismus und eines gewissen Pseudo-Antikapitalismus existent ist. (...) Der historische Faschismusbegriff vernebelt die Gegenwart mit ihren Tendenzen, macht sie nicht frei. (...) Und diejenigen in Westeuropa, die den Blick auf die BRD richten und dann nur reden vom ›neuen Faschismus‹, die sind in Gefahr, den ind[ividuellen] Terror, der heute stattfindet, zu verwechseln mit den historisch notwendigen illegalen Aktionen der dreißiger und vierziger Jahre, die nicht im geringsten ausreichend stattgefunden haben. Wenn ich das vergleiche und identisch setze, mache ich eine ungeheure Beleidigung all denjenigen Menschen gegenüber, die im KZ gewesen sind und die die Erfahrungen der dreißiger und vierziger Jahren gemacht haben. (...) Also dann sollte man doch ganz vorsichtig sein, auch im Ausland, mit bestimmten vernebelnden Interpretationen, wie sie von der RAF erfolgten.« [350]

*

Der Versuch der »staatstragenden Kräfte«, eine ganze Nation gegen zwanzig Terroristen zu mobilisieren, fast, als ob ein Krieg ausgebrochen wäre, sollte auch den Öko-Aufruhr einschüchtern und dämpfen. Statt dessen wurde die neue Bewegung stärker. Seit Wyhl und Brokdorf und seitdem Milan und ich Rudi von einer ökologischen Politik zu überzeugen vermochten, zweifelte er nicht mehr an der Bedeutung der neuen Bewegung.

Anfang 1977 wurde bekannt, daß in einem Jahr die ersten Wahlen zum Europaparlament stattfinden sollten. Wie sollte die Linke sich verhalten? Eine Institution des Großkapitals – ein Riesenparlament, weit entfernt von dem Ziel der direkten Demokratie: War es überhaupt vorstellbar, daß Europawahlen eine Grundlage abgeben konnten für den Versuch, die Linke zu organisieren, ohne alle linken Geister zu verlieren?

Ohne auf eine sowieso nie zu erwartende endgültige Antwort auf diese Frage zu warten, veröffentlichte Manfred Scharrer im Februar im »Langen Marsch« einen Aufruf, in dem er forderte, über eine linke Liste für die Europawahlen zu diskutieren: »1978 wird das Europäische Parlament direkt gewählt. (...) Trotzdem können die Linken in

Westdeutschland ihre Proteststimme nicht den Eurokommunisten geben, denn die sind ja in der BRD nicht vertreten. (...) Der parteiunabhängigen, sozialistischen und radikaldemokratischen Linken würde, wie es bislang aussieht, wieder einmal nur die Wahl zwischen den Sozialdemokraten als dem kleineren Übel oder einer Wahlenthaltung bleiben. Eine Protestwahl im Sinn der DKP oder einer maoistischen K-Sekte wäre diesmal noch absurder als bei der letzten Bundestagswahl. (...) Das SB könnte als einziger größerer, organisatorisch gefestiger Kern der sozialistischen Linken neben der inhaltlichen Beteiligung die Aufgabe der technischen Organisation übernehmen.«[351]

Rudi hatte trotz der gegenseitigen Verstimmung weiter Kontakt mit Manfred und war über dessen Vorstoß unterrichtet. Er hielt ihn im Kern für richtig: »Die verschiedenen linken Richtungen beherrschen oft die Straßen, verfügen aber seit Jahren nicht über die geringste politische Macht im Parlament usw. Innerlich sagt so manches zu mir, warum wagen wir uns nicht endlich mal ran an die so beschworenen Massen, warum stellen wir uns nicht der Wahl?«[352] Aber es blieben Bedenken.

Auf Manfreds Wunsch sprach Rudi das SB an. Er verstand, daß für das SB die Frage wichtig war, ob sich soziale Bewegung und politische Organisation nicht etwa doch ausschlossen. Er verwies jedoch darauf, daß eine Organisation vorhanden sein müsse, wenn die demokratischen Kämpfe auf der Kommunal- und Landesebene von Bedeutung seien. Von dieser Ebene aus könne man dann weitergehen: »Vergessen wir bei den Europa-Wahlen eins nicht, auf der einen Seite ist das westdeutsche Kapital daran interessiert, seine Einflußzone zu erweitern, auf der anderen sind Europa-Sozialisten, Euro-Kommunisten und andere Demokraten daran interessiert, der Rechtswendung in der BRD soweit wie möglich entgegenzuwirken.«[353]

Rudi drängte Oskar Negt vom SB: »Wenn eine realpolitisch relevante Kraft im Lande sichtbar wird, die von links kommt und nicht moskowitisch bestimmt ist, so wird gerade die SPD ihre Sozialismus-Floskeln verlieren und von anderen Richtungen das wieder hinzugewinnen, was sie von links eventuell verliert. Eine neue Konstellation könnte sich ergeben.

Lieber Oskar, ich wäre Dir dankbar, diese Ideen zu überlegen und mit anderen Genossen und Freunden zu diskutieren. Wahrscheinlich allein das SB im Bündnis mit Bürgerinitativen wäre in der Lage, eine solche Liste aufzubauen. Der Wind der Geschichte bläst für uns schärfer denn je, die Mißachtung der objektiven Möglichkeiten war schon immer fatal. Eine linke Liste erfordert noch in keiner Art und Weise die Gründung einer Partei sozialistischen Inhalts und dementsprechender Organisation. Es könnte aber eine Vorstufe sein, um das Problem des Verhältnisses von Basisgruppen, Bürgerinitiativen, Räteorganisationen und sozialistischer Partei erkennbar werden zu lassen.«[354]

Oskar Negt antwortete nicht, und das SB erwies sich nicht als tragende Kraft. Die Lage blieb verfahren. Nach dem Organisierungsdebakel vom November 1975 war Rudi nicht bereit, die Gründung einer linken Liste in West-Berlin organisatorisch zu unterstützen, obwohl er dafür publizistisch tätig war. Wenn er sich entschied, seine ganze Kraft einzusetzen für ein Organisierungsprojekt, dann wollte er künftig sichergehen. Er konnte keinen weiteren Fehlschlag dulden.

Er beobachtete die Alternativen, ohne sich für eine zu entscheiden. Aber als Fritz Vilmar in »das da« die linken Listen verspottete, weckte er Rudis Kampfgeist. Vilmar schrieb: »Von der DKP abgesehen, sind die linken Gruppen in der BRD unfähig zu einer konkreten Reformstrategie. (...) Rudi behauptet zwar, es formiere sich eine sozialistische Linke in der Bundesrepublik (sogar in der DDR), aber er vermag nicht ein einziges Faktum dafür aufzuführen.«[355]

Gleich beim Lesen schrieb Rudi verärgert auf den nächsten greifbaren Zettel: »Wenn man sich den letzten Artikel von F. Vilmar anschaut, so kann ich nur sagen: Mein lieber Fritz, als Sportler habe ich gelernt, nicht unter der Gürtellinie. Wer es tat, wurde ausgeschlossen. Du scheinst so etwas nicht kennengelernt zu haben, man muß es Dir offensichtlich beibringen.« Um es ihm beizubringen, nahm Rudi in »das da« vehement Stellung für eine linke Liste: »Fritz Vilmar ging auf die wachsende Unmöglichkeit einer Bündnispolitik zwischen den immer unabhängiger werdenden Sozialisten der Basisgruppen und der sich immer mehr selbst abhängig machenden DKP-Politik natürlich nicht ein. Ihm ist neuerdings das Reformkonzept der DKP (...) noch immer besser als all das Nachdenken und Andersgehen der neuen Linken. (...) Ich finde es durchaus diskussionswert, die 1978 stattfindenden Europawahlen zu einem Punkt werden zu lassen, wo die Linke außerhalb der SPD und DKP eine eigene Liste aufstellen könnte, um mal wirklich prüfen zu können, wie viele Stimmen (und aus welchen sozialen Schichten) eine unabhängige sozialistische Richtung bekommen würde.«[356]

Offenbar um einem zu links orientierten Vorstoß zuvorzukommen, kündigte der Bundesverband Bürgerinitiativen Umweltschutz (BBU) die Bildung einer ökologischen Liste für die Europawahlen an. Gleichzeitig setzte der KB seine Bemühungen fort, Bürgerinitiativen in Norddeutschland zu infiltrieren. Es wäre Rudi zu diesem Zeitpunkt vielleicht möglich gewesen, sich mit dem KB sachlich auseinanderzusetzen. Aber dann kam der Knall. Der »Arbeiterkampf« veröffentlichte einen Cartoon, der Rudi als Blinden zeigte, der gegen eine kaputte Mauer tapst, mit der Unterschrift: »Aus diesem Grund erfolgt im linken Lager das Herantasten an eine Sozialistische Partei (Rudi Dutschke).« Rudi faßte das als eine Kampfansage gegen sich auf und war sofort bereit, den Kampf mit dem KB aufzunehmen. Es gab keine Annäherung mehr, und der Streit war bitter.
Der KB kritisierte Rudi, weil dieser die Partei- und die Parlamentarismusfrage stellte. Er beschimpfte Rudi als einen Euroreformisten, obwohl der KB selbst begann, sich auf eine Wahlbeteiligung vorzubereiten.
Rudi war aber keineswegs ein Reformist geworden. Nur begriffen manche nicht, daß linke Politik und Strategie komplizierte Dinge sind: »Jede Fetischisierung der Reform landet in der konkretistischen Unmittelbarkeit und muß in sich versumpfen. Jede Fetischisierung der Revolution, ohne die Vermittlung von Reform und Revolution in der modernen bürgerlichen Gesellschaft des Über- und Untergangs (...), wird mit derselben mit untergehen.« Es gab Fernziele und Nahziele, und beide waren wichtig für das politische Handeln: »Natürlich sehe ich als sozialistisches Ziel die Rätedemokratie. Die parlamentarische Demokratie ist aber in der BRD und anderswo Ausdruck einer langen und nicht kurzen Periode. Der Übergang von der parlamentarischen zur Rätedemokratie ist in der gegenwärtigen Etappe nicht zu erwarten. Es gilt aber, die Voraussetzung dafür zu schaffen. Wenn ich also von langer Periode spreche, so heißt das für mich, die Spannung parlamentarischer und außerparlamentarischer Kämpfe voll durchzuhalten. Aus diesem Grunde erfolgt im linken Lager das Herantasten an eine sozialistische Partei.«[357]

*

Die Antiatombewegung war weitgehend bürgerlich. Wie sollte man mit ihr zusammen eine »unabhängige sozialistische Richtung« bilden? Ohne sie war das undenkbar, war sie doch die stärkste außerparlamentarische Kraft. Es klaffte ein Abgrund zwischen Anspruch und Wirklichkeit. Rudi versuchte, ihn zu überwinden: »Nun die Frage aber, wie sieht's aus mit dem Verhältnis von Anti-AKW-Bewegung und Arbeiterbewegung. Ich meine, das ist eine historische Schwierigkeit und eine objektive Schwierigkeit. (...) Die einzige Antwort auf diese schwer zu beantwortende Frage scheint mir zu sein (...), nicht sich anzumaßen, die unmittelbaren Interessen zu ignorieren und nur die sozialistische Kategorie und das sozialistische Ziel zu verkünden. Denn das bringt nur wieder die Kluft zwischen Verkündigung und unmittelbaren Interessen. (...) Der sozialistische Standpunkt (...) fragt danach, wie ist die Vermittlungsmöglichkeit von unmittelbaren Interessen und radikalen Bedürfnissen. (...) Gerade die unmittelbaren Interessen sind noch nicht unbedingt radikale Bedürfnisse. Radikale Bedürfnisse heißen: Negation kapitalistischer Produktionsverhältnisse. (...) Die Sozialisten hätten also die Aufgabe, die unmittelbaren Interessen extrem ernst zu nehmen, aber in jedem Augenblick auch bereit zu sein, die unmittelbaren Interessen in der Diskussion und in der Auseinandersetzung zu vermitteln mit sozialistischen Zielen. (...)

Ich muß klar die Spannung zwischen Nahziel und Fernziel auch organisatorisch ausdrücken können.

Das Fernziel ist rätekommunistisch, kann aber nicht identisch sein mit dem Nahziel. Das Nahziel muß jene Organisationsform sein, die auf der einen Seite das fundamentale Verhältnis zu den Unterdrückten, Beleidigten und Entrechteten hat, auf der anderen Seite aber auch jene Selbständigkeit der Organisation ausdrückt, um theoretische und politische Kontinuität fortzuführen. (...) [Es geht nicht], daß man sagt: Da ist die Arbeiterklasse, und da ist die Subkultur, uns interessiert nur die Arbeiterklasse, die Subkultur ist im Grunde bedeutungslos oder gar konterrevolutionär. Dies wäre eine völlig falsche Einschätzung der Situation.«[358]

Trotz aller Erklärungen war Rudi noch nicht bereit, sich zu engagieren.

Milan begriff Rudis Zurückhaltung nicht. Er hatte keine Wurzeln in der neuen oder der alten Linken. Da er ideologisch kaum belastet war und pragmatisch dachte, ging er daran, Beziehungen zu allen für die neue Liste in Frage kommenden Kreisen herzustellen. Er hatte engere Kontakte zum Achberger Kreis, einer anthroposophisch beeinflußten Gruppe um Wilfried Heidt, die in Baden-Württemberg ihr Zentrum hatte. Der Künstler Joseph Beuys in Düsseldorf gehörte auch dazu.

Milan wollte Rudi mit dem Achberger Kreis in Verbindung bringen. Dessen anthroposophischer Einschlag war uns fremd, und Gollwitzer hatte davor gewarnt. Ihm roch das zu sehr nach »Blut und Boden«. Weil Milan aber hartnäckig drängte, stimmte Rudi einem Treffen zu. Im August sollte in Kassel die »documenta« stattfinden. Wilfried Heidt lud Rudi ein, auf dem Kongreß einen Vortrag zu halten. Rudi fuhr hin. Dort traf er zum erstenmal Joseph Beuys und lernte auch Heidt persönlich kennen. Diese Begegnung baute Rudis Mißtrauen ab. Die politischen Aussagen der Achberger waren klar, demokratisch und kritisch gegenüber Ost und West. In Kassel einigten sie sich mit Rudi auf einige Punkte, die für die weitere Organisierung eine Grundlage bilden sollten: Menschenrechte, Unterstützung des Eurokommunismus, Entwicklung dezentraler Kleintechniken, Kampf den imperialistischen Machtzusammenballungen.

Nach dieser ersten freundlichen, aber unverbindlichen Verständigung wollte Heidt die Sache weiterführen. Er lud rund sechzig Leute, die er für glaubwürdig und politisch akzeptabel hielt, zu einer Beratung ein. Sie sollte hinter verschlossenen Türen stattfinden, dies aber mit Wissen der Öffentlichkeit. Namen, die im Zusammenhang mit der Beratung genannt wurden, waren interessant: Rudi Dutschke, Johano Strasser und Klaus Staeck.

Daß Dutschke mit dem Achberger Kreis über Parteigründung und Listenbildung diskutierte, war die erste Überraschung. Und daß zwei prominente Sozialdemokraten daran teilnehmen sollten, die zweite. Staeck war schon damals ein bundesweit bekannter Plakatkünstler, und Strasser war stellvertretender Juso-Vorsitzender. Die Einladung wurde unterzeichnet von Wilfried Heidt, den Charta-77-Vertretern Ivan Bystrina und Milan Horacek, dem Vorsitzenden der Aktionsgemeinschaft Unabhängiger Deutscher (AUD) August Hausleiter sowie von Strasser, Staeck und Rudi.

Aber bevor das Treffen stattfinden konnte, stand unerwartet und unerwünscht in der Presse, die genannten Personen würden zusam-

mentreffen, um eine Partei zu gründen. Das schreckte die SPD auf. Sie sprach von »Achberger Spinnern« und ließ durch ihren Vorstandssprecher erklären, daß Klaus Staeck und Johano Strasser gegen ihren Willen in Verbindung mit der Absicht gebracht worden seien, eine Partei zu gründen. Aber Rudi erklärte gegenüber der Presse: »Die Unterschriften sind echt.«
Strasser und Staeck werden kaum an eine unmittelbare Parteigründung gedacht haben, aber sie wußten bestimmt, um was es einigen anderen ging. Die Konferenz kam jedenfalls nicht zustande.
Daraufhin beschloß ein anderer, die Sache in die Hand zu nehmen. Hausleiter hatte eine Organisation, auf die er zurückgreifen konnte. Er hatte viele Verbündete, die aber mit Ausnahme von Heidt und seinen Freunden nicht einmal ansatzweise links waren. Einer der politischen Freunde Hausleiters war etwa Professor Haverbeck, dessen politische Aktivität bis zurück in die Nazizeit reichte. Es waren solche Verbindungen, die Linke nachdenklich stimmten im Hinblick auf die Ökobewegung. Aber Haverbeck hatte sich von der Nazivergangenheit gelöst und zusammen mit seiner Frau in der Anti-AKW-Bewegung viel Gutes auf die Beine gestellt. Sie hatten in Vlotho eine Lebensschutzakademie gegründet, in mancher Hinsicht eine Art Volkshochschule, wo später verschiedene Treffen der Grünen stattfanden.

Hausleiter hatte eine verzwickte Biographie. 1949 gründete der ehemalige stellvertretende CSU-Vorsitzende die Deutsche Gemeinschaft (DG), die 1952 in einigen Bundesländern als neonazistische Organisation verboten wurde. Die DG blieb als Partei aber bestehen und schloß sich 1965 mit anderen rechten Gruppen zur AUD zusammen, die 1968 einige APO-Forderungen aufgriff. 1972 gab es einen Linksruck in der AUD, woraufhin die alten Nazis die Partei verließen. Die AUD schaffte bei keiner Wahl den Sprung über die Fünfprozentklausel. Aber Hausleiter hatte schon Anfang der siebziger Jahre die Wichtigkeit der ökologischen Frage erkannt, und er begann Mitte der siebziger Jahre über die Gründung einer ökologischen Partei nachzudenken.
Hausleiter machte sich daran, die Verbindung mit so vielen ökologischen Organisationen herzustellen, wie es möglich war. Sein Programm war einfach und bot eine breite Grundlage:

»1. Die Zusammenfassung der ökologischen Bewegung in der BRD ist notwendig. (...)
2. Die ökologische Bewegung lehnt jede Art von Gewaltanwendung ab.
3. Sie verurteilt die zunehmende Einschränkung der Bürgerrechte und den schleichenden Abbau der Meinungsfreiheit und des Demonstrationsrechtes, sie fordert progressive Umweltbelastungs- und Umweltbenutzungs-Abgaben.«[359]

Hausleiter wußte, daß die AUD es nicht allein schaffen konnte. Er brauchte die anderen. Aber diese brauchten auch ihn. Die erste gemeinsame Konferenz fand im Dezember 1977 in Vlotho statt. Es waren rund zwanzig Leute anwesend, unter ihnen der konservative Umweltschützer Herbert Gruhl (CDU), der unabhängige Sozialist Ossip K. Flechtheim, Joseph Beuys, Wilfried Heidt sowie Haverbeck, Hausleiter und Milan.

Nach der Konferenz wandte sich Milan an Rudi: »Die Situation in der BRD 1978 bewegt sich hin zur Entscheidung. Es ist notwendig, daß Du eine klare Entscheidung in Sachen neue soziale Bewegung machst. Nach langen Überlegungen u. weiteren Gesprächen auch mit SB-Leuten und anderen bin ich der festen Überzeugung, daß Du die Fahne hochheben mußt!!! Sonst wird in der BRD philosophiert, problematisiert, herumtaktiert, politisiert, aber keine realen politischen Schritte gemacht. Du kannst mir noch einmal sagen oder schreiben, daß es traurig ist und daß es in der jetzigen Lage nicht deinerseits geht, dann muß ich aber antworten: Entweder in der nächsten Zeit oder nie. (...) Ich kann auch vielleicht mehr als andere helfen, durchzustehen und durchzukämpfen die schwierige Zeit der Heimreise. Nur die Entscheidung, da kann ich nicht helfen. Das mußt du allein machen.«[360]

*

Bei einem Besuch in Ost-Berlin 1976 drückte jemand Rudi ein getipptes Manuskript in die Hand, das im Untergrund herumgereicht wurde. Der Autor war ungenannt. Rudi las das Manuskript und war überrascht. Es erinnerte ihn so stark an seinen »Versuch, Lenin auf die Füße zu stellen«, daß er es zunächst für eine Provokation hielt, möglicherweise stammte es von der Stasi. Ich fragte ihn, was für einen Sinn

es haben solle für die Stasi, so eine Schrift herauszugeben. Das konnte mir Rudi nicht erklären. Ein halbes Jahr später wollte der Wagenbach Verlag das Manuskript drucken, und er bot Rudi an, das Vorwort zu schreiben. Rudi sagte zu, bestand aber darauf, sich hinter einem Pseudonym zu verstecken, weil er weiterhin unsicher war, aus welcher Quelle die Arbeit stammte. Aber das Buchprojekt fiel verlagsinternen Streitigkeiten zum Opfer.
Einige Zeit später, im August 1977, las Rudi in »das da«, daß das Buch mit dem Titel »Die Alternative« in der Europäischen Verlagsanstalt erscheinen werde. Der Name seines Autors sollte erst kurz vor der Auslieferung bekanntgegeben werden.
Er hieß Rudolf Bahro und war ein SED-Wirtschaftsfunktionär. Erst jetzt wußte man wirklich, daß es im Partei- und Staatsapparat Menschen gab, die kritisch dachten. Und endlich war einer von ihnen so mutig, an die Öffentlichkeit zu gehen. Bahro wurde sofort verhaftet wegen des Verdachts nachrichtendienstlicher Tätigkeit. Ein anonymer SED-Funktionär verfaßte für den »Spiegel« eine Besprechung, in der er berichtete, daß geplant sei, den »idiotischen Kretin« Bahro der »sozialistischen Psychiatrie« zu übergeben.
Rudi wußte nicht, inwieweit Bahro Interesse im Westen finden würde. »Bleibt abzuwarten«, sagte er. Aber er war aufgeregt und hoffte, daß es ein Auftakt war für eine Opposition im Osten, die man im Westen solidarisch unterstützen müsse. Er glaubte nicht, daß eine Entwicklung zu einem demokratischen Sozialismus im Osten erfolgen könnte, ohne daß gleichzeitig ein Aufbruch im Westen stattfand. Aber wer im Westen »steht ihnen denn an relevanten gesell[schaftlichen] Kräften jenseits von SPD und DKP zur Verfügung in kritischer Offenheit und Solidarität? Ein Nichts, gutmeinende Individuen reichen da nicht aus.«

Kurz nach Bahros Buch kam der nächste Paukenschlag aus dem Osten. Im Januar 1978 las Rudi den »Spiegel« und stieß plötzlich einen Schrei des Erstaunens aus: »Sieh dir das an, was ist das bloß? Manifest des Bundes Demokratischer Kommunisten. Woher ist es gekommen?« Er schwankte zwischen nervöser Freude und der Befürchtung, daß es ein Trick war. Doch »selbst wenn das Manifest des Bundes Demokratischer Kommunisten von einem Drei-Sterne-General des Staatssicherheitsdienstes der DDR oder des westdeutschen BND geschrieben worden ist, um bestimmte innenpolitische Widersprüche über äußere Medien auszutragen, was ich strikt bezweifle, selbst dann ist der historische Realgehalt der aufgeworfenen Probleme nicht wegzuschieben«.[361]

Der »Spiegel« hatte das Manifest veröffentlicht, das er angeblich aus der DDR in den Westen geschmuggelt hatte. Seine Verfasser gehörten angeblich zu einer Oppositionsgruppe in der SED. Ihre Namen blieben unbekannt. Das Dokument forderte einen Übergang von der asiatischen Produktionsweise des bürokratischen Staatskapitalismus zur sozialistischen Volkswirtschaft und Gesellschaft, kritisierte die Parteidiktatur, forderte statt dessen einen Parteienpluralismus und die Gewaltenteilung. Außerdem sprach es sich für die Wiedervereinigung Deutschlands aus.

Das dreißigseitige Manifest, so wurde behauptet, zirkuliere in Abschriften und auf Tonbändern unter der Hand in der DDR. Rudi ärgerte sich, daß er das erst im »Spiegel« erfuhr: »Es ist zum Kotzen, es ist eine Schande, es einer bürgerli[chen] Presse überlassen zu haben, die Gen[ossen] aus der DDR tragen daran schwerlich eine Schuld.«[362]

Doch was Rudi am meisten traf, war, daß es so aussah, als ob Sätze aus seinen Arbeiten in den Untergrundmaterialien aus der DDR auftauchten. War dies ein Zeichen dafür, daß sein Lenin-Buch in der DDR bekannt war? Bei Bahro hatte er sich schon gewundert, aber diesmal war die Ähnlichkeit der Positionen noch auffallender. Rudi erschienen die Publikation des Kommunistenbundes und Bahros Buch fast wie Persiflagen seiner mehr theoretisch begründeten Ansätze. Es schmeichelte ihm aber auch, daß seine Arbeit offenbar so ernst genommen wurde.

Die SED erklärte das Manifest sofort für eine Fälschung des BND. Die SPD erklärte es für eine Provokation und ein Störmanöver und nahm den Fälschungsvorwurf der SED auf. Da SED und SPD sich einig waren, war Rudi bereit, das Manifest im positivsten Licht zu sehen und von der Existenz einer echten Opposition auszugehen. Doch Biermann und Havemann wußten nichts davon. Auch die Stasi tappte im dunkeln. Ihr fiel ebenfalls auf, daß die Aussagen im Manifest und in Rudis Lenin-Buch sich stark ähnelten. Sie schloß daraus, daß Rudi hinter dem Spuk stehe, ganz im Gegensatz zum öffentlichen Vorwurf an den BND.

»Streng geheim!« steht oben auf der Stasiakte. »Zur Gründung eines ›Kommunistischen Bundes Deutschlands‹ (...). Zuverlässig wurde zum Stand der o. g. Gründung bekannt, daß deren maßgebliche Organisatoren, darunter B[iermann], K[unert], F[uchs] und Dutschke, ein internationales Büro bzw. eine internationale Sektion des Bundes schaffen wollen. Zu diesem Zweck sollen bereits Kontakte zu interessierten Personen in der VR Polen, der CSSR und der Estnischen Sowjetrepublik hergestellt worden sein. (...) Zur politischen Ausrichtung des Bundes vertritt insbesondere R. Dutschke die Ansicht, daß die ›Partei‹ nur anerkannt und arbeitsfähig werden könne, wenn sie sich auf den sog. Eurokommunismus und seine führenden Vertreter stütze.«[363]

Diese Geschichte, in der Rudi eine zentrale Rolle spielte, war ihm völlig unbekannt.

Etwa zwanzig Jahre später hat sich herausgestellt, daß der »Spiegel« ein Diskussionspapier von einigen wenigen DDR-Intellektuellen und Funktionären aus der SED zum Manifest eines nicht existenten Bundes aufgeblasen hatte. Hermann von Berg soll der Urheber des Manifests gewesen sein. Der Leipziger Professor war damals einer der Berater des DDR-Ministerpräsidenten Willi Stoph. Er siedelte später in den Westen über.

Trotzdem bleibt festzuhalten, daß es in der SED kritische Köpfe gab, die Reformen anstrebten. Das Manifest widerspiegelte eine sich rasant verbreitende Stimmung innerhalb der SED und der DDR-Bevölkerung. Deswegen reagierte die SED-Spitze so hysterisch und setzte ihren gesamten Sicherheitsapparat in Gang, um die Verfasser aufzuspüren. Vergeblich.

Es gab in der Tat kleine oppositionelle Kreise in der DDR, die informellen Kontakt untereinander hatten, wovon die Stasi zum Teil wußte. Und tatsächlich kannten zahlreiche Menschen in diesen Kreisen Rudis Lenin-Buch, weil es in DDR-Bibliotheken stand. Interessenten mußten zwar einige Hürden nehmen, um an es heranzukommen, aber irgendwie klappte es dann manchmal doch.

Rudi hatte mit solchen Kreisen Berührung. So kannte er Gerd Poppe, der später zu den Gründern des Bündnis '90 gehörte. Rudi hatte ihn Ende der siebziger Jahre bei einem Treffen von Oppositionellen in Ost-Berlin zum erstenmal getroffen. An diesem Treffen nahmen viele Menschen teil, und Rudi sprach über Menschenrechtsforderungen, Verbindungen und Unterstützung. Für die Anwesenden war es eine Ermutigung, daß Rudi da war und auszusprechen wagte, was die Oppositionellen trotz aller Bedrohungen und Gefahren motivierte. Einige Menschen, die damals dabei waren, haben später dazu beigetragen, daß das SED-Regime zu Fall gebracht worden ist.

*

War Rudi noch Marxist? Ist er es je gewesen? Er beteiligte sich an einem Buch mit dem Titel »Warum ich Marxist bin«, das im März 1978 erschien. Die Frage beschäftigte ihn so sehr, daß er ein langes Manuskript schrieb, dick wie ein Buch, um seinen Weg durch die verschiedenen Varianten des Marxismus nachzuzeichnen. Da er nur einen Beitrag unter anderen liefern sollte, war der Verlag wenig begeistert von Rudis langem Text. Er veröffentlichte nur ein kleinen Teil davon.

Für Rudi gab es Marxismen: verschiedene Formen und Interpretationen des Marxismus. Es war für ihn deswegen gar nicht so einfach, die Frage zu beantworten, ob er Marxist war. »Der Name kann Schall und Rauch sein.« Er kam zu dem Schluß: »Ich bin kein Marxist«, ein Satz, der ja auch häufig Friedrich Engels angedichtet wird. Rudi war ein kritischer Materialist. Dazu stand er. Und er war sich mit Habermas einig darin: »Rekonstruktion bedeutet in unserem Zusammenhang, daß man eine Theorie auseinandernimmt und in neuer Form wieder zusammensetzt, um das Ziel, das sie sich gesetzt hat, besser zu erreichen – das ist der normale Umgang mit einer Theorie, die in mancher Hinsicht der Revision bedarf, deren Anregungspotential aber noch immer nicht ausgeschöpft ist.«[364]

Rudi hielt dies auch für notwendig, weil der Marxismus wie jede andere politische oder philosophische Theorie »durchaus unter historisch-spezifischen Bedingungen und Voraussetzungen in die Geschichtslosigkeit, in die Substanzlosigkeit und Rechtfertigung bestehender Verhältnisse geraten kann (muß)«. Die Frage des marxistischen Determinismus, der Idee also, daß Geschichte einen vorgezeichneten Weg gehe, an dessen Ende eine kommunistische Gesellschaft stehe, glaubte Rudi nicht klären zu müssen. Aber sie war keinesfalls ein Grund, den Marxismus abzulehnen. »Ja, es ist schwer, einen kritisch-materialistischen Standpunkt einzunehmen, die Determinismuskategorie ernst zu nehmen und in keinem Augenblick in eine Legitimationstheorie von Unterdrückung und Ausbeutung abzugleiten. Wie auch immer objektive Tendenzen sein mögen, in jedem Falle steht und bewegt der kritische Materialismus sich auf der Seite des revol[utionären], des den konkreten Menschen befreienden Widerstandes.« Weil es nicht möglich ist, Entwicklungen in ferner Zukunft zu erkennen, ging es Rudi um den Widerstand in seiner Zeit und darum, an die Geschichte des Widerstands der Beleidigten und Ausgebeuteten anzuknüpfen.

Rudi vertrat einen aktivistischen Standpunkt. Alle seine Analysen und sein Nachdenken dienten nicht dazu, irgendwelche Denksysteme zu konstruieren, sondern gesellschaftliche Verhältnisse zu ändern. Für Rudi gab es politische Fragen und Ziele, und von diesen hingen philosophische Reflexionen ab. Seine politischen Ziele waren oft an Tagesereignisse gebunden, aber dahinter stand immer die Grundaufgabe: eine Revolution, die die Gesellschaft erlösen würde von der Destruktivität des faschistischen Nährbodens, von Rassismus und den Interessen des Monopolkapitals.

*

Susanne meldete sich bei Rudi in Groningen. Sie wollte jetzt mehr. Sie bat ihn, nach Holland kommen zu dürfen. Rudi war mitten in den Vorbereitungen für sein zweites Semester in Groningen. Er fühlte sich allein dadurch überfordert. Aber sie hoffte, daß Rudi mehr Zeit für sie aufbrachte, daß er mit ihr eine richtige Beziehung führte. An so etwas hatte Rudi niemals gedacht. Sie legte es ihm nah und war enttäuscht, weil Rudi es nicht ernst zu nehmen schien. »Vereiste Liebe« nannte sie diesen Zustand, und Rudi war nicht beleidigt.

Ich war über diese Geschichte nicht besonders unglücklich. Ich wußte, daß ich es bei Rudi nicht mit einem Überquellen unbeherrschbarer Emotionen zu tun hatte, auch nicht mit diffusen Gefühlen mir gegenüber, die irgendwann versiegen würden, sondern mit etwas Festem, das alle Widersprüche, Verkrampfungen und Unglückserfahrungen überleben würde, auch Verhältnisse mit anderen. Zumeist war ich sicher, zumeist.

Susannes Forderungen verunsicherten Rudi: »Die vielen Sachen lassen sich so schwer vermitteln. Auf der einen Seite hätte ich beileibe nichts gegen einen Besuch, auf der anderen finde ich es der G[retchen] gegenüber nicht solidarisch. Muß darüber weiter nachdenken, aber mein Hauptdenken ist auf Politik und Uni gerichtet, wobei die Uni Schufterei, nicht nur ein Genuß ist«, schrieb er ins Tagebuch.
Er dachte darüber nach, und ein paar Tage später notierte er: »Da ist die S[usanne], eine dufte Frau und Genossin, haben einander gern, doch ein Alternativ-Verhältnis steht für mich nicht zur Debatte.« Ein Besuch von ihr »hätte meine schon schwierige Zeitsituation weiter zu Unruhe gebracht, mußte einfach absagen«.

Ich hatte eigene Schwierigkeiten. Es war nicht so sehr, daß Rudi in Holland war, es lag auch nicht an seinen Unklarheiten mit Susanne, von denen er mir etwas, aber wohl nicht alles erzählte. Ich versuchte zu schreiben, aber ich beherrschte weder Deutsch noch Dänisch so gut, daß ich ohne fremde Hilfe auskommen konnte. Alles, was ich schrieb, wurde von deutschen und dänischen Zeitschriften abgelehnt, und mit jeder Ablehnung wuchs meine Verzweiflung. Es war, als ob über mir eine dunkle Wolke hing. Nichts half. Ich wollte die Sonne sehen, aber es gab keine Sonne.
Einmal rief Rudi an, und ich war nicht da. Er wurde unruhig. »Warum sie mir von den Reiseabsichten (für einige Tage) nicht berichtet, ist mir ein Rätsel. Hat die G[retchen] da kein Gefühl mehr für mich?? Habe ich es ihr gegenüber genug gehabt?? Sicher ist eins, betrogen habe ich sie nie, weder so noch so. Meine ungebrochene Beziehung zum Kampf für den Sozialismus hat (und wird) zusätzliche Probleme mit sich gebracht haben.«
Wir begriffen nicht, daß wir gewöhnliche Menschen waren und darum unvollständig, von einer Natur beherrscht, die wir mit Vernunft kontrollieren zu können glaubten, aber das war eine Illusion. Man konnte alle Probleme rationalisieren und wußte dann doch nicht, woran man war. Wir wollten unsere Unzulänglichkeiten nicht akzeptieren und haben sie doch akzeptiert, wir blieben zusammen und liebten uns trotz alledem.

*

Die Westküste Norwegens war seit alters her sehr pietistisch. Es wurde dort berichtet, daß Rudi Dutschke eingeladen worden sei zu einer Konferenz »Christen im Kampf für den Sozialismus« in Stord. Rudis Anwesenheit schien für konservative Christen eine Provokation zu sein, und einige fragten sich, warum ein Teufelskommunist auf einer christlichen Konferenz auftauchen solle. Einige Journalisten fragten sich das auch und konfrontierten Rudi mit diesem scheinbaren Widerspruch. Rudi antwortete: »Ich bin ein Sozialist, der in der christlichen Tradition steht. Ich bin stolz auf diese Tradition. Ich sehe Christentum als einen spezifischen Ausdruck der Hoffnungen und Träume der Menschheit.«

Der Widerstand der Konservativen brachte die Konferenz besser in die Medien, als jede Werbung es vermocht hätte. 500 Menschen sollten ursprünglich kommen, es kamen aber 1000. Wir fuhren zu viert hin. Rudi reizte es, Martin Niemöller zu begegnen, der auch in Stord erwartet wurde. Niemöller, Rudi, die Kinder und ich saßen auf einer Wiese am Meer, um uns herum zahlreiche Konferenzteilnehmer. Rudi und Niemöller verwickelten sich in lange Gespräche, und die Christen lauschten ehrfurchtsvoll. Niemöller erzählte von der Nazizeit, der Bekennenden Kirche, den Auseinandersetzungen mit Nazifunktionären und seinem langen Aufenthalt in Konzentrationslagern. Und heute? Niemöller erklärte Rudi, daß er nicht mehr Kommunist sei. Wie so viele Sozialisten hatte er gegenüber dem sowjetischen Arbeiterstaat große Sympathie gehabt. Lange Zeit glaubte er, daß die mörderischen Exzesse der Stalinzeit notwendig gewesen seien, um die Konterrevolution zu bekämpfen. Inzwischen hatte er sich aber eines Besseren belehrt. Vielleicht hatte er zu lange an Stalin geglaubt. Rudi nickte. Er hatte es so oft gehört.

Am Abend sprach Rudi. Es mußte Satz für Satz übersetzt werden, aber die Menschen hörten geduldig zu. »Ist nicht Europa trotz aller Unterschiede eine klassenkampfhistorische und kulturhistorische Einheit und auch eine nationalökonomische Einheit?« fragte er. »Und sind wir im Hinblick auf die Marxsche Alternative Barbarei oder Sozialismus im Augenblick der Barbarei nicht näher als dem Sozialismus? Aber die Geschichte hat noch nicht das letzte Wort gesprochen.«

*

Um mich herum lagen Menschen, die nichts hatten als ihren fast zum Skelett abgemagerten Körper und einige Kleiderfetzen. Abends war es beinah unmöglich, durch die Stadt zu laufen, weil die Gehwege dicht bedeckt waren mit schlafenden Menschen. Ich machte meine letzte Ernährungsuntersuchung in Indien. Ich hatte diese Reise zwei Jahre hinausgeschoben, weil ich nicht wußte, wie ich an die Menschen dort herankommen konnte. Doch dann fand ich ein Ernährungsinstitut in Hyderabad, das bereit war, mir zu helfen. Als ich abflog, stand Rudi da mit den Kindern und winkte temperamentvoll.
Bald las ich den ersten Brief von Rudi: »Hier geht alles seinen Dutschke-Gang, jene Spannung von Chaos und Ordnung. Die Kinder kommen mit mir zu Rande und umgekehrt. (...) Haben uns ganz eingestellt, gebrüllt wird von mir nicht. (...) Ho und Po haben mitzuhelfen, vom Einkaufen bis [zum] Saubermachen, vom Essen bis zu anderen Hausangelegenheiten. Ein bißchen wurde gemeckert, hat sich aber schon gelegt. (...) Die Essensmacherei macht denen inzwischen schon eine gewisse Freude. Die Violinen-Übungen beginnen oft am früheren Morgen.« Das schien unendlich weit weg von dem aufdringlichen Elend um mich herum.
In einem späteren Brief berichtete Rudi: »Ho, Po und ich waren zwei Tage weg in der BRD, besuchten den PPZ, die Kinder müssen ja einfach wissen, wo der Vater eventuell auch mal landen könnte. (...) Auf der Rückreise redete plötzlich ein älterer Mann mich an und fragte, ob die beiden meine Kinder wären. Sehen Sie doch, war meine ein wenig schroffe Antwort. Wo ist Ihre Frau? fragte er unberührt weiter. Du kennst mich ja, natürlich sage ich nicht hau ab, sagte einfach, daß meine Frau in Indien wäre. Kaum hatte ich Indien gesagt, machte er die Bemerkung: Abgehauen mit einem Inder? Sie sind also geschieden? Über diese Logik seiner Schlußfolgerungen war ich schon ein bißchen von den Socken. Auf der anderen Seite ist es ganz klar: Wenn die jüngeren Generationen es noch nicht einmal breit gelernt haben, das Frau-Mann-Verhältnis neu zu verstehen, wie kann es dann verwunderlich sein, daß in den älteren Generationen die Muster der Vergangenheit voll funktionieren?«
Rudi kannte den Schriftsteller Peter Paul Zahl, kurz PPZ genannt, nicht persönlich, obwohl beide in den sechziger Jahren oft im West-Berliner Klub »Ça ira« gewesen waren. Zahl schrieb kritische Gedichte und Novellen und führte zusammen mit seiner Frau Ende

der sechziger Jahren eine Druckerei. 1972 wurde er zu einem halben Jahr auf Bewährung verurteilt, weil er ein Plakat mit der Aufschrift »Freiheit für alle Gefangenen« gedruckt hatte. Das klang der Justiz zu terroristenfreundlich. Zahl druckte weiter, war aber zunehmend staatlichen Schikanen ausgesetzt. Er fühlte sich bedroht und besorgte sich deshalb eine Waffe. Im Dezember 1972 geriet er in eine Polizeikontrolle und floh. Es kam zu einem Schußwechsel, in dem ein Polizist schwer verwundet wurde. Auch Zahl wurde schwer verletzt und verhaftet. 1974 wurde er wegen gefährlicher Körperverletzung in Verbindung mit schwerem Widerstand gegen die Staatsgewalt zu vier Jahren verurteilt. Als aber 1976 die vier Jahre vorbei waren und Zahl freigelassen werden sollte, hob der Bundesgerichtshof das Urteil auf. Zahl wurde nun in gleicher Sache zu fünfzehn Jahren verurteilt, diesmal wegen versuchten Mordes in zwei Fällen und Widerstands gegen Vollstreckungsbeamte in einem besonders schweren Fall. PPZ schrieb an Erich Fried: »meine strafhaft, erich, war am 14. 12. 76 vorbei. ich habe die verletzung des polizisten weder gewollt noch erlebt oder gesehen, ich wurde kurz danach 1 1/2 stunden in die mangel genommen. gut chilenisch. daraufhin monatelang isoliert, anfangs wochenlang in einer weißen stillen zelle. von der verletzung des anderen erfuhr ich nur mittelbar.«[365]

PPZ trat in einen Hungerstreik. Rudi entschied sich, ihm zu schreiben: »Als ich J[an] R[aspe] im Knast besuchte, war der desgleichen im Hungerstreik. Ich bin mir der historischen und persönlichen, schließlich der politischen Differenzen bewußt, doch eins schien mir typisch für diese Lage zu sein. Über den unmittelbaren Horizont mit seinen bornierten Interessen kam jedenfalls Jan nicht hinaus. Die Kategorie der Gesellschaft wurde bei ihm mehr oder weniger ein Nichts, die Kleingruppe ein alles. Wenn Geschichte einen materialistischen Boden hat und die Kritik der Verhältnisse immer wieder unsere Aufgabe ist, dann zeigt sich Ich-Stärke darin, sich in den Geschichtsprozeß einzuordnen, während Ich-Schwäche sich kaum in diesen Prozeß echt hineingekämpft.«
Rudi kannte Zahls politische Haltung nur aus Berichten und ging daher davon aus, daß PPZ mit der RAF nichts im Sinn hatte. Er schrieb weiter: »Warum ich diese eigenartigen Sätze schreibe? Erstens möchte ich Dich besuchen, wenn Du einverstanden bist, zweitens geht mir

inzwischen das reaktionäre Geschwätz über die nie existente Studenten-Bewegung auf die Nerven.« Rudi interessierte sich für Zahls Meinung über die Studentenbewegung, da Zahl niemals Student gewesen war.

PPZ war einverstanden mit dem Besuch, und Rudi stellte gleich einen Antrag. Kurz danach schrieb er Zahl: »Ihr im Knast wißt ja da wirklich ein besonderes Lied zu singen. Auf den ersten Blick scheint außerhalb des Gefängnisses die Kampflage sehr viel besser zu sein, doch die Relativierung erfolgt recht schnell. (...) In den besonderen Schleyer-Tagen richtete ein deutscher Grenzpolizist seine Knarre auf mich, direkt am Zugfenster neben mir sagte der dänische Kollege zu ihm: ›Sollen wir ihn gleich umlegen?‹ Und der kannte mich schon seit vielen Jahren. Ich stellte mich vor ihn und sagte: ›Jetzt würdest du zuerst dran glauben müssen.‹ Er grinste und meinte: ›Nimm es nicht zu ernst.‹«

Die Gefängnisleitung lehnte den Besuchsantrag ab, weil er unzureichend begründet sei. Rudi wandte sich an Zahls Anwälte. Was konnte eine ausreichende Begründung sein? Da sich ihre Lebensläufe überschnitten, entstand die Idee, die gemeinsame Geschichte in einem Buch aufzuschreiben. Das sollte eine adäquate Begründung für einen Besuch sein – um ein Buch zu schreiben, mußten sie miteinander sprechen. Das Buchprojekt war aber kein Vorwand, Zahl und Rudi begeisterten sich gegenseitig in einem regen Austausch von Ideen und Erfahrungen.

Rudi schrieb an Zahl: »Es ist bezeichnend, daß die Literatur, Kunst usw. im Selbstverständnis der sechziger Jahre eine so geringe Rolle spielte. Unser Wolfgang N[euss] wurde aus diesem u. v. a. Gründen deswegen in die asiatische Religion getrieben. Die sehr genaue Unterscheidung von deutschem Vaterlandstypus (des Betrugs und des Blutes der Kriege) und Mutterland (des Friedens) ist doch wesentlich. Finde diesen Ansatz von Dir ausgezeichnet, ist mir nie in den Kopf gekommen. Jene ›Germania als fettes, gepanzertes, schmuddliges Weibsbild mit der erotischen Ausstrahlung eines deutschen Hausschweins‹ ist schon ein Männerbild. Jenes reaktionäre Bild, geschaffen von der Männerwelt, welches Du hier zentral triffst, war sogar weder im Bauernkrieg noch in den sechziger Jahren schwer getroffen.«

Währenddessen wurde PPZs Lage im Gefängnis immer schwieriger. Obwohl er mit der RAF nichts zu tun hatte, wurden auf ihn die sogenannten Antiterrorgesetze angewendet. Auch nach fünfzig Tagen

Hungerstreik änderte sich nichts daran, die Überwachung sollte bleiben. Rudi versuchte PPZ aufzumuntern: »Wie viele Kämpfe erschienen post festum als sinnlos, und wie oft kommt Zweifel, daß da nichts umsonst ist in der Geschichte. 25 Jahre an Stalin geglaubt zu haben und dann die reale Lagergeschichte dieses Landes zu entdecken oder jahrelang drin zu sein, wie absurd muß einem da die Geschichte oft erscheinen? Wenige, lumpige Jahre aktiv im Leben politischer Arbeit gewesen zu sein und Kugeln in den Kopf zu bekommen, welche Notwendigkeit war da? Wochenlang gestreikt zu haben um höheren Lohn und mager davonzukommen, sprechen dann nicht viele verständlicherweise von umsonst? Nein, nein, nein, auch die Zufälle und irrationalen Abläufe der Geschichte sind nicht frei von inneren Gesetzmäßigkeiten, Niederlagen oder Siege sind dem untergeordnet bzw. neue Produktionsverhältnisse, Produktionsweisen, Lebensweisen etc. konstituieren die neue innere Gesetzmäßigkeit. (...) Nieder mit dem Tod, es lebe das Leben.«
Auch der zweite Antrag wurde abgelehnt. Der Staatsanwalt wollte eine Bestätigung vom Verlag. Aber dann: »Du, Genosse, es ist noch nicht ganz zu glauben«, schrieb Rudi. »Am 24. 10. um 11 Uhr soll es nun Realität werden. Wenn die uns halt nicht im letzten Augenblick erneut sitzen lassen, für die hoffentlich 1 1/2 Stunden ohne Trennscheibe sollten wir uns neben der Allgemeindiskussion die besonderen Buchprobleme genauer vornehmen.«

Das Buchprojekt mit Peter Paul Zahl kam nur langsam voran. Anfang 1979 setzten sich Rudi und PPZ über das Konzept auseinander und stellten dabei auch einige wesentliche Unterschiede in der Einschätzung fest. Zahl schrieb: »Es fiel mir auf, Rudi, daß du in deiner 14-punkte-aufstellung vom 20. 10. die faschismusproblematik fast völlig unterschlagen hast. (...) da vermute ich einen verdrängungsprozeß und ein falsches setzen von prioritäten. (...) ich dagegen gehe aus von der aktualität des faschismus (...), aber ich widerspreche der RAF, die den faschismus schon an der arbeit sieht. (...) diese deutsch-deutsche scheiße interessiert zu recht keine sau mehr (außer reaktionäre), das gesamte ausland hat zu recht ein interesse an der nicht-wiedervereinigung deutschlands.« Daneben malte Rudi ein großes Fragezeichen.

*

Zur Landtagswahl in Niedersachsen im Juni 1978 kandidierten Vertreter von Bürgerinitiativen als Grüne Liste Umweltschutz. Die Liste erhielt nach nur kurzer Vorbereitung und trotz geringer finanzieller Mittel auf Anhieb 3,9 Prozent. War das das Zeichen für Rudi, nun doch einzusteigen in das grüne Projekt? Rudi schrieb: »Wahrscheinlich vollzog sich heute die echte gesell[schaftliche] Trendwende. All die Schwachköpfe gegen eine libertär-sozialistische, linkssozialistische Partei im Lande haben eine Niederlage erlitten. Die grünen und bunten Listen sind mit 3-4 % an die Schwelle gelangt. Eine glaubwürdige linke Liste (...) hat beileibe eine große Chance. Doch der Test sollte nicht über Landtagswahlen, sondern über die Europaw[ahlen] stattfinden.«

Milan rief aufgeregt an, nachdem das Wahlergebnis bekannt war: »Rudi, pack die Koffer.« Und auch Heinz Brandt meldete sich: »Jetzt, Rudi, jetzt ist es soweit.« Aber Rudi war sich weiterhin nicht sicher.

Nach Niedersachsen gab es Wahlen in Hessen. Auch dort konstituierte sich eine Grüne Liste, die zuerst ähnlich wie in Niedersachsen vorwiegend bürgerlich war. Joschka Fischer und Daniel Cohn-Bendit beobachteten die Lage. Die Spontiszene, in der sie sich seit langem bewegten, hatte nicht mehr die Kraft und den Reiz früherer Tage, sie brauchten etwas Neues, wo sie ein bißchen ›Putz und Chaos‹ hineintragen konnten. Warum also nicht bei der Grünen Liste mitmachen? Sie nahmen es nicht so tierisch ernst, aber Dany ließ sich immerhin als Kandidat nominieren. Um den Wahlkampf zum Happening umzufunktionieren, forderte er die Legalisierung von Rauschgift. Dany dachte nicht daran, wirklich einen Parlamentssitz zu ergattern. Aber im Wahlzirkus mitzuspielen, das war mal etwas anderes. Für ernsthafte Ökologen wie Gruhl war das ein Sakrileg. Er glaubte, daß seine ökologische Partei Grüne Aktion Zukunft (GAZ) wegen Dany und der Grünen Liste den Einzug ins Parlament verpaßt habe, jedenfalls erreichten weder die GAZ noch die Grüne Liste fünf Prozent der Wählerstimmen. Das Resultat war sogar schlechter als in Niedersachsen, was die Stimmung ein bißchen dämpfte. Aber nicht so stark, um weitere Listengründungen in anderen Bundesländern und in West-Berlin zu beeinträchtigen.

Eines war merkwürdig: Sosehr Rudi sich zurückhielt und sich unsicher war, wie er die neue Entwicklung einschätzen solle, um so deutlicher wurde in der Öffentlichkeit sein Name in Zusammenhang

gebracht mit einer entstehenden ökologischen Partei. Er hatte nichts dagegen.
Milan ließ sich nicht beeindrucken von Rudis Zweifeln, er arbeitete weiter an den Vorbereitungen für die Europawahlen, die inzwischen auf 1979 verschoben worden waren, und ließ Rudi immer wieder wissen, wie sehr seine Beteiligung erwünscht sei. Er vereinbarte für Rudi Veranstaltungstermine, die eindeutig Wahlkampfzwecken dienten, obwohl es keine Wahlveranstaltungen waren. Dort trat Rudi dafür ein, daß eine grüne Liste sich an den Europawahlen beteiligte.

Das SB war nicht begeistert über diese Entwicklung: »Die Listen/-Parteien als parlamentarische Arme der Ökologiebewegung und anderer Initiativen verselbständigen sich sehr schnell zu Fremdkörpern – sofern sie das nicht von vornherein sind.«[366] Rudi fand solche theoretischen Spekulationen, die zum Nichtstun mahnten, immer fragwürdiger.

*

In die Phase der Listenbildung fiel Bahros Verurteilung durch ein DDR-Gericht zu acht Jahren Haft wegen Landesverrats im Juni 1978. Verschiedene linke Gruppen bildeten daraufhin ein Komitee, um mit Bahro Solidarität zu üben und zu diesem Zweck einen Kongreß in West-Berlin vorzubereiten.
Bei aller Empörung über Bahros Schicksal bereitete er Rudi auch Kopfzerbrechen. Rudi schätzte Bahros Mut, aber er war brüskiert, weil Bahro nicht darauf verwiesen hatte, woher seine Ideen hinsichtlich der asiatischen Produktionsweise stammten. In sein Tagebuch schrieb er: »Bahro (...) ist eine schwierige Sache. Seine Lebensgeschichte ist uns, ist mir fremd. War früher auf der Front der herrschenden Dienst-Dichter und Dienstredakteure. Die Wendung erfolgte über die barbarische Okkupationserfahrung der CSSR durch die Länder des Warschauer Paktes. Robert H[avemann] kannte ihn so wenig wie Wolf B[iermann]. Auch Thomas B[rasch], über den ich und ein anderer Gen[osse] den ›Text ohne Namen‹ ein Jahr vor der Veröffentlichung zu sehen bekamen, wußten von B[ahro]s Arbeit und seiner Existenz nichts zu berichten. Mißtrauen ist immer angebracht, dennoch hat Bahro bei mir trotz aller Abschreiberei und teilweise

entgegengesetzter Interpretation Neues in den letzten Abschnitten herausgearbeitet.«

Bahros Verurteilung veranlaßte Rudi, ZK-Sekretär Paul Verner einen offenen Brief zu schreiben: »Wie sagt doch Ihr Gefangener [Rudolf Bahro], Herr Verner? Sein Urteil ist klar: ›Die herrschenden Parteiapparate haben soviel mit dem Kommunismus zu tun wie der Großinquisitor mit Jesus.‹ Bei Ihnen, Herr Verner, ist alles real und existent, bloß nicht der Sozialismus.«

Zehn Jahre nach dem Vietnamkongreß, nach einer langen Zeit politischer Irrungen unter den Linken sollte nun der Bahro-Kongreß ein Signal sein. Nicht nur an die DDR, daß sie ihre Gefangenen freiließ. Die Veranstalter glaubten nur bedingt daran, daß der Kongreß Bahro aus der Haft holen könnte. Es ging um Grundsätze: »Ein Ziel des Kongresses soll unserer Meinung nach sein, den Dialog und die Zusammenarbeit der Linken in Ost und West zu verstärken.«[367]

Rudi wollte den Kongreß so gestaltet sehen, daß die Kritik an der DDR und deren aufgepfropftem Sozialismus nicht verwischt wurde. Er hatte kurz zuvor gerätselt, »ob man die Oktoberrevolution nicht besser als ›Betrug des Jahrhunderts‹ zu bezeichnen habe«.[368] Die Fronten sollten klar herausgestellt werden. Aber er hatte nicht nur eine zehnjährige Vernebelung von politischen Ideen durch Sekten und DDR-Sympathisanten zu bekämpfen. Zwei Tage vor der ersten Pressekonferenz zum Kongreß erfuhr er nach harter Nachfrage, daß sozialdemokratische Geister und Gemüter die Mehrheit der Beteiligten an dieser Konferenz stellen sollten. Rudi explodierte: »Was sollen die Sozialdemokraten da vertreten?« Er rief bei Elmar Altvater an, der in Berlin die Organisatoren vertrat. Altvater sympathisierte mit den Eurokommunisten, und Rudi wollte mit ihm Front gegen das SPD-Überangebot machen, doch er erreichte Altvater nicht. Er wurde zornig und drohte, sich von der Einladerliste streichen zu lassen und dies öffentlich zu begründen. Um Rudi zu beruhigen, entschieden die Veranstalter, daß Bernd Rabehl das Schlußwort sprechen solle, doch Rudi war dadurch nicht beruhigt. Er glaubte nicht, daß Bernd die zwielichtige Rolle der Sozialdemokraten entblößen würde, von denen ja einige im Geiste der Entspannungspolitik bereit gewesen waren, die Anklage gegen Bahro nicht angemessen zu verurteilen.

Rudis Angst vor einer überproportionalen Vertretung der Sozialdemokraten erwies sich als unbegründet. Viele SPD-Repräsentanten

und Gewerkschaftsvertreter kamen nicht, obwohl sie eingeladen waren. Und jene, die in West-Berlin erschienen, wie Oertzen, kamen schlecht an im Publikum. Die SPD unter Kanzler Helmut Schmidt hatte sich im deutschen Herbst nicht mit demokratischem Ruhm bekleckert.
Am 16. November, einem Freitag, begann der Kongreß. Im Vorraum des Audimax der TU in West-Berlin hatten allerlei Sektierergruppen ihre Tische aufgestellt und lieferten sich wahre Papierschlachten. Die Leute drängelten sich und suchten nach bekannten Gesichtern. Die Atmosphäre ähnelte eher einem Volksfest mit Bier, Würstchen, Brause und Buden, nur daß aus den Buden Sprüche skandiert wurden wie »Bahro ist keine Alternative«. Eine junge Frau verteilte Flugblätter der SEW-Hochschulgruppe, in denen die Inhaftierung des Regimekritikers in der DDR verteidigt wurde. Daneben meldeten sich andere Fraktionen, die genau das Gegenteil vertraten. Jede Sekte stellte sich als Alleininhaberin der Wahrheit dar und warb um neue Mitglieder. Schaffte man es, sich durch das Gedränge zu schieben, kam man in das völlig überfüllte Audimax. Überall Fernsehkameras, Blitzlichter und Scheinwerfer. Vorne auf dem Podium ging es bitterernst zu, eine Diskussionsrunde folgte der anderen. Rudi nahm teil an der Podiumsdiskussion über den Prager Frühling und die Systemkrise in Osteuropa.
Die Podiumsdiskussion auf der Abschlußveranstaltung sollte Oskar Negt leiten. Aber er sprang plötzlich ab. Es war eine schwere Aufgabe, denn es sollten Perspektiven für die künftige Arbeit herausgearbeitet werden. Die Konferenzleitung bearbeitete Rudi, für Negt einzuspringen. Er ließ sich breitschlagen. Aber für ihn war es auch eine Qual. Früh am Sonntagmorgen suchte er die verschiedenen Gruppen auf, um mit ihnen den Text der Abschlußresolution vorzubesprechen, damit sinnlose Streitereien im Plenum vermieden wurden. »Ich stand nun zwischen allen möglichen Stühlen«, schrieb er später an PPZ. Den so erarbeiteten Resolutionstext galt es nun zu verabschieden und nicht durch Gegenresolutionen verändern zu lassen. Rudi stand auf dem Podium des überfüllten Audimax und sagte: »Wir haben, wenn wir sein Buch diskutiert haben, auch mit Bahro diskutiert. Aber so etwas ist eine sehr einseitige Diskussion, da Bahro in der DDR im Knast sitzt. Wir fordern Freiheit für Rudolf Bahro, damit wir mit ihm über sein Buch diskutieren können.« Nun stellte er die erarbeitete

Resolution zur Abstimmung mit der Erklärung: »An dieser Resolution haben Vertreter aus der DDR mitgewirkt, da wir während des Kongresses Kontakte in die DDR-Hauptstadt gehabt haben. Bei der Resolution handelt es sich um eine große Leistung des Kongresses, da erstmals seit vielen Jahren unterschiedliche Strömungen zusammengewirkt haben.«

Nachdem der Kongreß am Sonntagmittag beendet worden war, kehrte Rudi mit etwa zehn anderen zur TU zurück. Rudi hatte die Verantwortung übernommen für die Reinigung der verschmutzten Konferenzräume. Der zweieinhalbtägige Kongreß kostete rund 100 000 Mark. Durch Spenden kamen die Ausgaben ungefähr wieder herein. Aber die 1 000 bis 2 000 Mark für die Reinigung der Räume fehlten in der Kasse.

Am Ende erschöpft und unsicher über den Erfolg des Kongresses schrieb Rudi: »Wie ich die Leitungs- und Hundearbeit in diesen Tagen gemacht habe, überlasse ich gern dem Urteil von anderen.« Am nächsten Tag las er die Urteile der Presse mit einer gewissen Genugtuung: »Wo früher Ideologie-Dispute der Linken im Chaos endeten, setzte Dutschke die Diskussion durch. Sein Erfolg auf dem Bahro-Kongreß könnte seinen Parteigründungs-Plänen neuen Auftrieb geben. (...) Seit einiger Zeit sieht er seine Aufgabe wieder in der deutschen Innenpolitik«, kommentierte etwa die »Welt«.[369] Die »Süddeutsche Zeitung« schrieb: »Aus welchem harten Holz der frühere Studentenführer ist, zeigte sich, wenn er das gelegentlich zum Chaos neigende Plenum an die Zügel nahm.« Andere Stimmen klangen ähnlich: »Rudi Dutschke (...) schwang sich beim jetzt zu Ende gegangenen Bahro-Kongreß in Berlin zur Integrationsfigur des zersplitterten linken Spektrums auf.«[370] »Die europäische Linke ist aus der Defensive zum Anspruch auf ihre Utopie zurückgekehrt. Nach diesem Kongreß wird es schwer sein, jemanden, der sich einen Sozialisten nennt, mit dem Hinweis auf dessen heutige Realität in Verlegenheit zu bringen, denn dem Schreckbild des Kapitalismus steht nun mindestens ebenbürtig das der despotischen Bürokratien des Ostens gegenüber.«

Rudi teilte die mancherorts ausbrechende Euphorie über die neue Integration der Linken nicht, und er sah auch seine Rolle nüchtern: »Sich da irgendwie erfolgreich durchzusetzen, politisches Chaos zu verunmöglichen, ist doch kein Zeichen für einen realen Boden sozialemanzipatorischer Gesellschaftstendenz. (...) Die Ungeduld der

deutschen Zuhörer den ausländischen Genossen und Genossinnen gegenüber ist irgendwie erschreckend, die deutsche Besserwisserei ist halt an so vielen Orten zu finden.« Aber trotzdem war ein Signal gesetzt worden.
Ein Pressevertreter fragte Rudi: »Der Bahro-Kongreß wollte neben der Diskussion über Bahros Schicksal und Thesen auch verschiedene Ansätze und Thesen der europäischen Linken erörtern. Wurde das erwähnte Ziel erreicht?
Dutschke: Nein, natürlich nicht, und die Zielbestimmung war eine viel zu optimistische, aber das muß man, glaube ich, denjenigen, die darauf orientiert haben, das muß man ihnen unterstellen, daß es für sie Hoffnung und Ziel ist, aber nicht von heute auf morgen durchzuführende Realität. Das Ziel war erst einmal, internationale, nationale Öffentlichkeit zu erreichen. Und diese Öffentlichkeit haben wir erreicht.«[371]

*

Es gab damals ein Plakat mit einer Liste von internationalen Despoten wie Pinochet, Somoza oder Schah Reza Pahlavi. Man sollte den betreffenden Namen durchstreichen, sobald einer gestürzt war.
Ende 1978 war es im Iran soweit. Die Macht des vom Westen hofierten Schahs geriet ins Wanken. Im Juni 1967 war es ihm in West-Berlin gleichgültig gewesen, daß ein Mensch, Benno Ohnesorg, seinetwegen gestorben war. Nun wuchsen die Demonstrationen gegen ihn von Tag zu Tag, und er und seine gefürchtete Sicherheitspolizei konnten nichts mehr dagegen tun.
In West-Berlin gab es eine Solidaritätsveranstaltung für die politischen Gefangenen und Opfer des Schahregimes im Audimax der FU. Die Stimmung war gedämpft. Rudi sagte in seiner Rede: »Heute, wo im Iran massenhaft Widerstand geleistet wird (...), heute herrscht fast Schweigen, nicht nur dort, wo man es erwartet: in den bürgerlichen Medien, sondern auch in der Linken, was Aktionen angeht. Am Samstag, den 18. 11. '78, an dem die CISNU * zu einer Demonstration gegen das Schahregime aufgerufen hatte, waren unter den vielen Per-

* CISNU: oppositionelle iranische Studentenorganisation

sern (ca. 1500) vielleicht ganze 100 Deutsche. (...) Glauben wir, uns heraushalten zu können, weil wir nicht wissen, daß vor Jahrhunderten auch bei uns Klassenkämpfe die Form religiöser Auseinandersetzungen hatten? Oder meinen wir, daß internationale Solidarität sinnlos ist und diesbezügliche Kundgebungen allmählich langweilen?«[372]
Sosehr es eine Genugtuung war, den Schah gestürzt zu sehen, sowenig war es möglich, den antiimperialistischen Kampf neu zu beleben. Zu viele Enttäuschungen lagen zwischen 1968 und 1978. »Unsere Revolution gab es einfach nicht, weder hier noch in Vietnam, Persien oder China.« Das schrieb Joschka Fischer.
Rudi betrachtete diese Revolution überhaupt nicht als »unsere«, aber er warf seine und unsere Geschichte nicht einfach auf den Müll: »Natürlich bin ich heute noch stolz darauf, mitgeholfen zu haben, dem amerikanischen Krieg gegen das vietnamesische Volk ein Ende zu bereiten. Der Rückfall in die alte Scheiße gerade in der asiatischen Zone (Wittfogel) verweist uns Sozialisten in den hochentwickelten bürgerlichen Gesellschaften elementar darauf, wie entscheidend der politische und soziale Klassenkampf in den Zentren wie Japan, Europa und Amerika ist, wie unerläßlich die Verknotung der Kämpfe ist.«[373] Nichtsdestoweniger ließ sich am Beispiel Persiens eine neue Variante des Antimarxismus entfalten. Nachdem Rudi und Bahman Nirumand in Frankfurt über die Lage im Iran diskutiert hatten, polemisierte Joschka im »Pflasterstrand« gegen Rudi und warf ihm vor, eine überholte Antiimperialismustheorie zu vertreten. Aber damit lag Joschka daneben.
Zu diesem Zeitpunkt, als die Mullahs kurz vor der Macht standen, war für Rudi der religiöse Aspekt der Opposition offenkundig. Er war allerdings noch bereit, ihn teilweise positiv zu deuten: »Mit Sicherheit wird es um unmittelbare Klasseninteressen gehen, doch die größte Sorge (und Unverständlichkeit) wird ihnen allen die widersprüchliche ›Genialität des Volkes‹ und die Kraft der religiösen Strömung im Revolutionsprozeß sein. Ist für die Sozialisten und Kommunisten die Lage so ohne weiteres klarer? Das möchte ich durchaus bestreiten. (...) Hegel kennt da keine Unklarheit: Er widmet in seinen Vorlesungen über die Geschichte der Philosophie dem Verhältnis von despotischem Orient und Philosophie ein besonderes Kapitel. Seine These ist: ›Zum Hervortreten der Philosophie gehört Bewußtsein der Freiheit.‹ Im Orient ist die Furcht die dominier[ende] Kategorie des Des-

potismus. Die Unendlichkeit der Freiheit, im Fürsichsein zu existieren ist dem Orient fremd. Darum kennt er die Religion, aber nicht eine Philosophie-Geschichte. Der Doppelcharakter der Religion im Orient, nun in Persien, muß uns besonders beschäftigen. (...) Ich will nur betonen, daß, wie der jetzige revolu[tionäre] Prozeß zeigt, gerade in der religiösen Seite des revolu[tionären] Kampfes, der Kampf um Freiheit und der Kampf um neue Knechtschaft eine gewisse Verknotung erfahren. (...) Die religiösen Führer von heute und Herren von morgen haben in sich schon wieder Momente der ›Furcht des Herren‹. Hegel verweist auf Psalm 111: ›Die Furcht des Herrn ist der Anfang der Wahrheit.‹«
Rudi erfuhr von Joschkas Artikel in einem Brief von einem Bekannten, weil ihm trotz Bestellung der »Pflasterstrand« nicht nach Aarhus geschickt wurde. Glücklich war er nicht: »Nun lese ich (...), daß der Joschka Fischer mehrere Beiträge über die Schwierigkeiten einer antiimperialistischen Solidarität heute geschrieben hat. Hat es nicht schon in den sechziger Jahren an diesem Problem extreme Schwierigkeiten gegeben?. (...) Als ob es hinter der unmittelbaren Identitäts-Suche mit dem temporären Schein der Identitäts-Findung nicht die verquicktesten Widersprüche bei jedem von uns gegeben hätte, geben mußte in solch einem spezifischen Lande wie der BRD. Unsere Unkenntnis über den Umschlag von erfolgreicher politisch-militärischer Machtergreifung (Vietnam, Kambodscha usw.) in Blockierung der sozialen Emanzipation durch die neue herrschende Klasse kann doch nicht als problemlose Identitäts-Findung von uns am Ende der sechziger Anfang der siebziger Jahre hingegeben werden.«
»Für Dany und Joschka mag vielleicht mein Insistieren auf die Sozialismus- und Kommunismus-Frage nicht mehr up to date zu sein. Das kann ich bedauern, aber viel wichtiger ist für mich, daß z. B. der Bahman [Nirumand] kurz vor der Rückreise [nach Persien] zu mir in Berlin sagte: ›Wir haben zusammengearbeitet, jetzt erst recht. Allein und isoliert bleibt ihr stecken, werden wir steckenbleiben.‹«[374] Bahman Nirumand reiste im Januar 1979 nach rund fünfzehn Jahren Exil zum erstenmal wieder in den Iran. Lange bleiben konnte er dort aber nicht. Die neuen Herren schätzten ihn genausowenig wie die alten.

*

In der Woche vor Weihnachten 1978 war Rudi auf dem Weg von Deutschland nach Aarhus. Hamburg war der letzte Zwischenstopp. Am Vormittag kaufte er Weihnachtsgeschenke ein. Am Nachmittag, das wußte er, sollte eine Anti-Schah-Demonstration stattfinden. Er entschied sich, die eingekauften Sachen im Hauptbahnhof in einem Schließfach zu verstauen. Er wollte sich die Demonstration nur kurz anschauen, bis sein Zug abfuhr. Er schlenderte zur Mönckebergstraße und erfuhr unterwegs, daß die Demonstration verboten worden sei. Sie fand im eigentlichen Sinn dann auch nicht statt. Aber Rudi sah, daß an vielen Stellen Menschen beieinander standen und diskutierten. Er ging von der einen zur anderen Gesprächsgruppe und mischte sich ein, wenn es ihm sinnvoll erschien. Obwohl die Diskutanten niemanden störten und Diskussion auf Straßen nichts Illegales war, stand überall Polizei herum.
Etwas unwohl wurde Rudi, als er in seinem Rücken zufällig mithörte, wie ein Polizist sagte: »Der Dutschke bewegt sich schon wieder.« Aber er führte sein Gespräch mit zwei deutschen Rentnern, zwei Iranern und einem Türken weiter. Dieter Schütt kam gerade vorbei, sah Rudi und begrüßte ihn freudig. In diesem Augenblick wurde Rudi von einer Schar Polizisten überfallen. Sie rissen ihm brutal die Arme hinter den Rücken und schleppten ihn in eine Seitenstraße, wo es keine Zuschauer gab. Dort rissen sie ihm ein Buch und einige Papiere aus der Hand. Sie griffen sich seine Pudelmütze, damit sie seinen Kopf unbehindert mit ihren Schlagstöcken bearbeiten konnten. Ruhig bat Rudi: »Seid ein bißchen vorsichtig mit meinem Kopf, der hat einige Operationen hinter sich.« Da lachten die Polizisten höhnisch, und der Einsatzleiter sagte: »Wenn du die schon hinter dir hast, kannst du ja vielleicht auch 'ne neue ab.« Dann schlugen sie noch kräftiger auf ihn ein. Um sich abzuschirmen, begann Rudi schneller zu gehen, die Polizisten folgten, sie gerieten außer Atem, schnappten schon nach Luft, aber dann verlor er einen Schuh und mußte halten. Ein Hagel von Schlägen traf ihn. Ein vom nahegelegenen Revier kommender Polizist schaute Rudi an, sah dessen grau gewordenes Gesicht und mahnte seine Kollegen: »Nun übertreibt mal nicht.«
Auf dem Polizeirevier forderte Rudi, gleich seinen Anwalt benachrichtigen zu dürfen, und er klagte über die brutale Behandlung. Der Einsatzleiter schaute ihn lächelnd an und sagte: »Herr Dutschke, wir können machen, was wir wollen, solange Sie und diese Linken aus

den verschiedensten Bereichen nicht eine Mehrheit der Bevölkerung hinter sich haben.« Erst gegen Abend wurde Rudi freigelassen. Den Zug nach Aarhus hatte er längst verpaßt.

Am folgenden Tag ging er erneut auf das Revier in der Nähe der Mönckebergstraße, um die Namen der Polizisten, die ihn mißhandelt hatten, zu erfahren. Die Herren waren perplex. Keiner wollte irgend etwas wissen, keiner war dabeigewesen. Einer fragte frech: »Sind Sie denn überhaupt gestern auf diesem Revier gewesen?« Rudi antwortete: »So wollt ihr eure antidemokratische Feigheit bemänteln« und wollte gehen. Aber dann hielt der Revierleiter ihn doch zurück und bat um Entschuldigung. Er telefonierte herum und nannte Rudi schließlich den Namen des Einsatzleiters. Als Rudi nach gut einer Stunde das Revier verließ, trat ein Polizist an ihn heran und drückte ihm die Hand. Rudi hörte von der Seite ein Klicken. Er drehte sich um, sah die Kamera und stürzte sich auf den Fotografen. Ein Polizist griff ein und schützte den Mann mit der Kamera. Die Fotos sollten offenbar dokumentieren, wie freundlich die Polizisten dieses Reviers mit Rudi umgingen.

Einen Tag verspätet erschien Rudi in Dänemark. Ich wunderte mich, daß er so erstaunt war über den polizeilichen Gewaltakt: »Du lebst ja mit solchen Problemen schon seit sehr langer Zeit.« Ich hatte keine Illusionen über den Zustand von Recht und Gerechtigkeit in Deutschland. Aber Rudi wollte an diese demokratische Grundlage glauben, und er beschloß, gegen die Polizei zu klagen. Mir war von vorneherein klar, daß er damit nie durchkommen würde. Und so war es.

Die neue Partei

> »Die einen sagen: parlamentarisch, die anderen sagen: direkte Demokratie, Rätedemokratie, ich gehöre weder zu denen noch zu denen, sondern versuche historisch zu begreifen, daß die Übergangsperiode, in der wir uns befinden, ganz ohne Parlament nicht denkbar ist. Das Parlament ist auch historische Erbschaft der bürgerlichen Revolution. Und wenn es eine Erbschaft ist, dann habe ich eine Erbschaft nicht zu eliminieren, sondern die Erbschaft ernst zu nehmen. (...)
> Die wachsende direkte Demokratie wird möglicher, wenn ein Bündnis zustande kommt zwischen parlamentarischen Kräften und außerparlamentarischen Kräften. (...) Diese außerparlamentarische Opposition konnte in den siebziger Jahren nie mehr die historische Rolle spielen, die wir noch in den sechziger Jahren spielten. Gerade weil das eine große Differenz geworden ist, ist die Bedeutung des Parlaments für uns gestiegen. Wir müssen die Sache richtig sehen, den realen Zusammenhang von Kräfteverhältnissen, und wenn wir uns nicht daran [ans Parlament] wagen, so scheitern wir vor den Massen, und scheitern wir vor uns selbst in unserem Sozialismusverständnis.«[375]

Anfang Dezember 1978 hatte in Kassel eine Tagung von Vertretern von AUD, GAZ, GLU Niedersachsen und der Grünen Liste Schleswig-Holstein (GLSH) stattgefunden, an der auch Milan teilnahm. Er schlug vor, das Bündnis nach links zu erweitern: es sollte von Gruhl bis Dutschke reichen. Mehrere Beteiligte betrachteten dies mit Skepsis; nur Hausleiter trat leidenschaftlich für ein solches Bündnis ein. Es gab noch eine starke Neigung, Rudi auszugrenzen. Doch das bremste Milan nicht.
In Februar 1979 beschlossen AUD, GAZ, GLU Niedersachsen und GLSH in Vlotho, mit einer gemeinsamen Bundesliste an den Europawahlen im Juni teilzunehmen. Damit war der Kern eines Bündnisses geschaffen, an dem linke Gruppen nicht beteiligt waren. Rudi bewegte sich noch am Rand und wußte nicht recht, wie er sich verhalten sollte. Doch als ein paar Wochen später Milan berichtete, daß die Bürgerinitiativen Rudi nicht als Kandidaten für die Europawahlen aufstellen wollten, war er ein wenig beleidigt, obwohl er gar nicht daran gedacht hatte zu kandidieren. Die Bürgerinitiativen befürchteten, daß es Spaltungstendenzen verursachen könnte, wenn Rudi bei ihnen mitmachte, so, wie sie es Daniel Cohn-Bendit in Hessen anlasteten. Rudi schrieb in sein Tagebuch: »Ist natürlich reiner Schwachsinn, da liegt ja gerade die Differenz zwischen Danny und mir, aber diese Meldung ist geschickt lanciert worden.«[376]

Am 16. März 1979 wurde die »sonstige politische Vereinigung die Grünen« in Frankfurt am Main gegründet (die Konstituierung als Partei erfolgte erst später). Ein Vorstand mit drei gleichberechtigten Vorsitzenden – Gruhl, Hausleiter, Neddermeyer – wurde gewählt sowie ein Kurzprogramm und eine Kandidatenliste beschlossen.

*

Am Palmsonntag saßen wir, Rudi, Hosea, Polly und ich, in einem Straßencafé in Barcelona. Wir beobachteten die Menschen, wie sie ihre Palmenzweige trugen. Dann hörten wir Trommeln. Die Menschen auf der Straße traten zur Seite, und wir sahen voller Erstaunen, wie sich ein Zug von tanzenden Menschen mit schwarzen Kapuzen und maskierten Gesichtern voranbewegte. Einer ersten Gruppe solcherart Uniformierter folgten weitere Kapuzenträger, die einen großen Kultwagen zogen. Oben darauf die Statue einer Frau in blauen und roten Gewändern, goldverziert und mit Heiligenschein. Es war das erste Mal, daß wir in Spanien waren. Vor Francos Tod war es ausgeschlossen gewesen. Rudi war eingeladen worden vom spanischen Fernsehen, an einer Diskussion teilzunehmen mit Politikern aus verschiedenen europäischen Ländern.

Wir fuhren auch nach Toledo. Die spanische Landschaft dort war exotisch, beinahe wüstenartig, hellbraun in verschiedenen Tönen unter strahlend blauem Himmel, in weiter Ferne uralte Städte, umgeben von Mauern, braun wie das Land – Geisterstädte. Wir stiegen aus, um in dieser merkwürdigen Landschaft Versteck zu spielen. Das ging gut hinter den vertrockneten Felsblöcken, Büschen und Sträuchern. Nach einer Weile hörte ich die Kinder und Rudi nicht mehr, ich hatte mich zu gut versteckt. Es gab keine Pfade, ich mußte zwischen vertrockneten Pflanzen meinen Weg suchen. Ich ging nicht allzu schnell, glücklicherweise, denn plötzlich sah ich weniger als zwei Meter vor mir eine Schlange. Sie war zusammengerollt, gab Warnlaute von sich und schien bereit zu beißen. Ich bekam einen furchtbaren Schreck, mir stockte der Atem, dann drehte ich mich um und lief weg, so schnell ich konnte, vielleicht sogar ein wenig schneller. Als ich vor Erschöpfung nicht mehr laufen konnte, schaute ich zurück. Die Schlange war nicht da. Aber ich hatte keine Ahnung, wo ich war.

Eines der Kinder hörte mich schließlich schreien. Erleichtert erzählte

ich von der Schlange. Rudi fand die Geschichte komisch. Er wollte sie nicht so richtig glauben und begann zu lachen.
»Das finde ich überhaupt nicht lustig«, sagte ich. »Warum lachst du so? Die Schlange war giftig, und ich könnte tot sein.«
»Woher weißt du, daß sie giftig war?« fragte er.
»Ich werde es sehen«, sagte ich, »beim nächsten Mal, wenn wir im Zoo sind.«
Später entdeckte ich die Schlange im Zoo. Sie ist giftig.

*

Erst kurz vor der Europawahl im Juni 1979 entschied Rudi sich, Wahlveranstaltungen zu machen, die auch als solche deklariert wurden. Im Grunde war das seine Entscheidung für die Grünen. Trotzdem hatte er noch Bedenken. Aber er setzte sich, bekleidet mit seinem Parka und klappernden dänischen Holzschuhen, auf die Bühne zwischen biedere Männer mit Schlips und Kragen. Er hatte Pollys Schulranzen dabei, den er ihr geklaut hatte, weil er keine andere Tasche fand für seinen Papierkram.
Als Joseph Beuys, ein Kandidat der Grünen für das Europaparlament, gesehen hatte, welche Wirkung Rudi auf Menschen hatte, suchte er dessen Hilfe im Wahlkampf. Er wollte eine Koordinierungsstelle einrichten, die die Wahlkampfauftritte organisieren sollte. Diese Stelle sollte auch für Rudis Arbeit bei den Grünen aufkommen und ihn ordentlich bezahlen. Beuys steckte Milan 10 000 Mark in die Hand, damit Rudi unbesorgt auf Reisen und in Veranstaltungen gehen konnte. Aber sosehr wir Geld hätten brauchen können, Rudi nahm das Angebot nicht an, weil er seine Unabhängigkeit nicht verlieren wollte.
Nichtsdestoweniger verstand Rudi sich gut mit Beuys. Sie wurden vereint durch die Erfahrung eines großen Lochs im Kopf. Beuys trug seit dem Krieg am Kopf eine Metallplatte, Rudi ein vernageltes Schädelstück mit Löchern. Beide mußten ihre Köpfe schützen und wußten, wie es war, mit dieser Entblößung des Gehirns zu leben. Rudi war wie Beuys für einen dritten Weg zwischen Kapitalismus und realem Sozialismus. Aber mit anderen Seiten von Beuys' Position war Rudi nicht einverstanden. In einem Interview für Milans »Listy« erklärte er: »Du weißt, unser guter Freund Beuys sagt, daß es für ihn nicht das Pro-

blem links-rechts gibt. (...) Auf der anderen Seite kannst du dagegen sagen, wenn du dich radikal in einer Tradition verstehst, die da heißt: Kritik aller Verhältnisse, in denen der Mensch unterdrückt, beleidigt und erniedrigt ist, dann kommst du (...) zu der Position, die nicht vom Sozialismus zu trennen ist, die nicht von Demokratie zu trennen ist (...), da läßt du dich nicht ökologisch festlegen, erst recht nicht ökonomistisch, nicht politizistisch [sic!], sondern versuchst, dich zu begreifen als eine Position, die als Kritik der politischen Ökonomie viel gelernt hat von Marx, sich aber dessen bewußt ist, daß wir uns in einer Phase befinden, die man als verkehrte Übergangsperiode bezeichnen könnte (...), wo gewissermaßen all die Kategorien der Vergangenheit schon zusammenbrechen, die Wertkategorien zusammenbrechen, die normalen Moralkategorien zusammenbrechen, auch die Ökonomie im traditionellen bürgerlichen Sinne schon längst nicht mehr gegeben ist, sondern sich im Prozeß des Niedergangs befindet. Dann mußt du die letzte Konsequenz ziehen, es geht um eine neue Lebens- und Produktionsweise, und dann bist du auch gezwungen, dazu Begriffe zu finden.«[377]
Rudi fehlten die Voraussetzungen, um sich mit Beuys' Kunst auseinanderzusetzen. Er nahm sie zur Kenntnis und sah sich nicht genötigt, ein Urteil darüber zu haben.

»Erneut geht die Reiserei los«, schrieb Rudi. Er war unterwegs auf Wahlkampf mit Joseph Beuys und Milan, aber nicht völlig überzeugt davon: »Die Relevanz der Sache ist durch nichts zu bestreiten, dennoch steige ich viel zu spät ein, um wirklich testen zu können. Den Milan schätze ich, wie immer da Differenzen in der Frage der Klassenkampfgewalt, Imperialismus etc. sein mögen, konnte ihn, den Josef B. und a[ndere] nicht sitzenlassen.«
Die Europawahlen fanden am 10. Juni 1979 statt. Rudi saß vor dem Fernseher und verfolgte die Hochrechnungen. Die grünen Stimmen erreichten ein Prozent, über zwei Prozent und dann über drei Prozent. Als die Zahlen immer besser wurden, bekam Rudi ein komisches Gefühl. Sollte die Rechnung aufgehen? In einigen Städten kamen die Grünen auf über fünf Prozent, vor allem dort, wo seit längerem gegen Atomkraftwerke gekämpft wurde. Aber nicht nur das war ein Erfolg. »Herbert Gruhl hatte Grund zur Freude«, kommentierte die »Welt«, »nicht nur über das hervorragende Abschneiden der ökologischen

Bewegung bei der Europawahl, sondern auch über den warmen Geldregen, der bald auf die Grünen niedergehen wird. Bei einer Wahlkampfkostenerstattung von 3,50 Mark pro Wähler, so hat Gruhl bereits errechnet, fließen bei 893 523 Wählern exakt 3 127 333,50 Mark in die Kassen der Grünen.«[378]

Auch Rudi war nicht so weltfremd, daß er nicht erkannte, daß soviel Geld es erleichtern würde, die neue Partei aufzubauen. In dieser mußte allerdings Platz sein für die Linke und für deren sozialistisches Ziel, und sie mußte in ihrer inneren Verfassung demokratischer sein als die anderen Parteien. »Die ganze Europasache hat viel Lärm und wenig Menschen bei sich gehabt. Die Großveranstaltungen in Tübingen, Braunschweig usw. können nicht darüber hinwegtäuschen, daß eine ›Grüne‹ [Partei] ohne Klarheit in den substantiellen Fragen keine langfristigen Überlebenschancen hat. Die FDP-Entscheidung für die Atomkraftwerke macht allerdings eine gewisse Möglichkeit noch frei.«

Über seine Rolle war sich Rudi bewußt: »In den Wahlauseinandersetzungen war am abstrusesten das Verhalten der bürgerliche Presse mir gegenüber. In Tübingen wurde ich als ›Wasserträger des Neofaschismus‹ und als ›Schatten seiner Vergangenheit‹ bezeichnet. Die Denunziationswelle muß offensichtlich erzogen worden sein von den herrschenden Parteien, denn gerade dort erhielten die Grünen, mit denen ich die Großveranstaltungen zusammen machte, 12 %.«[379]

Vielleicht war es kein Zufall, daß in den Städten, in denen Rudi aufgetreten war, die Grünen besonders viele Stimmen bekommen hatten. Gewiß war es Rudi jedenfalls gelungen, einen Teil der linken Wähler zu den Grünen zu ziehen. Darin steckte auch ein strategisches Konzept, denn nun schien es klar zu sein, daß die Grünen es ohne die Linken nicht schaffen konnten, genausowenig, wie die linken Gruppen ohne die Ökologen auskamen.

Es war eine von Rudis großen Enttäuschungen, daß es ihm nicht gelang, das SB insgesamt zu den Grünen zu ziehen. Nur einige Mitglieder engagierten sich dort, Rudi und Willi Hoss waren wichtige Vertreter des SB in der neuen Partei, andere folgten wie Jutta Ditfurth und Jürgen Treulieb.

Viele Linke waren noch in K-Sekten gebunden. Rudi war überzeugt davon, daß die Sektierer die Grünen zerstören würden, wenn sie versuchten, die ökologische Partei zu unterwandern.

Rudi stand vor der schwierigen Aufgabe, Linke zu den Grünen zu ziehen, und dies angesichts der Ausgangslage, daß das undogmatische SB sich weitgehend verweigerte, während einige in den Sekten für eine Zusammenarbeit offen zu sein schienen: »Denk doch mal an die KPD-Mitglieder und andere. In mancher Hinsicht können wir mit denen durchaus zusammenarbeiten: Wir haben es an Grigorenko gesehen, wo Sozialdemokraten etc. nicht in der Lage waren, mitzuarbeiten, und andere Linke überhaupt nicht sahen, was sich bewegt: Auf der anderen Seite kannst du mit dieser Strömung nur dann zusammenarbeiten, wenn du ihnen unzweideutig permanent sagst, ohne Selbstveränderungsprozesse bei euch wird diese Zusammenarbeit eine extrem beschränkte sein. Der Oktobermythos ist dort nicht nur anerkannt, sondern die Stalin-Tradition wird auch als die revolutionäre Tradition hingestellt. (...) Ich würde es aber für wichtig halten, daß man die politische Diskussion in den Mittelpunkt stellt und es den Gruppen und Richtungen tendenziell ermöglicht, auf einen Level zu kommen, der es für sie notwendig und unerläßlich macht, Lernprozesse mitzuvollziehen.«[380]

Die Annäherung an die maoistische KPD ging allerdings nicht von Rudi aus. Bei einer Veranstaltung streckte sich Rudi plötzlich eine Hand entgegen. Er sah nicht, von wem, weil sein rechtes Gesichtsfeld blind war. Trotzdem nahm er diese Hand in seine, dann drehte er sich um und sah Christian Semler, der Rudi seit Jahren gemieden hatte. Rudi war nicht unfreundlich, aber noch nicht bereit, das Friedensangebot anzunehmen.

Semler trat eine Weile danach an Milan heran und bat ihn, ein Treffen mit Rudi zu arrangieren. So geschah es, und Milan, Rudi, Horlemann und Semler trafen sich in einer Gaststätte. »Wir haben schon erfolgreich zusammengearbeitet«, meinte Christian. »In der Kritik an der SU sind wir einig. Die ökologische Frage ist wichtig, und wir können zusammenarbeiten.«

»Okay«, sagte Rudi, »aber die Grünen dürfen nicht von den Sektierern überrannt werden. Wir müssen auf eine Balancepolitik zusteuern. Wir können in das rechte Wählerlager einbrechen, wenn wir uns mit Wertkonservativen wie Herbert Gruhl verbünden.«

»Aber warum, wir sollten uns nicht kompromittieren. Mit den Rechten nicht«, widersprach Christian. »Es ist besser, wenn wir alle linken Kräfte in den Grünen sammeln und die Rechten verdrängen.«

»Nein«, erwiderte Rudi, »wir landen im alten Sumpf. Es gibt eine große potentielle Unzufriedenheit auf der rechten Seite, die nicht zu Strauß notwendigerweise gehen muß, wenn wir ihr etwas anbieten können. Sie können von uns lernen, so, wie wir auch von ihnen lernen können.«
»Das kommt mir gewagt vor, aber ich werde es überlegen«, versprach Christian.
»Eines ist wichtig dabei: Das Konzept kann nur funktionieren, wenn die linke Sekten, wenn die KPD sich auflöst. Dann können wir zusammenarbeiten«, sagte Rudi.
Christian hatte erkannt, daß seine Partei keine Zukunftsperspektive hatte, aber so leicht war es nicht, sie aufzulösen. Einmal diskutierte Rudi im Hinterzimmer einer West-Berliner Kneipe zwei Stunden lang mit KPD-Kadern über die Auflösung ihrer Partei. Es war eine offene Debatte. Ein junger Mann, vielleicht 22 oder 23 Jahre alt, fing an zu weinen. Er sagte: »Ich habe mein ganzes politisches Leben für die KPD gegeben. Ich habe jeden Tag zwölf Stunden für die Partei gearbeitet. Und jetzt soll sie einfach aufgelöst werden. Das will ich nicht.«
Rudi nahm ihn in die Arme und sagte: »Genosse, du mußt dich nicht sorgen. Du kommst mit zu den Grünen und kannst politische Arbeit machen, viel effizienter und tragfähiger.«
Auf einem geheimen Parteitag im März 1980 beschloß die KPD, sich aufzulösen.

*

Da Rudi auf der rechten Seite nicht sehen konnte, merkte er es oft nicht, wenn er etwas liegenließ. Aber sobald er feststellte, daß irgend etwas fehlte, wurde er fast wahnsinnig. Er fürchtete, daß Adressen in die Hände von Verfassungsschutz oder Stasi fallen könnten. Bahnhöfe waren besonders gefährlich für ihn. Seine Bemühungen, die Folgen eigener Schusseligkeit zu reparieren, waren geradezu komisch. Im Januar 1979 schrieb er etwa an die Verwaltung des Düsseldorfer Hauptbahnhofs: »Hiermit schicke ich Ihnen den Schließfachschlüssel 674 (132) zurück, habe den einfach vor Wochen mitgeschleppt, und bitte Sie, meine im Schließfach enthaltenen Sachen (Bücher etc.) aufzubewahren. Entweder wird ein Freund mit schriftlichem Auftrag es

abholen und zahlen, oder ich werde demnächst auftauchen. Wieviel Wochen darf mein Zeug bei Ihnen gelagert werden? Gehörte halt nie zu den Großverdienern.«
Ein paar Monate später schrieb Rudi an die Fundstelle des Mainzer Hauptbahnhofs: »Gestern ist mir am Abend gegen 20:30 mein Telephonbuch abhanden gekommen, und zwar in der Telephonzelle auf Gleis 1. Aus Versehen rannte ich zu dieser Zeit auf Gleis 3, um nach Wiesbaden fahren zu können, dabei ließ ich mein Telephonbuch liegen. Nach ca. 5 Minuten kehrte ich voller Eile dorthin zurück, leider war mein Telephonbuch schon von irgendeiner Person mitgenommen worden.« Das Telephonbuch blieb verschwunden. Wie es sich herausstellte, sind einige Verlustgegenstände tatsächlich bei der Stasi gelandet.

*

Wenn Rudi nach Hause kam, warteten Briefe von Günter Berkhahn, dem alten Spanienkämpfer, auf ihn. Die Seiten waren eng getippt, gefüllt mit Informationen, oft nicht einmal in ganzen Sätzen ausgeführt. Berkhahn schrieb auf den Rückseiten von alten Briefen, Rechnungen und sonstigem Altpapier, um zu sparen, denn er hatte nur wenig Geld. Berkhahn wollte zusammen mit Rudi ein Buch schreiben über die Gründe und die Geschichte des Stalinismus in Europa. Rudi las jeden Brief und ließ sich in Berkhahns Phantasien hineinziehen.
Berkhahn hatte aber meines Erachtens nichts anders vor, als Rudi auszuquetschen, als alles aus ihm herauszuholen, was Berkhahn nützlich schien, um sich endlich öffentlich zu profilieren. Rudi wurde hin und her gerissen zwischen seiner Verehrung für Berkhahn und seiner Verzweiflung, als er nach und nach erkannte, daß er Berkhahns Forderungen nicht erfüllen konnte. Berkhahn hatte eine Macht über Rudi wie Rasputin über das russische Zarenehepaar. Seine eigennützige Umklammerung wurde mit der Zeit enger und enger, sie quälte Rudi. »Ein paar Worte zu schreiben, weshalb mein Manus[kript] nicht beachtet wird, ist Dir nicht in den Sinn gekommen«, klagte Berkhahn einmal. »Es ist ganz lieb und nett, wenn Du mich einige Male als geistigen Vater verschiedener Erkenntnisse da und dort benennst, aber es zahlt sich nicht aus.« [381] Er schimpfte auf Rudi, schmeichelte, flehte, drohte. Es war eine Überforderung, der Rudi nicht standhalten konnte.

Berkhahn merkte es nicht. Er flößte Rudi ein schlechtes Gewissen ein. Und Rudi litt, weil er ein schlechtes Gewissen bekam.

*

Rudi hatte es schwer, zwischen den Ansprüchen an ihn zu jonglieren. Susanne griff Rudi an wegen seiner Distanz und wegen seines Verhältnisses mit mir, das ihr im Weg stand. »Lieber, lieber Rudi«, schrieb sie, »du bist doch abgeschottet, mehrfach gleich. Durch Dänemark, durch die Entfernung, aber auch durch das konkrete Leben dort, nämlich Zurückgezogenheit. Ich will die Auseinandersetzung zwischen uns nicht aufgeben, unsere Zeit ist nicht um, sie hat angefangen, außerdem: ich mag Dich.«

Sie begann in unser Leben in Dänemark einzugreifen. Ich weiß nicht, ob sie mich zermürben wollte oder ob sie dachte, auf diese Weise Rudi aus seiner Familie herauslösen zu können. Sie rief an, um in meiner Anwesenheit lange Gespräche mit Rudi zu führen. Besonders schlimm war es, weil sie sich oft mitten in der Nacht meldete. Da ich leichter als Rudi schlief, wachte ich auf und nahm den Hörer ab. Wenn nachts das Telefon klingelte, befürchtete ich immer, daß irgend etwas zu Hause, in den USA, vorgefallen war. So aus dem Schlaf gerissen, mit klopfendem Herzen und Angst hörte ich ihre Stimme. Sie wollte mit Rudi reden. Beim ersten Mal weckte ich Rudi auf. Beim zweitenmal reichte es mir. Sie war rücksichtslos und merkte es nicht. Ich sagte ihr: »Was denkst du dir dabei, hier mitten in der Nacht anzurufen und uns alle aufzuwecken. Rudi braucht seinen Schlaf. Ruf hier nicht wieder an.« Dann knallte ich den Hörer auf die Gabel. Es klingelte wieder. Rudi war inzwischen wach geworden. Ich hob den Hörer ab und legte ihn gleich wieder auf. Danach zog ich den Telefonstecker aus der Wand. »Was ist das für eine Idiotin«, sagte ich.

Sie hörte nicht auf anzurufen, aber wenn sie nun meine Stimme hörte, legte sie auf. Ich nahm es nicht zu ernst, aber Rudi war sich dessen nicht sicher. Eines Tages arbeiteten wir an einem Beitrag, den ich veröffentlichen wollte. Rudi korrigierte meinen Text, damit er eine richtige deutsche Diktion bekam. Dabei sprachen wir auch über die Frauenfrage und dabei über die Frau, die hin und wieder bei uns anrief und störte. Ich sagte grinsend: »Deine Frauen werde ich bald umbringen.«

Rudi wußte, daß ich einen Scherz machte, aber er sagte: »So ganz bin ich mir da nicht sicher.« Vielleicht hatte er ein bißchen ein schlechtes Gewissen.

Susannes Einreden auf Rudi begann zu wirken. Er schien allmählich selbst zu fühlen, daß es vielleicht doch unser Zusammensein war, das ihm Schwierigkeiten bereitete. Ich merkte es, als er von der Möglichkeit einer Trennung sprach. Es war das erste Mal, daß er so redete. Ich bekam Angst: »Ich möchte mich nicht von dir trennen. Ich sehe keinen Grund dazu, aber wenn du es willst, will ich nicht im Wege stehen, auch wenn ich dagegen bin. Das mußt du selbst wissen. Wenn du aber nach Deutschland ziehen willst, dann habe ich nichts dagegen, dort mit dir hinzuziehen.«

Er war etwas verwirrt und sagte: »Wenn das so ist, dann werde ich es überlegen. Ich weiß nicht.« Danach redete er nie wieder von Trennung. Trotz aller Frustrationen, die wir miteinander hatten, schrieb er: »Dennoch geht es, komisch, wahrscheinlich halten uns zuviel gemeinsame Geschichte und die duften Banditen zusammen. Wir haben einander einfach trotz alledem gern.« [382]

Allmählich begriff Susanne. »Vieles gäbe es noch zu sagen«, schrieb sie, »daß ich keine Beziehung mehr mit einem Mann will, dessen Lebensgefährten ich nicht kenne, wenn ich nicht weiß, was es für sie bedeutet, daß er, daß du eine Beziehung mit mir hast. Ciao, compagne, es tut weh.«

*

Für Rudi war Deutschland eine westliche Demokratie wie alle anderen, und ihr verbrecherisches Potential war für ihn so groß wie das jeder anderen Nation. In der Teilung Deutschlands sah er einen Boden für die Rechtsradikalen. Weit mehr als die Wiedervereinigung könne sie einen Herd für einen neuen Faschismus darstellen. Und in der mangelnden Bestimmung einer deutschen Identität erblickte er einen Nährboden für Nationalismus und Neonazismus.

Für ihn, der inzwischen lange »im Exil« lebte, war diese Frage der deutschen Identität brennender denn je. Vor allem in dem Augenblick, als er zum erstenmal wirklich ernsthaft erwog zurückzukehren. »Wer von uns heute kann so ohne weiteres noch sagen, ungebrochen, ich bin Deutscher? Und das ist ja eine der großen Schwierigkeiten, jene

Gebrochenheit, d. h. Gebrochenheit als Ausdruck von Geschichtslosigkeit. Wenn Generationen jahrzehntelang nichts anderes erlernen, als auf der einen Seite amerikanisiert zu werden und auf der anderen Seite russifiziert zu werden, dann entsteht Geschichtslosigkeit, und Resultat der Geschichtslosigkeit ist, auch sich nicht mehr in dieser deutschen Misere wirklich zu verhalten. (...) Man kann sich, ob man es will oder nicht, auf die Dauer nicht davonstehlen aus der Geschichte, aus der man kommt. Man hat sich weder den Bruder aussuchen können noch die Schwester, und man hat auch nicht frei gewählt, als Deutscher geboren zu sein. Aber im Rahmen der Geschichte habe ich dort drin meine Arbeit zu tun.«[383]

Peter Paul Zahl reagierte wie sehr viele andere auch: »ich erhielt schon viele briefe, in denen die rede war von rudis marotte, rudis tick etc., und auch ich bin der meinung, daß du undialektisch vorgehst, befangen bist, fixiert, negativ fixiert. (...) für mich gibt es keine deutsche frage. keine nationale frage. es gab ja nie eine deutsche identität. oder soll ein vernünftiger mensch etwa ein verhältnis haben zu diesem künstlichen, von den herren Bismarck und cie. zusammengestoppelten, zusammengekloppten künstlichen gebilde unter hegemonie des deutschen ungeists, Preußens?«[384]

Das konnte Rudi nicht akzeptieren: »Für Dich gibt es keine deutsche Frage, keine nationale Frage, erschöpft sich aber die deutsche Klassenkampfgeschichte im Rahmen der europäischen und internationalen in Deiner Feststellung? (...) Diese komischen Deutschen kommen da nicht drum rum, es sei denn, sie stehlen sich davon, haben den Schwanz eingezogen oder sind mit dem bestehenden Status quo der herrschenden Supermächte einverstanden. (...) Die [Amerikaner und Sowjets] haben uns befreit vom deutschen Faschismus, die deutsche Arbeiterklasse, das deutsche Volk war aus verschiedensten Gründen unfähig, diesen Akt in die eigene Hand zu nehmen. Verlieren wir aber damit das Recht aufrecht gehen zu lernen?«[385]

Wie so viele, die etwa dachten, »Portugal hat mit mir mehr zu tun als die DDR«, antwortete PPZ: »wir müssen uns erst mal die köpfe darüber zerbrechen, wie wir unsere besatzungsmacht zurückgetrieben kriegen, wie wir die amis vertreiben, damit erst einmal das fundament für tatsächliche änderungen in westeuropa geschaffen wird.«[386]

Eine Zusammengehörigkeit von Osten und Westen gab es für ihn nicht. Rudi war betroffen: »In diesem gespaltenen Land noch miteinander vermittelt zu sein ist nicht einfach, aber waren die Deutschen jemals einfach? Als Wolf Biermann nicht mehr in die DDR zurückkehren durfte, fühlte ich ein inneres Interesse, nun nach Luckenwalde wieder zurückkehren zu müssen, um die weggenommene Position auszufüllen. Aber wie absurd, eher würden sie einen Rechten aufnehmen. (...) Für mich ist die BRD kein Exil, war es nie. Wir sind geteilt, aber nicht auf Ewigkeit.«[387]

Der linke österreichische Publizist Günther Nenning war über Rudis Thesen, wie er sie auch in der Öffentlichkeit vertrat, entsetzt: »Jetzt hat die NS-Nostalgiewelle die Linke erwischt. Sie schwärmt von nationaler Einheit. (...) Bis vor kurzem lag die deutsche Einheit im Interesse keiner der beiden Supermächte. Ihnen sind schon ihre jeweils eigenen Abkürzungsdeutschen, BRD-Sorte wie DDR-Sorte, präpotent genug. Großdeutsche Präpotenz im Wortsinn – Vormacht – war bisher beidseits verdächtig. Bleibt das so? (...) Moskau braucht jetzt als Gegengewicht gegen Washington plus Peking, was bisher Peking brauchte als Gegengewicht gegen Moskau plus Washington: ein starkes Westeuropa, unter Führung deutscher Tüchtigkeit. (...) O. K., also steht uns ein neues Tauroggen* ins Haus, und Rudi Dutschke ist sein Prophet.«[388]
Rudi war sauer: »Nennings These halte ich für unter dem Strich. (...) Es geht bei mir darum zu erkennen, warum ohne eine Klärung der nationalen Frage im Herzen Europas, ohne Friedensvertrag usw. trotz Entspannungsverträgen die Kriegsgefahr und nicht die Friedenssicherung steigen muß.«[389]

Wegen seiner Äußerungen zur nationalen Frage wollten Menschen aus dem rechten Lager mit Rudi in Kontakt treten. Es war wie immer: Wenn man in Deutschland die nationale Frage ansprach, wurde man bald konfrontiert mit dem rechten bis neonazistischen Sumpf. Trotzdem glaubte Rudi, diese fatale Konstellation, die Identifizierung von »national« mit »rechts«, überwinden zu können.

---

* Mit der Konvention von Tauroggen erklärte der preußische General York von Wartenburg sich und seine Truppen gegenüber dem russischen General Diebitsch für neutral und beendete damit das von Napoleon erzwungene Bündnis Preußens mit Frankreich. Tauroggen war praktisch der Auftakt der Befreiungskriege Preußens an der Seite Österreichs und Rußlands gegen Frankreich.

Daß Rudi die nationale Frage so anders sah als die meisten Linken, hatte auch damit zu tun, daß er ständig Erfahrungen in der DDR machte. Er reiste dorthin, um Dissidenten und die Familie zu besuchen. Die Grenzüberquerung war jedesmal eine Qual. »Wie zumeist wählte ich den Grenzübergang Friedrichstraße«, schrieb Rudi über einen Besuch nach Ost-Berlin, der kaum anders verlief als alle anderen. »Schließlich kennen die mich dort seit langem. Es ging ganz der Spaltung gemäß, normal im Sinne der deutschen Misere, bald war ich wieder in dem mir nicht unbekannten Isolationszimmer. Man sagte: ›Herr Dutschke, packen Sie alles aus, wir kommen wieder.‹ Als Sozialist Artikel und Zeitschriften mit sich herumzuschleppen ist offensichtlich an der DDR-Grenze der gefährlichste Tatbestand, es zeigte sich erneut. Die deutsche Währung, die norwegische, dänische und holländische bei sich zu haben scheint kein Problem zu sein, aber dieses gedruckte Papier ist zweifelsohne dort eine ›Gefahrenzone‹. Was hatte ich bei mir? Da waren die Zeitschrift ›links‹, Auszüge aus Tageszeitungen und ein der jüngsten SOPO*-Nr. entrissener Beitrag des Wolfgang Lefèvre, eines ehemaligen SDS-Genossen. Alle Moneten durfte ich einstecken, doch nicht jenes eigenartige Informations-Feuer. Im Kopf schrieb ich eine Karte an Wolfgang L.: Lieber Genosse, nun wollte ich Dich mal wieder etwas theoretisch kennenlernen. Aber diejenigen, denen Du inzwischen nähergerückt bist, sind sich offensichtlich keines Papierprodukts aus dem Westen sicher.«[390]
1979 verhängte die DDR-Regierung eine Einreisesperre gegen Rudi. Im Oktober dieses Jahres existierte die DDR dreißig Jahre, was dort mit Paraden und großem Brimborium gefeiert wurde. Zu diesem Ereignis planten Tilman Fichter und einige SPD-Genossen in West-Berlin eine Veranstaltung. Tilman schlug Rudi vor, sich daran zu beteiligen. Rudi wollte sich nicht festlegen, wurde aber ohne seine Zusage im Programm als Teilnehmer genannt. Aus welchem Grund auch immer, er hatte für den Zeitpunkt der Veranstaltung einen Termin für eine Routineuntersuchung bei einem Arzt in West-Berlin vereinbart. Er ging dann doch zur Veranstaltung, lehnte es aber ab, sich aufs Podium zu setzen. »Anwesend zu sein, eingeladen zu sein und sich davonstehlen, das hielt ich für falsch.« Auch während der Veran-

---

* Gemeint ist die Monatszeitschrift »Sozialistische Politik«.

staltung wurde er mehrfach aufgefordert, sich doch nach oben zu setzen. Aber er antwortete: »Nein danke, möchte weiter zuhören.« »Nervosität b[ei] Senator [Peter Glotz]«, amüsierte er sich. Als die Veranstaltung sich dem Ende entgegenneigte, forderte Tilman ihn ein letztes Mal auf, etwas zu sagen. »Vielleicht hätte ich schweigen sollen«[391], überlegte Rudi danach. Aber er schwieg nicht. Die Diskussion lebte noch einmal auf:

Peter Glotz: »(...) erinnere ich mich an eine Diskussion, die wir kürzlich in Berlin auf dem Flechtheim-Symposium hatten, wo Rudi Dutschke aufstand und die Frage stellte, ob nicht die Entspannungspolitik, die die sozialliberale Koalition in den letzten Jahren betrieben hat, ob sie nicht sich der Menschenrechtsverletzungen etwa in der DDR zuwenig bewußt sei oder sie zuwenig bewußt mache, und ist nicht diese Frage unter Umständen nun wirklich das Movens für eine neue Bewegung in einer jungen Generation, die die deutsche Frage ganz anders stellt?«

Rudi: »Wenn da [im Bundestag] Diskussionen stattfinden über das nationale Problem (...) und eine Sozialdemokratie unfähig ist, diese Grundfragen als mehr denn nur diplomatische Fragen zu behandeln (...), dann spricht die Sozialdemokratie ein Urteil über sich. Das ist kein Ausdruck von grundlegender, fundamentaler Entspannungspolitik; denn Entspannungspolitik darf nicht Diplomatiepolitik sein. (...) Die Frage des Friedens muß als soziale Frage gestellt werden, und damit ist sie eine politische Frage und auch eine Frage des politischen Klassenkampfes.«

Egon Bahr: »Sie haben gesagt, Entspannungspolitik darf nicht Diplomatie sein, und hier drüben wurde ergänzt, man hat den Eindruck, daß diese Entspannungspolitik zuweilen an Tabus kommt (...), an Glaubwürdigkeit verliert. (...) Was Sie gesagt haben, nämlich radikal die soziale Frage stellen oder den realen Sozialismus in Frage stellen, ist eine Art der Auseinandersetzung, die im Grunde darauf hinzielt, das bestehende System drüben auszuhebeln...«

Rudi: »...aber auch unseres.«

Zum erstenmal begriffen einige SPD-Vertreter, daß es begründete Zweifel an ihrer Entspannungspolitik gab, sie hörten Rudi zu, konnten aber nichts damit anfangen.

*

Im Juni wurde Herbert Marcuse nach einem Zusammenbruch in ein Frankfurter Krankenhaus eingeliefert, und dort diagnostizierten die Ärzte Blutkrebs. Marcuse wollte mit Rudi sprechen. Als Rudi davon erfuhr, dachte er, es gehe um »vielleicht letzte Gespräche über verschiedene theoretische und politische Ansätze, und [um] ihn von der psych[ischen] Todesbedrohung soweit wie möglich freizumachen«. Er fuhr sofort nach Frankfurt. Es waren gute Gespräche, und Rudi kehrte etwas erleichtert nach Hause zurück. Anfang Juli bekam Rudi einen Anruf aus Starnberg, wo Marcuse nach seiner Entlassung aus der Klinik bei Jürgen Habermas zu Gast war. Marcuses Herzschrittmacher hatte plötzlich aufgehört zu funktionieren. Er mußte sofort operiert werden. Marcuse schien den Eingriff zu überstehen. Aber am 23. Juli notierte Rudi: »Als Wrack das Leben zu verlängern, hundsgemeine Lage, das Individuum stirbt, die Gattung lebt weiter, mit diesem Satz kann ein Sterbender nicht überleben. Auch ein Prinzip Hoffnung stößt auf Schranken.« Marcuses Zustand hatte sich drastisch verschlechtert.

Zwei Tage später rief Peter, Marcuses Sohn, an: »Herbert wird in den nächsten Tagen hier sterben, wir werden ihn von hier aus nicht mehr lebend nach Amerika bringen können. Was sollen wir tun?«

Rudi fragte, ob sie die Sache mit Habermas beredet hätten.

Aber Peter Marcuse antwortete: »Du weißt, daß du ihm seit den sechziger Jahren viel näher bist.«

Am 29. Juli starb Marcuse. Wie Ricky, Marcuses Frau, es wünschte, wurde beim Begräbnis das Kaddisch gesprochen. Dies rief in Deutschland, aber auch bei Rudi Verwunderung hervor. Ricky und Peter Marcuse glaubten, Rudi solle verstehen, warum Herbert ein jüdisches Begräbnis bekommen hatte: »Die Tatsache, daß Herbert, der sowohl Deutscher als auch Jude war und sich so und nicht anders verstand, aus Deutschland herausgejagt worden ist, wird in der gegenwärtigen deutschen Öffentlichkeit oft unterschlagen. Ihm und uns ist es nie unwichtig gewesen, Jude zu sein. Darum haben wir bei seiner Todesfeier auch Kaddisch – die traditionelle jüdische Todesklage – gesprochen. Nicht der jüdischen Religion, sondern der jüdischen Tradition wegen.«[392]

*

Während Rudi sich mit Marcuses Tod herumquälte, ganz in sich gekehrt war und über das Wenige grübelte, das Leben und Tod trennt, beschäftigte ich mich in Gedanken mit einem entgegengesetzten Thema, mit neuem Leben. Ich spürte jede innerliche Regung meines Körpers, jedes Zusammenziehen meines Unterleibs. Ich wußte noch nicht, ob ich wirklich schwanger war, aber ich ahnte es. Zunächst erzählte ich es Rudi nicht, weil er so nachdenklich und traurig war. Mit der Zeit aber schwanden die letzten Zweifel. Ich hatte Angst, wie Rudi reagieren würde – er würde es anders sehen als ich. Ich fühlte mich total ergriffen von dem, was in mir vorging.

Als ich es ihm erzählten mußte, schaute er mich voller Erstaunen an: »Wieso?«

Warum denken Männer niemals daran, daß Sex zur Schwangerschaft führen kann, und sind fassungslos, wenn es passiert ist? In dieser Hinsicht war Rudi überhaupt nicht rational. Er dachte, die Sache könne leicht erledigt werden, ich solle eine Abtreibung machen lassen. Aber ich wollte das Kind haben.

Beunruhigt fragte er: »Warum, wie sollen wir das schaffen?«

»Wir haben es immer geschafft, das werden wir auch schaffen.«

»Sicher, irgendwie haben wir es geschafft«, gab er zu. Aber das klang so skeptisch, daß ich lachen mußte. Damit war die Diskussion beendet.

Ich sah einen Artikel auf Rudis Schreibtisch, er trug den Titel »Zum Tod Franz Mareks«. Ich las: »1935, als der Austrofaschismus die einst mächtige austromarxistische Sozialdemokratie zerschlagen hatte, wählte der ehemalige zionistische Mittelschüler Efraim Feuerlicht den Decknamen Franz Marek, unter dem er für die Nazis berüchtigt und für die europäischen Kommunisten berühmt werden sollte.«[393] Marek war einst der zweitwichtigste Mann der Kommunistischen Partei Österreichs gewesen, hatte aber mit dem Stalinismus gebrochen, als der Warschauer Pakt den Prager Frühling niederwalzte.

»Kanntest du Franz Marek?« fragte ich Rudi.

Er sagte: »Ja, ich habe ihn in Österreich kennengelernt. Er war ein guter Mann. Wir verlieren sie jetzt alle. Bloch, Marcuse, Franz Marek.«

Ich wußte nicht, was ich darauf erwidern sollte, und schwieg. Aber nach einiger Zeit sagte ich: »Marek, das ist ein schöner Name für unser Kind.«

Rudi schaute mich erstaunt an. Dann sagte er: »Ja. Das finde ich eine gute Idee. Nach Franz Marek können wir unser Kind nennen.« Damit war es entschieden. Rudi-Marek wurde im April 1980, nach Rudis Tod, geboren.

Durchbruch

> »Das grüne Gespenst bedroht so manche hohe Herrschaftsexistenz. Man stelle sich vor, das Bremer Gespenst, jene Bremer Stadtmusikanten von 1979, finden wir 1980 im bundesrepublikanischen Parlament. (...) Ca. 20 müßten vielleicht ihren bisherigen Stuhl wechseln. Wer macht das gern, die von den Machtzentren der Opposition gegenüber wohl am allerwenigsten. (...) Werden Vertreter und Vertreterinnen der anderen Parteien es noch wagen, in grüner Kleidung aufzutreten, ohne in den Verdacht der Durchbrechung der Fraktionsdisziplin zu geraten? Und wie sieht es dann aus mit den grünen Anzügen bei Armee und Polizei, werden nicht die Farben geändert werden müssen?«[394]

Als CDU und CSU sich auf Franz Josef Strauß als Kanzlerkandidaten für die Bundestagswahl 1980 einigten, taten sie den Grünen keinen Gefallen. Denn viele Menschen, die die Grünen vielleicht gewählt hätten, wollten nun aus Angst den Sozialdemokraten ihre Stimme geben, damit diese auf keinen Fall unter den Tisch fiel. War im Zweifelsfall nicht eine Stimme für die Grünen eine Stimme für Strauß? So drehte sich die Diskussion nicht mehr so sehr um Atomkraft und andere ökologische Fragen, sondern darum, ob man das Risiko eingehen könne, daß Strauß Bundeskanzler wurde.

Bei den Grünen war man dagegen der Ansicht, daß Strauß und Schmidt Vertreter ein und derselben Politik seien. Beide wollten Atomkraftwerke und ein ungebremstes Wirtschaftswachstum. Auch in ihrem Demokratieverständnis waren die Unterschiede jenseits allen Getöses gering. Man konnte nicht sagen, daß Bayern weit undemokratischer regiert wurde als die übrige Bundesrepublik. Rudi teilte inzwischen diese Auffassung, sein Strauß-Bild hatte sich schon gewandelt: »Die Pseudo-Alternative Schmidt-Strauß ist ein Witz in der BRD-Geschichte. (...) Wie nah sich Strauß dem Kanzler Schmidt fühlt, formulierte er kurz nach seiner Ernennung zum Kanzlerkandidaten der CDU/CSU: ›Ich respektiere an Schmidt viele Eigenschaften, die ihn befähigen würden, in einer CDU/CSU-Regierung ein guter Kanzler zu sein. (...) Er ist aber doch so sehr mit der SPD verbunden, daß er sich für eine Politik der Vernunft nur unzulänglich freimachen kann.‹«

Die Bunte Liste, ein Zusammenschluß linker Gruppen, führte ihre Bundestagswahlkampagne dagegen unter dem Motto »Stoppt Strauß«.

Viele Sozialisten und Kommunisten fürchteten, daß ein Bundeskanzler Strauß demokratische Grundrechte rapide abbauen und die Linke noch weit stärker kriminalisieren würde, als die SPD es tat. Auch das SB nahm Stellung gegen eine grüne Wahlbeteiligung. Zum einen wegen Strauß und zum anderen aus prinzipiellen Gründen: »Eine Wahlbeteiligung als erster Schritt muß den formalen Wahlakt derart in den Vordergrund rücken, daß alle Stellvertreter-Mechanismen voll zum Greifen kommen würden.« Damit war der Bruch mit Rudi vollzogen.
Rudi starrte nicht auf Strauß wie ein Kaninchen auf die Schlange. Er hatte ein merkwürdiges Verhältnis zu dem Bayern, es schien beinahe, als ob er in ihm den Widerpart sah, das Spiegelbild eigener Absichten mit umgekehrtem Vorzeichen. Ein Konkurrent im Kampf um die unsicheren Ränder des Wählerspektrums, um jene Menschen, die weder rechts noch links waren, sondern unzufrieden. Diese Menschen politisch zu integrieren, war für Rudi ein Grund, so stark für die Beteiligung an Wahlen einzutreten. Nicht Strauß sollte die »vierte Partei« zustande bringen.

Ende 1979 wurde Rudi gefragt, ob er einen Beitrag für ein Satirebuch über Strauß liefern könne. Rudi antwortete: »Nun, ich will es Ihnen sagen: Die deutschen Verhältnisse sind mir zu bitter, um über eine Charaktermaske wie Strauß einen satirischen Beitrag herstellen zu können.« Strauß war nicht ungefährlich, aber er war nicht Hitler: »Strauß einfach zum Faschisten abzustempeln behindert die Sorgfältigkeit einer Reflexion, die aus dem geschichtlichen Prozeß die analytischen Begriffe ableitet und nicht Begriffe dem geschichtlichen Prozeß aufpfropft.«[395]
Trotz der Meinungsverschiedenheiten über die Straußkandidatur erweiterten sich die Grünen kontinuierlich nach links. Ende Juni/Anfang Juli 1979 fand in Vlotho ein erstes gemeinsames Treffen von Grünen, Bunten, Alternativen und anderen Gruppen statt. Der KB, der sich hinter den Bunten Listen versteckte, hatte eine lange Reihe von Forderungen mitgebracht, die die Grünen als Zumutung empfanden. Die Angst vor Infiltration, Übernahme und Zerstörung durch Sektierer war groß. Aber der KB war keineswegs bereit, von seinen Ideen Abstand zu nehmen.
Es war immer noch nicht klar, ob ein konzertierter Versuch der grünen und linken Kräfte gemacht werden sollte, für den Bundestag zu kandi-

dieren. »Milan ließ aus Bonn von sich hören, hält die Beteiligung an den Bundestagswahlen für noch nicht entschieden. Warum eigentlich? Argumente bekam ich nicht zu hören.« Rudi war irritiert, er schrieb weiter: »Ob ich bereit bin, voll oder nicht einzusteigen, kann ich heute noch nicht einmal abschätzen.«

*

Er war bereit, eine Atempause zu machen. Ich hatte gerade Geld verdient, es reichte für eine Reise. Im Juni war das Wetter wie oft im Norden wechselhaft und nicht besonders warm. Wir kamen nach einer langen Fahrt mit Zug und Schiff in einem Ferienort mitten in Schweden an. Um einen See herum standen rotbemalte Holzhäuser am Ufer. Es gab Buden, Restaurants, Reisebüros und viele Touristen. Wir fanden unsere Reisegruppe am Seeufer.
Eine Frau sagte: »Dort sind die Kanus für euch.« Sie zeigte auf eine Reihe von gelben Kanus, die am Strand lagen. »Ihr müßt jetzt Proviant und Zelte besorgen und in die Kanus einladen. Das wird vom Reiseveranstalter gestellt. Dann müssen die Rettungswesten angepaßt werden.« Keiner von uns war jemals zuvor in einem Kanu gefahren. Wir waren gespannt, ob wir es überhaupt schaffen würden, uns in eines dieser beängstigend schmalen Boote hineinzusetzen, ohne gleich uns und allen Proviant ins Wasser zu befördern.

Die Stadt war verschwunden. Jetzt gab es nur noch Wasser, Bäume, die Kanus und das Platschen der Ruder. »Verflucht angenehme Stimmung im Wald, auf dem Wasser, beim Schlaf«, notierte Rudi. Nur eines störte ihn: »Haben beschissenerweise, verständlicherweise kein Radio mit uns. Information Nicaragua.« Zu dieser Zeit kämpften in Nicaragua die Sandinisten gegen den Diktator Somoza. Es war noch offen, ob die USA eingreifen würden wie in vielen anderen vergleichbaren Fällen oder ob ein weiterer Despot stürzen würde. Doch Rudi fand sich mit dem Informationsdefizit ab und war in der Lage, sich diesem merkwürdigen Zwischenspiel auf dem Wasser zu ergeben, auch wenn er noch rationale Gründe dafür finden mußte. »Wollen hier etwas fit werden, nach dieser Nasenhöhlenentzündung«, schrieb er, »für G. aus anderen Gründen, den Kindern ist es ein Genuß. Zuerst wurde Aarhus gemäß laut gesprochen, verminderte sich aber im Laufe

des Tages, die Arbeitskooperation, die Tiere in der Nähe usw. halfen.« Wo Rudi nicht hetzen und nicht gehetzt werden konnte, entspannte er sich. Als die Sonne aus den Wolken herauskam, lagen wir am Strand und genossen es. Ganz einfach. So einfach war es selten gewesen.
Das Lager war auf der einzigen relativ ebenen Stelle auf der Insel aufgebaut, sonst gab es nur steile Hänge und Schluchten. Ich kletterte hinab auf einen Felssims und wollte einen Schritt weitergehen, doch da sah ich vor mir eine Schlange. Ich wollte meinen Augen nicht trauen. Ich war in meinem Leben nie mit einer giftigen Schlange konfrontiert gewesen, bevor ich in Spanien diese gefährliche Begegnung gehabt hatte. Und nun traf ich binnen kürzester Zeit zum zweitenmal auf eine. Ich kannte diese Art, weil es sie auch in Dänemark gab und wir vor ihr gewarnt worden waren. Sie war giftig. Ich floh, so schnell ich konnte.
Rudi und die Kinder amüsierten sich wieder köstlich, als ich ihnen die Geschichte erzählte. Ich fand es aber überhaupt nicht komisch. Eine seltsame Idee begann in meinem Kopf herumzugeistern: Wenn die Schlange das dritte Mal erscheint, dann bringt sie den Tod. Ich zuckte zurück bei dieser Vorstellung, ich war unruhig und bekam Angst. Rudi schrieb in sein Tagebuch: »G. hat schon wieder mal eine Schlange gesehen, nobody believes me. Aber wird stimmen.«
Als die Zeit vorbei war, waren die anfangs so schweren Proviantkisten leicht und leer, der Muskelkater war vergangen, und die Menschen, die eine kurze Zeit nahe beeinander gelebt hatten, versprachen, sich alle wieder zu treffen, weil es so schön gewesen war. Der Abschied war voll süßer Traurigkeit. Rudi und ich hatten die Kluft, die zwischen uns aufgebrochen war, überbrückt durch die Nähe von Körper und Geist in einer uns umschlingenden Natur. Wir hatten gelacht, uns ausgetobt und vor allem gespielt. Neue Sehnsüchte waren geweckt; wir wußten, daß wir zusammengehörten.
Als wir wieder zu Hause waren, hatte Rudi sich endlich entschieden, nachdem er es jahrelang hinausgezögert hatte. Sein Entschluß war, sich nun rückhaltlos in die politische Arbeit für die Grünen hineinzustürzen. Wir sollten endlich nach Deutschland ziehen.

Am 15. September fand ein Treffen der Grünen in Bonn statt. Rudi war nun mittendrin. Die Konservativen um Gruhl erlebten zum erstenmal und mit Verwunderung, wie Rudi und der KB aufeinanderprall-

ten. Rudi ergriff das Wort und legte gleich so scharf los gegen den KB, daß diejenigen, die Rudi nicht kannten, verblüfft waren. Er beschuldigte sie undemokratischer und hinterhältiger Methoden und nannte sie Leninisten, von denen nur das Schlimmste zu erwarten sei. »Ihr solltet (...) erst mal wirklich begreifen, was Demokratie bedeutet.«
Nichtsdestoweniger entschieden die versammelten Vertreter von grünen, alternativen und bunten Listen, sich gemeinsam an der Bundestagswahl zu beteiligen. Milan Horacek berichtete der Presse von der »Zusammenarbeit von [Heinz] Brandt, Dutschke und Gruhl als einem historischen Kompromiß nach innen. Während Gruhl sich noch konservativerer Figuren wie Heinz Kaminski entledigte, tat Dutschke das seine, um etwa den linksradikalen Hamburger KB aus dem gemeinsamen Projekt fernzuhalten.«
Nur diejenigen, die die jahrelangen Kämpfe gegen die Sektiererei in Erinnerung hatten, unterstützten Rudi, die anderen wollten die Einigung um fast jeden Preis. Sie waren der okkult anmutenden Kontroversen überdrüssig und wollten endlich eine Lösung der Organisationsfrage. Rudi aber trug seine Angriffe so heftig vor, daß viele Zuhörer ihn emotional ablehnten und die Argumente nicht begreifen konnten.
Auch Hausleiter setzte sich entschieden für die Vereinigung mit der Bunten Liste ein. Rudi konnte ihn natürlich nicht verdächtigen, für den KB zu arbeiten. Er hielt ihn für naiv. Aber da Hausleiter inzwischen als der Hauptfürsprecher für den KB auftrat, war Rudi gezwungen, sich mit ihm zu streiten. Als Vertreter aus den Bundesländern im Oktober 1979 einmal mehr zusammenkamen, sagte ein Vertreter der Grünen Liste Hildesheim resolut: »Das ist eine historische Situation, und egal, ob zehn oder zwanzig Stunden, egal, wie lang es dauert, jetzt wird die Tür abgeschlossen, und wir bleiben hier drin, bis eine Einigung erreicht ist, unter welchen Modalitäten die Gründung der Grünen Partei abläuft.«
KB-Vertreter waren da. Viele Teilnehmer aber bestritten dem KB das Recht, in der Diskussion als Gruppe aufzutreten. Es wurde langatmig, laut und emotional argumentiert. Rudi redete, und die Zuhörer brüllten dazwischen. Dann stand August Hausleiter auf, ein kleiner, rundlicher, drolliger Mann und verteidigte emphatisch »seinen Freund« Jürgen Reents vom KB. Die Menschen waren beinahe am Ersticken in der schlechten Luft, aber die Tür blieb zugesperrt. Rudi, dessen

Gesicht blau angelaufen war, stand neben Hausleiter, der noch ein bißchen kleiner war als er. Hausleiter, mehr als siebzig Jahre alt, lief rot an. Er erregte sich so stark, daß ihm die Stimme wegblieb. Beide sahen aus, als ob sie sofort explodieren würden. Viele zitterten vor Angst, daß einer von beiden mit einem Herzinfarkt hinausgetragen werden mußte. August Hausleiter setzte sich schließlich durch, und die KB-Leute durften bleiben.

*

Die Idee, zu Rudi zu gehen, war spontan entstanden. Olaf Dinné, Delphine Brox, Peter Willars, Walter Moßmann, der Freiburg verlassen hatte, Hannes Heer, der Rudi einmal aus dem SDS ausschließen wollte, und viele andere wollten die Grünen endlich die Fünf-Prozent-Marke überspringen sehen. Die Chancen standen gut, in Bremen waren sie bei den Europawahlen nahe daran gewesen. Und sie hatten diesmal genug Zeit, den Wahlkampf vorzubereiten. Die Wahlen waren erst im Oktober. Aber die Bremer wußten, daß sie es ohne linke Wähler nicht schaffen würden.

Olaf Dinné und Delphine Brox diskutierten miteinander, wie linke Wähler zu erreichen wären. Es traf sie wie ein Blitzschlag: Rudi. Sie kannten ihn kaum. Rudi hatte aber immerhin Dinné sein Lenin-Buch geschickt. Und bei der ersten Brokdorf-Demonstration hatten sie sich getroffen.

Ohne weitere Beratungen rief Olaf in Aarhus an. Er hatte Glück und bekam Rudi gleich an den Hörer. »Können wir kommen?« fragte Olaf.

Rudi schien nicht mal besonders überrascht. »Ja«, sagte er, »kommt.«

Olaf und Delphine fuhren unverzüglich los. Als sie in Aarhus ankamen, fanden sie Rudi im Park, der neben unserer Wohnung lag. Scharen von Kindern wimmelten dort herum. Mitten unter ihnen tobte Rudi. Olaf und Delphine setzten sich auf eine Bank und schauten zu, bis Rudi sie sah. Er lachte, mußte noch ein paar Tore schießen, dann zogen die drei zu einem Café, wo sie die Sache besprachen. »Rudi, du sollst die linke Flanke übernehmen und dich mit dem KB auseinandersetzen. Der macht uns in Bremen Konkurrenz.«

»Okay«, antwortete Rudi, »das finde ich sinnvoll, bin einverstanden. Das einzige ist, ich muß Gretchen fragen, ob das klappt.«

Olaf hatte Angst, er kannte mich nicht und befürchtete, ich würde mich querstellen. Rudi ging allein los, während Olaf und Delphine unruhig im Café warteten. »Sollen wir eine Wette abschließen?« fragte Olaf.

Sie tranken ihren Kaffee aus, stocherten auf ihren Tellern herum, schauten aus dem Fenster und warteten, daß Rudi endlich zurückkam. Schließlich kündigten klappernde Holzschuhe Rudis Rückkehr an.

»Na, und?« fragte Olaf.

Rudi grinste: »Sie sagt okay.«

Die Bremer Grüne Liste bestand aus vielen kleinen Bürgerinitiativen aus der Stadt und der Umgebung. Sie war ein eher lockerer Zusammenschluß ohne ausgeprägte Hierarchie. Die Phase von der Gründung der Liste im Februar bis zur Wahl im Oktober 1979 war ein absolutes Chaos. Es gab nicht einmal ein Programm, als die Liste ihre Kandidatur anmeldete.

Schon im August wurde Rudi Mitglied der Bremer Grünen. Als die Leute vom rechten Flügel es aus der Zeitung erfuhren, waren sie entsetzt. Manche klagten und drohten abzuspringen. Aber als sie Rudi kennenlernten, änderten sie ihre Meinung. Rudi war nicht der linke Dogmatiker, den sie gefürchtet hatten. Er ging auf sie ein, war manchmal witzig, und er machte mit, wenn Entspannung und Spiel angesagt waren. Rudi fuhr regelmäßig nach Bremen. Bei einer der ersten Reisen kam ich mit. Ich sollte Olaf, Delphine und die anderen kennenlernen und sie mich.

Die K-Gruppen waren so entsetzt wie die Rechten, als sie erfuhren, daß Rudi bei den Grünen mitmachte. Die Grüne Liste war in ihren Augen konservativ, potentiell auch faschistisch angehaucht, und Rudi war in ihren Augen ein Verräter. Überall in den letzten paar Jahren hatten K-Leute Bürgerinitiativen infiltriert und ihre vorgefertigten Meinungen heruntergebetet. Sie wollten Mitglieder für ihre Organisationen gewinnen und die Führung übernehmen. In Bremen aber hatten sich die Grünen von Anfang an gegen die Sektierer abgeschottet. Da die K-Gruppen schnell merkten, daß sie die Führung nicht an sich reißen konnten, begannen sie eine Bunte Liste für die Wahlen aufzustellen.

Als Rudi kam, ging der Kampf zwischen den K-Gruppen und der Grünen Liste richtig los. Rudi hatte zuerst gehofft, einen Teil der K-Leute zu gewinnen, besonders von der KPD, die zu dieser Zeit noch nicht aufgelöst war. Er hatte mit Christian Semler über den Bremer Kernphysiker Jens Scheer gesprochen. Wenn dieser sich von der KPD trennte, wollte Rudi dafür eintreten, daß er als Kandidat der Grünen Liste aufgestellt würde. Aber Scheer blieb, was er war. Bei einer Versammlung sprang er auf, nahm das Mikrophon, hielt das Zentralorgan der KPD, die »Rote Fahne«, hoch und erklärte: »Es geht nicht, daß die Bauern nur ihre eigenen Interessen sehen, hier geht es um die Weltrevolution.«

Auch die Undogmatischen waren zunächst eher bereit, die K-Gruppen zu unterstützen, statt mit den für sie fremden, konservativ angehauchten Bürgergruppen zusammenzuarbeiten. Olaf war sich aber sicher, daß sich die Lage ändern würde, sobald Rudi mitmachte. Und so war es auch. Plötzlich unterstützten die Autonomen, das SB und die unabhängige Linke die Grüne Liste.

Am 30. September 1979 meldete Rudi seinen ersten Wohnsitz in Bremen an. Aber wir wohnten nicht in Bremen. Der Umzug sollte warten, bis wir Wohnung und Arbeit gefunden hatten.

Am 7. Oktober, gegen 19 Uhr 30 Uhr, stand fest: Die Grüne Liste hatte den Sprung ins Parlament geschafft, sie hatte 5,1 Prozent der Stimmen erhalten und damit den ersten Erfolg der Grünen bei Landtagswahlen errungen. Es war der Anfang vom Ende der althergebrachten Parteienkonstellation. Und Rudi hatte das Seine dazu getan.

Nach der Wahl gab Rudi eine Erklärung ab. Sie war zurückhaltend, aber offen: »Es muß Klarheit geben in bezug auf die Frage von Demokratie und Sozialismus. Das Verhältnis von Ökonomie und Ökologie muß geklärt werden. Hier ist noch vieles ungeklärt, aber eines ist, meines Erachtens, das Entscheidende: In der wichtigsten Frage herrscht Einheit. Alle wissen, daß der Weiterbestand der Gattung in Frage steht. Es geht nicht nur um ein Klasseninteresse.«

Bei der konstituierenden Sitzung der Bürgerschaft am 5. November war Rudi wieder in Bremen. Der Einzug der Grünen ins erste Landesparlament war eine wunderbare Show. Die Abgeordneten der etablierten Parteien erschienen wie üblich grau in Grau. Dann, mit Verspätung wegen des Zuschauer- und Journalistenandrangs, kamen die vier grünen Abgeordneten in Jeans, bunten Hemden und Blusen. Sie waren von Freunden mit Blumensträußen überhäuft worden und sahen aus wie wandernde Kleingärten. Sie hatten keine Aktentaschen,

sondern Jutetüten, und vor sich her trugen sie eine große grüne Holzfigur, die die vier Bremer Stadtmusikanten abbildete. Hinter ihnen her schlich sich auch Rudi in den Sitzungssaal, was einem Normalsterblichen eigentlich verboten war. Die Abgeordneten der anderen Parteien und die Senatoren blickten mit starrer Miene auf das, was sich ihren Augen darbot. Bürgermeister Hans Koschnick blätterte verbissen in Akten und tat so, als merkte er nichts.
Die hölzernen Stadtmusikanten und ihre Träger lehnten es als Diskriminierung ab, daß für sie nur in den hinteren Reihen Sitzplätze vorgesehen waren. Demonstrativ stellten sie sich vor die Senatsbank. Der hinter ihnen her schleichende Rudi trat nun plötzlich hervor und präsentierte den hohen Herren feierlich ein Buch von Friedrich Engels über Bremen mit einem selbst verfaßten Gedicht. Dann verzog er sich vorsichtig zu den Presseleuten, bis ein Ordner ihn erwischte und ihn höflich bat, auf den Zuschauerbänken Platz zu nehmen.
Die Grünen hatten keinen Fraktionstatus, konnten daher keine Vorschläge vorbringen, und das gesamte Verfahren der Parlamentskonstituierung war zwischen den anderen Fraktionen längst ausgemauschelt worden. Der grüne Abgeordnete Adamietz, ein Rechtsanwalt, protestierte gegen die mangelnde Mitwirkungsmöglichkeit seiner Liste und gegen die Sitzverteilung. Als er dabei war, einen entsprechenden Antrag zur Geschäftsordnung vorzutragen, wurde ihm das Mikrophon abgedreht. »Was ist das für eine leninistische Trickserei?!« rief Rudi von der Zuschauertribüne. Auch Adamietz geriet in Rage. Anschließend verließen die grünen Abgeordneten demonstrativ den Saal und setzten sich zu Rudi auf die Zuschauertribüne. Innerhalb der nächsten Tage bekamen die Grünen bessere Sitzplätze, und die Geschäftsordnung wurde geändert, so daß jeder grüne Abgeordnete Anträge stellen konnte, obwohl die Liste weiterhin keine Fraktion war.
In dieser Zeit herrschte bei den Bremer Grünen Euphorie. Es gab immer noch kein richtiges Programm, und jeder glaubte, seine Interessen durchsetzen zu können. Rudi hatte sich bislang nicht mit den konservativen Ideen auseinandergesetzt, sondern sich bemüht, Gemeinsamkeiten mit dem rechten Flügel zu finden. Ich weiß nicht, wie lange Rudi meinte, diesem Streit ausweichen zu können, der spätestens bei einer Programmdiskussion beginnen mußte. Vielleicht wollte Rudi glauben, daß die Gegensätze gut miteinander existieren könnten.

An einem Punkt drängte sich Rudi die Konfrontation auf, aber er trug sie nicht aus. Es ging um den Abtreibungsparagraphen 218. Für Rudi war die Abtreibung eine akzeptable Lösung, wenn es andere Lösungen nicht gab. Theoretisch sah er, wie immer, mehr als einen Aspekt. Nach der Entscheidung des Bundesverfassungsgerichts über die Fristenlösung im Jahr 1975 hatte Rudi geschrieben: »Die Entscheidung von Karlsruhe in diesen Tagen gegen die Millionen von Frauen aus der Arbeiterklasse und anderen sozialen Schichtungen mit ihren gesellschaftlich bedingten Sorgen, Abhängigkeitsverhältnissen und unbefriedigten Hoffnungen ist eine extreme Rückkehr in die Richtung der bornierten deutschen Tradition. (...) Die Fristenlösung war nichts anderes als ein wichtiges Moment der gesellschaftlichen Rationalisierung, immanent den bestehenden bürgerlichen Verhältnissen. Die Fristenlösung trug somit einen doppelten Charakter, auf der einen Seite hätten damit große Teile der Frauen von physisch-psychischen Gefahren und ökonomischen Abhängigkeiten an diesem Punkt relativ befreit werden können, sie wären der Gleichberechtigung näher gekommen. Auf der anderen Seite wären dadurch die Frauen über den ausbeutenden Arbeitsprozeß besser ausnutzbar gewesen.«
Delphine war katholisch. Ihr Nähe zur Kirche war unleugbar, sie war jahrelang Nonne gewesen, und sie hielt am katholischen Standpunkt zur Abtreibung fest. Vielleicht fühlte sie, daß sie die katholische Position vertreten sollte, weil es sonst niemand tat. Es gab sogar die fragwürdige Möglichkeit, diese Haltung ökologisch zu begründen: Wir sind für das Leben, also sind wir gegen die Abtreibung. Delphine versuchte Rudi zu überzeugen, er hörte höflich zu.

Mitte Dezember war Rudi wieder in Bremen. Auf der Mitgliederversammlung der Grünen Liste wurde er mit großer Mehrheit zu einem der Delegierten gewählt zum Gründungsparteitag der Grünen, der am 10. Januar 1980 in Karlsruhe stattfinden sollte. Rudi war voller Optimismus und Aufregung. »Es muß klappen im Januar«, erklärte er. »Wir müssen um jeden Preis Unvernunft verhindern. Ein Baldur Springmann genauso wie ein Herbert Gruhl gehören zu uns, wir müssen ihre Gedanken solidarisch berücksichtigen.« Und noch bevor er Delphines Wohnung hektisch verließ: »Delphine, das Programm ist nicht so ganz wichtig, aber sieh zu mit der Frauenfrage. Man muß bei der Diskussion

um den Paragraphen 218 die christlichen Frauen berücksichtigen. Findet doch einen Weg, eure Selbstbestimmungsforderungen damit zu verbinden.« Was er wollte, war unmöglich. Was Delphine verstand, war, daß er eine gewisse Sympathie für ihren Standpunkt hatte. Er verhedderte sich zwischen konträren Positionen.
In dieser Zeit forderte ein Teil der Frauenbewegung zum Gebärstreik auf. Das tat auch Eva Quistorp, eine der Vertreterinnen der Grünen auf Bundesebene und ebenfalls eine Christin. Eva wollte mich für die Gebärstreikkampagne gewinnen. Ich konnte es verstehen, daß Frauen Angst hatten, Kinder in diese gefährdete und gefährliche Welt zu setzen, und daß man nicht Kinder bekommen solle, wo es ohnehin schon zu viele Menschen gab. Trotzdem konnte ich mich nicht mit dem Pessimismus identifizieren, auch wenn ich rational die schlimmsten Voraussagen nicht für wirklichkeitsfremd hielt. Ich sagte: »Eva, ich kann das nicht unterstützen, auch wenn ich es verstehe. Es wäre zu heuchlerisch, denn ich bekomme in einigen Monaten ein Kind.«
Eva, die bis dahin ununterbrochen geredet hatte, war plötzlich still.

*

Am 11. Oktober wurde Rudolf Bahro aufgrund einer Amnestie zum dreißigsten Jahrestag der DDR-Gründung aus dem Gefängnis entlassen. Wenige Tage danach übersiedelte er mit seiner Familie in die BRD. Gleich kündigte er an, er werde sich in der Bundesrepublik bemühen, die »unabhängigen linken Kräfte zu sammeln, um zu einer Evolution mit revolutionärem Inhalt beizutragen«.
Rudi las die Meldungen und freute sich. Die Bemühungen um Bahros Freilassung hatten sich gelohnt. Er sagte zu mir: »Jetzt muß er aber mit uns zusammenarbeiten. Er weiß noch nicht richtig, was hier los. Wir gewinnen ihn für die Grünen. Ich muß ihn so schnell wie möglich treffen.« Rudi fuhr nach Bonn, um mit Milan Bahros erste Pressekonferenz zu erleben und mit dem Dissidenten zu sprechen. Gleich nach der Pressekonferenz setzten sie sich zu dritt in einem Bonner Hotel zusammen. Milan und Rudi berichteten, was bei den Grünen los war. Bahro war erfreut, daß Rudi so schnell aufgetaucht war. Die Einladung, bei den Grünen mitzumachen, war erfolgversprechend, und Bahro sagte gleich zu, Anfang November zum nächsten großen grünen Kongreß nach Offenbach zu kommen.

Das Treffen in Offenbach war bunt, aufgeregt, erhitzt und verrückt. Ein Mitglied der Grünen hatte vor der Versammlung in der Lokalpresse verlauten lassen, daß Kommunisten nicht mitmachen dürften. Aber die Kommunisten kamen und trugen demonstrativ ein K auf dem Pullover. Neugierig beguckte ein älterer Herr in Trachtenjacke einen Button auf der Lederjacke eines Sprechers für die Schwulen mit der Aufschrift »I'm eating my own sperma«. Meinung stand gegen Meinung, das Chaos drohte immer wieder den Sieg davonzutragen.

Bahro wurde als einzigem gestattet, eine längere Rede zu halten, und er beruhigte die Gemüter für eine kurze Weile: »Rot und Grün, Grün und Rot gehen also jedenfalls gut zusammen. (...) Die Grünen meinen schon jetzt mehr als nur den ökologischen Aspekt. Aus allem, was ich bisher an Materialien gesehen habe, geht hervor, sie wollen die allgemeine Emanzipation des Menschen – Mann und Frau –, sie wollen alle Verhältnisse umwerfen, unter denen der Mensch ein erniedrigtes und beleidigtes Wesen ist. (...) Wir müssen bis in unsere organisatorischen Prinzipien hinein die Freiheit des Andersdenkenden anerkennen und praktizieren (...) und den großen Begriff des Sozialismus wieder zu den verdienten Ehren bringen. (...) In der Gestalt einer Frau, die unter uns Deutschen gelebt hat, bis sie erschlagen wurde, haben die demokratischen Sozialisten und Kommunisten aller Länder ein menschliches Leitbild, unter dem sie sich wiedervereinigen könnten: in der Gestalt der Rosa Luxemburg.«

Der Kongreß sollte ein Parteiprogramm verabschieden. Es gab einige Punkte, bei denen Einigkeit herrschte: Verzicht auf Atomkraft, Stillegung aller Atomanlagen, Abrüstung und Überwindung der Militärblöcke. Große Meinungsverschiedenheiten und Auseinandersetzungen gab es über soziale Fragen, das Selbstbestimmungsrecht für Frauen (§ 218), Wirtschaftswachstum und Gewaltfreiheit.

Rudi hatte sich in der Vorbereitung zu keiner dieser Fragen schriftlich geäußert. Das einzige, was ihm über die Grundprinzipien hinaus wirklich wichtig erschien, waren Ausführungen zur deutschen Frage im Sinn des Selbstbestimmungsrechts der Nationen. Aber damit stand er ziemlich allein. Rudi wollte die ökologische Fragestellung im Zusammenhang mit seiner Sicht des Marxismus neu durchdenken, war aber noch nicht weit genug damit gekommen. Er wußte, daß das zerbrechliche Bündnis durch neuen Streit zerrissen werden konnte. Seine Vermittlerrolle schien es ihm unmöglich zu machen, sich auf Programmpunkte festzulegen. Er fühlte, daß es in diesem Augenblick nicht seine Aufgabe war, sich in die Diskussion einzumischen. Er wollte Themen wie die soziale und existentielle Entfremdung des Menschen in die Grünen hineintragen, über Freiheit und Demokratie, Menschenrechte und die Rolle Deutschlands in Europa diskutieren. Kaum jemand tat das sonst.

Rudi notierte auf dem Kongreß die Punkte, bei denen er Schwierigkeiten sah: »Doppelmitgliedschaft, Sammlungsbewegung, Kompromisse, Gewaltfreiheit, Widerstandsrecht. Kritik des Lebensstandards, soziale Säule. Moloch Staat reduzieren. Verschwendungsproblem. a) AKW-Front/Arbeiterbewegung, b) Partei-Front, c) Wie können Sozialisten sich in der Grünen Partei halten?? Vielfalt und Einheit.«

Die Gewaltfreiheit war für manche Linken schwer zu schlucken, solange die Legitimität von Widerstand nicht berücksichtigt wurde. Der Ökobauer Baldur Springmann machte den Vorschlag, daß die Mitgliedschaft bei einer anderen Partei nicht vereinbar sei mit der Mitgliedschaft bei den Grünen. Das war gezielt gegen die K-Gruppen gerichtet und verursachte einen hitzigen und bitteren Kampf. Rudi unterstützte Springmanns Position. Bei der Abstimmung hielten die beiden Lager sich die Waage, es war nicht ersichtlich, welche Seite die Mehrheit hatte. Um Klarheit herzustellen, gab es einen Hammelsprung. Dabei fand Springmanns Antrag eine einfache Mehrheit. Rudi war vorerst beruhigt.

Aber am nächsten Tag kam ein entgegengesetzter Antrag auf den Tisch. Auch Hausleiter unterstützte auf Initiative des KB den Vorschlag, den Ausschließlichkeitsbeschluß wiederaufzuheben. Rudi tobte. Aber viele Leute waren müde von diesen Streitereien. Der Unvereinbarkeitsbeschluß wurde mit 37 Stimmen Mehrheit annulliert. Als Rudi ein paar Tage später nach Hause kam, war er deswegen immer noch verärgert.

Am Ende des Kongresses hatten die Beteiligten sich auf einige wenige Punkte geeinigt: Ökologisch, sozial, basisdemokratisch und gewaltfrei sollte die Partei sein. Gleichzeitig wurde ein Gründungsparteitag einberufen.

*

Im Dezember 1979 wollte die SPD auf einem Parteitag ihren Kurs in der Atomfrage festlegen. Das Resultat war für die Grünen wichtig. »Die Erde ist grün, bunt und schon an manchen Stellen protestierend, soweit ich es mitkriege. Das sorgfältig inszenierte Spiel läuft wieder mal ab«, notierte Rudi. »Seit Freitag letzter Woche ist der Bundeskanzler [Helmut Schmidt] mit den Ministerpräsidenten der Länder absolut einig über ein Programm der Entsorgung von Kernkraftwerken und sogar einer begrenzten Wiederaufbereitung. (...) Die Menschheit mit Atomkraftwerken zu foltern, nachdem wir gefährlicherweise die Folter der Existenz von Atomwaffen in West und Ost hingenommen haben, (...) sind sich Strauß, Albrecht, Schmidt, der Graf [Lambsdorff] und sein Genscher sehr einig.«
Rudi besorgte sich über die »tageszeitung« eine Pressekarte und fuhr mit Milan nach West-Berlin zum SPD-Parteitag. Gruhl kam auch. Das Treffen war nicht beabsichtigt. Gruhl war so stark antikommunistisch eingestellt, daß er Distanz halten wollte. Aber Rudi sprach Gruhl an. Sie saßen zusammen und verfolgten die Diskussion im Parteitagsplenum. Es dauerte nicht lange, bis die beiden dort bemerkt wurden. Viele Sozialdemokraten waren verblüfft, nicht wenige erschrocken.
Auch das Fernsehen entdeckte sie und forderte Gruhl und Rudi auf zu einem gemeinsamen Interview.
»Herr Gruhl, welche Folgen wird die Annahme des Antrages zum Weiterbau von Kernkraftanlagen [auf dem SPD-Parteitag] für die Grünen haben?
Gruhl: Bei diesem Beschluß hat nun Herr Bundeskanzler Schmidt erklärt, daß ja Hunderte von Werken in der Welt gebaut würden, ohne daß ein Entsorgungskonzept vorhanden sei, und das ist eine sehr eigenartige Argumentation, das heißt, wenn andere ohne Konzept dies tun, dann dürfen wir dies auch tun.
Dutschke: Entscheidend ist, daß man sich darüber klar wird: Ist dieses Resultat hier ein Resultat voller Glaubwürdigkeit von einer Partei für die nächsten Jahrzehnte einer ganzen Nation, oder ist es ein Betrug für lange Zeit? (...) Und innerhalb der SPD, würde ich meinen, werden viele Genossen und Freunde – mit denen man oft zusammengearbeitet hat in vieler Hinsicht –, sie werden auch noch darüber nachdenken müssen, was die Konsequenzen dieses Parteitags sind, und sie werden erst recht darüber nachdenken, wenn außerhalb der SPD eine Partei entsteht, die sich dadurch auszeichnet, innere Glaubwürdigkeit

zu haben und nicht beschränkt zu sein weder an der einen Ecke noch an der anderen Ecke. (...) Alle Grünen werden sich darüber klar sein, daß ihre Tradition, die sie haben, auch Herr Gruhl, sie ist keine linke Tradition, und wir wissen, daß unsere Tradition nicht eine Gruhl-Tradition ist, aber wir wissen eines: Es geht um eine fundamentale Fragestellung unseres Jahrzehnts und der nächsten Generationen, und darum müssen wir zusammenarbeiten, und ich hoffe auch, daß Sozialdemokraten mit uns in dieser gefährlichen Sache eine gemeinsame Arbeit beginnen.«

Zuletzt

> »Für Gretchen Klotz-D., nur öffnen, wenn Unglück passiert. (...) Nur eins sollst Du nie aus dem Kopf verlieren, daß ist die 99,9-%-Überzeugung von mir, daß, wenn es einen Abgang von mir gibt, dann ist das in der gegenwärtigen Phase eher durchgeführt durch SU-DDR-Geheimdienst als durch westlichen. Letzterer wird sofort so etwas versuchen, wenn er es für unerläßlich hält. (...) Ost- und West-Geheimdienst werden wahrscheinlich gerade in der Kontrolle der Reste, Relikte bzw. Neuansätze der Neuen Linken kooperieren. (...) So, wie gerne ich mit Dir zusammenbleiben möchte, habe ich oft gesagt, erkläre es hier noch einmal. Wir hatten ein barbarisches, aber oft auch schönes Leben miteinander.« [396]

Im Oktober 1979 besuchte der chinesische Partei- und Regierungschef Hua Guofeng Deutschland. Rudi hatte wieder eine Pressekarte der »taz« bekommen und nahm an einer Pressekonferenz mit Hua und Bundeskanzler Helmut Schmidt teil. Fast vierzig Minuten lang redeten nur Schmidt und Hua. »Wir mußten uns das Herren-Schwätzchen der Machthaber und Macher anhören«, schrieb Rudi. Für die Fragen der 300 Journalisten waren gerade mal zwanzig Minuten vorgesehen, der Diktator aus Peking sollte nicht zu arg gepiesackt werden. Als der Kanzler erklärte, er übergebe nun das Kommando an seinen Pressesprecher Klaus Bölling, stand Rudi auf und rief: »Herr Bundeskanzler, Sie sind hier bei der freien Presse, nicht bei der Bundeswehr, wo kommandiert wird, nicht in Peking, in Moskau oder Ost-Berlin.« Regierungssprecher Bölling erkannte mit deutlicher Irritation, wer da stand, und sagte: »Das hier ist eine Pressekonferenz und keine Demonstration.« Er weigerte sich, Rudi noch einmal zu Wort kommen zu lassen.

Im Fernsehen war zu verfolgen, wie zwei Ordner Rudi gewaltsam aus dem Saal warfen. Ausgestrahlt wurde auch die Frage eines Journalisten an Rudi, was er habe sagen wollen, und seine Antwort: »Wenn der Kanzler gegenüber seinem Gast aus Peking die Menschenrechte unerwähnt lasse, mißachte er die Rechte von Millionen Menschen in China.« [397] Außerdem erklärte Rudi: »Meine Kolleginnen und Kollegen, soweit sie nicht reine Diener und Knechte geworden sind, konnten schnell feststellen: Schmidt und Hua wollten nicht frei mit der Presse sprechen, sondern für die Presse. Der Diener Bölling brachte es fertig, zwei chinesischen Pressedienern und zwei ZDF-

und ›Welt‹-Dienern das Wort zu geben. So sah das Bonner Pressegespräch aus.«

*

Kaum einer ahnte, daß Karl August Wittfogel noch lebte. Der Mann, auf dessen Arbeit Rudi sich so stark gestützt hatte, als er sein Buch über die asiatische Produktionsweise schrieb. Aber der scheinbar Tote materialisierte sich. Eines Tages sagte Rudi zu mir: »Stell dir vor, Wittfogel kommt nach Deutschland, und ich bin eingeladen, mit ihm zu diskutieren.« Jemand hatte die originelle Idee, zum hundertsten Geburtstag von Trotzki und Stalin eine Diskussion mit Wittfogel zu veranstalten. Um die Sache noch bizarrer zu machen, zeichnete eine CDU-Landtagsabgeordnete als Veranstalterin. »Marxistische Pluralität und kommunistische Systemerhaltung« war das Thema am Abend des 14. November 1979 in der Aula des Humboldt-Gymnasiums in Düsseldorf. Rudi war unheimlich aufgeregt, Wittfogel leibhaftig kennenzulernen. Dieser war inzwischen 83 Jahre alt und kam zum erstenmal seit 1933 wieder nach Deutschland.
Der Andrang war ungewöhnlich groß. Mehr als tausend vornehmlich jugendliche Zuhörer drängten sich in den Raum, der viel zu klein war. Als der Saal voll war, wurden die Türen geschlossen. Davor standen noch Hunderte von Menschen, die auch hineinwollten. Sie grölten, protestierten, und auch als die Türen weiterhin geschlossen blieben, beharrten sie darauf, eingelassen zu werden. Als Rudi kam, erkannten die jungen Leute ihn und riefen ihm zu, was sie wollten. »Klar kommt ihr rein«, rief Rudi zurück. Er öffnete die Türen, und bevor irgend jemand eingreifen konnte, stürmten die Leute in die Aula.
Darin ging das Theater weiter. Zwei geladene Gäste waren nicht gekommen, dafür aber tauchte Wolfgang Leonhard auf, auch er war früher Kommunist gewesen und hatte über diese Zeit sein bekanntes Buch »Die Revolution entläßt ihre Kinder« veröffentlicht. Bahro stand auf und sagte, er werde nicht an einem Tisch mit einem Renegaten wie Leonhard sitzen, da er »einen bestimmten Eindruck in der DDR« vermeiden wolle.
In einem Kurzreferat erläuterte Wittfogel mit Pathos und schneidender Schärfe seine bekannte These: »Das Riesenreich des Genossen Breschnew sei auch heute noch ein mongolischer Blutsumpf. (...)

Die orientalische Despotie beruht auf der Allmacht des Staates, der repräsentiert durch Beamte, Priester und Kriegerkasten und in einem Gottkönig gipfelnd, die lebenswichtigen öffentlichen Arbeiten reguliert. (...) In den Sog Europas mit seinen Ideen von Dynamik und Fortschritt geraten, sahen sich die östlichen Gesellschaften gezwungen, auf Teufel komm heraus Kapital für die wirtschaftliche Entwicklung zu akkumulieren. (...) Stalins Aufbau des Sozialismus war (...) die ursprüngliche Akkumulation des Kapitals mit den Mitteln der orientalischen Despotie. Das ist bis heute die Grundlage der Sowjetmacht, weshalb ihr der Abschied vom Stalinismus so schwer fällt.«[398]

Bahro griff freundlich lächelnd ein mit einem unverhüllten Versuch, den alten Mann abzukanzeln. Dessen Konzept sei »ein Denken gegen den Gang der Geschichte«. Er habe aus einem antisowjetischen Trauma eine antisozialistische Hysterie gemacht.

Rudi hörte Bahros Worte mit sichtbarem Schrecken, und Wittfogel reagierte aufgeregt und fassungslos: »Ich halte es nicht für hysterisch, gegen den Gulag zu sein, aber ich war und bin Sozialist.«

Leonhard griff zum Saalmikrophon und entgegnete Bahro: »Im Buch ›Die Alternative‹ ist die Kritik am real existierenden Sozialismus doch viel härter ausgefallen.«

Bahro fuhr unbeirrt fort: »Die Linken im Westen können keinen größeren Fehler begehen, als die Sowjetunion, so, wie sie heute ist, auf dem Weg nach Westen als ein Feindbild aufzubauen.«

Wittfogel war etwas gefaßter geworden und sagte: »Wie glücklich wäre ich, wenn sich im Osten eine humane Wendung abzeichnete. Ich sehe aber keine.«

Rudi beschrieb die Geschichte der kommunistischen Parteien als »Liquidation von Marxismus und von Aufklärung. Widerstand in den sogenannten sozialistischen Staaten ist noch lange kein Indiz für Bewegung im System.«

Bahro war jedoch noch nicht fertig, sondern behauptete nun, die Zentralverwaltungswirtschaft der DDR sei mindestens so effizient wie die soziale Marktwirtschaft der BRD. Er belegte das mit den DDR-Statistiken, deren Verhüllungscharakter er in seinem Buch entlarvt hatte.

Der Sozialdemokrat Ahlers erklärte als einziger, daß nicht die asiatische Produktionsweise, sondern die marxistisch-leninistische Theorie

die Ursache sei für Ineffizienz und Unfreiheit im Osten. Er fragte gegen den Unmut des Publikums: »Ist die heutige Sowjetunion immer noch aus der mongolischen Vergangenheit zu entschuldigen?«
Rudi antwortete überraschend: »Nein. Es kann nicht aus der mongolischen Vergangenheit entschuldigt werden, es kann gar nicht entschuldigt werden, aber die historischen Bedingungen der russischen sowjetischen Gesellschaft haben genausowenig mit prinzipiellen Elementen der marxistischen Theorie zu tun.«[399]
Weder Rudi noch Wittfogel sahen den Zusammenbruch des realsozialistischen Lagers voraus. Aber sie haben recht behalten mit ihrer Einschätzung, daß der Sowjetkommunismus nicht zu reformieren sei, sondern von Grund auf zerstört werden müsse, bevor etwas Neues entstehen könne.

*

Es war, als die Blätter tot am Boden lagen, die Dunkelheit der Jahreszeit erdrückte mich. Ich wachte mitten in der Nacht auf, schweißgebadet und zitternd. Ich schüttelte Rudi, der neben mir schlief, weil ich solche Angst hatte. Der Alptraum schwirrte noch in meinem Kopf herum: Ich ging ins Badezimmer und sah einen Menschen, der im Badewasser ertrunken war und auf dem Wannengrund lag.
Am 23. Dezember schmückte ich mit den Kindern die Wohnung für das Weihnachtsfest. Wir hatten Tannenzweige zusammengestellt mit Baumwollschnee und kleinen Figuren, am Weihnachtsbaum hingen Kugeln und Lametta, überall standen Kerzen. Als die Kinder endlich im Bett waren, sagte ich zu Rudi: »Laß uns die Kerzen anzünden.« Sie verwandelten das alte, etwas schäbige Zimmer in eine Wunderwelt mit geheimnisvollen Schatten und funkelnden Lichtern. Rudi und ich saßen zusammen auf einem Stuhl, hielten einander in den Armen und ließen uns bezaubern.
Am folgenden Nachmittag, Heiligabend, klingelte pausenlos das Telefon. Es waren meist Anrufe aus Deutschland, Weihnachtsgrüße und Worte über die vielen Aufgaben der nächsten Wochen. Auch Günter Berkhahn rief an. Das Gespräch begann freundlich, und ich beachtete es nicht. Doch dann merkte ich, daß Rudis Stimme merklich gereizt wurde. Er sagte, er schaffe es mit dem Buch jetzt nicht. Er schien zerrissen und gequält. Er wußte nicht, wie er Günter sagen sollte, daß er das

gemeinsame Projekt nicht beenden konnte. Außerdem war die grüne Sache zu spannend. Nein, es war nicht das sozialistische Projekt, aber es war wichtig. Berkhahn muß gebrüllt haben, daß es idiotisch sei, die Zeit mit den Grünen zu verschwenden, dann drohte er, dann resignierte er und zeigte sich verletzt. Es war für Rudi schwer zu ertragen. Er wollte Berkhahn nicht enttäuschen. Aber er wußte, daß er jetzt kein Buch schreiben konnte. Vor allem nicht dieses Buch. Als das Telefongespräch beendet war, war Rudi sichtlich beunruhigt. Er sagte mir nur: »Ich kann das Buch mit Berkhahn jetzt nicht schreiben. Später vielleicht. Günter setzt mich zu stark unter Druck.« Es war eines der letzten Dinge, über die wir miteinander sprachen.

Ich begann die Gans vorzubereiten. Wir hatten einen Gast zum Essen eingeladen, Pia, eine Dänin, die zeitweise in Deutschland gelebt hatte. Pia bereitete den Nachtisch vor. Rudi ging ins Badezimmer. Als die Gans, gefüllt mit Äpfeln, Reis und Gewürzen im Ofen lag, dachte ich, daß Rudi nun fertig sein müsse mit seinem Bad. Ich schaute ins Badezimmer und dachte, er trockne sich ab. Aber er war tot. Der Alptraum raste in grellen Farben vor meinen Augen. Ich schrie, und gleichzeitig zog ich ihn aus der Wanne heraus und versuchte ihn wiederzubeleben. Es war alles völlig unwirklich. Man fragte mich später, wie ich es geschafft hätte, ihn aus der Badewanne herauszuheben, und ich wußte es nicht.

Am Weihnachtsabend wurden in vorchristlicher Zeit Tod, Dunkelheit und das Unterirdische gefeiert. Ich sah nicht die dritte Schlange, die den Tod bringt, aber sie war da, die Schlange des Unterirdischen, der Dunkelheit und des Todes. Die Schlange gehörte auch bei den alten Germanen zu diesem Tag. Warum wurde damals über mich gelacht, als ich die Schlangen sah? Ich glaubte es selbst nicht. Auch heute nicht. Es war Zufall. So, wie der Tod es ist, Zufall und Gewißheit.

Ich rief Milan an. Und dann gingen wir aus dem Haus. Ich wollte niemanden sehen. Pia brachte uns irgendwohin. Ich weiß nicht mehr, wohin. Ich war wie in einem dicken Glasblock versiegelt. Ich konnte die Umwelt sehen, aber ich hatte keinen Kontakt zu ihr. Mein Körper schien vom Geist getrennt zu sein.

*

Wo Rudi begraben werden sollte, war keine Frage: in Berlin. Dorthin gehörte er. Aber wo dort? Es war Gollwitzer, der uns am Anfang zusammengebracht hatte und uns nun am Ende begleitete. Gollwitzer, der der Bekennenden Kirche angehört hatte, kannte Dietrich Bonhoeffer und seine Familie. Bonhoeffer hatte ebenfalls zur Bekennenden Kirche gezählt und war kurz vor Ende des Zweiten Weltkriegs von den Nazis hingerichtet worden. Bonhoeffer ist auf einem Berliner Friedhof in der Nähe der Friedrichstraße begraben. So war es aber nicht vorgesehen gewesen. Er sollte eigentlich in einem Familiengrab im Friedhof der St.-Annen-Kirche in Dahlem bestattet werden, und nun war dieses Grab leer.
St. Annen war die Pfarrei Martin Niemöllers und die Gemeinde Dahlem Geburtsort der Bekennenden Kirche. Hier wurde in den Jahren der Naziherrschaft Tag für Tag für die Opfer gebetet und, wo möglich, geholfen. Viele Angehörige der Bekennenden Kirche sind dort beerdigt. In dem eigentlich für Bonhoeffer bestimmten Grab im Schatten der kleinen Kirche aus dem Mittelalter wurde Rudi bestattet. Es gibt merkwürdige Verstrickungen in der bitteren deutschen Geschichte.

Die Beerdigung war am 3. Januar 1980. Ich fuhr mit den Kindern nach West-Berlin. Als wir auf den Friedhof mußten, fanden wir Hosea nicht. Er hatte sich im Bett versteckt, den Kopf mit dem Kissen bedeckt, und als ich ihm das Kissen wegzog, sah ich, daß er sich Watte in Ohren und Nase gestopft hatte.
Es war ein kalter grauer Tag, überall um die Kirche herum waren traurige Menschen. Wie Gespenster glitten sie an mir vorbei. Am Friedhofstor ließen die Ordner uns ein. Es war alles überfüllt, alles schwarz und grau, die Gräber, die Menschen, die erstarrt und verfroren dort standen. Als wir die Kirche betraten, sahen wir den Sarg, bedeckt von bunten Blumen, wie eine Explosion im Dunkeln.
Gollwitzer begann zu predigen: »Der Tote ist allein, und wir sind allein, und daß alles Leben zum Tode verurteilt zu sein scheint, das droht uns nichtig zu machen, was uns doch wichtig ist: dieses irdische Leben mit seinen Freuden und seinen Verantwortungen, auch diesen Kampf für das Leben, gegen seine Erniedrigung, Verkümmerung und Massentötung, diesen Kampf, in dem wir uns mit Rudi gefunden haben, in dem er uns mitgerissen hat durch seine Leidenschaft, und in dem er uns nun bitter fehlen wird. (...) Gott hat es gut gemeint mit

Rudi. Durch den Tod hat er ihn, wie es uns allen verheißen ist, dorthin geführt, wo er mit uns allen von Angesicht zu Angesicht ihm dankt: Du hast es gut gemeint und gut gemacht.«
»Nein«, habe ich gedacht. »Das ist nicht wahr, wieso sagst du das?«, und ich begann wieder zu weinen.
Golli redete weiter: »Am vergangenen Heiligen Abend hat er kurz vor seinem Tod mit Heinz Brandt ein Telefongespräch geführt, bei dem Heinz Brandt ihm richtig sagte: ›Rudi, du hast nie verlassen, wovon du ausgegangen bist, deine Anfänge bei der Jungen Gemeinde in der DDR und bei der Kriegsdienstverweigerung.‹ Rudi bejahte das. (...)
Er wurde wieder einer unter vielen, umstritten und kritisiert, wie es sich unter uns gehört. Der Ruhm machte ihm Spaß, aber Führer zu sein, Chefideologe, Autorität, danach stand ihm nicht der Sinn. Für ihn galt, was Che Guevara in dem Abschiedsbrief an seine Eltern von sich sagt: er war ›einer von denen, die ihre Haut hinhalten, um ihre Wahrheiten zu beweisen‹. (...) So steht er in der Reihe jener Revolutionäre, die auf dieser Erde nicht alt geworden sind. Karl Liebknecht, Rosa Luxemburg, Gustav Landauer ließ man nur zehn Jahre älter werden als ihn, Georg Forster starb wie Rudi 39jährig, im Exil, Camillo Torres und Che Guevara fielen in seinem Alter. (....)
Rudi, daß wir dich nicht mehr umarmen, nicht mehr deinen kratzigen Kuß auf unserer Backe spüren, nicht mehr deine stürmischen Fragen, die persönlichen und die politischen, hören können, das will uns jetzt das Herz abdrücken. (...) Wir spüren bitter den Widerspruch zwischen dem Versprechen, daß Gott es gut mit uns meint, und dem Schmerz, der uns zugefügt ist, den Widerspruch zwischen der Verheißung des Sieges des Lebens und der Wirklichkeit des Todes. ›Der Tod ist notwendig eine Konterrevolution‹, schrieben Pariser Studenten im Mai 1968 an die Mauer der Sorbonne.«
Für die Leute, die draußen standen, sollte Gollwitzers Predigt über Lautsprecher übertragen werden, aber die Anlage funktionierte nicht. Nur Satzfetzen hallten sinnlos durch die Luft. Irgendwann begannen einige leise, die »Internationale« zu singen, und manche weinten.
Am Nachmittag fand im Audimax der FU eine Trauerfeier statt, zu der schätzungsweise 6000 Menschen kamen. Freunde von Rudi würdigten sein Wirken während der Zeit der APO und danach. Nur einmal gab es Bewegung und Beifall während der Veranstaltung, die sonst

traurig und gedämpft war, und zwar als Erich Fried sagte, daß in den sechziger Jahren ein Teil der Presse eine Pogromstimmung gegen APO-Mitglieder geschaffen habe. »Er wurde ermordet, ja ermordet, und die, die ihn mordeten, leben und morden weiter.« Zum Abschluß der Trauerfeier sang Wolf Biermann ein Lied mit dem Refrain: »Ich bin zu traurig, um große Gemälde zu malen, sanft war er, ein bißchen zu sanft, wie alle echten Radikalen. Wir haben nicht vergessen, wer die wahren Mörder sind. Nicht der Mann mit dem Ballermann, das irregemachte Kind.« Danach begann eine Demonstration zum Kurfürstendamm, zu der Stelle, an der Rudi bei dem Attentat tödlich verletzt worden war.

*

Am Morgen dieses Tages, als wir das Haus noch nicht verlassen hatten, hatte sich Sven Simon, Axels Springers Sohn, 38 Jahre alt, auf einer Parkbank in Hamburg erschossen. Über Axel Springer, der das Gesicht dieser Presse, die »mordete und weiter mordet«, personifizierte, schwebten an diesem Tag zwei Leichen. Sven Simon hatte sich umgebracht, um für seinen Vater zu sühnen. Er war nicht wie sein Vater. Er hatte die Bewegungen dieser Jahre verstanden. Und er wird gewußt haben, welche Wirkung seine Tat an diesem Tag haben mußte.

*

Auf Rudis Schreibtisch lag ein unfertiges Manuskript. Es handelte von Georg Büchner. Georg Büchner? Wieso Büchner?

Nach dem ersten rechtsgültigen Urteil hätte Peter Paul Zahl seine Gefängnisstrafe am 14. Dezember 1976 abgesessen gehabt. 1979 aber war er immer noch inhaftiert. Ein Antrag auf Strafaussetzung wurde ohne Begründung abgelehnt. Nur wenige bemühten sich, das Unrecht gegen PPZ zu bekämpfen.

Es waren deutschstämmige Dänen, die schließlich die Sache in die Hand nahmen, um wirklichen Druck auszuüben. Ulli Pinkert und Doris Teller waren Anfang 1979 an Rudi herangetreten, sie wollten etwas gemeinsam mit ihm unternehmen. Sie glaubten, daß Druck aus dem Ausland wegen Menschenrechtsverletzungen in Deutschland

etwas ausrichten könne. Ulli und Doris wollten daher Zahls Gedichte auf dänisch herausgeben, und Rudi sollte einen Essay in dem Sammelband veröffentlichen.
Rudi war sofort bereit, mitzumachen. Er begann im Frühling, an seinem Beitrag zu arbeiten, wurde aber nicht fertig. Am 8. April erhielt Rudi einen Brief von einem Stuttgarter Bürger, der mit den Worten anfing: »Georg-Büchner-Preis für Peter Paul Zahl.« Rudi ging ein Licht auf. Gleich berichtete er PPZ von dieser Idee. Zahl antwortete: »ja, warum nicht? (...) klar ist es eine frechheit. sitzen doch in beirat und kuratorium just jene würmer, die sich posthum an Büchners leiche mästeten. (...)
klar polarisiert ein Rudi D. warum nicht? aber wie?«
Daraufhin erweiterte Rudi seinen Buchbeitrag für Zahl zu einem Büchner-Zahl-Essay, das auch ein Plädoyer für die Verleihung des Büchner-Preises an Zahl sein sollte.
Rudi vergrub sich vollständig in Büchners Biographie und erkannte darin viel von dem wieder, was er selbst in seiner Zeit erlebte. »Am 19. 2. 1837 war Büchner wegen eines Nervenfiebers verstorben, in Zürich. Eine Woche später wurde sein Mitkämpfer Weidig offiziell tot aufgefunden. Ob direkter Mord oder bewußter Selbstmord im Cato-Sinne ist nicht zu beantworten.«
»Warum würde jemand Selbstmord machen?« fragte Rudi mich. Er konnte es sich nicht vorstellen, sich selbst zu töten, auch nicht in der Zeit, als es ihm am schlechtesten gegangen war. Er dachte an Zahl, der bei verschiedenen Hungerstreiks sein Leben aufs Spiel setzte.
»Die treibende Kraft von Büchner scheint mir darin zu liegen, daß es ihm bereits in der Frühzeit darum geht, ›den Menschen zu sehen im Kampfe mit seinem Schicksale‹. Allein diesen Zweck im Blick zu haben (...) erscheint dem Gymnasiasten [als erstrebenswert, er] ›giebt den Widerstand nie auf, er siegt – oder stirbt‹.«
Büchner hatte an den Studentenunruhen von 1834 in Hessen teilgenommen. Er mußte Deutschland danach verlassen. Von außen blickte er auf die verlorene Heimat und spürte »die Qual, nach Deutschland zurückzukehren«. Rudi projizierte seine Gefühle in Büchner hinein: »Jetzt, nach der Frankfurter Niederlage, faßt er seine Einschätzung der deutschen Misere exakter zusammen: Er teile nicht die ›Verblendung‹ derer, ›welche in den Deutschen ein zum Kampf für sein Recht bereites Volk sehen. Diese tolle Meinung führte die Frankfurter Vorfälle

herbei, und der Irrthum büßte sich schwer.‹ Voller Solidarität fügt er hinzu: ›Irren ist übrigens keine Sünde, und die deutsche Indifferenz ist wirklich von der Art, daß sie alle Berechnungen zu Schanden macht.‹ Wie wahr.«[400]

Ein resignierendes »wie wahr« vielleicht. Und doch hat Rudi so viele Jahre leidenschaftlich gegen den Strom für dieses Deutschland gekämpft und den Widerstand nie aufgegeben.

Anmerkungen

1 Rudi Dutschke an Peter Paul Zahl, 24. Mai 1978
2 Rudi Dutschke an Peter Paul Zahl, ohne Datum
3 Ebenda
4 Rudi Dutschke an Peter Paul Zahl, 24. Mai 1978
5 Rudi Dutschke, Denk' ich an den deutschen Sozialismus und Kommunismus in der Nacht, so werde ich um den Schlaf gebracht, in: Langer Marsch, Nr. 5/1973
6 Rudi Dutschke, Warum ich Marxist bin, in: Rudi Dutschke, Aufrecht Gehen. Eine fragmentarische Autobiographie, Frankfurt am Main 1981, S. 29
7 Rudi Dutschke an Peter Paul Zahl, a. a. O.
8 Rudi Dutschke, Denk' ich ..., a. a. O.
9 Rudi Dutschke, Aufrecht Gehen, a. a. O., S. 35
10 Ulrich Chaussy, Die drei Leben des Rudi Dutschke. Eine Biographie, Berlin 1993
11 Ebenda
12 Rudi Dutschke, Notizen zu: Aufrecht Gehen, a. a. O., Nachlaß, ohne Datum
13 Rudi Dutschke, Aufrecht Gehen, a. a. O., S. 36
14 Rudi Dutschke, Darstellung meiner Entwicklung. An den Herrn Direktor der Gerhart-Hauptmann-Oberschule, Stasi-Akten, 4. Februar 1958
15 Rudi Dutschke an Peter Paul Zahl, a. a. O.
16 Ebenda
17 Ulrich Chaussy, Die drei Leben des Rudi Dutschke, a. a. O.
18 Rudi Dutschke an Peter Paul Zahl, 14. März 1978
19 Aufzeichnungen zu: Rudi Dutschke, Aufrecht Gehen, a. a. O., erste Fassung, Nachlaß
20 Rudi Dutschke, Strauß und die Abschaffung der Freiheit, Notizen, Nachlaß, ohne Datum
21 Gretchen Dutschke-Klotz, Helmut Gollwitzer, Jürgen Miermeister (Hg.), Rudi Dutschke. Mein Langer Marsch. Reden, Schriften und Tagebücher aus zwanzig Jahren, Reinbek bei Hamburg 1980, S. 37
22 Rudi Dutschke, Urlaub, Aufsatz, ohne Datum
23 Rudi Dutschke an Peter Paul Zahl, 24. Mai 1978
24 Rudi Dutschke an Bernd Thesing, 20. Dezember 1961
25 Rudi Dutschke, Aufrecht Gehen, a. a. O., S. 37f.
26 Rudi Dutschke an Peter Paul Zahl, Mai 1978
27 Rudi Dutschke, Gekrümmt vor dem Herrn, aufrecht im politischen Klassenkampf: Helmut Gollwitzer und andere Christen, in: Baudis u. a. (Hg.), Richte unsere Füße auf den Weg des Friedens. Helmut Gollwitzer zum 70. Geburtstag, München 1979
28 Rudi Dutschke, Tagebuch, Eintrag vom 27. März 1964
29 Protokoll des Berliner Konzils der Subversiven Aktion, 10. Juli 1964
30 Rudi Dutschke an Frank Böckelmann, 26. August 1964
31 Anschlag, Nr. 1/1964

32 Rudi Dutschke, Tagebuch, Eintrag vom 3. Dezember 1964
33 Diskussionsbeitrag für die Subversive Aktion, April 1965
34 Uwe Bergmann, Rudi Dutschke, Wolfgang Lefèvre, Bernd Rabehl, Rebellion der Studenten oder Die Neue Opposition, Reinbek bei Hamburg 1968, S. 82
35 Rudi Dutschke, Notizen von einer Reise mit einer SDS-Delegation in die SU, 21. 4. bis 5. 5. 1965, zum Teil veröffentlicht in: Gretchen Dutschke-Klotz, Helmut Gollwitzer, Jürgen Miermeister (Hg.), Mein Langer Marsch, a. a. O., S. 143
36 Rudi Dutschke, Notizen, Nachlaß, ohne Datum
37 Rudi Dutschke an Dieter Kunzelmann, 13. September 1965
38 Herbert Marcuse, Repressive Toleranz, in: Bernard Larsson (Hg.), Demonstrationen. Ein Berliner Modell, Voltaire Flugschrift 10, S. 3, ohne Datum
39 Ulrich Chaussy, Die drei Leben des Rudi Dutschke, a. a. O.
40 Peter Brandt, Der ›Marxistische Grundkurs‹, in: Rudi Dutschke und Peter Bernhardi (Hg.), Arbeitskreis Karl Liebknecht, Frankfurt am Main 1987, S. 9
41 Rudi Dutschke, Notizen, Nachlaß, 3. November 1965
42 Rudi Dutschke, Tagebuch, Eintrag vom 18. September 1964
43 Rudi Dutschke an die »Böckelmänner«, 5. Februar 1965
44 Rudi Dutschke, Notizen, Nachlaß, ohne Datum
45 Rudi Dutschke, Vom Antisemitismus zum Antikommunismus, in: Uwe Bergmann, Rudi Dutschke, Wolfgang Lefèvre, Bernd Rabehl, Rebellion der Studenten oder Die Neue Opposition, a.a.O., S. 58
46 Rudi Dutschke, Aufrecht Gehen, a. a. O.
47 Rudi Dutschke, Notizen, Nachlaß, 1966
48 Rudi Dutschke, Randnotizen in einem Buch, Nachlaß, 1966
49 Rudi Dutschke, Gekrümmt vor dem Herrn, aufrecht im politischen Klassenkampf, a. a. O.
50 Ebenda
51 Rudi Dutschke, Demokratie, Universität und Gesellschaft, in: Bernard Larsson (Hg.), Demonstrationen. Ein Berliner Modell, a.a.O.
52 Inga Buhmann, Ich habe mir eine Geschichte geschrieben, Frankfurt am Main 1983
53 Rudi Dutschke an Peter Paul Zahl, 1978
54 SDS-Korrespondenz, Sondernummer, Oktober 1966
55 Ulrich Chaussy, Die drei Leben des Rudi Dutschke, a. a. O.
56 Ebenda
57 Rudi Dutschke, Notizen für die Rede in der Neuen Welt, Nachlaß, 1966
58 Ulrich Chaussy, Die drei Leben des Rudi Dutschke, a. a. O.
59 Rudi Dutschke, Notizen, Nachlaß, 1967
60 Doye, Neveling, Schmidt, Wersig, Lohmann, Sprenger, Yue, Zum gegenwärtigen Verhältnis der Berliner Presse zur Studentenschaft, Flugblatt, 8. Juni 1967
61 Oberbaum-Blatt, Nr. 1, 1. Juni 1967
62 Aussage des Musikstudenten Frank Krüger über den Todesschuß auf Benno Ohnesorg, Spiegel Spezial, Die wilden 68er, Juni 1988, S. 18.
63 Zeit Magazin, Nr. 25/1992

64 Erklärung von Rechtsanwalt Horst Mahler auf der Pressekonferenz am 4. Juni 1967, in: Bedingungen und Organisation des Widerstandes. Der Kongreß in Hannover, Voltaire Flugschrift, Nr. 12/1967, S. 117
65 Frank Wolff und Eberhard Windaus (Hg.), Studentenbewegung 1967-69, 1977
66 Rudi Dutschke, Habermas contra Dutschke. Habermas und die praktisch-kritische Linke, Juni 1967. Es konnte nicht geklärt werden, wo der Artikel erschienen ist.
67 Rudi Dutschke, Gekrümmt vor dem Herrn, aufrecht im politischen Klassenkampf, a. a. O.
68 Rudi Dutschke, Tagebuch, Eintrag vom 17. Juni 1967
69 Rudi Dutschke, Man kann nicht gegen Massen regieren, in: Oberbaum-Blatt, 23. Juni 1967
70 Rudi Dutschke und Gaston Salvatore, Zum Verhältnis von Organisation und Emanzipationsbewegung. Zum Besuch Herbert Marcuses, in: Oberbaum-Blatt, 12. Juli 1967
71 Rudi Dutschke, Notizen, Nachlaß, 1967
72 Rudi Dutschke, Notizen zum Pichelsdorf-Treffen, Nachlaß, 24. und 25. Juni 1967
73 Rudi Dutschke, Notizen zur Plattform-Diskussion, Nachlaß, 24. Juni 1967
74 Rudi Dutschke und Gaston Salvatore, Zum Verhältnis von Organisation und Emanzipationsbewegung, a. a. O.
75 Rudi Dutschke, Notizen für den Artikel »Zum Verhältnis von Organisation und Emanzipationsbewegung«, a. a. O.
76 Wir fordern die Enteignung Axel Springers, »Spiegel«-Gespräch mit dem Berliner FU-Studenten Rudi Dutschke (SDS), in: Der Spiegel, Nr. 29/1967
77 Gianni Statera, Death of an Utopia, New York 1975, S. 97
78 Rudi Dutschke, Tagebuch, Eintrag vom 17. Juni 1967
79 Rudi Dutschke, Tagebuch, Eintrag vom 4.-9. September 1967
80 Verfassungsschutzbericht 22. ordentliche Delegierten-Konferenz, 4.-8. 9. 1967
81 Herbert Lederer, Revolution ohne Vermittlung, in: facit, Ausgabe nicht verifizierbar.
82 Rudi Dutschke in: Peter Schilinski und Rainer Rappmann (Hg): Auf den Schultern von Riesen »Dreigliederungswirksamkeiten in der 2. Hälfte des 20. Jahrhunderts: Beuys, Dutschke, Schilinski, Schmundt, (Arbeitstitel), Jedermann 2/1980, S. 3 Wangen 1995
83 Was ist eine ›Kritische Universität‹?, in: stern, Nr. 48/1967
84 Ebenda
85 Der Spiegel, Nr. 53/1979
86 Rudolf Augstein, Herrn Rudi Dutschkes Umwälzung der Wissenschaft, in: Der Spiegel, Nr. 51/1967
87 Rudi Dutschke, nach: Die Zeit, 10. Juni 1977
88 Christa Ohnesorg an Rudi und Gretchen Dutschke, 14. September 1967
89 Frankfurter Rundschau, 23. März 1968
90 Rudi Dutschke, Besetzt Bonn, in: pardon, Nr. 8/1967
91 SDS-Projekt, Leitung Theo Pirker, Zentralinstitut für sozialwissenschaftli-

che Forschung der Freien Universität Berlin - Abschlußbericht für die Zeit vom 1. Februar 1987 bis zum 31. Juli 1990

92 Protokoll der Podiumsdiskussion in Bad Boll, 9.-11. Februar 1968; Der Spiegel, Nr. 10/1968

93 Rudi Dutschke, Notizen, Nachlaß, 5. November 1967. Hier wird zum erstenmal der internationale Kongreß erwähnt, der dann am 17. und 18. Februar als Vietnamkongreß abgehalten wurde. Die Sabotage-Akte, von denen Rudi sprach, sollten sich richten gegen Transport, Telekommunikation, Hafen und Eisenbahn. Aus dem SDS, dem Republikanischen Club, den Falken und linken Gewerkschaftsgruppen sollte eine achtzig Mann starke Gruppe rekrutiert werden, um als illegaler Teil der Organisation zu wirken. Der illegale Sender ging tatsächlich in Betrieb. Meine Eltern hatten uns zur Hochzeit ein sehr gutes Radio geschenkt. Dieses wurde von einem Techniker, Wolfgang Meyer, als Basis für die Rundfunkstörung benutzt. Eine Begründung der illegalen Arbeit, die bis zum Sabotage-Akt gehen konnte, hat Rudi im »Kursbuch 14«, Oktober 1967, gegeben: »Das Bedürfnis nach Frieden kann der Gesamtapparat nicht verwirklichen. Jetzt bleiben nur zwei Möglichkeiten: anzuerkennen, daß es keinen Frieden auf dieser Welt geben kann, oder den Schritt zu tun zum Widerstand, zur Desertion, zur Unterstützung der Desertion, zur illegalen Arbeit, zur Sabotage von Militärzentren. Die Aggression, die sich sonst tagtäglich in den Straßen, in den Gettos, in der Kriminalität, im Kampf in Vietnam ausdrückt, wäre nun zu lenken auf die Objekte, die die Aggressionen verursachen und die sie tragen, nämlich auf die militärischen und bürokratischen Zentren.«

94 Tilman Fichter und Siegward Lönnendonker, Kleine Geschichte des SDS. Der Sozialistische Deutsche Studentenbund von 1946 bis zur Selbstauflösung, Berlin 1977

95 Karola Bloch an Rudi Dutschke, 5. Februar 1968, veröffentlicht in: Lieber Genosse Bloch: Briefe Rudi Dutschkes an Karola und Ernst Bloch, Mössingen-Talheim 1988, S. 29

96 Rudi Dutschke, Gekrümmt vor dem Herrn, aufrecht im politischen Klassenkampf, a. a. O.

97 INFI (Hg.), Der Kampf des vietnamesischen Volkes und die Globalstrategie des Imperialismus, Berlin 1968, S. 10f.

98 Rudi Dutschke, Aufrecht Gehen, a. a. O.

99 Rudi Dutschke, Notizen für ein Buch mit Günter Berkhahn, Nachlaß, 1979 (das Buch wurde nicht geschrieben)

100 Rudi Dutschke, Mein Langer Marsch, a. a. O., S. 177

101 Stuttgarter Zeitung, 13. Dezember 1967

102 Rudi Dutschke, Aufrecht Gehen, a. a. O., S. 96.
Die Kapitelüberschrift - »Explosion« - stammt von Rudi Dutschke; er hatte sie für eine eigene Publikation vorgemerkt.

103 Rudi Dutschke an den »stern«-Redakteur Claus Lutterbeck, 4. September 1977

104 Rudi Dutschke an Peter Paul Zahl, 1978

105 Ein interessanter Bericht über diese Zeit findet sich in: Inga Buhmann, Ich habe mir eine Geschichte geschrieben, a. a. O., S. 295ff.

106 Tilman Fichter und Siegward Lönnendonker, Kleine Geschichte des SDS, a. a. O., S. 129-136
107 Rudi Dutschke an Peter Paul Zahl, 1978
108 Thomas Ehleiter, Setze den Menschen als Menschen, in: Die Neue, 5. Januar 1980. Thomas hat ein Tagebuch über die Unterrichtsstunden geführt.
109 Aus Rudi Dutschkes Übungsheft
110 Rudi Dutschke, Aufrecht Gehen, a. a. O., S. 98
111 Rudi Dutschke an Peter Paul Zahl, ohne Datum
112 Rudi Dutschke, Aufrecht Gehen, a. a. O., S. 97
113 stern, 4. August 1968
114 Rudi Dutschke an den SDS, in: Gegen den Strom (ein unveröffentlichter Sammelband mit Arbeiten von Rudi Dutschke, ohne Datum). Die damals gedruckte Abschrift scheint Teile einer ersten und einer zweiten Fassung zu enthalten, andere Teile aus der ersten Fassung fehlen. Rudi erwähnt in einem Brief an Horst Mahler im Dezember 1968, daß er den Brief an den SDS abschicken werde. Demnach hat er die zweite Fassung erst in London geschrieben.
115 Brief von Rudi Dutschke an C., ohne Datum, Name nicht verifizierbar. Die Kapitelüberschrift - »Erstes Nachdenken« - stammt von Rudi Dutschke; er hatte sie für eine eigene Publikation vorgemerkt.
116 Stefan Reisner (Hg.), Briefe an Rudi D., mit einem Vorwort von Rudi Dutschke, Edition Voltaire, September 1968
117 Rudi Dutschkes Übungsheft, Eintragungen vom 21. und 22. August 1968
118 Rudi Dutschke, Aufrecht Gehen, a. a. O., S. 43
119 Rudi Dutschke, Notizen, Nachlaß, 10. Dezember 1968
120 Der Spiegel, Nr. 49/1968, S. 182
121 Rudi Dutschke an den »Herrn der anderen Seite« im »Spiegel«, 5. Dezember 1968
122 Rudi Dutschke, Tagebuch, Eintrag vom 5. Juni 1970
123 Rudi Dutschke an Bahmann Nirumand, 16. Februar 1969
124 Rudi Dutschke, Aufrecht Gehen, a. a. O., S. 99
125 Michael Theunissen an Rudi Dutschke, 20. Oktober 1969
126 Rudi Dutschke an Michael Theunissen, 14. Dezember 1969
127 Rudi Dutschke an spanische Genossen, 18. Dezember 1968
128 Gaston Salvatore an Rudi Dutschke, 17. Mai 1969
129 Rudi Dutschke, Tagebuch, Eintrag vom 8. Juli 1969
130 Rudi Dutschke an Bernd Rabehl, November 1969
131 Rudi Dutschke, Tagebuch, Eintrag vom 11. Mai 1970
132 Ebenda, Eintrag vom 3. Januar 1971
133 Ebenda, Eintrag vom 11. Februar 1971
134 Ebenda, Eintrag vom 18. April 1970
135 Ebenda, Eintrag vom 4. Juli 1969
136 Ebenda, Eintrag vom 17. Juli 1969
137 Ebenda, Eintrag vom 26. Juli 1969
138 Ebenda, Eintrag vom 25. Februar 1970
139 Ebenda, Eintrag vom 5. Juni 1970
140 Ebenda, Eintrag vom 7. Februar 1970

141 Rudi Dutschke an Dieter Schütt, ohne Datum
142 Karola Bloch an Rudi und Gretchen Dutschke, 22. Oktober 1969
143 Rudi Dutschke an Herbert Marcuse, 1. Januar 1970
144 Rudi Dutschke, Interview, etwa 1971, Erscheinungsort nicht verifizierbar
145 Rudi Dutschke, Gegen den Strom. Bemerkungen zur Differenz zwischen Anarchismus und kritisch-materialistischer Theorie (Marxismus), Nachlaß, ohne Datum
146 Interview mit Healy, 1971
147 Rudi Dutschke an Ernst Bloch, ohne Datum
148 Rudi Dutschke, Interview, etwa 1971, a. a. O., Erscheinungsort nicht verifizierbar
149 Rudi Dutschke an Dieter Schütt, ohne Datum
150 Rudi Dutschke an Michael Schneider, September 1971
151 Manfred Scharrer an Rudi Dutschke, 5. März 1970
152 Horst Mahler an Rudi Dutschke, 5. Januar 1970
153 Raynard an Rudi Dutschke, 1. Mai 1970, Nachname nicht verifizierbar
154 Rudi Dutschke, Tagebuch, Eintrag vom 18. April 1970
155 Manfred Scharrer an Rudi Dutschke, 7. Juni 1970
156 Rudi Dutschke an Gaston Salvatore, 26. Januar 1969
157 Rudi Dutschke, Tagebuch, Eintrag vom 30. Juli 1969
158 Jürgen Miermeister, Rudi Dutschke, Reinbek bei Hamburg 1986, S. 99
159 Rudi Dutschke an Gustav Heinemann, 28. Oktober 1970, veröffentlicht in: Rudi Dutschke, Mein langer Marsch, a. a. O., S. 181
160 »The conditions by the end of 1968 had changed fundamentally. The students understood the necessity to turn towards the shop floor in order to solve their relative isolation and to penetrate into new fields. To do this they went to the factories to agitate there, to work, to gather experience, to develop theory. But there was no organizational form which could grasp this process. The objective possibilities were not ripe at this time for the building of a strong organization. Strong organization and revolutionary situations are not to be separated. We did not have a revolutionary situation but only a situation of rebellion. Some of us had the illusion that it was a revolutionary situation.« Rudi Dutschke, 1971, in Englisch gesprochen, wahrscheinlich ein Interview, Erscheinungsort nicht verifizierbar
161 Rudi Dutschke, Interview für »The Times«, hier aus dem Abdruck in: The Globe and Mail, 27. Januar 1971
162 Ulrich Chaussy, a. a. O., S. 234
163 Die Briefe sind veröffentlicht in: Rudi Dutschke, Mein Langer Marsch, a. a. O., S. 130-135
164 Rudi Dutschke an Helmut Gollwitzer, 1. Januar 1969
165 Rudi Dutschke, Tagebuch, Eintrag vom 25. Februar 1970
166 Rudi Dutschke an Helmut Gollwitzer, Frühjahr 1970, abgedruckt in: Gretchen Klotz-Dutschke, Jürgen Miermeister und Jürgen Treulieb (Hg.), Rudi Dutschke, die Revolte: Wurzeln und Spuren eines Aufbruchs, Reinbek bei Hamburg 1983, S. 117
167 Rudi Dutschke, Tagebuch, Eintrag im Oktober 1978

168 Brief des Bundeskanzleramts an das Sozialistische Büro, 20. Oktober 1970
169 Erich Fried, Nachruf auf Rudi Dutschke, Rede an der Freien Universität Berlin, Januar 1980
170 Rudi Dutschke, Tagebuch, Eintrag vom 20. September 1970
171 Joan Robinson an Rudi Dutschke, ohne Datum
172 Rudi Dutschke, Tagebuch, Eintrag im Herbst 1970
173 Rudi Dutschke an Karola und Ernst Bloch, 15. Oktober 1970
174 Rosemary Sands an Gretchen und Rudi Dutschke, 30. September 1970
175 Rudi Dutschke an Richard Löwenthal, 30. November 1970
176 In den Stasiakten steht allerdings, Rudi habe »unter Kontrolle des britischen ›Secret Service‹ gestanden, der einen Agenten an D[utschke] herangeschleust hatte«. Stasiakten, Berlin 10. Oktober 1973
177 Rudi Dutschke, Notizen für einen Brief an Franz Brody, Nachlaß, 22. Dezember 1970
178 B. A. Hepple, Aliens and administrative Justice: The Dutschke Case, reprinted from The Modern Law Review, September 1971
179 Rudi Dutschke, Tagebuch, Einträge vom 24., 26. und 27. Dezember 1970
180 Frank Osvald an Rudi Dutschke, 13. Oktober 1970
181 Rudi Dutschke, Tagebuch, Eintrag im Januar 1971
182 Aus dem Urteil des Immigration Appeals Tribunal, London, 8. Januar 1971, S. 18
183 Rudi Dutschke an Herbert Marcuse, 16. April 1971
184 Rudi Dutschke, Tagebuch, Eintrag vom 14. März 1971
185 Rudi Dutschke, Interview mit dem »Blickpunkt«, November 1973
186 Rudi Dutschke, Tagebuch, Eintrag vom 8. März 1971
187 Rudi Dutschke, Notizen für das Seminar an der Universität Aarhus, Fakultät für Ideengeschichte, Nachlaß, Februar 1971
188 Rudi Dutschke, Tagebuch, Eintrag vom 14. März 1971
189 Rudi Dutschke an Herbert Marcuse, 16. April 1971
190 Rudi Dutschke, Eintragung in das Tagebuch für Hosea, Anfang September 1971
191 Gretchen Klotz-Dutschke, Jürgen Miermeister und Jürgen Treulieb (Hg.), Rudi Dutschke, die Revolte, a. a. O., S. 234-242
192 Michael Schneider, Gegen den linken Dogmatismus, eine »Alterskrankheit« des Kommunismus, Kursbuch 25/1971
193 Michael Schneider an Rudi Dutschke, 8. September 1971
194 Rudi Dutschke an Michael Schneider, Ende September 1971
195 Rudi Dutschke an Michael Schneider, Ende September 1971
196 Ebenda
197 Rudi Dutschke an Manfred Scharrer, ohne Datum
198 Rudi Dutschke, Mein langer Marsch, a. a. O., S. 37
199 Rudi Dutschke an Manfred Scharrer, ohne Datum
200 Rudi Dutschke an Gretchen Dutschke, Juni 1972
201 Ebenda
202 Frankfurter Allgemeine Zeitung, 20. Juli 1972
203 Andreas Buro an Rudi Dutschke, 20. Juli 1972
204 Rudi Dutschke an Gretchen Dutschke, 7./8. Juni 1972

205 Rudi Dutschke, Tagebuch, Eintrag vom 3. Juli 1969
206 Rudi Dutschke an Bernd Rabehl, 2. Oktober 1969
207 Rudi Dutschke an den »Spiegel«, 2. November 1972
208 Rudi Dutschke, in: Extempore, Westdeutscher Rundfunk, 1. April 1973
209 Rudi Dutschke, Thesenartige Fassung eines Wochenendgesprächs mit Genossen aus Hamburg, Nachlaß, 1973
210 Rudi Dutschke, Nachwort in: Reinhard Crusius, Herbert Kuehl, Jan Skala und Manfred Wilke (Hg.), CSSR: Fünf Jahre ›Normalisierung‹, Hamburg 1973
211 Rudi Dutschke, Interview mit dem »Blickpunkt«, a. a. O.
212 Rudi Dutschke, Leserbrief an die »Süddeutsche Zeitung«, ohne Datum
213 Rudi Dutschke an Helmut Gollwitzer, ohne Datum, abgedruckt in: Gretchen Klotz-Dutschke, Jürgen Miermeister und Jürgen Treulieb (Hg.), Rudi Dutschke, die Revolte, a. a. O., S. 123
214 Rudi Dutschke an Hermann Gremliza, ohne Datum
215 Rudi Dutschke, Rede des West-Berliner Vietnamkomitees auf der Kundgebung am 14. Januar in Bonn
216 Rudi Dutschke an Joschka Schmierer, 16. Januar 1973
217 Rudi Dutschke an Michael Schneider, ohne Datum
218 Dieter Weimer an Rudi Dutschke, 24. Juni 1973
219 Rudi Dutschke an die Jusos, 27. Juli 1973
220 Rudi Dutschke, Leserbrief an den »Vorwärts«, 18. August 1973
221 Rudi Dutschke, Tagebuch, Eintrag vom 4. Dezember 1970
222 Rudi Dutschke, Interview mit dem »Blickpunkt«, a. a. O.
223 Denk ich an den deutschen Sozialismus und Kommunismus in der Nacht, so werd' ich um den Schlaf gebracht, in: Rudi Dutschke, Der lange Marsch, a. a. O., S. 8
224 Rudi Dutschke an M. und H. Dutschke, 9. Februar 1970
225 Ebenda
226 Rudi Dutschke an Bernd Rabehl, ohne Datum
227 Stasiakten, 10. Oktober 1973
228 Ebenda
229 Rudi Dutschke, Nachwort in: Reinhard Crusius, Herbert Kuehl, Jan Skala und Manfred Wilke (Hg.), CSSR: Fünf Jahre ›Normalisierung‹, a. a. O.
230 Stasiakten, Potsdam, 14. August 1973, unterzeichnet von: Lippner, Oberleutnant
231 Rudi Dutschke, Tagebuch, Eintrag im Oktober 1973
232 Rudi Dutschke, Notizen, Nachlaß, 1973
233 Rudi Dutschke, Tagebuch, Eintrag im Oktober 1973
234 Ebenda, Eintrag im November 1973
235 Rudi Dutschke an Bernd Rabehl, 3. Februar 1974
236 Rudi Dutschke an Urs Jaeggi, 20. Februar 1974
237 Helmut Gollwitzer an Rudi Dutschke, 12. Juli 1973
238 Rudi Dutschke an Siegfried Unseld, 25. März 1974
239 Rudi Dutschke an Siegfried Unseld, 1. April 1974
240 Brief von Rudi Dutschke an Helmut und Brigitte Gollwitzer, 1. April 1974
241 Rudi Dutschke an Siegfried Unseld, 2. April 1974

242 Bernd Rabehl an Rudi Dutschke, 7. April 1974
243 Rudi Dutschke, Tagebuch, Eintrag vom 14. April 1974
244 Klaus Wagenbach an Rudi Dutschke, 30. April 1974
245 Rudi Dutschke an Gretchen Dutschke, 6. Juni 1974
246 Rudi Dutschke an Gretchen Dutschke, 7. Juni 1974
247 Rudi Dutschke, Versuch, Lenin auf die Füße zu stellen, Berlin 1974, S. 334
248 Klaus Wagenbach an Rudi Dutschke, 27. Juli 1974
249 Rudi Dutschke an Gretchen Dutschke, 17. August 1974
250 Klaus Wagenbach an Rudi Dutschke, 27. September 1974
251 Rudi Dutschke an Bernd Rabehl, ohne Datum
252 Rudi Dutschke, Tagebuch, Eintrag vom 15. Oktober 1974
253 Rudi Dutschke an Herbert Marcuse, 27. Dezember 1974
254 Steigerwald veröffentlichte dazu ein Buch: Der ›wahre‹ oder konterrevolutionäre ›Sozialismus‹. Was wollen Havemann-Dutschke-Biermann?, Frankfurt am Main 1977
255 Rudi Dutschke, Leserbrief an die »UZ«, 31. Dezember 1974, abgedruckt in: »Langer Marsch«, Juni 1975, und »das da«, Juni 1975. Die Artikel von Rudi und von Steigerwald erschienen vollständig in: »Berliner Extra-Dienst«, Nr. 18/1975
256 Rudi Dutschke an die Redaktion des »Langen Marsches«, 28. Januar 1975
257 Rudi Dutschke an Manfred Scharrer, 30. Januar 1975
258 Robert Steigerwald an Pastor Velten Seifert, 23. Februar 1976
259 Rudi Dutschke an Hiepe, 1975, Vorname nicht verifizierbar
260 Rudi Dutschke an Winfried, wahrscheinlich März 1974, Nachname nicht verifizierbar
261 Rudi Dutschke, Tagebuch, Eintrag vom 24. Mai 1974
262 Rudi Dutschke an Gretchen Dutschke, 19. Mai 1974
263 Gretchen Dutschke an Rudi Dutschke, 30. Juni 1974
264 Rudi Dutschke, Tagebuch, Eintrag vom 27. Mai 1974
265 Rudi Dutschke, Mein langer Marsch, a. a. O., S. 179f.
266 Rudi Dutschke, Aufrecht Gehen, a. a. O., S. 112
267 Rudi Dutschke an Gretchen Dutschke, 19. September 1974
268 Ebenda
269 Rudi Dutschke, Tagebuch, Eintrag vom 18. Oktober 1974
270 Rudi Dutschke, Vorläufige Beendigung einer gerade begonnenen Diskussion, Notizen, Nachlaß, 1974
271 Bild, 23. Februar 1974
272 Rudi Dutschke, Gegendarstellung an die »Bild«-Zeitung, 25. Februar 1974
273 Rudi Dutschke an Ernest Mandel, 10. Februar 1975
274 Rudi Dutschke und Manfred Wilke (Hg.), Die Sowjetunion, Solschenizyn und die westliche Linke, Reinbek bei Hamburg 1975, S. 13
275 Rudi Dutschke, Tagebuch, Eintrag vom 9. November 1974
276 Ebenda, Eintrag vom 10. November 1974
277 Ebenda, Eintrag im November 1974
278 Rudi Dutschke, Entwurf eines Briefes an Dieter Schütt, ohne Datum
279 Rudi Dutschke, Tagebuch, Eintrag im November 1974
280 Rudi Dutschke an Otto Schily, 4. Dezember 1974

281 Rudi Dutschke an Otto Schily, ohne Datum
282 Rudi Dutschke, Tagebuch, Eintrag im November 1974
283 Ebenda, Eintrag vom 5. Dezember 1974
284 Ebenda, Eintrag vom 29. Januar 1975
285 Rudi Dutschke an Janz, 1. Februar 1975, Vorname nicht verifizierbar
286 Rudi Dutschke an Horst Tomayer, 7. Oktober 1976
287 Rudi Dutschke, Tagebuch, Eintrag von 8. Juli 1975
288 Rudi Dutschke an Klaus Vack, 11. März 1975
289 Rudi Dutschke an Freimut Duve, 11. März 1975
290 Rudi Dutschke, Thesenpapier (ohne Titel), November 1975
291 Neuorientierung - Neuorganisierung. Zur zweiten Organisationsdebatte in der BRD, Frankfurt am Main 1976, S. 45-49
292 Nach: Erich Knapp, Gesichtspunkte zur Gründung einer Volkssozialistischen Westeuropäischen Partei (Sektion BRD), ohne Datum
293 Richard Bünemann, Entwurf meines Referats vor der sozialistischen Linken der BRD am 21. 2. 1976 in Hannover über Inhalte sozialistischer Politik und wie sie verwirklicht werden, 13. Februar 1976
294 Frankfurter Rundschau, 5. März 1976
295 Rudi Dutschke, Zur Konkretisierung des Menschenrechts - oder Repression und Wanzen, unveröffentlichtes Manuskript, Nachlaß, ohne Datum
296 Rudi Dutschke, Notizen, Nachlaß, ohne Datum
297 Rudi Dutschke u. a., Offener Brief, ohne Datum
298 Rudi Dutschke, Offener Brief an Wolf Biermann, ohne Datum
299 Rudi Dutschke an Peter, 27. Juni 1977, Nachname nicht verifizierbar
300 Gespräch mit Rudi Dutschke über Bürgerinitiativen, Stadtzeitungen, Nomaden u. a., in: Stadtzeitung für Kassel und Umgebung, Juni 1976, S. 8
301 Oskar Negt an Rudi Dutschke, 11. Juni 1976
302 Klaus Vack an Rudi Dutschke, 13. Juni 1976
303 Rudi Dutschke, Notizen, Nachlaß, ohne Datum
304 Intervju med Rudi Dutschke, Kunsten a arve, in: kontrast, Nr. 7/1977
305 Rudi Dutschke, Notizen, Nachlaß, ohne Datum
306 Rudi Dutschke, Ja, Italien!, in: konkret, Nr. 11/1976, S. 21
307 Fraggespräch mit Rudi Dutschke, Dezember 1977, von Gied ten Berge und Jack Hofman. Vermutlich in den Niederlanden veröffentlicht
308 Rudi Dutschke, Offener Brief an Wolf Biermann, korrigierte Fahnen, ohne Datum
309 Stasibericht, Ost-Berlin, 28. Mai 1976, unterschrieben von Benkert
310 Stasibericht, Ost-Berlin, ohne Datum, unterschrieben von Röbisch. Die Stasi hat die gesamte Diskussion über Wanzen mitgeschnitten.
311 Robert Havemann an Rudi Dutschke, ohne Datum
312 Rudi Dutschke an Klaus Mehnert, 9. November 1976
313 Rudi Dutschke an eine Genossin, 9. und 25. November 1976, Name nicht verifizierbar
314 Rudi Dutschke an einen Genossen, 16. November 1976, Name nicht verifizierbar
315 Rudi Dutschke, Notizen, Nachlaß, ohne Datum
316 Klaus Mehnert an Rudi Dutschke, Ende November 1975

317 Rudi Dutschke an Klaus Mehnert, 5. Januar 1976
318 Stef, Dutschke im Audimax: keine Nostalgie, in: links unten, 6. Februar 1976, Autorname nicht verifizierbar
319 Ebenda
320 Ebenda
321 Roland Vital, Zeugnis vom richtigen Rudi, in: Die Grünen, Nr. 2/1980
322 Ebenda
323 Walter Moßmann an Hans Matthöfer, in: Stuttgarter Zeitung, 19. Oktober 1976
324 Rudi Dutschke an Peter Klein, 23. November 1976
325 Rudi Dutschke an Jürgen (Werth?), 21. April 1977
326 Hans Halter an Gretchen und Rudi Dutschke, 8. Februar 1977
327 Rudi Dutschke, Atomstaat und Atomkrieg, in: das da, Mai 1977, S. 38
328 Rede von Heinz Brandt auf der Kundgebung der Atomenergiegegner am 19. Februar in Itzehoe, nachgedruckt in: Anschlag, Stuttgart, 20. April 1977
329 Lars Hennings, Wie links müssen Kernkraftgegner sein? Antwort an den Genossen Dutschke, in: das da, juni 1977, S. 20
330 Rudi Dutschke an Freimut Duve, 31. März 1977
331 Rudi Dutschke, Tagebuch, Eintrag vom 12. März 1977
332 Rudi Dutschke, Notizen zu Artikeln über Atomkraft, Nachlaß, 1977
333 Rudi Dutschke, Zur Konkretisierung des Menschenrechts, a. a. O.
334 Drei Fragen an Rudi Dutschke, in: Widerspruch, Tübinger Studentenzeitung, Nr. 3/1975, S. 2
335 Rudi Dutschke, Ernst Bloch - Zum Verhältnis von Philosophie und Politik, in: konkret, Nr. 9/1975
336 Karola Bloch an Rudi Dutschke, 25. August 1977
337 Frankfurter Allgemeine Zeitung, 12. August 1977
338 Fritz J. Raddatz an Rudi Dutschke, 11. August 1977
339 Rudi Dutschke, Notizen für einen Leserbrief, Nachlaß, 12. August 1977
340 Rudi Dutschke, Ernst Bloch - ein Nachruf, in: das da, Ausgabe nicht verifizierbar
341 Karola Bloch an Rudi Dutschke, 11. September 1977, veröffentlicht in: Lieber Genosse Bloch: Briefe Rudi Dutschkes an Karola und Ernst Bloch, a. a. O., S. 121
342 Rudi Dutschke an Wolfgang Röhl, 8. September 1975
343 Rudi Dutschke an Klaus-Rainer Röhl, 6. März 1976
344 Rudi Dutschke, Notizen, Nachlaß, ohne Datum
345 Rudi Dutschke, Rede am 4. Juni in West-Berlin anläßlich des 10. Jahrestages des Todes von Benno Ohnesorg
346 Rudi Dutschke, Notizen, Nachlaß, ohne Datum
347 Stuttgarter Zeitung, 24. September 1977
348 Rudi Dutschke, Kritik am Terror muß klarer werden, in: Die Zeit, 16. September 1977
349 Rudi Dutschke, Notizen, Nachlaß, 2. August 1978
350 Fraggespräch mit Rudi Dutschke, a. a. O.
351 Langer Marsch, Februar 1977, S. 3

352 Rudi Dutschke an Erich Fried, 1. Mai 1977

353 Rudi Dutschke, Von der APO zur linken Liste, in: das da, Nr. 11/1977, S. 20

354 Rudi Dutschke an Oskar Negt, 12. April 1977

355 Eine neue Linkspartei? Nein. Fritz Vilmar antwortet Jochen Steffen und Rudi Dutschke, in: das da, Nr. 2/1977, S.2

356 Warum lügst Du, Genosse? Vierte Partei von links. Rudi Dutschke antwortet Fritz Vilmar, in: das da, Nr. 3/1977, S. 18

357 Rudi Dutschke, Eine neue Linie für die Linke, in: das da, Nr. 3/1977

358 Rudi Dutschke, Interview mit Robert Heim, Bresche (Schweiz), 7. Juli 1977, Erscheinungsort nicht verifizierbar

359 Die ökologische Bewegung kommt, in: Die Unabhängigen, 22. Oktober 1977

360 Milan Horacek an Rudi Dutschke, 28. Dezember 1977

361 Rudi Dutschke, Notizen, Nachlaß, ohne Datum

362 Ebenda

363 Stasiakten, 20. Mai 1978

364 Rudi Dutschke, Aufrecht Gehen, a. a. O., S. 132

365 Peter Paul Zahl an Erich Fried, 9. August 1978

366 Klaus Vack, Informationsrundbrief des Sozialistischen Büros, Berichte der drei Arbeitsgruppen Ökologiebewegung, Bürgerinitiativen, Wahlbeteiligung, 25. Dezember 1978

367 Internationaler Kongreß für und über Rudolf Bahro. Einladungs-Informationsheft, West-Berlin, 10. Oktober 1978

368 Jürgen Büscher, Der reaktionäre Kurs der »das da«, in: Rote Blätter, Nr. 2/1977, S. 44

369 Die Welt, 21. November 1978

370 Süddeutsche Zeitung, 20. November 1978

371 Der Abend, Berlin, 20. November 1978

372 Rudi Dutschke, Notizen für eine Rede, Nachlaß, ohne Datum

373 Rudi Dutschke, Leserbrief an die »Frankfurter Allgemeine Zeitung«, 10. Mai 1979

374 Rudi Dutschke, Leserbrief an den »Pflasterstrand«, 12. Februar 1979

375 Fraggespräch mit Rudi Dutschke, a. a. O.

376 Rudi Dutschke, Tagebuch, Eintrag vom 12. März 1979

377 Rudi Dutschke, Interview mit Milan Horacek, in: listy, Nr. 4-5/1979

378 Die Welt, 12. Juni 1979

379 Rudi Dutschke an Günter Berkhahn, 18. Juni 1979

380 Milan Horacek, Gespräch mit Rudi Dutschke, in: Europa, Nr. 4-5/1979, S. 51

381 Günter Berkhahn an Rudi Dutschke, 9. Juli 1978

382 Rudi Dutschke, Tagebuch, Eintrag vom 16. Januar 1979

383 Rudi Dutschke, Beitrag auf der Veranstaltung des »Langen Marschs«: »Linke Opposition in der DDR vor der Alternative Exil oder Knast«, 7. Juli 1978

384 Peter Paul Zahl an Rudi Dutschke, 14. Oktober 1978

385 Rudi Dutschke an Peter Paul Zahl, 20. Oktober 1978

386 Peter Paul Zahl an Rudi Dutschke, 14. Oktober 1978

387 Rudi Dutschke, Repression, Berufsverbot und nationale Frage, Notizen, Nachlaß, 1977

388 Günther Nenning, Deutsche Einheit? NS-Nostalgie, in: Avanti, 1979, Heftnummer nicht verifizierbar
389 Rudi Dutschke, Leserbrief an »Avanti«, »betr. Nenning-These zur nationalen Frage«, ohne Datum
390 Rudi Dutschke, Fratze der Spaltung, unveröffentlichtes Manuskript, Nachlaß, ohne Datum
391 Rudi Dutschke, Notizen, Nachlaß, ohne Datum
392 Offener Brief von Peter und Ricky Marcuse, August 1979
393 links, Oktober 1979, S. 22
394 Aus Liebe zu Deutschland, Satiren zu Franz Josef Strauß, München 1980
395 Rudi Dutschke, Strauß und die Abschaffung der Freiheit, Notizen, Nachlaß, ohne Datum
396 Rudi Dutschke an Gretchen Dutschke, 25. Februar 1975. Ich habe diesen Brief erst 1985 gefunden.
397 Veronika Hass, Ein Lebensweg, in: Rhein-Zeitung, Koblenz, 27. Dezember 1979
398 Jürgen Rühle, Leibhaftig aufgetaucht aus der Legende. Karl August Wittfogel in Düsseldorf, Deutschland Archiv, Nr. 12/1979
399 Ebenda
400 Rudi Dutschke, Georg Büchner und Peter-Paul Zahl, oder: Widerstand im Übergang und mittendrin, in: Georg-Büchner-Jahrbuch, Nr. 4/1984, S. 10ff. Ein Teil des Essays ist im Gedichtband von Zahl, »Kontrabande«, im Sommer 1980 erschienen. Ulli Pinkert hat das Essay überarbeitet. Die Zitate stammen aus Rudis Notizen für das Essay.

Zeittafel

1964

22. Mai: Der am 16. Juni 1961 von der Stasi nach Ost-Berlin entführte IG-Metall-Redakteur Heinz Brandt wird in den Westen entlassen.
1. Juni: Die US-amerikanische Luftwaffe beginnt Flächenbombardements in Vietnam. Mit dem sogenannten »Tonking-Zwischenfall« am 28. Juli, einer von den USA herbeigeführten Provokation, weitet sich der Krieg auf Nordvietnam aus.
28. Juli: Der SDS beschließt die Anerkennung der Oder-Neiße-Grenze und der deutschen Zweistaatigkeit.
27. November: Jacek Kurón und Karol Modzelewski werden aus der Polnischen Vereinigten Arbeiterpartei (PVAP) ausgeschlossen. Die beiden Studenten hatten in einem offenen Brief an die Partei deren »Monopolsozialismus« kritisiert. Sie werden zu langen Gefängnisstrafen verurteilt.
18. Dezember: In West-Berlin protestieren SDS, Subversive Aktion und andere Gruppen gegen den Staatsbesuch des »Lumumba-Mörders« und kongolesischen Ministerpräsidenten Tschombé.

1965

28. Februar: Rudi Dutschke wird in den politischen Beirat des West-Berliner SDS gewählt. Damit hat die antiautoritäre Richtung im SDS Fuß gefaßt.
10.-18. Mai: Studenten der Freien Universität protestieren gegen das Redeverbot für den Journalisten Erich Kuby. Am 18. Mai führen die Politologen am Otto-Suhr-Institut einen Streik durch.
30. Mai: Der SDS und andere Gruppen organisieren in Bonn den Kongreß »Demokratie vor dem Notstand« als Protest gegen die geplanten Notstandsgesetze.
1. Juli: 10 000 Studenten protestieren in West-Berlin gegen den Bildungsnotstand.
13.-17. Dezember: Der West-Berliner SDS sammelt bei einer Vietnamausstellung Geld für das Rote Kreuz Nordvietnams und des Vietkong.

1966

5. Februar: 2500 Studenten demonstrieren in West-Berlin gegen den Vietnamkrieg. Sie legen zeitweise den Verkehr lahm. Ein Teil von ihnen zieht vor das Amerikahaus und bewirft es mit Tomaten.
22. Mai: Der SDS veranstaltet in Frankfurt am Main den Kongreß »Vietnam – Analyse eines Exempels«.
25. Mai: Chinas Parteichef Mao Tse-tung leitet die Kulturrevolution ein. Sie entpuppt sich später als taktischer Schachzug in innerparteilichen Auseinandersetzungen der chinesischen Kommunisten.

22./23. Juni: Mehr als 3 000 Studenten protestieren gegen das Raumverbot für politische Veranstaltungen an der FU mit einem Sit-in. Auf einem Teach-in wird die Demokratisierung der Hochschule und der Gesellschaft gefordert.
8. Juli: 2000 West-Berliner Studenten demonstrieren gegen den US-Krieg gegen Vietnam.
1. Oktober: Herbert Marcuses Werk »Repressive Toleranz« erscheint in deutscher Sprache.
30. Oktober: 3000 Teilnehmer aus verschiedenen gesellschaftlichen Gruppen protestieren auf dem Kongreß »Notstand der Demokratie« in Frankfurt am Main gegen die Notstandsgesetze.
1. Dezember: In West-Berlin und in Westdeutschland protestieren viele Menschen, nicht nur Studenten, gegen die Bildung der großen Koalition unter Bundeskanzler Kiesinger. Außenminister wird der SPD-Vorsitzende Brandt.
6. Dezember: Der SDS funktioniert eine Veranstaltung des Rings Christlich-Demokratischer Studenten (RCDS) mit dem südvietnamesischen Botschafter um. Der Botschafter flieht schließlich aus der Veranstaltung.
10. Dezember: Zum Abschluß der Vietnamwochen fordert Rudi Dutschke dazu auf, eine außerparlamentarische Opposition zu bilden. Kunzelmann und andere verbrennen Pappmachéköpfe von SED-Chef Ulbricht und US-Präsident Johnson auf dem Kudamm und singen dazu Weihnachtslieder.

1967

1. Januar: Kunzelmann, Teufel, Langhans und andere gründen die erste Kommune.
26. März: Am Rand einer Demonstration für Demokratie und Abrüstung wird das Amerikahaus mit roten Farbbeuteln beworfen.
5. April: In West-Berlin verhaftet die Polizei Kommunarden, die ein »Puddingattentat« auf den US-amerikanischen Vizepräsidenten Humphrey geplant hatten. 2 000 Studenten demonstrieren gegen seinen Besuch in der Stadt.
19. April: 2000 Studenten protestieren gegen Sanktionen des Akademischen Senats (AS) der FU in einem nächtlichen Sit-in im Henry-Ford-Bau. Der Rektor ruft daraufhin die Polizei und läßt die Studenten einzeln hinaustragen.
3. Mai: Die Kommunarden werden aus dem SDS ausgeschlossen.
9. Mai: Auf einer vom Rektor geforderten und vom studentischen Konvent beschlossenen Urabstimmung findet sich eine knappe Mehrheit für Studentenschaftsvertreter, die sich am 19. April am Sit-in beteiligt hatten. Daraufhin werden die angedrohten Sanktionen gegen sie nicht durchgeführt.
2. Juni: 2 000 Studenten und Schüler demonstrieren vor dem Schöneberger Rathaus gegen den Besuch des persischen Schahs in West-Berlin. Die Polizei und angeheuerte »Jubelperser« gehen brutal gegen Studenten vor. Kriminalobermeister Kurras erschießt Benno Ohnesorg. Diese Tat löst einen Proteststurm in West-Berlin und im Bundesgebiet aus. Am 8. Juni wird Benno Ohnesorg nach Hannover überführt. Am 9. Juni findet dort der Kongreß »Hochschule und Demokratie – Bedingungen und Organisation des Widerstands« statt. Dort wirft Jürgen Habermas Rudi Dutschke und dem SDS vor, »linksfaschistisch« zu sein.
22. Juni: Etwa hundert Studenten treten im Wohnheim der Evangelischen Studentengemeinde in einen Hungerstreik, um Fritz Teufel aus der Haft zu befreien. Teufel kommt erst am 10. August frei.

9. Oktober: Che Guevara wird in Bolivien gefangengenommen und ermordet.
1. November: Im Audimax der FU wird die »Kritische Universität« gegründet.
28. November: Tausend Studenten demonstrieren gegen den Prozeß gegen Fritz Teufel.
24. Dezember: Rudi Dutschke versucht während des Weihnachtsgottesdienstes in der West-Berliner Gedächtniskirche eine Rede gegen den Vietnamkrieg zu halten. Er wird von Gemeindemitgliedern gewaltsam daran gehindert.

1968

1. Februar: Auf einer Vorbereitungsveranstaltung für das »Springer-Hearing« zeigt Holger Meins einen Lehrfilm über den Bau von Molotow-Coktails.
17./18. Februar: Der »Internationale Vietnamkongreß« findet in West-Berlin statt. 12 000 demonstrieren gegen den Krieg der USA in Indochina.
21. Februar: Der Senat von West-Berlin, der DGB und der Springer-Konzern organisieren eine Demonstration der anständigen Bürger, die dafür von der Arbeit freigestellt werden. Teile von ihnen machen systematisch Jagd auf Menschen, die in ihren Augen wie radikale Studenten aussehen. Ein Mann, der für Rudi Dutschke gehalten wird, kommt gerade noch mit dem Leben davon.
31. März: Auf einer außerordentlichen SDS-Delegiertenkonferenz wird der Antrag abgelehnt, Rudi Dutschke wegen eines Interviews mit der Zeitschrift »Capital« auszuschließen.
3. April: Baader, Ensslin, Söhnlein und Proll zünden Bomben in zwei Frankfurter Kaufhäusern. Sie werden am Folgetag von der Polizei gefaßt.
11. April: Ein aufgehetzter Rechtsextremist, Josef Bachmann, schießt auf dem Kudamm auf Rudi Dutschke. Dutschke wird lebensgefährlich verletzt. Die Tat wird allgemein dem Springer-Konzern angelastet. Es kommt national wie international zu großen Protestkundgebungen.
15.-30. Mai: Die zweite Lesung der Notstandsgesetze im Bundestag bewirkt massenhafte Proteste in der Bundesrepublik und in West-Berlin. Sie können aber nicht verhindern, daß die Notstandsgesetze angenommen werden.
21. August: Truppen des Warschauer Pakts walzen den Prager Frühling nieder.
12.-16. September: Auf der SDS-Delegiertenkonferenz in Frankfurt am Main protestieren Frauen gegen ihre Unterdrückung im Studentenverband. Als die Männer nicht auf ihre Kritik eingehen, werfen sie Tomaten.
16. September: Die Deutsche Kommunistische Partei (DKP) wird in Offenbach gegründet.
4. November: 2 000 Demonstranten protestieren, zum Teil mit Pflastersteinen, gegen das Ehrengerichtsverfahren gegen Rechtsanwalt Horst Mahler. Mahler wird vorgeworfen, an Springer-Blockaden teilgenommen zu haben.
8. November: Die Antifaschistin Beate Klarsfeld ohrfeigt Bundeskanzler Kiesinger wegen dessen früherer Mitgliedschaft in der NSDAP.
31. Dezember: Die maoistische KPD/Marxisten-Leninisten wird gegründet.

1969

12. Januar: Ehemalige SDS-Mitglieder gründen den Marxistischen Studentenbund Spartakus, die Studentenorganisation der DKP.

27. *März*: Die Bundesregierung sperrt alle Zuschüsse an den SDS.
1. *April*: In Offenbach wird das Sozialistische Büro gegründet.
April-Juni: An Hochschulen in West-Berlin und im Bundesgebiet sprengen protestierende Studenten Vorlesungen, vereinzelt werden Institute und Rektorate besetzt und von der Polizei geräumt.
12. *Juni*: An der FU gründet sich die marxistisch-leninistische »Rote Zelle Germanistik«, deren Beispiel bald an vielen Hochschulen Nachahmer findet.
25. *Juli*: 2500 Demonstranten fordern vor der Untersuchungshaftanstalt Berlin-Moabit die Freilassung einsitzender Bundeswehrdeserteure.
September: Spontane Arbeiterstreiks in Westdeutschland gegen Tarifabschlüsse.
21. *Oktober*: Willy Brandt wird Bundeskanzler der ersten sozialliberalen Koalition.
6./7. *Dezember*: Eine Arbeitskonferenz der »Roten Presse Korrespondenz« in West-Berlin scheitert und damit der Versuch einer Verständigung zwischen verschiedenen Flügeln der APO.

1970

21. *März*: Der SDS-Bundesvorstand löst sich formell auf.
4. *Mai*: Die Bundesregierung amnestiert Demonstrationsstraftäter.
14. *Mai*: Andreas Baader wird in West-Berlin mit Hilfe von Ulrike Meinhof aus der Haft befreit.
21. *Mai*: Bundeskanzler Brandt trifft in Kassel DDR-Ministerpräsident Stoph.
November: Der SPD-Parteirat untersagt allen Mitgliedern die Zusammenarbeit mit Kommunisten.
18. *November*: Der rechte Bund »Freiheit der Wissenschaft« wird gegründet. Er will zurück zur Ordinarienuniversität.

1971

24. *April*: Eine knappe halbe Million Amerikaner demonstrieren in Washington gegen den Vietnamkrieg.
25. *April*: Auf einer kommunalpolitischen Arbeitskonferenz beschließen die Jusos ein Programm für »die zentrale Ebene zur Durchsetzung des demokratischen Sozialismus«.
20. *Oktober*: Es wird bekannt, daß Bundeskanzler Brandt den Friedensnobelpreis erhält.

1972

28. *Januar*: Die Bundesregierung und die Ministerpräsidenten der Länder verkünden den »Radikalenerlaß«. »Extremisten« sollen dadurch vom öffentlichen Dienst ferngehalten werden. Eine allgemeine Schnüffelei setzt ein. Willy Brandt bezeichnet den Erlaß später als »Fehler«.
12./13. *März*: In Frankfurt am Main findet der erste Bundesfrauenkongreß statt.
27. *April*: CDU-Kanzlerkandidat Rainer Barzel scheitert im Bundestag mit einem konstruktiven Mißtrauensvotum gegen die Regierung Brandt. Es werden Neuwahlen angesetzt.

24. Mai: Die »Rote Armee Fraktion« (RAF) begeht einen Bombenanschlag gegen das US-Hauptquartier in Heidelberg, bei dem drei Soldaten getötet werden.
2. Juni: Die Mitgründer der RAF Andreas Baader, Holger Meins und Jan-Carl Raspe werden in Frankfurt verhaftet, kurz darauf auch Ulrike Meinhof und Gudrun Ensslin.
5. September: Die Palästinenserorganisation »Schwarzer September« überfällt in München die israelische Olympiamannschaft.

1973

26. Februar: Horst Mahler wird wegen Raub und Gründung einer kriminellen Vereinigung in West-Berlin zu zwölf Jahren Haft verurteilt.
29. März: Der letzte amerikanische Soldat verläßt Vietnam. Das Ende des Kriegs zeichnet sich ab.
4. April: In Frankfurt am Main räumt die Polizei besetzte Häuser.
29. Mai: Das Bundesverfassungsgericht hebt die Drittelparität in Hochschulgremien auf.
28. Juli: Weltjugendfestspiele in Ost-Berlin.
25. August: Wilde Streiks in westdeutschen Stahlbetrieben.
11. September: General Pinochet führt einen Militärputsch gegen Allende, den demokratisch gewählten sozialistischen Präsidenten Chiles. Weltweit wird gegen diesen Gewaltakt, bei dem Allende ermordet wird, protestiert.

1974

13. Februar: Alexander Solschenizyn wird aus der Sowjetunion ausgewiesen. Er findet zunächst Aufnahme bei Heinrich Böll.
22. März: Das Volljährigkeitsalter in der Bundesrepublik wird auf achtzehn Jahre gesenkt.
25. April: Die »Revolution der Nelken« ist der Anfang vom Ende der portugiesischen Diktatur.
26. April: Der Bundestag verabschiedet die Fristenregelung, die eine Abtreibung in den ersten drei Monaten ermöglicht.
6. Mai: Bundeskanzler Brandt tritt zurück. Die Enttarnung des Kanzleramtsagenten Guillaume gibt seiner bereits angeschlagenen Regierung den Rest. Neuer Bundeskanzler wird Helmut Schmidt.
25. Juli: Das Umweltbundesamt wird in West-Berlin eingerichtet.
8. August: US-Präsident Richard Nixon muß in Folge des Watergate-Skandals seinen Hut nehmen.
9. November: Holger Meins stirbt in der Haft nach mehrwöchigem Hungerstreik.
10. November: Der Präsident des West-Berliner Kammergerichts, von Drenkmann, wird Opfer eines terroristischen Anschlags.

1975

16. Januar: Der CSU-Vorsitzende Strauß wird als erster westdeutscher Politiker von Mao Tse-tung empfangen.

5. Februar: Die RAF-Gefangenen beenden ihren Hungerstreik gegen die Haftbedingungen.
20. Februar: Die Polizei räumt das besetzte Baugelände für ein Atomkraftwerk im badischen Wyhl.
27. Februar: Der West-Berliner CDU-Spitzenkandidat Peter Lorenz wird von der »Bewegung 2. Juni« entführt. Gegen die Freilassung von Gefangenen, darunter Horst Mahler, kommt auch Lorenz wieder frei.
30. April: Der Vietnamkrieg endet mit dem Fall Saigons und der Kapitulation Südvietnams.
21. Mai: In Stuttgart beginnt der Prozeß gegen Ulrike Meinhof, Jan-Carl Raspe, Gudrun Ensslin und Andreas Baader.
1. August: Die Schlußakte der Konferenz für Sicherheit und Zusammenarbeit (KSZE) wird in Helsinki unterzeichnet.
24. November: Der Trikont Verlag wird von der Polizei durchsucht, um Bommi Baumanns Buch »Wie alles anfing« zu beschlagnahmen.
9. Dezember: Dem sowjetischen Physiker und Regimegegner Andrej Sacharow wird der Friedensnobelpreis zugesprochen. Die Moskauer Regierung läßt ihn aber nicht zur Preisverleihung ausreisen.

1976

26. Januar: Das Hochschulrahmengesetz passiert den Bundestag. Es nimmt viel von dem zurück, was die Studentenbewegung erkämpft hatte.
24. Februar: Auf dem 25. Parteitag der KPdSU zeigen sich Risse in der kommunistischen Weltbewegung. Das Wort »Eurokommunismus« wird populär.
9. Mai: Ulrike Meinhof wird erhängt in ihrer Zelle gefunden.
19. Mai: Die Aufhebung des Radikalenerlasses und die Verabschiedung neuer Richtlinien gleicher Stoßrichtung ändern nichts Wesentliches an der Überwachung von Menschen, die verdächtigt werden, nicht auf dem Boden der freiheitlich-demokratischen Grundordnung zu stehen.
6. Juni: Das Sozialistische Büro führt in Frankfurt am Main einen Antirepressionskongreß durch. Überall bilden sich AKW-, Berufsverbote-, Dritte-Welt-, Chile-, Frauen- u. a. Gruppen.
10. Juli: In Seveso entweicht Dioxin ins Freie mit katastrophalen Folgen für die Umwelt.
18. August: Der Bundestag verabschiedet ein Gesetz mit dem Straftatbestand »Bildung einer terroristischen Vereinigung«.
9. September: Mao Tse-tung ist tot.
13. November: 30 000 Menschen demonstrieren gegen das geplante AKW Brokdorf.
16. November: Wolf Biermann wird aus der DDR ausgebürgert.

1977

7. Januar: In der CSSR wird die »Charta 77« veröffentlicht, in der die Menschenrechte eingefordert werden. Viele Unterzeichner werden inhaftiert.
19. Februar: Die zweite Großdemonstration gegen das AKW Brokdorf wird durchgeführt.

2. *März*: Die Chefs der italienischen, spanischen und französischen Kommunisten, die Köpfe des Eurokommunismus, treffen sich in Madrid.
19. *März*: An der Baustelle des AKW Grohnde kommt es zu gewalttätigen Auseinandersetzungen zwischen Atomkraftgegnern und der Polizei.
7. *April*: Generalbundesanwalt Buback und zwei Begleiter werden Opfer eines terroristischen Anschlags.
28. *April*: Baader, Ensslin und Raspe werden in Stuttgart zu lebenslanger Haft verurteilt.
2. *Juni*: Klaus-Uwe Benneter, Bundesvorsitzender der Jusos, wird als Vertreter des »Stamokap-Flügels« aus der SPD ausgeschlossen.
13. *Juli*: Die Gewissensprüfung für Kriegsdienstverweigerer wird abgeschafft.
30. *Juli*: Jürgen Ponto, Chef der Dresdner Bank, kommt bei einem terroristischen Anschlag ums Leben.
4. *August*: Ernst Bloch ist tot.
23. *August*: Rudolf Bahro, SED-Funktionär und Autor des in der DDR verbotenen Buches »Die Alternative«, wird verhaftet.
5. *September*: Die RAF entführt Arbeitgeberverbandschef Hanns-Martin Schleyer, um ihn gegen inhaftierte Terroristen auszutauschen.
24. *September*: 35 000 Menschen demonstrieren gegen das geplante AKW Kalkar.
18./19. *Oktober*: Palästinensische Terroristen entführen auf Mallorca ein deutsches Urlauberflugzeug nach Mogadischu, Somalia. Auch sie fordern die Freilassung von inhaftierten RAF-Mitgliedern. In der Nacht befreit die GSG 9 die Geiseln. Am folgenden Morgen werden Andreas Baader, Jan-Carl Raspe und Gudrun Ensslin erschossen in ihren Zellen aufgefunden. Irmgard Möller überlebt schwere Verletzungen durch Messerstiche.

1978

16. *Februar*: Das Antiterrorgesetz passiert den Bundestag. Es stattet die Polizei mit erweiterten Kompetenzen aus.
29. *März*: Das internationale Russell-Tribunal kritisiert die Bundesrepublik vor allem wegen der Berufsverbote.
4. *Juni*: Die Grüne Liste Umweltschutz erreicht bei den niedersächsischen Landtagswahlen 3,7 Prozent.
13. *Juli*: Der Bundestagsabgeordnete Herbert Gruhl tritt aus der CDU aus und gründet die Grüne Aktion Zukunft.
5. *Oktober*: In West-Berlin wird die Alternative Liste für Demokratie und Umweltschutz gegründet. Sie erzielt bei den Wahlen zum Abgeordnetenhaus 3,7 Prozent der Stimmen.
22. *November*: In West-Berlin wird die »tageszeitung« (»taz«) gegründet.

1979

17. *Januar*: Der erste Smogalarm in der Bundesrepublik wird am Niederrhein und im Ruhrgebiet ausgerufen.
1. *Februar*: Schiitenführer Ayatollah Chomeini kehrt aus dem französischen Exil in den Iran zurück. Kurz darauf flieht der Schah außer Landes.

28. *März*: Im US-amerikanischen AKW Three Miles Island bei Harrisburg kommt es fast zum GAU.
17. *Juli*: Der nicaraguanische Diktator Somoza flieht vor den Sandinisten in die USA.
29. *Juli*: Herbert Marcuse ist tot.
7. *Oktober*: In Bremen schaffen die Grünen zum erstenmal den Sprung über die Fünf-Prozent-Hürde.
11. *Oktober*: Zum 30. Jahrestag der DDR wird Rudolf Bahro aus der Haft nach Westdeutschland entlassen.
12. *Dezember*: Auf Initiative von Bundeskanzler Schmidt faßt die NATO den »Doppelbeschluß«. Um einen behaupteten Vorsprung der Sowjetunion bei Mittelstreckenatomraketen auszugleichen, will der Westen mit Pershing-2 und Marschflugkörpern »nachrüsten«, wenn Moskau seine SS-20-Raketen nicht abbaut.
24. *Dezember*: Rudi Dutschke ist tot.
26. *Dezember*: Einem »brüderlichen Hilferuf« folgend, marschieren sowjetische Truppen in Afghanistan ein.

Personenverzeichnis